走向大律师

—中国式执业律师进阶指南—

张洪 著

中国政法大学出版社

2020·北京

声　明　　1. 版权所有，侵权必究。

　　　　　2. 如有缺页、倒装问题，由出版社负责退换。

图书在版编目（CIP）数据

走向大律师：中国式执业律师进阶指南/张洪著. —北京：中国政法大学出版社，2020.6
ISBN 978-7-5620-7414-4

Ⅰ.①走… Ⅱ.①张… Ⅲ.①律师业务－中国－指南 Ⅳ.①D926.5-62

中国版本图书馆CIP数据核字(2020)第107302号

出 版 者	中国政法大学出版社
地　　址	北京市海淀区西土城路25号
邮寄地址	北京100088 信箱8034分箱　邮编100088
网　　址	http://www.cuplpress.com (网络实名：中国政法大学出版社)
电　　话	010-58908586(编辑部) 58908334(邮购部)
编辑邮箱	zhengfadch@126.com
承　　印	保定市中画美凯印刷有限公司
开　　本	787mm×1092mm　1/16
印　　张	36
字　　数	600千字
版　　次	2020年6月第1版
印　　次	2020年6月第1次印刷
定　　价	139.00元

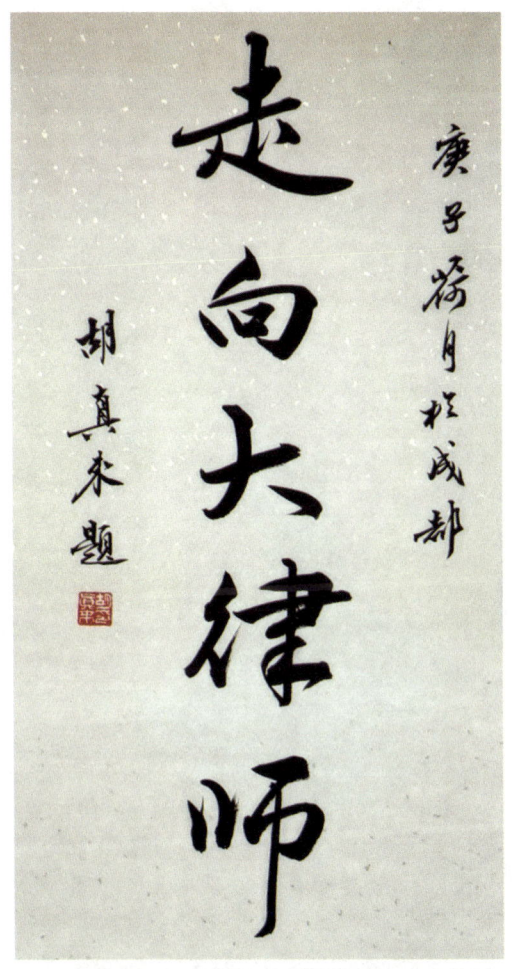

著名国画艺术家胡真来先生为本书书名题字

  胡真来,1955年10月生于成都,著名国画艺术家,张大千大风堂龙门(龙国屏)关门弟子、第二代传人。四川省人民政府文史研究馆馆员,四川省国际文化交流中心理事,四川省美术家协会花鸟画学术委员,四川省新联会书画院副院长,四川省统一战线同心书画院研究员,四川省传统文化促进会书画专业委员会副主任,四川省警察书画院画师,中国将星书画院副院长,成都大学美术与影视学院客座教授,成都市美术家协会花鸟画艺委会副主任。

作者简介

中国法学会会员
法制网特约评论员
四川省优秀律师
成都市优秀律师
眉山仲裁委员会仲裁员
钦州仲裁委员会仲裁员
钦州仲裁委员会仲裁员培训讲师
中国商报法治周刊顾问律师
成都市申请律师执业人员面试考官

四川省律协第八届公益工作委员会委员

四川省第八次、第九次律师代表大会代表

中共四川高扬律师事务所支部委员会书记

四川高扬律师事务所高级合伙人、常务副主任

四川省企业联合会、企业家协会特邀法律专家

成都市律协第六届刑事法律专业委员会委员

成都市律协第七届律师维权工作委员会副秘书长

成都市律协第六届、第七届婚姻家事法专业委员会副主任

四川省律协第八届环境资源法律专业委员会副主任

四川省律协第八届、九届建设工程与房地产法律专业委员会委员

张洪，中共党员，男，1971年10月生。自1992年起从事法律工作，先后担任法律服务所主任、县法律事务中心副主任，曾在省、市直属律师事务所执业，2012年入选法律出版社《中国当代优秀律师》、2018年入选《中国好律师》，2019年被评审为四川省婚姻家事专业律师、四川省房地产与建设工程专业律师。曾任人民日报《时代潮》周刊编委、《社会保障报》特约记者、中国互联网新闻中心中国网交通频道法治交通栏目组执行主任、法律总顾问、凤凰网四川站法律顾问、第二届中国刑事辩护论坛代表、第二届中国合同法论坛代表、第三届中国婚姻家事法论坛代表、省房地产业协会常务理事、成都日报法制宣传顾问团成员、成都市第二届国资监管法治大讲堂讲师、成都市法律援助中心案件评审专家、四川省民营企业建立现代企业制度评审专家组成员等社会职务。

近30年来，张洪律师处理各类法律事务及承办各类案件逾千件，包括但不限于公安部督办的成自泸特大交通事故案、2019年6月26日央视直播的四川地区近几年来涉毒数量大、人数多的贩卖、制造、运输毒品、非法持有毒品、非法持有枪支案、王某等20余人非法买卖制毒物品案、江苏刘某涉嫌虚报注册资本无罪案、王某某涉嫌强奸无罪案、某主播被杀害案大案要案等。先后为四川、西藏地区等数百家企事业单位包括但不限于中国中铁八局集团、四川工投集团、四川城投集团、四川文旅集团、拉萨城投集团等做过精彩的法治讲座、为双流区进行人民调解员培训等，深受各企事业单位欢迎和喜爱。近年来担任四川省企业家协会维权工委维权专家组成员，在省企联的组织下前往达州、雅安、眉山等地市州进行川企维权调研和劳动合同法讲座、调研等。担任四川省民营企业建立现代企业制度评审专家组成员，以法律专家身份参与成都市重点民营企业诊断评审工作。在维护社会稳定及为党委政府排忧方面，张洪

律师积极参与公益活动,在成都市律协的安排下,以法律专家的身份担任成都市中级人民法院、成都市公安局人民来信来访律师接待专家,解答信访咨询,并应邀参加成都市郫都区三所一庭人民调解委员会,为地方党委政府排忧解难,为当地企事业单位和社区居民化解矛盾纠纷。

张洪律师实践经验丰富、工作严谨、精益求精。其丰富的人生阅历和精湛的办案技巧,深受委托人的信任,深得同行钦佩,先后被《达州日报》《达州晚报》《上海法治报》《成都日报》《四川电视台》《成都电视台》《法制日报》《广州日报》《中国商报》《大白新闻》等媒体采访报道,在《达州晚报》《达州日报》《四川日报》《四川农村日报》《四川法制报》《市场与消费报》《法制日报》《中国商报》《川企维权》《四川律师》等发表各类作品400余篇。

一名好律师的标准不能拿钱来衡量

律师是法治队伍和法治建设的重要力量,也是法治宣传教育工作的主力军。作为法律职业共同体的重要组成部分,律师在维护法治、践行法治、传播法治中发挥着不可取代的重要作用。

近年来,随着全面推进依法治国的进程不断加快,我国律师积极履行社会责任,在维护委托人利益、法治宣传、维护稳定、服务和保障民生等方面提供优质高效的法律服务,为经济社会高质量发展作出了积极的贡献。

一名好律师的标准不能拿钱来衡量。他必须要有对法治的信念与信仰,还应当具有一定的公益心和奉献精神。张洪律师为全国律协会员,第八届、第九届四川省律师代表、第六届、第七届成都市律师代表,先后获得了"成都市优秀律师""四川省优秀律师"等荣誉称号,入选了法律出版社《中国当代优秀律师》名录,是律师队伍和律师行业的佼佼者。难能可贵的是,张洪律师在承担繁忙的业务工作并在省、市律师协会及有关社会团体担任了较多社会职务的情况下,挤出时间撰写本书,为律师同行分享经验和自己的感悟,这是值得肯定的。

在依法治国的进程中,律师作用很大。要充分发挥律师在构建社会主义和谐社会、推进依法治国方略深入实施的作用,就必须提升律师队伍的执业技能和实务处理能力。张洪律师《走向大律师——中国式执业律师进阶指南》一书,全面、系统地介绍了执业律师的入门、成长、发展、营销、定位、专业化、执业礼仪和风险防范方面的理论知识,还从律师的实习、面试、口才训练、写作等全方位地进行了案例分享。目前各级律师协会、行业组织、学校等部门对执业律师全面、系统的执业技能培训教材还非常欠缺,这本书正好弥补这一缺陷。该书能在中国政法大学出版社出版,是律师行业的一大好事,相信对我国实习律师、青年律师、新进

(晋)律师、法学院学生的成长进步会有很大的帮助、指导作用。中国政法大学出版社将本书誉为:"一部律师成长的自修手册和百科全书","该书对于新晋律师成长为大律师每一步都有指导作用",是对本书的高度评价和充分肯定。

我国律师行业和全体律师应抓住机遇,践行职责使命,充分认识和发挥律师服务职能,做合法权益的维护者,社会公平正义的保障者,国家治理现代化的推动者,推进社会发展的服务者,全方位对外开放的助力者,真正把我国律师事业推至更高的发展水平,不辜负党和人民的重托,不辜负社会和时代的期望。

第十三届全国人大代表
第九届全国律师协会副会长　　　刘守民
第七届、八届四川省律师协会会长
北京大成(成都)律师事务所主任

律师应当遵守必要的职业礼仪

司法公正是社会主义法治建设永恒的主题,是司法工作的生命与核心所在。为维护司法公正,法官与律师两者都扮演着重要角色,同为法律职业共同体的重要组成成员。肖扬同志曾经指出:"法官与律师的相互关系对司法公正的影响重大。"法官与律师的关系处理得好不好,直接关系到司法公正能不能实现。

最高人民法院、司法部印发的《关于规范法官和律师相互关系维护司法公正的若干规定》,明确指出法官和律师在诉讼活动中应当忠实于宪法和法律,依法履行职责,共同维护法律尊严和司法权威。法官和律师在诉讼活动中应当严格遵守司法礼仪,保持良好的仪表,举止文明。律师是社会依法治理和法治国家的重要力量,是合法权益的维护者,社会公平正义的保障者,国家治理现代化的推动者,推进社会发展的服务者,全方位对外开放的助力者。

《走向大律师——中国式执业律师进阶指南》这本书,是一位资深律师近30年执业生涯的成功实践之精彩演绎,其出版发行必将在律师界引起热烈反响,特别是对青年律师成长会起到良师益友的指导作用。我以为,要想成为一名合格的律师,就应当遵守必要的职业礼仪,如果一名执业律师连最起码的职业礼仪都不遵守,要想成功、成名,应该不太现实。作者在本书中,详尽地介绍了律师资格的取得,如何实习,如何成为一名合格的律师,人际交往心理学在律师职业中的运用,执业律师的说话技巧、写作技巧,如何接待咨询、谈案,以及律师的定位与专业化、律师的营销技巧、律师的职业礼仪等提升律师执业能力和执业水平的成功实践经验,对律师执业技能、技巧和执业水平的提升非常有帮助,是实习律师、青年律师、新进(晋)律师、法学院学生走向律师、成为大律师的良师益友。

作者在书中运用大量篇幅来阐述说好第一句话的技巧、说话的逻辑、辩论的要点，要求要让对方知道律师在说什么。这里的听众，无疑是包括了案件承办的法官，让法官听懂律师在说什么，这是律师应当具备的基础技能。让法官听得明白，这首先需要尊重法官。当然，作为法律职业共同体成员，法官与律师所占位置不同，立场不一，但所追求的法治精神和法律效果、社会效果却是一致的。因此，不仅仅是律师需要尊重法官，法官也需要尊重律师，这是互相的。作者在书中阐述的观点我非常赞同和支持，特别是律师与法官相处的礼仪，更是值得每一位律师参考和借鉴，共同维护和谐的法律职业共同体关系。

当然，律师的工作是一个与人打交道的工作，需要接触方方面面的人和事，不仅仅是与法官打交道，这只是其中之一。因此，在走向大律师的征途，执业律师不仅仅是要能说话、会说话、能写作、会写作，不仅仅是需要这些专业技能技巧，更为重要的是还得加强职业礼仪的学习和培养，遵守必要的职业礼仪。身为律师不要辜负这个伟大的时代，应当在社会主义法治的进程中大显身手，彰显价值和作用，使自己真正成为一名合格的律师，成为一名名符其实的大律师。这本书不愧为"一部律师成长的自修手册和百科全书"，非常值得实习律师、青年律师、新进（晋）律师学习、参考和借鉴。

有幸为张主任大作作序，深感欣慰。预祝大作早日面世，以飨万千读者！

邬红旗[1]

2020 年 6 月 11 日

---

[1] 邬红旗，法学教授，曾任四川省高级人民法院副院长、四川省法学会副会长、四川省法治与社会治理研究会会长。

名符其实的律师成长百科全书

欣闻由张洪律师悉心研究，结合其近30年法律工作经历，历时三年而完成的专著《走向大律师——中国式执业律师进阶指南》在中国政法大学出版社出版，真心为他感到高兴。

中国政法大学是中国法学的最高学府，中国政法大学出版社是由中华人民共和国教育部主管、中国政法大学主办的专业法学图书出版机构，其宗旨是为中国的法律教育、法学研究服务，其中出版的不少教材荣获国家教育部、国家司法部、国家新闻出版署等部门的优秀教材奖，被广大读者誉为"中国重要的法学教材出版基地"。张洪律师的专著《走向大律师——中国式执业律师进阶指南》在这样的权威国家级出版社出版，可见其价值非同一般。该书的出版，对帮助我国实习律师、青年律师、新进（晋）律师、法学院学生走向大律师，成长为大律师具有不可替代的作用。

律师工作面对的是纷繁复杂的社会利益关系，解决各类纠纷，化解社会矛盾，调整社会关系，实现社会的有序、规范运行，最终实现社会的公平、正义。我认真拜读了张洪律师的大作，可以说这本书足以让实习律师、青年律师们正确认识行业特点，理解成长规律，掌握执业技巧，为实习律师、青年律师指明了一条成长之路。该书内容十分翔实、具体，涉及律师执业、成长的方方面面，既有理论知识，又有案例分析，还有张洪律师的亲身体验和感悟，具有知识性、实用性、趣味性、可读性，极具收藏价值。无论是实习律师、青年律师、新进（晋）律师、法学院学生个人阅读、学习，还是作为律师执业培训的教材，这本书都是不二的选择。

从该书的编排体例上看，结构非常合理，内容十分全面，无论是如何成为律师，还是成为一名合格的律师，怎样才能成为一名合格的律师，执业律师如何与人打交道，如何说好第一句话，如何提高写作水平，如何营销推广，如何掌握和运用执业礼仪，从律师入门到成长，从心理学到口才、再到文书制作等等,方方面面都有翔实的分享。全书共 10 章,123 个小节,几乎将执业律师从入门到成长、发展、成功的全过程都做了详细的介绍。中国政法大学出版社将本书称为:"一部律师成长的自修手册和百科全书",并认为"该书对于新晋律师成长为大律师每一步都有指导作用",没有任何夸大之处,完全名符其实,真不愧是一部律师成长的百科全书。

我与本书作者张洪律师相识于成都。在四川仲裁研究中心成立大会上,我非常荣幸的当选为荣誉主任,张洪律师凭着身经百战的实务能力和演讲口才,成功当选为第一副主任,我们由此结缘。在本书出版之际,获邀为张洪律师大作作序,倍感荣幸。谨以此文,是为序。

中国人民武装警察部队原水电指挥部政治部副主任
四川省法治与社会治理研究会仲裁研究中心荣誉主任
2020 年 6 月 11 日

走向大律师

自　序

　　在当代律师制度下，青年律师作为律师行业的新秀，决定着律师行业未来的走向以及社会影响力。由于律师职业的特点及社会对律师行业认识上的误区，导致青年律师在成长的过程中倍感艰辛。让青年律师正确地认识行业特点，理解成长规律，掌握执业技巧，不失为青年律师的一条成长之路。律师是一个专业性极强的职业，具有与其他职业不一样的专有特征，一名合格的律师必须具有强大的法律知识体系与社会交往能力，需要通过具体的执业行为对社会行为的规范与未来发展的导向产生深远的影响。所以，律师行业对其从业人员的执业能力、执业技巧、职业素养有很高的要求。

　　面对各类错综复杂的争议和纠纷，执业律师必须在有限的时间内，尽可能地了解客户的需求，掌握案件的细节，把握问题的关键，并在法律许可的框架内寻找对客户最为有利的解决途径。因此，律师工作的实践性非常强，要求青年律师必须长期孜孜不倦、坚持不懈地历练和体会，在实践工作中不断地总结，并克服内心的浮躁和虚夸，脚踏实地一步一个脚印地前行，方能成为社会和客户需要的有用之材。

　　律师工作面对的是纷繁复杂的社会利益关系，通过解决各类纠纷，化解社会矛盾，调整社会关系，实现社会的有序、规范运行，最终实现社会的公平、正义。因此，律师的工作又具有鲜明的社会性。从律师职业的社会性特点角度讲，作为一种开放的职业，它不仅为某一行业或某一阶层、某一个人或者组织提供法律服务，而是向社会全面开放的、全方位的、提供法律服务的行业，其执业范围亦不受地区、行业的限制。

　　律师需要通过提供服务收取费用来维持生计并支撑职业发展，这必然要求律师最大限度地满足客户并迎合市场的需求。否则，必将陷入被市场淘汰的境地。这就是律师职业的商业特征。律师以维护委托人的合法权益为立身之本，相对于其他法律职业共同体的成员而言，作为无国家财政保障的法律人，律师的生存压力更为现实和直接。律师职业作为一种以收费为生存基础的职业，在为客户的合法利益做出贡献的同时，收取费用是一种理所当然的结果。律师运用自己的专业知识和执业技能通过具体的法律服务行为在维护当事人合法权益的同时，也维护了国家法律的正确实施及社会的公平与正义。

无论是律师的专业性，还是律师职业的实践性、社会性、商业性，都足以说明律师职业需要大量的法律知识和实践经验，必须符合社会性和商业性的规律，否则就必将被淘汰出局。在光鲜亮丽的身影背后，执业律师冒着巨大的风险，顶着严峻的生存压力，举步艰难。由于我国的现实情况，目前为止似乎还没有看到行业协会、行业组织、学校等其他部门，对执业律师有一个全面的、系统的执业技能培训。虽然，已经有很多关于执业律师的书籍出版发行，也有一些大学开设了律师学课程，但是却没有系统地指导读者了解律师职业，从如何参加职业资格考试，又如何选择实习指导律师、律师事务所实习？如何从助理做起？如何成为一名合格律师？如何将人际交往心理学、说话的技巧在律师执业中进行运用，到律师如何掌握写作技巧、如何掌握咨询接待、谈案、报价，再到律师的定位与专业化、律师的营销等全面系统地指导读者如何从一名大学生、从实习律师开始，一步步地走向大律师。因此，笔者希望将自己在这个行业摸爬滚打近30年的切身经历和体会、总结整理出来，为作为法学院有志于从事律师执业的学生、实习律师、青年律师、新晋律师学习和成长的参考。

中国律师行业起步较晚，发展较慢，加之中途停滞，到目前为止恢复才四十余年，所以在执业律师的教育培养方面还存在诸多的不足，不少执业律师几乎都是无师自通，也有不少是靠师傅的"传帮带"，但是很多律师都没有一个系统的培训学习过程。尽管现在执业律师取得执业证之前有一年的实习期，实习期满前还有一段时间的集中面授学习，但是都不太系统，没有形成体系。笔者连续两届担任成都市律师代表和四川省律师代表，并担任了成都市实习律师面试考官，接触到很多的青年律师、新晋律师，他们反馈了很多问题及期望，希望能得到系统地学习。因此，笔者一直在思考写这本《走向大律师》的书稿。笔者深知虽然已经发表了很多专业文章，但是要写成这本书并不容易。时间、精力、参考书籍、体系编排等，都不是一件简单的事情。不过，笔者却从来没有放弃过，也没有退缩过，一直在鼓励自己要坚持完成这本书。笔者相信，这本书对于那些对律师行业、律师职业感兴趣的读者，特别是立志从事律师职业的人应该会有帮助。笔者一直在不停地构思和策划，计划在这个方面做出努力。在听取了大量意见和建议的基础上，结合自己的经验和执业经历，历时近两年时间，终于完成了本书。

笔者认为要想成为律师，律师资格的取得是必须的，取得律师资格后并不是就可以直接成为律师，还必须经过一年的实习期，并且经过考试、考核、面试合格后才能成为一名真正的执业律师。如何实习？实习期都能干些啥？如何寻找适合自己的实习指导律师？实习期满如何面试？如何从助理做起？希望成为一名什么样的律师？如何寻找一家适合自己的律师事务所？怎样让自己成为一名合格的执业律师？这些问题都是走上律师这条道路时应当有所掌握和了解的。

律师是一个与人打交道的职业，离不开人际交往，所以人际交往心理学就显得非常重要。笔者在本书中重点介绍了人际交往心理学在律师职业中的运用，比如律师代理案件不宜卷入案件程度过高，律师执业过程中如何运用马太效应、多看效应、标签效应、安慰剂效应、首因效应等，以及执业律师如何运用聆听的技巧，在拜访客户时如何给客户留下良好印象等，从人际交往心理学的角度帮助执业律师成长。

律师职业对口才的倚重特别强，掌握话术对于律师成长非常有帮助，更为重要的是要想成为大律师，不会说话是绝对不行的。在话术方面，对不同的人要采用不同的交流方式，要把握说话的时机和客户的需求，要以理服人、以情融情，而且不可忽视声音的作用，要克服恐惧保持自信，要说好第一句话，要谨慎说话，要让别人知道你在说什么，辩论时要抓住感情弱点，说话要有逻辑，要抓住时机进行铿锵有力的反驳等。这些话术是成为大律师必不可少的基础，掌握这些话术，可以帮你走向成功。

对于执业律师来说，人际关系再好，嘴巴再会说，如果不懂得写作技巧，要想成为大律师也很困难。能说会道应该是执业律师的基本要求，但是会写也是举足轻重的。执业律师不可忽视写作的力量，不可忽视文章的价值，必须掌握法律文书写作的重要性、特点及基本要求，如何站在法官的角度制作法律文书？法律文书的制作有哪些步骤？基本法律文书，比如诉状、答辩状、代理词、辩护词的写作技巧是什么？律师函的写作技巧、功能、价值等，这些问题都是需要新晋律师去了解和掌握的。

律师要成功首先得让自己生存下来，生存就必须靠案源，而案源从哪里来？这就要靠自己的谈判，要靠自己去挖掘。执业律师的咨询接待、谈案、报价这些基本的技巧是必须掌握的。执业律师该不该接受免费咨询？如何有效拒绝免费咨询？如何有效接待法律咨询？如何解答法律咨询？执业律师如何报价？执业律师在报价时需要考虑哪些因素？报价的时机和方式如何掌握？执业律师如何定价？为什么客户会选择报价最高的律师？原则谈判在律师谈案、报价中运用的技巧有哪些？这些都是不少执业律师梦寐以求的知识。

执业律师要不要给自己定位？执业律师为什么要定位，执业律师定位的必要性和迫切性的原因是什么？执业律师应当如何定位、执业律师定位的误区？执业律师是不是当事人的工具或者雇员？专业定位的重要性、专家谈律师定位的问题、律师专业化的市场需求问题、律师专业化与团队化的关系问题，以及执业律师如何实现专业化，等等。这些问题也是律师成长道路上必须要掌握的。执业律师只有给自己准确定位，走专业化、团队化的道路才能帮助自己获得成功。而定位和专业化需要一定的基础，这也是一个过程。

"酒香不怕巷子深"的时代已经不复存在，这个说法早已成为历史。律师也需要市场，律师也要靠营销。但是，为什么需要营销？如何有尊严地营销？有哪些营销途径、方法、技巧？如何进行社区营销、网络营销、写作营销、研讨会营销、授课式营销以及执业律师的营销定位，这些都是执业律师走向成功的必要知识。律师不拿国家工资，反而要向国家纳税，没有收入养活不了自己，更养活不了家人，没有案源，做不了业务，任何律师都不可能成功，更不要妄想成为大律师。律师营销是必需的，也势在必行，营销技巧的掌握和运用更是少不了。有了案源，解决了定位的问题，要发展营销是必须的，因此律师的营销技巧至关重要。

细节决定成败！执业律师必须注意基本的执业礼仪，必须要学会尊重别人，建立和谐的人际关系，要学会控制自己的情绪，养成替客户着想的习惯，运用好微笑的技巧，培养仔细倾听的能力，以及如何投资自己、包装自己、如何培养自己的风度等，举手投足、行走坐卧都是非常重要的成功细节。如何交换名片？如何拜访客户？有哪些用餐、酒水礼仪需要掌握？如何与法官、检察官、警官相处？如何与同行和客户相处？这些礼仪知识的掌握对执业律师走向成功大有助益。所以，执业律师的礼仪不可轻视，是执业律师成功和走向大律师必不可少的阶梯石。一个成功的大律师，一定是一个懂得职业礼仪的优秀律师。

走向大律师，不是想象的那么简单，也不是想象的那么困难。要想成功，就必须克服自卑情绪，要让自己成为一名受人尊重的律师，要学会演讲，敢于演讲，善于演讲，要打造自己的品牌，要多做公益，有所担当，不要辜负这个伟大的时代，要防范执业风险，特别是刑事风险。只要有足够的信心，敢于努力拼搏，敢于付出，就一定会成为一名合格的优秀律师，并最终会成为一名大律师。

笔者认为要想成为一名成功的大律师，还需要对律师这个行业有一定的了解，对中国律师的前世今生要有一定的认识。所以，笔者将中国律师的前世今生放于本书的终章，帮助读者了解中国律师制度及其历史沿革、中华人民共和国律师制度及其发展等。通过这些知识，帮助读者建立对中国律师的认识，培养对律师职业的尊重和敬仰。

张 洪
2020 年 3 月 16 日于成都

名家推荐一

走向大律师的过程,不仅仅是执业水平不断提高的过程,更是道德水准、职业操守、价值观和法治精神不断提高的过程。大律师之"大",因此更呈现于综合素养之高,信仰境界之高,坚韧不拔的精神之高。读张洪的著作,让我看到了一个律师不断提升自我、超越自我、实现自我的过程。在中国,这样的大律师不是太多,而是太少。期待这本书能让更多有志于中国法治进步的年轻律师得到深刻启发,一步步实现从年轻律师到大律师的价值蜕变。今日中国,多一个大律师,就多一份公平正义。大律师站在哪里,哪里便是真正的正义中国,哪里便代表着真正的正义中国。

——曹保印(著名品牌传播与危机处理专家)[1]

---

[1] 曹保印,知名作家,曾任《新京报》传媒研究院总监、《新京报传媒研究》执行主编、首席编辑、首席评论员。中央电视台、中央人民广播电台、中国国际广播电台、北京电视台等多家权威媒体特约评论员、主持人;2015年度百名华人公共知识分子;2010年度中国十大最有影响力新闻评论员。

名家推荐二

侠之大者,为国为民
——隆重推荐张洪大律师呕心力作《走向大律师》

古往今来,法律都被视作维护国家稳定的有力武器。古人讲:"国无常强,无常弱。奉法者强则国强,奉法者弱则国弱。"无论什么国家,只有颁布法令,且能够保证法令得到执行,这样的国家才能够得到治理。

律师作为法律的践行者,有责任更有义务为全社会提供法律帮助,以维护法律的正确实施,维护国家、集体的利益和公民的合法权益。

我国古代思想家管仲说:"法者,所以兴功惧暴也;律者,所以定分止争也;令者,所以令人知事也。"

有人说,律师的工作同医生有类似的地方。不同的是,医生拯救的是人的生命健康权,而律师拯救的则是人的人格和尊严的权利。

还有人说,律师就是当代的"侠客",古代侠客身上的"侠义"精神,在当代律师的身上几乎全有。古代侠客的使命是惩恶扬善和除暴安良,当代律师的使命是维护正义和守望法律。唯一有区别的是,古代侠客手中的剑是有形的,而当代律师手中的"法律之剑"是无形的。律师的责任,往小了说,是维护当事人的合法权益;往大了说,是推动我国法治建设,促进全社会稳定与和谐。

"侠之大者,为国为民。"相信每一位律师心目中都有一个"侠客梦",今天我要为大家推荐一位我结识已久、心中始终装着"侠客梦"大律师。

他就是——四川高扬律师事务所的高级合伙人、常务副主任张洪大律师。和张洪律师结识，缘于经常在网络上看到他撰写的法治时评和法律评析，其文笔一针见血，常常能够点出法律问题的关键，戳到痛处，不留情面。就像犀牛的角一样尖锐。

读张洪律师的文章，你会发现，他既善于把复杂的案情梳理得通俗易懂，又善于把枯燥乏味的法律知识解读的喜闻乐见，使得普法工作"润物细无声"。让读者既了解了案情的来龙去脉，也领会了案例中的基本法律常识。

和张洪律师联系更密切，是自从他担任《中国商报·法治周刊》的顾问律师以来。他任劳任怨和不遗余力的为编辑部提供各种法律咨询服务和原创普法稿件，为周刊的茁壮成长奠定了浓厚的法律基础和读者基础。

张洪大律师坚守的"穷则独善其身，达则兼济他人"的价值观，正是吾辈学习的榜样。他不单是四川高扬律师事务所的高级合伙人、常务副主任，他还是高扬律师事务所党支部的书记、中国法学会的会员、全国多家媒体的特约评论员、顾问律师和法律专家等，他还在四川省律协、成都市律协专业委员会担任职务，他更是连续多年获得四川省和成都市的优秀律师荣誉称号等社会荣誉。

张洪律师执业近30年来，处理各类法律事务及承办案件逾千件，其实践经验丰富、工作严谨、精益求精、重诺守信，是一位值得信任的大律师。

欣闻张洪律师在纷繁的日常法律事务中，加班加点把自己从事律师职业以来的所感、所想、所悟，总结成书《走向大律师》，从如何成为一名合格的执业律师，到人际交往心理学在律师职业中的运用、职业律师应当掌握的说话技巧、执业律师应当掌握的写作技巧、执业律师应当掌握的咨询接待谈案报价技巧、执业律师的定位与专业化、执业律师的营销技巧、执业律师的礼仪、中国律师的前世今生、如何走向大律师等内容，共十个章节，内容详尽、干货颇多，可以说是张洪律师把从事律师职业近30年来的工作经验，毫无保留地奉献给了全社会。足以看出张洪律师深厚的法律情怀和侠义之心。

通览全书，笔者认为，阅读和学习此书，有利于年轻律师和即将踏入律师"大部队"的青年才俊，在依法治国的道路上，少走弯路，少吃苦头，节省时间，多学实务。为我们的国家在依法治国的道路上行稳致远，添砖加瓦，贡献自己的智慧和力量。

笔者认为，此书必将引起年轻律师的关注和厚爱；此书一定可以指导律师行业里的"新兵"，一步一个脚印，厚积薄发，逐步成长为新时代的大律师。

《中国商报·法治周刊》记者、主编 李海洋

目 录
CONTENTS

一名好律师的标准不能拿钱来衡量 ………………………………… 1
律师应当遵守必要的职业礼仪 …………………………………… 3
名符其实的律师成长百科全书 …………………………………… 5
走向大律师　自序 ………………………………………………… 7
名家推荐一 ………………………………………………………… 12
名家推荐二 ………………………………………………………… 13

第一章　如何成为一名合格的执业律师 …………………………… 1
　一、律师资格的取得 …………………………………………… 1
　二、熬过实习期就成功了一半 ………………………………… 8
　三、实习律师如何寻找合适的指导律师 …………………… 17
　四、实习律师应当如何实习 ………………………………… 24
　五、实习律师如何顺利通过面试考核 ……………………… 31
　六、律师入行从助理做起 …………………………………… 40
　七、如何做好律师助理 ……………………………………… 45
　八、你希望成为什么样的律师 ……………………………… 52
　九、怎样寻找适合你的律师事务所 ………………………… 60
　十、怎样成为一名合格的律师 ……………………………… 65

1

第二章　人际交往心理学在律师职业中的运用 …… 68
- 一、心方人圆、绵里藏针 …… 69
- 二、律师不宜心理卷入程度过高 …… 71
- 三、能而有度、不争为上 …… 76
- 四、执业律师应重视的马太效应 …… 81
- 五、多看效应在律师职业中的运用 …… 85
- 六、执业律师应当重视标签效应 …… 89
- 七、运用好"安慰剂效应"有助于谈判成交 …… 94
- 八、掌握聆听技巧促成谈判交易 …… 101
- 九、"首因效应"从入眼到入心 …… 108
- 十、拜访客户的十大金科玉律 …… 115

第三章　执业律师应当掌握的说话技巧 …… 122
- 一、与人交流因人而异 …… 122
- 二、注意说话对象不同的交流技巧 …… 127
- 三、把握说话的时机和客户的需求 …… 131
- 四、以理服人、以情融情 …… 135
- 五、不可忽视声音的作用 …… 142
- 六、克服恐惧保持自信 …… 146
- 七、律师应该从口才到全才 …… 152
- 八、说好第一句话的技巧 …… 157
- 九、谦虚做人谨慎说话 …… 164
- 十、让对方知道律师在说什么 …… 167
- 十一、辩论要抓住情感弱点 …… 172
- 十二、说话要有逻辑 …… 175
- 十三、反驳应当铿锵有力 …… 177

第四章　执业律师应当掌握的写作技巧 …… 181
- 一、文章改变命运 …… 181

二、不可忽视文字的作用 …………………………………… 184
三、律师法律文书写作的重要性 …………………………… 185
四、律师法律文书写作的特点 ……………………………… 189
五、律师法律文书写作的基本要求 ………………………… 193
六、不可忽视律师法律文书的写作受体 …………………… 200
七、为何要站在法官的立场制作法律文书 ………………… 206
八、律师法律文书制作的步骤 ……………………………… 210
九、民事诉状的写作技巧 …………………………………… 215
十、如何制作民事答辩状 …………………………………… 223
十一、如何制作律师代理词 ………………………………… 226
十二、辩护词的写作技巧 …………………………………… 234
十三、律师函的功能、作用和制作技巧 …………………… 253

第五章 执业律师应当掌握的咨询接待、谈案、报价技巧 …… 271
一、是否应该拒绝免费法律咨询 …………………………… 272
二、如何有效拒绝免费法律咨询 …………………………… 275
三、如何有效接待法律咨询 ………………………………… 280
四、解答法律咨询注意事项 ………………………………… 286
五、"望、闻、问、切"在律师谈案中的运用 …………… 295
六、执业律师谈案报价技巧 ………………………………… 300
七、律师在谈案报价时需要考虑的影响因素 ……………… 309
八、执业律师的报价时机和报价方式 ……………………… 313
九、律师在收费谈判中如何定价 …………………………… 319
十、为何客户会选择出价高的律师 ………………………… 324
十一、原则谈判在律师谈案、报价中的运用 ……………… 328

第六章 执业律师的定位与专业化 …………………………… 337
一、执业律师的定位 ………………………………………… 337
二、执业律师为什么要定位 ………………………………… 339

三、执业律师定位的必要性与迫切性……………………………… 340
　　四、执业律师如何定位 ……………………………………………… 343
　　五、执业律师定位的误区 …………………………………………… 347
　　六、执业律师不是当事人的工具或雇员…………………………… 347
　　七、新晋律师专业定位的重要性 …………………………………… 348
　　八、朱树英谈律师专业化 …………………………………………… 351
　　九、律师专业化是市场的需要……………………………………… 355
　　十、专业化与团队化 ………………………………………………… 358
　　十一、执业律师如何实现专业化…………………………………… 363
　　十二、关于律师专业化问题的若干思考…………………………… 365

第七章　执业律师的营销技巧 ……………………………………… 371
　　一、执业律师为什么要营销………………………………………… 371
　　二、执业律师如何有尊严地展业…………………………………… 375
　　三、两则故事对律师营销的启发…………………………………… 378
　　四、执业律师的写作营销 …………………………………………… 382
　　五、律师研讨会营销的技巧 ………………………………………… 384
　　六、执业律师授课式营销 …………………………………………… 388
　　七、执业律师的网络营销技巧……………………………………… 390
　　八、执业律师的网站营销技巧及注意事项………………………… 393
　　九、执业律师社区营销 ……………………………………………… 396
　　十、执业律师的营销定位 …………………………………………… 399

第八章　律师的职业礼仪 ……………………………………………… 403
　　一、律师礼仪，细节决定成败……………………………………… 403
　　二、律师要学会先尊重别人 ………………………………………… 406
　　三、建立和谐人际关系的三个必备因素…………………………… 408
　　四、谦辞敬语不可少 ………………………………………………… 410
　　五、执业律师应当学会控制情绪…………………………………… 413

六、养成替客户着想的好习惯 ················· 415
七、执业律师微笑的价值 ····················· 418
八、执业律师应当培养仔细倾听的能力 ········· 421
九、仪表是执业律师的门面 ··················· 421
十、女律师要懂得投资自己 ··················· 424
十一、女律师的服饰及搭配礼仪 ··············· 426
十二、男律师要培养自己的风度 ··············· 428
十三、执业律师的服饰礼仪 ··················· 430
十四、执业律师的站姿礼仪 ··················· 432
十五、执业律师的坐姿礼仪 ··················· 434
十六、执业律师的行姿礼仪 ··················· 436
十七、执业律师的见面礼仪 ··················· 438
十八、执业律师的名片礼仪 ··················· 442
十九、执业律师的交谈礼仪 ··················· 443
二十、执业律师的办公室拜访礼仪 ············· 448
二十一、执业律师宾馆与居室拜访礼仪 ········· 451
二十二、执业律师需注意的用餐礼仪 ··········· 455
二十三、律师需要注意的酒水饮用礼仪 ········· 458
二十四、执业律师与法官相处的礼仪 ··········· 461
二十五、执业律师与检察官相处的礼仪 ········· 465
二十六、执业律师与警察相处的礼仪 ··········· 468
二十七、执业律师与同行相处的礼仪 ··········· 471
二十八、执业律师与客户相处的礼仪 ··········· 474

第九章 走向大律师 ························· 480
一、克服自卑提升自信 ······················· 480
二、如何做一个受人尊重的律师 ··············· 483
三、如何完成一场精彩的演讲 ················· 488
四、如何打造自己的品牌 ····················· 493

五、律师担任常年法律顾问的价值和作用 …………………………… 497

六、律师风险代理需谨慎 …………………………………………… 500

七、执业律师应当重视执业风险防范 ……………………………… 504

八、律师执业风险防范技巧 ………………………………………… 511

九、执业律师的刑事风险 …………………………………………… 518

十、律师参与化解信访案件应注意的问题 ………………………… 521

十一、律师当"官"功在当代、利在千秋 ………………………… 523

十二、身为律师不要辜负这个伟大时代 …………………………… 525

第十章 中国律师的前世今生 ……………………………………… 528

一、中国律师的"祖师爷" ………………………………………… 528

二、中国律师第一人 ………………………………………………… 530

三、中国律师制度及历史沿革 ……………………………………… 533

四、中华人民共和国的律师制度及其发展 ………………………… 537

后　记 ………………………………………………………………… 543

CHAPTER 1 第一章
如何成为一名合格的执业律师

【阅读提示】

律师是一份很严肃的工作,也是一个具有挑战性的职业,让人羡慕、敬佩、崇拜,但取得了律师资格并不一定能成为一名合格的律师,更不是每一个律师都能成为"大牌"。万丈高楼平地起。律师职业也是一样,需要经过实习,经历苦难,还得参加面试考核。如何进行实习,如何选择指导律师,如何选择律师事务所,如何应对实习面试考核,这些都是非常重要的基础问题。对此作者逐一进行了介绍,能够很好地帮助实习律师、青年律师成为一名合格的执业律师。

一、律师资格的取得

律师颂
——胡乔木

你戴着荆棘的王冠而来,
你握着正义的宝剑而来。
律师,
神圣之门又是地狱之门,
但你视一切险阻诱惑为无物。
你的格言:
在法律面前人人平等,
唯有客观事实,才是最高的权威。

1986年7月，第一届全国律师代表大会召开，被誉为"中共一支笔"的胡乔木同志给律师写下了这首诗。胡老的这首诗在律师行业被广泛引用，具有非同一般的意义。从这首诗中不难看出，胡老对律师给予了非常高的评价，也寄予律师很高的期望，同时对律师的生存状况也非常理解与同情。律师虽然戴着王冠握着正义的宝剑，虽然很神圣，但荆棘一词也揭示了律师执业道路的艰险，地狱一词更是预示着风险。当然，不仅如此，律师资格的考试也是不一般的，要当律师资格考试是第一关。

1986年我国就开始了律师资格考试，但是如何报名参加考试很多人全然不知。20世纪90年代初笔者取得法律专科学历，想做一名律师，却苦于没有门道，不知该从什么地方下手。幸好通过亲友引荐，开启了我的律师之门。

◇律师资格考试

要想成为一名律师，就有必要了解一下如何才能取得律师资格，要掌握成为律师的首要通到才行，否则入不了门，一切都是徒劳。如何才能成为一名律师，首先需要解决的是律师资格的取得问题。取得了律师资格，才能成为一名律师。过去取得律师资格有两个途径：一个是通过全国考试取得资格，另一个是通过法定程序考核授予资格。不过通过考核程序授予资格这个途径一般很难走得通，并不是想象的那么简单。现行《律师法》已经不再保留授予资格的途径了，根据该法第5条规定申请律师执业，应当"通过国家统一法律职业资格考试取得法律职业资格"。

说到律师资格考试，就不得不说说我国的律师资格考试制度。我国律师制度恢复之后的第一次全国律师资格考试始于1986年，全国律师资格考试为我国律师行业遴选了一大批法律专业人才，他们在执业中努力依法维护当事人的合法权益，努力维护法律的正确实施，为我国民主与法制建设作出了应有的贡献。

从1986年开始的律师资格考试制度一直持续到2001年，直到2002年律师资格考试取消，律师、法官、检察官和公证员的职业资格的考试合并为国家司法考试，简称"司法考试"，即"司考"。

司法考试从2002年到2017年历时16年，2018年国家司法考试又改为了国家统一法律职业资格考试，简称"法考"。这一改革，不只是律师、法官、检察官、公证员需要通过该考试，从事行政处罚决定审核、行政复议、行政裁决的工作人员,以及法律顾问、法律类仲裁员也需要参加并通过考试才能取得执业资格。

始于1986年的律师资格考试由国家举行,以法律专业知识为考试内容,允许具备一定资质条件的人员报考,旨在测试参试人员的法学专业知识水平,成为律师行业遴选法律专业人才的国家专业考试。全国律师资格考试每年举行一次,由司法部负责举办,各省、自治区、直辖市的司法行政机关负责实施。考试实行统一命题、统一考试、统一评卷、统一录取,考试合格的人员由司法部授予律师资格证书。

1996年《律师法》第6条规定:"国家实行律师资格全国统一考试制度。具有高等院校法学专科以上学历或者同等专业水平,以及高等院校其他专业本科以上学历的人员,经律师资格考试合格的,由国务院司法行政部门授予律师资格。律师资格全国统一考试办法,由国务院司法行政部门制定。"该法第7条规定:"具有高等院校法学本科以上学历,从事法律研究、教学等专业工作并具有高级职称或者具有同等专业水平的人员,申请律师执业的,经国务院司法行政部门按照规定的条件考核批准,授予律师资格。"第8条规定:"拥护中华人民共和国宪法并符合下列条件的,可以申请领取律师执业证书:(一)具有律师资格;(二)在律师事务所实习满一年;(三)品行良好。"

也就是说,就算取得了律师资格,还不能从事律师执业,还必须取得"律师执业证书"。当然,取得了律师资格证书也不是就必然可以或者说能够取得律师执业证书。要取得律师执业证书,需要符合1996年《律师法》第9条规定的条件,有下列情形之一的,不予颁发律师执业证书:

(1)无民事行为能力或者限制民事行为能力的;

(2)受过刑事处罚的,但过失犯罪的除外;

(3)被开除公职或者被吊销律师执业证书的。

1996年《律师法》规定律师资格证书和律师执业证书取得条件和程序、要求,自1997年1月1日起,一直沿用到2002年。

对于通过考核取得律师资格的程序,根据《律师法》规定,考核授予律师资格应根据社会发展的需要和律师队伍发展的情况,严格按照规定的条件和程序进行,认真把关,确保律师质量。省、自治区、直辖市司法厅(局)负责对申请人的考核和有关材料的审查工作,司法部负责律师资格的审批授予。司法部和省、自治区、直辖市司法厅(局)分别成立"律师

资格审查委员会""律师资格审查小组",具体负责有关工作。有下列情形之一的,不予授予律师资格:

(1) 受过刑事处罚的,但过失犯罪的除外;
(2) 被开除公职或被吊销律师执业证的;
(3) 无民事行为能力或者限制民事行为能力的;
(4) 伪造证明材料申请考核授予律师资格的;
(5) 其他不适宜从事律师职业的。

1996年《律师法》对律师的定义和职责是:"本法所称的律师,是指依法取得律师执业证书,为社会提供法律服务的执业人员。"

◇ **国家司法考试**

2001年《律师法》第一次修订,这次的修订将"律师资格考试"修改为"国家司法考试",《律师法》要求报考人员一般应当是:"具有高等院校法律专业本科以上学历,或者高等院校其他专业本科以上学历具有法律专业知识的人员",只有对放宽地区才许可专科学历人员报考。而这次修改对通过考核程序授予资格的要求没有变化。

国家司法考试在废除律师资格考试后,从2002年3月起开始举办,它将"律师资格考试""初任法官资格考试"和"初任检察官资格考试"这三种考试合而为一,并于当年取消了这三项独立的考试项目。这次改革,要求本科或以上学历的人员才可报名参加考试。

因此,从2002年起我国确立了国家司法考试制度。国家司法考试是中华人民共和国司法部依据《法官法》《检察官法》《律师法》《公证法》和《国家司法考试实施办法》的有关规定设立的法律类职业证书考试,担任律师、法官、检察官和公证员必须通过国家司法考试。

国家司法考试每年的通过率一般占全国考生人数的10%左右,考试主要测试内容包括:理论法学、应用法学、现行法律规定、法律实务和法律职业道德。考试实行全国统一命题和评卷,成绩由中华人民共和国司法部国家司法考试办公室公布。考试成绩一次有效,通过国家司法考试的人员,由中华人民共和国司法部统一颁发相关证书,可以从事律师、法官、检察官和公证员的工作。

国家司法考试以中华人民共和国司法部制定并公布的《国家司法考试大纲》为准,考试采用闭卷的方式。考试分为四张试卷,每张试卷分值为

150分,四卷总分为600分。试卷一、试卷二、试卷三为机读式选择试题,试卷四为笔答式案例分析、法律文书、论述试题。

普通高等学校应届本科毕业生可以报名参加国家司法考试。持我国香港、澳门、台湾地区或者国外高等学校学历学位证书报名的,其学历学位证书须经教育部留学服务中心认证,符合报考学历学位条件的,可以报名参加国家司法考试。但因故意犯罪受过刑事处罚的、曾被国家机关开除公职或者曾被吊销律师执业证、公证员执业证的、被处以2年内不得报名参加国家司法考试期限未满或者被处以终身不得报名参加国家司法考试的、提供虚假证明材料或者以其他形式骗取报名的,不得报名参加国家司法考试,已经办理报名手续的,报名无效。国家司法考试一般确定在每年9月的第三个周末举行。

2007年《律师法》修订,这次修正对律师的定义和职责进行了修改。该法第2条规定:"本法所称律师,是指依法取得律师执业证书,接受委托或者指定,为当事人提供法律服务的执业人员。律师应当维护当事人合法权益,维护法律正确实施,维护社会公平和正义。"

2012年《律师法》进行了第二次修正,这次修正没有涉及律师资格取得以及律师执业证取得条件和程序的变化。

◇ **国家统一法律职业资格考试**

2017年《律师法》进行了第三次修正,国家司法考试从2002年开始持续到2017年,2017年是我国司法考试的最后一年。这次修改,将"国家司法考试"改为了"国家统一法律职业资格考试",即将"司法考试"改为"法律考试",简称"法考"。

国家统一法律职业资格考试是司法部主办的法律职业资格考试,是在原来的司法考试基础上改革而成的职业资格考试,应考人员范围从原来的四类扩大到九类。因此,从2018年开始,不只是律师、法官、检察官、公证员需要通过该考试,从事行政处罚决定审核、行政复议、行政裁决的工作人员,以及法律顾问、法律类仲裁员也需要参加并通过"国家统一法律职业资格考试"。

2018年是中国首次举行国家统一法律职业资格考试,即首届"法考"。考试报名总人数60余万人,实际有47万余人参加考试。与2017年的国家司法考试"收官"之考相比,"法考"首场考试参考率上升了2.54%。首次"法考"分为客观题考试和主观题考试两阶段,2018年9月22日,第一阶段考试为客观题考试;2018年10月20日,第二阶段考试为主观题考试。只有通过客观题考试的考生,才可参加第二阶段的主观题考试。

2018年4月25日,《国家统一法律职业资格考试实施办法》(以下简称《办法》)经司法部部务会议审议通过并公布实施。根据该《办法》规定,国家统一法律职业资格考试是国家统一组织的选拔合格法律职业人才的国家考试,初任法官、初任检察官,申请律师执业、公证员执业和初次担任法律类仲裁员,以及行政机关中初次从事行政处罚决定审核、行政复议、行政裁决、法律顾问的公务员,应当通过国家统一法律职业资格考试,取得法律职业资格,国家统一法律职业资格考试由司法部负责实施。

根据规定,符合以下条件的人员,可以报名参加国家统一法律职业资格考试:

(1) 具有中华人民共和国国籍;

(2) 拥护中华人民共和国宪法,享有选举权和被选举权;

(3) 具有良好的政治、业务素质和道德品行;

(4) 具有完全民事行为能力;

(5) 具备全日制普通高等学校法学类本科学历并获得学士及以上学位;全日制普通高等学校非法学类本科及以上学历,并获得法律硕士、法学硕士及以上学位;全日制普通高等学校非法学类本科及以上学历并获得相应学位且从事法律工作满3年。

有下列情形之一的人员,不得报名参加国家统一法律职业资格考试:

(1) 因故意犯罪受过刑事处罚的;

(2) 曾被开除公职或者曾被吊销律师执业证书、公证员执业证书的;

(3) 被吊销法律职业资格证书的;

(4) 被给予2年内不得报名参加国家统一法律职业资格考试(国家司法考试)处理期限未满或者被给予终身不得报名参加国家统一法律职业资格考试(国家司法考试)处理的;

(5) 因严重失信行为被国家有关单位确定为失信联合惩戒对象并纳入国家信用信息共享平台的;

(6) 因其他情形被给予终身禁止从事法律职业处理的。

有前款规定情形之一的人员,已经办理报名手续的,报名无效;已经参加考试的,考试成绩无效。

法考的具体考试时间和相关安排在举行考试的三个月前向社会公布，实行全国统一命题，考试的内容和命题范围以司法部当年公布的《国家统一法律职业资格考试大纲》为准，每年举行一次，分为客观题考试和主观题考试两部分，综合考查应试人员从事法律职业应当具有的政治素养、业务能力和职业伦理。应试人员客观题考试成绩合格的方可参加主观题考试，客观题考试合格成绩在本年度和下一个考试年度内有效。考试实行纸笔考试或者计算机化考试，实行全国统一评卷，统一确定合格分数线，考试成绩及合格分数线由司法部公布。

该《办法》实施前已取得学籍（考籍）或者已取得相应学历的高等学校法学类专业本科及以上学历毕业生，或者高等学校非法学类专业本科及以上学历毕业生并具有法律专业知识的，可以报名参加考试。国家可以在一定时期内对艰苦边远和少数民族地区的应试人员在报名学历条件、考试合格标准等方面适当放宽，对其取得的法律职业资格实行分别管理，具体办法由国家统一法律职业资格考试协调委员会确定。

在民族自治地方组织国家统一法律职业资格考试，应试人员可以使用民族语言文字进行考试。香港特别行政区、澳门特别行政区永久性居民中的中国公民和台湾地区居民参加法考，适用该《办法》规定。现役军人参加法考的具体规则，由司法部会同中央军委政法委员会另行规定。法考的其他政策规定，经国家统一法律职业资格考试协调委员会确定后，在年度国家统一法律职业资格考试公告中公布。

因此，从2018年起，该《办法》实施前已取得学籍（考籍）或者已取得相应学历的高等学校法学类专业本科及以上学历毕业生，或者高等学校非法学类专业本科及以上学历毕业生并具有法律专业知识的，还是可以继续报名参加考试的。而在这个《办法》实施后取得学籍（考籍）的，只有"具备全日制普通高等学校法学类本科学历并获得学士及以上学位；全日制普通高等学校非法学类本科及以上学历，并获得法律硕士、法学硕士及以上学位；全日制普通高等学校非法学类本科及以上学历并获得相应学位且从事法律工作满三年"的人员才有报名参加考试的资格。从考试报名的资格来看，实行的是"老人老办法，新人新办法"。

2018年9月22日开考的客观题考试是首次在全国实行计算机化考试，全国考点总数为916个，全国考场总数为10 748个，首场考试参考率为77.89%，比2017年上升了2.54%。同时，为让有视障的考生能参加考试，司法部会同技术服务公司研发了一种语音考试辅助系统，2018年已有8名视障考生报名参加考试。据四川省人民政府网站消息，全国首届法考四川省有8400人报名参加主观题考试，最终有8297人参考，参考率达98.77%，彻底改变了原国家司法考试弃考率较高的现象。简单地说，报考条件发生了变化，很多人就丧失了报考资格，报名人数也就会有所变化。

取得国家统一法律职业资格考试成绩合格，就相当于取得了初任法官、初任检察官、申请律师执业、公证员执业和初次担任法律类仲裁员，以及行政机关中初次从事行政处罚决定审核、行政复议、行政裁决、法律顾问的公务员的先决条件，即专业资格。

参加国家统一法律职业资格考试，取得合格成绩，拿到了国家统一的法律职业资格，这个时候就可以申请律师实习了。实习律师经过在律师事务所的实习，并经律师事务所鉴定，当地律协考核合格的，才能申请律师执业证书。只有取得了律师执业证书，才算得上是一名真正的执业律师。

二、熬过实习期就成功了一半

在人们心目中，律师一般都具有潇洒的风度，高雅的气质，沉稳的步态，得体的打扮。或许一说到律师，人们脑海里就会出现港剧、美剧里穿着律师袍、带着假发，在法庭上自由走动、手舞足蹈、慷慨激昂地帮当事人洗清冤屈、开脱罪名的高大、光辉、威猛、英俊、潇洒的形象；或许是要颜值有颜值，要钱有钱的社会精英。大家知道的只是律师资格考取有多难，律师职业多么高大上，而对于实习律师，对于律师取得资格后的这一年实习期，很多人却不知道其中的艰辛。

律师资格的取得相当不容易，绝对上是高难度动作，那真是没有三个六月四个夏，确实不行的。考取律师资格既是一种磨炼，也是一种挑战。但是，要想成为一名真正的律师，取得律师资格是远远不够的，还必须经过一年漫长、艰难、痛苦、让人想打退堂鼓般、非常难熬的实习期。一年时间看似不长，但也不算短，特别是身处实习期会让人觉得非常漫长。

◇人生的价值并不是用时间来衡量的

人生的价值并不是用时间来衡量的，而要用深度来衡量。为了实现人生价值，其实一年也不算什么。一个人，只要有了信念，有了追求，什么艰难困苦都是愿意忍受的，也是能够忍受的。古人常说："吃得菜根，则百事可做。"忍耐是人最基本的生存智慧，忍得难忍之事，战则无往不胜。遗憾的是，对于实习律师的这一年，实际上很多人是浪费了的，收获并不大。

笔者也经历过一年的实习期，后来还是成都市律师协会申请律师执业人员面试考官，自己也带过不少的实习律师，看到过他们的成长，知道他们是怎么过来的。对于实习律师，有人认为"他们是被压榨却不敢反抗的最底层的'法律民工'，他们也是怀抱法律梦想却被现实摧残的法律新人"。对于这个观点，笔者不是很赞同。在笔者看来现阶段实习律师实际上是干不了什么事情的，也就产生、发挥不了太大的价值，被压榨的说法值得思考或商榷，实习律师不能抱有这样的想法。至于说"摧残"，笔者认为这也有点夸张，与其说是"摧残"，不如说是磨炼。只有创造，才能真正地享受；只有努力拼搏，才会有充实的人生。人生的态度，因人而异，千差万别，勤则富、惰则穷。只有勤奋进取，人生才会精彩，家庭才会富有，生命才有意义。

事实上，艰难的通过了号称"中国第一考"的法考，取得了律师资格证（国家统一法律职业资格证），满以为可以轻轻松松的做一名名正言顺、扬眉吐气、高大上的执业律师了，满以为自己是精英中的精英，人中龙凤，终于可以出人头地了，但是兴致勃勃的办完种类繁多的手续，填写各种各样的申请表格、证明，还得很不情愿地到当地律协交齐各种材料，耐心地等待通知领取《预备会员证》或者《实习证》，拿到这个《预备会员证》或者《实习证》，还不能说自己就是一名律师了，此时只能算得上是一个实习律师。因此，通过考试并不意味着就已经成为一名执业律师，更不意味着你就能胜任律师这份工作。要想成为一名真正的执业律师，还必须要经历一年漫长和痛苦的实习期。

这一年里，有的实习律师能学到货真价实的东西，有的实习律师实际上是一无所获，白白浪费了一年时光，有的律师通过实习培训、实习鉴定、实习考核，他们在指导律师的帮助、带领下完成实习任务，实习期满通过考核后，就可以取得律师执业证。但是，不少的实习律师，尽管经历了漫长的实习期，最后他们还是不能取得律师执业证，不能顺利的成为执业律师，有的中途放弃了，有的转行了，还有的被延期执业了。据笔者所知，某地律师协会有一位申请律师执业的实习律师，面试了五次都没有通过，还有实习律师因为面试的问题状告律师协会和当地司法局。所以，不是说只要把一年的实习期混满、混过就可以取得律师执业证。有一位实习律师说:"这一年,是最难熬的一年","以为要在春天的气候里撸起袖子加油干的时候,却未曾料到一转身来到了寒冬"。

◇实习律师,实习难

"实习律师,实习难。"这是我自己的认识。为什么我说实习律师,实习难,有这几点理由:

第一,很多律师事务所不愿意接收实习律师,就连刚拿到律师执业证的律师他们都不接收。由于新的《民事诉讼法》第58条规定:"当事人、法定代理人可以委托一至二人作为诉讼代理人。下列人员可以被委托为诉讼代理人:(一)律师、基层法律服务工作者;(二)当事人的近亲属或者工作人员;(三)当事人所在社区、单位以及有关社会团体推荐的公民。"根据这个规定,只有上述几种类型的人员才能代理诉讼。实习律师不是律师,也不是基层法律服务工作者,显然不能代理案件。当事人的近亲属需要亲属关系证明,当事人的工作人员需要劳动合同,有的法院还需要社保卡或者社保缴费凭证,至于社区、单位、社会团体推荐的人,这就更麻烦了,一般情况下谁都不愿意自己找麻烦。因此,实习律师代理不了案件,挣不了钱,一些律师事务所认为实习律师是负担、是拖累,所以根本不愿意接收实习律师。

当然,实习律师不能独立代理案件,不能以代理人的身份出现,这个也是一个容易让大家忽视的问题。一些实习律师在律师事务所的出庭函和委托书上以代理人的身份出现,法院的裁判文书上的身份也是代理人,这是不符合法律规定的,在实习期满的面试考核中容易被延期,需要引起重视。

为什么有的律师事务所对拿到执业证的新晋律师也不接收呢?这或许与律师事务所的管理制度有关,新晋律师刚出道不一定就有业务,养活自己或许还存在困难,所以认为律师事务所创收不太现实。但是,律师事务所每年缴纳的年检费用却是与律师的人数有关的,虽然律师协会对刚执业的律师免收年检费用,但是这个人数的增加会加重律师事务所的负担,这是很多人不知道或者说没有注意到的。换句话说,会增加律师事务所的管理及运营成本。笔者曾经指导过一个实习律师,实习合格后,因为她取得的是C证,不能在我们律师事务所执业,按照规定她只能回到她户籍所在的县城申请执业。遗憾的是县城仅有的几家律师事务所都不愿意接收新人，她险些被拒之门外。最后，通过努力，答应在某个律师事务所五年之内不得转所，才被接收。据了解，这并不是个例。

第二，实习律师很少有工资，更不要说缴纳社会保险。实习期基本上没有收入，生活、房租都是问题，这是不争的事实，也是现实。但是，大学毕业已经参加工作，当实习律师了，还好意思向父母伸手要钱吗？父母含辛茹苦把自己拉扯长大，好不容易盼到了当上实习律师，在律师事务所找到一份工作，还要父母养着，这难道不痛苦吗？对律师事务所而言，实习律师不但不能为律师事务所挣钱，还得占用律师事务所的公共资源，不要说给实习律师发工资，不收实习律师的实习费、管理费（挂靠费）都算不错了。

这些问题实实在在地摆在面前，不得不正视，就算有些律师事务所给实习律师发工资，可是他们领的也是最低工资，绝大多数是无薪的。据悉北京、四川等地的一些律师事务所不但要求实习律师缴纳一定的管理费，还得自己缴纳社会保险，无论是单位缴纳部分还是个人缴纳部分，都得自己交，这样的实习期是不是非常痛苦、难熬？

笔者是过来人，很理解实习律师的处境，最关键的是经济困境。曾经笔者所在的某律师事务所虽然接收实习律师，但是没有基本工资，只同意实习律师挂靠实习。笔者很想尝试新的律师事务所人才培养机制，想自己从实习律师开始培养、留住人才，于是自己掏钱给实习律师补助，虽然一个人一个月不多，只有1500元至2000元，但是笔者同时带着几个实习律师，除了补助外，很多费用都是笔者个人承担，多的时候一个月供着五六个实习律师，掏心掏肺地指导，经常组织大家学习、研讨案例，到头来却费力不讨好。律师事务所有人眼红，有人看笑话，还有人直接说笔者显摆，更有人说笔者没有去当老师是人生的一大憾事。总之，支持者寥寥无几。

尽管如此，笔者还是坚持了一段时间。遗憾的是，虽然当年自掏腰包带出来的实习律师有的当了法官、上市公司高管、律师事务所主任、青年律师领军人物等，但是却很少收到他们的问候短信、电话，就算微信聊天如此便捷，也没有收到几个问候，让人倍感凄凉。这也是不少律师不愿意带实习律师的原因之一。

老律师不愿意带实习律师，很多律师不愿意教学生，这是一件很痛苦的事情。一些实习律师大学毕业，具有本科学历、硕士、博士学位，还考取了律师资格，自以为很了不起，结果一旦涉及实践，便感觉在学校里学的很多东西实际上根本派不上用场，理论与实践相差甚远。他们根据书本的理论知识辛辛苦苦写好的法律文书，结果被指导律师全盘否定，一份法律文书经常被修改得面目全非，原来在学校里学到的法学理论知识以及通过法考后的自信被洗刷得一干二净。

然而，对于老律师或者指导律师来说，指导一位刚从学校毕业的实习律师实际上比自己办理案件还辛苦。在花费的心思和时间、精力上，指导实习律师远远没有自己亲自动手来得快。而且，实习律师一不小心就会给指导律师带来"灭顶之灾"，案件可能会全盘皆输，无可挽回，弄不好还要承担赔偿责任。所以，很多律师不愿意指导实习律师，更不要说提供补助。还有律师认为"教会徒弟，饿死师傅"，不愿意授人以渔，这就是残酷的现实。

◇能找到一位愿意带实习生的律师是一种缘分

笔者经常告诉实习律师："如果有律师愿意带，这是你的福分，也是你的缘分，一定得好好珍惜。"遇到有律师邀请帮忙整理材料、草拟法律文书、帮忙立案、拿传票、领取资料、补交证据等，只要有机会、有时间，尽量不要推脱，要把握机会，更不要计较得失，有付出就一定会有回报。要记住，这个案件律师费无论多高都和自己没有关系，自己要的是实习机会，这个机会虽然不一定有物质回报，但是通过这种机会，执业律师完全可以教会你办案技巧，提升你的价值。当然，碰上靠谱的或者有爱心的执业律师，或许会视工作情况和实习律师的表现，适当补贴实习律师办案费用。但是，这是一个学习机会，实习律师要的不是补贴，而是得到锻炼和展示自己的机会，只能说有补助当然比没有补助好。因为，实习律师考虑的是给不给补助和给的补助是不是少了，而指导律师想的是实习律师会不会给他添乱，会不会给他增加工作负担和经济负担。

指导律师带实习律师，有的只是挂个名，实习期满还需实习律师自己去面试、考核，一切听天由命。真正的建立师徒关系，培养师徒感情，实习律师虚心、认认真真地学习，指导律师煞费苦心地指导、点拨，真正地做到传帮带，起到一个指导律师作用的并不多见。还有一些律师事务所不会让某一个实习律师完整的跟一个案件，他们是流水作业，你只有机会参与其中的某个部分，对整个流程无法掌握。笔者在担任申请律师执业人员即执业律师面试考官的时候，就多次听到前来参加面试的实习律师如此哭诉。

实习律师在实习期间要是遇到一个真正愿意教授知识，还可以适当支付一些补助的指导律师一定要珍惜，遇到这样的指导律师，实习律师很有福分。笔者带过的实习律师不在少数，当然在笔者的严苛要求下，很多人离开了。可喜的是，他们身边的人或者说他们的新同事大多觉得笔者的这些学生学到了很多东西，笔者的精神他们是领悟到了的。每当听人说起"张洪律师教出来的徒弟就是不一样"的时候，笔者心里非常高兴和自豪。这也是笔者依然愿意带实习生并无私指导的最大动力。

◇梅花香自苦寒来

实习律师要学会忍受歧视和遭遇白眼。星云大师出版过一本叫作《包容的智慧》的书，从中可以真正地领悟到包容的智慧。笔者不是说实习律师就得受歧视，遭遇白眼，而是想说实习律师应该正确对待歧视、白眼，要敢于接受歧视和白眼。当我们遭遇或者面对歧视和白眼的时候，不应该第一个就想到如何对抗，如何守住虚伪的尊严，而是需要思考，"他人为什么对我歧视？他们为什么给我白眼？我应该如何不遭受歧视和不遭受白眼？"这样才会有所收获，才会成长得更快。有道是，愿望是花朵，能力是园丁，实现愿望的过程就是体现能力的过程。愿望无时不有，能力却不是想要就有的，这需要培养和锻炼。

笔者带过一个法学硕士，他在实习期间到成都市××区人民法院立案庭帮当事人缴纳诉讼费，收费窗口的工作人员收费时要查验他的证件，他只好拿出自己的实习律师《预备会员证》。窗口工作人员看他是实习律师，就拒绝他缴费。实习律师不能单独办理案件，不能单独去立案，这个可以理解。立案庭的工作人员说"实习律师不能单独立案"这是司空见惯的事情；庭审时，法官说"实习律师不能坐在代理席上"这也不存在问题，也能够理解和能接受，但仅仅是交纳诉讼费，法院却必须要求是执业律师不可，这着实不妥。而由此可以看出，实习律师就是处在这样一个如此尴尬的地位。

因此，笔者马上安排另外一名持有执业证的律师前往代为缴纳诉讼费。谁知这个律师赶到××区人民法院缴费窗口之后，还是拿出那一张同样的缴费通知书,窗口内也还是同一个工作人员,但这一次他既没有要求看证件,也没有提出任何质疑,而是直接把诉讼费收了。

这让实习律师感觉自己受到了莫大的侮辱和歧视,但是他不敢面对法官发泄。当他回到律师事务所的时候,跟笔者说起他的遭遇,认为自己遭遇到了歧视,法院的居然说他"什么也不是",他非常气愤,开始咆哮起来,把气全部撒到了笔者的身上。不久后他离开了笔者所在的律师事务所,也不再联系,工作中偶尔见面,但已经没了师徒情分。

其实,这是一件非常简单的事情,这考验的是作为实习律师为人处事的应对技巧,没必要与任何人斗气。当然,要不是为了多给他锻炼机会,我就不会让实习律师去缴费。尽管他是实习律师,带有委托文书和律所介绍信,还是会遭遇歧视。为什么大家就不愿意给实习律师一个锻炼的机会呢?

◇实习律师能去立案吗?

2016年4月25日,最高人民法院联络工作办公室答复认为:"从现行诉讼法规定看,起诉应当符合一定条件。其中包括诉讼主体适格,即应当是法律规定的当事人。当事人、法定代表人也可以委托诉讼代理人。以民事诉讼为例,《民事诉讼法》第五十八条规定:下列人员可以被委托为诉讼代理人:(一)律师、基层法律服务工作者;(二)当事人的近亲属或者工作人员;(三)当事人所在社区、单位以及有关社会团体推荐的公民。此处的律师,根据《中华人民共和国律师法》第二条的规定,是指依法取得律师执业证书,接受委托或者指定,为当事人提供法律服务的执业人员。《最高人民法院关于使用〈中华人民共和国民事诉讼法〉的解释》第八十八条第(一)项也规定:'诉讼代理人除根据民事诉讼法第五十九条规定提交授权委托书外,律师还应当提交律师执业证、律师事务所证明材料。'实习律师作为尚未取得律师执业资格正在实习阶段的人员,不能以律师名义进行诉讼活动。但是,实习律师受委托代理律师指派,并持有关手续到人民法院立案窗口递交立案材料等是可以的。"

根据《申请律师执业人员实习管理规则》第23条规定:"律师事务所及实习指导律师不得指使或者放任实习人员有下列行为:(一)独自承办律师业务;(二)以律师名义在委托代理协议或者法律顾问协议上签字,对外签发法律文书;(三)以律师名义在法庭、仲裁庭上发表辩护或者代理意见；（四）以律师名义洽谈、承揽业务；（五）以律师名义印制名片及其他相关资料；（六）其他依法应以律师名义从事的活动。"

对于实习律师是否可以独立到法院进行立案，《申请律师执业人员实习管理规则》中虽然没有予以明确的规定，但立案这项工作要么是当事人去，要么是代理人去，实习律师去立案实际上履行的是代理人的职责，在办理立案手续需要签字时，实习律师怎么办？这就使得实习律师处在一个比较尴尬的位置。虽然网络上有最高人民法院联络办公室给深圳市律师协会的答复，但该文件是由最高人民法院联络办公室的答复，在一定程度上并不具有普适性，各地法院是否接受还很难说，取决于各地法院的态度。

以笔者所在的成都市为例，对于实习律师是否可以到法院立案，成都市各区县法院立案庭有不同的做法。据笔者所知，不少法院对实习律师去立案还是持包容态度的。

就全国而言，对于是否允许实习律师到法院立案也不尽相同。据悉，重庆、山西、陕西等地已经明确规定实习律师可以去法院进行立案。如重庆市高级人民法院2017年出台了《关于进一步保障律师执业权利的若干规定》（渝司发［2017］77号）第7条后半段规定："申请律师执业实习人员可以根据律师需要，凭相关证明材料代为立案、代为提交领取法律文书，与律师一同参加庭审，但不得独立发表辩护、代理意见。"山西省也于2017年7月出台了《山西省依法保障律师执业权利实施细则》，其中第7条后半段规定："申请律师执业实习人员可以根据律师需要，凭申请律师执业人员实习证和律师事务所介绍信代为立案……"因此，对于实习律师能否单独去立案是存在争议的，各地的做法不一致。

◇实习律师并不是无事可做

笔者认为，辩证地讲实习律师在实习期其实是有事情可做的，也是可以去努力争取的。既然给了我们一年的实习期，我们就应该正确对待这个实习期，灵活、高效地运用这个实习期。首先，《申请律师执业人员实习管理规则》第23条规定实习律师不得独自承办律师业务，由此可知在指导律师的指导和带领下，实习律师是可以参与案件的。其次，《申请律师执业人员实习管理规则》规定实习律师不得以律师的名义在委托代理协议或者法律顾问协议上签字，对外签发法律文书；不得以律师名义洽谈、承揽业务；不得以律师名义印制名片及其他相关资料。但是并没有限制实习律师以律师助理的身份出现和参与案件。因此，实习律师在实习期间实际上是有空间的，也可大有作为。

笔者在早些年到看守所会见时，带着实习律师，准备两套法律文书，主动向公安机关提出申请，希望能给实习律师一个锻炼的机会，让他们参与会见。那个时候律师会见是需要审批的，一般笔者向公安机关提出这个要求，公安机关都会在法律文书上备注"实习律师"字样，准许带实习律师到看守所进行会见。持有公安机关的文书到看守所，再次说明情况，看守所同样会接受，还有几次公安局法制科和看守所的警官对笔者说："像你这样教徒弟的律师真不多，跟你实习真幸运。"

笔者所在律师事务所的一些律师知道笔者带实习律师到看守所会见，觉得这是不可能的，是不可思议的事情，为此还展开了一场大讨论。后来，律师会见不再需要经过公安局的审批，笔者同样经常带着实习律师会见，看守所也从来没有为难过我，依然是在法律文书上备注实习律师即可。这足以看出，只要能够真诚地向他们说明情况，合理地提出要求，依法提交法律文书，公安机关对实习律师还是非常包容的。不过，根据2019年公安部与司法部的联合文件，实习律师到看守所会见多了一个办案机关审核的过程，虽然不叫批准，但是多了一个审核的流程。

带实习律师参加庭审，这也是笔者经常做的事情。在需要带实习律师参加庭审的时候，我会提前准备好介绍信和实习律师的证件复印件，提前跟法官沟通，希望法院许可实习律师参与庭审，让他坐在旁边担任记录，但不能发表意见。多次的实践经验告诉我，一般只要准备充分，有礼有节地向法官提出来，法官一般是会同意的。他们只是会再叮嘱一下："实习律师是不能发表代理意见的，我们也不会在裁判文书上署名的。"

当然，有的时候实习律师不适合坐在代理席上，那么征求法官意见后，实习律师在旁听席上也可以做记录。这样的事情笔者经常干，很多时候都获得了法官的支持，只有很少的时候没有获得法官许可，或者因为一些特殊情况中途不让记录。

实习期间，不是说每个实习律师都有机会到看守所会见，也不是每个实习律师都有机会跟指导老师出庭参与案件，但是一旦有了机会就需要自己掌握好、把握住。平时，指导律师代理的案件，主动帮忙查找法律法规司法解释规定，收集整理案例、理论文章，帮助指导律师完成案件的相应工作，并认真分析律师的方法和实际操作步骤，写下自己的心得体会和感悟，让自己过得充实一些。真正领会"实习"的要领，就要在实践中学习，不断地参与实践，不断地在实践中探索、总结，学习技巧和经验，掌握方法。

◇时间长短取决于态度

一年很漫长，是对于那些没有摆正位置，无所事事的实习律师来说的；一年很痛苦难熬，是对那些不能正确领会实习精髓、自以为是、好高骛远的实习律师来说的。其实，一年很短，你需要在这一年里学会如何独立谈判案件、如何拓展业务、独立思考、独立办理案件，学会如何发现问题、分析问题、判断问题、解决问题，如何让自己能挣到钱，如何让自己值钱，如何高效地将所学的法律理论知识运用到实实在在的律师工作中去，也就是要学会如何将理论与实践联系起来，并用理论指导实践，通过实践总结经验。这一年365天除了节假日，其实工作时间会过得很快。这取决于实习律师的思想和行为，取决于实习律师的态度和认知，当然也离不开实习律师最基本的经济基础。

总之，律师实习期这一年，是实习律师大有作为的一年，也是成长非常关键的一年，如果实习律师撑过了这一年，而且又在这一年里真正地参与了实习，相信收获一定非常多，也不会为经过了这一年而后悔。实习律师熬过了这一年，就已经成功了一半。

三、实习律师如何寻找合适的指导律师

"实习律师干不了啥事，挣不了啥钱，经常挨骂受气遭白眼，出不了庭，立不了案，很多实习律师这一年就是白干"，这是对实习律师的艰辛和痛苦进行的简单总结，归纳起来大致如此。这个现象虽然普遍，但还是有不少实习律师的实习生活非常充实，也收获满满，他们的实习期并没有虚度和浪费。

◇理想很丰满，现实很骨感

一些怀揣律师梦想的人在大学毕业、取得国家统一法律职业资格证后，还需要经过一年的实习期。而在这个实习期，不少实习律师都很难找到一个合适的律师事务所和指导律师，最关键的是这个实习期没有基本的收入保障，他们生活困难，交不起房租，又无法继续向父母伸手，所以大

部分人只好选择一个律师事务所挂靠实习，再到外面在找一份兼职工作，否则他们无法生存。

有部分实习律师，他们在实习期收获满满，他们找到了一家适合自己的律师事务所，又能找到一位真正愿意指导实习律师的指导律师。一般来说，这有两种情况：一是实习律师有一定的经济积累或者家里有一定的经济基础，能够满足实习期的基本生活用度等，比如不少人之前是公司法务，后来考取了律师资格，他们实习就不在乎或者不是一定需要指导律师给补助，他们不会等米下锅。这种情况只要实习律师不跟指导律师计较报酬或补助，还是有不少律师愿意带实习律师的，至少他只需要付出点精力和时间，不需要经济上的支出或者负担，这样他们没有经济上的压力，不会觉得自己又得指导实习律师还得养着实习律师，实习律师反倒是可以帮助自己整理一下案卷材料、跑跑腿，他们心理会觉得平衡一些，这样自然就会愿意教实习律师了。

还有一种情况，那就是有的律师具有很强烈的教育欲望，自己的收入也不低，业务也算可以，带个徒弟给点实习补助也不是什么大问题，这样的律师他们乐意指导实习律师，也愿意帮助实习律师成长。

◇ **律师事务所也不堪重负**

经常参加一些实习（青年）律师有关的活动或者论坛，大家对这件事都说得比较含蓄，不愿意捅破这层窗户纸。各地律师协会或者司法行政机关都在以不同的方式下发文件、通知要求律师事务所保障实习律师、刚执业不久的青年律师的基本生活保障问题，但是效果并不好。按照规定或者通知精神，如果律师事务所接收了实习律师或者青年律师，你就得保障他们的基本生活，给他们基本的补助作为保障。而律师事务所本身就是民营的或者是合伙制、个人所，他们不但需要运营成本，自收自支，还得养活一大帮内勤、后勤、行政，还要承担每年沉重的年检、会费、税赋等，一些律师事务所还需要承担大家都心知肚明的潜在成本，再让律师事务所承担实习律师、青年律师的基本保障，确实有些困难。与其这样，很多律师事务所还不如干脆就不接收实习律师，不招收执业年限短的律师。律师协会、司法行政主管机关，可以强制律师事务所按照《劳动法》要求给实习律师、青年律师基本生活保障，但是无权强制律师事务所招收人员。

其次，律师事务所应当具有长远的战略思路和眼光。律师事务所是一个人才流动非常大的机构，律师流动非常频繁。实际上很多律师并不想经常转所，他们也想在某一个适合自己平台长期发展，经常转换律师事务所对一个具有执业经验和一定知名度的律师来说并不是一件好事，律师的流动性太大对律师事务所的发展也不是好事。如果一个律师事务所有自己的人才培养计划，愿意吸收实习律师，接纳年轻律师、新晋律师，逐渐作为律师事务所的后备人才储备起来，自己培养人才，无疑对事务所的长足发展是有益无害的。

一些律师事务所的合伙人认为，培养一个律师所花的成本远远超过了请猎头挖人的成本，而且还不能快速为律师事务所创造价值。所以，他们不惜重金招聘人力资源，高奖励的让他们"挖人"，还有的律所直接委托猎头公司"挖人"，实施高回报的诱惑"抢人"。

笔者认为律师事务所不是不需要人力资源管理，但是人力资源管理对律师事务所来说不仅仅是挖人、招人，而是要根据律师事务所的长远发展培养人才。一个希望长远发展的律师事务所，如果没有自己的人才培养计划，注定是难以走得远，发展得好的。今天你可以把他挖过来，明天别人也可以把他挖走，哪里适合他就会到哪里去，被挖来的律师对律师事务所的忠诚度一般来说比自己培养起来的律师低得多。

某律所主任给笔者算了一笔账，如果培养一个新人，实习一年，每月1500元的补助，一年18 000元，第二年还是不能创收，律师事务所还得继续负担，这样培养一个律师要花好几万。但是，若请一个人力资源，一个月给他5000元，一年60 000元，他一个月招一个律师，一个律师再给他500元的奖励，他一年招10个律师付出的成本只要65 000元，一个律师的成本才6500元，而且他们来了就可以执业挣钱。但是，这样的计算方式往往忽略了一些基本的现实，如果这个人力资源招不到人，或者一年招不到10个律师，这个成本就高了。

我们再看看律师事务所自己培养实习律师的成本。还是以一个实习律师一个月1500元计算，一年18 000元，加上其他成本25 000元就可以帮助一位实习律师获取律师执业证，成为执业律师。这个实习律师是在自己的律师事务所实习获取律师执业证的，他跟律师事务所的黏性自然更强，律师事务所承担实习补助，指导律师没有经济上的压力，他指导起来自然也就更加乐意，没有负担。而且，这个实习律师是律师事务所的实习律师，他可以帮助律师事务所从事一些公共事务，帮助全所执业律师整理资料、领取材料等,由此他获得教育和指导的机会更多,这也减轻了执业律师负担,律师事务所相当于在培养实习律师的同时,又为其他执业律师提供了增值服务,增加了其他执业律师与律师事务所的黏性。

律师事务所自己培养实习律师还有一个非常重要的好处,这个实习律师刚到律师事务所就是一张白纸,只要双方达成一致,既可成就实习律师,又可成就律师事务所,律师事务所的执业理念、愿景、宗旨、发展等一开始就根植于实习律师的脑海,一旦他对律师事务所有了感情,还会担心他离开吗?这样一来,律师事务所把实习律师当成律所的未来培养,实习律师也会把自己当作律师事务所的主人,律师事务所有了人才储备,律师有了自己的成长、发展平台,一定会收到满意的效果。

以笔者为例,虽然前些年笔者带出来的实习律师大多数因为种种原因离开了,但是这些年笔者身边培养出来的实习律师已经不下十人,且个个都能独当一面。虽然律师事务所没有承担补助,成本由笔者自己承担,但是笔者自己的团队则已经形成了,相当于笔者自己培养了十余名得力的办案能手,他们既是笔者的团队精英,又是笔者的助手,还是笔者的宣传员、业务员,笔者何乐而不为?

◇**实习律师如何找到适合自己的指导律师**

基于前述背景,实习律师又如何找到一位合适的指导律师呢?这是本部分的重点,也是实习律师最关键的一步。但是,实习律师如果要找到一位适合自己的指导律师,就需要对现阶段的状况和现实有所了解,只有这样才能实事求是地去寻找指导律师。

笔者每年都会收到不少希望前来实习的应聘简历,他们尽管没有工作经验,没有执业证书,但对劳动报酬或者说薪资的主张却都不低。可是,他们却没有结合律师这个行业的特点来考虑,没有考虑到自己在实习期还需要找一个愿意接纳自己的律师事务所和指导律师并向他们学习。

没错,他们的学历和资历,如果不是在实习律师这个特殊的时期,而是去其他公司,薪水几千元甚至上万元一个月完全不是问题,但是在律师事务所实习恐怕就事与愿违了。通过法考取得法律执业资格,这只是律师从业的一个起点,或者说只是取得了一张门票。如果说要想将一个法律职业资格上升为律师执业资格,还有很漫长的一段路要走。纵观身边的执业律师,在实习律师这个阶段是否找了指导律师,跟随指导律师学习成长和完全靠自学相差非常大。律师是一个实践性、操作性都很强的职业，很多在学校里学到的知识与实践相差甚远，特别是如何将理论联系实践，如何做到学以致用，仅仅靠自己摸索非常困难。所以，律师职业又是一个技术性很强的职业。虽然不是说律师这个职业离开了指导律师的"传帮带"就完全不行，但是没有指导律师的"传帮带"真的会发展得非常艰辛。

在笔者拜师的时候，律师制度恢复时间不长，很多东西不规范、不完善，更没有一套指导实习律师的方法。哪些资料可以给实习律师看，哪些案情可以让实习律师知道，实习律师该如何实习，这些都很模糊。所以，当年我非常有限地跟随师傅窥探了一些执业技巧，包括律师的思路、文书的制作，证据的收集，很大一部分是靠自己偷师学艺。比如说，指导律师不在跟前，你是不能翻阅案卷材料的，指导律师制作的法律文书给你打印后，指导律师会监督你烧毁底稿的，不像现在的案卷指导律师可以借给实习律师参阅，网上还有大把的案例供实习律师参考，法律文书指导律师反复给实习律师修改，还得告诉实习律师为什么这么改……

◇ 实习律师的定位

这是一个知识传播的时代，也是一个分享的时代，很多执业经验丰富的律师还是愿意分享的，不是他们不想教徒弟，而是得看实习律师跟他们是否有缘。为此，笔者这里给已经取得律师资格还没有取得律师执业证准备实习的实习律师几个建议，帮助实习律师找到合适的指导律师，但愿在他们的帮助下能早日实现律师梦，成就律师事业，实现自己的伟大梦想。

在实习期，参加实习的实习律师需要先确定自己定位。跟自己定位，定什么位？如何定位？为什么要定位？这里说的定位不是指实习律师一生的定位，而是当下的定位。太远的事情，那是愿景，是远大理想和目标，不是实习期的定位。笔者这里说的定位是指自己希望的专业方向的定位，想找什么样的指导律师的定位，希望找的律师事务所的定位，心理预期的劳动报酬的定位等。因为实习律师是为了实习在定位，这个定位一定要现实。

首先，实习律师对自己的发展方向是否有规划？实习律师是想找某个专业的律师做自己的指导律师，还是找一个全科医生类型的指导律师。很多人一进门就说律师的专业化发展、专业化思路、精细化等，但是笔者却对此有自己的看法。律师行业的发展是在朝着专业化、精细化发展，细分

| 走向大律师——中国式执业律师进阶指南

市场越来越明显,这没有任何问题。但是,需要注意的是实习律师都还没有实习,执业律师证都还没有取得,又从何谈专业发展呢?因此,笔者认为实习律师选择指导律师不宜寻找太专业化的律师,而是应当找综合性的律师,尽管他们可能样样都会但都不精通,但是这样的律师对于实习律师的实习,业务领域的接触会很有帮助。就算某一个专业你不感兴趣,或者不能发展为专长,你还可以选其他专业,还有门路可选,不会因专业面太窄,无从选择。

同时,实习律师这一年的实习期,主要是实践经验的学习,在学习中感受理论与实践的不同,在实践中升华自己的理论知识水平,锻炼自己的实务能力和技巧,还得应对律协的实习面试考核,如果实习期涉及的知识面太窄,实习期满的面试这一关也很难过。据笔者所知,已经出现了一些实习律师跟的指导律师只做刑事辩护或者只做婚姻家事案件,实习律师实习期满就只知道如何办理这些单一的专业类案件,其他专业案件因为他们的指导律师不代理,他们就没有机会实习,自然不会,结果实习期满面试无法通过考核,还得延长实习期,重新面试考核。笔者担任实习律师面试考官的时候也遇到过这样的情况,他们知识面很单一,稍微一个复杂一点的问题就解决不了。

还有一些专业化的律师,比如他们只会做企业法律顾问,对婚姻家庭类案件不感兴趣,也不了解,遇到企业内部人员婚姻家庭出现了危机,这个法律顾问居然说:"抱歉,婚姻家庭案件我不做,您只能委托其他律师……"大家想想,这样的情况下一般人会做何感想?笔者认为,实习期首先需要解决的是如何顺利通过实习面试考核,专业化的问题可以放在有一定基础的时候再来研究。为此,实习律师不一定要找一个专业化、精细化的法律专家型律师当作指导律师。

实习律师选择律师事务所的定位也很重要,在决定了选择的指导律师的类型后,就该考虑选择什么样的律师事务所了。律师事务所是一个平台,对律师的执业有重要的影响。选择实习的律师事务所首先是愿意接纳实习律师的律师事务所,最好是有实习律师、青年律师晋升通道和空间的律师事务所。比如说,这个律师事务所有一个完整、健全的机制,使实习律师在实习期满之后的三五年内可以成为高级律师或者合伙人等。二是要选择一个能够为青年律师提供成长和培训机会的律师事务所,这样的律师事务所会不定期地举行律师实务培训,愿意推荐青年律师参加行业协会组织的各种活动和竞选，学习氛围很浓，有机会帮助青年律师成为行家里手，成为某个专业领域的委员、精英。还有一些律师事务所把这些机会集中于少数人手里，信息不公开，青年律师根本获取不到信息，完全没有发展、上升的空间，这样的平台实习律师需要慎重加入。

◇**不要过分计较报酬**

很多实习律师是抱着带薪实习的期望选择指导律师的，希望指导律师在教自己的同时还能给予一定的基本生活补助。但是，不少实习律师对这个实习补助的期望值过高，导致最后落差很大，往往事与愿违。笔者的意见是如果实习律师具有一定的经济基础或者积累，或者家里还可以支持一部分，最好不要在实习补助上过于计较，指导律师多用心指点对实习律师的帮助远远超过他给实习律师经济补贴，毕竟谁也不愿意自己掏腰包教徒弟。但是，虽然笔者建议实习律师不要过于在实习补助上计较，也不是说就直接告诉指导律师不需要实习补助，实习律师可以实事求是地把自己的经济困境和生活、家庭现状告知指导律师，把决定权交予指导律师，让其根据实际情况决定。

为什么笔者一直强调实习律师不要过于在乎和计较报酬问题呢？其实还有一个很重要的因素。如果仅仅是实习，实习律师就是学生，指导律师就是老师，无论是学习还是指导，都没有顾忌，也不会有杂念。但是，如果实习律师想应该给自己报酬，这就变成了一种交换。如果支付报酬，实习律师与指导律师之间就不仅仅是师徒关系这么简单了，其中又会夹杂一些利益关系和利益冲突，不利于实习律师的学习和成长。

最后，无论是专业律师事务所平台，还是实习期补助，指导律师的人品等，实习律师都得很认真地对这些信息进行收集、掌握并结合自己的实际进行分析。比如到律师事务所去拜访、考察，参加律师组织、行业协会的活动、会议，参加法庭审理的旁听，参加律师的讲座等，去选择自己认为适合的指导律师。

◇**选择指导律师要选择年龄比自己大的律师**

实习律师选择的指导律师要与自己年龄有一定差距，且至少有一个方面的专长，应该具有最起码的爱心、职业素养和执业形象，要能说会写，喜欢分享、传播知识，不要找心中有数但是讲不出的律师做自己的指导律师。当然,最好的是选择那些在行业里具有良好口碑,社会活动丰富,执业时间比较长,经验丰富的律师做指导律师。总之,实习期选择一个合适的指导律师非常重要,这个指导律师或许会影响实习律师的一生,会决定实习律师未来的成长和发展,绝不能掉以轻心。

不少律师界稍微有爱心和责任心的律师都发现了一个普遍的现象,那就是在律师队伍不断壮大的今天,律师行业的"师徒"氛围越来越淡化和淡漠了,商业气息更浓了,年轻律师叫指导律师为"师傅"或者"老师"的少了。这个现象反映出律师行业的"传帮带"也在逐渐淡化。

四、实习律师应当如何实习

实习律师很尴尬,律师的实习期也很尴尬。实习律师需不需要指导律师?这是一个仁者见仁,智者见智的问题。业内曾经有过不少的讨论,各有各的观点,笔者的观点是倾向于支持实习律师找指导律师。笔者自己曾经拜过师,对拜师学习有着切身体会。

◇**实习律师不要怕打杂**

一直以来,律师界对师傅带徒弟的传承培养模式褒贬不一,担心的是指导律师知识结构的局限性不利于实习律师的成长,指导律师的性格脾气、传授实践技能的方法个体差异性很大,很多实习律师最后不是实习而是成了指导律师的"下手""打杂的"。对于这些担忧和现象,笔者予以认同,但并不担心。

至于传授实践技能的方式方法,自然是因人而异,不像小学、初中、高中老师,他们教学生有统一的教材,有统一的教学参考书。律师指导实习律师没有参考书,笔者认为只要是实习律师真心诚意拜师,指导律师诚心诚意地指导,能真正地教实习律师,不管什么方法,只要能让实习律师真正地在实习期学到东西,能够顺利通过面试考核,实习期满拿到律师执业证能够真正地独立办理案件,解决纠纷,独当一面,自己能生存就是成功的教育了。至于说实习律师拿到律师执业证之后是否可以挣到大钱,是否把律师职业当作挣钱的工具、手段,还是把律师职业当一个伟大的正义的事业来对待,那是以后的事情,不应在实习期过多地考虑。

无论争议还是讨论,无论支持与否,总的来说现实状态还是以律师拜师、师徒的方式传承律师技能的模式相对较多,而且具有优势,这是实习律师、青年律师培养的主流模式，这是不可否认的。既然这是现实，我们还有什么理由不接受呢？如果认为这个方式存在弊端或者需要改进、提升，大家一起努力即可。所以，在现阶段这个现实情况下，师傅带徒弟的"传帮带"模式应当值得借鉴和推广，应当鼓励律师多带实习律师，支持他们带实习律师，也应当鼓励实习律师真心诚意的寻找指导律师，真正的拜师学艺。当然，不同的律师事务所，不同的情况还是存在一些差异的。

◇姜是老的辣

有的实习律师是律师事务所招的，他们就可能成为律师事务所的公共资源，或者说是公共助理或公共徒弟，这样的话一个实习律师可能就会有多个指导律师。而有的实习律师找的就是一个指导律师，他只跟这个指导律师一个人学习，或者以这个指导律师为主，其他律师也附带地指点指点。笔者认为，这两个模式都是可行的，各有优势，取决于实习律师自己如何为人处事。这两者的教育效果哪个更好也无定论，只是大家都认为一对一的指导或许会更好。

现阶段律协对实习律师的实习要求也是一对一指导的模式，这是大的趋势。但是，有条件的还是可以多个律师一起带实习律师，这至少可以解决某个人专业单一、知识结构局限性的问题，可以互补。就算是律师事务所不承担实习律师的补助，几个指导律师分摊负担也会轻点。

实习律师找一个合适的指导律师真心不容易。但是，找到了指导律师，这个指导律师如何带徒弟？实习律师如何跟指导律师学习？这就是本书的重点。比如一个指导律师教一个还是多个教一个，是轮流教还是一起教，是全案教还是流水作业，这个就有探讨、研究的价值了。所以，实习律师的实习期，实习律师如何学，指导律师如何教，这是很有学问的。一般来说，年龄差距太小的师徒关系不太匹配。俗话说：姜是老的辣。相信这话是有一定道理的。师傅年轻了镇不住你，自然不敢得罪你，也就不敢教你。

◇找一个口碑好、业务好的老师

实习律师要跟随口碑较好、业务比较好、社会活动丰富的指导律师学习，这样成长起来才会快。业内口碑好很重要，如果口碑不好，年青律师的实习期会很尴尬。

为什么要找一个业务好的律师做指导律师呢？一个业务不饱和的律师，他或许还在为自己的案源发愁，自己都吃不饱，又哪里有心思教实习律师呢？业务不饱和，实践经验自然也就不那么让人放心和满意，所以实习律师应该找业务比较好的律师学习。当然，也不要找工作太忙的律师做师傅，他的业务好得没有一天空闲，哪里有时间教你？所以，业务量的选择也是一个重要的参考，所以实习律师要跟业务比较好的律师学习，也不能跟业务太好的律师学习。

◇实习律师应多参加社会活动

律师是一个社会工作。有一位四川大学的教授曾经说笔者虽然是一个律师，其实更像一个社会活动家，他知道每年笔者都要参加不少的社会活动。为什么我要参加这些社会活动呢？参加这些社会活动不是要浪费很多时间和精力吗？不是需要投入不少金钱吗？是的，没错。律师适当地参加社会活动可以认识很多社会各行各业、各界的名流、人物，可以积累人脉。适当参加社会活动也是一种布道，是建立销售渠道，而且是批发渠道的手段。

律师在参加各种社会活动时习惯带上自己的助理、实习律师一起，不但给他们学习机会，还给他们引荐知名、成功人士和业内名流，让他们建立联系或者合影等。

所以，实习律师跟随社会活动丰富的律师学习，可以帮助自己积累人脉资源，提升其职业形象。但是，一定不能找整天都参加社会活动的律师做师傅，他们忙于各种社交活动和会议，就没有时间和精力承办具体案件业务，从他那里根本学不到真正的东西。最为关键的是，整天参加各种社交活动的人，有的会慢慢地变得虚伪和奸猾，因为他们要不停地去应付各种各样的人和各种场合，想不虚伪和奸猾估计也难。

总之，实习期要多跟随指导律师参与社会活动和培训、学习，要在指导律师的带领下多出去走动，参与社会活动和公益活动，多让自己在圈子里、行业里露露脸，留下印象。要多听听前辈们的经验总结和办案体会，积累办案经验和积累人脉资源。只要实习律师愿意，指导律师一般都愿意带上实习律师。笔者带实习律师的时候，只要有机会都会想方设法地带着实习律师一起去参加各种社会活动、培训和学习。

◇不要随便"挑刺"

实习律师跟指导律师实习，不要随便"挑刺"。这一点很重要。一些实习律师的学历比指导律师高，在一些理论上往往会认为指导律师反倒不如自己，因此容易自以为是。律师这个职业是一个技术性、实践性很强的职业，很多时候实践与理论上差别很大。比如说，我们经常在给客户修改合同的时候，遇到客户的合同有与法律法规规定不相符合的情形，一般有经验的执业律师在审查合同时就算发现了，只要这些约定对自己的客户有利或者说没有坏处，为了促成交易，往往不会轻易修改。但是，笔者发现一些实习律师不明就里，反而会觉得指导律师这么简单的法律基础都不懂，个别实习律师还会当着客户的面给指导律师指出来。笔者经常建议实习律师或者年轻的律师们不要过分地、过早地表现自己，更不能喧宾夺主，否则会影响到客户对指导律师的信任，当然也会影响到指导律师和实习律师的关系。

要知道，很多商业合同其实有很多陷阱，这是合同中布的局，看似不符合法律规定，但是一旦出现了合同约定的情形，只要双方愿意按照合同履行，不产生纠纷，法律是不会限制的，司法部门也不会主动审理。打个简单的比方，违约金约定了合同总金额的50%，一方违约了，另一方主张50%的违约金，违约方愿意承担，你说违法吗？他们愿意按照合同执行，不产生纠纷，谁管得着呢？还有很多类似情况，实习律师在这个时候不要轻易地觉得指导律师搞错了或者不懂，更不要当面、当众指出来，如果有疑问可以私下里向指导律师了解和求解。实习律师应该多看看指导律师审查修改的合同，看看修改了哪些地方，修改前后有哪些变化，为什么指导律师会这样修改。一般只要用点心，把指导律师修改前后的合同拿来一对比，就会发现实习律师跟指导律师确实存在很大的差距。

◇实习律师要能吃苦耐劳

实习律师要能吃苦耐劳，练好基本功。能吃苦耐劳是实习律师最基本的要求，只有能吃苦耐劳才能练好基本功。以前总有律师前辈说，律师这个职业是一个要"忍得、受得、热得、冷得、累得、饿得"的职业，不知道什么时候就要受委屈，不知道什么时候就会受气，被误会，天气再热、再冷你都得干活，再累你都得完成工作，有时候也吃不成饭……

话说，不登高山，不知天高；不临深溪，不知地厚。勤奋是一条神奇的线，用它可以串起无数知识的珍珠。路是脚踏出来的，历史是人写出来的，人的每一步行动都是在书写自己的历史。既然选择了做律师，说明自己对律师职业是向往的，选择了这条道，就要坚持走下去，吃点苦，受点累又算什么呢？不去耕耘，不去播种，再肥沃的土地也长不出庄稼；不去奋斗，不去创造，再美的青春也结不出硕果。总之，不能吃苦耐劳是很难做好律师这个职业的，这得有心理准备，并敢于正确去面对。

◇**实习律师要运用穷尽原则，不带错出门**

穷尽原则，不带错出门。这是对实习律师的基本要求。当指导律师接受委托代理后，实习律师应当积极、主动帮助指导律师查找案例、法律规定、整理相关的理论文章、整理证据等。在查找案例和规定的时候一定要穷尽一切途径和手段，想尽一切办法，不能偷懒取巧，更不能糊弄指导律师。实习律师一定要穷尽所有的思路和途径，想尽一切办法完成任务，这是实习律师必须学会的重要基本功。比如，草拟的法律文书在提交给指导律师之前，应当反复地审查几遍，要从事实、逻辑、结构、思路、法律、证据、语言表达等方面进行审查，陈述的事实有没有证据支持，引用的法律法规是否准确，有没有错别字等，都要认真仔细地反复检查，坚决不要带错出门。

笔者发现，一些实习律师在起草法律文书后，不仔细审查、修改就直接发给指导律师，指导律师要花很长时间进行修改。与其这样，还不如他自己动手。实习律师应当将自己能使用上的方法、手段、技巧都使出来，找出错误，纠正错误，坚决不让错误出门。如果实习律师无法修改自己的文书，无法找到自己的错误，这就是证明自己知识欠缺的表现。一个人，有了一定的知识，接触和思考的问题就会多起来，就容易发现自己的不足和错误；如果一个人知识缺乏，就不会发现自己的错误，找不到问题所在。

◇**实习律师应当学会能说会写和懂礼貌**

能说会写是律师最起码的基本功，实习律师要在实习期大胆地锻炼自己的口才和演讲能力，锻炼自己的表达能力和写作能力，要多练习法律文书的写作及法律文书制作能力。能说会写需要靠系统的思维和敏捷的表达，这些都是需要锻炼的。能说不等于会说，实习期先解决能说的问题，今后再逐步解决会说的问题。本书中有专门的能说会写的练习方法，在此不过多介绍。

实习律师跟随指导律师实习要先从尊重、礼貌做起。实习律师跟随指导律师实习，最先需要学习的不是如何谈案、如何办理案件、如何拓展案源。有一句话说得好，"要做事，先做人"。实习律师就是要先从尊重自己的指导律师，礼貌待人做起。大家回想一下，我们看到的社交人群，如果一个人带着一个助手出现在我们面前，跟我们谈判，假如这个助手对他的师傅非常尊重和礼貌，对你也很有礼貌，是不是就会给你留下深刻的印象。

笔者曾经带过一位青年律师，他不是跟笔者实习，只是当年业务还不太好，笔者常常带他一起，给他机会。可是每次我们走路时他总是在前面跑得很快，经常都不提案卷材料，给人的感觉笔者很像他的助理，显然他没有给客户留下一个好的印象。尊重指导律师、礼貌待人就是在学习锻炼如何给客户留下良好的第一印象，也就是心理学上说的首因效应。比如说跟指导律师一路，提个公文包，开个车门，完全不会让自己掉价，反而会给人留下更好的印象。笔者之前带过几个实习律师，他们在这方面就做得很好，只要听说笔者要到办公室就会提前帮笔者把茶泡好，只要是开庭他们就会提前帮笔者准备矿泉水等，上下车主动帮笔者开车门，让笔者充分感受到了尊重和礼遇，他们也获得了客户的赏识和好评，留给了客户一个很好的印象。

◇ **实习律师要在实践中学习**

实习律师在实习期要主动学习，学问、学问，就是要边学边问，主动问，主动请教。要主动争取参加全案的讨论和制定办案思路，敢于发言和把自己的思路讲出来，在案件的研究讨论中，在自己的指导律师面前，不要怕丢面子，不要怕出错，只有出错之后指导律师才好帮助你改正。笔者带实习律师一般都会尽量让他们参与整个案件的全过程，从接受咨询到案件的委托谈判，到证据收集的技巧、代理思路、辩论策略、突发事件的应对等，都会让他们参与进来，手把手地教他们，让他们真正地在实践中学习。比如，向法院递交一份新证据，这份新证据什么时候递交？如何递交？这些笔者都会认真地告诉实习律师，并让他们亲自去体验。

无论是案件的讨论、办案思路的制定，实习律师都要争取参与并积极地发表自己的意见。对于需要递交的材料，实习律师能够参与的尽量去实地递交，多参与实践工作，逐渐积累经验。我的要求是只要某个实习律师跟我参与了某类案件的全部过程，下次他就要可以自己办理类似案件。案子办理过程中笔者要求他们写办案日志，结案后，笔者还要让他们写办案总结，让他们从头到尾的梳理一遍整个办案思路、流程，相当于复习。

◇实习律师要有团队意识

实习律师在实习期要适应、尝试团队作战，要培养和树立团队意识。律师基本上已经告别单打独斗的时代了，单打独斗已经很难有所成就了。因此，实习律师一开始就要学会和适应团队作战。遇到案件分析讨论会，要敢于参加集体讨论，勇于发言。通过案件的讨论，可以集思广益，实现分工协作。在不同的代理业务中要跟所有搭档紧密的团结、配合，要高度默契，这样团队的战斗力才会更强，这样的战斗团队才会合作持久。

在团队中，一定不要太过于计较个人得失。团队就不能斤斤计较，就不能思路不统一，就得目标一致，心往一处想，劲往一处使。这些在实习阶段都可以得到很好的锻炼。笔者受理案件后，就会马上针对个案临时组建一个群，专门研究、讨论这个案件，并指定具体的承办人员、辅助人员、协调人员，分工协作，把团队的价值发挥到极致。

◇实习律师要学会综合运用法律知识

实习律师要学会法律知识的综合运用，实体法与程序法要结合。律师这个工作实际上还是一门法律运用学，律师的工作就是经常在运用法律法规解决问题，所以实习律师要学会法律知识的储备和综合运用，要融会贯通。无论是单一的实体法，还是单一的程序法，很多时候是无法解决问题的，这就要靠律师融会贯通，要学会打组合拳，综合运用实体法和程序法。既要实体法与实体法能综合运用，又要实体法与程序法能综合运用。要培养实体法与程序法、实体法与实体法、程序法与程序法综合运用的思维。学生时代学习法律时，实体法与程序法是分离的，法律与法律之间是独立的。但是，从事律师这个工作后就不一样了，需要让法律与法律之间互动与结合。

律师工作属于法律应用工作，在具体个案中，我们适用法律的时候不能单一思维,应当将自己脑海里的所有法律法规、司法解释、司法文件、部门规章、地方法律法规、行政法规等搜罗一遍,争取全面地收集、适用法律。如果不会综合运用法律,在遇到法律冲突时就会束手无策,不知如何应对。一些律师只知其一,不知其二,运用了法律条文,却没有注意司法解释的具体规定,或许不知道具体的部门又是如何规定的,这都是不行的。

◇实习律师要逐步培养自己的专长

实习律师要在实习期就开始培养自己的专长。尽管我一直认为实习律师在选择指导律师的时候专业化、精细化不能要求太高,也不适合找太专业、单一的指导律师。但是,笔者认为应当鼓励实习律师在实习期就开始培养自己的专业爱好和兴趣,要根据自己的特点和兴趣爱好,逐步培养自己的专业特长,为今后自己走专业化、精细化道路奠定基础。毕竟现代律师也越来越强调专业化分工,精细化也越来越凸显。任何人的精力和学识都是有限的,每一个律师要想长足发展,都必须找到自己的侧重点,突出专业,并不是面面俱到,任何律师也无法做到面面俱到。

实习期要多跟随指导律师参与社会活动和培训、学习,要在指导律师的带领下多出去走动,参与社会活动和公益活动,多让自己在圈子里、行业里露露脸,留下印象。要多听听前辈们的经验总结和办案体会,积累办案经验和积累人脉资源。只要实习律师愿意,指导律师一般都愿意带上实习律师。笔者带实习律师的时候,只要有机会都会想方设法地带着实习律师一起去参加各种社会活动、培训和学习。

五、实习律师如何顺利通过面试考核

实习律师通过一年实习,参加岗前培训合格后才能接受面试考核,通过面试考核合格后才能申领律师执业证。实习律师的面试也是一件重要的事情,应当重视,不能掉以轻心。一旦面试考核不能通过,就会被延期,延期就是延长实习期,这相当于痛苦日子还得继续一段时间。

按照《中华全国律师协会申请律师执业人员实务训练指南(试行)》第5条的规定指导律师的执业年限不得低于五年,一个指导律师不能同时指导超过两名实习律师。笔者建议指导的人数可以适当放宽,如果一个愿意指导实习律师的律师确实比较优秀,经验很丰富,他只能同时指导两名实习律师，对其他希望跟这个律师实习的人来说就有点遗憾。

◇可申请专职律师或者兼职律师

实习期满考核合格可以申请专职律师，也可以申请兼职律师，但是申请兼职律师需要多满足两个条件，要在高等院校、科研机构工作，而且是从事法学教育和研究工作才行，这类人员经所在单位同意可以申请兼职律师执业。

申请律师执业，应当向设区的市级或者直辖市的区（县）司法行政机关提交下列材料：

（1）执业申请书；
（2）法律职业资格证书或者律师资格证书；
（3）律师协会出具的申请人实习考核合格的材料；
（4）申请人的身份证明；
（5）律师事务所出具的同意接收申请人的证明。

申请执业许可时，申请人应当如实填报《律师执业申请登记表》。申请兼职律师执业，还应当提交：

（1）在高等院校、科研机构从事法学教育、研究工作的经历及证明材料；
（2）所在单位同意申请人兼职律师执业的证明。

省、自治区、直辖市司法行政机关应当自收到受理申请机关报送的审查意见和全部申请材料之日起10日内予以审核，做出是否准予执业的决定。准予执业的，应当自决定之日起10日内向申请人颁发律师执业证书。不准予执业的，应当向申请人书面说明理由。律师执业证书是律师依法获准执业的有效证件。律师执业证书应当载明的内容、制作的规格、证号编制办法，由司法部规定。执业证书由司法部统一制作。律师执业必须遵守宪法和法律，恪守律师职业道德和执业纪律，做到依法执业、诚信执业、规范执业。律师执业必须以事实为根据，以法律为准绳。律师执业应当接受国家、社会和当事人的监督。

◇这些人不能当律师

根据规定有下列情形之一的人员，不予颁发律师执业证书：
（1）无民事行为能力或者限制民事行为能力的；

(2) 受过刑事处罚的，但过失犯罪的除外；

(3) 被开除公职或者被吊销律师执业证书的。

有下列情形之一的，由作出准予该申请人执业决定的省、自治区、直辖市司法行政机关撤销原准予执业的决定：

(1) 申请人以欺诈、贿赂等不正当手段取得准予执业决定的；

(2) 对不符合法定条件的申请人准予执业或者违反法定程序作出准予执业决定的。

◇面试合格才能当律师

根据前述规定，对于初次申请执业的应当需要"律师协会出具的申请人实习考核合格的材料"。所以，实习律师实习期满经过律协的面试考核合格才能申请律师执业证书。

为了规范申请律师执业人员实习考核工作，把好律师执业准入关，为律师行业输送合格人才，根据《律师法》《律师执业管理办法》《中华全国律师协会章程》《申请律师执业人员实习管理规则》的有关规定，全国律师协会制定并发布了《申请律师执业人员实习考核规程》。根据该《申请律师执业人员实习考核规程》，申请律师执业而在律师事务所进行实习的人员，一年实习期满后，应当根据本规程的规定，参加律师协会组织的实习考核。

律师协会对实习人员进行考核，坚持依法、合规、公平、公正的原则，对实习人员的政治素质、道德品行、执业素养以及完成实习项目的情况、遵守律师职业道德和实习纪律的情况进行全面考核。省、自治区、直辖市律师协会统一组织实施本区域的实习考核工作。设区的市级律师协会具备考核条件的，经省、自治区、直辖市律师协会授权，可以组织实施本区域的实习考核工作。律师协会组织实施实习考核工作，应当接受司法行政机关的指导、监督。负责实习考核的律师协会应当设立申请律师执业人员实习考核委员会，具体组织开展实习考核工作。实习考核委员会由律师协会负责人、司法行政机关管理人员和执业律师组成，实习考核委员会主任由律师协会负责人担任。

执业律师担任实习考核委员会委员的，应当具有五年以上执业经验，具体选任条件及选任程序，由负责实习考核的律师协会根据本区域实际情况确定。在考核程序与考核内容方面，应当按照书面审查、面试考核和公示三个步骤依次进行。负责实习考核的律师协会还可以采取实地考察、与实习指导律师访谈等方式,对实习人员的实习场所、实务训练档案等进行抽查了解,检查实习人员的实习情况。实习人员因涉嫌违法违规正在接受查处的,实习考核应当暂停,待查处结果作出后再决定是否继续进行考核。对实习人员的考核,包括政治素质、道德品行、执业素养和实习表现四个方面。

◇政治素质的考核

对实习人员政治素质的考核,主要包括下列事项:是否拥护中华人民共和国宪法;中国特色社会主义理论相关知识掌握情况;中国特色社会主义律师制度相关知识掌握情况;律师职业观、价值观;社会责任感。在这些考核中,实习律师需要特别注意政治素质的考核,重点在于政治素养。首先,律师执业是靠运用法律知识和技巧赖以生存的,不能离开法律。其次,宪法是母法、根本大法,宪法里面对拥护中国共产党的领导进行了明确的规定。简单地说,要做律师必须守法,必须拥护宪法,拥护宪法就必须遵守宪法的规定,遵守宪法的规定就必须拥护中国共产党,这既是政治,也是法律。要做律师,这是前提,也是必须。所以,一些人提出律师是法律之师,不应当牵涉政治,应当远离政治,这是值得商榷的。

做律师必须要树立正确的律师职业观、价值观,还需要具备社会责任感。律师的职责是坚守社会公平与正义,维护当事人的合法利益,维护法律的正确实施。律师的职业观、价值观是与政治、社会公平与正义、当事人的合法权益维护以及监督、维护法律的正确实施分不开的。律师是为当事人服务的,为社会提供法律服务,应当为党和国家排忧解难,维护国家的法制建设和依法治理。律师实现了维护当事人合法权益,维护了社会公平正义,维护了法律的正确实施,就实现了律师的价值,这也是律师的价值所在。因此,作为一名律师应当具有正确的价值观和职业观,不能只看到钱,要投身社会,为社会服务,维护社会的公平正义。

据笔者了解,一些实习律师虽然通过了国家法律职业资格考试,取得了法律职业资格,也实习了一年,还通过了实习律师岗前的培训考试,但是他们却没有正确的律师职业观、价值观。有一位实习律师在接受申请律师执业人员面试考核时认为,律师工作高大上,收入高,都说律师不好考,所以也想来试试,没想自己居然考过了,觉得自己现在的工作收入不高，所以想换一个工作。最后，这个实习律师因为没有正确的律师职业观、价值观，未能通过面试考核，至少暂时还不能进入律师队伍来。

◇道德品行考核

除了对实习人员的政治素质考核外，还要对实习人员道德品行进行考核，主要包括：有无不符合法定律师执业条件的情形和不宜从事律师职业的不良品行；律师职业道德相关规定掌握程度；诚信意识和敬业精神；提交的各项考核材料的真实性。在这个方面的考核的重点在于审查实习律师提交的相关材料的真实性，一些律师实习期满为了领取律师执业证，不惜代价造假，提供虚假资料，一旦被查出来或许他就与律师职业无缘了。

据了解，全国很多地方都在清查实习律师在实习期满提交申报材料的真实性，一旦发现实习律师申请律师执业时提供的材料是虚假的，将会给予严肃处理。所以，实习律师在实习期满进行面试考核时提供的材料一定要真实，特别是自己参与的律师实务工作的资料也一定要真实合法。

◇执业素养和实习表现考核

考核了实习律师的政治素养、道德品质后，对实习人员执业素养也需要考核。对实习律师的执业素养的考核，主要包括：专业知识掌握程度、律师工作基本程序和基本技能掌握程度、逻辑思维和分析判断能力、语言文字表达和沟通协调能力、仪表仪态、心理素质和文化素养。这些方面的考核，主要是根据实习律师提供的实训材料，听取实习律师对参与的法律事务的介绍，对自己实践的业务分析、专业知识的运用、基本程序和技能是否掌握，是否具备逻辑思维和分析问题、判断问题的能力，在语言沟通方面和文字表达方面，以及仪容、仪表、仪态、心理素质、文化素养等方面进行考核。这些考核，由面试考官通过察言观色和当面询问的方式进行。所以，实习律师面试时还是要做充分的准备，把自己经手的律师实务熟悉一遍，再把法律关系、争议焦点、代理思路、裁判观点等进行梳理和准备，以便给面试考官详细介绍和应对他们的提问。当然，形象工程也不可忽视，不要过于担心害怕，准备好了，信心十足的参加面试考核即可。

最后，就是对实习人员实习期间表现情况的考核，主要包括集中培训参加情况、实务训练活动参加情况、律师职业道德和实习纪律遵守情况，这些方面的考核主要以书面审查为主。

◇**考核申请**

根据规定，实习人员应当在实习期满之日起90日内，通过接收其实习的律师事务所向负责实习考核的律师协会提出考核申请。实习人员因有特殊情况不能按时参加当期实习考核的，应当在前款规定的期限内提出延期考核申请，经律师协会批准后可以在延期时间届满前申请考核。延期时间最长不得超过1年，自实习人员实习期满之日起计算。实习人员未按照前述规定提出考核申请及延期考核申请，或者在律师协会批准的延期时间届满时仍未提出考核申请的，不得再就当期实习申请考核；拟申请律师执业的，应当重新进行为期1年的实习。

实习人员提出考核申请时，应当同时向负责实习考核的律师协会提交下列材料：

（1）实习人员撰写的不少于3000字的实习总结；
（2）指导律师出具的考评意见；
（3）律师事务所出具的《实习鉴定书》；
（4）律师协会颁发的《实习人员集中培训结业证书》；
（5）实习人员完成实务训练项目的证明材料；
（6）申请律师执业人员实习证；
（7）负责实习考核的律师协会规定的其他材料。

实习指导律师出具的考评意见和律师事务所出具的《实习鉴定书》，应当根据实习人员的情况如实作出评价。

◇**实务训练项目的证明材料**

实习人员完成实务训练项目的证明材料，是指不少于10份的实习人员参加主要实务训练项目形成的实习工作资料，包括工作文书、实习活动记录、实务训练心得以及指导律师的点评。这个实务训练的材料准备要在实习期根据参与的实务，逐步收集整理，积累项目资料，不要等到实习期满再来集中整理，这样会在面对面试考官的询问时显得很被动。

笔者的习惯是实习律师每参与一个案件或者实训活动，笔者都要他们自己复制一份材料予以保存，写心得体会，做工作总结，学会在实践中举一反三，自己掌握独立处理类似实务的技巧和方法。这样实习律师就会对自己参与的实务记得很清楚，不用担心面试时考官的抽查，随便他们如何提问，实习律师都可以对答如流。因此，至今为止笔者带的实习律师都是一次性通过面试考核，顺利的申领律师执业证。

◇ **面试考核**

负责实习考核的律师协会，应当自收到律师事务所提交的实习考核申请和实习考核材料之日起 60 日内，组织对实习律师进行考核。实习考核委员会应当安排面试考核小组，具体实施实习律师面试考核工作。面试考核小组应当为三人以上单数，主要由执业律师组成，还可以包括律师协会秘书处工作人员及司法行政机关管理人员。执业律师选任为面试考核小组成员的，应当兼顾不同的专业领域。

实习律师参加面试考核也有回避的规定，有下列情形之一的，不得安排为面试考核小组成员：

（1）是参加当期面试考核实习人员的近亲属的；

（2）是参加当期面试考核实习人员的实习指导律师或者同一律师事务所律师的；

（3）与参加当期面试考核实习人员存在其他利害关系，可能影响面试考核公平、公正进行的。

负责实习考核的律师协会，应当在实施面试考核 7 日前将面试考核的时间、地点、注意事项等通知实习人员，通知可采取公告、信件或者传真、电话、短信息、电子邮件等方式。实习人员因有特殊情况不能按时参加面试考核的，可以向负责实习考核的律师协会申请重新调整本人的面试考核时间。

面试考核会采取互动问答的方式进行，每名实习人员的面试考核时间不得少于 10 分钟。当然这个时间对实习律师来说还是比较有利的，只要做了充分的面试准备，应该没有什么问题。因为，每年实习律师都不少，参加面试的也不少，10 分钟基本上是一个最低的时间要求，一般情况下很难有过多的时间面试。实习律师做了充分的准备，就是将自己参与的一个实务案件分析出来，这个面试的时间基本上就能够满足。面试考官主要是想知道实习律师是不是真正的在参与实习，有没有真的在实践。

对实习人员进行面试考核，主要是对其进行综合测评，确定其是否具备律师执业基本素质。面试考核中，各项考核内容占总分值的权重分别为：政治素质占面试考核总分值的 25%；道德品行占面试考核总分值的 25%；执业素养，占面试考核总分值的 25%；实习表现，占面试考核总分值的 25%。负责实习考核的律师协会可以根据本地实际情况，调整具体考核内容及权重。面试考核采用评分法，总分值为 100 分，实习人员得分为 60 分以上且每项得分均不低于该项分值 60% 的，评定为面试考核合格。

◇ 面试考核程序及结果

面试考核按照下列程序进行：

（1）实习人员进行实习总结汇报，介绍个人基本情况、主要实习情况及实习期间协助指导律师办理案件的类型和心得体会等；

（2）面试考核小组以实习人员提交的实习考核材料为基础，结合规定的考核要求进行提问，实习人员针对提问进行回答；

（3）面试考核小组根据实习人员的回答情况，按照规定的评分标准进行评分，经集体评议后确定其面试考核成绩，并签字确认。

面试考核小组在提问及点评实习人员的回答时，应当注意引导实习人员端正执业目的，养成良好的执业素养，增强职业道德和执业纪律意识，并提出相应的建议。

对经书面审查、面试考核合格的实习人员，负责实习考核的律师协会应当以适当方式将其名单、基本情况及考核结果予以公示，公示期不得少于 5 日，接到有问题的举报应当及时调查核实并于收到举报后 30 日内作出调查结论。

经考核，实习人员符合下列条件的，负责实习考核的律师协会应当为其出具考核合格意见：

（1）完成集中培训项目并取得《实习人员集中培训结业证书》；

（2）完成实务训练项目并被实习指导律师和律师事务所考评、鉴定合格；

（3）经书面审查、面试考核、公示三项考核程序确认合格；

（4）无《申请律师执业人员实习管理规则》所列不符合法定律师执业条件的情形和不宜从事律师职业的不良品行；

（5）实习期间遵守律师职业道德和实习纪律，没有发生违法违规行为。

对考核合格的实习人员，负责实习考核的省、自治区、直辖市律师协会应当将考核合格意见填入其《实习人员登记表》，并在 15 日内通知被考核的实习人员、接收其实习的律师事务所及律师事务所住所地设区的市级律师协会，抄送律师事务所住所地设区的市级或者直辖市区（县）司法行政机关。

经律师协会考核合格的实习人员，应当自收到考核合格意见之日起 1 年内，依照规定程序向司法行政机关申请律师执业。逾期未申请律师执业的，超过 1 年但未满 3 年申请律师执业的，应当由律师协会重新对其进行考核；超过 3 年申请律师执业的，原实习考核合格意见失效，申请律师执业人员应当重新进行为期 1 年的实习。经考核，实习人员不符合规定条件的，律师协会应当对其出具考核不合格的意见，并给予相应的处理。

律师协会要求实习人员补足或者完成相关实习项目的，应当根据具体情况通知实习人员在 3 个月、6 个月或者 1 年后再次申请实习考核，同时在实习证上进行相应标注。实习人员对律师协会作出的考核不合格意见及处理结果有异议的，可以自收到书面通知之日起 15 日内申请复核。律师协会应当自收到复核申请之日起 15 日内进行复核，并将复核结果通知申请人。

◇ **面试考核注意事项**

实习律师实习期满参加面试考核，这是对自己实习一年的考核与检验，是能否取得律师执业资格的关键。律师职业资格与律师执业资格是两个不同的概念，需要实习律师重视。在面试考核时，实习律师应当规范着装，不要穿奇装异服，女性服饰不能太性感、暴露，不要浓妆艳抹。男性要衣着得体，要让自己看起来像一个律师。

按照要求撰写的不少于 3000 字的实习总结，一定要自己动手书写，最好写自己的亲身经历和参与案件的心得、体会等，要属于自己的总结且足够 3000 字，要记住自己写的总结的体系、主要内容等。一些实习律师，对面试考核很不重视，资料准备很不规范，就连 3000 字的实习总结都是照搬照抄的，面对面试考官对自己的实习总结内容的提问都回答不上。还有一些实习律师的总结字数不够，文中涉及的案件资料总结中根本没有，显然态度都不端正，还弄虚作假，这样是无法通过面试考核的。

在资料方面，一是需要达到 10 份证明材料的数量要求，二是这 10 份证明材料涉及的案件或者法律实务是实习律师亲自参与的，实习律师要对这些材料熟悉，对当事人信息、法律关系、案件结果、诉讼主张等都要熟悉，要经得起面试考官的检验和抽查。特别需要注意的是，对实习律师不利的案件证明材料不要提交，比如裁判文书上显示实习律师代理人律师身份的、实习律师公民代理的等，当然代理亲友的除外。另外，这10份证明材料没有固定的范围限制，可以是接待笔录，可以是诉讼文书或者非诉讼文书，可以是法律意见书，也可以是律师函、裁判文书等。

如果有条件的实习律师，最好是能在面试考核前找一位资深律师或者熟悉的面试考官等进行面试辅导，了解面试的程序，审查面试资料，点拨、提示实训材料的焦点与关键问题，进行模拟面试考核，做好充分地准备。笔者经常组织实习律师进行面试辅导，收效都非常好，对实习律师的面试考核很有帮助。

实习律师实习期满通过了面试考核，就可以申请律师执业证了，取得律师执业证，就成了一名真正的律师。

六、律师入行从助理做起

律师入行从助理做起。这个标题似乎会引起一些年轻律师的不适。他们会认为："不是说的熬过实习期就成功一半吗？我通过努力的学习，好不容易考取了律师资格，经过漫长的实习期，律师执业证已经到手了，为什么还要从助理做起呢？"其实，也不是每个执业律师都必须从助理做起，也不是每个执业律师都有机会从助理做起。笔者这里说的是一个普遍的、一般的问题，不包含特例。

◇ 以助理的身份争取实践机会

我们知道，有的人社会关系好，有资源、有背景，他们不愁案源，只要一拿到律师执业证就有"高大上、高精尖"的案源滚滚而来，整天有干不完的事，挣不完的钱。但是，毕竟这只是少数，不是每一个刚出道的律师都有这么好的命运。再说，就算是拿到了律师执业证，也不是每一个人都是通过真正意义上由指导律师"传帮带"实习过来的，还是有不少的新晋律师是挂靠实习的，根本没有真正的实习，给新晋律师一个案件他也没有办法独立完成。或者说，就算新晋律师能够独当一面，客户对新晋律师也不一定信任，不一定放心将案子交给一个没有执业经验的律师办理。这就是现实。所以，很多实习律师执业后并不能独立办案，也不能独当一面，大多数还是需要经历一段时间的律师助理过渡期。

有指导律师的律师在实习期满，拿到律师证之后只要不离开律师事务所，不离开自己的指导律师，一般来说指导律师还是愿意继续带着的，只是这个时候新晋律师已经完成了角色的转换，新晋律师的身份已经不再是实习律师，而是一名具有独立办案资格的执业律师。独立办案资格与独立办案能力，这是两码事。虽然新晋律师具有独立办案资格，但是新晋律师不一定有独立办案的能力，就算新晋律师有独立办案的能力，也不一定那么快就有独立办案的机会。因此，在这个时期跟随指导律师或者其他执业律师，做他们的助理，帮他们的同时，可以多学些实践知识，还可以多少获取一些报酬。实习期满领取了律师执业证，在法律上就是一名真正的执业律师了，很多事就可以参与一起做了，少了实习期的很多尴尬，这个时候无论是自己的指导律师还是其他需要助理的执业律师，他们也都愿意给新晋律师适当补助了。

对于那些挂靠实习或者在实习期没有指导律师的新晋律师，在刚拿到律师执业证的时候没有案源，不敢独立办案的情况下，找一个执业律师或者加入某一个律师团队，成为律师助理，同样是很有必要的。笔者经常建议刚执业的新晋律师拜师，就算你已经取得律师执业证，如果你不是跟随指导律师的"传帮带"成长起来的，还是有必要拜师学习实践经验和技巧。就算你不想拜师，找一个执业律师做助理也是可以的，更是很有必要的。

◇**律师助理不能急功近利**

刚执业的新晋律师都是满怀理想和抱负的，都是博览群书、饱读法学知识、踌躇满志的。但是，现实是过不了多久你就会发现，由于入行时间短，社会阅历浅，人脉稀薄，社会认可度低，加之缺乏执业经验、执业技能不足，不要说拿不到案子，就算拿到案子也可能不知道如何下手。刚执业认识的人不多，没有案源，业务根本无法开展，生存依然十分困难。一些青年律师，由于执业素养不够，心理素质差，没有办案经验，没有业务来源，生存压力大，他们的满腔热情早已逃之夭夭，剩下的只有灰心丧气了。当他们感到举步艰难的时候，只好中途转行，大好的律师梦就此终结。更有甚者面对生存、发展的困难，不能冷静思考，理智对待，急功近利，把自己的律师前途当成了"钱途"，最后走上违法犯罪道路，毁了自己的一生。

律师职业是一个不平静的职业，执业律师经常是虎口夺食，游走在社会矛盾的风口浪尖，办理的纠纷都是公权力与私权利、私权利与私权利的各种利益冲突引发的，经常置身于欲望、利益、博弈的明枪暗箭之中。很多案件，你的对手不仅仅是当事人的对方，可能还有各种复杂的背景，如果没有一定的执业经历和经验，执业的风险随时都可能把你从美丽的律师梦中惊醒。跟随指导律师或者找一个执业律师，在他们的庇护之下，先让自己真正地成长起来未尝不是一件好事。

经验的积累、业务技能的提升、市场的培育与开拓都需要时间。年轻律师一定不要急功近利，过于急躁，要有一颗平静的心，坚持不懈的努力和铺垫，这样成长起来才会走得更稳，走得更远，走得更顺利和风光。任何成功都是需要付出的，没有付出就没有回报，生命的精彩、事业的成功、人生的幸福，无一不是靠自己努力打拼得来的。刚执业，与其等业务，不如做助理，去借助其他律师的业务加强锻炼，还可以从中分一杯羹，何乐而不为呢？

◇ **不能有攀比之心**

某律所主任，有着丰富的办案经验，加上又是民主党派人士，所以案源不错，业务很好，收费自然也不低。他以前不招实习律师，承受不了经济负担。在笔者的建议下，他开始接收实习律师，并且跟实习律师协商取得律师执业证后三年内不得离开律所。这三年内，取得律师执业证的年轻律师可以独立办案，也可以作为他的助理参与案件，只是三年期内不得转所。三年期满，如果律所不值得你留下来，你要转所，他没有任何意见。

这位律所主任告诉我，他培养出来的新晋律师都愿意留下来跟他做助理，而且都不跟他计较报酬。于是，他们一起共同开发市场，拓展案源，一起发展。这些律师助理都没有底薪，他说不想高薪养懒人，这跟笔者的想法一致。他们每参与一个案件，事务所根据他们的工作量计算报酬，报酬根据助理律师的参与和付出来平衡。如果是律师助理出庭代理的，每出庭一个案件律所给付 2000 元，收费比较可观的案子，一个案子给付 5000 元。这样下来，刚拿到律师执业证的新晋律师每个月都有一定的收入，生活、房租等就有了保障。他告诉我，这些助理律师都很认真负责，从来没有过计较分配的多少，大家干得都很起劲。要是哪个人自己有了案源，就算他自己的业务，其他人都愿意帮他，他也按照这个分配机制给其他合办律师分配。只要这个律师觉得条件成熟了，自己具有独当一面、独立办案能力，他就可以独立出来做提成律师。

据了解，自从他开始自己培养实习律师以来，这些实习律师领取到律师执业证后就没有流失一个。他告诉笔者，他们所里的这些律师助理，从一开始就非常明确，他们还不能独当一面，无论是经济上还是经验上都还需要扶持，他们做助理律师就是在沉淀、在成长、在积累，他们是助理律师，既然是助理律师就不能跟执业律师相比，不能跟提成律师攀比，他们没有感受到自己被歧视，也没有感受到自己被剥削，所以他们很开心，合作很愉快。这样做，律师助理都觉得合理，没有压力。至于这个案子事务所或者自己跟随的律师收了多少费，这些费用实际与律师助理无关，他们不会想这个案子收费高，就该多分些。他们知道自己是律师助理，不是搭档，不是提成律师，他们主要的目的不是多挣钱和多分钱，而是在让自己更值钱。

根据律师助理参与的工作量计算补助报酬，这个方法不错，比起每月固定支付多少补助或者报酬强多了，很科学合理。包月的这种固定的补助方式容易让律师助理心理不平衡，而且容易养懒人。我也建议新晋律师们要对自己有信心，要敢于挑战，不要局限于那点固定的报酬，不要让自己养成依靠、懒惰的思想和习惯。

◇律师助理获取报酬理所当然

前些年，笔者的团队需要增加一名律师助理，有同行向笔者推荐了一名律师，据了解这个律师执业已经有好几年了，由于没有案源也无法开拓案源，所以就一直在更换律师事务所，跟其他执业律师做助理。他每月领取固定报酬5000元，几个月后，要是他跟的执业律师当月业务不好，没有什么事情做，他就很开心，心情很好，他也满足于现状，要是他跟随的这个执业律师业务好，他的工作量大，这个时候他就很不开心，总是埋怨这埋怨那，认为自己被剥削了，心理极度不平衡，导致工作不积极。要是请他的执业律师增加他的补助，他就会好点，否则什么也不想干。在得知这个情况后，笔者自然不敢请他。

对于律师助理是不是被剥削的问题，有一些观点认为这就是剥削。但是，笔者认为这是两厢情愿的事情，是双方协商一致的结果，也是刚执业的新晋律师成长的一条通道,是现实的产物,不存在剥削。任何执业律师要想挣钱,多挣钱,前提是这个执业律师确实值钱,他有足够的经验、丰富的办案技巧,足够的人脉资源,否则就不现实,除非是运气好。律师职业,既是事业也是工作,既然是工作当然就得有报酬,挣钱养家糊口这些现实是必须面对的。除非是公益、公职律师,社会律师不挣钱就不是社会律师了,就是做慈善。既然律师是工作,任何工作的人都要养家糊口,这就是现实。律师要挣钱,律师请律师助理是为了帮助自己挣钱,支付助理报酬也是理所当然的事情。既然是做律师助理,获得相应的报酬同样理所当然。

◇3000元与30 000元的差距

2010年笔者带的一个律师助理曾帮笔者接待过一位离婚当事人,他谈判后同意收3000元代理这个案件。当笔者了解案情后,发现这个案件涉及的财产两三百万,而且还比较复杂,收费3000元除了事务所管理费、税收,基本上所剩无几。于是,笔者让助理联系当事人,需要重新进行价格谈判。就在当天下午,助理把客户约好重新谈判。最后,我把费用提高到了30 000元,一下子翻到了十倍,当事人还非常满意,没有一点不情愿,痛快地办理了代理手续并交费。当然,在第二次谈判时笔者明确指出,如果不是之前有3000元的谈判经历,这个案件30 000元笔者也不会受理,至少10万元到15万元。按照我们的约定,助理每月保底补助2000元,案件提成10%。那么这个案件,如果收费3000元,按照10%给他提成只有300元,但是收费30 000元,他的提成则变成了3000元。

从另外一个方面来看,他能够在这个30 000元中分配10%,远远超过了他自己所谈判成功的所得。不但他就这个个案获得回报比他自己收费高,而且他具有了一个离婚案件收费30 000元的案例和经验。不仅如此,笔者还得在这个案件中手把手地教他如何去办理这个案子,从接待当事人到签订委托代理合同,从案情的了解到诉讼策略的制定,证据的收集、法律文书的写作、立案流程、诉讼代理的技巧等,笔者都从头到尾地教他一遍。这相当于他不仅学到了办案经验,还可以获得案件收入的提成。

新晋律师希望自己获得案源,哪怕是费用低一点都没问题,但对于客户来说他不太可能把自己的利益甚至于人身自由等交给新晋律师冒风险。因此,笔者建议在条件不成熟、羽翼还不丰满、经验还欠缺的时候,不妨放下身段和面子，勇敢地去做律师助理。如果新晋律师与其他律师合作，成为他们的助理，则可以借助他们的身份、执业经历、丰富的经验、良好的社会知名度、美誉度，为自己入行开路，为自己的成长指路，为自己拓展案源做铺垫。这样，既可以学到更多的实践经验，又可以获得更多的收入，这不是一举两得的好事吗？

律师入行从助理做起，相当于找一棵大树，找一个靠山，在助理工作中让自己成长、成熟，这未尝不是一个明智之举。

七、如何做好律师助理

笔者当初提出律师入行应从助理做起，不少的实习律师、律师助理对我的观点都表示支持，都说解开了他们心中的疑惑，解决了他们的困惑，为他们的成长指出了一条明路。能得到大家的支持和认同，笔者深表荣幸，更是欣慰，如果笔者的这些想法和看法、观点，真能帮助实习律师、青年律师，那笔者的努力就是值得的。

从实习到执业虽然只要一年时间，但是要从实习到独立开展工作，还需要很长一段时间，还要走很长一段路。在翅膀还没有长硬的时候，放下面子和架子，经过律师助理这个成长历程应该不是坏事。刚执业的新晋律师或者已经决定从律师助理做起的执业律师，或者正在做律师助理的新晋律师，应当注意一些实实在在的有利于自己发展和成长的问题，要正确认识律师助理这个身份，要端正姿态和心态，切忌急功近利，心浮气躁，要忠于事实和法律，忠于指导律师，诚信为本，严于律己，积极主动，好学上进，勤于思考，富有责任心和创新意识，要正确看待名利和得失，要不辞辛劳，任劳任怨，心态乐观，时刻铭记自己的使命和追求，借助理身份让成长、成熟起来，总有一天也会长成参天大树。新晋律师入行从助理做起，从某种意义上说实际上也是先从做人做起。那么，律师助理又该如何做呢？

◇**学会守愚**

《史记》记载，孔子年轻时曾经向老子请教做人的道理。老子告诉孔子："良贾深藏若虚，君子盛德容貌若愚。"老子告诉年轻的孔子，一个头脑精明的商人非常懂得深藏财富，而外表看起来好像一无所有；一个品行高尚的君子非常懂得内藏道德，而外表看起来好像是愚蠢迟钝。要去掉骄傲之气和贪欲之心，如此才能成为圣人。这便是所谓的"大智若愚"。"难得糊涂"历来被世人推崇为高明的处世之道。很多人追求"糊涂"的智慧和境界，就是老子说的"大智若愚"。做人切忌恃才自傲，不知饶人。锋芒太露易遭嫉恨，更容易树敌。

青年律师切忌不要认为自己是科班出身，有学历、有资格，就是法律专家了。其实，这些只是你成为律师的必经之道和必备条件。当事人不会因为这些就放心大胆地把案子交给你。这个时候需要端正姿态和心态，要学会大智若愚。

执业律师在成长的道路上，需要克服很多的困难，包括环境的适应问题，案源的开拓方法问题，人脉的积累方法和途径，如何去融入律师行业，融入事务所这个大家庭，如何融入律师圈子。如果没有人引导，会走很多的弯路。在做律师助理期间，实际上无须指导律师特意地教，只要跟着指导律师，看指导律师是怎么做的，新晋律师就知道该怎么做了。这个阶段，助理身份可能导致新晋律师的工作很繁杂，但是越是繁杂新晋律师接触的东西才会更多，机会也就更多、更大。

态度决定一切。新晋律师的心态很重要，一个人做事成功与否，很大程度上取决于心态是否良好。就算是做律师助理，就算是在给其他执业律师打工，其实认真地工作，诚恳的态度，信心十足的表现，最终获益的还是新晋律师。千万不要以为自己被大材小用了，不要被自己的情绪影响，律师工作实践性非常强，是一个博学的工作，对执业律师的要求很高，新晋律师的执业经历和执业经验、阅历等还不能与指导律师或者执业律师相提并论。律师助理的重点不在于你是助理，重点是你在借助理这身份去锻炼、去学习、去实践。因此，就算新晋律师跟的执业律师不是科班出身，也不是那么尽人意，新晋律师都不要过多的挑剔。新晋律师要去掉骄傲之气和贪欲之心，不要锋芒毕露，要做到"大智若愚"。

◇学会守静

守静，每临大事有静气。静，这是中国古人推崇的大智慧。《道德经》上说，静为躁君。静能克服人身上的躁气。《大学》上说，静而后能安，安而后能虑，虑而后能得。静是安定、思虑和有所得的基础。"心收静里寻真乐，眼放长空得大观。"一个人内心不静，很难真正思考问题，做人做事也一定会骄矜、浮躁。安静的人会仔细观察中审时度势，更容易深入思考，获得解决问题的办法或者感悟人生道理。守静，能发现生活中的幸福和美。浮躁、脚步匆忙的人总是会错过很多美好的东西。我们或许会经历人生岁月的蹉跎或道路的泥泞坎坷，但保持淡泊的处世态度，泰然处之，就能在纷繁中找寻心的超然和安宁，不受世俗的干扰和冲击，人生更豁然开朗。

做律师助理，就要能静心静神，要能安静地沉下去，克服急功近利、心浮气躁的毛病。既然选择了律师这个行业，就要静下心来，正确地了解律师这个行业所处的环境，要多去观察分析，总结经验。万事不可急于求成，凡事欲速则不达。新晋律师应该趁着年轻，脚踏实地地多学多干，为自己的将来打好基础。俗话说，十年磨一剑。只要根基牢固了，自然坚不可摧，何愁不能成才、成功？

做律师助理，要从最底层做起，从点点滴滴的小事做起，不要怕遇到挫折，要敢于面对挫折，克服挫折，保持进取之心，脚踏实地、安静从容地进取。律师助理要受得住清贫，耐得住寂寞，拒绝得了诱惑。以静制动，静中获益，静静地成长和筑基。

◇学会守时

守时，君子待时而动，这是指等候时机。守时不是准时，而是把握时机。《周易》上说："君子藏器于身，待时而动。"意思是，君子有卓越的才能、超群的技艺，不到处炫耀，而是在必要的时刻把才能或技艺施展出来。这话也提醒我们，在默默无闻的时候，要加强自身修养，等到机会来时，就要充分展露自己的才华。时机、时势是客观的，不是人为的。我们不能创造时机，而只能做好我们能做的，等待时机，把握时机。这就是守时，一个守时的人一定会做好充足的准备，不会让机会白白溜走。只要时机成熟，一切就会水到渠成。

律师助理这个时期，就是默默无闻的时候，就是加强修炼的时候，这个时候要争取"不鸣则已，一鸣惊人"。我们这个时候要为自己的"一鸣惊人"打好基础，等候时机。这里的守时，指的是天时，我们要掌握自己的天时、地利、人和要素，在其他执业律师这棵大树下蓄势待发。只要自己掌握了实践技能技巧，有了一定的经验，社交圈子打开了，大家都认识你，知道你是执业律师，对你有了基本的信任，你的时机就会成熟。这里的守，不是死守，不是傻等，而是在锻炼中守候，在修炼中提升，要全身心地投入到助理的工作中，否则不是守时，而是荒废光阴，浪费青春。

◇学会守信

《论语》上说："人而无信，不知其可也。大车无輗，小车无軏，其何以行之哉？"人要是没有信用，就像大车没有车辕与轭相连接的木销，小车没有车辕与轭相连接的木销，就无法行走。春秋时期，吴国季札第一次出使晋国，路过北方的徐国。徐君十分喜欢季札的剑，但是却没有说出来。季札心里知道，但是他还要出使到别的国，所以没有送给他。后来他出使完后再回到徐国，徐君已经死了，于是解下宝剑，挂在徐君墓前的树上。他的随从说："徐君已经死了，这是要送给谁呢？"季札说："不是这样的，我当初心里已经决定要把这剑送给他了，怎么能因为他死了而违背自己的诺言呢！"季札只是在心里应允了别人，却仍然信守。

诚实守信、坚守信仰、追求正义、扶持弱小是律师职业的核心，也是执业律师的信条。古往今来，诚信乃立身之本，治世之道，是市场经济的基石，是人与人交往的最基本的道德要求，是商域中获得经济效益的法宝，更是执业律师的道德操守。守信，是用金钱都买不到的人格魅力。律师助理永远不要丢掉别人对你的信任，别人信任你，是你在别人心目中存在的价值！失信是人生最大的破产，守信方得人心。

律师助理的守信，不仅仅是对当事人的守信，不仅仅是对当事人的诚信，还包括对指导律师和跟随的执业律师的诚信。律师行业里那一句"教会徒弟饿死师父"的说法，其中就包含着对律师助理的不放心和不信任。实习律师、律师助理切忌在背后搞小动作，这是非常忌讳的，是对指导律师和跟随的执业律师的"大不敬"。只有律师助理的诚信，才能让指导律师放心，他们才会更加相信律师助理，依靠律师助理，把更多的、更重要的事情交给律师助理去办。律师助理唯有诚信，才能打造一个大家都信任圈子，才能更加容易、便捷、快速地开展工作，才能尽快建立稳定、可靠的人际关系。

一个成功优秀的律师，肯定不是一个只知道整天不择手段跟指导律师或者自己跟随的执业律师抢生意、抢关系的律师。律师助理必须做到真诚待人，忠于指导律师、忠于跟随的执业律师，还要在忠于法律、忠于事实的前提下，忠于客户的合法权益，要严于律己。

◇ **主动学习，培养敬业精神**

律师助理不是一份真正意义上的工作，只是一个过渡期，或者说这是刚领取律师执业证的新晋律师的一个成长期、成熟期。在这个过程中，主要任务是学习和提升。所以，在这个时期不要被动接受安排开展工作，要善于发挥主观能动性，要具有主人翁意识，要主动出击，要把指导律师或者跟随的执业律师交办的事情当成自己的事情去办，不要有完成任务的想法。在这个过程中，要多跟前辈学习，多分担前辈的负担，收集整理资料、证据调取、案例收集、观点整理、法律法规的收集整理等，都要主动通过网络、报纸、杂志等途径获取。

每当拿到一个案件，要想到自己如何才能独立完成这个案件，自己能不能独立完成，要争取和尝试自己独立完成，要学会发现问题、研究问题、解决问题，要穷尽一切途径、手段、方法找到解决问题的办法。

◇ **学会独立解决问题**

学会独立解决问题，这是一项很重要的技能。在实习期，指导老师可能考虑到实习律师的身份，还包括很多事情不方便办理的原因，可能很少将需要解决问题的事情交给实习律师办理。但是，律师助理则不一样，很多律师助理实际上已经取得了律师执业证，这个时候身份发生了转变，很多事就可以办理了。

律师助理在这个过渡期，把交办的事情办好，这是助理的工作任务。在完成交办的任务中，肯定会遇到这样那样的问题。如果在做助理的期间能够接受任务，还需要自己去开动脑筋，独立完成一些任务，恰恰是好事，这才是机会。当律师助理遇到这些情况的时候，应当敢于迎接挑战，找到问题所在，争取自己解决问题。

举个例子，笔者曾代理了一起合同纠纷案，对方公司一直联系不上，公司搬家但工商登记又没有变更，以前网上公开的电话根本找不到他们。法院送达联系不上当事人，希望我们继续提供有效的联系方式，笔者就把这个事情交给一个助理办理。但这个助理不久之后便告诉笔者他已经尽力了，确实找不到联系电话，只能公告送达了。笔者问他工商信息查询没有，他说几乎能采用的手段，能找的渠道都找了，真的没有办法了。于是，笔者让其在笔者的身边，笔者自己打开电脑，还是在查询工商信息的地方,笔者察看了企业报表,这个报表是该公司年检时上传的,表上清清楚楚地写着公司的联系电话。后来,法院通过这个电话通知了对方,文书得以顺利送达。这个问题,也是笔者前面所讲的,要运用好穷尽原则。

◇学会少问多想

助理,从字面上理解就是帮助打理,或者说是协助处理。笔者看到一些律师助理,对助理这个角色认识错误,没有真正的领会什么是助理。当他们接受一个任务后,他们不是自己去思考,不是自己去体验,而是不停地找指导律师问个不停,并不愿意自己处理。比如说,一个案子适用的法律规定,助理应该自己去查找,在现有法条的基础上需要去核实。可是,一些助理根本不会去查找法条,也不会去核对法条的正确性、准确性,而是习惯问"这个涉及哪个方面的法律规定呢?""这个法条是不是正确的呢?""有这方面的案例吗?"律师助理的问,不是不问,而是少问。问要问自己,而不是问指导律师和跟随的执业律师。要问有价值的问题,要问确实穷尽了一切途径和手段都解决不了的问题。要知道,作为律师助理,查找并解决这些问题就是本职工作,也是锻炼自己解决问题能力的有效途径。

律师助理协助律师办案时,应该主动对法律适用、案件性质、法律关系、事实及理由、证据情况、线索、诉讼时效、管辖法院等全面掌握,反复查证后再向所协助的律师求证,提交给他验收,而不是直接向他要答案。律师助理自己解决问题后再找承办律师核实,这就好比在做习题,反复演练后,再去看参考答案,这一来二去,反复的演练,律师助理的实践能力和技巧自然就慢慢地提升了。

◇凡事扯个回销

很多律师助理在领到任务后,很长时间之内也不知道他把事情办理得怎样了。比如说,指导律师安排他到法院去提交一份证据,结果他去提交了就没有消息,到底是提交了还是没有提交,是找到法官了,还是法官不在,你根本无法知道。有时候,指导律师给他安排了工作,着急地等着他给自己汇报处理结果,而事实上他可能是把事情丢在一边,做别的事情去了。律师助理应当从一开始就学会随时沟通,养成随时沟通、汇报的习惯。无论是承办律师还是律所领导交办的任务,都要抓紧时间赶紧办理,绝不拖拉，而且件件事情都要落到实处，无论事情办理得怎样，都必须及时汇报沟通。

律师在承办案件时都会根据案情的发展调整方案，这要根据办案过程中的变化来决定。所以，指导律师交办的事情不能拖拉，应当随时汇报事情进展，以便指导律师及时掌握动态。对于指导律师交办的任务，无论什么情况都应该及时给予沟通汇报，养成凡事都有回销的习惯，不让指导律师担心、担忧、着急，这既是工作，也是尊重，更是一个好的工作习惯。

◇**争取让自己多露脸**

律师助理在协助指导律师办案或者跟随执业律师做助手期间，要充分安排好自己的时间，尽可能地争取参加自己能够参加的会议、培训、论坛、活动。参加这些可以增加社会阅历，丰富视野，拓宽人脉资源。虽然律师圈子不太可能给律师助理直接带来案源或者说经济收入，但是从长远来看，要从事律师职业，就应该尽早地在律师行业里得到认可。新晋律师应当抓住每一次机会，勇于展现自己，哪怕只是露个面也行，也会给自己的长远发展带来极大的帮助和意想不到的收获。新晋律师多在行业里、圈子里露脸，可以提升其与其他律师的粘连度，可以锻炼胆识，所以，律师助理要借助机会多露露脸，多跟行业里、圈子里的人混熟，为自己独立执业之后参与这些活动奠定基础。

◇**不断总结经验教训**

失败是成功之母。无论是失败还是成功，都有值得分析总结的价值。经验是思想的结果，思想是行动的结果。学习是一个主动的过程，要不断地接触、尝试、分析、总结，才能摄取其中的奥妙，收获得更多。经验是一面镜子，借鉴它，便能清楚地看到往事。总结成功经验，可以让自己记住成功，总结失败教训，提高自己的理论水平和办案实践能力。案件总结不一定需要长篇大论，只需要抓住办案过程中的特点、体会、教训最深的东西，有话则长，无话则短。每一个案件，无论大小，都会有自身的特点，只要能用心总结，经验也好，教训也罢，疏忽大意等都可，形成文字笔记，日积月累，经过长期的总结，对自己执业技能的提升一定有帮助。

莎士比亚说，聪明人不会待在桌前悲叹自己的遭遇，而会积极的修补自己的创伤与弱点。律师职业需要不断总结，分析错误，从错误中学习到宝贵而永恒的经验。"前事不忘后事之师。"特别是失误和教训方面的总结，对今后的执业活动一定大有裨益。笔者办理案件，一般来说每个案件在结案后归档时，都会有一个小结，对这个案子进行一个总结。如果这个案子是助理或者实习律师协助处理的，他们在工作中有什么疏漏，笔者都会记录下来，附在案卷后面，提示他们今后进行改进。

八、你希望成为什么样的律师

如果有人真的梦想成为一名律师，那么就应该想想自己希望成为什么样的律师。当然，这没有标准答案，仅仅是给自己的定位而已。

在一般人看来，如果被问及希望成为什么样的律师，或许可以有数十种甚至上百种乃至更多的答案，比如按照专业分有刑事律师、民事律师、商事律师、行政律师、房产律师、税务律师、婚姻律师、公司律师等，按照律师的执业性质又可以分社会律师、公职律师、法律援助律师等，按照等级可以分为一级律师、二级律师、三级律师等。

因此，这里说的希望成为什么样的律师，不是以是否优秀，是什么专业，是否知名，以什么等级来区分的，而是以行为气质来区分。

◇行为气质类型

对律师行为气质类型的研究及兴趣，最初是来自于全国律师协会编写的《律师辩护与代理方略》，该书于1991年9月第一次发行书中对律师的行为气质进行了系统分类，介绍了律师类型的概念。

律师作为中国特色社会主义法律工作者，在从事职务活动中要与审判人员、检察人员、公安人员、证人、鉴定人、刑事被告人、被害人、民事当事人和其他非诉讼法律事务的中外委托人接触；要出席法庭，参与案件的庭审；要与公诉人、对方当事人及代理人进行辩论；要参与仲裁活动、诉讼调解和非诉讼调解、经济谈判、商务谈判，以及向广大人民群众、社区居民、企事业单位、社会团体等作法制宣传、培训等。在这些活动中，律师都要表达自己的思想，要发表讲话，讲话中就需要辅之一定的动作、手势，面部表情等，律师需要通过语言、动作、神态来展示内心思维和情感，表达思想。也就是说通过这些综合的表现，反映一个人的内在思维和感情。

换句话说，就是律师的内在思维活动与感情，会通过其演讲、手势、表情等表现出来，这些表现就会产生一定的社会效果，或者获得他人的评价，从而获取正向性的良好效果或者负向性的不良效果。通过这些行为、语言、表情的表现和展示，可以判断这个律师是一个什么样的律师，又或者说这个律师具有什么样的行为气质，属于什么行为气质类型。研究律师的行为气质类型，对考察律师的执业能力，研究律师的个性特征，探测律师的发展方向，正确的培养律师、锻炼律师、研究律师，具有一定的积极意义。

对律师本人而言，研究律师的行为气质即类型，可以从中对照自己、了解自己、扬长避短，加强自身的锻炼和提高，自觉进行适时调整，施展律师辩护与代理的技能，更加卓有成效地开展律师执业工作。因此，要研究律师的类型，或者说要考虑自己将来成为什么类型的律师，对律师的行为气质类型的划分有必要进行研究。对律师行为气质类型的研究，同研究划分人的气质类型的大范畴是相近的。

我国古代医学家曾经按照人的好动或喜静的程度把人分为五种类型，即好动的太阳型、少阳型，喜静的太阴型、少阴型，动静适中的阴阳和平型。古希腊和罗马医生根据人体内的血质、黏液、黄胆汁、黑胆汁四种体液个人多寡不同的假设，把人分为四种类型，即性情急躁、动作迅猛的胆汁质；性情活跃、动作灵敏的多血质；性情沉静、动作迟缓的黏液质；性情脆弱、动作迟钝的抑郁质。

◇巴甫洛夫对动物和人的研究

巴甫洛夫根据对动物和人的研究，认为气质是高级神经活动类型特点在动物和人的行为中的表现，提出四种基本的高级神经活动类型：兴奋型、活泼型、安静型、弱型。这四种类型的划分，分别相当于胆汁质、多血质、黏液质、抑郁质，并指出纯粹的类型极少，一般都是混合类型。而蔡墩铭先生在其《审判心理学》一书中把辩护人具体划分为：夸示型、理智型、诙谐型、迂腐型四种。上述知识对于我们研究我国律师的行为气质类型，均有借鉴意义。根据我国一些律师的状况，《律师辩护与代理方略》一书把律师分为：理智型、诡辩型、夸耀型、傲慢型、迂腐型五种，供学者研究参考。五种类型的行为气质中，通说认为理智型是最佳的，而其中的逻辑学家型尤为值得推崇，其余类型各有优劣、长短。选优汰劣，扬长避短，优化自己的行为气质，对全面提高律师的行为气质，发挥辩护与代理方略的艺术和效能，必将是有益的。

（一）理智型律师的行为气质

理智，指一种合乎原则性、逻辑性思维活动所导致的正确思想，表现在辨别是非，利害关系以及控制自己行为上的一种能力。

理智型律师一般具有的特征：

（1）性情沉静，在生理上、心理气质上属于黏液质型。

（2）勤于思考，处事慎重，深思熟虑，不随便发言。

（3）发言有条理，思路清晰，但在表现形式上有的可能比较简单。

（4）具有对客观事物的发现、认识、辨析、判断、处理能力。集中表现在反映客观事物的深刻、正确、完整的程度上，有能运用自己的知识解决问题的能力。具体表现在法庭辩论中，或者在经济、商务谈判中，能抓住关键或主要问题，发表的辩护或代理意见，表达准确、深刻、有力。

（5）思维敏捷，应变能力强。表现在法庭上，面对审理中变化了的案情或指控，能即席修正辩护词、辩护提纲、代理意见，不会照本宣科，因而针对性强，其意见极易获得审判人员采纳，成功率较高。

（6）有克制自己的能力。即有抑制自己的感情，控制自己的行为，冷静对待一切势态的能力。面对不规矩、不礼貌的举动，不感情用事，不纠缠旁枝末节，能绕开枝节走自己的正道。理智型的律师常常表现出头脑清醒、是非分明，不为某些过激言词而冲动，能不动声色，不走嘴、不出格，把自己的辩护或代理观点、意见讲清说透，做到豁达大度、言辞中肯、有理有据，使人信服的效果。

（7）能正确对待自己，也能正确对待他人。不因自己的才智而骄傲，能虚心地听取对方发言，从中找到矛盾或漏洞，作为自己的发言议题。懂得"智者千虑必有一失"的道理，一旦发现自己的观点错误，能随时矫正，服从真理。

（二）逻辑学家型律师的特征

逻辑学家型的律师，是理智型律师的一种特别形态，是理智型中最高明、最理想，也是最值得推崇的类型。其特征是：

（1）有综合分析能力。此类型的律师，在庭前的阅卷、会见被告人、当事人及调查工作中，善于从纷繁的案件事实中，抓住本质的东西，掌握事物之间的各种关系，经过周密的分析，去粗取精，去伪存真，综合整理，形成切实可行的辩护观点或者代理意见。

（2）语言流畅，结构严谨，无懈可击。善于将杂乱的事实材料，进行加工梳理，根据其性质，组织成一个结构严谨、逻辑性强的辩护或代理方案和意见，通过有分寸的恰当的语言表达，使概念准确、判断恰当、论证合理、富有说服力，让听者信服。

（3）语言精练、准确。在语言的运用上，精炼而不枯燥，准确而不平淡，能做到一语破的，直指问题要害，无懈可击。

（4）有敏锐的洞察力。无论是在法庭上辩论，还是在谈判桌上辩论，能敏锐地发现对方思维上的混乱和谬误，并把握有利时机，进行论证与反驳。

（5）有强劲的辩驳力。善于从一般原理出发，联系案件实际，推出个别的结论，或者从个别事物出发，推出一般的结论。能灵活、巧妙地运用各种逻辑技巧、逻辑原理，随机应变，进行辩驳，故而强劲有力，使对方无言以对。

（6）有认识客观事物发展的能力。能分清事物的必然性和或然性，客观地认识事物发展的规律性，能切合实际地预测论辩及案件的发展、变化和结局，做到胸有计谋，腹有对策。

（7）有信心，有胆略。既有制胜的信心，又有辩论的胆略。能洞察事物的内部联系，掌握逻辑思维的规律，能灵活运用辩论技巧，触及事物本质，揭示事实真相和有穿透力的论证，运用法律法规进行较量，真理在手，不畏强权。

（三）诡辩型律师的行为气质

诡辩，是指采用颠倒黑白、混淆是非的手段，进行论辩的一种方法。我国古代的《汉书·赵王彭祖传》中，就对诡辩论者作过这样的描述："心刻深，好法律，持诡辩以中人。"这是对社会上的人们在各种言谈、议论和语言交锋中不难见到的现象进行的描述。诡辩作为一种论辩方法，也是为自己的一定目的服务的，其形式很多。

律师界的诡辩，主要出现在法庭辩论中或者其他辩论时。大家把这种论辩者，称之为诡辩型律师。此种律师知识面广且智力过人，但辩论的思维方法违反逻辑。其主要特征有：

（1）弄假成真，使真成假。诡辩是为其错误观点或谬论进行掩护的一种手段。诡辩者常用把真实的说成虚假的或者把虚假的说成真实的方法来进行论证，其思维活动则有违逻辑，甚至有悖常识。

（2）诡辩，具有迷人的外表，貌似正确、公允，有较强的迷惑力，往往言词非常动听，让人真假难分，具有很大的欺骗性。

诡辩者，其推理、论证方式是违反逻辑规律和规则的，就是我们说的不符合常理、常规，其结论也是错误、荒谬的。亚里士多德曾说过，诡辩是一种"谬误的论证"，看来"像是"在推理，但并"不真是推理"，而是"真实与虚妄之间的一种相似"。

（3）具有任意性和故意性。诡辩之违反逻辑或常理，是以任意的方式进行，它不受逻辑、真理、常识的约束，是主观随意的。诡辩论者，在思想方法上不是客观地从事物的全面联系把握问题，而是从主观出发，任意挑选事物的一面为借口，或以事物的表面相似为依据，用似是而非的论证去颠倒黑白，混淆是非，为其谬误观点作辩护。并且，诡辩论者对诡辩之违反逻辑或常识，一般是明知的，其错误论证也是有意识的违反逻辑或者常识。简言之，就是故意而为之。因此，诡辩论者的诡辩，不同于无意识而出现的论证差误。诡辩对律师工作是非常不利的，它是严重违反律师职业道德和执业纪律的行为，不利于法律的正确实施，还会损坏律师的形象，更不利于矛盾纠纷的化解。

在笔者最初接触的几位律师中，就有一位诡辩型律师，他给我留下了非常不好的印象，让我很反感，以至于后来不愿意跟他继续接触和交往。当然，这个律师最后的道路显然是失败之路，社会对他的评价非常低。据说，为此他还付出了一定的代价，受到过相应的处罚。所以，诡辩型律师是不可取的，诡辩者看似说得头头是道，能说会道，但是他们却是满嘴胡说八道。

（四）夸耀型律师的行为气质

夸耀，是向人显示、炫耀自己，以哗众取宠。此种类型的律师修养欠佳，不一定有真才实学，往往辞藻华丽而不注意内容，抬高自己而不注意身份，吹嘘自己而不注意影响，追求的是人们对他的所谓"尊崇"，并不是办案的质量。当侥幸获得成功，便认为是自己才能所致，一旦失败就埋怨他人。这类律师也是比较多见的，而且不少律师多少有点儿这样的毛病，这是值得新晋律师高度注意的。夸耀型律师的主要特征有以下几个方面：

（1）性情活泼，动作灵敏。在生理、心理气质上，属于多血质，或者是好动的活泼型。性情活泼，易于表现，动作敏捷，让人能产生好感。

(2) 善于演说，言词华丽。此类律师，出庭前准备充分，推敲细致，讲究辩论发言的艺术和技巧；发言时，口才较好，惯用动听的辞藻，期求听者的敬仰和客观良好的品评，但往往放松对案件实质内容的注意，致使论辩华而不实，言之无物，故往往客观效果不尽人意，收效不好。问题主要出在这类律师喜欢哗众取宠，爱表现自己，表现的度没有把握好，导致轻重不分，忽略了案件事实本身。

(3) 辩论发言，常夹杂对自己的炫耀或者直接的显示。此种类型的律师，缺乏冷静的头脑和控制自己行为的能力，专好吹嘘，常常在辩论、发言中，不自觉地显示自己的智慧、才能、本领、地位、经历、学历等，以博得听者的尊崇，但效果却适得其反。为了能显示自己，这个类型的律师，习惯抓对方纰漏，大做文章以抬高自己。一旦对方发言走嘴、失误，便不顾自己身份训斥别人，尽管对方并无恶意，旁人也能从正面理解，他却仍然借此给人家难堪。遇到这样的律师，不必要跟他纠缠，也不必要惊慌，坦然面对，及时修正自己的发言即可。

对于这样的律师笔者早期接触得比较多，随着执业年限的增加，接触的律师层次也慢慢在提高，多是具有一定执业经验、经历和成就的律师，他们已经不再需要用炫耀这种夸张的手法执业。不过，新晋律师接触这样的律师应该会多一些，掌握了这些律师的性格，在法庭上或者谈判中、辩论时，也就知道如何应对了。

(五) 傲慢型律师的行为气质

傲慢，是指自高自大，轻视别人。此种类型的律师，其优点突出，缺点明显，人前显贵，傲里夺骄。傲慢型律师一般有两种：一是以才智为资本的傲慢，二是以无知为资本的傲慢。

1. 以才智为资本的傲慢型

这种傲慢型律师，具有以下特征：

(1) 思维敏捷，智力过人。此类律师，比较聪明，才华出众，知识面广，智力过人，能言善辩，思维敏捷，接收信息和反映问题快，能识眉眼高低，能迅速发现问题并及时抓住要害。因有这些过人之长处，常以此作为高傲的资本。这样的律师也不在少数。

(2) 缺乏修养，目中无人。此类律师因天资聪颖，自以为是，往往缺乏修养。表现为：自以为是，瞧不起别人；发言时，言辞过激，盛气凌人，对别人发言，不屑一顾，缺乏耐心；总认为自己的辩论有理，便趾高气扬,甚至得意忘形,一旦辩论得手就没有节制,不能容人;对自己无理之处,则强词夺理,总想凌驾于别人之上,不愿服从真理;平素只愿听赞同的意见,不容别人提出异议;自己的思维和计划一旦被对方打乱,往往流露出不满情绪。

(3) 言行不检点,关系不协调。无论法庭辩论还是平时言谈,表现出不能平等待人,视自己为"诸葛亮",视别人为"阿斗",常讥讽嘲笑别人,与审判人员、公诉人员和对方律师及当事人关系紧张,极不协调。还有这类律师,在庭上无视法庭纪律,公然批评法官"这么简单的道理都不懂,还审理什么案件",对对方律师说"先回家好好学习一下法条再来出庭吧"等,这就是典型的傲慢型表现。

2. 以无知为资本的傲慢型律师

此种类型的律师是地道的夜郎自大型律师。其特征是:没有功底,知识结构狭窄;真假不分,是非不辨,常以无知为论据,夸夸其谈。在论辩中,常把无理说成有理,把假的当作真的,自以为是,胡搅蛮缠;既不能正确对待自己,也不能正确对待别人,本身没啥本事,却要装腔作势,借以吓人。这就是我们常说的"无知者无畏",由于无知,什么都不怕,极其傲慢,令人生厌,让人反感。

(六) 迂腐型律师的行为气质

迂腐,指言谈、处事拘泥守旧,思想僵化,不切实际,对新事物表现迟钝、无知、死板,把握不住机遇,失误和失败多,成功率低。迂腐型律师,其主要特征有:

(1) 性情脆弱,动作迟缓。在心理气质上,属于抑郁质。

(2) 注重事理关系,墨守成规。此种类型的律师,虽然有较高的学历,能够思考问题,办案细致,准备充分,但思想僵化,拘泥守旧,应变能力跟不上,认死理。

(3) 高谈阔论,不知止境。这个类型的律师看上去或者可能有较强的演讲才能,但过于相信自己,不相信别人,往往忽视听众的存在;办案抓不住要害,缺乏抽象概括能力,汇报案情时滔滔不绝,长篇大论,毫无重点,而又不愿听取别人意见;法庭上的发言,不会精简、变通,引用过多附带理由,令人生厌。所收效果,适得其反。

(4) 思想呆板,小题大做。对本来不大之事,却喜欢大做文章,借题发挥;发现对方用词有误,便叮住不放,死抠无关字眼(但是,这里不是指对重要字眼的死抠反对，比如抢劫罪、抢夺罪的"劫"和"夺"，这是必须要死抠的），或者对旁枝末节纠缠不休，分不清问题的大小、轻重，不能灵活处置和区别对待案件事实。也就是不该死抠的不知道不抠，无关轻重的不懂得放弃。

（5）常把无知当真理。由于有固执己见的特征，往往不从实际出发，把无知当真理，把不可能的东西说成必然，或把必然的东西说成不可能，思想迂远而不切实际。甚至将无知作为论据，去否定对方有理有据的观点，故常遭失败。有这么一个案子，一个老公公强奸自己的儿媳妇，但是在辩护律师眼里，哪里有老公公强奸自己的儿媳妇的呢？他根本不相信会有这样的事情。所以，面对公诉机关的指控，他不顾事实，只顾自己的辩论，这就是典型的无知。他说："此案与伦理不通，她的丈夫是被告的儿子，被告人是老公公，怎么会强奸自己的儿媳妇呢？这在伦理上是不可能的。"这样的律师，常把无知当论据，以为自己不知道的事情是不存在的，不可能的，从而坚决否定有根有据的指控。应该说我们的律师队伍里，这样的律师还是不少的。

（6）固执己见，固守陈腐观念，思想跟不上发展。这类型律师，常常用旧的观念看待新事物，新问题，对自己认识不到的东西，一概不认。不知"洞中方七日，世上几千年"的道理，拘泥于自己的陈旧观念，不思进取。因思想跟不上形势的发展，而用旧的观念看待新事物，在法庭辩论或经济、商务谈判中，拿不准火候，抓不住时机，找不准问题，不知争议焦点，说不到点子上，分不清"硬"与"软"。比如，对方的要求，属于己方能接受的范围，本来可以作适当让步，但却把这当作"原则问题"不松口，不知进退，以致谈判失策或者失败。这类律师不知道适时打开理性之门，让自己时刻处于防守状态，心门紧闭，思想顽固，导致常常失败。

对于迂腐型律师笔者是真遇到过，无论是对手还是同事，都曾经有过，与这类律师无论是同台竞技还是合作共事都会感到很痛苦。

通过对以上类型的律师行为气质进行分析，相信大家在心里已经对自己有一个比较清晰的定位了。希望成为一名什么样的律师，看似无关紧要，其实至关重要，这会影响你的思维、眼界、发展，左右你事业的成功与失败。在这几种律师类型中，很显然应以理智型为最佳，也是我所推崇的。其余类型，各有优劣，因人而异。大家可以参考以上律师类型，根据自己的实际情况，选优汰劣，以逐步提高和优化自己的行为气质，力争成为一名真正的中国特色社会主义的法律工作者,为维护社会公平正义、司法公正、委托人的合法权益多做贡献。当然,对以上行为气质类型的掌握,我们在面对不同行为气质类型的对手或者合作伙伴的时候,也就知道如何与他们打交道了,可以做到"知己知彼,百战不殆"。

最后,提醒大家在阅读时,建议对照检查自己,而不是对号入座。如果发现自己在某些方面确实需要修正,就借鉴其他行为气质的律师类型进行适当的微调。毕竟这只是参考,而不是一定完全正确。往往一个律师身上可能会出现几种行为气质类型的表现,无法具体给自己定位就是属于哪一种类型,这个时候我们可以根据自己心仪的律师类型,选择侧重点予以培养、锻炼。

九、怎样寻找适合你的律师事务所

要做律师,必须寻找一个适合自己发展的律师事务所,这是法律的规定,也是律师执业的需要和发展的需要。是不是随便找一家律师事务所都可以呢?不是的。那么,我们应当找一个什么样的律师事务所去开始自己的职业生涯呢?怎样才能找到一个适合自己的律师事务所呢?这是一个非常重要的问题。要从事律师职业,这个问题必须慎重地考虑。不同的人,在不同的环境和时代,需要寻找的律师事务所应当是有差别的,不同的律师需要寻找的律师事务所的情况也是不一样的。因此,怎样根据自己的实际情况,寻找一家适合自己的律师事务所,是一件很重要的事情,也是一件不容易的事情。

◇ 适合的就是最好的

对于实习律师或者律师助理来说,不同的律师事务所有不同的要求,对律师助理、实习律师的态度不一样,对实习律师、律师助理的培养也千差万别。实习律师、律师助理能够找到一个适合自己的律师事务所,就可能少走弯路,能在最短的时间内成长起来,并成功进阶,这非常不容易。当然,一般情况下,一个从实习律师做起来的律师,没有几年时间是不可能取得大的成就的,新晋律师朋友们要耐得住寂寞,学会坚持。

每个实习律师在寻找律师事务所的时候,都希望自己的执业起点高,所在的律师事务所知名度高,执业律师的业务好,最好是能够一进这家律师事务所就有做不完的律师业务。但不是每一个人都有那么好的运气。无论如何，笔者认为找到一家适合自己的律师事务所才是最理想的。那么，如何才能找到一家适合自己的律师事务所呢？这个问题，应该说不同的人有不同的认识，有不同的追求，要求不一样。

黄天时律师认为，这个律师事务所应当是有好的律师带你，有专业的定位，有起码的收入，有发展目标。他认为有好的律师带，是选择事务所时最值得考虑的条件，指导律师给律师助理、实习律师的影响最深，有时候是终生的。所以，选择第一家律师事务所，找到好的指导律师最重要。对于这个观点，笔者非常赞同。

起码的收入，也是很多人为自己寻找第一家律师事务所设定的条件之一，这个要求不高。一是为了生存，二是为了发展。这是很多人提出的条件之一，也是实习律师寻找事务所主张基本生活来源的基本要求。然而，现实很残酷，愿意为实习律师支付基本工资的事务所不多。法律服务业存在的基础是有人愿意购买这种服务。律师事务所通过客户付出的费用支付各项开支，其中应当包括助理人员的工资待遇。在很多事务所的预算里，助理人员支出只占到事务所支出的很小部分，事务所最大的支出是在给付律师提成费，其次是管理费、办公费用和租金，辅助人员的工资只占到很小的比例。

◇让自己先值钱

有人提出，自己是一个自以为很有发展前途的律师界新人，自己曾经是法学院的学生会主席，自己在学校发表过很多文章，自认为完全可以获得几千元的基本生活保障。但是，你需要寻找的律师事务所的老板却不一定会这么看。因为，他希望知道的是一个律师能不能为他创造价值，带来收益。有的人喜欢说自己以前是什么，曾经怎么样等，但是有个逻辑问题却没有明白，一个人以前的成绩不是今天或明天成功的原因，充其量只是个可能的条件。

网名叫"青年律师充电宝"的网友，他认为指导律师比律师事务所平台重要，而且重要百倍千倍，好的律所能带给实习律师或律师助理更高的起薪。如果进入一个大的事务所，实习阶段的起薪可能就有七八千甚至上万元。但好的指导律师能带给你的，是为人处世的道理和准则，细致认真的办案风格，如何防范风险保护自己，而这些东西决定一个新晋律师在律师这条道路上可以走多远，飞多高。选择指导律师，要选人品靠谱，内心向善,充满正能量的,案源多、愿意手把手地教实习律师、愿意让实习律师参与案件的律师做老师。这些意见和观点,都可以帮助青年律师、实习律师在选择时作为参考。

◇好薪酬不代表有好师父,品牌并不能直接对你产生影响

智善法律新媒体,曾经举办过"薪酬、师父、平台、实习律师选择律师事务所时最看重哪一个?"的话题探讨。他们认为,在选择律师事务所时,说到底其实最看重的是新晋律师个人适应能力。好薪酬不代表有好的指导律师,好的指导律师也不代表有好平台。选择律师事务所,最重要的是要去感受,感受工作环境、工作人员的精气神,甚至是指导律师的人品,等等。对这个观点,笔者很赞同。

陈亮律师认为:"对一个实习生来说,或对一个实习律师来说,对他特别有害的一件事情就是能够让他轻易地得到高薪。他认为,在选择律所时不应一味地只求律所的大。因为律所的品牌并不能直接对你产生影响,而只能满足你在和朋友交谈时的虚荣心而已,而这与你本人发展并不直接相关。律师行业到目前为止还是一个比较传统的行业,仍然采取的是一对一的'传帮带'模式,所以师父这个因素在你选择律所时是一项特别要注意的事项。在选择律所时,永远要把有利于个人的长远发展作为最重要的考虑因素。师傅好不好,能否对你产生积极的作用是非常重要的。这个观点笔者也是比较认同的,在选择律所的时候确实不宜盲目的追求大所、名所,大所、名所不一定接纳你,就算接纳了也不一定适合你。"

◇新晋律师的价值在哪

对于新执业的律师,在选择律师事务所这个平台时,要转变自己的心态和观念,首先问自己的价值在哪。在实习阶段你需要得到的不是鱼,而是渔。在实习阶段,不要在乎薪酬,要在乎的是自己是否能学到对自己有益的东西,是否能学习到律师执业的技巧和方法。不管是选择律师事务所,还是选择指导律师,都要考虑是否有利于自己的长远发展。具体而言,就是看是否有利于个人接触案件和接触法律实务,以及在这个过程中看到自己与指导律师之间的差距,不断权衡个人能力提升的因素,让自己先成长起来,先有价值起来。

◇态度决定一切

有时候，指导律师交给新晋律师事情并不是与专业相对应的，可能是一些事务性的工作，抑或是一些琐事，可能有的人不会特别用心和认真，还有一些人会对此反感。笔者认为这种观念是不正确的，师傅其实在意的是你在处理这个问题时的态度。有道是，态度决定一切。律师是一个实践性很强的工作，而且律师的执行力非常重要，这一点一定要重视。如果执行力不强，对于律师来讲将来会很不利。律师能通过不断地积累，认真地思考，触类旁通地去解决问题，那么将在相同的时间里，提升得更快。

律师这份职业是一个前期积累，厚积薄发的职业，前几年几乎没有什么收成或者说回报。所以，应当把眼光放得长远一些。执业初期，新晋律师的付出与回报明显不成比例，新晋律师需要正确面对这个现实。这个时候，很多律师都会产生不平衡的心理，容易成为金钱或者利益的奴隶。基于此，笔者认为一个实习律师或者律师界新人，在寻找第一家律师事务所的时候，就需要正确面对这些问题。只要能正确认识以下几个问题，相信新晋律师就能找到一家真正适合自己的律师事务所，帮助其成长，为新晋律师的律师事业奠定坚实的基础，对新晋律师的职业生涯做好铺垫。

◇不一定要大律师事务所

实习律师所选的第一家律师事务所不一定是大所。很多人羡慕大律师事务所，认为律师事务所越大，对自己越有利，越适合自己发展。根据律师行业现状以及实习律师的实际情况进行的相关调查研究，大律师事务所不一定愿意接收实习律师，就算他们接收实习律师，很多律师事务所实行的是流水化作业，实习律师不能完整的参与整个案件，他们多是专门做一项事情，导致实习律师难以独立办案，短时间内难以独当一面。因此，大律师事务所不一定是实习律师最适合选择的第一家律师事务所。

笔者在担任申请律师执业人员面试考官的时候，就遇到了一位委屈得哭了的实习律师，他哭诉自己不该选择在大律师事务所实习，痛诉大律师事务所的无数弊端。虽然说得不一定完全真实，但还是有参考价值的。还有，大律师事务所上升空间不大，而且很难。笔者了解，某所一位执业律师年收入960余万元，居然还进不了高级合伙人团队。当然，这些问题也不是绝对的，我们还是需要辩证地看待，不能说大所就真的不能去、不要去，否则笔者恐将受到声讨。

◇ **不一定要知名律师事务所**

实习律师所选的第一家律师事务所不一定非得是知名律师事务所。知名律师事务所是否适合实习律师，这个也不好说，这个跟大律师事务所差不多，对实习律师来说机会可能并不大，知名律师事务所也不一定适合实习律师的学习和成长。而且一些知名律师事务所对实习律师也不太感兴趣，实习律师真正获得的有价值的东西并不多。知名律所的不少律师还是猎头公司挖来的，他们汇聚的都是经验丰富的精英，也不会有太多的时间培养实习律师。更为重要的是知名律所对业务质量要求非常严格，不会轻易出现执业误差，因此实习律师的机会就会受到限制或者影响。当然，还是前述意见，这也不是绝对的，还是需要根据实际情况去判断。

◇ **不一定要专业化律师事务所**

新晋律师所选的第一家律师事务所不一定是专业化律师事务所。新晋律师到底要"专而精"，还是应该"广而全"，这个问题已经引起了行业界的多次关注和讨论。四川省律师协会第九届建设工程与房地产专业委员会第一次年会专门为此举办了一个圆桌论坛，包括全国政协委员、四川省律师协会李正国副会长在内的几位律界名家为此也展开了讨论。事实上大多数意见还是认为，除非个例，一般而言实习律师或者青年律师还是比较适合先"广而全"解决温饱问题，逐渐上升并过渡到"精而专"的阶段。

实习律师不要把自己的路子一开始就局限在某一个领域。侧重点和专业需要在一定的基础上进行，从会到精，这样更实际。最好不要一开始就把自己局限在某个领域、某个专业，这样路子就会很窄。当然，具有特殊优势的律师则另当别论。

◇ **一定得有指导律师愿意教的律师事务所**

新晋律师找的第一家律师事务所一定得是有师傅愿意教你的律师事务所。无论是什么样的律师事务所，也不管这个律师事务所是否专业，更不论这个律师事务所是否给新晋律师工资或者补助，如果新晋律师要选择这家律师事务所，就一定要确定有一个专门的指导律师。如果新晋律师进入这家律师事务所没有指导律师，新晋律师还是谨慎加入为好。因为，大家一致认为选择一个指导律师比选择一个律师事务所更重要，有指导律师的律师事务所才是适合新晋律师的律师事务所。

十、怎样成为一名合格的律师

怎样成为一名合格的律师，对于这个话题，有律师提出要想成为一名合格律师，首先要讲诚信，第二是要具有渊博的知识，第三是要具备一定的语言、文字表达能力；有律师提出：一是要有健全的身心，二是要有优雅的气质形象，三是要有谦逊的态度；有人认为，要有扎实的基础知识，较强的客户服务意识以及成为大律师的理想；还有律师提出，主动做法律研究，在实践中学习，提高写作能力，提高使用外语能力，站在客户的角度提高法律服务能力，加强与客户沟通，多学外围知识；也有律师提出律师要讲政治，要和党中央保持一致，要学会搭建展示自己才能的平台，要有远大的目标，要付出不亚于任何人的努力……总之，这些观点都非常明确、中肯，很有参考学习价值。

笔者认为这些同行所提的观点和意见尽管非常不错，但仍美中不足。对此，笔者认为要成为一名合格律师需要从以下四个方面入手，相信青年律师和新晋律师同仁们按照这个方法去努力，一定会收到事半功倍的效果。

（一）正确认识律师和律师这个行业

在笔者看来，无论是律师要讲政治，与党中央保持高度一致，还是建立远大的目标，前提都得必须先正确认识律师和律师这个行业。律师是做什么的？律师这个行业现状如何？这是从事这个职业必须要搞清楚的。如果一个律师对自己这个职业，这个行业一点儿都不了解，搞不清楚状况，注定没有办法和能力成为一名合格律师，一名优秀律师，一名成功律师。就算一个律师在某些方面有惊人的特长，或者说与众不同的社会资源、人脉资源，但是这也不是长久而稳定的，更不代表他合格，反而容易让他成为社会的一个寄生虫。所以，要从事律师职业，你得先对这个职业有基本的了解，有正确的认识。在这个以事实为根据，以法律为准绳的依法治国时代，你是不能滥竽充数的。否则，迟早有一天会被淘汰出局。

在四川省第八届律师代表大会二次会议上，有关领导就指出"律师如果连温饱问题都解决不了，何谈礼义廉耻？"因此，要想从事律师职业，你必须清醒地认识到律师首先是一份工作，一个职业，其次才是一个行业,最后才是一个事业。而且,律师工作是一个靠真才实学,应用型很强的工作,是一个提供知识型服务的工作,不仅要有渊博的法律知识,而且要具有非常强的运用法律知识解决问题的能力才行。法律是一门学科,并不是一种技能,运用法律才是一种技能。而且,运用法律技能的方式包括语言、文字的表达,也包括你的法律思维。在律师行业有一个说法是律师职业有两个瓶颈、一个是解决温饱的问题;另一个是发展的问题。而突破温饱这一瓶颈是第一位的,也是势在必行的。光有远大的理想,整天空喊口号,没有面包和鸡汤是无法把律师事业当成事业来经营的。所以,入门前和入门之初,有必要静心定神,沉下来仔细研究一下律师这个职业和律师这个行业,以便为自己找准坐标奠定基础。至于律师及律师行业的具体知识,在此不再细说,有待青年律师和新晋律师们自行去研究和探索。

（二）找对人入对门,找到一个适合自己发展的平台

成为一名合格的律师,不仅要有渊博的法律知识,而且要能正确地运用律师所掌握的法律知识。然而,在学校里,我们学得大多是法学理论知识,很少有法律应用知识。加之,法律应用学是一门实践课,靠的是经验、技巧,很有必要找一个适合自己的,乐于帮助青年律师、新晋律师成长且有一定经验的律师指导、引领。

当然,就算青年律师、新晋律师能放下架子,放下身段,丢开面子去找人拜师,也不是每一个老律师都适合自己,也不是每一个老律师都愿意带实习律师或新晋律师。在律师行业,有一些人经常念叨"教会徒弟饿死师傅",因而不少老律师并不想带新人。究其原因,有这几种情况:一是一些律师担心和认为年轻律师或新晋律师会在跟自己的时候挖自己的墙脚,抢自己的业务。二是,老律师带新人,他需要付出大量的时间和精力,还会增加自己的精力负担。三是,一些新律师缺乏最起码的礼貌礼节,不会尊重人。总之,林林总总的原因,导致很多老律师都不想带新人,所以要想找到一位适合自己的律师指导自己,并不是一件容易的事。

（三）夯实基础,乐于奉献,树立服务意识

试想,通过系统的学习,参加了国家统一法律职业资格考试,又对律师及律师这个行业有了正确、充分的认识,在从事这个职业的时候已有充分地准备,不会盲目,又能找到一位合适的老师为自己指点、引导,帮助自己搭建一个发展平台,是不是实习律师的律师道路已经展现在其眼前了呢?接下来,实习律师在实践中需要用到的很多知识,在学校里也根本没

学过。这就是理论与实践的差距，这也是青年律师、新晋律师必须面对的现实。于是，需要我们夯实基础，力争学以致用，争取理论与实践相结合，把过去学到的理论知识用法律人特有的思维和方法应用到实践中，解决实践中的困惑。慢慢地实习律师就会学会如何去思考，如何做法律研究，如何运用所学解决客户的实际需求。日积月累，你就会发现自己也可以独当一面，自己办案子。在这个过程当中，指导律师会适当放手，他会给实习律师机会，让实习律师自己独立去完成一些事务，培养实习律师的独立能力。

(四) 不断学习，讲政治、顾大局，树立远大的梦想

通过前面的努力，一个新入行的青年律师或者新晋律师已基本上可以独当一面了，也掌握了一些基本的执业技能，可以办理一些简单的法律业务了。这个时候，一般来说在指导律师的帮助下，温饱也会不是问题。在跟指导律师的这些日子里，你也会不断地接触当事人，知道他们的需求，在自己谈判案件，承接业务时也有了一定的经验。这时候你可以开始考虑如何发展自己，努力奋斗了。要知道，"人不学要落后"同样适用于律师行业，必须奋斗不止、学习不断，不断丰富、更新自己的知识，填补知识空白，加强实务学习。在这个阶段，温饱问题解决了，也就应该思考未来发展了。在执业生涯中，要不断地培养自己良好的思维习惯，提升自己的素质，培养优雅的气质形象，谦逊的态度，搭建自己的平台，加强语言、文字的表达能力，加强业务素质，政治素质培养，脚踏实地的一步步向你的理想和远大目标迈进。相信，实习律师离一名合格律师为时不远了。最后还有非常重要的一点，那就是律师必须要具有政治意识和政治素养。

根据我国《律师法》规定，律师应当维护当事人合法权益，维护法律正确实施，维护社会公平和正义。律师执业必须遵守宪法和法律，恪守律师职业道德和执业纪律。党的十八大强调，依法治国是党领导人民治理国家的基本方略，法治是治国理政的基本方式，要更加注重发挥法治在国家治理和社会管理中的重要作用，全面推进依法治国，加快建设社会主义法治国家。实现这个目标要求，必须全面贯彻实施宪法。从而，我们可知律师职业必须遵守宪法和法律，宪法已经明确我国实行的是中国共产党领导的多党合作和政治协商制度，而且将长期存在和发展。那么，我们从事律师职业就必须遵守宪法，服从中国共产党的领导，要自觉地培养自己的政治意识和政治素养。只有讲政治、顾大局，才能成为一名真正的合格律师。

CHAPTER 2 第二章
人际交往心理学在律师职业中的运用

【阅读提示】

　　人际交往的成功与否，决定着一个人的幸福感和成就。很多人都认可"成功85%靠人际关系，15%靠专业知识"这一说法。良好的人际关系，能成就美好的人生。对于律师来说，拥有良好的人际关系，就意味着你的律师事业将会一帆风顺、风生水起，办理案件得心应手，对案源的开拓、成交、收费，无疑都是非常有帮助的。

　　人，只要生活在这个世界上，就不可避免地与周围各种各样、形形色色的人打交道。律师这个职业毋庸置疑也是一个与人打交道的职业，无论是我们的委托人、当事人、警察、检察官、法官，都与我们的职业息息相关，不可避免地要跟他们打交道。

　　美国著名心理学家拿破仑·希尔经过20年的不懈努力，包括对福特、罗斯福、洛克菲勒等著名人士在内的500位成功者进行了深入的研究，得出的结论是：成功=85%的人际关系+10%的业务能力+5%的机遇。由此可见，人际关系是成功的必备要素，也是成功的决定因素。律师这项职业也是一样，要想在律师事业中获得成功，取得成就，建立良好的人际关系是必不可少的，也是律师走向成功的不二法门。

　　那么，如何建立良好的人际关系，如何有效运用人际关系心理学助力律师事业发展，成就自己的大律师梦呢？本章就人际关系心理学在律师职业中的运用进行探讨，希望对律师朋友有所帮助，助大家一臂之力。

第二章 人际交往心理学在律师职业中的运用

一、心方人圆、绵里藏针

《易经》中反复强调"天圆地方":众人为天,天圆就是处事要圆融,要有智慧;心田为地,地方就是心地方正,要有操守。

◇ 方中有圆,圆中有方

方中有圆,圆中有方,是为人的因果定律,也是大自然的法则。律师执业生活其实也是这个道理,律师在办理案件中也需要掌握方圆,有点儿技巧,融入一定的心理学,否则只会处处碰壁,效果不理想。因此,这就要求律师执业需要有一定的智慧,讲究职业操守。比如说,律师在办理案件中如果发现办案人员的细小违规违纪或者不是很严重的违法或者错误,律师只需要适当地给予礼貌性地提示,引起注意,让他自行纠正,给他台阶,不必要太认真的揪住不放,否则引起双方关系恶化,不利于维护和谐的关系和维护当事人利益。当然,对于严重的违规违纪和违法行为,另当别论。

有个法院刚刚公布一项制度,要求法官审理案件时不得交头接耳,应认真听当事人和代理人发言,不得玩儿手机。法院审理一个案子时,合议庭的法官没有注意这些细节,在律师发言时确实出现过交头接耳,还拿出手机接了电话。庭后,一方代理律师揪住不放,不但投诉了法官,还非得要法院公开处理结果。可想而知,律师的投诉得到了处理,法官受到了相应的处罚,可是这个律师与法官的关系就因此闹僵了。

◇ 绵里藏针,刚柔相济

律师不但要方圆,有时候也需要绵里藏针,刚柔相济。有道是"庄重显力度,风趣显风度",庄重为绵,风趣为针,是为绵里藏针。一般说,绵里藏针,话里藏话,总体上有一个基本功能:那就是能委婉含蓄的表达自己的意思,话说得很有技巧,让听的人心领神会,明白话里的锋芒。聪明的人是能够听懂话中之意的,也就会知难而退,避免冲突和尴尬。

◇ 人不可无刚,无刚则不能自立;人不可无柔,无柔则不亲和

曾国藩曾指出,人不可无刚,无刚则不能自立,不能自立也就不能自强,不能自强也就不能成就一番功业。刚是一种威仪,一种自信,一种力

量,一种不可侵犯的气概。刚就是一个人的骨头、骨气,能让你独立不惧。当然,我们说律师执业中要方圆,要绵里藏针,刚柔相济,而不是只知道刚,毫无原则的刚强。我们应当深刻领会"方是做人的骨气,圆是处事的锦囊"这个道理。

人不可无刚,也不可无柔,无柔则不亲和,失和就会陷入孤立,四面楚歌。试想,一个律师处处跟法官做对,得理不饶人,就会留下不好的印象,对律师实际上是很不利的。人要成事,就要注意培养外柔内韧的性格,特别是律师职业更是如此,不然在自己的执业中会遇到很多麻烦。律师具有外柔内韧的性格是社会现实和律师职业现实的需要,这样就可以既不得罪人又能办成事,降低了别人的"防备系数",可以帮助自己很好地把握和坚持自己的办事原则,恪守职业操守。

◇刚柔相济、外柔内韧

自古以来,很多高明的政治家都会选择刚柔相济、外柔内韧的手法从政,从来不会因为一时的气愤而自断生路。律师职业也需要具有这些人际交往心理学知识,并把握好、运用好这些知识。

在某些时候,律师巧妙地运用话里藏话的人际心理策略,只要运用得恰当也会收到事半功倍的效果。一些地方的法官有调解结案的指标,他们可能会为了追求自己的调解结案率,完成他的调解指标,采用各种手段和理由促成调解。为此,当事人和代理律师往往要跑很多次,浪费不少的时间和精力,一般这个时候,笔者就会说:"法官,这个案子实在调解不了,就开庭审理吧,我们一年也要调解好几十起纠纷,多的时候会调解上百起纠纷,遇到当事人确实不愿意调解的,坚持调解也不会有效果。""你们也调解纠纷?"一般法官会问。"是的,我们有几个人民调解工作室,我们也在帮某某法院和派出所调解纠纷和接待信访,经常遇到调解不成的案子。"笔者会如实回答。通过简单的交流,法官知道笔者也是调解员,也在调解纠纷,一般就不会再继续拖延,也不会坚持调解了。

在我国几千年的文化积淀中,最能代表"方圆"的就是中国古钱。外圆,可以减少阻力,便于流通提携,内方可一线贯通,秩序井然。人行江湖,就如钱通于世,对外当圆融通达,尽量减少成功的阻力,但心中却应有方正之气,气惯于胸。外圆内方,可谓处事高手,属于大智慧,大哲学。绵里藏针,刚劲有力,又不失对方面子,给人台阶,留有余地,和谐共处。故，律师在执业中灵活运用人际心理策略对执业还是很有帮助的，不用祈求，无须威胁，巧妙地表达出来，就可以收到预期效果，事半功倍。

二、律师不宜心理卷入程度过高

李某是名职业女性，和同事的关系虽然不错，可烦恼的事却是天天有。李某的共情心理很严重，她总是把别人的痛苦当成自己的痛苦。平时她和朋友在一起时，朋友不开心或碰到什么烦心事她会跟着烦恼和不开心，也会尽力帮忙，若帮不了，就会闷闷不乐，心情差到极点。一遇到别人有什么事，李某比人家本人还着急，弄不好还让对方反感，她自己也觉得挺累。这种过度为他人操心和受他人影响的心理情绪，在心理学上称为"心理卷入程度过高"。

心理卷入程度过高是指个人在心理上与环境信息的关联程度过高，在人际交往中有人会过分地关心朋友的事情，朋友遇到困难了，他比朋友还忧心忡忡；朋友办事出现失误，他比朋友还内疚和自责。就律师这个职业来说，就是律师的心理卷入程度问题。

◇分清自己的立场和位置

心理卷入程度过高的人，很容易受到外界环境的影响，总是把自己和周围的环境联系在一起，总是容易把自己与相关事件联系在一起，一不小心就会入戏，导致情绪波动大，行为控制不当，进而出现心理问题或人际关系障碍。这是缺乏必要的社会知识和人际交往技巧的表现，不会恰当地判断事件与自己的关联程度以及自己的行为可能给对方、自己造成的影响。

解决心理卷入程度过高的问题，要分清自己的立场和位置，不要越俎代庖，负自己不该负的责任。要相信别人的事情，他们自己完全可以处理好。这里的信任是信任他的能力，而不是盲目的相信他所陈述的一切，要避免自己被利用。心理卷入程度过高，就会夹杂私人感情在工作里，时时要顾及这样那样或者以为自己无所不能。还有一些人，会做出一些"肝胆相照"的"侠义"行动，比如借钱、替别人找工作、找房子、寻人……

那么，在律师职业中哪些现象属于心理卷入程度过高以及如何避免呢？

| 走向大律师——中国式执业律师进阶指南

对别人的事情太过于热心、关心、过于操心,结合律师这个职业就是对当事人的遭遇、案件太过于投入,以至于把自己当成了当事人,完全忘记了自己只是代理人,忘记了自己是律师,忘记了自己的工作必须以事实为根据,以法律为准绳。接待当事人的时候,心理卷入程度过高的律师会受当事人描述的影响,自己被当事人的陈述牵着走,跟着当事人激动而激动,随着当事人的憎恨而憎恨,还有的律师嫉恶如仇,对当事人的血泪控诉深信不疑,恨不得手刃对方,律师入戏太深,这就是典型的心理卷入程度过高。当然,不是说律师就不应该有同情心,只是同情心不能太泛滥,不能太共情了,要有个尺度。

◇**心理卷入程度过高 感觉受了欺骗**

笔者曾经遇到过一起强奸案件,是另外一名律师接待的,说是有人咨询女儿被强奸的事,要求律师维权,咨询者对该律师陈述其女儿遭遇时声泪俱下,十分可怜。接待的律师听得非常认真,非常同情咨询者及其女儿,恨不得赶紧揪出那个强奸犯,将他千刀万剐。于是,他带咨询者向笔者求助。咨询者还是一把鼻涕一把泪的诉说,求笔者帮帮他们,替他们伸张正义,要求公安机关严惩凶手。先前接待的律师也义愤填膺,信誓旦旦地承诺一定会帮助他们,一定会为他们主持公道,伸张正义,好像受到伤害的就是他的亲人一样。

凭着多年的办案经验,笔者总觉得不是那么简单,一定有什么问题。经过仔细询问得知他们已经报案,公安机关认为不构成强奸,没立案。但是,事情已经闹得家喻户晓,强奸不能成立,所谓的凶手没有被抓,他们一家人和女儿反而丢了面子,抬不起头了。所以,他们专门到成都来找律师帮忙。

原来,他们的独生女,时年16周岁,平时娇生惯养,就读高中。由于女儿在学校经常跟人攀比,常常大手大脚花钱,家里给的钱远远不够花销。她不敢经常回家要钱,就在他人的影响下开始涉足社会,到歌厅去陪人唱歌、喝酒,挣零花钱。久而久之,她就跟一个经常到歌厅的男人混熟了。随之两个人开始出去开房,每次这个男人都会给她几百块钱或者买点礼物。

为了炫耀,她公开把男人以"老公"的名义介绍给同学,炫耀找了个有钱"老公"。之后,她也经常邀约同学一起到歌舞厅玩耍,一起唱歌跳舞、吃饭。但是，没过多久这个男人又与其他女生好上了，有一个女生居然把开房的照片拿给同学们看。为此，两个女生开始争风吃醋，展开了各种斗争。

有一天晚上，她主动给男人发信息，问他是不是有了别的女人就把她甩了。男人说你才是我的女人，那些女孩都是自己搞着玩儿的。女孩说，自己的手机坏了，想让男人给她买新手机，男人答应晚上买给她。于是，两人又到宾馆开房，并再次发生了关系。不过，这次在两人发生关系的时候，女孩表现得很激动，在男人臂膀上咬了一个牙痕，用手将男人后背爪了几个抓痕，完事儿后又悄悄将有男人精液的内裤藏了起来。

接下来，她向男人要手机，男人开始搪塞，女孩转而向男人要钱，要求赔偿她的损失，男人还是不同意，二人不欢而散。男人离开后，她觉得自己委屈，痛哭一场后给母亲打电话声称自己被强奸了。不明真相的父母接到电话后，就报了警。

夫妇二人赶到宾馆的时候，女儿已经被警察带到了派出所，正在制作笔录。很快警方调取了宾馆的监控，发现当晚二人非常亲密地进入宾馆，还发现他们多次这样亲密地到这里开房，当然还有这个男人与其他女人开房的记录。尽管这个女孩一直坚称自己是被强奸，声称自己不同意发生关系还咬了这个男人，抓伤了他的背部，又向警方提供了有男人精液的内裤，但是警方对这起强奸案却持有怀疑态度。

接着，警方传讯了这个男人，这个男人到公安机关将如何认识这个女孩，如何一步一步发生关系，当晚的事情前因后果一五一十地向公安机关进行了陈述，还出示了他们之间的短信和聊天记录，包括这个女孩多次主动给他发裸照，主动联系他开房和要钱、要礼物、要手机的聊天记录。不但如此，就在案发当晚，这个男人已经知道她扬言要"收拾你们这对狗男女"的消息，才没有跟她买手机。当晚在宾馆里面他还进行了全程录音，包括女孩说不买手机、不给钱就要告他强奸等内容。基于这些，公安机关没能立案。男人在派出所待了一个晚上，第二天就回家了。

为此，女孩的父母一直不依不饶，到处去告状说公安机关包庇强奸犯，最后还是没有任何结果。他们在别人的介绍下，找到了笔者所在的律师事务所。送走这几位来访客人，我们之前接待的律师非常震惊、愤怒，感觉自己受到了莫大的侮辱和欺骗，不停地自责自己同情心太泛滥，捶胸顿足的懊恼了好半天。试想，如果这位同事不是因为心理卷入程度过高，

73

不是入戏太深，能理智、冷静分析，坚持以事实为依据，以法律为准绳，也就不会感觉自己上当受骗了……

◇律师要学会设身事外

有的律师在接受当事人的委托后，对于案件的办理远远超越了尽职尽责，完全真的当成自己的事情来办。首先，我们说律师对当事人、委托人负责好不好？这肯定是好的，也是必需的、应该的。但是，这并不意味着律师应不顾自己的安危，全身心的投入，把当事人的事当成自己的事情来办。律师必须随时注意自己的角色、位置，自己是律师，仅仅是代理人，不是当事人。律师只能做该做的事情，不能入戏太深，也不能投入太多的感情，否则位置没有摆端正，就会过于感情用事，对待事实就会有失偏颇，容易感性处事，越俎代庖，失去理智，反而会把自己陷于两难境地。

一个女当事人找到笔者，向笔者哭诉自己被丈夫所伤，鼻子被丈夫咬掉半边，身上被砍数十刀，说报警后公安不作为，请我帮忙起诉公安局。看到她身上的伤痕，还有很多病历，包括法医的重伤鉴定，我居然对她丈夫产生了强烈的憎恨感，对公安的冷漠非常不满，于是我忘记了自己是一名律师，想尽一切办法帮助她，最后协助她父亲自费花高额的代价雇请私人侦探在重庆将她丈夫抓获，并被判刑入狱。后来得知如果当时不是我的过多参与，或许他们这个家还可以保留，他的儿子还可以继续上学。结果，她丈夫被判刑，儿子无钱读书早早辍学在家，她又跟以前的男人好上了。后来我不但知道了案发的真相，而且还发现自己的太投入，使他的孩子没有书读，家也散了，总觉得自己成了罪人。

这个案件，当初笔者如果不是心理卷入程度过高，把自己当成了英雄，当成了救世主，让自己过多的干预了不该干预的他们家庭事务，超越了一个律师、一个代理人的职权，把自己当成了当事人，把对方当事人当成了对手，乃至于当成了敌人，坚决要让其被追究刑事责任，让他被判入狱。也许不是我想尽一切办法追案、强势控告，他们的孩子就不会辍学。一方面罪犯被追究责任，承担应负的法律责任本是正常的，但是另一方面我的过于积极和投入，失去了理性，没有摆正位置又是值得检讨的。

正如有成功者所说，律师作为代理人，其实就是一个画地图的，只要律师按照自己的专业所长，认真负责的将当事人的案件处理方式方法、途径等如实的给当事人画出来，决定权交由当事人自己行使，需要律师协助的，依法履行职责即可，切不可做非律师不该做的事情，更不该将自己置身案件、纠葛之中，律师应当置身事外。只有置身事外，律师处理案件才会做到依理依法，才不会感情用事。

如果律师在当事人的案件办理过程中心理卷入程度过高，缺乏经验的律师就很容易被利用。当事人在向律师陈述案件的时候，往往容易虚假陈述，夸大事实，把自己说得很委屈、很冤枉，会不停地激发你的正义感和热情，来为他所用，实现他的不可告人的目的。

◇**女律师被利用，判刑入狱悔不该当初**

2009年，就在"李庄案"发生后不久，我参加了中国第二届刑事辩护论坛，那次我听说了这样一个案例。一位女律师，办理一个强奸案，她替被告人辩护，被告人的父亲告诉律师，儿子是被冤枉的，儿子与受害人是男女朋友关系，不是强奸。老头说得头头是道，言真意切。看见老头老泪纵横的样子，女律师完全相信了他。她说既然是男女朋友，那就让女孩写个书面情况说明，再写一个谅解书，律师就可以给被告人做无罪辩护。老头一听，马上说他回去安排律师与受害人见面，让她写情况说明。

几天后，在老头的安排下，律师跟受害女孩见面，律师让受害女孩写情况说明和谅解书，女孩说没文化，写不来，要求律师帮她写一份她抄写。果然，女律师就当着老头和受害人的面写了一份情况说明和谅解书，说他们是男女朋友关系，在谈恋爱，男的不是强奸，表示原谅这个男的，请求法院不要追究法律责任。

拿到这两份材料，女律师兴高采烈的提交给了法院，准备给被告做无罪辩护。殊不知，检察院得知受害人出具了新的证据，完全推翻了以前控告的说法，通知她当庭接受询问。当检察官问她："这情况说明和谅解书是你写的吗？"受害人回答："是的。"再问："你能说明一下为什么要写这两份材料吗？"受害人回答："不是我自愿写的，是某某的父亲来求我，让我同情他，并给了我一笔钱，叫我这样写的。我不知道什么是情况说明，也不知道什么是谅解书，是某某律师写好后，我照着抄的。"

接着，这个案子休庭，女律师被涉嫌伪证罪当庭带走，后来被追究了刑事责任。

◇经验之谈需要用哲学性的思维：理性反省

凡此种种，我认为这些都是与代理律师心理卷入程度有关，律师执业的心理卷入程度或许与纯粹的心理学上的心理卷入程度有一些差异，但笔者认为还是有很多的相似、相通的地方。总之，律师就是律师，律师只是代理人，不是当事人，不能太受当事人的感情渲染影响和左右，要摆正自己的位置，要站好自己的立场，不但要设身事外，还要学会凡事都要多问几个为什么？可不可能？合不合理？该不该？有没有风险？切记不要像那个女律师，未经检察院、法院等司法机关许可面见受害人，不能教他们怎么说，怎么写，更不能给他们提供样板、模板等参考，网上到处都是，让他们自己去查、自己去找。只有我们能好好地保护自己，才能更好地保护我们的当事人，才能真正实现监督法律的正确实施，维护社会公平正义，体现律师价值。

这是笔者个人的经验之谈，根据这二三十年的法律服务经验来看，律师心理卷入程度过高一般都是在前述的这些涉嫌强奸、婚姻家庭案件等涉及情感与性、婚姻家庭有关的案件较多，因为这方面的案子更容易引起律师共情，很多律师也是栽在这些案件上的。当然正如傅佩荣教授所言："经验本身就是一个丰富的宝库，里面的东西好坏都有、良莠不齐，就好像黄河之水一样，看起来浩浩荡荡，事实上挟泥沙俱下。"所以对于经验需要运用哲学性的思维方式，理性反思，各自根据自己的不同情况予以参考。笔者的观点不一定正确，请各位批评指正。

三、能而有度、不争为上

◇德尔斐神庙：认识你自己　凡事勿过度

"德尔斐"神庙是世界著名的古希腊神庙，是希腊人的信仰中心。神庙上刻着两行字，一行是"认识你自己"，一行是"凡事勿过度"。刻在神庙的这两行字是非常特别的，他是前人经年累月体验得来的智慧。我们应该知道"认识你自己"其实是非常困难的，就算是那些读了很多书，很有学问的人，具有很多财富的人，他们都不见得真的能够认识自己。

认识你自己，是要求人在"知"方面应有的态度，与其去了解世界，不如先多了解自己，因为人对世界的了解永远不可能足够，也可能停止，只有自我才是最真实的。

"凡事勿过度",这句话是与行为有关的,也就是说我们做任何事情都不要太过分,要懂得适可而止。我们每个人,无论做任何事,到了某个程度都应该停下来省思,要给自己、也给他人留点余地。这就是"德尔斐"神庙中所提示的"凡事勿过度"的真正意思。

◇律师应当学会能而有度

律师职业是一个非常具有挑战性的职业,在执业过程中稍微不注意自己的言行,就会带来不必要的麻烦,弄不好还会被打击报复、陷害。在执业活动中,需要注意把握一定的分寸和尺度,要时刻注意提醒自己能而有度,不要时时处处逞能,不要总自认为天下第一,不要总觉得自己对法律法规才是最精通的,更不要看不起同行和法律职业共同体的成员。否则,最后吃亏的只能是自己。特别是,未到出头时,更应该能而有度。

不要说行业之间、同行、同事之间不要逞能,就是在特定的时期、特定的环境,父子、亲人之间也是如此。喜欢看古装剧、宫廷剧或者历史剧的人应该知道,过去的帝王之家都随时暗藏杀机。特别是帝王在选择太子时,心理是非常矛盾的。太子羸弱,担心将来继承皇位后难以驾驭朝臣,要是太子强势,又担心太子众望所归会危及帝王之位。比如宋太宗当年看到自己的太子颇得人心,曾经酸溜溜地说:"人心都归向太子,欲置我何地?"试想,皇帝都有这样的心态,更何况其他人?作为太子来说,确实非常委屈,不能不得人心,否则众臣不服,难以服众,也不能太得人心,太得人心赛过自己的父皇,自己性命堪忧,何来他日荣登大宝?所以,太子只能是不能太不及自己的父皇,又不能太胜过自己的父皇,这个中的尺寸确实很难拿捏。

◇职场中能而有度可以进退自如

在律师职场中,看似松散管理,都说律师是高级个体户,是自由职业者。要知道,其实在律师事务所这个小天地也是存在钩心斗角的。只要有职场的地方,就会有竞争。不少律师在律所执业,不到三五年又转所了,干不到多久又换了,执业的稳定性不太高。一方面这是律师的自由选择权利,人往高处走,水往低处流,良禽择木而栖,这本没有错;另一方面,律师频繁地变更执业律师事务所是为了寻找更适合自己发展的平台,这也无可厚非。但是，笔者调查发现，一些律师其实在某个律所执业应该是很具有优势的，无论是执业环境还是平台等，对他来说都是不二选择，可是他们就是不能在这个律所长时间待下去，他们不停地在选择、在放弃，总是找不到自己觉得真正适合的位置。

通过调查研究，这一类律师大多都是自我感觉很优秀的律师，确实在某个领域出类拔萃，真的是很不错，只是他们不能在律所跟律所的主任、合伙人团队或者自己团队的领袖处好关系，总认为他们都不如自己强，都没有自己能干。于是，他们总是处处表现得很能干、很专业、很了不起、自以为是，殊不知这样一来他的能力过早的显现或者过于显现，显得有点儿功高震主、鹤立鸡群，大家对他表示反感，其实跟他共事的律师也在心里早就想他走了。这就是律师没有学会能而有度，不能进退自如。

◇ 只有无争，才能无忧

"只有无争，才能无忧。"利人就会得人，利物就会得物，利天下就能得天下。在职场中，如果事事斤斤计较，患得患失，事事强出头，只会让自己活得更累，到头来得不到人心，让自己成为孤家寡人。而且，当一个人与别人争夺名利的时候，他自己也成了别人的眼中钉。如果在职场中一个人居功自傲，互不相让，许多秩序将得不到维持，争端必将存在。律师在律师事务所跟主任、合伙人、同事等其实就是一个合作关系，合作是维持秩序、克服困难的重要法则。

职场中与领导、同事相处，需要把握好尺度，要做到能而有度。不仅是职场，就是在商界也是一样，"未出头时能而有度"。如果表现得能力太强，容易招人嫉妒；处处出头，更容易受到打击。当然，作为律师也不能处处都显得很羸弱，不能显得太无能，否则对自己也不利。"能而有度"也是做人的方圆之道，特别是在个人能力没有足够强大之时，更是要注意把握。有道是"常在屋檐下，哪能不低头"。不可否认的是，一个人要把自己的内心掩藏起来，有时确实是需要付出一定的代价，但是一个人不做出一定的牺牲，不做出必要的牺牲，"狡猾的对手"就难以消除疑虑，就会在你的成长、成功道路上给你设置障碍。这等于是自己在为难自己。

◇ 执业活动中能而有度可以游刃有余

在从事律师职业，在履行职务中，也需要把握好能而有度的尺寸，与公安、检察院、法院等司法、执法机关的人员沟通时也需要注意。实践中不少律师都有过这样的经历，他们在法庭上滔滔不绝，与公诉人针锋相对，有时候对法官也是毫不客气，看上去自己占了上风，赢得了当事人的称赞和喜欢，可是裁判结果下来却大失所望。当事人最后不管你在法庭上是多么拉风，如何舌战群雄，他只认结果，只会埋怨律师。这也是律师在法庭上逞强、逞能的后果。因此，这就要求律师在执业活动中对承办案件相关的公安、检察、法院的工作人员以礼相待，给予充分的尊重。

对一些少数的为难行为律师点到为止，给自己留有余地，争取为当事人获得真正的利益最大化。当然，也不是说面对法官等的恶意刁难、攻击就放任不管，一味地示弱、妥协，该据理力争的还得有理有节的据理力争。

◇**法官很反感被律师教办案**

笔者在成都市武侯区法院办理一起非法持有毒品的案件，当事人购买毒品自己吸食，回家的途中被查获。开庭当天他在回答法官问话时表现得不是那么让人满意，法官认为当事人认罪态度不好，不能用简易程序审理，当即宣布延期审理，并告知下次适用普通程序，组织合议庭审理本案，同时当庭要求公诉人修改起诉书，将非法持有毒品罪改为运输毒品罪，还当众告诉被告已经构成运输毒品罪，至少会被判刑 15 年以上。

当事人持有毒品 196 克，如果构成运输毒品罪，那么最低刑期就是 15 年，真的修改起诉书和罪名的话，该基层法院以及该法官估计就没有审判权限了。对法官的态度和做法笔者并不认同，但为了当事人的利益，笔者并没有提出任何异议。下来后，笔者到看守所会见了当事人，进行了充分的沟通，告知了接下来的可能情况，让他冷静、理智应对。

◇**对同行应该尊重，不能互相诋毁**

在与同事相处、与法官等打交道需要能而有度，与同行之间相处也应当把握好能而有度的尺度。笔者在一些市、地州法院开庭，经常遇到对方律师在发表辩论意见时不是根据案件事实、证据、法律规定、庭审情况发表意见，而是一开始就对笔者及我方当事人一番指责，首先把笔者一顿批评，说笔者代理案件就是一无是处，不懂法、不遵守职业道德等，一副趾高气扬的样子。他们对同行之间毫无尊重之言，一贯采取侮辱、攻击的手段。有道是"强龙不压地头蛇",一般遇到这样的情况,笔者也懒得跟他们计较。轮到笔者发表意见时,对他们的指责毫不理会,只是就事论事,就案件的事实、证据、法律适用等发表自己的意见,无心跟他们逞口舌之能。

有好几次,笔者在达州市出庭都遇到这样的情况,笔者并没有针锋相对,互相攻击。结果休庭后,对方律师反而很不好意思,自己也觉得有点儿过分。其实,同行之间要的是互相尊重,就算律师自认为真的比对方强,确实对方能力不如你,也没有必要进行侮辱和攻击,这也是能而有度的一种表现。同行之间互相攻击、诋毁,只会让其他法律职业共同体的人看笑话,对律师并没有好处。我们应当明白"你可以不接受别人的观点和意见,但是你应当尊重别人的发言权"这个简单的道理。

军事上讲究"攻城为下,攻心为上",说的就是心理博弈在竞争中的重要作用。一个真正的强者是不会将威严流于表面的,他震慑的是人的心灵,给人一种高不可测的"距离感""神秘感",使人无法真正的了解他的内心世界。强者不声张、不傲气,给人一种琢磨不透的神秘感觉,不会处处显示自己有多大本事和能耐,他们不会四处卖弄,不会不可一世的样子,低调内敛的行为恰恰彰显了他们的人格魅力,让人心甘情愿的敬畏他、崇拜他。

律师执业活动中没有必要处处逞强好胜,不要处处都想出头,要学会"未到出头时能而有度",要学会驾驭自己。做一个强者、智者,不需要豪言壮语,只需要不怒自威的气质和气势。这个气质和气势是需要锻炼的,要韬光养晦、隐而不发,培养自己的专业、权威、深沉。成熟稳重是做律师的最基本的要求之一,要学会"要么不说,要说就一定要说到点子上,并产生效果"。无论在什么时候、什么场合,都不要过早的、过度的表现自己的才能,或许面对你的对手,你这点儿能量对他们来说根本就入不了法眼,简直就不值一提,何苦自讨没趣呢!"不争为上",这里的"不争"也是一种资本,用"不争"来换取别人的信任和感动、尊重,恐怕是自以为是的"聪明人"难以做到的。所以,笔者提倡在人际场中特别是律师执业中切忌为了竞争而太过表现自己,有时候示弱,学会示弱并不是坏事,其实示弱也是一种能力。故,能而有度,不争为上。

◇ **适时低头才能留得青山在**

律师职场犹如战场，在战场上，很多军事家为了打胜仗，往往也要避其锋芒，退避三舍。有时候，暂时的投降或者示弱是一种麻痹敌人的有效策略，在敌人放松警惕的时候赢得一个保存实力、积蓄力量的机会，这是一种生存智慧，也是一种战场艺术。有句话说，适时低头，才能留得青山有柴烧。

略微有经验的律师或许都遇到过这样的情况，有的律师在法庭上表现得非常出色，口若悬河，滔滔不绝，而有的律师显得比较低调、内敛、含蓄，还有点言不达意，感觉一副弱不禁风的样子，满以为能说会道的律师会赢官司，结果则是对方胜诉。因此，就算你本事有多大，能力有多强也需要把握一个展示的尺度，不要逞强、逞能，要学会低调、内敛、含蓄、示弱，把战场的作战技巧借鉴到诉讼之中。

正直虽然是美好的品行，但是为了更好地坚持自己的正义和保存实力，即使你是一个才华横溢的人，即使你有绝世无双的本领，必要时还是需要收起你的锋芒，放低身价做人。特别是律师，执业中必须学会适应环境，审时度势，万不可居高自傲，一意孤行，我行我素。尤其是在我国法制建设还在不断前行的时候，对于律师有不少的陷阱和风险，如若不能虚怀若谷，就会将自己置于危险之地。只有把握好技巧和策略，才能有效地保护自我，又能充分发挥自己的才能，在社会上争得一席之地。

提倡能而有度，不争为上，建议放低身段，与他人相处时，适当地把自己放置得低一点儿，就等于把别人抬高了许多。当被人抬举时，谁还有放置不下的敌意呢？放低自己，抬高法官，如果能赢得当事人的最终利益，又何尝不可呢？

四、执业律师应重视的马太效应

在现实生活中，我们经常会发现有钱人越来越有钱，穷苦人越来越穷。我们只要留意观察就会发现，其实律师行业也会存在这种现象，那些知名律师越来越知名，收入越来越高，而那些比较底层的律师执业越来越困难，压力越来越大。那么，为什么好的越好，坏的越坏呢？这就不得不重视"马太效应"了。

走向大律师——中国式执业律师进阶指南

◇为什么差距如此巨大

"马太效应"来自于《圣经·新约·马太福音》中的一则寓言：国王要出门远行，就把他的三个仆人叫来，交代他们需要注意的一些事情。接着他按仆人的才能给他们每个人不同的银子。他给了第一个仆人五锭银子，给了第二个仆人两锭银子，而只给了第三个仆人一锭银子，并叫仆人拿着银子出去做生意，然后国王就出门办事情了。而这三个仆人拿着银子各自做各自的生意去了。

过了些日子，国王回来了，就叫那三个仆人来见他，问他们赚钱的情况。第一个仆人说："我最伟大的王啊，请看，您给了我五锭银子，我又另外赚了五锭银子。"国王说："好，你真是一个聪明又忠心的仆人，我可以把很多事情让你管理，你可以进皇宫来享受快乐。"第二个仆人说："我最伟大的王啊，请看您给了我两锭银子，我又另外赚了两锭银子。"国王说："好，你也是一个聪明又忠心的仆人，我可以把一些事情交给你管理，你也可以进皇宫来享受快乐。"第三个仆人说："我最伟大的王啊，请看，您给了我一锭银子，我害怕把银子丢失了，就把银子埋在地下，您请看，这是您给我的一锭银子。"国王听完第三个仆人的回答后，很生气地说："你这又笨又懒的仆人，明知道我让你出去赚钱，你却什么都没有做！即使把我的银子放给兑换银钱的人，到我回来的时候，除了本钱，还可以收很多利息呢！来人，把他的一锭银子夺过来，给第一个赚了五锭银子的仆人。"

◇优势积累

1968年，美国的研究者罗伯特·莫顿提出"马太效应"这个术语，用来概括科学研究领域出现的这样一种社会心理现象：相对于那些不知名的研究者，声名显赫的科学家通常会得到更多的声望，即使他们的成就是相似的。同样的，在同一个项目上，声誉通常给予那些已经出名的研究者。例如，一个奖项几乎总是授予最资深的研究者。莫顿将"马太效应"总结为：任何个体、群体或地区，一旦在某一个方面（如金钱、名誉、地位等）获得成功和进步，就会产生一种积累优势，就会有更多的机会取得更大的成功和进步。这个术语现在经常为经济学界所使用，以反映这种经济分配的不公平现象：贫者越贫，富者越富，赢家通吃。大家需要注意的是，这里强调的是积累优势，如果没有优势，没有优势的积累，结果显然又是另外一个光景。

"马太效应"所反映的这种好的越好、坏的越坏的现象越来越常见，比如服装行业中就存在这种现象：某种品牌的服装越有名，则销售量就越好，而销售量越好，其品牌就越有名；相反地，一些不知名的品牌，销售量不好，这又导致其品牌的生存状况越来越不好，最后有可能导致这个品牌彻底消失。因此，从中可以看出"马太效应"既有积极影响，又有消极影响。我们怎么运用"马太效应"为我们服务呢？那就是从一开始做事情时，我们就要把握先机，从一开始就要领先。若没有实力迅速在某个领域成功，获得一席之地，就要不停地寻找新的发展领域，才能保证获得较好的回报。

结合律师职业，细心观察就不难发现，那些律师代表，往往成为县级代表，就会容易成为市级代表，成为市级代表就更容易成为省级代表，如果你成为省级代表，成为全国律师代表就更容易。评选优秀律师其实也是一个道理，当一个律师成为区县一级的优秀律师，那么他就容易成为地市州一级的优秀律师，一旦成为地市州优秀律师就更容易成为省优秀律师，乃至全国优秀律师。不仅仅是律师代表，也不仅仅是优秀律师，实际上人大代表、优秀党员、先进工作者也是一样的。很多人认为这太不公平了，但是不可否认，这些人中绝大多数人确实是非常努力的，也是非常优秀的。

◇ 基础优势不容忽视

一般来说，每上一个层级的荣誉和优秀几乎都是需要基层的荣誉和优秀作为铺垫的。如果没有一些基础的优势，就很难获得更高级别的荣誉和优秀奖励，所以只要想出类拔萃，就得不懈的努力，努力还需要找到方向，不是盲目的，漫无边际的瞎撞。律师一旦优秀，律师的知名度就会不停地提升和扩散，律师的业务量也会随之增加，律师的收入显然就会很可观。当然，如果是一个不太努力的律师，什么付出都不愿意，怕辛苦、怕付出、怕花钱，不愿意学习和投入，显然不太那么容易变得优秀，成不了优秀律师，知名度或许就不会提升那么快，受知名度的影响，业务量也就不会太理想。

◇马太效应的两面性

"马太效应"具有两面性。消极的一面是大家觉得不公,总是抱怨,这正好给那些不愿努力的人提供了借口;而积极的一面则可以帮助人成长、成才、成功。其实,只要积极向上,愿意付出和努力,任何人都可以成功,可以很优秀。我们看到的那些成功人士,那些大律师、著名律师,表面上他们很轻松自如,实际上背地里他们也是付出了很多努力的。

以笔者的专业擅长为例,笔者偏好的是刑事辩护、房地产和婚姻家庭法律实务,所以对于全国各地的刑事辩护、房地产、婚姻家庭类专业培训、研讨会、论坛,笔者都会争取安排时间去参加。参加这些培训、会议、论坛,不但要花钱,花费时间,还有可能耽误接受委托,影响业务成交,这实际上都是付出,都是成本。一方面,参加这些活动的时候可以学习到很多专业的知识,了解到很多前沿信息,结识很多行业顶尖高手,学界名家,回报也非常丰厚。通过参加这些活动,丰富了笔者的理论知识水平,提升了笔者的实务技能,增加了笔者的曝光率,显然也提升了知名度。

2017年底,笔者看到某教育培训机构正在组织律师股权课程培训,因笔者担任了多家企业常年法律顾问,经常接触到股权纠纷案件,也有不少客户咨询企业股权设计的法律问题,于是笔者就报名参加了学习。遗憾的是当报名时,该教育培训机构在成都的分院已经人满为患了,笔者被安排到重庆市南岸区分院参加学习。到了重庆南岸分院,笔者发现四川过去参加培训的律师还不在少数,他们都是因为报名晚了,在当地的分院未能参加学习。当天我还发现,参加学习股权课程的不但有来自各地的律师,还有不少的企业家,年龄大的那一位已经64岁了。如果在成都学习,笔者就会节省很多时间,还不会花费往返的高铁车票和两个晚上的宾馆费用,至少可以节省一千元钱。于是,笔者当即决定在成都自己成立一家分院。

回来后,笔者很快进行了考察,并落实成立了该教育培训机构成都三分院。在近两年的时间里,笔者对前来参加学习的律师进行了统计,他们大多数是律师事务所的主任、副主任、高级合伙人,很多还是某个行业的精英,在各地律协或者行业协会担任领导职务,还有不少律师是各级律协专业委员会的委员,而且经常牺牲周末、节假日前来参加学习的几乎都是他们。他们在学习中非常认真,互相探讨,争取机会跟专家面对面的提问交流，从来不浪费任何一次机会。或许，这就是他们优秀的地方，也是他们可以成为优秀的理由。

◇找到自己的短板

为此，笔者建议新晋律师同行们一定要树立正确的人生观、价值观，要正确认识"马太效应"，并运用好"木桶理论"，找到自己的短板，加以补强。一些人认为"木桶理论"只是适用于团队管理，其实不然。不可否认的是，"木桶理论"在团队管理中运用较多，而用在个人身上也是很有价值的。每个人都有自己的短板，要想提高自己就是要敢于找出自己的短板，并尽快地将它补齐。

有句话说，一个人如果能像发现别人的缺点一样发现自己的缺点，那么这个人一定是一个不平凡的人。发现自己的缺点，就是找到自己的短板，通过查漏补缺，让自己变得更优秀。除了前面我讲的要借鉴"马太效应"的正面效应，吸收"马太效应"的正能量，要会运用"木桶理论"找到自己的短板并补齐自己的短板外，要想越来越好，越来越知名，收入越来越高，还需要注意人际心理学上的"首因效应""近因效应""多看效应""标签效应"，律师在谈判案件时还需要灵活运用"安慰剂效应"，相信在律师职业生涯中，在律师执业活动中，运用好这些人际交往的心理学知识，会对我们的成长、成功很有帮助。

五、多看效应在律师职业中的运用

人们常用"喜新厌旧"这个词来形容人容易喜欢新的东西，有了新的，就容易对旧的产生厌倦心理，这就是我们日常说的喜新厌旧。你心中是否也有这样的想法呢？你平时是一个喜新厌旧的人吗？如果你认为自己是，事实果真是如此吗？到底我们是不是喜新厌旧呢？让我们来看一下心理学家做的实验，验证一下你心中的想法。

◇越熟悉的东西越喜欢

20世纪60年代，心理学家查荣茨做过一个实验：首先找到一些人来参加实验，而后他向参加实验的人出示一些人的照片，让他们观看。有些照片在他们面前出现过二十几次，有的出现过十几次，而有的只出现了一两次。之后，请看照片的人评价他对这些照片上的人喜爱程度。结果发现，参加实验的人看到某张照片的次数越多就越是喜欢。所以实验的结论就是：他们更喜欢那些看过二十几次的熟悉照片上的人，而不是只看过几次的新鲜照片上的人。心理学上把人们这种对越熟悉的东西就越喜欢的现象称为"多看效应"。当然，这个实验的结论也不是说就是绝对的，我们要辩证地看待这个问题。

"多看效应"不仅仅是在心理学实验中才出现，在生活中也常常能发现这种现象。例如，我们新认识的人中，可能会有相貌不佳的人。最初，我们可能会觉得这个人难看，可是在多次见到此人之后，逐渐就不觉得他难看了，有时甚至会觉得他在某些方面很有魅力。对于这样的情况，不知道其他人遇到过没有，至少笔者是遇到过的。就算是亲戚朋友，如果亲戚朋友之间多来往就能增进感情，否则就可能会慢慢疏远。

现实中，很多人与亲戚之间不常走动，对不少亲戚根本不认识，见了面也叫不出名字，不知道怎么称呼。那么，要是亲戚朋友之间经常走动、往来，不但会非常熟悉，而且还能增进感情。另外，你细心观察可能还会发现，经常在领导身边出现的人往往会比较受领导喜欢。就算这个人长得不是那么好看，他在领导身边时间长了，领导也会改变对他的态度。如果是一个善解人意，能说会道，就更不用说了。

◇ **提高自己在他人面前的熟悉度**

有人会说，人与人之间的吸引难道真的如此简单？只要多看就有效吗？中国本就是一个熟人社会，大家多接触，一来二去就熟络了，既然人熟络了，办事自然也就很方便了。如果不相信，我们可以再看一个社会心理学家的实验：在一所大学的女生宿舍楼里，心理学家随机找了几个寝室，发给她们不同口味的饮料。然后，要求这几个寝室的女生，可以品尝饮料为理由，在这些寝室间互相走动，但见面时不得交谈。一段时间后，心理学家评价她们之间的熟悉和喜欢程度。结果发现：见面的次数越多，相互喜欢程度就越大；见面的次数很少或根本没有，相互喜欢的程度也较低。可见，若想变成一个人缘好、有吸引力的人，希望引起别人注意的人，就可以试着留心提高自己在别人面前的熟悉度。因为一个自我封闭的人，或一个面对他人就逃避和退缩的人，由于不易让人亲近而使得人们不了解他，不知道他的好与不好，也就没有办法讨人喜欢。

◇多争取机会露露脸

可以说，不少的律师事务所对于行业、主管机关等推荐优秀、先进、委员之类的信息都是内部消化了的，几乎不会在律所群里公开，因此其他律师无从得知信息，也就无缘这些机会。有一些律所对这些似乎不感兴趣，不喜欢推荐律师参加，律所的投资者或者合伙人自己不感兴趣或者不符合条件，也见不得其他律师出类拔萃。这样的律师事务所和投资者不是没有，不过这样的律所最终应该是不会有多大成就。所以，如果作为律师自己不想办法参加一些社会的、公益的、专业的活动，很多消息都是得不到的，这就会出现信息不对称的情况，一旦消息闭塞，就会显得落后。

除此之外，"多看效应"也是明星们经常有意制造绯闻的原因之一。明星为了赢得更多人气，总会想尽办法增加曝光率，出现在人们面前的次数越多，人们就会对这个明星越熟悉。换句话说，高的曝光率会产生"多看效应"，让更多人关注他们，喜欢他们。现实中的我们有时候也可以效仿这一套，增加自己在别人面前的"曝光率"。特别是律师，更应该如此。当然，"多看效应"发挥作用的前提，就是"首因效应"要好。若给人的第一印象不好，那么见面越多反而越让人觉得讨厌，"多看效应"反而会起坏作用。所谓的多，笔者把它简单地理解为经常性的、反复的，只有经常性的、反复参与一些社会活动、专业活动、公益活动，你才深有体会，就会明白"多看效应"的真实含义和价值所在。

◇不可小看人熟脸熟

有人会觉得到处参加活动，不外乎就是去混个人熟脸熟，这有什么用呢？其实，在行业里混到人熟脸熟的时候，至少律师的专业已经得到了很好的提升，律师的知名度也相应地提高了，律师的谈判成功率、业务成交量、收费水平无形中都是会有很大变化的。就是经常跟行业里面的专家、名家在一起交流，如果律师真的觉得与他们的差距很大，这也没有问题，这样你才会有压力，有了压力才会有动力，促使你不断地努力学习，不断地追赶，总有一天可以与这些专家们齐头并进。

如果参加过选举或者说竞选的人，应该对"多看效应"更能够理解。比如，笔者参加律协专委会的一次会议，大家要投票选举主任、副主任、秘书长等，这个时候除了大家都非常熟悉的、认可的几个权威，大家都会选举之外，如果对其他人的专业水平都不太清楚，那么首先考虑的就会是这个人熟悉与否？以前见过没？如果在两个都不知道水平如何的人之间选一个，一般都会选择相对熟悉的、见过面的这个人。这既有熟人社会的因素，也有多看效应的结果。

前些年，笔者通过竞选省人民监督员向居住地司法行政机关提交过相关材料，因此被当地司法行政机关看中，将笔者推荐给了地方政法委及三所一庭联动调解委员会。很荣幸的是，笔者负责了当地三个乡镇（街道）人民调解工作室的工作。这三个调解工作室周一至周五需要笔者安排律师值班，值班律师每天有一定的值班补助，如果纠纷调解成功了，还有额外的纠纷调解补助，值班中接受群众咨询也会产生案源。刚开始的时候，值班律师积极性不高，毕竟值班补助很低，就算调解纠纷成功了，一个案件补助也只有两三百块钱。当然，接受委托代理案件就不一样，收入比值班和调解纠纷高很多。但是，如果你没有成为调解员，不去值班，就不会有这些机会。

我们的调解工作室设置在派出所里面，场地和办公设备都是公安机关提供，律师值班就在派出所里面。当地居民对律师虽然不太熟悉，但是他们对派出所比较熟悉，因此他们咨询律师后就会向派出所了解哪个律师比较信得过，哪个律师更靠谱。派出所的警官其实对我们的值班律师也不熟悉，只是有时候大家在一起调解纠纷，中午吃饭的时候在一起，对于律师的水平他们难以掌握。这个时候就全凭警官的印象了，他们就会在这些值班律师中进行筛选，而他们筛选的主要是经常去值班、经常参与纠纷调解的律师。这个现象其实也是"多看效应"的作用。当然，正是有这个现象的存在，我们的值班律师也就越来越自觉参与值班，调解纠纷也就更加主动积极。

◇ 新晋律师应当增加自己的"曝光率"

新晋的律师朋友们，赶紧行动起来吧！多多参加社会活动、公益活动、专业方面的论坛、会议，增加"曝光率"，运用"多看效应"实现自己的价值。新晋律师一定要深刻认识到，参加这些活动既是在学习，也是在营销自己。要借助相应的途径、渠道、场合，让更多的人知道我们、认识我们、熟悉我们、记住我们，在需要的时候，他们才会想起我们、认可我们、支持我们、推荐我们。如果是行业外的活动，道理也是一样的，效果也是不言而喻的。试想，哪个明星不是因为我们经常看到他、听说他，才知道他、才记住他、才会喜欢他的呢？是不是我们经常听过的明星、见过的明星，我们记忆才更深刻呢？笔者希望通过本书，帮助大家了解"多看效应"并正确认识"多看效应"，从中有所收获。

六、执业律师应当重视标签效应

作为执业律师，你被贴"标签"了吗？你为自己贴"标签"了吗？律师行业有很多的标签，很多人已经开始运用标签效应于执业之中了，比如：婚姻律师、股权律师、商标律师、税务律师、公司律师、劳动律师、交通律师、民商律师、刑事律师、维权律师等，这些"婚姻""股权""商标""税务""刑事""维权"等就是律师的标签。

◇ **不可忽视标签的作用**

我们知道，商品被贴上标签是为了卖一个好价钱，如果是具有地理标识的标签、有机食品的标签等，价格就会更高，人们的认可度、接受度就会增加。而如果一个人被贴上不好的"标签"可能带来不良的效果，所以很多人反感别人为自己贴上"标签"，比如"小偷""骗子""罪犯"等标签。当然，如果一个人被贴上好的"标签"，那么效果就截然不同了，比如"专家""教授""律师""学者"等。

笔者认为不同的标签具有不同的社会效果，作为律师应当远离那些对我们自己不利、影响形象、有损尊严的标签，比如"掮客律师""关系律师"，而应当选择对律师执业有利，适合自己事业发展的正能量标签，比如"中国好律师""总裁律师""优秀律师"等。

有一个著名的"假病人"实验，这是斯坦福大学罗森汉恩博士在1972年做的实验。罗森汉恩博士招募了八个人（三女五男）扮演假病人，他们分别是一位20多岁的研究生，三位心理学家，一位儿科医生，一位精神病学家，一位画家，一位家庭主妇。所有的"假病人"都告诉精神病医院的医生，他们幻听严重。但是除了这个症状以外，他们所有的言行完全正常，并且给问诊者的信息都是真实的（除了自己的姓名和职业外）。结果他们八人中有七人被诊断为狂躁抑郁症。被关入精神病医院后，这八个"假病人"的所有行为都表现正常，不再幻听，也没有任何其他精神病理学上的症状，但是却没有一个"假病人"被任何一个医护人员识破。当

"假病人"要求出院时,由于他们已经被贴上"精神病"的标签,医护人员都认为这些病人的"妄想症"加剧了。精神病院的医务人员甚至发明了一些精神病学上的新术语来描述这些"假病人"的严重"病情"。如"假病人"与人聊天被视为"交谈行为"。他们甚至认为"假病人"做笔记都是一种精神病病情的新发展,以至于"做笔记"被护士当作病人的病状以"书写行为"记录在他们的病历中。

这个"精神病"标签的实验就是一个比较反面的例子,说明人被贴上了某个"标签"就会对这个人有实实在在的影响,好的标签能带来正面影响,坏的标签就会带来不好后果。通过这个实验说明了一种普遍现象:在社会生活中,一旦某人被认定具有某种行为特征,那么在人们眼中,他的一切行为就都具有这种特征,这也就是"标签效应"的危险性。而被贴上标签的人也容易就朝着人们认为的方向发展。当一个孩子经常被家长、老师说成"笨"孩子时,他肯定会对自己的能力产生怀疑,进而失去信心,最后真的变成了一个"笨"学生。

◇标签会产生印象管理作用

对于"标签效应"的这个问题,心理学家克劳特曾经做过这样一个实验:他要求一群参加实验的被试者对慈善事业做出捐献,然后根据他们是否有捐献,被分别说成是"慈善的人"和"不慈善的人"。相对应的,还有一些被试者则没有被下这样的结论。过了一段时间后,当再次要求这些人做捐献时,发现那些第一次捐了钱并被说成是"慈善的人",比那些没有被下过结论的人捐钱要多;那些第一次被说成"不慈善的人",比那些没有被下过结论的人捐献得要少得多。这种现象是由于贴上标签后而引起的,所以被称为"标签效应"。

从这个实验我们可以看出,不同的标签会产生不同的后果,既然自己被评为了慈善的人,在他们心里就会觉得自己是一个慈善的人,理所应当的多捐献一些,以证明自己的慈善。而那些没有被贴上标签的人,知道已经有了"慈善的人"和"不慈善的人"这两个标签,他们当然的不希望自己成为没有善心的人,担心自己被贴上"不慈善的人"这样的标签,所以他们也会进行一些捐献。对于那些已经被贴上"不慈善的人",在他们的心理会认为自己已经被贴上"不慈善的人"这个标签了,是否捐献似乎已经不重要了,自己也就没有必要再继续捐献。这个实验说明,当一个人被贴上标签时，就像商品被贴上了某种标签，自己就会做出印象管理，使自己的行为与所贴的标签内容相一致。

第二次世界大战时期，美国心理学家在招募的一批行为不良、纪律散漫、不听指挥的新士兵中做了一项实验。这些新兵有的犯过罪，有的有过吸毒史等，总之这是一群有诸多问题、行为不检、不好拘束和管理的人。为了改变他们，心理学家让他们每人每月给家人写信、说自己在前线如何遵守纪律、听从指挥、奋勇杀敌、立功受奖等。半年后，出人意料的事情发生了，这些士兵的精神面貌发生了很大的变化，他们真的像信上所说的那样去努力，行为良好、纪律严明，而且不再和教官作对，听从指挥。心理学家通过实验的方式，让这一批新兵自己给自己贴上了"标签"并取得了意想不到的效果，这就是心理学上"标签效应"的典型案例。

显然，这个实验是一个正能量的实验，心理学家通过让这些士兵自己给家人写信的方式，间接地让他们自己给自己贴上了"遵守纪律""听从指挥""奋勇杀敌""立功受奖"的标签，就算他们本来不是遵守纪律、听从指挥、奋勇杀敌的人，在经常这样自己给自己灌输遵守纪律、听从指挥、奋勇杀敌、立功受奖信息后，他们就会逐渐地形成一种意识，先在心理上改变自己，促使他们从行动上最终得到改变。

◇律师标签

了解"标签效应"就应该合理地进行运用，特别是执业律师完全可以根据自己的实际情况，为自己贴上一个合适的标签。说到律师标签，笔者在网上搜索了一下，涉及这方面的文章很少，出现律师标签的地方也不多。或许，律师标签这个问题还没有引起大多数律师同行的足够重视。但，事实上很多律师已经在给自己贴标签了，比如本书开头笔者所说的"婚姻律师""股权律师""税务律师"等。笔者通过网络发现，2017年因陈有西律师会见王全璋事件，引发了律师行业关于"官派律师"和"死磕律师"的论战。同年8月24日，全国律协新闻发布会上，全国律协副会长、新闻发言人蒋敏对此进行了回应。蒋敏说，一直以来，律师与律师之间，或多或少存在给对方开玩笑时有意无意贴标签现象，比如说某律师是实战派、理论派、学院派、市场派等。在当天的新闻发布会上，蒋敏说："对于给律师贴上官派律师或死磕律师的标签，引发律师之间对立，我持反对态度。"他说："我个人的看法是真的不存在派别之分，更无从讲起官派律师和死磕律师。"这是官方首次对律师"官派""死磕"标签的回应。显然，这类标签对律师是不利的，也是律师不能去追求的，律师也没有必要为自己贴上这样的标签。

另外，笔者在网上还找到了江苏某律师事务所2015年发表的一篇文章，陈绍娟律师在《律师专业化之"标签化"思维》提及了律师标签的问题。她提到"标签化"时说有人给80后贴上了各种标签，对此她比较反感，比如懦弱的一代，垮掉的一代，她觉得随意贴标签是不好的现象，特别是律师行业的各种标签"死磕派""勾兑派""形式派"，就像脸谱化一样，简单又粗暴。不过，后来她说看到过一个故事，说到一个国外健身美体培训班，教练每天早上强制要求学员在海边跑步并对着大海大声喊"我是美女，我是大美女"。当学员给自己贴上美女的标签后自信心倍增，时时处处以美女的标准来要求自己，培训一结束每个人都貌似脱胎换骨，无论从外形还是言行举止都真正有美女范儿。这个故事告诉我们，标签对外是告诉别人我是谁，更重要的是对内引导自己奔跑向我们标签既定的目标。

她在文章中提出，寻找法律服务的人都有自己的需求点，而且形形色色，律师无法满足所有法律服务的需求者，无论是一个超大型综合所还是走小众路线的专业所，都需要有自己的标签。她举例说，如果问一个吸烟的人：中华卷烟在你眼中代表什么？答案很可能是："贵，但是好。"当消费者想要一款品质高、上档次、价值优、口感好的卷烟商品的时候，中华就是他的备选项，这就是中华品牌的标签。一个产品如果没有标签，也就失去了竞争力。一个没有标签的商品等同于没有定位，一个有多个标签的商品也等同于没有定位。

◇**法律服务的标签化才是真正的核心竞争力**

正如陈绍娟律师所言，律师无法满足所有人的法律服务需求，也无法赢得所有客户点赞，更没有必要去赢得所有客户点赞。就像中华烟一样，他没有把每个烟民都定位成他的客户，也没有想要高端和低端都做，因为这毕竟是不可能的。准确的定位，可能会让律师损失一些客户，但是更能让"好这一口"的客户聚焦，这其实就足够了。她在"品牌标签化"的阐述中认为，在全国两万多家律所几十万的律师中，在琳琅满目的法律服务产品中，如果没有一个简单明了清晰的品牌标签，法律服务的需求者就不容易找到律师，并且还容易造成误导。标签化思维，化繁为简，给律师事务所更精准的定位，让自己专注于一个标签，让客户最快地找到律师。

诚如陈绍娟律师之言，很多律师还在纠结要不要做专业化，还在纠结如果只做一个专业会不会吃不饱这样的问题，事实上客户对法律服务的需求已经逐步迈入了专业性、技术性需求的时代。标签化是促使我们进入快速自我管理模式的动源之一，从喜欢这个专业到做好这个专业，再到成为这个专业的顶尖人才，这是一个逐步自我完善和发展的过程。

笔者很赞同陈律师的观点，律师在具有一定积累后应当给自己做一个定位，做自己有兴趣有专长的版块，贴上这个专长标签，并将之做到极致，对口味的客户一眼看过来就知道这个律师是不是他要找的人，沟通成本将会降到最低，成单量也会随着我们做得越来越突出而不断增加。万金油式的律师没有确定的标签，无法形成一张清晰明确的"脸"。律所标签化是前提，律师标签化是保障，法律服务的标签化才是真正的核心竞争力。因此，她主张作为律师服务来说，需要从标签开始，专注于将标签内容打造得更为精细准确。

◇ "离婚律师"就是一个标签

对于律师标签化这个问题，虽然在电视剧《离婚律师》上映后笔者曾经接受过媒体采访，对《离婚律师》从自己的角度发表过意见，但是当时还没有想到其实"离婚律师"就是一个标签。笔者开始思考这个问题是2017年参加了某期总裁律师班的股权律师课程后，通过股权律师课程学习，笔者看到不少的专业律师都给自己贴上了与自己专业相对应的标签，这些标签就是他们的专长或者说擅长的领域。比如，股权律师、税务律师、刑事律师、商标律师等。

根据笔者了解，目前很多已经为自己贴了标签的律师，其实他们的业务领域，也不是就只有贴上标签的那个专业或者说领域，大多数只是把这个标签作为一个重点发展方向，还没有完全地标签化和专业化。不可否认的是，这些贴了标签的律师在标签的范围内，所受理的案件相比之前确实更多了，自己通过参加相关专业、领域的培训的时间和次数也自然就更多、更投入。特别重要的一点是，据了解他们的收费标准相较没有贴标签之前要高出很多。这说明，律师一旦贴上这些专业性的标签，潜在客户的认可度就更容易增强，目标客户也就更容易产生。

◇一定得有标签化的思想意识和准备

值得注意的是，律师标签化不是每一个律师一出道就必须标签化，也不是每个律师一出道都适合标签化。在律师行业的"二八定律"非常明显和严重的情形下，新晋律师如果还没有一定的基础可以不必过早将自己标签化，但是一定得有标签化的思想意识和准备。不过，要给自己贴上标签，还是需要注意全面发展，因为现在的法律需求都是错综复杂的，业务上经常有交叉，一定得提前考虑这个问题，并做好准备。机会总是垂青有准备的人，只要你准备好了，就不用担心没有案源。

总之，借陈绍娟律师的话说"不管最终定位是什么，都要将标签思维坚持到底"。希望律师朋友们能够合理地借助标签效应，给自己贴好标签，运用好标签，并真正地成为专业的标签律师。

七、运用好"安慰剂效应"有助于谈判成交

在执业活动中，经常接到电话或者微信、QQ咨询，很多咨询者都是简单地说几句，就会问："张律师，这个官司打得赢吗？你有多大把握？"面对这样的问题，遇到这样的情况律师应该如何应对呢？

其实，他们不知道判断一个案子的胜诉与否需要大量的时间和精力，要根据案件的事实和证据，结合法律法规的规定，还得参考一些必要的案例，不是一件简单的事情。而且，案件的审理过程中还会出现一些意料不到的问题发生，最终的裁判结果，律师根本没有办法准确地掌握。从律师行业管理的角度，也是不允许律师对案件的结果进行承诺或者保证的，否则就是违反执业纪律，可能会受到行业处分。但是，如果律师电话里告诉他，这个案子你没有把握或者根本打不赢，他就不会再来找律师，或许律师跟咨询者面都见不到，继续谈判的机会就丧失了。要是律师草率地回答"没问题"，官司打得赢，最终案子他们不满意，就会引起投诉。因此，对咨询者问到打不打得赢，胜诉把握时，尽量不要直接、正面的回答，要引导咨询者提供完整的证据材料、争取当面咨询以便详细了解案情，再做出客观、理性地分析、判断。

◇咨询律师与看医生

当事人因某个法律问题或者纠纷咨询律师，应该跟患者生病去看医生

的道理是一样的。患者到了医院首先得根据自己的病情选择科室、初步筛选自己认为合适的医师、排队、挂号、缴费。到了医生办公室，根据挂号的情况，专家号患者花的钱多，专家望、闻、问、切，既听患者介绍病情，又告诉患者这可能是怎么回事儿，再根据患者的具体情况安排患者是否进行必要的检查、化验；要是花钱少，挂的是普通号，一般说医生简单地问患者几句就会给患者开出一大堆单子，让患者检查化验、抽血，经过一系列检查后才会给患者一个不确定的结果。有的患者直接跑进医生办公室，可是想多问几句都没机会。因此，经常看到当事人拿来一大堆病历，结果诊断结论后面全部是"？"。这说明医院看病尽管采用的是仪器检查，他们对检查结果同样会认为具有不确定性。但是，就算是这样，患者还是能够接受，他们认为这是关乎生命、关乎健康的问题，而且医生是靠仪器、设备在检查、化验，应该这样。

而当事人咨询律师，在他们的心目中认为只要将问题或者纠纷跟律师一说，律师就应该马上有结果，就可以随口给出回答，他们几乎是把律师当成了机器人、神仙。其实，他们根本不知道，律师虽然看起来不需要设备和化验，但是律师也需要根据案件事实和证据进行分析，也需要依靠电脑设备进行检索。医生借助设备和大量仪器检查、化验后都不会及时给出诊断结果，更何况律师呢？哪位律师可以这么神速地给出结果，敢于随随便便地承诺胜诉呢？如果有，那也是不负责的承诺。

◇让咨询者对律师建立信任

当律师接到咨询时，要有耐心和技巧。一是尽量回避这个话题，将胜诉把握的话题引开，关注其他方面的问题，让咨询者对律师建立信任，不至于直接挂断电话或者不再继续跟律师交流。比如，对咨询者表示关心和理解、同情，从心理上取得他的信任，再让其提供详细的证据材料，到律师事务所当面接受咨询，为他详细的分析、解答。二是客观、理性、巧妙地回答能否胜诉与否的问题，将胜诉的可能性、涉及的因素、证据的情况、律师的专业能力、法官的认识问题等进行分析，对那些确实有胜诉可能性的客户给予心理上的安慰，不至于让他灰心，否则律师跟当事人面都没见，继续谈判的机会就丧失了，也就更谈不上成交。

当然，对于新晋律师在对待这个问题上，如果经验不足，不能把握如何客观、理性、巧妙的回答这个问题，那律师就可以从他介绍的案件情况,分析他的心理需求,找到他心理需要安抚的痛点,给予安抚并引导他提供证据材料当面咨询。一般来说,有执业经验的律师基本上通过当事人的咨询,就可以简单地判断这个咨询成案的可能性有多大,是否有价值和必要继续搭理他,是否有必要引导当事人提供证据材料当面咨询。通过初步判断,有经验的律师对那些根本没有机会成交的咨询者,一般不会引导他当面咨询。对于刚出道的律师,这需要一个过程,要在执业活动中慢慢摸索、总结,尽量在心理安慰上下功夫。从心理上安慰咨询者,可以促成面谈,面谈成功的机会才会更大,成交的机会才会更多。

◇ "安慰剂效应"是什么

当然,通过简单地了解,确实很容易判断出胜诉与否的案件,律师也可以根据自己掌握的法律知识客观给出意见,只是需要注意的是律师不能给予胜诉承诺和保证。在律师解答咨询时或者律师跟客户谈案件的时候,如果律师根据客户的心理,灵活运用"安慰剂效应"或许可以帮助律师成功的接受委托。不过,首先要知道安慰剂是什么?安慰剂是由没有药效,也没有副作用的物质制成的,如葡萄糖、淀粉等,外形与真药相像。或许你会问,安慰剂既然没有药效,那发明安慰剂又有什么作用呢?岂不是浪费资源吗?其实安慰剂主要用于那些渴求治疗、对医务人员充分信任的患者,要的并不是药效,而是患者在心理上产生良好的积极反应,从而改善人的生理状态,达到所希望的效果。

安慰剂所产生的心理反应,被称为"安慰剂效应"。据悉,"安慰剂效应"于1955年由毕阙博士提出,可以理解为病人虽然获得无效的治疗,但却"预料"或"相信"治疗有效,而让病患症状得到舒缓。要解开"安慰剂效应"之谜,我们先来看一个简单的实验,对比一下镇静剂和兴奋剂的效果。

研究人员请了60名志愿者参加这个实验,并为他们准备两种药物:蓝色的药片是镇静剂,红色的是兴奋剂。参与者每人随机领取一种药物服用,然后观察他们是否有昏昏欲睡的症状。结果证明,服用镇静剂的人比服用兴奋剂的人更容易出现上述症状,其比例是后者的两倍。这似乎很正常,直到谜底揭晓。志愿者们才知道他们既没有服用镇静剂,也没有服用兴奋剂,他们服用的是同一种没有药效且无副作用的化合物,唯一的不同是药片颜色。服了镇静剂的人认为自己服用的是镇静剂,所以在心理上已经表现出服用镇静剂的效果，当然容易昏昏欲睡。而服用兴奋剂的人，他们既然知道自己服用的是兴奋剂，自然不会让自己昏昏欲睡。这个实验表明，这种对身体无害的疗法同样能起到和真正的药物治疗一样好的效果，这就是安慰剂的巨大作用。这个实验告诉我们，从心理上先让当事人得到安慰，增加当事人的信心，同样会收到意想不到的效果。

美国牙医约翰·杜斯在其27年的行医生涯中，就常常遇到这种情况，一些牙痛患者在来到杜斯的诊所后便说："一来到这里我的感觉就好多了。"其实他们并未说假话，而是他们觉得马上会有人来处理他们的牙病，从而情绪便放松了下来，因而疼痛的感觉自然就会比来诊所之前得到缓解。笔者也经常遇到这样的当事人，他们遇到困难或者说法律问题后非常焦躁不安，当他们来到笔者的办公室，他们就会觉得轻松了许多。因为，在他们心里认为找到了笔者，他们的麻烦或困难问题就可以迎刃而解，也就不会那么担心、着急了。

还有一个案例值得深思：美国有一位心理学家曾将依米丁（致吐剂）通过胃管注入呕吐病人胃中，并告诉病人这是止吐药物，结果在短时间内病人的恶心呕吐感消失。经过一段时间后病人又出现呕吐，重新注入依米丁，恶心感又很快消失。这个实验说明药物不但有生理效应，而且通过一定的诱导会产生心理效应。

在现实生活中"安慰剂效应"随处可见。有一个中学生一直认为自己要比别人笨，所以一直很不自信，并以此为借口，不认真学习。针对这种情况，老师就和家长商量了一个办法来帮助这个孩子。家长给孩子买了很多补脑的补品，让孩子吃。过了一段时间，老师对他说："你最近一直吃补品，感觉是聪明了很多，你学习再努力一点儿，成绩肯定能排在班里前五名。"这个孩子听完后，除了吃补品外，更努力地学习。期末考试时，这个孩子果然考了前五名。其实，这个孩子吃的根本不是什么补品，那些补品其实是一些不同种类的糖豆而已。一般人在对现实进行分析的时候，经常掺杂了很多个人因素，包括期望、经验和信念等。所以在帮助别人时，不妨换个角度，试一下"安慰剂效应"。

◇如何运用"安慰剂效应"成交

那么，说了这么多，律师执业跟这个安慰剂到底有多大的关系呢？律师又如何运用"安慰剂效应"成交呢？下面笔者举一个自己经手的案件，供大家参考。

几年前，笔者接待了一位咨询者的电话咨询，他告诉笔者说自己花了两百万在成都某地购买了一间商铺，当时置业顾问明明说好这个铺面是临街旺铺，介绍说这个地方的铺面升值空间很大，买了超值划算。于是，这位咨询者与邻居一共五户当即购买了六个铺面，其中一户购买了两个铺面。由于他们购买的不是现房，工地周围都是用铁皮围起来的，所以无法到现场进行实地查看。到了接收房屋的时候，他们才发现自己购买的商铺根本不是什么临街旺铺，铺面与街面相差了十几步阶梯。就他们这五户，多的差了十几步阶梯，少的也差了七步，从街面上看去这就是一个下沉式的铺面，稍微远一点就只看得到铺面的门头，严重影响了铺面的使用价值，离当初置业顾问介绍的临街旺铺相差甚远。

不但如此，这些铺面后墙里面是住宅小区，小区的地面也比铺面高出70厘米至100厘米之间，墙面已经有了雨水渗漏的痕迹。简单地说，这些铺面除了是下沉式铺面之外，只要一下雨，无论是小区地面的雨水还是街面的雨水都会往铺面里灌。为此，这些购房户开始找开发商交涉、谈判，也向有关职能部门求助，结果都于事无补。他告诉笔者，他的一个老乡是成都某法院的庭长，他们也去咨询了这个庭长，庭长告诉他们这个案子没有价值，他们没有胜诉的可能，建议他们放弃算了。他们心有不甘，找了不少律师，但是都没有足够的胜诉把握，他们不太满意，想听听笔者的意见，如果笔者能帮他们把官司打赢，他们就委托我。下面是我们谈判的部分内容。

问：张律师，你听我给你介绍了这个案子的情况，你说我们能打赢这个官司吗？

答：这个现在不好说，情况我倒是知道了一个大概，但是还没有看到你们的证据，还有很多细节不清楚，能否打赢我不好说。

问：我们咨询其他律师都说没有把握能够打赢，法院的法官也说打不赢，但是我们心里很不服气，不想就这样被欺骗了，要是当初知道是这样的铺面打死我们也不会购买。如果你能给我们把官司打赢，我们就请你打官司。

答：你们的心情我能理解，但是毕竟我们还没有见面，没有看到你们的证据，我也没有到现场去感受过，确实不能简单地判断，无法告诉你们是否能打赢这个官司。

问：我们的铺面都买成一两百万一间，要是你没有把握打不赢我们就不敢轻易请你了。你说说，我们到底有多少胜诉的可能？你有多大的把握？这个该可以吧？

答：我这样跟你说吧，我很理解你们，但是结果我是真的无法预料。不过，如果是我自己购买到这样的商铺，要是我跟开发商协商不能达成一致的话，我心里也是不服气的，我当初如果知道是这样的商铺也是断然不会购买的。假如是我购买了这样的铺面，我是不管官司输赢肯定都会跟他打一场的。

问：你的意思是我们还是有必要打这个官司吗？

答：如果是我的铺面，我肯定是要跟开发商打这个官司的，至少你在出售时应当如实告诉我呀，你没有告诉我这是个下沉式的铺面，还说是临街旺铺，我们老百姓怎么知道实际交付给我的铺面是这个样子的呢？这不是欺骗是什么呢？我买了这样的铺面这个官司肯定是要打的。要是不打这个官司，我心里也不能接受这个现实。

问：既然你都这么说，看来这个官司还是有必要打，那我们约个时间当面谈谈行不？

答：好，就是需要当面谈更方便，电话里说不清楚。

从这个问答的过程中，笔者已经使用了"安慰剂"，告诉他如果笔者是他们，也会打这个官司。这确实是笔者的心里话，笔者认为他们说的如果是真的，这个官司真的有必要打。

几天后，咨询的客户带着他的邻居们找到笔者，并开始面谈。经过面了解情况，查看他们的相关证据，笔者更加有了信心，认为这个官司确实有打的必要。在谈判的过程中，他们还是围绕对案件胜诉的把握反复的询问，总想笔者给他们一个肯定的回答。说实话，他们的合同约定比较模糊，这样的案子笔者没有查到相似的案例，也没有绝对的信心和把握，就算不违反执业道德和执业纪律笔者也是不敢跟他们承诺的。

在这个时候，笔者的助理告诉他们我曾经担任过省房地产业协会的常务理事、现任省律协房地产专业委员会委员，不会轻易承诺，也不会受理毫无把握的案子的（这些话如果是我说出来就不太合适）。当然，笔者也告诉他们如果觉得这个案件真的没有胜诉的可能，它就是一个输官司，律师自己都不会受理，还会主动劝当事人放弃算了。只有是觉得有胜诉的希望和可能才会受理，不会对当事人不负责任。

另外，笔者从专业上也给他们谈了自己的看法，认为置业顾问当初没有明确告知这个铺面的具体情况，没有告知铺面会是下沉式的，会比街面低这么多，而且比铺面所在的小区地面也低那么多，导致消费者在购买时对此并不知情，按照老百姓的通常理解临街旺铺就是应该与街面一样平，在一个水平面的铺面。而现实中开发商移交的铺面却是下沉式的，根本不在街面的一个水平线上，影响了购房者的判断和决定，至少属于重大误解。如果置业顾问和开发商一开始就知道修建出来的铺面是这个情况而没有如实告知消费者，这属于欺诈，无论是这两个原因中的哪一种，都可以行使解除权。官司可以打、可以行使解除权，这两个信号就是"安慰剂"，确实也是这两个"安慰剂"促使当事人对我产生了信任。当天，这五户人有四户跟我签订了委托代理合同，办理了委托手续。另外一户因为笔者没有给予确切的胜诉承诺和保证，他放弃了诉讼，坚持继续跟开发商协商，开发商给他补偿了5000元，合同继续履行。

笔者接受委托后，展开了一系列的调查走访，销售铺面的置业顾问也承认他们在销售时也不知道这个铺面是这个样子，他们自己都不知道就根本无从告诉购买者。笔者又到现场进行了实地勘察，拍了大量的照片。对这个案件认真研究后，很快向法院提起了诉讼，主张解除合同。经过与法官反复沟通、交换意见，在庭上笔者充分地发表了意见，最后法院判决我方胜诉，准许解除合同，开发商退还购房款并从缴款之日起按照银行同期存款利率给付利息。二审中，在法院的调解下，最小的那个铺面获得了开发商12万元的补偿，合同继续履行。另外两间铺面也根据面积给予了相应的补偿，最大的两间铺面因补偿数额协商未果，解除了合同。

◇ 客户要的不是承诺，而是寻求心理安慰

根据前述实验和笔者亲自办理的案件，当事人或者说客户其实也是知道律师是无法对案件的胜诉与否做出承诺的，他也知道律师的保证是违反执业纪律和规定的，但是他们要的并不是律师的承诺和保证，希望的仅仅是一个心理的安慰，有一个可靠的预期，求一个放心。看似前面的实验与笔者的案例不是那么直接的关联，但是从心理的角度来分析，还是有可以借鉴的地方的。

中国有句古语："信则灵，不信则不灵。"律师在谈判业务的时候，虽然不能做出胜诉的承诺，不能保证打赢官司，但是律师可以换一种方式，掌握客户的心理，对他们晓之以理，结合案件事实、证据、经验、专业知识，迂回地给他们一些信心，或许律师的这个业务就成交了。虽然，律师执业不准许承诺，不能欺骗，但是可以鼓励，可以支持，鼓励客户勇于拿起法律武器维权，支持他们依法主张合法权益，给他们信心和力量，给他们心理上进行安慰，多站在客户的立场思考，谈判成交的成功机会就会成倍增长。

需要特别说明的是，笔者这里说的安慰剂和建议借鉴"安慰剂效应"并不是提倡善意的谎言，而是根据实际的案件情况，在律师内心有一定把握的前提下，给予客户信心和勇气，并共同去实现胜诉的预期目标。

八、掌握聆听技巧促成谈判交易

律师这个工作必须聆听，而且必须虚心、认真、专心、有效地聆听，无论是解答当事人的咨询，还是与当事人谈判案件、法庭上的辩论、参加培训学习等，都离不开聆听。聆听的技巧，不同的行业应该不是千篇一律的，在不同的情况下聆听的技巧应该是有区别的。

本书所讲聆听的技巧，主要是针对执业律师在接受当事人咨询时，以及律师接待当事人介绍案情的聆听、律师与委托人就案件成交谈判时的聆听。执业律师接受当事人咨询，聆听当事人介绍案情非常重要，但很少有专业的机构对律师接待当事人咨询时应当如何聆听做过培训，所以经常被人忽略。作为一名执业律师，如果想在接受咨询或者案件谈判中成交，那么就应该从对方的话语、神情或动作里察觉出蛛丝马迹，通过他的谈话内容分析他的心理状态，抓住他的心理需求，找到他的痛点，以满足客户心理需求为导向，解决他的痛点，促进成交。

韩德云律师将律师聆听当事人陈述的技巧分为积极聆听和消极聆听。他也认为，聆听当事人有技巧，这些技巧可以基本分为两种：一种叫积极聆听，另一种叫消极聆听。在运用这两种技巧时，总体上都应该尽量避免打断当事人的思路。换句话说，别让当事人的话题发生转移。对于律师接待当事人咨询或者听取当事人陈述案情的时候，是否应当打断当事人的陈述，笔者的经验是原则上一般不轻易打断，但是对于偏离主题的或者与案件无关的情节，律师还是有必要适当地提示，将当事人的话题引回来。下面就律师在接受当事人咨询或者跟当事人谈判时如何聆听，争取促成案源成交，谈谈自己的做法和看法。请注意的是，这里说的接受当事人咨询和听取当事人的案件陈述，主要是指当面咨询和当面陈述案情，而非电话或者网络等在线方式。

◇ 全身心投入　虚心的倾听

当我们与前来咨询或者谈判案件的当事人面对面交流时，我们应该对他们予以充分地尊重，要全身心地投入，让他们感受到尊重以及对他的案件的专注、用心，切记不要一边打接电话，一边解答客户咨询或谈判，更不能一边听他们陈述，一边忙着手里的活儿。这会给当事人留下不好的印象，他们会觉得对其不够尊重，律师不上心，成交的希望也就不会大。在倾听时不但要注意对方声音中的细微差别，比如有的当事人说到伤心、动情处就会声音沙哑或者落泪等细节，同时还应当关注对方的表情以及其肢体动作。因此，笔者认为律师的聆听需要全身心地投入，并虚心地听取。

为什么除了全身心的投入，还需要虚心呢？当事人不是来委托、求助律师吗？有必要在他们面前虚心吗？结合笔者的经验，真的有必要虚心。1992年开始笔者就从事法律服务工作，接待了很多的当事人或咨询者，他们中有的是完全没有法律知识，基本的知识都欠缺，也有不少人一知半解，其中还有一部分人非常精通法律，对某些法律法规的规定以及一些部门规章、地方法规的熟悉程度和知晓度远远超过了律师。这些人有的本身就是法学专业出身，有的是公、检、法、司的离退休人员，当然也有不少在职的司法、执法人员委托笔者办理案件。对于这些人，他们虽然可能在法律知识方面掌握得没有执业律师全面，但是在他们自己所涉及的相关专业问题上，可能他们研究的时间、次数远远超过了律师，因此他们就某些专业、专门问题完全有可能比律师掌握、研究得更透彻。

只不过，律师这个职业，不但需要学习掌握法律知识，还需要学会运用法律知识，重点是运用法律知识。律师执业的过程，其实就是一个法律运用的过程。律师是全面研究，某些当事人是专门研究一个问题，某一个方面，但是他们不会融会贯通，不会综合运用，才来求助于律师。面对这样的潜在客户，只要足够的尊重他们，虚心听取他们的陈述和意见，往往更容易成交。因为在购买力方面他们一般不会太差，在法律的理解上也不用担心。特别值得注意的是，切忌不能在这些客户面前讲"关系"，他们比你的关系更好，要找关系他就不会找你。

除此之外，就是全身心地投入。律师在接待当事人的时候，完全可以换位思考一下，设想一下如果是我们需要咨询对方，或者我们处于咨询者的地位，面对一个在听我们谈话时心不在焉、左顾右盼、东走西走，或者一会儿打接电话，一会儿查找其他案件材料等，我们会怎么想？遇到这样的律师，我们是不是也会觉得没有受到尊重？因此，无论是否能够成交，我们在接待咨询或者跟客户谈判案件时，都需要全身心的投入，这是尊重，也是为成案奠定基础。如果方便的情况下，最好是安排团队律师或者助理一同参与接待，并制作谈话笔录，记住当事人咨询或者陈述的案件重要信息，以及时间节点、现有证据等，形成接待资料。

制作接待笔录，不但可以使当事人觉得你对他的案子很重视，还会让客户感觉你的专业，更会增加客户对律师的信任，留下较好的第一印象。同时，如果第一次谈判没有结果，下次再继续谈判的时候，就有据可查，做到心中有数，为下次谈判打下基础。不少案件因标的额较大或者案情复杂，往往一次两次谈判是不一定能成交的，所以制作笔录就显得很重要。

◇专注倾听，学会沉默

专注是律师成交的重要的因素。只有足够专注，才能从当事人的言谈中发现蛛丝马迹，或许当事人一句话概括的内容，往往就是律师需要掌握的重点，或者当事人认为不值得一提的细节，或许就是案件成败的关键。当事人跟律师是站在不同的角度和立场，加上缺乏法律运用的技巧，他们认为的重点，对律师来说或许根本就没有任何价值，而他们认为不重要的，或者他们认为毫无关系的细节，可能恰恰是律师认为至关重要的地方。所以，这些情况只有律师专注才有可能发生，才能被发现。通过专注地聆听，如果律师发现了当事人没有发现的重要价值的线索或者证据，找到了案件的突破口，可想而知成交就更有希望。

律师不但要专注地聆听当事人的陈述，认真听他们介绍案件情况，还要学会保持沉默，不要急于表达。否则，不但显得不够尊重对方，还会显得不稳重、急躁。笔者发现一些律师总是按捺不住自己，往往一知半解，还没有听完，不少重要信息还没有了解和掌握，就着急发表自己的观点，这样不但不尊重当事人，还不利于成交。有句话说得不错"拥有伶俐高超的口才对律师固然非常重要，但有时做个沉默的羔羊可能作用更大"。韩德云律师就认为，与当事人进行会谈时，恰当地使用"沉默"的技巧，能让律师与当事人双方更加顺利地沟通。"沉默"是指在会谈中，律师有意保持安静，目的是让当事人不被打断地专心讲下去，由此进一步促使当事人全力参与。笔者这里的"沉默"，不仅仅是韩德云律师所指的当事人停顿时的保持沉默，而是要将"沉默"保持始终，不轻易发言、不轻易打断、不轻易下结论。

律师只需要在当事人陈述的时候，给予适当的回应和配合，告知当事人律师一直在专注的听。某位心理学家认为，让他人侃侃而谈的最好办法就是保持沉默。当然，在当事人谈起自己悲惨的遭遇时，律师投射出同情、怜悯的眼神是很有必要的，当事人落泪时递上一张纸巾也是很有用的。沉默不当有时会对当事人产生抑制作用，为了使当事人相信律师正在认真倾听，且领会到了他正在讲的事情，律师可用简短的表述或动作作为回应，这种意思表示可称为"适当激励"。"适当激励"是律师对当事人的描述，不明确表态的一种聆听技巧。它没有传递出律师是如何评价当事人的信息，只是让当事人知道律师切切实实在关注他的谈话。因此在默不作声的情况下，用身体语言，比如点头等，表示律师对当事人所说事情的兴趣和关注，这是很重要的一种"适当激励"方式。

笔者在接待当事人咨询时，遇到确实有一些比较重要的信息或者问题核实，但是又不便于打断、打搅当事人的陈述，这个时候一般是先用笔记下来，继续听当事人的陈述，等到时机成熟时在决定是否向当事人了解。因为有些问题在当事人的陈述中，不需要追问他们，笔者希望知道的问题他自然会给你答案。对于确实需要核实的问题，等到当事人陈述完毕时，律师再礼貌地核实，这样做当事人就会感受律师的专心细致和对他的尊重，获得当事人的信任和好感。

◇保持一定的距离，找到合适的谈判位置

与当事人交谈时，保持一定的距离会让双方都觉得很自在。如果靠得太近，侵入了对方的空间，对方则会不安，也会显得律师不够稳重，特别是异性之间的距离更有必要保持。一般来说，个人空间是手臂伸展的距离。如要当事人与律师的交流较亲近，则个人空间就比较有弹性。在正常情况下，律师如果站在一个陌生人的手臂长度范围内会使其不安或紧张，他也许会后退，也许会交叉双臂或避免正对着律师。但距离如果太远，当事人与律师沟通起来也不太方便，特别是有些案件事实，当事人不希望大声地说出来，其中还会有一些私密的事情或者隐私，需要低声的交流。因此，根据笔者的经验，对于不太熟悉的陌生当事人咨询或者案件谈判，最好是在专业洽谈室，尽量避免公共场所和自己独立的办公室。因为每一个律师的性格不同，办公室陈设和装饰都不一致，不一定都适合接待不太熟悉的当事人。而在专业的洽谈室，洽谈室的桌椅正好固定双方沟通、交流的位置，能够确保交流、沟通的顺畅。

还有一点儿也需要注意，就是律师与当事人在谈判时坐的位置，一定要在同一条水平线上，既不要让当事人坐的位置低，也不要让当事人做的位置比律师高。当事人位置低了，他们会觉得自己在受审一样，而且觉得跟自己的律师沟通还要仰望，沟通起来很不方便，总觉得他跟律师之间有一个距离的隔阂，他们会在心里不踏实，感觉没有得到充分的重视和尊重。如果当事人坐的位置较高，他们会感觉位置没有摆正，怎么能在律师面前居高临下呢？这会让他们很不适应。所以，不要轻易把当事人带进有沙发的比律师座椅低或者高的独立办公室。在这个方面，笔者已经多次观察，确实很值得注意。

◇必要时可以礼貌地打断当事人的陈述

一般的聆听，很多律师都建议不要打断对方的谈话，总觉得这不礼貌，会影响对方畅所欲言。对此，笔者根据自己的实践经验认为，一般情况下律师确实不应该随意打断当事人的谈话，但是在某些具体的时候，律师有必要在恰当的时候，用恰当的方式打断当事人陈述，正确引导当事人。否则，一些当事人会口若悬河、滔滔不绝，把话题扯到很远。特别是在接待伤害、婚姻家庭、继承纠纷案件当事人时，如果律师不适时、恰当地打断当事人陈述，估计一个律师听他们"摆几天几夜龙门阵"也是小意思。对这点儿，笔者深有体会。笔者学的第一部法律就是婚姻法，办理的案件最多的也是婚姻家庭案件，包括离婚、子女抚养权、分家析产、继承等纠纷，还有不少的性侵案件，经常遇到一些老人和妇女，她们一旦在律师面前哭诉起来，要是律师不适时制止或者引导，她们就会边哭边说，没完没了。

尽管，都说善于聆听最重要的一点就是不要打断当事人，即使对方只是在发泄情绪，也不要打断他，而应该让他把心中的苦水全部吐出来。要等他发泄完了，律师再去更正他、与他争论，因为只有这样，他才有可能听进律师的观点。但是，以笔者的亲身经历和经验，笔者觉得这并不完全正确。根据个案不同，在接受当事人咨询和谈判时，需要根据实际情况适当引导当事人陈述。律师既要从当事人陈述的案情中分析判断他当时的想法，趁机观察他的思路或他所陈述的案件事实，又要根据需要适当的引导、提示、回应。所以，我们要仔细聆听，并耐心等候发言的时机。当遇到我们接待的当事人，他们在咨询问题时或者陈述案件时，总是把那些毫无相关的情节和事实，花费大量时间和精力介绍的时候，律师会发现他们陈述的有些内容，实际上与所咨询的法律问题或者所谈判的案件根本没有关系，这个时候律师就可以采取适当的方式提示和引导。

律师的时间都是很宝贵的，没有几个律师真的有耐心听当事人娓娓道来。很多当事人咨询律师的时候，其实忘记了对面在听他哭诉的是律师，而不是心理咨询师。有些时候，我会适当的提示咨询者，我是律师，你的问题可能需要咨询的是心理医生。因此，律师在这种情况下适时采用恰当的方式予以提示，或者将当事人的话题拉回来，还是很有必要的，不然他感受不到律师的时间宝贵，还可能觉得律师根本没有认真听。

◇学会感同身受

所谓感同身受，就是指不要轻易谴责、争论或贬低他人。有些人总觉得非要纠正别人的错误不可，这种类型的人通常缺乏安全感，他们通过贬低他人使自己得到短暂的快乐或优越感，但这却阻碍了沟通的正常进行。还有的人总认为别人不如自己，总想证明自己比别人能干。但是，他们并不知道这样做的危害是引起别人的反感。所以，如若想鼓励坦诚的对话，一定要克制自己想纠正、批评或讥笑的冲动。再说，很多细小的错误根本就不是多大事儿，很多时候视而不见，忽略不计也就过去了，付之一笑就会皆大欢喜。

律师将自己对当事人情感的认同，通过适当的方式表示出来，既能让当事人明白律师认同他的想法，同时明确律师的情感倾向，也能帮助当事人更好理解、释放或者控制自己的情绪。通过对情感的具体化表示，律师可以帮助当事人理解自己的情绪。这种做法本身也有助于情感的公开化，同时便于在后来的磋商过程中，准确无误地将当事人的情感因素考虑在内。笔者办理的大量婚姻家庭案件及其同性恋咨询接待，如果律师与当事人没有情感的认同，你是很难成交的，因为你不理解他，他就不可能信任你。比如，"你当时的感受我太清楚了，我也有这种感受"，简简单单的一句话就能大大拉近律师与当事人之间的距离。

与当事人沟通的时候，律师经常遇到这种情况，当事人常常不明确地表露情感，根据律师的生活经历来看，其实是充满感情色彩的。在这种情况下，律师的注意力如果仅仅集中在内容上，则可能忽略当事人的感情，而当事人情感表达的空白，又容易使律师忽视当事人实际存在而又没有陈述的情感，于是这些情感背后隐藏着的一些内容也难以被挖掘出来。所以，在律师聆听当事人陈述时，一定要注意当事人的感情流露，掌握他们的心理状态的变化。在适当的时候，律师要对当事人的感受表达回应，比如"我很能理解你的感受""我也有同样的感受""换了我也许同样会这样"，等等。

当律师对当事人的陈述表示出感同身受的时候，当事人会认为律师是真的懂他、理解他，这样就会让当事人觉得律师亲近，善解人意，具有同情心，更容易让当事人对律师产生信任感，成交就会更容易。但是，在表示或者表达律师感同身受的过程中，不宜过度的夸张，更不能真正的受当事人的情绪所影响，不能出现心理卷入程度过高的情形，否则律师就会不理智、不冷静，难以客观分析案情。

◇聆听陈述要会察言观色

本书讨论的聆听是有针对性的聆听，是针对执业律师聆听当事人的咨询和案件谈判时当事人对案件陈述的聆听，这里的聆听对象、目的都十分明确，就是为了根据当事人的法律服务需求，促成律师谈判成功，达到成交目的。因此，律师在接待当事人的时候，很有必要掌握一些基本的心理学知识，洞察当事人谈话间隐藏的内心秘密和担忧，但不是窥探，而是洞察。通过察言观色，了解当事人的困惑或者说顾虑，就会有针对性地进行解答，消除他们的顾虑，排除担忧，多替当事人考虑，多关心当事人，这样更容易建立信任，更容易促成案件谈判成交。当事人也会根据律师对他的察言观色，判断律师的细心程度和对他的诉求或者说需求的掌握程度，他才会放心将案件交付于律师。

律师解答当事人咨询或者与当事人谈判案件，也是人际交往，同样有人际交往心理学技巧。所以，在接待时要学会察言观色，首先需要判断谁才是真正的当事人，谁才是对是否委托律师，愿意支付多少律师费的决策者，包括同行的有没有刑事案件的同案犯、在逃犯，当事人陈述的案件事实可信度有多高,这些都需要有一个心理的准备和初步的判断。特别是,面对那些感觉上充满了热情,说话声音很大,就像高音喇叭一样,而且说话时手舞足蹈,身体动作十分夸张,有时候根本不在乎听者是否能够接受他的意见,一副控制全场的样子的人,律师就得小心谨慎。这样的人只会顾着自己说话,对周围的人毫不顾忌,他们性情飘忽不定,随时都在改变主意,而且控制欲特别强。一旦律师被他控制,今后的合作他总是希望你言听计从,但是一旦出了问题承担责任的又是律师自己。这样的人,他们极力地想表达自己的思想,并想极力地说服律师,如果没有经验的律师面对这样的当事人,一不小心就会钻进陷阱。所以,跟这样的人谈判一定得小心谨慎,要保持理智、冷静、客观地思考。一定不能受当事人控制,适当的时候需要采取反控制措施,否则很难成交,就是成交了,以后合作起来也非常麻烦和痛苦。

总之,律师聆听当事人的咨询和对案件的陈述,需要掌握和运用一些心理学知识和谈判技巧。这些心理学知识的运用和谈判技巧的掌握,对促成律师与当事人的成交会有一定的帮助。但是,不同的个体有不同的认识和理解,不同的当事人和不同案件,也需要区别对待,这些知识需要灵活运用,技巧需要灵活掌握,并不断地提升。

九、"首因效应"从入眼到入心

说到"首因效应"大家可能不是那么熟悉,如果说第一印象,大家应该都不太陌生。知道为什么人们都很重视第一印象吗?为什么新官上任总喜欢来"三把火",给下属们下马威吗?从心理学上讲,这些问题其实是一个心理效应或者说是一个人际交往的心理学定律,那就是"首因效应"所决定的。

◇第一印象

"首因效应"是社会心理学家阿希在1946年通过实验研究提出的。首因是指当某人第一次见到某人或某事后,在脑中留下的"第一印象"。"首因效应"就是指,我们在认识人或事物过程中,通过"第一印象"对以后认识这些人或事物产生的影响或作用。在律师执业中,"首因效应"所起的作用是不可忽视的。看完下面这个小故事,或许你能够更好地理解"首因效应",明白第一印象的作用。

一个即将毕业的新闻系学生，也如其他毕业生一样，投身于求职找工作的大浪潮中。一天，他到某报社对总编辑说：

"你们需要一个记者吗？"

"不需要！"

"那么编辑呢？"

"不需要！"

"那么校对人员呢？"

"不需要，我们现在什么人员都不缺！"

"那么，我想你们肯定需要这个东西。"

说着他从包中拿出一块精致的牌子，上面写着"额满，暂不雇用"。总编看了看牌子，微笑着点了点头，说："如果你愿意，可以来报社的广告部工作。"这个大学生因为自己的机智、乐观与勇气，给总编留下了很好的"第一印象"，从而为自己找到了一份工作。这就是"第一印象"的微妙作用，也就是"首因"的作用。

古往今来，由于第一印象差而遭人拒绝的例子举不胜举。《三国演义》中大才子庞统准备效力于东吴，于是面见孙权。然而孙权见他长相丑陋，心中已经不高兴，后来又发现庞统高傲自大、目中无人，遂将其拒于门外。你看，庞统就算是大才子，由于长相丑陋，照样被孙权拒之门外，更何况他又高傲自大、目中无人，不知道含蓄、内敛、谦虚，当然不会得到重用。无独有偶，美国总统林肯也曾拒绝过一位朋友推荐的人才，而拒绝的原因也是此人相貌不佳。因此朋友责怪林肯说，脸孔是天生的，人不应该为天生的不漂亮的脸孔负责。然而林肯却反驳道，一个人过了40岁，就应该为自己的面孔负责。有心理学家对这个说法曾经给出了解释，还是有一定的道理，在此不予讨论。由此可见"首因效应"或者说第一印象的巨大作用。

◇骑着电瓶车谈法律顾问

对于律师职业来说，第一印象同样至关重要。我们要对"首因效应"有一个深刻的认识，在运用的时候才会知道如何去把握运用。笔者有一个儿时的朋友，在我们分别几十年后刚联系上时，笔者对她已经完全没有印象。可是，她对笔者记忆非常深刻，通过聊天我也对她恢复了记忆。尽管我们几十年不见，但是笔者在她儿时心目中的印象并没有改变，因此自从

| 走向大律师——中国式执业律师进阶指南

我们"再续前缘"后,一年四季365天,无论是春夏秋冬,每个早上笔者都会收到她远在数千里之外的温馨祝福和问候。试想,假如当年我没有给她留下一个好的第一印象,会有如此的待遇吗?

曾经,我们讨论律师如何拓展业务的时候,也讨论到律师的第一印象的问题,一位同事给大家讲了一个真实的案例。她的前同事是一位年轻律师,刚从外地到成都执业,联系到一个做企业的客户,双方约好到某个茶楼谈常年法律顾问合同事宜。客户早早到了约定的茶楼,这位律师姗姗来迟。当他们坐在一起谈常年法律顾问合同的时候,企业老总直接单刀直入问律师:"你打算一年收我们公司多少法律顾问费呢?"律师说:"五万行不?""五万?你骑着一辆破电瓶车来跟我谈合同,你还好意思要五万?"这位老总毫不客气地拒绝了。当然,结果可想而知,双方不欢而散。据说,这位年轻律师回来后,马上想办法购买了一辆汽车,后来不断地总结,律师业务做得非常好。

从这个年轻律师的遭遇可知,律师给人的第一印象真的非常重要,如果律师给客户留下了不好的第一印象,不要说合作的机会丧失,或许继续交流的机会也渺茫。既然是谈常年法律顾问合同,对方是企业老总,那么作为律师就得有所考虑和准备。首先,骑自行车、电动车节能环保,这值得肯定。但是,这个节能环保需要表现在不同的时候,不同的人面前。试想,如果我们是企业老总,我们要请的法律顾问律师第一次来跟我们谈合同,骑着一辆电瓶车,你会觉得如何?是不是你也会觉得没有受到尊重?其次,要是你公司真的有需要处理的法律事务,你的顾问律师骑着电瓶车去完成这些工作,你的面子挂得住吗?这个社会,很多人的面子思想都非常严重,而且情势所迫,他们不得不考虑这些问题。当然,如果已经是知名律师了,是大牌律师,就算步行,也没有人怀疑律师的能力,毕竟知名律师、大牌律师一般是不会出现这样的事情的。

另外,既然是谈常年法律顾问合同,那就是说只要谈判成功了,那就不是一锤子买卖,很有可能会建立长期的合作关系,律师的业务自然也就会源远流长。那么,这个时候律师就应该提前了解公司的背景情况,掌握跟律师谈判的人员的性格、脾气等,不应该毫无准备的去谈判。

◇ **两位年轻律师的故事**

笔者曾经聆听过不少大律师的讲座,听他们分享律师的成长、成才、成功经验。记得有一位大律师讲过两个案例。有一次，一个朋友给他推荐了一名新晋律师做助理，他来不及细细考察，就带上这个新晋律师一起出去陪南方来的客户吃饭。在吃饭的中途，这个新晋律师因故离开餐桌，但是他却没有将碗筷礼貌的放好，而是直接将筷子插在饭碗中间，离开了餐桌。要知道，吃饭的时候很多地方都忌讳将筷子插在饭碗里面，他们认为这是祭祖或者祭祀才会出现的情况，如果谁吃饭时将筷子插进饭碗中，这非常不礼貌，很多人还会认为不吉利。这个年轻律师或许不知道这些，所以没有注意这个细节。当然，就因为这样，饭局结束后他也无缘再继续留在这位大律师身边。

笔者的家乡在川东北，跟南方一些地方也是一样的，也忌讳这个。所以，家长从小就会教育孩子吃饭时一定不能将筷子插入碗中。还有的地方吃饭时是不能用筷子敲打饭碗或者菜盘的，人们会认为这是一种叫花子行为，也不吉利。因为，过去的叫花子乞讨的时候，就是这样敲打着空饭碗，挨家挨户的乞讨。笔者在跟律师们一起用餐时也发现过这样的现象，几个律师在一起，觉得好玩儿，在尚未正式开席之前就用筷子敲打碗筷闹着玩儿。如果是会见客户或者陪客户、领导用餐这些行为是不应该有的。

另一个例子也是发生在用餐的时候，一位大律师带着助理陪客户用餐，年轻的助理不懂人情世故，不会懂得尊重客人，一到了餐厅包间自己就选择靠墙的正对着包间大门的位置坐了下来。等到客人进入餐厅包间一看，对面居然坐着一个年轻小生，自己没有被安排在重要位置，感觉自己没有受到尊重，脸色马上变了，立即招呼服务员说这个房间空气不流通，要求换一个房间。房间一换，其实大小、陈设基本上都差不多，客户第一个就坐在了背有靠山（靠墙），正对包间大门的那个居中位置，心情一下子好了起来。当然，用餐结束这个年轻律师自然也被炒了鱿鱼。尽管这是一个很小的事情，但是却给人留下了非常不好的第一印象，承担这样的后果也应该。因此，执业律师一定要注意自己给他人的第一印象，运用好这个心理学上的"首因效应"。

◇执业律师需要注意的用餐禁忌

说到这里，就来聊聊请客吃饭的大忌，这些忌讳执业律师掌握一下也是没有坏处的。说的就是筷子使用的一些禁忌和规矩，这些东西和中国的传统文化密切相关。比如说第一个规矩，放筷子不能"三长两短"，也就是说筷子要放整齐,不能一根长一根短的,摆放得不整齐。因为"三长两短"是指死人用的棺材,因为死了人要装进棺材,这个棺材就是两边和底板三块板子长,两头的板子短,所以说人死了进棺材就是"三长两短"。因此这个也是要忌讳的,有的地方认为这样放筷子不吉利,这是第一个禁忌。第二个禁忌是"定海神针",就是使用筷子的时候,不能只使用一根筷子,有的地方认为用一根筷子对其他人是一种侮辱,对客人很不礼貌。第三个禁忌是"击盏敲盅",就是吃饭的时候忌讳用筷子敲击饭碗、菜盘等,就是前面笔者所讲,只有要饭的乞丐才敲打盘子,有人认为这是诅咒主人家穷,不吉利,所以不能。第四个禁忌是"落地惊神",就是吃饭的时候筷子不能落地,如果筷子落地了,一定要跟客人说对不起,因此大家是落一根换一双,筷子落了一根是一定要重新换一双才礼貌的。

除了前面这几个禁忌之外,第五个禁忌就是"当面上香"。这个也是前面笔者有讲到的,筷子不能插在碗里,只有敬死者才把筷子插在碗里,这是不吉利的,所以千万不能吃饭的时候把筷子插在饭菜碗里。第六个禁忌是"品箸留声",就是吃饭的时候不停地把筷子头放嘴里吧唧吧唧的声音搞得挺大,让人听着很不舒服,这也是很不礼貌的需要注意的用餐禁忌。第七个是"执箸巡城",什么叫"执箸巡城"呢?就是拿着筷子在桌子上东找西挑的,举着一双筷子在整个桌子上找菜,看看挑哪个菜好吃,这个也是很不礼貌的行为。第八个是"泪箸遗珠",什么又是"泪箸遗珠"呢?就是你在挑菜的时候,把筷子伸很远,夹着菜从很远的地方往自己碗里放,这个时候筷子上的汤汤水水滴滴答答地到处洒落,这也是用餐的忌讳。第九个忌讳是"迷箸刨坟",就是举着一双筷子在菜盘子里不停地扒拉,东翻西找地挑菜吃,比如在"辣子鸡丁"里面的辣子里面不停地找鸡丁,这就叫"迷箸刨坟"。这些用餐禁忌,既是餐饮文化,也是筷子文化,更是中华传统文化,在人际交往中不可小看,执业律师都有必要掌握。

◇第一印象是最好的社交名片

新晋律师在参加活动的时候,照相合影的环节也容易给人留下不好的第一印象,也会降低自己在他人心目中的评价。比如,会议结束时大家合影,一些新晋律师什么都不顾,自己赶紧跑到合影的中间位置等着拍照。其实,只要稍微留意就会发现照相合影也是有讲究的,中间那个位置不是哪个都可以随随便便地站的。大家回忆一下就会明白，很多时候开会合影中间的位置一定是位高权重的人。

在人际交往中，人们历来都很重视给别人留下良好的第一印象，大家都不想自己留给别人的印象不好。那么，作为一名执业律师，是高学历、高级知识分子，是专业人才，是法律实施的监督者，社会公平正义的维护者，是为当事人排忧解难的，如果给当事人留下了不好的第一印象，肯定不利于案件的处理，更谈不上开拓案源了。人际关系专家认为，良好的第一印象，既是一张最好的社交名片，又是一张最有权威的介绍信，对这个观点笔者非常认同。笔者认为给别人留下一个好的第一印象非常重要，第一印象确实是最好的社交名片，是把自己介绍给别人的第一个最好、最直接、最有效的方法和途径。

有观点认为，与人第一次见面，在最初见面的7秒钟里，大多数人就已经做出了是否与对方继续交往的决定，因此称为人际交往的7秒钟原则。于是有人觉得律师如果在与他人交往时，没有把握好这7秒钟，第一印象就肯定不好，如要挽回需要付出很大的努力。这一点笔者倒是觉得没有必要那么危言耸听，而且这个第一印象也不仅仅就是刚见面的那几秒钟，这个说法还是过于夸张了一些。

◇ "定位效应"和"月晕效应"

对于"首因效应"产生的第一印象的重要性，还在于心理学中的"定位效应"和"月晕效应"这两个人际交往心理学定律的影响。当一个男人留着大胡子、长发时，给人的第一反应一般都会是这个人可能是搞艺术的；而当我们看到一个人嘴里叼着一支烟，戴着一副墨镜，说话又没有礼貌，穿得也不整齐，就会想到这个人可能是无业游民或流氓，马上对其产生厌恶心理；如果看到一个男人西装革履，穿戴整齐，对人彬彬有礼，我们很容易就判断出这个男人一般都会是一个有文化、有素养的人。凡此种种，我们根据不同人的装束和打扮，就会产生不同的第一反应，这就是第一印象给出我们的信息和判断，这种现象其实就是心理学上的"月晕效应"。当然，有时候这些判断尽管是不准确的，但是这确实是大多数人的习惯。

人们在认识一个人的时候，经常会因为对这个人表面上的品质、特点印象深刻，从而掩盖了对这个人的其他品质或特点的印象。比如孙权不待见庞统就是这样，尽管他是大才子，但是被他的外在和自傲等信息所掩盖，导致孙权对其不予重用，这种强烈的外在品质或特点，就像月亮所形成的光晕一样，向四周弥漫、扩散，从而掩盖了它的其他优秀品质和特点，人们把这种现象称为"月晕效应"。在现实生活中，正是因为这个"月晕效应"，常常导致人们看到的往往不一定就是真实的，这就会起到消极的作用，使人把人看扁，对人产生成见，而这些偏见和成见要想纠正是非常困难的。也正是人际交往心理学上的这个"月晕效应"，让我们不得不注意我们的言行，特别是与人打交道的第一次的言行举止，一定要争取给人留下良好的第一印象，不让"月晕效应"导致他人对我们产生偏见。

除了"月晕效应"容易使人产生偏见，还有"定位效应"也值得我们注意。关于"定位效应"，社会心理学家做过一个实验。实验过程是：在召开会议之前，先让参会者自由选择位置入座，开一会儿会议之后，再让参会者到会议场外面休息，接着继续开会，又反复中场休息，参会者反复入场。经过多次实验，心理学家发现大多数参会者在会议中途离场休息后再次回来开会，依然是坐在第一次选择的位置，很少有人换位置继续开会。因此，心理学家们得出这样的结论：凡是大家第一次认定的，人们大多数都是不愿意轻易改变的。在社会心理学中，人们把自己选定的角色位置不因其他因素而发生太大的变化这一现象称为"定位效应"。正是基于这个原因，他容易使人陷入先入为主的误区，影响判断的正确性。而在现实生活中，我们又都会不知不觉地受到"定位效应"的左右和影响，特别是与人第一次打交道，我们进行判断的信息几乎都是不完整的，大部分信息都是全凭我们的第一印象收集到的，这就会影响我们的判断和决策。对于选位置的那个实验，就是换成了我，我也是会同样选择再次回到会场时，依然继续坐我第一次坐的位置，除非那个位置在我回去之前已经被别人坐了。

◇至少得"像"律师

"首因效应"最直接、最容易影响判断的就是客户第一眼所看到的，第一时间所听到的，那么律师的穿着打扮就得像一个律师的样子，有律师的行为气质。即便是律师对自己的行为气质不够自信，在第一次拜访或者接待客户时都需要精心的准备。只有律师首先入得了客户的眼里，才能让他看到律师的才华和真实水平，他才会从心里接受律师、相信律师、依靠律师。当然，客户对律师形成了依赖，这个客户就会是律师的忠实客户，别人想抢走都不是那么容易了。

因此，笔者认为执业律师应当运用好"首因效应"，给客户留下一个完美的、深刻的第一印象，先走进客户眼里，再走进客户心里，从入眼到入心，律师就不用担心不成功了。

十、拜访客户的十大金科玉律

人与人交往必须要学会尊重他人，这既是人格的体现，也是形象的展示，只有尊重他人才能得到他人的尊重。律师也不例外，执业律师在与客户交往中，首先律师得对客户尊重，他们才会尊重律师，特别是第一次见面的尊重显得至关重要。留下良好的第一印象就是成功的开始。

周总理的外交风度举世闻名，据说他每次在会见外宾之前，不论多么忙都要刮胡子。他刮胡子不是为了让自己显得年轻、精神，而是为了表示对客人的尊重。我们都知道，在工作中，良好的人际关系可以使工作成功率与个人幸福达成率达85%以上；一个人获得成功的因素中，85%取决于人际关系。几乎所有的人都懂得处理好人际关系的重要性，但还是有很多人不知道具体该如何做。笔者根据自己的经验和心理学知识，结合律师职业的实际情况，归纳总结了如下十个在拜访客户时，留下良好第一印象的人际交往规律，供大家参考。

◇准备充分

兵法有云，不打无准备之仗，方能立于不败之地。毛泽东在《目前形势和我们的任务》里说："不打无准备之仗，不打无把握之仗，每战都应力求有准备，力求在敌我条件对比下有胜利的把握。""不打无准备之仗，不打无把握之仗"是指打仗之前要做好充分准备，要有取胜的把握。律师在会见、拜访客户时也应该如此，必须要有充分的准备，不打无准备之仗。在拜访客户前，律师需要做足相关的功课，比如客户的公司成立时间、业务范围、股东情况、公司背景、生产服务领域、涉法涉诉领域、生产经营状况、法律服务的需求点可能在哪些方面、公司是否有专业的法律合规部门、是否已经涉法涉诉，等等。如果是已经涉法涉诉的，这些涉法涉诉事宜属于哪个专业方向，初步掌握情况，了解状况，或者收集相关的证据资料，收集相关的或者类似、近似案例，专业文章。如果是个人客户,也需要先大概了解一下客户的法律服务需求是什么,提供这些法律服务需求需要涉及的法律法规、部门规章,以及案例的收集等,这些都是非常必要和重要的拜访前准备。

还有包括公司的地理位置、交通线路、大约需要花费的时间。律师如何前往客户所在地,交通工具的安排,车辆停放在什么地方,停车场离拜访的距离远近如何,是否方便,这些都要提前掌握和了解。根据客户的行业、年龄、性别、性格等,是否需要特别注意装束。天气如何?如何穿着显得正式和对客户的尊重等。拜访、会见客户的主要目的一定要明确,律师需要沟通什么内容,希望实现什么目的,客户大概有哪些法律服务需求,律师能否满足客户的这些法律需求,律师应该如何满足这些需求,如果客户提出了不当的要求或者条件,律师如何去应对等。

名片、笔记本和做记录的笔,这都必不可少。手表、公文包、成功案例、适当的荣誉证书的准备,相关法律法规收集后的打印、委托合同、委托书等资料的准备。头发理了没有?刮胡子了没有?是否需要带上印泥,便于谈判成功时客户签字具结或者盖章,等等。所以,在拜访客户前真的有很多需要准备的,从法律服务需求的专业上,到交通工具、行车路线、着装打扮、谈话内容、表达的先后顺序、做笔记需要用到的文具、是否需要温馨的小礼品等,每个细节都要考虑到。

有一个服装定制公司的美女,前来向笔者推介她们公司的西装,她在来之前就收集了笔者大量的穿着照片,并为笔者送上了一盆绿色植物——发财树。由于她有充分的准备,对我做了全面地了解,还为我送上了精美的礼品——发财树,给我留下了良好的深刻印象,如果我拒绝在她那里定制西服,我都会感觉有点儿对不住人家的精心准备。"天上不会掉下馅饼",做任何事情如果不付诸努力就想赢得成功,那不可能。同样,如果执业律师没有充足的准备就把握不住机遇,机遇只会从你身边"溜走",留给你的只会是无尽的叹息。律师拜访客户也是一样,机会总是眷顾那些有准备的人。努力才有回报,只是回报的时间和方式不一罢了,相信天道酬勤,上天也不会辜负你的精心准备和努力。

◇遵时守约

准时赴约是对客户的尊重,律师应当是一个准时赴约,守时守信的人。要想做一个受欢迎的客人,执业律师首先就要严格遵守预约的拜访时间，切忌迟到，因为时间就是金钱，时间就是生命。如果，确实因非常重要或者特殊的原因，律师与客户预约的拜访时间不能准时赴约，一定要提前打电话通知对方，即使责任不在自己，也要表达一定的歉意。作为执业律师，在拜访客户时一定要遵守约定，准时赴约。一个没有时间观念的律师，客户不太会把案子交予他来做。

◇妥善处置自带物品 不要大声喧哗

在进客户公司或者办公室之前，要先看看鞋上是否带泥，鞋上有泥水的情况下，一定要擦拭之后再走进去，给人一个整洁的印象。如果是下雨天，要看看雨伞放置的位置，妥善搁置雨伞。如果没有看到搁置雨伞、雨具的地方，要礼貌地向接待人员请教，一定要将雨具、外衣等放到接待人员指定的地方，千万不能随意放置。一般情况，能够少带或者不带的不重要的物品，尽量不要带着，方便拜访客户。笔者雨天拜访客户时，一般都会准备塑料的雨伞套，实在不行准备一个塑料袋子，将雨伞收好放在袋子里面，不让雨伞上的水滴四处洒落。

第一次拜访客户，任何一个细节都会影响客户对律师的判断和评价，或许他从你上楼或者进门的那一刻，就已经在开始观察律师的一言一行了。特别是在一些高端的写字楼，监控无处不在，律师的一言一行随时都被监视着，所以垃圾不要乱扔，不要随地吐痰，不要在公共场所大声说话。作为一名执业律师，这是最基本的礼仪，一定要随时提醒自己注意。

◇正确面对接待

如果律师前去拜访的客户是公司老总，律师到了客户的公司，应当礼貌的敲门、按门铃、询问，表达来意并告知是否有预约。这个时候，如果是冬天，可以脱下外套，放置在设置有衣帽间或者衣帽挂钩的地方或者可能的话直接交给接待员，这样可以避免律师在进入办公室的时候，手上挂满各种凌乱的东西或衣衫不整。如果那样的话，会使律师看上去显得笨手笨脚。至于是否需要将外套交给接待人员，这要根据律师去拜访的公司和接待员接待的具体情况而定，不可贸然将外套直接交给接待人员。这些需要根据接待人员的提示或者示意进行，不要失了礼仪。当然，更不能直接往客户公司里面闯，一定要等待时机和引领。

当客户前台的接待员接待律师后，可能要去通传或者联系请示，这时请记住律师就直接站在接待处,切记不可随便坐下。接待员可能会坚持要律师坐下,律师也要灵活地处理,礼貌地谢谢,因为如果律师坐下了他们就容易忽视律师。采取站立的姿势,把双手握在背后(表示自信),双脚稳站,缓慢向前后晃动身体(表示沉着自信)。这种身体语言是在提醒接待员律师的存在,而且律师正在等待接待。

◇ **自信地走进客户办公室**

律师进入办公室的姿态会无声地告诉客户,希望对方怎样接待,客户也会根据律师给他的第一印象做出一定的判断,并根据他的判断做出相应的接待措施。当客户让律师进去时,一定不要犹豫,更不要显得畏畏缩缩,大胆地径直走进去即可。当走进客户办公室时,请保持走路的速度不变。有些人在走进办公室时会调整他们的步伐,改变他们的速度,而这样往往会给人留下缺乏自信和沉稳气质的印象。所以,进入客户办公室要自然、自信。

当律师走进客户办公室后,如果发现客户正在接听电话,或正打开抽屉查找资料请直接迈着稳定的步伐继续自信地走进去,然后放下公事包、文件夹及任何拿在手上的东西,主动和对方握手(当然,如果对方是女性,而你是男性,切记不要先伸手)。得到应允后沉稳落座,让客户看到你自信的仪态。

一般来说,那些富有影响力和取得卓越成就的人走路时,步伐轻快,速度中等,跨度大小适中。作为一名执业律师,应当对客户的态度有所判断,如果客户确实当时很忙,律师可以进入他的办公室后静静地站在离客户不远的地方,等着他的招呼。当客户向律师示意,请律师入座时,才入座。避免打搅真正在忙的客户,显得律师很礼貌,不至于让客户产生反感。如果客户较自己年长,那么客户接待时他还没坐下,自己不宜先坐下,以示尊重客户。

◇ **注意握手的礼仪**

当律师进入客户办公室,与客户握手时,一定要把手掌伸直,并使用和对方相当的力量,握手的时间长和短也应让客户来决定何时结束,把主动权交给客户,也是对客户的一种尊重。当律师和客户间隔着一张长方形的桌子时,律师应该从桌子的左侧走到客户的跟前和他握手。在任何情况下，都切忌隔着桌子和客户握手。

通过律师与客户的握手，律师也可以对拜访的客户有一个初步的判断，比如他对人是否热情，对律师的到来或者说拜访的态度如何，从他对律师的热情度、尊重度初步判断谈判的内容是否需要调整或者压缩，是否有必要增加一些必要的内容。这些其实都可以通过握手这个小小的动作做出初步的判断。

◇入座的注意事项

第一次拜访客户，初次见面，简单寒暄几句，或者握手之后，就是入座的问题。律师得根据客户的安排或者示意，在适当的位置落座。如果律师不得不面对客户坐在一个较低的位置，那么请转向和客户成45度角的方向，这样就可以避免处于一种"受对方训斥"的不利位置。如果无法转动椅子，那么就可以转动的身体。如果初次拜访客户时，可以自己选择座位，最好选择坐在客户办公桌的右侧，因为这样的位置可以让双方的目光无限制地接触，且可以运用许多姿势，也可以清楚看到对方的姿势。若是一方感到有压力或受威胁，办公桌的角就起到了屏障作用，避免在尴尬时进行直接的目光交流。

如果客户坐在他的办公桌前，而且他正面对办公桌上的电脑显示屏，律师坐的位置一定不要看到显示屏正面，更不要坐在客户的背后，否则会给客户压力，有窥探的嫌疑。这样客户会认为你不够尊重他，或者认为你不礼貌。

◇注意座位环境与坐姿

如果客户邀请律师坐在办公室相对说来不很正式的地方，比如咖啡桌边，那么这就是一个积极的信号，谈判或许很有利，说明客户比较尊重律师，没有架子。因为在商务场合中，95%的拒绝都是隔着办公桌说出的。律师去拜访客户时，最好不要坐在较低的沙发上，因为当律师坐下之后沙发会下陷，这对树立律师的形象没有什么好处。如果必须坐在沙发上的话，那么就应该在沙发边上坐直，这样律师就可以控制自己的身体语言和姿势，同时让自己的身体朝向与客户成45度角的方向。如果客户为了陪律师谈话，离开办公桌跟律师交谈，这也是一个积极的信号，律师要增强自信，把握好机会。但是，整过洽谈沟通的过程中，律师都要保持沉着冷静、理智，显得不卑不亢，始终让自己处于与客户平等地位。

坐下后，最好不要将两腿和双脚跟并拢靠在一起，双手交叉放于大腿两侧，因为在人们的心目中，采取这种姿势的人通常非常古板、顽固，不愿接受别人的意见，这样客户就会对你产生不好的评价，留下不良的第一印象。也不要将双膝并在一起，小腿随着脚跟分开呈一个"八"字形，两手掌相对，放于双膝之间，在人们心目中，这种人特别害羞、性格内向、不善于交谈，如果这样客户会觉得律师不够自信，口才不好，有案子也不敢轻易委托给律师。

第一次拜访客户时，最应该采取的坐姿是将左腿交叠在右腿上，双手交叉放在腿根两侧。因为在人们的眼中，这种人具有较强的自信心和顽强的意志，且富有团队精神，给人有信心和力量，沉稳、老练，值得所托。因此，这个坐姿也是非常重要的，值得平时多多练习。

◇ 适当的距离才产生美

尊重他人的个人空间，是给他人留下良好印象的必要条件之一。一般来说，当两个陌生人第一次见面时，他们之间的个人空间相对较大，如果律师靠对方太近，他就会产生一种压迫感或紧张感。这样一来，他就会往后坐往后靠或做些重复的动作，比如敲击桌面。所以，首次和客户见面时，不要急切靠近客户，而应该保持至少一米以上的距离，给双方留下一个自由的空间，以便双方轻松交谈。

但是，交谈时距离也不宜太远。距离太远交谈起来很不方便，沟通的效果会不好。那么这个时候，你应当根据实际情况，采用适当的方式，稍微与客户拉近距离，争取保持在一米以上两米以内，不能太远。

◇ 交谈的艺术与离开的技巧

在与客户初次见面交流时，言行一定要谨慎，说话不能大大咧咧，也不要左顾右盼，吐字要清晰，层次分明，逻辑严密，思维敏捷，不随便承诺，不随意夸海口，更不要炫耀社交关系等。不要说得过多，也不要寡言少语，既要体现出好口才，又要让客户看到你的稳重和谨慎，不是浮夸之人。如果要抽烟，一定要征得客户的同意，因为吸烟会危害他人的健康；如果客户办公室未置放烟灰缸，多半是忌烟的；如果未经客户许可就掏烟打火，让客户匆忙找烟灰缸，是尤其不尊重人的举动。

当拜访结束准备离开时，律师应对本次的沟通做一个简单的归纳总结，征求客户意见，看看律师的理解或者认识是否正确，记录是否完整，对客户的法律服务需求掌握是否明白。拜访交谈结束后，从容不迫地收拾自己的东西，而不能表现得匆忙或慌张，不然会让客户觉得律师缺乏自信、粗枝大叶，令律师的形象大打折扣。如果可能的话，律师应该先和客户握手再转身离开。如果当律师进来时客户的办公室门是关着的，那么当律师离开时请将门轻轻关上。

还有一点儿值得注意，人们总是喜欢在你离开时从后面观察律师，所以如果律师是一名男律师，那么请律师进客户办公室之前务必将自己的鞋后跟擦干净。这个地方是很多男律师所忽略的地方，但这却是许多女客户所在意的地方。如果女律师拜访结束需要离开，她们通常会把脚指向门口，并开始整理自己衣服及头发，这样当她走出门后就能给人留下较好的印象。

CHAPTER 3 第三章
执业律师应当掌握的说话技巧

【阅读提示】

　　律师的工作是一个特殊的工作，会说话是执业律师的基本功。但是，执业律师的会说话与一般人的会说话不一样，有很多职业特征和说话的技巧，比如说需要法言法语，需要符合法律逻辑，要具有法律思维。律师说话要因人而异，区分不同的对象，抓住时机，掌握客户心理。不但要以法律为准绳，还要以事实为依据，更要结合情理。保持自信和优美的声音和铿锵有力的语气语调。如何说好第一句话，都是非常重要的。律师不仅要求口才要好，还要是全才，博古通今，能够旁征博引。律师说话，要谦虚谨慎，抓住情感弱点和对方弱势，要有逻辑，能够铿锵有力地反驳对方，克敌制胜。要做到有理有据，言之有物，抓住重点，抓住中心和重心，要让听众知道律师想表达的是什么意思，明白律师的目的，这才是真正的会说话。

一、与人交流因人而异

　　律师的工作，是一个与人打交道的工作，不是对任何人都说一样的话，也不是对任何人都可以一样地说话。不论是在公众场所发表演讲，还是和别人随便交谈，谁都喜欢听好听的话。一般人都喜欢听奉承话，都希望得到别人的肯定和嘉许，说点儿好听的话其实也没有什么，为何不可呢？为此，在律师的执业生涯中，律师说话就不能想怎么说就怎么说，还得要看场合、对象、环境等，必要的时候说说别人喜欢听的话也未必就是坏事。相信，只要律师能创造出一种和谐、融洽的气氛，就能达到说话的目的。

◇关注客户的喜好和需求

同样的案子,当事人咨询不同的律师,或许结果会不一样。有的律师专业能力很强,收费不高,但是案子却不一定能谈成。有的律师,专业能力并不一定有多强,但是收费却不低,可是他们与客户谈判总是可以很容易成功,他们就能把案件谈下来。因此,不少的律师事务所或者律师团队,他们都会有专门谈判的人员,这些人不办理案件,只负责谈业务。他们为什么能谈成案件,他们为什么能实现高收费,这就是我们说的会说话的原因,他们的谈判不是一般的谈判,而是有一定的技巧和话术。这些律师知道或者能够分析当事人、客户喜欢听什么、关心什么、需求是什么,他们会根据当事人、客户的喜好、关心、需求进行沟通,一定会避开客户的忌讳、厌恶点,根据不同的情况、不同的地点、不同的人,调整自己的说话语气、方式和内容,让当事人或客户觉得他是知心人,就会受到他们的欢迎和信任。

相反,如果律师在接待客户的时候,总是以一副说教的口气让人感觉就像一个老师在跟学生说话,或者很傲慢地像一个长辈在跟后生说话,或者以咄咄逼人的言辞跟客户谈话,那律师一定不会受到欢迎。要知道,客户是有法律服务需求才来找律师,律师是提供服务的,他不是来听律师说教,也不是来听律师批评和指责的,更不愿意被迫委托律师。你得让他们心悦诚服,这样合作才会愉快。

有这么一个故事,来自各国的企业家正在一艘游船上一边开会,一边观光。突然,游船出了安全事故,船身已经开始下沉了。这个时候,船长命令大副立刻通知企业家们穿上救生衣跳海。可是,几分钟后居然没有一个人愿意穿上救生衣跳海。这个时候,船长非常着急,他的女儿却说"我有办法让他们跳海"。果然,不一会儿这些企业家们都按着船长女儿的指挥穿上救生衣跳海了。大副不解,船长的女儿说:"我告诉英国人,跳海也是一种运动,为何不去尝试一下呢?我对法国人说,跳海是一种别出心裁的游戏。而我对俄国人说,跳海可不是闹着玩儿的,这是一种壮举!所以,他们听后都非常愿意跳海了。"大副问:"还有那个美国人呢?"船长的女儿说:"我告诉他们,上船之前已经为他购买了人寿保险"。这个故事或许是一个笑话,但是它说明了一个问题:那就是要"看人说话",并且需要精心地选择说话的内容和方式。

走向大律师——中国式执业律师进阶指南

据说在全国人口普查时,一个年轻的普查员去农村向一位70多岁的老奶奶询问:"请问您配偶叫什么名字呢?"这个老奶奶愣了好半天,不知道如何回答。普查员忍不住继续问她时,她只好说:"什么是配偶啊?"普查员说:"就是您丈夫啊。"这个时候老奶奶才明白普查员原来问的是她丈夫叫什么名字。这就是这个普查员说话不看对象闹出的笑话。所以,要想收到理想的表达效果,说话时一定要看清说话对象的身份,掌握他们的认知、心理喜好等,要对什么人,说什么话,否则会让对方反感,影响交际的效果。

◇ 与对方潜在心里对话

某律师事务所的一位合伙人因为老婆坚持要他退伙、转所,否则就闹着跟他离婚。这位合伙人当年是主动追求他老婆的,二人感情深厚,他不愿意让老婆不高兴,加上还有一些其他状况,不愿意刺激老婆,所以坚持要退伙、转所。另一位合伙人却说:"难道咱俩这么好的哥们儿关系,你还为了一个女人就不顾咱俩的关系了……"显然,这样说话的效果很不好,要转所的那位合伙人不可能因为哥俩关系好就不顾老婆。哥俩关系又怎能和夫妻情深义重相比呢?这就是典型的没有把握好如何与对方的潜在心理对话,不但没有把话说到对方心坎上,反而容易伤害对方。说话不仅仅是在跟对方这个人说话,其实律师是在跟对方的潜在心理说话,得分析对方的心理状况,这样律师的语言才容易与对方的心理相吻合,才会达到预期的效果。

记得多年前笔者受理了家乡县城的一起相邻权案件,笔者代理原告方起诉对方侵权,主张赔偿。本来这是一个非常简单的案子,而且证据确凿充分,胜诉应该说是没有问题的。因此,我们简单地交谈后签订了委托合同,办理了授权委托手续,收了费。笔者按照正常的流程收集整理证据、准备起诉状等,需要当事人在起诉状上签字确认时,委托人的丈夫一同来了。他在签署起诉状之前提了两个要求,一个是笔者既然接受了他老婆的委托,笔者就必须保证给他把这个官司打赢,二个是官司打赢了还要笔者保证被告必须排除妨害,说这个官司不能打了也白打。依法来说,打赢官司应该不是什么问题,至于官司打赢了对方排除妨害也应该不是问题。但是,按照规定笔者不能做出胜诉承诺,不能保证打赢。

对于他这两个要求,笔者告诉他:"第一,我是不能保证官司绝对能够打赢的，我不能作保打赢的承诺，我也无法承诺，否则是违反执业规范和执业纪律的；第二，至于排除妨害的事情，如果案子胜诉了，被告方拒不执行法院判决，就需要申请强制执行，要在执行中才能解决，这个也只能依法办事，不是我能保证得了的。"对于笔者的回答，这个客户十分不高兴，非常霸气地说他不管那么多，既然找了笔者，什么都得要笔者完成，必须保证给他把官司打赢，并且必须保证执行。笔者继续坚持己见，既不保证打赢官司，也无法满足他必须要排除妨害的要求。

没想到，这个客户居然在笔者的办公室拍桌子打巴掌，非要笔者保证打赢官司，还说他是某某学校的领导，是某某县委书记的亲戚，他企图用他的亲戚压住笔者。眼见这个客户如此不讲道理，我也不想跟他过于计较，干脆跟他解除合同，退费了之。

殊不知，这个人居然纠缠不放，非得笔者继续代理，还是非得笔者保证打赢官司。于是，笔者说："我今天就是不能跟你保证，我没有义务保证跟你把官司打赢，我也不能保证跟你把官司打赢，你的案子我就是不代理了。既然你的亲戚是县委书记，那你还请律师干啥呢？直接叫你亲戚给你判决了啊？"说完笔者也跟着拍起桌子来了。

没等他继续说，笔者又说："既然你说某某书记是你的亲戚，要不然我们现在就去找她，让她来评评理，看看是不是我应该跟你保证把官司打赢？"还有，笔者说："你不是某某学校的老师吗？我们去找找你们的校长和教育局局长，他们我都认识，不然让他们来评评理？"听笔者这么一说，这个客户马上不再嚣张了，态度一下子就缓和了。最后，他的案子还是委托笔者继续办，当然结果也是胜诉了，胜诉后对方主动排除了妨害。

这个客户就是那种典型的有强烈控制欲望类型的人，在他眼里律师签了合同，收了钱，什么都得听他的，就得对他言听计从，还得保证给他打赢。遇到这样的客户，我们要么直接放弃，拒绝代理，要么在被他控制之前，就要实施反控制，要在我们可控的范围内，让案件依法依规地进行下去。切记，这个时候不能轻易做出任何承诺，否则律师就会掉进他们设计的陷阱。总之，律师职业是一个与人打交道的职业，在与客户交往中对不同的人要用不同的交流方式，遇到什么样的人，就得说什么样的话，一定要有骨气，不要被金钱、权势所吓唬，该强势就得强势，不要软弱和无畏的妥协。无论是当事人、客户，还是法律职业共同体的其他法律从业者，我们在面对他们时，只要掌握了一定的说话技巧，你就会在执业中游刃有余,左右逢源。

◇关心客户的痛苦,更容易成交

再举个例子,有一个离婚的当事人前来咨询,他急切地希望律师帮助他尽快解除他的痛苦婚姻,他觉得这样的日子一天也过不下去了,再不离婚就简直是在要他的命。接待的律师在跟他交谈时,完全没有顾及这个客户的处境和心里的想法,而是跟他说:"根据我国法律规定,你这个情况没有足够的证据证明你们夫妻感情破裂,你这个婚要想离非常困难,几乎没有什么希望。"客户非常着急地问:"那难道真的就没有一点儿办法了吗?法律就不管老百姓的死活了吗?我简直一天也过不下去了,你能帮我想想办法吗?"律师回答说:"这是法律规定的,司法现状就是这个样子,我们也没有办法。"可想而知,这个客户不可能委托这个律师。为什么?因为律师不能给他提供帮助,不能减轻他的痛苦。但是,这个客户确实是感觉他的婚姻太痛苦了,他知道自己拿不出证据,可他就是希望离婚。因此,他找到了笔者。

笔者耐心的接待了他,也听了他咨询其他律师给出的答复意见。笔者也知道前面接待的律师答复是没有错的,法律规定也是谁主张谁举证,一切要用事实说话,用证据说话,对于离婚案件司法实践中确实很难,这我都非常清楚。笔者告诉他说:"你之前咨询的律师说的都是对的,他们没有骗你,法律规定和司法现状确实是那个样子。而且,作为律师他们也想帮你,代理客户处理诉讼事务也是律师工作,他们没有必要骗你,他们这样的答复是对你的负责,幸好你没有遇到个别的包打赢官司的律师,否则你钱花了,婚却离不了,你会更痛苦。"

"难道一点儿办法都没有了吗?"客户一脸的无助。"也不是没有办法,还是可以争取的,就算第一次离不了,也可以为今后离婚打下基础。再说,离婚案件都有调解程序,说不定经过法院调解也就离了",笔者对这个客户说。"是吗?那你能帮助我吗?我一天也不想过下去了,没有谁愿意帮我,作为一个男人,好多事我都不好意思说",他听后笔者的答复仿佛看到了希望,他希望我帮助他。"既然你离婚的愿望如此急切,虽然我不能保证能够实现你的离婚目的,但是只要你确实觉得你们的感情真的完全破裂了,实在是不愿意继续生活下去,我也尊重你的意愿,可以帮助你提出离婚起诉。但是,如果你们协商不成,法院调解达不成协议,第一次法院不判决你们离婚，你得有心理准备。"笔者继续跟他说道，"好、好、好，我相信你，你就跟我办吧，就算真的离不了，至少可以让她知道我是真的不想再继续过这样的日子了，这次如果离不了下次你还得继续帮我哈"，这个客户感觉轻松多了。

后来，笔者接受了这个客户的委托。起诉前笔者给他老婆发送了律师函，建议她能协商，就算不离婚也可以坐下来好好谈谈，大家坐下来一起谈，不仅仅是谈离婚，往和好谈也是可以的。他老婆收到律师函后态度很不友好，直接回复说没有什么好谈的，要离就离，而且说她也不想过这样的日子了。于是，笔者代理客户向法院提出了诉讼，结果在诉前调解阶段双方就达成了离婚协议，很顺利的把婚离了。这就是不同的律师与同一客户不同的交流方式，得出完全不一样的结果。所以，律师对不同的人要用不同的交流方式，只有这样才会达到交流的预期目的。同样是一个当事人，律师说话的方式不一样，交流的内容不一样，结果就大不相同。

因此，笔者认为作为一名执业律师，在面对不同的客户时，要采取不同的交流方式，不能过于死板和僵硬，要根据实际情况灵活处置。掌握一定说话技巧，或许就能帮助我们与客户交流、沟通时得心应手，帮助律师成交案源，拓展业务。当然，说话技巧的掌握和运用首先离不开观念的改变，律师行业是服务行业，得有服务的思维和意识，不要总是一副高高在上的姿态。正如笔者经常在一些律师执业的培训会上所言："律师人数不多，离法治社会需求差距还很大。但是，律师人数其实也是不少的，你看不是到处都是律师吗？同行业之间竞争还是蛮大的，律师业的竞争还是很激烈的。"

二、注意说话对象不同的交流技巧

对于不同年龄的当事人和客户，律师在接待的时候与他们交流、沟通应当采用不同的说话方式。比如，对于小孩，律师要多多鼓励；对于青少年，律师说话时要注意尊重他们的意愿，让他们自己学会拿主意。因此，律师在与人说话前，要先认清说话对象的年龄，如果不管说话的人年龄，就开始发表言论，势必会引起他人反感。相反，如果律师能够在说话前就考虑到说话对象的年龄等一系列的问题，多替他们考虑一下，或许就会赢得对方的尊重和信任。因为不同年龄阶段的人有不同的心理，所以就算律师在谈判时已经有很成熟的话术，但是面对不同年龄的客户还是要适时的进行调整。

◇**注意说话的对象**

一位衣着时髦的白领小姐为购买一件时装而迟疑不决时,年轻的女营业员赶忙上前说:"这件衣服品味高雅,销路很好,今天早上已经卖出好几件了。"可是,这位小姐听后价都没有问就离开了。一会儿,一位中年妇女来了,准备买一件新潮的马甲,那位营业员为了吸取之前的教训,便上前说道:"这件马甲很气派,一般人穿还压不住它,从进货到现在还没有卖出去一件呢,看来只有你最适合了。"结果这位中年妇女一听反而气呼呼地走了。为什么会有这样的结果?这就是营业员说话不看年龄和对象,结果惹得客户不高兴,自然不会买她的衣服。

作为白领,追求的是与众不同效果,一大早就卖出去几件了,满大街都是这样的衣服,随处可见,那还有什么品味呢?白领当然不会买这样的衣服了。这位中年妇女,她最担心的是自己已经慢慢变老了,赶不上潮流了,结果营业员给她介绍一件别人都看不上的衣服,她当然也不会高兴了。可见,说话不分年龄和对象,难免事与愿违。因此,律师在接待客户时,要根据客户的年龄,进行适当的交流,恰当的说话,只有选对了正确的说话方式,说话才能够如鱼得水。作为执业律师,在谈案时要学会观察和分析,掌握不同年龄的心理,这样律师在谈判时才更容易成交。

在平时的生活和工作中,相信大家都遇到过这样的事情:同样一句话,你对性格外向的人说,她能欣然接受;而你对性格内向的人说,他会觉得你这种表达方式是他不能接受的。同样的道理,同样的话对性格坚强的人说和对性格柔弱的人说那是完全不一样的。因此,律师除了要根据不同年龄的人采取不同的说话方式外,对不同性格的人也要讲究不同的方法,这就是所说的要看性格说话。

请大家记住,看性格说话要注意这几个原则:与内向的人说话要善于引导,开导他们;与固执的人说话要以退为进;和狂妄者说话要坚决的反击;同自尊心强的人说话要会激将;对自卑的人说话要富于感情;在骄傲自大的人面前说话要一针见血;遇到自负的人可以适度忍让。作为执业律师,在接待客户的时候,就有必要对客户进行初步的判断,通过试探性的谈话,对他有一个基本的印象,再结合他的性格进行交流、沟通,这样才会事半功倍。

◇ 以退为进，欲擒故纵

一位城郊户口的女士在与前夫结婚时，男方是农村户口，便将自己的户口迁入女方户口所在地，但各是一个户头。当年双方有一个约定，如果女方婚前的房屋拆迁男方不享受任何权利。婚后几年时间，他们育有一女，女方所在地房屋拆迁，政府进行了安置，根据政策男方不是原籍户口，不能享受独立安置补偿，但他是在女方一个家庭生活，算是女方家庭人口，因此在拆迁时按照人均居住面积包括男方在内进行了安置。最后结果是在原来女方住房面积的基础上，女方给国家支付了几个平方米的面积差价，获得三套安置房。

多年前双方离婚，离婚时男方又一次书面放弃了拆迁安置的补偿，并同意将搬家费等直接抵扣女儿生活费。为此，离婚后男方不再支付女儿生活费，也没有主张拆迁安置房权利。后来，拆迁安置房修缮竣工，政府按照拆迁安置补偿协议给女方分配了三套安置房，但是尚未办理产权登记。此时，女儿已在女方的抚养下成年，不再需要父母抚养，男方提出诉讼要求女方返还已经领取的搬迁补偿费等，并主张分割住房一套。

为此，女方一位亲友跟随当事人一起前来向律师咨询，希望委托律师代理。根据律师初步掌握的证据材料和案件情况，认为女方胜诉的可能性比较大，满怀信心。但是，根据见面接触笔者发现这个案子当事人做不了主，是否请律师，如何请律师，请哪个律师，似乎都只能是这位女士的亲友决定。而且，她这个亲友给笔者的感觉就是一个很固执的人。下面是笔者与当事人亲友的对话，供大家参考：

"张律师，你们到底有没有把握？你直接说能不能打赢？要是这个官司打不赢，我们不想浪费时间和精力。"这位亲友一见面便单刀直入，她真不想浪费时间。

"这个问题不好说，一是打不打得赢这个确实不好说，二是也不能说。案子随时都可能发生变化，我们不能轻易下结论。"一般面对这个问题，笔者都是按照这个原则回答。

"你的意思就是你根本没有把握哟？如果没有把握我们还请你干啥子呢？除非你真的有把握打得赢。"她的态度很不友好。

"我不敢跟你说打得赢，只能告诉你这个案子对你还是非常有利的，我不敢保证胜诉，但是我保证认真负责。"

"要是官司打不赢,结果我们赔了夫人又折兵,谁来负责呢?你们就什么都不管了。"

"我们办案从来不敢保证包打赢,毕竟我们只是代理一方当事人,我们站的角度和法院的立场不一样,认识也不一样,裁判是法院的权利,最终如何判决只能法院说了算。我们需要做的是将案件事实、证据摆在法庭,再根据我们的经验和法律知识发表我们的意见和观点,尽力的说服法官支持我们的主张。"

"要是对方也拿出证据和事实,别人比你更会说,法官就是不听你的,你还是没有办法?官司还是打不赢,这又怎么办?"

"法院审理案件,是需要根据证据查明事实,如果对方真的拿出了对我们不利的证据,事实上又确实如此,我们当然不会那么容易胜诉。既然你也知道有这个可能,为什么还要我保证打赢呢?至于说谁更会说,这个也取决于法官的评价,就看法官接受哪个律师的意见和观点了,这个我左右不了,我还是只能力所能及,不能给你保证。"

"我们也去咨询了别的律师,他们都说保证打得赢,收费比你们还低,你们收费比他们高,还不能保证打赢,这个我们怎么放心呢?"

"你们请律师和律师是否接受你们的委托是双向选择,我们这边不敢跟你保证,我们报的收费也已经很低了,再低我们就无法办案了。再说,是否委托是你们的决定权,我们又没有要求你一定要委托我代理。既然你们咨询别的律师保证跟你打赢,收费也低,我建议你就去委托他们。我们今天就谈到这里了,如果你们委托了别的律师,后续工作他们会告诉你们该怎么做的。"笔者已经说得如此清楚明白了,也不想再继续跟她谈下去了。

"不能保证打赢,你们收费就不能再少点?"这个固执的谈判者似乎有点儿坚持不住了,语气也缓和了。

"对,已经是按照最低收费跟你们计算了,确实不能再低了,这个还请你们理解。我们不保证打赢是为你们负责,是律师职业道德规范的要求,我们得实话实说。"

"那我们还是请你算了,那些保证打赢的其实我们也不放心。"这时候,她终于说了内心话。

显然,这个案子最后还是委托给笔者了。当然,后来笔者的观点得到了一审法院的支持,一审法院驳回了原告的全部诉讼请求。后来对方上诉到中级人民法院，开庭后又撤回了上诉。

在与客户谈判中，律师要了解对方的性格，掌握他的心理和意图，然后采取合适的对策，像遇到这样固执的客户，不必过多地想去说服她，否则她真以为律师想代理她的案子。适时采取以退为进的方式，欲擒故纵。

◇ 考虑说话对象的社会地位

当然，律师执业遇到的客户是形形色色，各行各业，不同年龄、不同性格、不同文化程度和社会地位的。在跟这些客户谈判时，应当要进行区分，不能千篇一律地跟他们说话。现代社会竞争日益激烈，人与人之间相处更加复杂，人们对律师的法律服务需求也在不断地变化，已经从过去的请律师时代到了找律师的时代了，更何况互联网如此发达，百度一下很多简单的法律问题自己也能知道个大概。所以，律师对于那些不同社会地位的人在谈判时也需要运用一些技巧。说得简单些，平时你在工作中跟领导说话与跟其他同事说话不是有区别吗？说话的态度、语气都是不一样的。比如，你跟领导说话要对领导尊重，跟下属说话要尽量表达关心，同事之间就在于融洽了。

律师与有一定社会地位的客户谈判时，要明白要不是他们有求于你，这些人平时不一定看得起律师，在他们内心中自己是有社会地位和背景的人，总是一副高高在上的样子。所以，律师与他们说话，谈判案件时，一定要说到点子上，要充分地考虑他们的社会地位。毕竟不同社会地位的人，有着不同的经历，有着不同的心理，只有你充分地了解他们的心理需求，才能把话说到他们的心坎上，才会达到预期效果。

具有一定社会地位的人，往往不少人的虚荣心更甚，更喜欢听好听的话，更需要获得赞美。古语云："知己知彼，百战不殆。"与客户谈判时的说话也是一样，在开口之前，先了解对方，然后针对不同的情形，采取不同的交谈技巧，就会收到理想的效果。律师不但要学法，会打官司，还得有官司打。而掌握说话的技巧，有助于我们谈判案件，有助于获得谈判成功，促成交易，拓展业务。

三、把握说话的时机和客户的需求

律师应当具有一副好口才是大家公认的，似乎律师没有口才好像确实不行。但是，律师仅仅是有口才也不行。律师不但要能说，而且要会说。

能说会道,包含了能说和会说两层意思。会说话,是一种技巧,律师如果在能说的基础上再运用好会说的技巧,显然就会更有利于执业。

◇既要能说,又要会说

许多人都有一个共同的毛病,即在不必要的场合中,把自己所拥有的一切话题,滔滔不绝的在一次机会中全部谈完,等到需要他再开口的时候,他已无话可说了。这就是能说,但不会说的例子。孔子在《论语·季氏》中说:"言未及之而言,谓之躁;言及之而不言,谓之隐;未见颜色而言,谓之瞽。"这段话的意思是说,不该说话的时候说,叫作急躁;应该说话的时候不说,叫作隐瞒;不看对方的脸色变化,便信口开河,叫作闭着眼睛瞎说。这就说明我们在说话时,务必要把握好时机。

笔者也是从年轻时代过来的,过去笔者为了证明自己知道的东西多,掌握的知识丰富,或者为了证明自己能干,总是免不了迫不及待地发表意见,说出一大堆道理,可是听的人似乎不太感兴趣,经常自讨没趣。在笔者接待客户的时候,经常带着助理、实习律师,包括一些执业时间不长的新晋律师,他们在跟客户交流的时候,总是忍不住不停地插话、打断、轻易地下结论等,还有一些律师没有听清楚客户需要陈述的完整内容就武断地打断,给出了他的结论。这些现象,就是律师没有把握好说话时机,急躁的表现。

◇掌握说话的时机

通常,一个具有高明说话技巧的人,应该能够很快地发现听众所感兴趣的话题,但是他们不会一旦发现就迫不及待地打断和插嘴。他们能够在交流、沟通中把握好时机,把自己想要说的话题说得适时适地,恰到好处。也就是说他能把听众想要听的事情,在他们想要听的时间内,以适当的方式说出来,这才是一种无与伦比的才能。换句话说,就是说者想表达的内容要是听者想听的内容,还要选对他们愿意听的时间,采用他们能够接受的方式表达出来,这才是技巧。如果不顾及说话对象的心态,不注意周边的环境气氛,或者是不该说话的时候急于抢着说,都有可能引起对方的误解,甚至反感。有人提出,沟通的技巧应当是先说对方想听的,再说对方愿意听的,接下来说对方能听的,最后才说你想说的。

有一位留美的计算机博士,毕业后想在美国找一份理想的工作,由于她要求太高,结果好多家公司都不录用她。思来想去,她决定收起所有的学位证明,以一种"最低身份"求职,等到合适的时机再将学历晒出来。不久她就被一家公司聘为程序录入员。这对她来说简直是小菜一碟,但是她仍干得一丝不苟。又过了不久,老板发现她能看出程序中的错误,非一般的程序录入员可比。这时她对老板说:"我其实是有本科毕业证的。"于是,老板给她换了一个与大学毕业生对口的工作。

过了一段时间,老板发现她时常能提出许多独到的有价值的建议,远比一般的大学生要高明。这时,她又对老板说:"我还有硕士毕业证,平时没有用处,也就没有拿出来。"老板随后又提升了她。再过了一段时间,老板觉得她还是比别人优秀,就约她详谈。此时她才对老板说:"其实,我是博士毕业生,还有一本博士证。"由于老板对她的水平已有了全面地认识,就毫不犹豫地重用了她。由此可见,我们说话也要懂得把握说话时机。

要想把握好说话时机,必须有耐性,不应急躁。但是,律师也不该一味地等待,什么事也不做,而应该为关键时刻的到来做一切准备。要把握好时机,就得有很强的观察力,观察别人的表情,洞察他人的心理想法和服务的需求。

◇表现不能急躁

《战国策·宋卫策》中也记载了这样一件有趣的事情。有一个卫国人迎娶媳妇,新媳妇一坐上车,就问:"驾车的三匹马是谁家的?"驾车人说:"借来的。"新媳妇就对仆人说:"要爱护马,不要鞭打它们。"车到了夫家门口,新媳妇一边拜见家人,一边盼咐随身的老奶妈:"快去把灶里的火灭掉要失火的。"一走进屋内,见了石臼。又说:"把它搬到窗台下边,放在这会妨碍别人走路。"夫家的人都觉得她十分可笑。新媳妇的三句话都是至善之言,可为什么反被人笑话呢?原因就在于时机。也就是说,她没有掌握好说那三句话的时间和场合。在她刚刚过门,而且还在举行婚礼时,就居然指使这指使那,即使她的语气再温柔,用心再良苦,别人也会觉得好笑。

◇注意谈话内容的语境

要想取得好的说话效果,除了会说之外,还要与说话的时机、环境相吻合、相协调。例如一个老板想辞掉一个员工,一定要选择好对话时机。这不仅是为对方着想,也是为自己考虑。试想,如果想在国庆前一天让某位员工离开,此时办公室其他人都在准备回家过黄金周,而这位员工却在与其他员工谈得唾沫横飞时,被一脸严肃地叫到办公室,然后再给他浇一盆冷水……如果你是老板,你会怎样呢?

有一个公司的人事总监,他对工作也算尽心尽责,或许是他之前没有相关工作经验的缘故,老板认为他不适合这份工作,想辞退他。于是,在春节放假前夕,老板找到他谈话,整整谈了一个下午,老板一直都在赞扬他,说他工作做得如何如何的好,说得这个人事总监心花怒放,以为老板要给他一个大红包以示奖励。可是,在最后时刻老板话锋一转,对他说春节放假时,让他把自己的东西都收走,公司要做人事调整,春节后如果还需要他回来就会通知他。这个人事总监已经安排好春节期间要带家人出去旅游了,本以为可以开开心心地过春节,殊不知上班最后时刻却被炒鱿鱼了,这个人事总监很是伤心。为了不让家人担心,也给自己留点儿面子,他希望春节后再来收拾自己的东西,结果也被无情地拒绝了。后来,这个人事总监的春节旅游计划被取消了,一家人为此度过了一个漫长而痛苦的春节。

◇ **把握时机,迎合对方兴趣**

说话时适当地把握时机,是迈向成功之途不可缺少的要素。执业律师在与客户谈判的时候,也是一样的道理,也要把握好时机。还有的律师在与客户交流时,每当说服客户的时候,只顾着谈论自己,从来不考虑客户是否听得进去。这样的律师,一般很难得到客户的认同。说服客户的诀窍就在于,迎合他对律师的兴趣点,掌握客户的需求,以客户的需求为导向,谈论客户在特定环境和特定时候最为关心和在意的事情。每个当事人咨询律师,每个客户选择律师都有各自不同的法律服务需求,他们对不同的律师所关心的内容不一样,一旦律师能找到其需求所在,并以此为突破口,那律师的话就不愁说不到他的心坎上,也就不用担心他们不委托。

宋小姐是一家房地产公司总裁的公关助理,奉命聘请一位特别著名的园林设计师为公司的一个大型园林项目做设计顾问。但这位设计师已退休在家多年,且此人性情清高孤傲,一般人很难请得动他。为了博得老设计师的欢心,宋小姐事先做了一番调查,她了解到老设计师平时喜欢作画,便花了几天时间读了几本美术方面的书籍。她来到老设计师家中，刚开始，老设计师对她态度很冷淡，宋小姐就装作不经意地发现老设计师的画案上放着一幅刚画完的国画，边欣赏边赞叹道："老先生的这幅丹青，景象新奇，意境宏深，真是好画啊！"一番话使老先生升腾起愉悦感和自豪感。接着，宋小姐又说："老先生，您是学清代山水名家石涛的风格吧？"这样就进一步激发了老设计师的谈话兴趣。果然，他的态度转变了，话也多了起来。接着宋小姐对所谈话题着意挖掘，使两人的话题越来越近。终于宋小姐说服了老设计师，出任其公司的设计顾问。

人类本质里最深层的驱动力，就是希望自己对别人具有重要性，而且希望别人看到这个重要性。执业律师在与客户谈判时，如果律师想把客户拿下来，这个时候你就得让客户看到自身的价值所在。首先，律师得记住：你要别人怎样对你，你就得先怎样待别人。你要让客户尊重你的说话，那么你就要先尊重客户的说话，不能随意地跟客户抢话说，更不能在客户尚未说完时，你就急于表现出你是多么的专业，多么期望办理他的业务。想让客户对律师感兴趣的办法只有一个，那就是先对客户关心的问题感兴趣。每个人都有自己感兴趣的东西，律师在说服别人的时候，要懂得迎合别人的需求，能让对方感觉到自己受重视、受尊重，让他看到律师是真正的在听他说，在替他考虑如何解决问题和困难。律师不能只站在自己的立场，只替自己考虑，只关心自己的成案需求，而不考虑客户的需求。

正如有人说："即使你喜欢吃香蕉，但是你不能用这些东西去钓鱼，因为鱼并不喜欢它们。你想钓到鱼，必须下鱼饵才行。"鱼饵就是客户的需求，就是他真正感兴趣的东西，你如何帮助他解决困难和满足他的法律需求。当然，鱼饵要抛得是时候，要把握时机。

四、以理服人、以情融情

执业律师不但要能说，更要会说，不能乱说，律师得讲理讲法，以理服人，以情感人，以情动人，以情融情。会说话是执业律师的基本功，说出来的话让听者听得进去，听着很舒服，不反感，能达到说话的目的，表达的观点和提出来的主张能让听者接受和支持，这才是最佳的说话效果。

◇律师工作就是说服人的工作

无论是生活中，还是工作中，我们都能看到一些确实能说会道的执业律师,他们与人说话总是可以获得听者的频频点头附和或者赞同,总是给人一种"听君一席话,胜读十年书"的感觉,给人醍醐灌顶的效果,让听者觉得恍然大悟,一下子就对他佩服得五体投地,心悦诚服。这应该是很多律师的向往和追求的一种境界和效果。执业律师与当事人谈判案件时,要是有这样的效果,促成案件成交是没有问题的。在法庭上有这个效果的话,胜诉也是大有可能的。但是,理论与实际还是有很大的差距,往往事与愿违。

对于陌生客户,就算律师说得再好,当事人还是有很多不放心的地方,要是当场不能签下合同,或许他回去一考虑,遇到有人稍微一劝阻,这个客户就可能丢失。律师这个职业口碑占很大因素,人们习惯熟人介绍,相信口口相传。所以,越是这样越是要求我们在跟当事人谈判时要讲究策略与方法、技巧,不能总是说一些不着边际的,空洞的东西,让人不敢轻易相信。

从某种角度上讲,律师这个职业其实很大程度上就是一个说服人的职业,执业律师很多时候干的工作就是说服人的工作。因此,凡是与律师打交道的人,无论是客户,还是承办案件的公安干警、检察官、法官、仲裁员、执行人员等,都是需要律师说服的。因此,律师需要说服的对象并不单一,由于他们身份不同,立场不一样,律师需要运用的说服手段或技巧就会有一定的差异。比如,律师跟客户谈判时,为了成交,律师就得告诉客户对他这个法律需求是一个什么样的观点,是否承办过相似或者同类型的案件,是否可以满足他的法律服务需求,如何去满足他的法律服务需求,实现客户的利益最大化,得把律师的思路、策略等跟当事人进行交流与沟通,争取获得信任。

在参与调解时,执业律师很有可能还需要面对双方当事人的说服问题,争取获得双方的认同和互相理解与让步,才能达成共识。要说服办案人员为当事人办理取保候审,律师就得说服他们相信你的当事人不羁押不至于具有社会危险性,并让警察相信他可以随传随到等。这些说话的技巧真的是"冰冻三尺非一日之寒",不是一时半会儿就能掌握的。只要律师能依理依法、以理服人、以情融情,相信就会取得满意的效果。

笔者发现一些律师在口头表达上确实比较欠缺,要让他们把心里的想法表达出来还是存在困难。如果让他用文字的表达方式,他们则会很在行。特别是个别刚出道不久的律师,他们在法庭上往往不知道该如何表达，不晓得自己该说些什么，话到嘴边也说不出来，总觉得表达不够利索，就算说出来了也觉得词不达意，或者逻辑混乱，前言不搭后语，毫无章法。其实，只要律师加强锻炼，这些都不是问题，律师同样可以跟电视节目主持人一样，说起话来像行云流水，时不时还可以冒出一两句经典或者名言警句。有法官认为律师说服公诉人确实是需要口才的，使用口头表达能力，而律师说服承办法官有时候除了口头的表达能力之外，或许更重要的是书面的表达，比如代理词、辩护词、律师意见等。那么，律师具体该如何做才能以理服人、以情融情呢？笔者认为，可以通过以下几种方式去实现。

◇采用有力的数据

西方有句格言，数字不会撒谎。这句话道出了数据具有强大雄辩力量的奥妙，数据能让人一眼就清楚明白，表达准确，说服力强。采用数据表达，有时候比用实例、说道理更管用，更能让对方记住。

在人工智能和大数据时代，律师在发表自己的观点时，统计数据和调查研究具有很大的说服力。数据让人很直观，容易让人信服和接受，但是数据的来源一定要真实、可靠，有据可查，不是凭空设想或者毫无根据。比如，律师在接待当事人咨询离婚案件时，当事人其实很关心律师到底有没有办理过离婚案件，当事人想知道这样的情况一般会出现什么样的结果，裁判结果可能会是什么样子？那么，这个时候律师若根据自己的从业经历，告诉当事人你每年办理的离婚案件至少有四五十件，而且胜诉的达到离婚目的的又有多少件，没有胜诉的有多少件，是什么原因没有胜诉等，这个时候你再分析他的案件大概是什么样的结果，你会怎么去做，都有哪些思路和技巧，证据如何运用等，客户就会对你产生信任，成案的可能性就会很大。

再比如说，你代理的一起合同纠纷，这个案件的情况不是一般常见的合同纠纷类型，就连法官也没有遇到过多少这样的案件。这个时候，你多花一点心思和工夫，在一些权威的网站、报纸、杂志收集整理出类似案件的审理、裁判信息或者裁判文书，将你统计的数据提供给承办法官，帮助承办法官厘清案件审理的思路，告诉他你的观点来自于什么地方，有哪些参考案例和研讨文章，你的观点和主张获得承办法官支持的可能性就会比较大，胜诉的机会自然就会增加。因此，利用大数据是一个很好的说服方法。但是，一般情况下要尽量避免过多地使用干枯的数字，避免数字成堆，否则反而会引起反感。因此，要合理地恰当地让数据说话。

律师利用数据说话时，一定要是真实的数据，精确的数据，这是数据的本质。否则，失去真实的数据会让律师漂浮于真实之外，给人一种欺骗性和虚假性的色彩，不利于谈判。

◇运用经验和例证

律师工作是一项实践性很强的工作，客户在选择律师的时候，往往对律师的执业经验比较看重。那么，这个时候律师与客户谈判之前就需要进行充分的准备，将自己之前承办的类似案件或者类似法律事务的经验进行简单总结，在与客户沟通时多举几个自己亲身经办或者经手的案例，以便客户进行选择评判。一般人做事情，往往受到个人具体经验的影响相对来说比接受大道理好得多，具体的实战经验更具有说服力。笔者看到不少律师对自己过往承办的案件，没有整理、分析、研究、总结的习惯。这样对经验的积累、总结是很不利的。

特别是，2019年我国开始试行专业律师评定。以四川省为例，如果执业律师要参加专业律师评定，首先需要大学本科学历，非本科学历的执业律师就没有机会。同时，要求本科学历的执业律师，至少需要提供连续十年在某个专业领域执业的证明材料；如果是取得了硕士学位，至少要提供连续七年在某个专业领域的执业经验、经历的证明材料；取得了博士学位，则需要至少提供五年的连续执业证明材料。由于很多执业律师没有收集整理这些资料的习惯，需要靠这些资料参与专业律师评审时，就拿不出证明资料了。笔者一直都有保存案卷材料的习惯，由于没有取得学位，因此需要提供至少连续十年在相关专业执业的证明材料，才有申报专业律师的评审资格。

笔者按照四川省律师协会的要求，收集了申报专业连续十年执业的证明材料，申报了房地产与建设工程法律专业、婚姻家事法律专业两个专业律师评审，最后通过四川省专业律师评审委员会的最终审定，笔者取得了房地产与建设工程、婚姻家事两个法律专业的专业律师评定。根据规定，一个律师只能申请两个专业的评定，由于笔者在省、市律师协会担任专委会职务的因素，所以申请了房地产与建设工程法律专业、婚姻家事法律专业这两个专业的评定。实际上，除了这两个专业，刑事辩护专业律师笔者也是完全符合专业律师评审条件的，也有连续执业的证明材料。这些，就是笔者的经验和例证，对笔者展业非常有帮助。因此，只要笔者告诉客户笔者是获得过省级专业律师评审委员会评审的某个专业的专业律师，就等于间接地告诉客户，笔者在这个专业领域至少已经连续执业十年了。

再比如，病人看医生，如果医生让病人服食一种他从来没有听说过的药物，可能医生再三告诉他这个药的功效是如何如何的好，这个患者也难以相信。但是，如果医生告诉他，他的很多病人都是服食的这个药物，而且恢复得很好、很快、很彻底，他自己以及亲朋好友患病也是服食的这个药物。那么患者一听，这毕竟是有成功治愈经验和例证的，而且医生自己和他的亲友都是服食这个药物康复的，面对医生的现身说法，也就不会再有顾虑了。因此，在谈判中跟客户说话时，灵活运用好经验和例证，也是会收到很好的效果的。

◇论据要坚实强大

有一些客户生性多疑。遇到这样的人，沟通起来就相对要困难一些。不过，这种情况作为执业律师就需要具有坚实而强大的论据，要拿得出手，让客户眼见为实。那么，什么样的论据才具有说服力呢？这也是一个很值得重视的问题。比如说，律师采用数据说服客户或者法官，不但要说明这些数据的真实性、准确性、可靠性，还得说明数据的来源，并提供来源线索或者依据。如果律师使用自己的经验和案例说服客户，那么就得准备必要的委托代理合同、裁判文书、其他当事人赠送的锦旗、律师在这个专业的荣誉证书或者获奖情况。在这样的情况下，一个很基本的要求就是律师能拿出坚实可靠而强有力的证据，证明律师的观点和能力，不可使人产生不信任感。因此，向需要说服的对象提供切实的资料比仅仅是空洞的主张和思想观点更为直观、有效。

对于那些犹豫不决的人来说，资料的来源对他的判断也是很有影响的，并且还可能不亚于这些证据资料的本身。举个例子，比如使用某个权威专家的观点作为论据证明律师的主张和观点，那么律师就需要找到并出示这个权威专家观点的来源和载体。因为，人们一旦听到律师引述的话是来自某个十分可信的权威，便不会再为自己的成见辩护。这是一个非常奇妙的心理作用，值得律师注意，要不然人家凭什么相信你说的是真实的呢？如果律师在办理案件中，提出了自己的主张和观点，律师要让承办法官支持你的主张和观点,律师就得拿出有力的论据,否则承办法官是不可能轻易地支持你的观点和主张的。

笔者办理的一个案外人执行异议之诉案件,张三是A房地产开发公司的项目经理,这个项目经理名为内部承包实为挂靠,张三经营困难向李四借款2000万元人民币,A房地产公司为了收挂靠费对张三向李四的借款提供了担保。张三因故未能如期偿还借款,李四将张三和A房地产公司告到法院,并胜诉进入执行程序。王五自己曾经取得一块国有土地使用权,但个人无权从事房地产开发,便以转让的方式将土地使用权转让给了B房地产开发公司。可是王五自己投资将房屋主体结构完工后,在对外销售时银行不给B房地产公司办理按揭,导致房屋无法销售。于是,王五解除了与B房地产公司的转让协议,又将该土地使用权以转让的方式挂靠在A房地产公司的名下进行销售并办理按揭贷款。李四申请执行后查到王五挂靠在A房地产公司名下的已经出售但没有办理过户的房屋,遂申请查封并主张执行本属王五的房产。王五向执行法院提出了执行异议未获支持,引起案外人执行异议之诉。

在这个案件中,第一,笔者提供了王五个人取得相关国有土地使用权的大量证据,证明其取得国有土地使用权是个人的,而且是合法的。第二,笔者举出了大量证据证明这个被查封的建筑是王五个人投资修建,B房地产公司实际上是让王五在挂靠,因为这个公司办不了按揭贷款王五才转而挂靠A房地产公司的。第三,笔者举出了大量的证据证明王五在挂靠之前建设工程的主体已经完工,王五支付了全部款项,且已经借用A公司的名誉办理了竣工验收、销售备案和对外销售。第四,笔者举出了大量的证据证明案涉被查封的执行房屋在查封前王五已经销售,购房户有的已经装修并入住,有的已经付清全款,他们根本没有接收到任何被查封冻结不准销售的通知,也没有看到任何查封、冻结公告。第五,笔者还出示了相关证据证明在案涉房屋被查封前购房户已经前往房管部门申请过户未果。在案件审理中,笔者不但提交了大量书面证据,而且依法申请通知了所有案涉房屋的购房户到庭作证。一审法院没有支持律师的主张,驳回了笔者的诉讼请求。最后这个案件经过二审终审,笔者的案外人执行异议之诉获得了二审法院的支持,执行查封得以解除。

◇情理法交融，以情融情

律师是法律人，依法履职这是必需的，本部分重点是说执业律师应以理服人，以情融情，故依法的成分在此不做过多的论述。有一个年轻人因高考落榜，很是想不开，企图自杀时被村里一位70多岁的老光棍救了下来。这位老人没有什么文化，也不知道应该如何开导这位年轻人。于是他说："如果大家都像你这样，我早就该死了。我都是70多岁的老人了，打了一辈子的光棍，但是我心里还是热腾腾的，还想多活几年，因为我觉得活着还是很有意思。我用自己这双手种过五谷杂粮、种过树、修过路……当我每种一棵树时，我心里就想，我死后，后人在这些树上摘着果子时，他们一定会说，这棵树是村里那个老光棍种下的……"老人没有使用什么华丽的语言，也没有用什么大道理，仅仅是通过其自我的人生体验，就激起了年轻人生活下去的信心和希望。这种推心置腹的说话，给人一种平等感、亲切感、亲近感，容易使人产生信任，从而把说话人的观点和感情融入对方心里，让对方接受和支持你的观点。这种现身说法的方法，相比其他说服方法更具有说服力、感染力，他们的亲身经历和遭遇让人感受到真实，情真意切，容易引起听者产生情感共鸣，这比讲空洞的大道理更容易说服人。

就前面王五的案外人执行异议之诉一案，笔者在诉讼中不但使用了论据坚实强大的技巧，而且使用了以情融情，情理法交融的说服方法，让购房户自己到法庭陈述他们的遭遇和感受，最后获得了合议庭的支持。就该案而言，笔者先不谈法律的规定，仅仅从情理上讲，王五之前自己花钱取得国有土地使用权，曾经以转让土地使用权的方式实际挂靠在B房产开发公司，自己投资把主体修建完工，在销售时遭遇银行不予办理按揭贷款，此时他不可能将这些房屋全部登记在自己的名下，还是得继续销售。于是，他又转向A房地产公司，还是以同样的方式实施挂靠。其挂靠的目的仅仅是为了方便办理银行按揭贷款销售房屋，其挂靠前已经主体完工只等销售，尽管房屋登记在了A房地产公司名下，但是实际上还是属于王五的，这里就出现了法律事实与客观事实不一致的情形。在这个时候，只有在无法查清楚客观事实的情况下，才能根据法律事实进行判断房屋的归属，而在已经查明客观事实的情况下在仅凭形式上的登记就得被执行，这无疑是违背立法本意的，对王五也是极度不公平的。于情于理，要强制执行这些被查封的涉案房屋都是说不过去的。

再看，在法院查封前王五已经出售了这些房屋，购房户大部分是全款，或者已经交了大部分，或者已经装修并入住了，他们有的是一家人一辈子辛辛苦苦挣的血汗钱才买上这一套房屋，有的是政府拆迁安置购买，要是真的执行了这些房屋，那么，他们怎么办？再说，执行法院查封案涉房屋时并没有到实地考察，更没有在房屋所在地张贴任何公告或者说明、通知，他们对查封全然不知。更重要的是，这些房屋都是在查封前已经签订了购房合同，他们也去房管部门申请过办理产权证，只是因房管部门系统问题未能办理，此后房屋才被查封。未能办理过户登记，房屋仍然登记在A公司名下，其责任也不在王五、不在购房户身上，他们没有任何过错。

这些事实和感受如果仅仅是王五的代理律师向法庭提出来，法庭会认为律师毕竟是王五的代理律师，当然是站在王五有利的角度辩论，律师的观点和主张就不一定获得支持。那么，律师站在购房户的立场，并把他们请到法庭当庭陈述，让他们自己现身说法，这就完全不一样了。他们言辞恳切、情真意切、声泪俱下，自然会引起合议庭法官的情感共鸣，很好地将这个案子的情理法交融在一起，律师的执行异议之诉也就更有希望。当然，这个案子当初律师没有将这些购房户作为案外人提出执行异议之诉，是考虑他们实际上才是真正的受害者，如果他们起诉，他们的诉讼能力和承受能力或许对他们不利，所以在技巧上律师选择了王五提出执行异议并起诉，购房户作为证人当庭陈述案件事实的诉讼技巧。

五、不可忽视声音的作用

◇甜美的声音可以令人心情愉快

研究表明，一个人说话的声音会强烈的影响着他留给别人的印象，美妙动听的声音可以穿越心灵。如果一个人懂得驾驭自己的说话技巧，那么就不可忽视自己的声音，甜美的声音可以给人塑造或者留下远远超出人们自身想象的人格魅力。人们在接受对方说话声音时，需要调动自己的听觉，而人的听觉都是容易对美妙的声音形成依赖的。

◇注意声音的锻炼

作为执业律师,在与客户交谈时或者是在法庭辩论时,如果能既有风度和知识、趣味、儒雅,又能使用丰富的表情和优美的声音把自己的观点和主张表达出来,那将会收到意想不到的效果。根据心理学的研究表明,一个人对外界事物的感知和印象80%是靠视觉,其余20%中有14%是靠听觉。如果是电话沟通,双方不在一起,而且是完全陌生的两个人,这个交际、交流的效果几乎完全是靠声音在完成,那声音的重要性就可想而知了。

笔者在生活中和工作中,都有幸聆听过非常甜美、优雅的声音,当然也有一些温文尔雅、十分礼貌的男士声音,都给笔者留下了深刻的印象,只要听过这样的声音,心情就会一下子好起来,甜甜地、美美地,就算对方在很远也会给人一种亲近感,会觉得备受尊重。也会因此给对方一个很好的评价,他会给人留下美好而深刻的印象,也会令人期望再次听到这样的声音。

很多流连于梳妆台前照镜子或浓妆艳抹的女子,她们把自己打扮得很是漂亮、妖娆,性感十足,她们总是满足于自己的外貌、服饰、首饰,却往往忽略自己的声音,虽然她们显得很是自信,但是给人留下的印象总是不让人满意。还有一些衣着靓丽、打扮十分光鲜的女性,说起话来也是让人直摇头。一些男士,看上去风流倜傥,一表人才,可是他们也毫不在意自己说话的声音,时常还带着情绪说话,这样也是很不好的。男人的声音应当洪亮但不刺耳,语气适中而不自高自大,给人彬彬有礼的感觉,就算是没有看到人也会想到这一定是一个大帅哥。因此,作为一名执业律师,如果想让自己更富有魅力,更有吸引力,更让人亲近和好相处,想给客户留下美好的印象,除了注意自己的外表形象外,还得注意自己声音的锻炼。甜美、动听、沉稳、优雅的声音不但可以吸引异性,还与工作息息相关,很多时候也许会影响业务谈判的成败。

那么,律师怎样才能具有甜美、动听、沉稳、优雅的声音呢?如何使自己的声音具有魅力,富有感染力和吸引力呢?

◇要从内心的尊重别人

一个不懂得尊重别人的人,他的声音再好听也好不到哪里去,因为他不会用心说话，他的不礼貌会通过他说话声音传达出来，给人留下不好的印象。所以，作为执业律师无论与任何行业和部门的人说话，首先要从内心里尊重对方，包括当事人、客户，只有从内心做起，从心里改变和培养，在自己想要表达的内容从嘴里说出来时才会真正的好听。而且，随时都要记住我们的声音也是律师的形象代表，也会给人心目中留下深刻印象。

◇多听甜美、悦耳、优雅、礼貌的声音

一般来说航空公司的服务员、银行的话务员等，他们的声音无论是男是女，听起来都不会让人反感，当然特殊情况除外，不在此列。还有电信、联通、移动的话务员，他们的声音也是接受过专业训练的。有机会多听听他们是怎么说的，多回忆一下他们的声音，并尝试反复练习。多听、多练，这样声音应该是会有所转变和提升的。

◇培养受人欢迎的语调

一个人的内心世界、情感、态度，很多时候都是通过说话时的语气语调反映出来的。当一个人对对方极不友好，很不礼貌或者十分冷淡，或者生气、惊愕、怀疑、激动、愤怒、高兴、欢喜等，他说话的语气语调是完全不一样的。从一个人的语气语调中，可以感受到他的自信、幽默、诚实程度，以及这个人是否是一个可以亲近的人，他热情与否，态度傲慢与否，是否脾气暴躁、优柔寡断、为人呆板等，都可以感受到。所以，作为一名执业律师在不同的场合，不同的时候，面对不同的人，需要表达出内心的不同状态和感受时，就要运用好你说话的语气语调。律师可以恰当地运用说话的语气语调表达对某人或者某一个问题的态度和看法，表达律师的真实情感。

◇说话时要注意发音的准确性

与人对话时，正确而恰当的发音，有助于律师准确的表达自己的思想，与人进行良好的交流沟通，正确的发音也很关键。一个执业律师，如果发音错误，或者含糊不清，这会给人留下一个思路紊乱的印象，让人觉得你观点不清，或者不够成熟，准备不够充分，或者让人觉得律师不够专业和用心。这样的话，就会让你的说话对象感到极其不自在，从而产生一种本能的抵触情绪。要是对方是你的客户，你想成交估计就变得困难了。要是你说服的对象是法官，你的观点和主张他就难以重视。

◇控制音量不要大声喧哗

在任何场合大声说话，都会让人产生压迫感和反感，使人心情紧张，容易导致神经疲劳，注意力不集中，大大降低交际的效果。因此，切忌不能大声喧哗，说话一定要控制音量。特别是执业律师更是如此，执业律师更是不能随意大声喧哗，更不能说话随心所欲，想把音量放多大就多大，否则人家会认为这个律师太没有素质，律师在对方心目中的印象就会急剧下降。如果律师说话时不注意控制音量，有了大声喧哗之嫌，引起了其他不相干的人注目，这就更不明智了。

交际场合有一个"不要让自己引人注目"的交际原则，执业律师一定要注意。当然特殊情况除外，有时候律师是需要专门引人注目的，这不在讨论范围。所以，在与客户对话时，或者谈判中，一定要学会控制自己说话声音的音量，不要太大，不要影响他人。一般情况下，以对方能够准确、清楚、明白地听见为宜，切忌音量过大，也不能太小，这个度的把握需要根据说话的场合具体确定。如果是电话中，这个说话的音量应当比面对面交流时略微低一些，因为律师是点对点的交流，律师的声音可以直达对方听觉，这个音量的掌握更要注意。

◇注意控制说话的语速

跟人交流时，不但要注意语音语调、音量的控制，掌握说话发音的准确性，还需要注意说话的语速。当一个律师跟他人交流时，语速的掌握十分重要。如果律师的语速太快，就好比说话音量过高一样，会让人觉得你很紧张，显得十分焦虑，不够沉着。而且，说话的语速过快，会造成某些吐词含糊不清，对方听起来很吃力，也无法听懂你到底在说些什么，还让人觉得你很惶恐和紧张，不够老练，欠缺经验和历练。有的人说话就像在跟谁比赛一样，就跟放机关枪似的，对方根本无法听清楚你在讲什么。

当然，说话语速过快的另一面则是语速太慢，语速太慢了会让听的人很厌烦，逐渐地丧失耐心，让人焦躁沉闷，极不耐烦，根本听不下去。因此，执业律师说话时一定要语速适中，把握好快慢这个度，不能过快，也不能太慢。太慢还让人觉得你是不是口吃、结巴，或者你记忆力、理解力、表达力有问题。

◇跟客户交谈时或者在法庭上不要用鼻音说话

在日常生活中,我们经常听到有人对话时,一个人在那里说,另一个人不停地"哼……嗯……"等,他们不用张口就直接发声,这个就是鼻音。一个执业律师跟人说话如果经常使用鼻音,肯定不会受到欢迎,因为这个鼻音听起来似乎心不在焉,毫无生气,十分消极,不能给人信心和鼓舞。因此,作为执业律师,如果希望自己的说话越来越具有吸引力和说服力,希望自己的语言更富有魅力,那么就从现在开始改变自己,不要再继续用鼻音说话,把自己的形象提升起来。

尤其是女性执业律师,更应该注意自己说话的声音,要注意声音的培养。如果忽略了自己的声音,往往容易让自己的声音失去魅力,失去优雅职业女性应有的特质。在此,呼吁女性执业律师从现在开始一定不要只注重自己的外在形象和外貌容颜,要像训练自己的形体一样去训练、培养自己美妙的声音。充满魅力的声音可以让女律师更加增强自信、气质和人缘、人气,或许在关键时刻可以帮助女律师改变自己的命运。

当然,男律师也不例外,也要在帅气的同时具有一副好的嗓子和一副悦耳的声音,让自己的交际能力更上层楼,这不但可以征服异性,还可以征服客户,对手和案件审判人员等。相信,无论是男是女,一个执业律师能够在交际中使用美妙、悦耳、动听的声音交流,一定会给人留下深刻的良好印象,提升交际的效果。

六、克服恐惧保持自信

执业律师应当克服社交恐惧心理,克服说话的恐惧心理,克服演讲的恐惧心理,找到说话的自信。

不少人在众人面前说话的时候都会感到害怕,有恐惧感。比如在参加大型沙龙活动或者培训时,到了提问或者跟主讲老师交流互动的环节,很多人都想提出自己的问题,希望老师能解答一下。可是不少人一到了这个时候就开始恐惧,心总是怦怦地跳个不停,想着举手的时候,总觉得自己的手失去了知觉,不听使唤。为什么会这样子呢?其实这就是由于紧张、恐惧的心理造成的。出现这种恐惧心理的主要原因一般有两个:一是不想露丑,二是不知道该如何组织说话的内容,就像自己是被他人硬拉到一个陌生世界一样，总感到惶恐。

◇别让恐惧卷住了自己的舌头

执业律师在参加一些行业内部的活动或者培训中，要敢于抓住机会，多向前辈律师和专家学者提问，以锻炼自己，增强自信。不要担心自己的缺点被暴露出来，只有缺点暴露出来才会得到帮助。其实只要愿意诚诚恳恳地把话说出来，并不需要必须踮起足尖冒充内行，也不必要过于看低自己，要对自己有信心。作为一个执业律师，本身就不是一般的人，得对自己有点信心才行。对于那些自我感觉不会说话，不敢说话的执业律师，一般都是因为性格内向和胆小的问题引起的。这样的律师属于黏液质气质属性，抑郁质类型的人，一般说话都是细声细气的，见到陌生人就会脸红，很是胆怯，举手投足都很不自然。对于这样的情况，更要加强训练，鼓足勇气，大胆争取机会发言，千万别让恐惧卷住了自己的舌头。

律师训练营都是提倡内部拍砖的，挑毛病、挑刺，外部支持鼓励、互相成就。所以，锻炼自己的发言胆量，就是要从圈子里、行业里做起。先在小范围里面培养自信，再逐渐地扩大范围和影响。律师这个职业，当着很多人说话是不可避免的。说话时保持自信是需要锻炼的，也需要时间和勇气，非一朝一夕的事情。如果熟练的专业技能和得体的着装都还不能给自己带来自信，那就真的需要进行自信心锻炼了。

◇信心要靠自己找回和培养

前面笔者介绍过自己，从1992年开始从事法律服务工作，笔者代理的第一个案件就是婚姻家庭案件，而且第一次出庭代理也是自己独自前往。那一次笔者坐在法庭的代理席上，确实是浑身不自在，手脚发抖、大汗淋漓、心跳加速。但是，当笔者想到已经接受了当事人的委托，而且收了人家的代理费，如果不敢面对、不敢发言，那今后怎么办事，便开始自我安慰和鼓励，在内心里劝慰自己一定要坚强和勇敢，就算这次表现不好，他们其实也是知道笔者是第一次出庭的，相信他们也会原谅和理解。于是，笔者让自己慢慢地冷静下来，回忆之前准备的代理思路，查看证据材料，勇敢的用实际行动给自己壮胆，唤醒自己内心的自信和勇气。正式开庭时，已经不再紧张了，心跳和血脉恢复了正常，笔者的发言也转入了正常。因此我首战告捷，从此信心百倍。

请相信，当你自己开始认同你的专业能力、专业程度和聪明智慧时，别人才会以同样的态度和眼光待你。自己要靠自己拯救，信心要靠自己培养。在众目睽睽之下的说话或者演讲，一般来说每个人都是会紧张的，无论地位高低，也都会这样，所以一定要告诉自己不要紧张。通常情况下，一个人内心的紧张，外人是不会轻易发现的，所以一定要表现得镇定自若。胆量是一种重要的心理现象，要训练好说话的胆量，必须具备良好的心理素质，这要求我们不要妄自菲薄，也不要盲目的自信，要做到不骄不躁，不卑不亢。

纵观古今中外，很多政治家、演说家最初都有怯场的经历。丘吉尔当年在演讲台上窘迫不已，恐惧得一句话都说不出来，最后被轰下台来，但他并没有放弃，而是勇敢地面对现实，勤讲多练，绝不放过任何一次演讲的机会，使他的演讲水平日益提高，后来他的演讲被誉为最精彩的首相演讲之一。据说，日本有一个演员，每到临近他拍摄的时候他就想去上厕所，而且一去就是十分钟……还有美国的一个播音员，当初每次该他播音时，他都要去先洗一次澡，不这样他就镇定不下来。所以，要知道怯场不是哪一个人的事情，其实很多人都会这样或者曾经都是这样的。胆量不是与生俱来的，也不会从天而降，就像庄稼需要施肥，道路需要维护一样，胆量也是需要不断磨炼的。世界上没有天生的演说家，丘吉尔也不例外。

胆子是练出来的，要想拥有好的口才，就要抓住一切机会，锻炼自己的胆量，只要有了胆量，不懈地努力，最后一定是会取得成功的。家庭是锻炼胆量最好的地方，比如大声地朗读，模仿成功人士的演讲等。这些练习大概有以下这几种方法：

（一）练习大胆的表现自我

要学会克服恐惧，保持说话的自信心，就得把自己的胆量视为人身上的肌肉，需要定时的练习，并持之以恒。学会随时随地与陌生人搭讪、交谈，增强自信心，锻炼自己的表达能力和说话的胆量。在家里也要多和家人对话，形成辩论。要习惯大胆地表现自我，展现自我光辉的一面和优良品格。笔者以前经常在公开场合朗读社论和一些比较有含金量的杂文、演说稿，练习在公开场合说话，练习如何展示自己，经常主动与人交流，听取他人的意见，再不断完善。

（二）想象自己是完美的化身，是形象代言人

这个方法是很多名模、影星们经常在表演之前惯用的方法。这个方法

同样适用于不同工作职场，也包括执业律师的职业，在面对大客户或者观众发表演说时，先静坐片刻，从内心默想自己成功的喜悦感觉，设想自己演讲成功的场景，使自己平复下来，进入状态。执业律师在开庭时，准备发表代理词或者辩护词的时候，也需要多给自己信心，把自己想象成名律师、大律师，让自己信心倍增。

(三) 多照照镜子，对着镜子展示自己

常常照镜子，自己多看看自己的样子，找找自己跟成功人士的差别在哪里，自己在哪些方面还需要调整和包装、完善。久而久之，你就会发现自己越发的自信，胆子也会越来越大。一个人的自信，最关键的是来源于自己。自己多对照镜子展示、欣赏，对增强自我、展现自我，都很有帮助。一个人在镜子里看到自己的形象，就是别人眼里的形象，如果自己对自己的形象都不满意，更何况别人呢？所以，多练习、多展示，只要自己觉得满意了，其他人就绝对不是问题了。

(四) 说话时语气要坚定

锻炼说话的自信，让自己保持说话的自信，诀窍就在于不要过于急促，要音量适当，语调平和、平稳，速度不缓不急。这样会让人觉得讲话者对说话的内容信心十足。说话时要学会利用呼吸换气时断句，避免不必要的鼻音，使讲话者的说话、演讲流畅有条理。结尾时，切忌不能使用疑问句结束陈述或演讲，以免影响演讲或说话语气的坚定性。

比如，律师对一个被告违约案件结尾时说："被告这种行为就是出尔反尔的行为，严重违反合同的约定，不依法履行合同约定的义务，这不是违约又是什么呢？这是不是违约行为呢？"假如律师换成"被告的这种行为，就是在出尔反尔，已经严重违反了双方合同约定，根本没有依法履行合同约定的义务，这就是严重的违约行为，依法应当承担违约责任"。再如，法官问："原告，被告就一分钱都没有支付吗？"律师回答："嗯，好像一分钱都没有支付过，我再向当事人核实一下。"律师换成："是的，法官，被告从未支付过一分钱。"律师使用坚定的语气，效果就大不一样。

(五) 学会效仿偶像

每个人都有自己心中的偶像，都有自己的崇拜者，那么每个人就可以多学习自己所仰慕的人具有的美好特质，无论是影视明星或者政治家还是大律师、名律师，只要是自己认为他们具有自己所希望拥有的特质，都可以大胆地模仿。自己还可以不断地和身边的朋友、同行、同事进行交流，然后找到一些会说话的人进行模仿。不要小看这个模仿练习，这对一个人的成功有很重要的帮助作用。最简单的办法就是多看看律政剧，看看电影、电视里面的大律师是怎样的。

（六）注意得体的装束

人靠衣裳马靠鞍。一个人的装束是很重要的，装束可以带来自信。律师到不同的场合，跟不同的人在一起，参加不同的聚会、活动，就要注意选择适合自己行为气质的服装、发型、化妆，甚至淡淡的香味，来展现你完美、精确、精神的专业形象。当然，对于得体的装束不同的人有不同喜好和认识，但前提是必须得体，不能奇装异服。

对于执业律师来说，律师参加很多会议一般都要求着深色西服，那是因为深色西服代表权威信赖，所以作为执业律师一般尽量在与工作有关的场合穿着深色西装。亮色系则容易引人注目，暖色系则传达温柔易于亲近的信息，如果律师想增加自信与亲和力，那就不妨选择深色服装，女性律师可以搭配浅色丝巾，男士可以搭配浅色围巾。

女性律师切忌，不能穿着过于暴露或大胆的服装，例如紧身短裙或者"V"领低胸上衣，不仅容易让人想入非非，也会让你自身因担心自己穿着走光而分心，导致心神不定。在笔者担任实习律师面试考官的时候，就有一位女实习律师穿着比较性感、暴露被另一位女性面试考官批评。

（七）学会昂首阔步走路

自信来自多个方面，因此要克服恐惧，增加说话的自信，也需要从多方面勤加练习。走路的姿态就是一个值得练习的方面，一个人走路的姿态又称步态，也会不自觉地泄露你的秘密。如果一个人总是昂首阔步，走路时能抬头挺胸，那就会给人一种仿佛一切都在掌握之中、成竹在胸的印象。因此，时常以拥有者的心态走入自己的每间屋子，认真地感受这属于自己的一切，真切地感受你拥有这些空间的体会，在举步中找到自信。这样可以锻炼自己的勇气和底气，就会在日常的交际中自然就会昂首阔步，抬头挺胸了。当然，如果照着镜子练习走路，效果就会更好。

◇要具有犯错误的思想准备

每个人的一生都不是完全能够顺风顺水的，总会有一些坎坷和磨难，错误也是不可避免的，有时候还可能要稍微受一些痛苦。因此，作为执业律师就得时刻有犯错误的心理准备，并及时发现错误予以纠正。一旦没有犯错误的心理准备，真的一不小心出现了错误，就会显得手足无措，显得手忙脚乱。就算是犯错误，也比什么都不敢做，什么都不敢说强得多，否则自己就只能在"原地踏步"，根本无法前进，更无法上进。所以，执业律师要在不断的错误中纠正自己的方向，在错误中成长。不怕犯错误，反而会少犯错误，更会时时提醒自己如何避免错误。避免错误和正确地认识错误，并不是放任错误的发生，而是在自己全力以赴之后，难免会出现疏漏，一旦出现了疏漏，心理也能够正确对待和采取及时的挽救措施。

◇不可忽视小事

我们经常说，律师的能力应当是让复杂的事情简单化。律师在日常的工作中不能忽视小事，其实小事不小，小事同样蕴含着大道理。律师的勇气、胆识、智慧、自信，往往都是从小事中锻炼出来的。作为执业律师，在初出茅庐的时候，不能看不起小案子、小业务，大律师也是通过小案子、小业务成长起来的。如果平时不想当大英雄，等到出现了重大危机时，谁也当不了大英雄。只有在小事情上不断地练习、思考、总结，才能培养出大事情、大案件、大场合自信而勇敢的行动力和才能。说话的自信，完全可以先一对一地练习，再到三五成群的人中展示，逐渐扩大你的演讲范围，律师的自信就会慢慢地培养出来。

有的律师刚开始执业就想功成名就，这不太现实。俗话说，万丈高楼从地起。律师没有一定的基础，地基不牢固，就算是修筑起了高楼大厦，也会提心吊胆。再说，执业律师小案子都不会，都做不好，谁又愿意把大案子、大业务拿给一个新晋律师试手脚呢？尤其是一些小案子，很多时候程序反而更加复杂，在一些小场合的演说和讨论反而更加激烈。

◇学会用适当的方式恭维他人和接受恭维

"满招损，谦受益。"但是，还有一句话说"过分谦虚等于骄傲"。

在人际交往中，面对他人的恭维和赞扬要以适当的方式接受。谁都喜欢听好话，这是人的天性。每个人都希望获得别人的赞美和认可，女人最喜欢听别人说她漂亮，男人都喜欢听别人说他潇洒、帅气，这是很自然的事情。学会赞美别人会让律师的交际无往不胜，有助于律师成为社交达人。但是，赞美一定要真诚，绝不是虚伪的，赞美是一件好事，但不是一件易事。赞美需要审时度势，掌握一定技巧，否则就算你真诚地赞美他人,也会适得其反。因此,赞美要真诚,要适当、不浮夸,要情真意切,要有新意,要赞美得恰到好处。

当一个人表现得非常成功或者出色的时候,往往也会被别人赞赏,比如:"你做得真好""你的演讲太棒了""你说得太有道理了"等,这个时候不要拒绝,也不需要过多地解释,不需要说:"你太客气了""那其实很简单""其实也没有什么的"之类的客套话,因为太谦虚也会有损你的自信,你应当直接微笑着回复"谢谢",即可。这样就会给人传递出是一个有礼貌,又谦虚,还很自信的信息。

通过以上的锻炼和注意,对于执业律师克服恐惧和增强说话时的自信是很有帮助的。这样就能够帮助我们锻炼说话技巧和说话的自信,培养律师的口才。对于自认为自己口才不好,说话没有自信的执业律师,要经常认真检查并评价自己的说话能力,这是必不可少的。特别是,对于平时不太敢说话的执业律师,要随时随地的训练自己说话的胆量,抓住每一次锻炼的机会。

通过认真分析并正确地认识自己的说话能力,有利于说话者看到自己的长处,认识自己的不足,并扬长避短,增强说话的自信,迅速的提升自己的说话水平,增强自己的语言魅力。

七、律师应该从口才到全才

律师的说话技巧虽与众不同,但是万变不离其宗。对一般人而言,会说话可以受用一生,对律师而言会说话只是一个良好的开始。在这个社会里,一个人要想很好的发展,实现自己的人生目标,无疑会说话可以使自己少走很多弯路。当然,如果不但会说话,而且还能掌握会说话的技巧,然后能用温和的态度与人交往,说得恰到好处,让人听得心花怒放,那律师的职业生涯或许就会实现弯道超车的成功。会说话的执业律师相对来说更显优势,律师的好口才对律师执业很有帮助,也是成功的要素之一。

◇说话的能力是成功的快捷方式

现今社会,很多人已经意识到口才已成了决定一个人生活及事业成败的重要因素,拥有好口才已经成为衡量人才基本标准之一。好口才确实是一个执业律师走向成功的基础,发挥好口才的作用,可以帮助执业律师轻松实现目的。因此,对于律师这个职业,口才是必需的,也是做好律师这个工作的一大资本。

执业律师仅仅有好口才还不行，执业律师不但需要好口才，而且需要成为全才。过去我们说的全才是指文武双全，现在说的全才是指才能全面发展，具有各方面的才能。有一篇《做律师从说话开始》的文章，作者提出说话是律师的基本功和最基本的工具，能说会道是律师的基本特征。这个观点笔者比较支持，也由此提出律师不但需要口才，而且需要成为全才。

曾经看过一句话："是人才，不一定有口才；有口才，一定是人才。"这句话虽然不是绝对正确，但是笔者绝对相信这句话，而且深受这句话的影响。美国人类行为科学研究者汤姆士曾经指出："说话的能力是成功的快捷方式，它能使人显赫，鹤立鸡群。能言善辩的人，往往使人尊敬、受人爱戴、得人拥护。它使一个人的才学充分拓展、熠熠生辉、事半功倍、业绩卓著。"成功学者们经常说："事业的成功与失败，往往取决于某一次谈话。"

总之，无数成功者的经验告诉我们，善于说话是事业成功的催化剂，它直接影响着我们的成功。不可否认，口才是一个人智慧的反映，它影响着我们人生中的每一个关键时刻，无论是事业、家庭、生活还是人际关系中，口才是一种能力，而且是一种随身携带永远丢弃不了的能力。但是，这个能力不是与生俱来的，需要我们后天不断锻炼和培养。特别是执业律师，要想功成名就，要想扬名立万，要想成绩卓越获得客户的点赞，口才必不可少，锻炼自己的口才让自己脱颖而出也是必须的。在有了口才的基础上，让自己成为全才，这就会让执业律师如虎添翼，成功也就势如破竹。

◇说好话不如会说话

能说好话并不代表会说话，只知道把话说好，只知道去说好话、阿谀奉承，这不是口才，更不是好口才，说好话不如会说话。世界上没有什么比令人心悦诚服地交谈能力更能迅速地获得成功与赢得别人的钦佩，这种交谈能力并不遥远，也不陌生，其实只要愿意努力，任何人都可以培养。因此，执业律师不但要能说，而且要会说，更要会好好地说。如果既要把话说好，又要说得巧，这需要多方面的综合知识的运用。

在执业中可以看到或者听到，有的法官说的话很在理，律师即使心中略有不快，却不忍心反驳和抵触，还会反过头来动员客户适当的放弃或者退步；而有的法官看上去坐在中间，好似居中裁判，实际上他的屁股早就坐歪了，就算他说得在理，听起来也会觉得不舒服。还有一些代理律师，只要一到法庭上总认为一定要趾高气扬，担心自己声音小了，气势不足，压不住对方当事人和对方代理律师，结果往往适得其反，或许还没有说到几句话就引起对方当事人或者对方代理律师的反感，弄不好还会被法官呵斥。

然而，就算是在一些矛盾非常激化的纠纷中，一些律师很会说话，说话的内容、语气等都掌握得很好，拿捏适当，就算他是对方代理律师，相对方的当事人听起来也很舒服，觉得自己受到了尊重，这很有利于纠纷的化解。所以，执业律师一定要会说话，知道如何说话，要知道该怎么说话。

◇口才也是一种资本

1940年美国、英国、苏联等国家联合抗击纳粹德国的关键时刻，由于英国处在欧洲反法西斯战争的最前线，人力、物力耗费都十分巨大，此时国内的黄金已经濒临枯竭，根本没有能力按照"现购自运"的原则从美国获取必要的军事装备支持。美国时任总统罗斯福深知唇齿相依的道理，在反法西斯战争旷日持久的情况下，希特勒一旦得势，这势必严重威胁到美国的切身利益。因此，美国必须全力支持英国。但是，美国的一些国会议员，他们只看到了眼前利益，只想借机向英国赚一笔军火钱。罗斯福知道要帮助英国，就得先说服这些不关心战局的国会议员。

于是，罗斯福采用了通过《租借法》的方式来获得对英国支持的办法。罗斯福为此举行了记者招待会为《租借法》拉投票，以赢得大众支持。罗斯福在介绍《租借法》之后，他举了一个例子说："假如我的邻居家不幸失火，而恰巧在不远处的我家有一根浇花的水管，此时要是赶紧借给邻居拿去接上水龙头，就可以帮助他家灭火，也可以避免火势蔓延到我家，造成我家的重大损失。但是，问题是在出借水管前，要不要跟这位邻居商讨一下价格？此时，邻居十万火急，他哪里去找钱呢？我可以这样想，只要他灭火之后原物奉还，还是不要他的钱为好。如果火灾灭了，水管并没有损坏，他会连声道谢，如果他把水管弄坏了，他照价赔偿我就是了，我也不会吃亏……"最终《租借法》顺利通过，英国军事危机也得到化解。

还有一个例子，清朝太监李莲英是慈禧太后的大总管，是清末最有权势的宦官之一。有一天慈禧太后让京城名角杨小楼到宫里唱戏，杨小楼向慈禧太后讨要赏赐一个"福"字，慈禧太后当场命人准备笔墨为杨小楼写了一个"福"字。殊不知，刚一落笔，一个多嘴的宫女马上说："老佛爷，福字旁边是一个示字，不是衣字呀？"大家一看，原来慈禧写字时多写了一点儿，宫女指出错误后慈禧太后很是难堪，脸色一下子沉了下来，原本喜乐的场面陷入了僵局。这个时候，慈禧已经答应赏赐这个"福"字给杨小楼，字写错了，不想赏赐这个错字，但是不赏赐也不行。而杨小楼更为难，他也不敢领赏，他知道一旦有人嘲笑慈禧写错了字，可他自己却掌握着慈禧的把柄，或许会因此引来杀身之祸，真是左右为难。此时，李莲英上前说道："老佛爷洪福齐天，她老人家的福字自然是要比世人的多一点儿，要不怎么显示出她老人家的高贵呢？"慈禧一听，脸上露出了笑容，杨小楼也借此说道："老佛爷的赏赐小人万不敢领受。"这个僵局也就一笑而过，一场危机瞬间消散无形。

无论是罗斯福还是李莲英，他们的口才绝对是没的说，他们的表现也不仅仅是口才这么简单。罗斯福的一个例子使得《租借法》顺利通过，英国获得支持，李莲英的一句妙语化解了慈禧太后的尴尬并解除了杨小楼的危机。这些说辞和口才，并不是每个人都会，这需要见多识广和经验的积累，这里面也有多方面知识的综合运用，比如心理学、政治学、社会学等。如果你是一名执业律师，就应该静下来用心的学习，拓展自己的视野。如果你想说出的话不空洞无物，就应该积累大量的、雄厚的、扎实的说话资本，武装自己的头脑，丰富自己说话的内容。要不怎么说"口才也是一种资本"呢？这个"资本"就是其他社会科学知识，就是与自己工作相关的边缘学科。

◇ 表达能力就是最好的展示方式

一个人的能力要获得别人的认可，必然要通过一定的途径展示，表达能力就是最好的展示方式。执业律师也不例外，也需要通过口才的方式展示自己的才能，获得客户的认可。因此，表达能力不强的人在展示自己的时候就会比较困难，这就需要加强锻炼。好的谈话，跟写文章一样，要有主题、有腹稿、有层次、有头尾，不可语无伦次，否则表达出来就会体现出你的口才不佳。良好的语言能力不仅可以帮助律师展示自己，更能为律师辩护,为律师做广告,从而会更有机会获得客户和成交。

◇**善于表达需要肚子里有货才行**

会说话是一种综合能力,包括表达、聆听、应变等多项技巧。善于表达,会聆听,能正确判断,巧妙的应对,是衡量一个人口才好坏的重要参考标准。而善于表达,需要自己肚子里有货,巧妙应对也需要有应对的具体技巧,这些都是需要掌握方方面面的知识才行,所以说"有口才,一定是人才;是人才,不一定有口才"。因此,要想拥有好的口才,需要平时的学习、积累,让自己变得博学多才,成为多面手和全才。这样在遇到各种情况发生时,才能应对自如,对答如流,遇到危机时才能巧妙地化解。作为一名执业律师,平时在锻炼口才的时候,一定要多阅读一些古今中外的名著、典故等,丰富自己的语言内容。"阅读丰润生命,智慧启明未来。"律师要在阅读中丰富知识,在阅读中增长智慧,收获智慧,以期成为未来的引路明灯。

有人曾经说,读书到底是为了什么?读书的"读"字就是一个"言"字和一个"卖"字,读书就是为了用语言把知识卖出去。这个话不一定完全正确,但是确实具有一定道理。如果读了书,不能卖出去,不会说,知识就难以转化成生产力。特别是执业律师,学习了大量的法律知识和法律服务技巧,如果不能把这些卖出去,执业律师就难以获得案源,没有案源又哪来的收入呢?如果这样,那就只能做一个"法律民工",而不算真正意义上的律师。仔细想想,这说得确实很有道理,值得思考。

作为执业律师,在人际交往中一定要掌握语言的艺术,掌握说话对象的特点,要避开谈话双方的禁忌,避免进入谈话的雷区。善于说话的人,总能找到"安全值"最大的话题,引起大家的谈论兴趣,避免谈论的内容引起对方反感。比如说,与不幸的人谈话,需要避免谈起不幸的事情;与失恋的人谈话要避免聊起爱情、婚姻方面的话题;跟残疾人聊天,要避免过分关注他的身体;与专业人士在工作之外少谈工作,在工作场所少谈家务;与具有一定社会地位的人聊天时,尽量少谈政治、宗教和性的问题,避免引起对方不悦,使谈话陷入僵局。因为,这些都是社交谈话的"雷区",执业律师需要更加注意。

◇口才是一种综合能力

无论是与客户谈判、与对方谈判、发表代理词、发表辩护词、演讲等都是一种交际，律师都要通过表达策略，取得理想的效果，这是一种语言表达技巧，也是一种艺术。为了达到交际的预期效果，律师们就不能仅仅是锻炼口才，口才这个说法是空洞的，律师要在说话时有实在的内容，无论是就事论事还是海阔天空、旁征博引，都需要具有清晰的观点，严密的逻辑，中肯的分析，要体现出执业律师很强的概括能力，简明扼要地把自己的思想完整的表达出来。律师的口才实际上是一个综合能力，既然是综合能力，那么律师就要让自己成为一个全才，而不是一个能说但不会说、会说但说得不全面、不完整的执业律师。因此，一名优秀的执业律师不但要具有一副好口才，而且要坚持让自己成为一名全才执业律师。

有一篇文章叫《律师要具备的50项执业技能》，其中一项就是说律师要博学多才，知识渊博。就是说执业律师的知识储备不应限于法学，好律师要有渊博的知识。在知识经济高速发展、社会纠纷千变万化的今天，律师一天不学习就要被淘汰，律师应多涉猎经济知识、科技知识、管理知识和外语知识等，这对律师的发展有很大的帮助。根据笔者多年的执业经验，笔者认为执业律师除了掌握必要的法学专业知识外，还需要对社会学、政治学、管理学、心理学、家庭学等都有基础的学习，尽量让自己真正的博学多才，见多识广。只有博学，才能成为全才。

有网友说："会说话的律师不一定是好律师，但是好律师一定是会说话的律师。律师作为专业法律服务人员，必须具备洞悉当事人心理并能做出准确判断的能力，必须具备临危不惧并能灵活应对的能力，必须具备换位思考并为对方解围的能力，必须具备处乱不惊并能影响他人的能力。"这也足以说明执业律师不能只有口才，不能只是一个人才，还需要具备多方面的知识和能力，这就要求律师必须不断总结得失和经验，不断地调整和完善自己的知识结构，让自己成为一个法律多面手，在职场上能"呼风唤雨""左右逢源""逢凶化吉""妙语连珠"。

八、说好第一句话的技巧

"要知有没有，全靠话出口。"

一些律师在法庭上的发言毫无章法，经常被法官呵斥，被对方当事人辱骂，被对方代理人攻击。而有的律师办理的案件，实际上双方当事人的矛盾非常激烈，火药味很浓，但是律师在庭上庭下都能应对自如，还可以与对方当事人、代理人和睦相处、互相尊重。一对比起来，笔者发现这就是执业律师的说话技巧问题，特别是执业律师发表代理词或辩护词的开场白是否说得好的问题。

◇话是开山斧

在日常生活中或者工作中，人际交往是不可避免的，在与人交谈中第一句话便可以看出一个人是不是一个善于交际。对一般人而言，如果不善于交际，不能掌握交际的基本技巧，可能会错过很多朋友。而对于一名执业律师来说，如果不善于交际，没有交际基础或者缺乏交际技巧，或许就会丧失很多机会，失去很多案源。假如，一位执业律师在人际交往中不懂得如何说第一句话，不知道如何开场，或许很多谈判就不会那么顺利，在法庭上也会遇到很多困难。我们知道，会说话的人，说出话来准确得体，巧妙恰当，让人听后如沐春风，他们往往可以很顺利地达到自己的目的。

好的开场白，就是销售成功的一半。在开场白的把握上，应提前准备好相关的题材及一些幽默有趣的话题；注意避免一些敏感、易争辩的话题。有人说，说"第一句话"就像打井一样，只有位置找准、力度适宜，话题才能像水一样源源不断地涌出来；如果位置找错了，就算你有大力神赫拉克勒斯那样的力量，也无济于事。

对于执业律师来说，无论是与客户交流沟通，谈判案件，还是在法庭上的论辩，或者是参与谈判，道理也是一样，第一句话非常关键。下面，介绍几种开场白方式供大家参考：

(一) 表明态度，直奔主题

笔者为某非法持有毒品案被告辩护，公诉机关指控被告非法持有毒品海洛因近200克，由于被告在回答法官询问时态度恶劣，当场提出被告应当构成贩卖毒品罪，至少要被判刑15年以上，并当场要求公诉机关修改起诉书。笔者发言时提出"本辩护人同意公诉机关的指控，本案被告构成非法持有毒品罪，应当按照非法持有毒品罪定罪处罚。如果被告构成贩卖毒品罪，因案涉毒品数量已经达到近200克，今天一审法院作为基层法院审理本案就会存在审理程序违法的问题，今天的合议庭就无权审理本案……"最后，被告以非法持有毒品罪获刑 8 年。

（二）以退为进式，看似示弱实则进攻

在大兴安岭火灾案中，庄学义"玩忽职守案"的辩护律师张思之也是当时的辩护律师，他认为庄学义"无罪"，并提出 5 条辩驳意见。张思之律师发表的辩护词的开头是："我们参加今日庄案诉讼的活动，心情既复杂又沉重。第一，这是一个原本极其简单但却被人为地复杂化了的案件；第二，我们面对的不仅有尊敬的公诉人和法庭的组成人员，而且有蒙受了巨大自然灾害的大兴安岭人民。作为普通律师，我们既要面对法庭履行职责，请法庭审查；又应面对我们人民讲出真情实感，请人民评判。"这段开场白一方面表示辩护人心情复杂，压力较大，无法面对蒙受重大灾害的人民，这是示弱的一面。但另一方面又柔中有刚："将简单问题复杂化了。"接下来张老做的是无罪辩护，最后用事实证明庄对于"职守"并未"玩忽"，不仅不是罪人，而且是功臣，因此引起旁听观众的热烈掌声。这个开头既婉转，又刚烈；既含情，又咄咄逼人。

2000 年，时任中共中央政治局委员、全国人大常委会副委员长的田纪云，来到了 13 年前他曾指挥灭火的大兴安岭，实地听到了有关庄学义的案情反映，明确指出，"要搞实事求是，不搞实事求是那还叫共产党吗……"在这种情况下，庄学义案才得以进入黑龙江省高级人民法院再审程序。又过了 4 年，庄学义迎来了迟到 17 年的判决："庄学义的行为不构成玩忽职守罪……撤销本院刑一上字第 254 号刑事裁定和大兴安岭地区中级人民法院大法刑字第 13 号刑事判决；被告人庄学义无罪。"这足以说明张思之大律师当年的辩护是正确的。

（三）用情语开场，打动人心

张思之律师也主张律师辩护要善于用情语，在其所著的《我的辩词与梦想》一书中收录的"十四家金属公司诉某铝厂合同纠纷案"，他是这样开场的："我们无意重提原告各家在 1987 年为开发大西北投资该市铝厂所办的这件好事，只是想说：聪明的中华儿女总不能老是在好事萌生之初就把它转变成了坏事；无数事实证明：善于把好事变为坏事的人，不是误国，就是害民，既损了人，又害了己。我们不该步他们的后尘。作为一个中国人，看到大西北的黄土高坡，情难自禁，就会依稀看到那些从黄河上游光背赤足、一步一唤、朝着我们走来的纤夫群。这就是我们民族的古老形象，可而今犹在，能不令人热泪翻滚！人们说：男儿有泪不轻弹。也会有人轻蔑地认为：眼泪又值几何！可是，尊敬的法官，泪不轻弹，是由于未闻伤心事、未到伤心处啊。面对着既富饶而又贫困的皋兰大地，只要良心在胸，能不沉重？能不沉痛！"善于用情，是律师的技艺，感情要真挚，不能虚假，否则会弄巧成拙。在开场白上，张律师认为"唯独创，乃特色；唯创新，方见个性"。

笔者在参加全国性的刑事辩护论坛时，有幸聆听了最高人民检察院侦监厅时任厅长万春先生的分享，他认为辩护律师除了常规的发表辩护意见外，还有必要运用情感的技巧进行辩护，他认为人心都是肉长的，有几个法官、检察官能拒绝煽情？因此，笔者在刑事辩护中，也会经常使用情语开场，争取打动人心。

（四）迎合公诉人，感动法官

笔者曾经办理过一起贩毒案件，被告人是家中刚成年的独子，因母亲患癌症生活困难，他生日前几天同学们让他请客，他不想给家中父母增加负担，不想伸手向父母要钱。但是，为了面子他又想请客，可是钱怎么办？于是，他在网上得知可以贩毒挣钱，最后无知地在网上购买毒品用于贩卖，殊不知他在拿到毒品进行交易时当即就被公安机关挡获。而且，向他提供毒品的还是公安机关的线人，有"钓鱼执法"的嫌疑。

笔者在发表辩护词时说："本辩护人对公诉机关指控的被告涉嫌的犯罪罪名和犯罪事实均不持异议，在辩护人会见时被告本人也表示愿意深刻反省，悔不该当初，不该为了减轻家庭负担，为了面子去贩卖毒品，他已经深刻认识到对不起父母、对不起社会，愿意改过自新，尽管他的行为构成了犯罪，但是他能认罪、悔罪，又是一个有孝心的年轻人，希望法院从轻发落。"最后，法院对其判处有期徒刑 6 个月。

（五）打感情牌，避免矛盾，以理服人

有一个非常特殊的离婚案件，笔者的当事人因工受伤被评为四级伤残，全靠其姐姐、姐夫四处寻医问药、出钱出力救治，而伤者的妻子没有文化，在一些别有用心的人教唆下，不但不悉心照顾丈夫，反而以各种理由、手段为难丈夫的姐姐、姐夫，阻止继续为其丈夫治疗，盼望丈夫死后以便获得巨额赔偿。姐姐、姐夫为了帮助他们想了很多办法，都无济于事，求助乡村干部，地方上的乡村干部也提出顺其自然，伤者死亡后老婆、孩子还可以获得一大笔钱。

一方面伤者除了姐姐、姐夫没人照顾，姐姐、姐夫为了救治他已经债台高筑，急需伤者妻子协同照顾，另一方面伤者妻子听信他人之言，不但不配合治疗，反而阻止治疗，更不要说照顾伤者了。于是，伤者姐姐、姐夫找到笔者要求代理伤者提出离婚诉讼，希望通过离婚诉讼的方式化解其弟弟、弟媳的矛盾，让那些别有用心的人阴谋不能得逞。开庭当天，村干部带了数百名不明真相的村民前来旁听，并对伤者的姐姐、姐夫辱骂，对笔者进行人身攻击。

法庭上，笔者在宣读起诉状之前进行了开场白发言："各位父老乡亲，今天我坐在原告代理席上，代理原告诉讼离婚，我内心非常复杂，非常沉重，你们不要激动，听我说完，如果你们知道真相后愿打愿罚悉听尊便，如果你们知道真相后觉得我说得有道理，就请你们帮帮今天的这两位离婚当事人。我要告诉你们的是，今天虽然是一个离婚诉讼案件，但是原告的目的不是为了离婚，他已经四级伤残，完全丧失了劳动能力，生活不能自理，一年365天白天晚上都需要人不离不弃的照顾，他不想离婚，提出离婚不是目的，是因为自己的妻子被人蒙蔽和教唆，不但不照顾自己，反而阻止姐姐、姐夫的救治，一心希望原告早死获得赔偿，他认为姐姐、姐夫是自己的救命恩人，老婆是被别人利用和欺骗，今天的诉讼就是为姐姐、姐夫正名，为了挽回自己的婚姻，拯救自己的家庭，盼望被告回到自己身边照顾自己，照顾孩子……"

我的开场白发言结束，整个法庭十分安静，说到事实真相时不少人悄悄地含泪离开了，那些别有用心的乡村干部也只好灰溜溜地离开了。最后，双方当事人和好如初，妻子回到丈夫身边照顾残疾丈夫，两个子女也由姐姐、姐夫抚养长大成年。如今这个事情过去十几年了，他们这个家还是那样幸福温馨。

◇第一句话决定了你的"第一印象"

关于开场白，美国的一位名叫弗雷德·利克·赖文的律师专门写了《有效开场发言》一书，用具体案例作了精细阐述，他很形象地称开场白为"开场炮"。因为在法庭辩论时，是控告一方或原告一方先陈述案情，容易占据优势。为此，美国芝加哥大学的一位学者进行了陪审团研究，在开场发言中对一个陪审团进行了测试，结果发现百分之八十的陪审员在开场发言后就已经对责任问题做出了自己的决定——并且从未改变这一看法。根据优先原则，他发现优先发言的一方最有可能影响陪审团的态度。

"优先"指的是我们倾向于对首先听到的东西深信不疑,争议的双方不管哪一方先陈述,其陈述对听者看法的影响要比对方此后进行的相反陈述作用大,哪怕对方的陈述同样有理有据。由此可知,研究并注重开场白是执业律师不可轻视的重要问题。还有观点认为,良好的第一印象是登堂入室的门票。刚与别人见面开始交谈的第一句话决定了别人对你说话的"第一印象",第一句话说得好会自然而然地拉近你们的距离。交往中的第一句话,绝不只是可有可无的寒暄,它将决定整个交往的感觉以及接下来互动的方向。

如何才能说好第一句话,这应该没有一个固定的模式,需要执业律师根据不同的个案进行分析、研究、总结。总之,不能在一开场就令人反感,不要说第一句话就给人不想继续听下去的感觉,要根据实际情况,抓住听者的心,让他愿意认真聆听律师的讲述,不至于让你产生反感。执业律师的第一句话应该为交谈或者辩论、谈判营造一个良好融洽的氛围,就是在朋友、夫妻、亲人的交往中也是如此,这样更有利于增进友情、巩固爱情、温暖亲情。具体来说,说好第一句话需要掌握一定的技巧。

(一)让第一句话拉近彼此的距离

无论是与客户谈判还是与对方谈判,不管是参与案件的调解还是参加法庭辩论,作为执业律师都不要一张口就是满嘴的火药味,不要一开口就使自己处于敌对或者对立面,把自己置于风口浪尖,要勇于创造出一个和谐的氛围,就算是庭上需要激烈的唇枪舌剑,庭下也可以融洽地交流和沟通。在平时的人际交往中也是一个道理,执业律师应当在平时的人际交往中多积累经验,更有利于自己在职场的优势,运用起来更能得心应手。

在生活中,两个完全陌生的人被第一句话就拉近彼此距离的例子很多。比如"你也是四川的啊,我们还是老乡呢?""我也是学哲学的,看来我们有着共同的兴趣爱好"等。再比如,在人身损害赔偿案件中,原告代理律师说:"我也知道并相信被告对于原告的伤害绝不是故意的,但是毕竟你的失误或者过失确实给原告造成了伤害……"被告代理律师说:"作为律师,我对原告受到的伤害深表同情和歉意,本案被告不是坏人,也不是原告的仇人,他对原告的伤害不是故意的,这个结果是双方以及我们在场的所有人都不愿意看到的……"

(二)用第一句话让人感受到尊重

对陌生人或者对手表示尊重、仰慕,是礼貌的一种表现,也能拉近彼此的距离。但是，采用这种方式需要注意掌握好分寸，褒奖适度，不能过分，也需要注意场合时间。比如，"我深知您在婚姻家事领域非常权威、专业，今后还得多向您学习""我曾经拜读过您的大作，受益匪浅""早就听说过您的大名，没想到今天在庭上我们相遇了""我相信您也是一个讲理讲法的人""我相信您也会尊重客观事实"等。

（三）在第一句话中把问候送出去

无论是与陌生人的初次见面，还是与熟人相遇，问候都是少不了的。一见面就将问候送出去，效果会截然不同。比如简单地问候："您好""早上好""节日快乐"，等。比如执业律师到了法庭，与法官或者公诉人、对方当事人、代理律师见面时简单、礼貌地问声"您好"，就会缓解法庭的紧张氛围，拉近彼此的距离，消除尴尬和拘谨，接下来的相处中就不会那么别扭和敌对了。

美国著名律师F. 李·贝利在其《舌战手册》中也持这种观点，他认为向法官说声"早上好！"这一句友好的、大方的问候会给执业律师带来很多好处。首先，让人感觉这个律师很有人情味，不会让人感到你毫无人情可言。其次，在这种场合下，一句简单的问候表明律师是非常友好的，表明律师对陪审团的认可。

（四）第一句话就让人感受到体谅、关爱、包容

执业律师要重视，特别是处于矛盾纠纷中的代理律师角色，能否顺利的化解矛盾纠纷，第一句话有时候起着关键的作用。一句不得体的话，也许就会加深彼此的矛盾，还会伤害到对方的感情。所以，作为执业律师在与人交往中的第一句话非常重要，出口之前一定要想仔细，不能脱口而出，不顾后果。如果律师开口就能给予对方体谅、关爱、包容，也许再深的矛盾也容易化解。

比如，在伤害案件中，执业律师见到受害者说："你恢复得还好吧?""请你不要激动，有什么想说的慢慢说出来，心里或许就会好受些""不要过于悲伤，事情已经发生了，我们一起来面对它"，等等。只要律师恰当的体谅、关爱、包容，就会有所收获，尽管不能口吐莲花，至少也要让别人听了舒服开心。正所谓"良言一句三冬暖，恶语伤人六月寒"，一开口就是一句良言，效果定会倍儿棒。

九、谦虚做人谨慎说话

俗话说:"木秀于林,风必摧之。"这句话出自三国时魏国文学家李康的《运命论》:"故木秀于林,风必摧之;堆出于岸,流必湍之;行高于人,众必非之。前鉴不远,覆车继轨。"这句话的意思是高出森林的大树总是要被大风先吹倒,比喻才能或品行出众的人,容易受到嫉妒、指责。他告诫人们不要太过于在众人面前出风头,风头出多了,必将遭到外部势力的首先发难。

"木秀于林,风必摧之"。这句话的社会寓意是指,在社会生活中,往往能力出众,成绩显著的人,容易被嫉妒,甚至受到打击、排斥,因此很多人往往会选择明哲保身而不愿做出头鸟。这种现象确实在现实生活中存在,无法回避。但是,也不要过于悲观,才能出众也不是坏事,只是如果一个人很优秀,就必须学会谦虚,学会适应环境,审时度势,不可清高自傲,一意孤行,我行我素。在职场中应谦虚做人谨慎说话,要团结同事,用自己的行动,带动大家的能动性和创造性,不要自以为是,骄傲自满。这样,才能在社会上有一席之地。物竞天择,适者生存。这是亘古不变的道理。

◇低调才能走得更稳更远

在律师行业里,也有一些人自己没有能力,业务水平差,专业能力不强,办理的案件不多,收入不高,但是就看不惯同行业的其他律师,很是嫉妒。而对于法律职业共同体来说,在体制内的一些法律人总是羡慕执业律师收入高,根本不考虑律师的艰辛和付出,他们对律师总是有那么一丁点儿的不服气。所以,作为执业律师应当时刻保持警惕和谦虚的态度,只有低调做人才能走得更稳、更远。

法国哲学家罗西法古说过:"如果你要得到仇人,就要表现得比你的朋友优越;如果你要得到朋友,就要让你的朋友表现得比你优越。"作为执业律师,当其处于优越地位时,自然是可喜可贺的。但是,不能因此得意忘形,更不能锋芒毕露,不能骄傲,不要急于显示自己的能力,不要总认为自己胜人一筹。否则,就会引起别人的嫉妒,失去朋友,使自己无形中树敌。因此,执业律师要学会收敛,特别是在同事面前,更应该谦虚一些,低调一点,不要刻意吹嘘,更不要轻易看不起别人。一个人太锋芒毕露，无论在什么地方都有树敌风险，稍微不注意就可能会遭人嫉妒，受人排挤。

◇隐藏自己

作为律师，会参加一些必要的社交活动，就会不停地与人打交道，在不同的场合与不同的人在一起，就要说不同的话。自我介绍的环节，请记住一定要谦虚的介绍自己，要时刻提醒自己要谦虚做人。执业律师应当知道，律师行业或者说法律职业共同体，这支队伍藏龙卧虎，人才辈出。老子曾说："良贾深藏若虚，君子盛德貌若愚"。意思是说商人总是隐藏其宝物，君子品德高尚，而外貌却显得愚笨。这句话是要告诉我们要学会隐藏自己，使自己深藏不露，不要骄傲自大。

比如，在某个场合一位律师自我介绍时说："我原来当了十几年法官，办理了大量的重大疑难复杂案子，自己出来找了几个公检法的退休干部开了一家律师事务所，我们案源好得很，你们没有案源的可以来找我……"另一位介绍说："我还是律师行业的新兵，虽然做过法院院长，审理过一些案件，但是这个角色转换还没有适应，请大家多多帮助，我也喜欢探讨案子，大家有什么案子我们可以一起参与研究讨论，目前我虽然担任了律所主任，但是管理律所与在法院做院长不一样，还请大家多多指教……"这两个自我介绍的律师都有法院从业经历，但是他们的自我介绍风格完全不一样。前者让人听起来不太舒服，后者听着很随和、谦虚，相比之下大家都愿意跟后者做朋友。因此，律师在介绍自己的时候，一定要谦虚，不要总是拿自己的过去说事，既然已经过去了，也就没有多大宣扬的必要了。

笔者在参加一次仲裁员培训活动中，认识了一位很谦虚的学员，他主动加我微信好友，在自我介绍环节他非常低调，在主持人的辅助介绍下我们才知道他是哈药集团某省代表、民政部门旗下主管的狮子会某省主席。在笔者参加的另一次培训会上，有一位律师自我介绍时说曾经具有法院工作经历，但是经过主持人介绍，他原来是某军区军事法院院长。他们的自我介绍非常谦虚和低调，没有任何华丽的言辞，反而以一个行业新兵的身份跟大家打招呼，向大家讨教，与参加培训、学习的人员打成一片，融为一体，大家都非常乐意跟他们交朋友。可见谦虚做人，谦虚地介绍自己，会让自己更加融入社会、融入团体，结交更多的良师益友。

◇谨防祸从口出

律师这个职业不是一般的职业,有严格的行业纪律规范,有职业道德操守,不能随便乱说,说话一定要谨慎,不能任意妄为。作为一名执业律师应当管好自己的嘴巴,谨防祸从口出。律师工作的特殊性要求,律师说话和发表言论一定要小心谨慎,不能捕风捉影,更不能信口开河。特别是自己承办的法律事务,无论是诉讼业务还是非诉讼业务,执业律师都是需要保密的,不能在工作之外随便言及或者讨论。

笔者发现,一些律师经常在公众场合大声讨论案件,任意发表观点,草率下结论,这些都不应该。比如说,笔者经常到成都市看守所进行会见,就经常听到一些律师在看守所的会见接待大厅大声喧哗,毫无顾忌地谈论案件,这非常危险,需要引起注意。还有一些律师办理案件,总是认为自己接受客户委托,目的就是一个,那就是忠于客户,使其获得最大利益,因此在案件办理过程中毫不顾忌对方当事人的感受或者有关部门的职能、职责,发表一些不当言论,或者有捏造事实之嫌,或者有诽谤之意等,这都是说话不谨慎的具体表现。要知道律师这个职业,不但要维护客户的合法利益,还要忠于事实与法律。

笔者办理过一个商品房买卖合同纠纷案件,客户2006年购买了一套别墅,但是时至2019年已经长达十余年尚未交付。在客户与开发商交涉期间,物业服务公司以客户未交物业服务管理费为由诉至法院,客户之前委托的代理律师不是针对物业没有完成交付,业主还没有收到房屋,且责任不在业主一方进行辩论,而是坚称前期物业服务合同不是业主与物业公司签订,根据合同相对性原理,业主不需要受这份前期物业服务合同约束,结果导致法院在物业服务合同纠纷中认定了开发商已经完成交付。这个交付问题,除了代理律师自述之外,法院再无任何证据。由于律师的自述构成了法律上的自认,尽管律师后来提供了大量的证据证明开发商并没有完成交付,但是上级法院根本不予采信,这就是执业律师说话不谨慎的后果。尽管最后在仲裁审理中,代理律师自认开发商已经完成交付的事实,仲裁机构没有采信,但是却付出了巨大的代价。

还有一个案件,当事人公司不知为何成了被告,说是该公司为湖南省的一家公司在广东省融资400万元人民币提供了担保,特别代理的律师在当事人没有参加庭审的情况下,对毫不知情的担保行为即当事人公司在该借款合同上盖的印章真实性直接予以认可。虽然，该代理律师对该印章是如何加盖上去的、是不是公司行为、是否经过公司同意、公司是否有担保的行为和真实意思表示提出了质疑，但是法院以代理人自己认可印章的真实性为由判决该公司承担400万元人民币本金及利息的连带偿还责任。印章没有经过鉴定，代理律师是如何判断印章真假的？未经过鉴定律师就知道印章是真实的，难道律师说这个担保不知情？法官会怎么想？他们会相信吗？再说，就算印章是真实的，难道就没有被偷盖的可能吗？这个担保的过程总得查清楚吧？结果，一审、二审法院均以代理律师自认印章真实性而判决该公司败诉，向省高院申请再审也被同样的理由驳回。这个案子也是代理律师没有注意自己在法庭上的发言，没有做到谨慎说话的后果。

总之，作为执业律师，在任何场合、任何时候都需要谦虚，做人谦虚、做事谦虚，说话一定要谨慎，任何言行都必须三思而行，不能随便张口便来。特别是对于执业律师在法庭上的言论，都要经过大脑反复推敲，打好腹稿，谨言慎行，不要轻易表态，不要草率下结论，不要轻易承诺，对于争议比较大的事实，切莫轻易认可，与其自认，不如请法院在查明事实的基础上依法认定。如果，要想成为一名优秀的执业律师，谦虚做人谨慎说话是必须的，只有谦虚做人，谨慎说话，才能做到优秀，保持优秀。

十、让对方知道律师在说什么

很多律师都会认为自己其实很能说，也很会说，只要一说起来就会滔滔不绝，没完没了。但是，很多听他说的人却根本不知道他到底在说什么，也不知道他到底想说什么。显然，这样说话达不到目的，这也不是真正的会说话。真正的会说话，是听者听得懂、明白他在说什么，能够实现说话目的，能够实现有效沟通。

◇律师想说什么，律师在说什么？

一些律师在发表意见时或者发表自己的代理词、辩护词的时候总喜欢长篇大论，乱七八糟地说很多，但是始终无法表达出他想要表达的主要观点和意见，让听的人一头雾水，不知道他说的到底是什么东西，也不知道他到底想表达什么意思。所以，在法庭上经常遇到审判人员要求代理律师、辩护律师发表意见时尽量简洁点、说要点，详细的内容以书面的方式提交。为什么会这样？笔者个人认为应该与审判人员的时间、耐心程度有关,也与他们对案件的重视程度有关,但是这里面应该还包括,他们担心有的律师长篇大论说不到点子上,总是东拉西扯地说一大堆正确的废话。说话的目的在于交流思想和感情,传达观点,只有让对方听懂了律师在说什么,律师说出来的话才有意义。律师说得再多,无法表达应有的观点和思想,听的人总是不明就里,不知道律师说的是什么,这样没有任何意义。

有的人说话又过于简洁,舍不得多说几个字,惜字如金,也会让人云里雾里,摸不着头脑。还有些人说话过分含蓄,总留有弦外之音,对方听懂了还好,若是没听懂,不但达不到交流的目的,反而会引起不必要的误会。古往今来,因为会错意而造成的误会太多了,甚至破财丢命的也大有人在。东汉末年,曹操被董卓追杀,得陈宫相救逃到了成皋后,前往曹操父亲的结拜兄弟吕伯奢家借宿。吕伯奢见到故人之子十分高兴,准备杀猪款待曹、陈二人。不想其家人在磨刀时一句"缚而杀之,何如"的话却惹出了滔天大祸。本来吕家是要"缚猪"而杀的,曹操却以为是要"缚他"而杀,结果吕伯奢一家九口全部命丧黄泉。虽然曹操生性多疑,但此惨剧却由弦外之音而引发。在人际交往中,我们很容易发现许多误会都是由这种弦外之音造成的。

发现问题不是终点,解决问题才是目的。俗话说得好:"与其扬汤止沸,不如釜底抽薪。"意思是说与其舀动沸腾的水使它不沸腾,不如从锅底下抽去燃烧的柴火,使水停沸。就是告诉人们发现问题后,要从根本上解决问题。

◇ 工欲善其事,必先利其器

一个人在说话之前如果没有准备,就像上战场没有带武器一样,将会变得很被动,结果也将会对自己很不利。古今中外的很多名人正因为深知"准备好了再开口,才能事半功倍"的重要性,所以常常在论辩中取得成功。某地有一位被称为"金舌头"的人,有个游客很好奇这个称呼的由来,便向当地人询问原因。当地人回答说:"因为这个人口才出众,与人争吵、辩论的时候几乎从来都没有输过。"游客又问道:"难道你们当地就没有一个口才和他相当的人吗?"当地人答道:"口才出众的人有很多,但无论其他人拿什么样的问题去与他争辩,他都能分析得头头是道,找出对手话语中的破绽,然后一举取胜。"游客更纳闷了:"这怎么可能呢?他是怎么做到的？"当地人回答："很简单，他极爱读书，各种书报杂志都要买回来仔细翻看，并一一整理记录，他的知识很渊博，看问题和讲话都能比别人讲解得深入、透彻。在这样的人面前，又有几个人能够赢他呢？"

俗话说："工欲善其事，必先利其器。"要想做到舌灿莲花首先必须充实自己。深谙论辩之道的人，在开口之前一定会有所准备，比如对将要进行论辩的内容、所需的知识和材料以及参加论辩的其他对手的背景和情况，都要进行基本的了解和掌握，在此基础上再展开对话和交流。我们在平时读书看报时，把每天看到的最感兴趣或者有触动性的文字都勾画抄写下来，然后记住其中自认为很有意义的话，即使每天只有一两句，两三个月就会发现自己的思想比以前丰富多了。通过这样的日积月累，在我们演讲或辩论的时候，它们都将成为不错的素材，然后再运用自己的方式加以发挥，说得自然一点、顺口一些，就能令人刮目相看了。

如果平时不去阅读和积累，在需要的时候就会显得力不从心，觉得词穷了，就会真正理解什么是"书到用时方恨少"。需要注意的是，在应用这些积累的时候，一定要加入自己的思想和观点，不能生搬硬套、照搬照抄。我们每说出一句话时，绝不能像背书一样，或者像鹦鹉学舌一样，只是把记住的话重述一遍，而是要表达出自己对这些人和事物的看法和观点。

律师代理案件，需要针对具体的案件进行详细、充分的调查、研究，收集、整理全部证据材料，查阅、熟读相关法律法规，将对方提交的证据材料以及他们的证明目的进行分析研究，结合他们的证据、证明目的、观点等进行详细的整理、分析，研究应对策略，还要模拟对方在法庭上可能提出的质疑、观点、问题，进行综合分析判断，最终反复推敲形成我们的代理思路和观点。只有进行充分准备，律师才能在法庭上运用自如，手到擒来。提出的观点和意见才会准确、清楚、明白，让听者很容易听清楚、明白，并知道律师到底说的是什么。

◇围绕目的说话

执业律师说话时要注意自己的目的是什么，要在说话时紧紧围绕目的这个中心。有什么说什么，紧紧围绕你的目的说话。漫无目的说话容易出错，如果漫无目的没话找话，自然难保不会给自己找出一大堆麻烦来。

执业律师办理案件，就要根据客户的委托，从客户的终极目的着手研究案件，要明确他们追求的是什么样的结果，他的真实意图是什么。律师只有掌握了客户的真实意图，根据案件的实际情况，根据案件的证据材料和个案的情况，结合法律规定，制定代理方略，厘清代理思路，在法庭上发表代理意见和提出主张时，才能围绕客户的目的展开论述。围绕客户的目的，明确我们作为律师的目的，围绕这个中心进行分析、论证，得出结论。

比如，在离婚案件中，原告的目的就是希望离婚，帮助客户实现离婚目的就是律师的目的。那么，代理律师无论是陈述案件事实，还是提交证据，发表代理意见，都得围绕离婚这个目的的开展，证明双方当事人没有感情基础，或者感情基础差，或者婚后没有建立起夫妻感情，或者因为一方赌博、吸毒、犯罪、卖淫、嫖宿等已经伤害了夫妻感情，导致感情破裂，以及没有和好的基础或可能等。作为律师就要目的明确，律师就是为了证明他们感情确已完全破裂，再无和好可能，所以请求法院判准离婚。一定要明确自己的目的，围绕这个中心，法官才知道律师到底在说什么，到底想表达什么意思。

◇ 语言表达要准确，力求清楚明白，避免歧义

执业律师代理案件，在提出自己的代理意见和观点时，一定不要使用具有歧义的语言，避免引起多重解释，语言表达要力求准确，让自己的意思表达清楚明白。律师发言不要用有歧义的词或者句子，要多用通用话，如发现字句会产生歧义时，即使多费点口舌，稍微啰唆一点，也要用通俗的话语说清楚。金无足赤，人无完人，尤其在说话办事的时候，不管是谁都不可能做到说话会百分之百的准确。因此，这需要锻炼，要不断地分析、总结。沟通是一种技巧，有效地沟通就是要让对方听懂你在说什么，否则就失去了沟通的意义。讲话的人，要知道应该如何叙述，对方才可以听明白。而听话的人，他们可能会怎么解读，他们会如何理解说话者表达的意思，这是一个沟通的过程。由于每个人的性格、观念、文化程度等不尽相同，语言表达如果不能准确，不能表达得清楚明白，就容易引起误解，达不到说话的目的。所以，让对方听懂你在说什么，是沟通中最基础的要求。

我们还是以离婚案件为例，律师在代理原告提出离婚诉讼时，在法庭上首先就得明确"我的当事人与被告缺乏感情基础，婚后没有建立起夫妻

感情，属于感情已经完全破裂，没有和好的可能，请求法院判决准许二人离婚。具体理由有如下三点：……"法官一听就会明白，律师主张的是原被告"缺乏感情基础，婚后没有建立起夫妻感情"，你的目的是希望法院判决准许"离婚"。再如，律师办理刑事案件为被告辩护时，律师提出"本辩护人对公诉机关就本案被告涉嫌抢劫罪的罪名和事实均不予认同，认为本案被告在得知自己与受害人赌博时受害人使用了欺骗手段，其抢回自己输掉的赌资，依法不构成犯罪，请求对被告判决无罪。其理由如下……"这个时候，法官就已经明白，律师对公诉机关的指控不予认可，律师认为他的当事人抢回的是自己输掉的赌资，其行为不构成犯罪。

笔者很小的时候就听说过一个笑话，说是有一个人到某大城市去，一天早上他去吃早餐，他走进早餐店对服务员说："我要七碗稀饭七碗面"。服务员感觉很奇怪，怎么这个人的早餐吃得这么多，居然一个人要"七碗稀饭七碗面"，这怎么能吃下呢？服务员向他核实到："你要七碗稀饭七碗面？"这个人回答："对，我要七碗稀饭七碗面"。于是，服务员赶紧给他端了七碗稀饭煮了七碗面，这个人一看不对呀，怎么这么多呢？就找服务员理论，服务员说"这不是你要的吗？你不是说你要七碗稀饭七碗面吗？"这个人解释说，他想吃一碗稀饭，一碗面条。由于他是开江人，开江那边的人说"吃"是说"七"（读音），所以服务员以为他是真的要"七碗稀饭七碗面"。

让听者清楚地知道一个人在说什么，才能实现他说话的目的，达到他想表达的意图，这是一种说话技巧。律师要让听者知道你说的什么，想表达的是什么意思，在表达之前律师就需要有充分的准备，明确的目的，围绕目的这个中心思想，准确无误，清楚明白地说出你的意见和观点，避免没有准备，缺乏中心思想，目的不明确，含糊不清，容易引起歧义的说话。记住，如果不能让听者知道律师说的是什么，就算说得再多也是徒劳，也没有任何用处，反而不利于矛盾纠纷的化解，达不到律师想要表达的预期目的。这样的演讲就是失败的演讲，这样的辩论就是无用的辩论，这样的沟通就是无效的沟通，且有损律师形象。

十一、辩论要抓住情感弱点

◇抓住情感弱点是一个常胜法门

结合笔者多年办理的案件,根据笔者的切身体会,辩护律师的感情牌打得好不好,感情弱点抓得准不准,对案件的结果影响是很大的。因此,辩论时抓住情感弱点,对于实现律师的辩论目的是很有帮助的。通过对大量著名、知名、成功刑辩律师的辩论研究、学习,完全有理由相信抓住情感弱点是一个常胜法门。要知道,成功的论辩不仅凭借锋利的言辞、缜密的思维、铿锵有力的语调,还必须常常诉之以情,把律师自己的感情融入对方及听众的血液里,令其沸腾,深入骨髓。简而言之,就是靠情感战胜对方,获得听者支持,帮助自己辩论成功。

尽管,我们看到很多大律师经常使用这样的技巧发表辩论,承办法官也愿意听,但这不是每一个执业律师都可以获得的平等待遇,如果律师不够分量,法官一般是不会让你在法庭上煽情的,更不会有那么多耐心听律师发表感慨和进行情感攻击。现实往往与电视剧、电影差别很大,实践不是拍戏。当然,不排除有的律师很幸运,有的当事人也很幸运,律师辩论的感情牌确实引起了法官的注意和重视,当事人自然就会获得从轻或者宽大处理。

在确有必要的时候,笔者会据理力争,竭尽全力为当事人争取最大利益。毕竟刑事案件涉及的是人权、自由和生命。当然,这种情况免不了会受到法庭的干涉和呵斥,这也是司空见惯的事情。毕竟法官希望律师说的只是结论、要点。尽管如此,笔者认为在有必要的时候,在需要的案件里,辩护律师还是要运用抓住情感弱点的这个技巧,至少你得说核心观点,并保证将书面的辩护词及时提交到法庭,确保能装入案卷。重大案件,最好是向每一位合议庭成员都送一份精彩辩护词。

◇美国总统林肯的真挚情感

美国总统林肯当律师的时候,办理过一个案件,他对情感弱点的运用就很有学习价值,值得我们学习。有一天,一位老态龙钟的妇女前去面见林肯,哭诉自己被欺侮的经过。这位老妇人原是美国独立战争时期一位烈士的遗孀,每月靠抚恤金勉强维持生活。有一天,出纳员竟要她先缴出一笔手续费才能领钱，而这笔手续费竟高达抚恤金的一半，这分明是敲诈勒索。素有修养的林肯听完老妇人的泣诉后，怒不可遏，他安慰老妇人，并答应一定帮助她打赢这场官司。然而法庭开庭后，老妇人的证据不足，且被告矢口否认，情况明显对老妇人不利。

轮到林肯发言时，几百双眼睛盯着他，看他有没有办法扭转局面。这个时候，林肯并没有在老妇人的不幸上大做文章，而是用抑扬顿挫的嗓音，把听众引入对美国独立战争的回忆。他双眼含泪，用真挚的情感述说革命前美国人民所遭受的沉重苦难，述说革命志士在冰天雪地里战斗，为灌溉"自由之树"而流尽最后一滴血的事迹。突然间，他情绪激动，言辞夹枪带剑，直指那位企图勒索烈士遗孀的出纳员。最后，他以巧妙的设问，做出精彩的结论"现在，1776年的英雄早已长眠于黄泉，可是，他那衰老而可怜的遗孀，还在我们面前，要求我代她申诉。这位老妇人从前也是位美丽的少女，曾经有过幸福愉快的家庭生活，然而，她为美国人民牺牲了一切，到头来却变得贫困无依，不得不向享受着革命先烈争取来的自由的我们请求一些援助和保护。试问，我们能视若无睹吗？"

林肯用这样一个问题，成功地触发了在场所有群众的同情心，在场的人眼眶泛红，都为老妇人掬一把同情之泪。有的捶胸顿足，扑过去要殴打被告；有的当场慷慨解囊。在陪审团的一致要求下，法庭通过了保护烈士遗孀不受勒索的判决。可见，执业律师在发表辩护时，如果能动之以情，激发众人内心深处的温暖情感，将有助于扭转劣势。俗话说："'通情'才能'达理'"，没有心理上的沟通作基础，即使有理，也达不到说服的目的，无法在情感上战胜别人。

◇打好感情牌让当事人获得轻判

笔者办理的刑事案件中，也有几个值得回忆的成功案例，笔者也是抓住了情感弱点，最后让笔者的当事人获得了从轻处罚。其中一个是非法吸收公众存款案，笔者的当事人新婚后进入一家投资理财公司，并担任了公司的一个部门负责人。但是，公司有规定每一个员工都得投资到公司，而且每月要发展多少客户委托公司投资理财。这个当事人经常因完不成任务被公司克扣工资、奖金，还被通报批评。为此，家中年迈的父母为了帮助儿子完成业绩，居然悄悄地卖掉唯一住房给儿子到公司投资，岳父岳母也到处借钱拿给女婿到公司投资，以冲抵业绩，几个月后身边的亲朋好友都动员完了，该到公司为投资者分配投资红利时，公司老总因涉嫌诈骗被刑事拘留，公司所有财产都被查封，投资者因此聚众闹了起来，公司的大小员工和部门经理都被以非法吸收公众存款刑事拘留了，笔者的当事人当然也不例外。

在笔者接受委托后发现他在这个公司工作不到半年，而且根本不知道公司老板的欺诈行为，他动员亲朋好友投资的项目也都是千真万确的，他们夫妻、父母、岳父岳母一共投资了两三百万元，而他自己获得的工资和投资回报不到十万，因此受牵连的亲朋好友投资达五六百万元。出事后，他的老父亲被检查出是癌症晚期已经无钱治疗，岳父为他担心急出病住院治疗的费用也没有，而他自己就这样被关进看守所里。父母失去了住房，老父亲癌症晚期，自己是家中独子，不要说尽孝，就连探望一下都成了空谈。法庭上，笔者竭尽全力将他的遭遇和事实真相如实地进行了陈述，获得了承办法官的情感支持，最后对其适用了缓刑，让他回到父母和岳父岳母身边照顾老人。

在曾某故意杀人案中，笔者担任其辩护律师。在笔者查阅全部案卷材料后发现曾某杀害的是他的亲姐夫，而且犯罪之前他是一个出租车司机。邻居、亲友对他印象不错，跟姐姐、姐夫关系非常好，经常在一起聊天和玩耍。不但如此，曾某居住的房屋也是姐姐、姐夫家的，就连他的父母也是姐姐、姐夫在赡养。犯罪前，他患过精神分裂症，犯罪当天还在服药。那天晚上他做了一个梦，梦里他被姐夫鸡奸，醒来后第一时间就报了警，警察到场简单地过问了几句就走了。曾某认为自己被姐夫侮辱了，报警也不起作用，心中很是气愤，加之他总是感觉有人在对他说他是孬种、软蛋，被姐夫弄了屁股也没有办法，那个声音一直怂恿他去找姐夫报仇。就这样在幻觉的支配下，他跑到姐夫的超市用一把水果刀照着姐夫乱捅了十几刀，致其失血过多死亡。当他捅伤其姐夫后，他自己也被姐夫身上流出的鲜血吓住了，突然就清醒了。于是，他赶紧拨打了120和110，并当场等候处理。

笔者去会见曾某时，曾某一直哭诉对不起姐姐、姐夫，对不起父母，愿意承担一切责任。在法庭上，笔者将涉及这个案子的所有感情因素全部调动了出来，包括姐姐、姐夫对曾某的好，曾某平时对姐姐、姐夫的好，一家人其乐融融的场景、曾某后悔的真实哭诉、他患过精神分裂症的前因后果等进行了充分地阐述。笔者希望曾某姐夫的亲人对他予以谅解，希望司法机关对他从轻发落,最后曾某被判处了无期徒刑。

笔者办理的这两个案件,可以说都是抓住了情感弱点的这个有利因素,运用感情技巧获得了审判人员及受害人亲友的同情、谅解,最终获得从轻处罚。当然,这两个案子也是比较有影响的案子,都是高层关注的大案,其中一个还是全国直播,我的感情牌出牌时合议庭不便于制止和干扰,发挥得也就很成功。

十二、说话要有逻辑

执业律师代理案件,需要以事实为依据,以法律为准绳,律师一直坚持要依理依法,以理服人。什么是以理服人?就是用事实和道理说服人,要解决思想认识问题。什么样的事实和道理才能说服人?那就是符合"逻辑"的事实和道理才能说服人。一提到"逻辑",很多人都会觉得太深奥了、难以掌握。其实并非如此,日常生活中到处都充满着逻辑。比如:"渴了,要喝水""饿了,要吃饭""困了,要睡觉"等,这就是一种简单的因果逻辑。再比如说,律师打离婚官司,为什么要离婚"因为感情已经破裂,再无和好的可能,所以要离婚";这个刑事案件的被告为什么可以获得从轻处罚?因为他是初犯、偶犯,而且还有自首的情节,所以可以从轻……这些都是逻辑。

我们在日常生活中,经常说某人说的话不可信,为什么?我们说他说的话太不符合逻辑了。比如说:"天上掉馅饼了",谁信?没有任何人相信,因为这不符合逻辑。律师执业经常需要运用的论辩,律师要让自己说出的事实和理由让别人信服,支持律师说的话,就需要掌握说话的逻辑。律师常用的逻辑多是指事物、思维的规律以及推理的原则。如果能先做到让对方迷失方向,糊里糊涂地被牵着走,那么,胜利的把握就能提高很多。这种小手段说来简单,但是运用起来也是要讲究方法的。律师必须采取一些措施,让自己的话语符合逻辑,理顺意思,这样才能一步步引诱对手自己跳进来,然后一举将其击溃。

笔者曾经代理过一起民间借贷案件,罗某起诉李某主张归还借款50万元,李某委托笔者代理,可是李某说他根本没有向罗某借钱,而且也根本不认识罗某。但是,自己确实收到过罗某转账支付的50万元。不过,李某告诉笔者这个钱是他与第三人之间的合同关系,第三人沈某让罗某代付款,他跟罗某素不相识,更没有经济上的往来,不会跟罗某借钱。案子到了法院,原告方提供了给李某转账的银行流水,同时请第三人沈某到法庭当庭作证,证明李某向罗某借款50万元。

法庭上第三人沈某证实,李某企业经营困难,需要资金周转,向沈某借钱,沈某说自己手里没有钱,就找了一个朋友本案原告罗某借给李某50万,但是李某收到罗某的转账后没有出具借条,也没有约定归还日期,没有约定利息,罗某现在收不到钱就找自己要钱。当天原被告双方均没有到庭,只有双方的代理律师和证人。于是,笔者向证人提出了几个问题,证人也进行了回答,通过一问一答问题就很清楚了。

笔者问:"证人,你确定罗某是通过你把这个钱借给李某的吗?"

沈某:"是的,因为他们不认识。"

问:"罗某与李某之间有经济往来或者生意往来吗?"

沈某:"没有,他们都不认识,怎么会有生意往来和经济往来呢?"

问:"既然都不认识,李某怎么会向罗某借钱呢?而且还是陌生人之间的大额借款,五十万元?"

沈某:"李某给我打电话说急需钱,让我给他借五十万,我自己没有钱,所以就向罗某开口,让罗某给李某转款五十万元。"

问:"当时有说到这个钱由谁还吗?"

沈某:"没有。"

问:"那你们是怎么说的呢?"

沈某:"罗某是我认的干亲家,她什么都听我的。当时我让她给李某转款,她说不认识李某,以后就找我收钱,我们是认的干亲家关系,所以没有说借多久,也没有说利息。"

问:"罗某出借这五十万给李某已经快两年时间了,罗某向李某催过还款吗?"

沈某:"没有,他们不认识,没有联系,都是找的我要钱。"

问:"你确定罗某与李某没有见过面?"

沈某:"确定,真没有见过面。"

问:"罗某一次都没有找李某要过钱?"

沈某:"没有,罗某都是向我要,从来不找李某。因为当时转款的时候她就说的只认我。"

问:"李某知道你让罗某转款给他是他向罗某借款吗?"

沈某:"不知道,我只是说找一个朋友给他转款。"

问:"罗某是怎么知道李某的银行账户的呢?"

沈某:"我跟李某有生意上的往来,我知道李某的账号,是我转发给罗某的。"

问:"既然罗某借钱给李某,为什么罗某不找李某要钱,而要找你呢?"

沈某:"他们不认识,当初罗某说的只认我。"

问:"罗某向你要过几次钱了?"

沈某:"罗某经常向我要钱,李某不还我,我只好让罗某起诉李某了。"

问:"你跟李某之前是什么关系?"

沈某:"生意上的合作关系,他也向我借过钱还没有归还,我们还在打官司。"

事实上,这个钱确实是李某与沈某之前的经济往来,只是沈某让罗某支付的而已。笔者问到这个地方事情也基本清楚明白了,这个钱确实不是李某向罗某借的,就算要也得是沈某自己归还罗某,罗某从一开始就不认识李某,他不可能向一个素不相识,没有生意往来的人出借50万元人民币,这不符合常理,更不符合逻辑。而且,要是罗某向李某出借这笔款,罗某就应该找李某讨要,不可能一直不向李某讨要,而去找沈某讨要。更何况,用沈某的话说,罗某转款时已经说得很清楚,他只认沈某。这说明,罗某没有借钱给李某的意思表示,李某也没有向罗某借钱的意思表示,而是在跟沈某联系,账号也是沈某给罗某的。因此,罗某起诉李某主张归还借款显然存在问题,逻辑上说不通。最后,这个案子被法院驳回了诉讼请求。

前面这个案子,就涉及逻辑问题,逻辑指的是思维的规律和规则,是对思维过程的抽象。狭义上逻辑既指思维的规律,也指研究思维规律的学科即逻辑学。广义上逻辑泛指规律,包括思维规律和客观规律。所以,经常有人说某人说的话不可信,理由是他说的不符合客观规律,这个客观规律就是指的逻辑,就是说他说的不符合逻辑。因此,执业律师需要掌握的说话技巧离不开逻辑思维,律师说出的话如果不符合客观规律,不符合逻辑就不能让人相信,就说服不了人,也就无法达到说话的预期目的。

十三、反驳应当铿锵有力

俗话说"打蛇打七寸"。为什么是"七寸"?因为蛇的要害就是"七寸"，所以要打蛇就得打它的要害。论辩也是如此，论辩中要学会抓住对方的主要破绽提问，攻其根本，来反驳对方，会比陈述性反驳更有力，有助于攻垒破敌。只有抓住时机，在对方露出破绽时，掌握有利时机，予以强有力的进攻、反击，才能收到满意的效果。当然，这里说的有力不是说执业律师在法庭上的发言要声音有多大，而是在于你的反驳力度。一些律师在法庭上声音很大，就像在吼，像吵架一样。声音大，像吵架一样，这不是辩论得有力。

作为商务谈判者，当遇到商务谈判和辩论时，就要适当地转换一下提问的技巧。而作为执业律师在辩论中则需要根据案件事实和证据，以及法律规定来抓住对方的漏洞，在适当的时机予以反驳攻击才行。在不同的场合，基于不同的目的和需要反驳提问的方式应当有所差异，不能千篇一律。

比如前面谈到的李某与罗某的民间借贷案件，李某与罗某并不相识，从未谋面，也没有生意上的往来，显然李某没有向罗某借钱的意思表示，也没有借钱的实际行为，二者互不相识，没有借钱的基础，何来建立借贷法律关系？

当证人沈某证实李某向罗某借钱后，笔者提出的问题是："既然说罗某借钱给李某了，为何罗某从来没有向李某主张归还，而是向你主张归还？"

沈某回答："因为借钱的时候，罗某说这个钱她只认我。"

"那么，既然罗某借钱出来的时候说只认你，那就是她借钱给你，应该由你偿还，为何又要李某偿还呢？"

显然，这个借贷关系是存在问题的，罗某也从来没有出过庭，也不愿意到庭接受当面询问，这个起诉是不是罗某本人起诉都值得怀疑。

笔者曾经办理过一起强奸案担任被告人黄某的辩护人，笔者进行无罪辩护。

被告人黄某与受害人李某是邻居，李某是一个痴呆患者，因家里缺乏劳动力，其母亲便主动请人给自己的邻居黄某介绍。黄某是大龄青年，虽然未婚但是有劳力、有手艺，挣钱养家糊口不是问题。所以，李某母亲专门找人给自己的女儿介绍黄某。两家人本来是邻居，加上又建立了这样的关系，相处就更加融洽，李家的大小事几乎都是黄某一人大包大揽。

由于当地经济条件较差，交通不变，两家人建立关系后亲朋好友都不知道，黄家提出招待双方亲戚朋友，举行一个简单的订婚仪式，以便让大家都知道。

于是，双方都请了亲戚朋友，黄家准备办招待，按照农村风俗举行订婚仪式。谁知，就在当天李某家亲戚到来后认为黄家太穷，不同意李某与黄某订婚。

为此，李某表哥与黄某发生争执，其表哥扬言要给李某找一个更好的人家，坚决不准李某与黄某订婚。最后，订婚仪式不欢而散，李某表哥与黄某结下了"梁子"。

时隔一两个月，李某表哥在赶集时看见黄某，二人发生争吵，其表哥说黄某是强奸犯，扬言要叫公安局把黄某关起来。果不其然，就在当天，派出所将黄某抓了起来，以涉嫌强奸罪刑事拘留关进了看守所。

案发后，黄某陈述确实与李某发生过性关系，李某也承认与黄某发生过性关系，但是双方均陈述系自愿发生关系，不存在强奸行为。案子最后到了法庭，经南充市第二人民医院鉴定李某属于"精神发育迟滞（中度），无性防卫能力"，后经华西医科大学医学技术鉴定中心鉴定为"中度精神发育迟滞"。

公诉机关指控："根据最高人民法院、最高人民检察院、公安部1984年4月26日［1984］法研字第7号解释规定，明知妇女是精神病患者或者痴呆者（程度严重的）而与其发生性关系的不管犯罪分子采取什么手段，都应当以强奸罪论处，黄某明知李某是精神病患者，还以恋爱为由与其发生性关系，因此构成强奸。"

笔者提出，李某属于痴呆属实，黄某与其发生性关系也属实，但是这是双方在恋爱关系中发生的性关系，不是强奸，黄某也没有采取任何手段。更何况，李某仅仅是"中度精神发育迟滞"，而不属于"精神病患者或者痴呆者（程度严重的）"的情形，"中度"不是"重度"，显然不是"程度严重的"情形。黄某不应该构成犯罪。

李某的表哥代理李某提出民事赔偿主张时，我方得知并提出案发后李某家人已经将李某外嫁到另外一个地方，成家了。

据此，笔者提出按照公诉机关的逻辑，既然黄某与李某恋爱期间发生性关系构成强奸犯罪，那么与她结婚而发生性关系的男人同样应当构成犯罪，任何与李某发生性关系的人都应当构成犯罪，都应当追究刑事责任。强奸犯属于公诉案件，为何公安机关不去把李某的丈夫抓起来呢？

而且李某的表哥等亲友在已经对李某进行了司法鉴定，明知李某是"中度精神发育迟滞"的情形下，还要让其外嫁，他们具有强奸共犯的嫌疑……

最后，在黄某已经被关押了四百多天的情况下，一审法院依然判决认为黄某构成强奸罪，判处有期徒刑3年。黄某对一审判决不服，提出上诉后，二审法院撤销原判发回重审。重审程序中，公诉机关撤回了起诉。

2005年，被关押462天的黄某在笔者的帮助下，获得了公诉机关和一审法院的国家赔偿29 489.46元。

CHAPTER 4 第四章
执业律师应当掌握的写作技巧

【阅读提示】

　　律师工作需要能说会写，这是共识。无论是茶壶里煮饺子，还是纸上谈兵，都不适合律师这个职业。而且，很多时候写更为重要，特别是在法官那里更是如此。作者很赞同"在法官那里写远远比说更重要"的观点和"写作水平成就执业水平"的说法，执业律师就是要敢于拿起笔来写文章，无论是论文还是案例分析的写作都对律师执业很有帮助，不但可以提升律师的专业素质和专业能力，还能提升执业律师的归纳总结能力，展示自己的水平。本章笔者列举了几个写作改变人生的真实故事，也帮助大家认识文字的作用和重视写作的重要性、写作的基本要求和技巧。特别是对于律师执业中的重要法律文书的制作，比如起诉状、答辩、代理词、辩护词、律师函等，都一一做了详细的介绍，对执业律师提升写作技能技巧一定会有所帮助。

一、文章改变命运

　　在《人民的名义》这部电视剧中，侯亮平提审刘新建时，刘新建讲述自己的"成功史"，不无得意地说"我闲着没事瞎写点文章，结果被赵书记看到了，当时就决定让我当他的文字秘书"。侯亮平说："那几年你是春风得意啊，用了不到6年的时间，从一个副营级的转业军人，破格提升为副厅级的省委办公厅主任兼秘书处处长。"剧中的刘新建，就是一个文章改变命运的例子。

　　现实生活中也有不少会写作的人，而且很多人都成为别人精神上的领路者。写作，也成为许多人命运的转折点，改变了无数人的人生轨迹。刘新建因为写作能力被赵书记赏识,在多年仕途中"笔杆子"也常助他一臂之力,这确实是事实。虽说他最后的结局是锒铛入狱,但是谁都不能否认,若他一路守住底线,人生必将是一条金光大道。

原《达州晚报》总编刘秀品老师的一位朋友,开始是在一个县的工商局当临时炊事员,天天和面蒸馒头。有一次他听说工商局缴获了一批走私表,就跟着工商局的干部去看"稀奇"。看过"稀奇"后,他觉得工商局查获走私表这件事很有意义,就试着写了一条"小消息",偷偷投递给了报社,殊不知那篇文章竟被报纸采用。一块小小的"豆腐干"文章,却引起了当时县工商局局长的重视。工商局时任局长没想到县工商部门做的这件工作得到了报纸的"表扬",通过打听,知道写那篇"表扬稿"的,竟是自己所在工商局食堂的一位临时工。一个临时工有这样高的"写作水平",在局长看来乃是一个不可多得的人才。由此,那篇报道和这位炊事员在局长的心里打下了深深的烙印。

也是无巧不成书。此时,他接到了有关部门的录用通知,他被正式招工,分配到另外一个单位,要他尽快办理参工手续,到那个单位上班。当时能找到一份"正式工作"是多么的不容易,他准备马上到分配的单位报到。工商局局长得知此消息,再三挽留他,表示要想尽办法为他"安排工作",并真的想法为他弄到了一个"招工指标",使他成了工商局的一名正式职工。他在工商局勤勤恳恳,由一个普通办事员,逐步晋升为工商所副所长、所长、副局长、局长。尽管,那篇文章没有将他最终"铸造"成记者或作家,却将他"铸造"成了工商局局长。一个小小的"豆腐干"文章,或许算不上长篇大论的真正意义上的"文章",但就是那个小小的"豆腐干",又确确实实改变了他的命运。有人说机遇改变人的命运,这话虽不无道理,但机遇是靠人把握的。那篇"豆腐干文章"之所以能改变一个临时工的命运,用刘秀品老师的话说,这是因为"机遇只偏爱那些有准备的头脑"。

我们经常说律师需要好口才,律师需要能说会道,但是往往忽略了律师的写作能力,忽略了律师也可以运用文章改变自己,甚至改变命运。其实,很多时候律师张口一说,似乎感觉很容易,很痛快,但是记录的人却不知道如何下笔,如何用文字来表述,这样的现象在法庭上应该非常常见,大家或许都可能遇到过。还有的情况是律师在法庭上可以口若悬河,滔滔不绝,旁征博引的谈古论今,语言表达得淋漓尽致,总感觉自己说得扬眉吐气，胜诉就在眼前。可是，最后输官司的居然会是自己的当事人。这是什么原因呢？这就是口头表达与文字表达没有有效结合，文字没有将你的口头表达阐述清楚明白的后果。

不少律师在法庭上说了一大堆，书记官听了不知道如何下手，不知道该如何记录，结果说得再多也没有用。要是遇到一些比较负责的法官，他们还会让你简单归纳、总结一下，然后再让书记官根据你的归纳、总结做个记录。这个时候律师在庭后将自己在法庭上的慷慨激昂转换为文字，用书面的方式写出来，提交给法庭就显得非常重要了。但是，如果你没有一定的文字根基和功底，这个事情估计也是做不好的。这就是很多人说的，说起来很容易，写起来只好咬笔头。所以，律师的写作能力如何关系着案件的命运，也关系着律师执业的案源等问题。在开庭后将自己的书面的代理意见提交法庭，这是笔者多次聆听最高人民法院的法官讲座时都提到的，最高人民法院的法官也建议律师要提交书面代理意见。

有人说："没有文学和历史知识的律师，只能是一个从事体力劳动的机械工人或者泥瓦匠；而如果他拥有文学和历史知识，或许就可以称自己为辩护律师了。"这个说法或许不完全正确，但是它强调的是律师拥有文学和历史知识的重要性不可忽视。律师的文章写得如何，法律文书制作的技巧如何，这可以从另一个层面反映出律师的水平，也是律师能力的一种体现。张勇律师认为，律师的内功发挥作用，要由外功体现。没有外功作为载体，内功的作用就难以表现出来，语言文字的表达能力是外功最重要的组成部分。对此，笔者深表赞同。执业律师中，文学功底深厚者大有人在，律师的文学作品比比皆是，也有不少律师的文章改变了他们的命运，这毋庸置疑。

笔者建议，律师们要重视律师文学知识的积累，要加强文字功底的磨炼，要重视律师法律文书的写作技巧。律师文章内容很是宽泛，包括各类法律文学作品、律师法律文书、律师实务论文、案例评析、以案说法、法制故事、推理小说等。就算是有人说没有文学细胞，不爱好文学写作，就打算这样做一辈子执业律师。但是，请记住，就算律师不搞文学创作，律师职业仍然离不开法律文书创作，法律文书制作是律师的基本功之一，必须得到重视。律师法律文书写得好不好，完全可能影响案件结果，法律文书也是文章之一，执业律师不得不予以高度重视。律师也可以通过文章改变窘迫状态，改变人们对律师的认识，积累潜在客户，赢得市场，最终改变命运。

律师的成功不仅仅是来自于学历与天赋，更重要的是律师执业技能。律师执业技能的提升是一个漫长的过程，是一个积累的过程。律师法律文书的制作技能也是律师执业技能的重要组成部分，需要时间和精力投入。如果你能借助文章或者说法律文书取胜，这未尝不是一件好事，或许还能巧妙获胜，无声无息地获得客户赞誉。执业律师不要小看文字的力量，更不要忽视律师法律文书的制作技巧，要学会让文字帮助你使巧劲，智力制胜，巧妙取胜。一旦你用心思考并努力实践，或许你就是下一个文章改变命运的律师典范。

二、不可忽视文字的作用

中国文字博大精深，中国的语言文字也丰富多彩，执业律师对语言文字的运用很重要。在什么时候，什么场景或者情况下，如何运用文字传情达意，需要具有一定的经验积累和运用技巧。

司法实践中，经常遇到不同的人对法律有不同的理解，这个时候就会出现不同的解释，这也是中国汉语文化的一个因素。对法律文字含义所作出的解释，就是法律解释。法律解释是指对法律和法规条文的含义所做的说明，法律解释对于实现法律对社会关系的调整起着极其重要的作用，尤其在法律适用过程中，是一个必不可少的环节。不管是有权解释还是无权解释，也不管是司法解释还是学理解释，法律解释靠的都是文字的解释，文字起着巨大的作用。作为执业律师，一个法律人，就更应该重视文字的作用。

一个典故、一句名人名言、一句心灵鸡汤，一般都是用文字的方式表达的。读着故事，欣赏着名人名言，品尝着心灵鸡汤，总觉得很鼓舞人心，心潮澎湃，热血沸腾，总忍不住有马上就行动起来的冲动，这就是文字的力量。哪怕是有时候仅仅是一句口号，只要记住这句口号就足以让人斗志昂扬。

湘军首领曾国藩率军与太平天国军队作战，连连遭到惨败，朝廷又紧逼战报。如何把军事情况奏报朝廷很让人苦恼，曾国藩左右为难。他苦思冥想，绞尽脑汁，无计可施，只得万般无奈地向朝廷奏报"臣屡战屡败"。其手下军师一看，连连摇头，嘴里说："不可！不可！"他担心如此奏报有被朝廷杀头的危险。曾国藩见状，赶紧请教。军师微微一笑，提笔将"臣屡战屡败"改成了"臣屡败屡战"。曾国藩一看，立即拍案叫绝。这也是典型的文字的力量。

因此，笔者认为执业律师无论执业技能有多高，经验有多丰富，在执业活动中也需要重视文字语言的运用，切不可忽视文字的力量和作用。无论是用于宣传推广，还是业务的办理，无论是申诉、维权、起诉、答辩等，都不可忽视文字的力量和作用。但是，要发挥、运用好文字的力量和作用，这需要一定的文字功底和语言技巧，特别是在文字的表述、表达方面需要经验的积累，需要加强锻炼。

在律师的执业活动中，少不了运用到文字，离不开文字表述，文字的运用技巧是可以锻炼和提升的。在什么情况下使用哪个字、词，如何运用，如何表达出来，在哪个位置用这个字词，放在那个地方的目的是什么，这些都需要具体明确。这些字、词、句的摆放，都需要经过反复、严格的推敲，结合执业律师的写作水平，统一谋篇布局，才能达到预期的效果。发挥文字的力量，体现文字的作用，律师必须考虑后果，考虑律师追求的结果是什么。律师执业文书的制作，千万不要意气用事，草率制作法律文书，已经有律师因为法律文书的制作被采取了司法措施，受到了处罚，这些前车之鉴要引起律师高度的重视。所以，法律文书写作技巧重要，执业风险的防范更需要。

三、律师法律文书写作的重要性

律师执业水平，从某种角度上讲，也在一定程度上反映出中国的法制水平，两者相辅相成。往往我们太强调律师的口才，说的能力，而在一定程度上忽略了律师的写作，一定程度上律师口头表达的重要性掩盖了律师法律文书写作的重要性。事实上，很多时候律师的法律文书写作能力和作用，远远比律师的口头表达更重要、更有价值、更容易发挥作用。

法律文书林林总总，外延十分广泛，仅律师实务文书就纷繁复杂、种类繁多。随着依法治国的加强，实践对律师实务文书的要求也越来越高，法律文书的作用也越来越明显，律师执业活动中的法律文书写作的重要性也更加突出。

事实上，作为执业律师，在庭审之后根据法庭归纳的争议焦点，整理并完善自己的代理词和辩护词提交到法院，对律师最大化限度地维护当事人的合法权益非常有帮助。法官在写裁判文书时都是会阅卷的，他们重点是看庭审笔录和代理词、辩护词。在看庭审笔录的时候，他们的侧重点一般在双方的举证、质证方面，对证据的质证部分法官很重视，这是法官裁判的依据。所以，法庭上应当非常重视证据的质证。而在阅卷时看代理词和辩护词，则是侧重在于双方的观点。

因此，庭审之后，执业律师根据庭审的情况，整理出自己一方对证据的质证意见，尽量根据庭审意见进行系统、完整、全面的书面提交，这样可以供法官阅卷时比对庭审笔录，帮助法官分析、认定证据。毕竟法庭上基于很多原因，包括说话的语速、方言、语音不准确等，书记员不一定记录得全面、完整、系统，条理也不一定清晰，这就需要律师事后用文字、文书的方式来补充、完善、强化，以达到让法官支持的目的。

一般来说，司法实践中在法庭上代理律师不会有太多的时间慢慢陈述代理词或者辩护词，更不要说几次的辩论了。很多时候，律师之前准备的代理提纲是会临时调整的，也会有临时补充，书记员记录同样不会全面、准确，这个时候真的很有必要在庭审之后提交一份对案件整体梳理、复述争议焦点、条理清晰、层次分明、旗帜鲜明的代理意见或者辩护意见。这样就弥补了法庭发言不系统、不完善、不严谨、不满意等缺陷以及书记员遗漏、错误的瑕疵，让法官引用起来也更加方便。所以，执业律师的法律文书写作非常重要，不但要写，要提交书面的文字材料，而且还必须重视和提升法律文书写作的技巧和能力。

执业律师的法律文书，又叫作律师实务文书，是执业律师从事律师业务活动的法律文书总称。律师文书的制作在律师从事的法律服务中占据着举足轻重的作用，不容忽视。有一些当事人他不需要律师代理，但是他们需要律师帮助他们代为书写相关的法律文书，比如起诉状、答辩状等，这也是律师的服务范畴，也是律师工作的一部分，这类业务我们通常叫作代书业务。

执业律师给当事人代书的法律文书的质量，可以体现出执业律师的业务水平，律师完全可以通过代书把专业水平和文书写作技巧结合起来，完美地展示给当事人，说不定当事人基于法律文书的写作水平，进而直接委托律师代理案件。因此，在笔者看来律师代写法律文书，也是一种宣传自己、展示自己的机会和手段，其重要性可想而知。

实践中，执业律师无论是办理诉讼业务还是非诉讼律师业务，在各种法律服务工作中，都会需要这样那样各种的法律文书。执业律师凭借这些法律文书，参与各项法律服务工作，具有重要的法律意义。目前，我国重要的律师法律文书已由司法机关制订了统一的格式，也有部分尚无统一的格式。但是，没有统一固定格式的法律文书，一般也有约定俗成的书写规范。

凡是涉及诉讼的律师实务文书，不论是替当事人代书，还是执业律师以律师自己的名义，或者以律师事务所的名义出具的法律文书，都对推动诉讼活动的进展和诉讼案件的公正处理，具有重要的促进和制约作用。因此，律师法律文书是律师执业活动中必不可少的文字工具，也是律师实务工作中的重要组成部分。

执业律师写作的法律文书，其实就是执业律师给当事人的工作成果。律师的工作成果不仅仅是胜诉的裁判结果，而且还应当包括律师的尽职调查报告、与当事人的谈话笔录、法律意见书、起草的合同、诉状、答辩、代理词、辩护词、工作备忘录等。律师的这些法律文书，既是客户知悉律师是如何开展工作的途径，又是律师干了哪些工作的最直接证明，还是规避律师执业风险的重要证据，当然也是客户评价执业律师服务水平的重要标准和依据。在这些工作中，以写作的方式完成的工作成果占了很大的比例。因此，说写作水平是执业律师的一项不可或缺的执业技能，一点也不为过。

在非诉讼法律服务中，律师的文书写作相比诉讼业务，很多时候更具有特殊的重要作用。在非诉讼法律服务中，律师的写作成果即法律文书往往是执业律师的主要甚至是重要的法律服务产品。以法律顾问工作为例，执业律师担任客户单位的常年法律顾问，在工作中起草的合同、规章制度、出具的律师意见、工作备忘录、工作日志等事项就构成了常年法律顾问服务的重要工作内容和成果，这些法律文书是执业律师提供法律服务的重要载体，也是律师展示自己、宣传自己，让客户了解律师、认识律师的途径和服务产品。

写是一种技巧，一种工作方式，同时也是一种表达方式、交流方式。虽然写和说都是表达方式、交流方式，但是很多时候想要用文字的方式把口头语言表达出来，并不是一件容易的事情。律师的工作需要咬文嚼字，特别是书面的文书写作更需要反复推敲，但是事实上这并没有引起广大律师的足够重视。

在实践中，很多律师法律文书制作不规范、不准确，表述很容易引起歧义，这既不利于当事人合法权益的保护，也容易给自己带来麻烦，引起执业风险。如果不重视律师法律文书的写作,不明白律师法律文书的重要性,律师工作中没有很好的运用法律文书这个工具,不精准的表述等,不仅仅是体现出执业律师的水平高低问题,有时候还可能会因此付出较高的成本和沉重的代价。

十余年前,笔者经过朋友推荐参与某台资企业常年法律顾问的竞选,当时听说该公司面临着一家大型集团公司认为其违约,按照合同要求这家台资企业承担500万元的违约金的情况。这家台资企业感到很棘手,导致其他事项的谈判也迟迟没有进展。当笔者知道这件事情后,主动了解情况,经过分析证据,笔者认为真正违约的不是这家台资企业,而是这家大型集团公司,应该是该集团公司向这家台资企业承担500万的违约金。

于是,笔者建议可以直接给这家大型集团公司发律师函,向他们主张违约责任。在笔者提出发律师函的时候,该台资企业的相关高管居然说以前从来不知道律师函这个说法,告诉笔者说从来没有听之前的法律顾问提起过,更没有使用过,他们根本不知道律师函是个什么东西。在这样的情况下,笔者根据他们当时的处境,免费给他们制作了一份律师函,让他们直接送达给这个公司,建议他们再次与这家大型集团公司谈判时提出对方违约的主张,争取有利的谈判机会。

但是,这家台资企业看了律师函,担心一旦向对方公司发这个律师函,他们会在其他方面更加为难,如果不让步对其他重要谈判更不利。因此,他们在后来的谈判中不敢大胆的主张对方违约的责任问题,只是在谈判时轻描淡写的把律师函里面的几个观点试探性的提出来了。尽管如此,对方的谈判代表一听,马上引起了高度重视,并当即表示对于违约问题暂且不谈,说要请示了法律顾问再回复。几天后,该集团公司主动提出不再追究这家台资企业的违约责任,并希望台资企业这边也不要追究他们的违约责任,愿意继续协商其他事宜。

最后,该台资企业虽然没有继续主张对方公司违约,但是他们却免除了500万元的违约金,而且其他谈判也很顺利地得到了推进,实现了他们预期目的。当然,后来笔者自然被该台资企业聘请为法律总顾问,且收费是该公司前任法律顾问的三倍,并一直持续十年之久,直至该台资企业功成身退。虽然那次笔者的律师函没有发出去,但是这个台资企业还是运用我的律师函避免了500万元的违约损失,并取得了重大的谈判成果。显然,这还是律师函的作用。律师函也是律师实务文书之一,他不但帮助了这个台资企业，也帮助了笔者，可以说是功不可没。在笔者担任这个台资企业的法律总顾问期间，笔者的团队经常使用律师函完成顾问工作，都收到了满意的效果，既避免了顾问单位的讼累，又挽回了大量的经济损失，还维护了顾问单位与其客户的和谐关系。

因此，笔者建议律师朋友们一定要重视法律文书的写作，要提升律师法律文书写作的技能。律师法律文书既是律师的工作方式，又是律师的展业工具，还是律师的服务产品，工作成果，也是律师执业水平、能力的体现，是律师的另一张脸或者是另一张名片。

四、律师法律文书写作的特点

法律文书是法律人最重要的职业工具，是法律人的名片，不仅仅是法律人职业活动的真实记录，也是衡量法律人执业水平的试金石。从一个法律人制作的法律文书，可以看出这个法律人的基本素质，包括道德情操、法律素养、职业道德、业务水平等。

与其他文字作品相比，法律文书具有一定的特征。

第一，法律文书必须依法写作。任何文章的写作都得遵守法律和公序良俗。法律文书之外的文章，写作时只需要避免触碰法律和公序良俗设定的红线即可，写作过程中不需要考虑具体的法律条款，而法律文书的写作要在具体的法律条款指引下进行。

第二，法律文书记载法律权力和法律义务。法律文书直接记录法律生活领域，反映了法律关系，法律关系的构成要件组成法律文书的内容。比如民事诉状反映的是诉权，刑事诉讼法上的保证书记载的是保证人的保证义务。

第三，法律文书具有法律效力或者法律意义。法律效力是指法律文书的确定力、拘束力、执行力，法律意义是指在法律程序中具有某种作用和功能。比如人民法院的裁判文书、行政机关的处罚决定书。

第四，法律文书是非规范性文件。非规范性文件与规范性文件是相对应的，二者虽然都具有法律效力，但是区别也十分明显。规范性法律文件具有普遍性的约束力，可以反复适用。具有法律效力的法律文书是个案法律适用的书面记录，其效力及于具体的个案和案件的特定当事人，不具有普遍的约束力，不能反复适用，因而是非规范性法律文件。

第五，法律文书和法律程序是相互对应的关系。法律文书根据法律规定,在不同的法律程序当中适用,每个法律程序都有相对应的法律文书。法律文书则是法律程序的工具或者是成果,相互对应,密切相关。

法律文书根据写作主体的不同,可以分为公安文书、检察文书、审判文书、司法行政文书、律师文书等。因此,法律文书包含律师实务文书,律师实务文书是法律文书的一个方面,是法律文书的重要组成部分。根据我国法律规定,律师参与诉讼活动和非诉讼法律活动需要依据《律师法》外,还需要依据四大程序法即《民事诉讼法》《行政诉讼法》《刑事诉讼法》和《海事诉讼特别程序法》的规定。律师法律文书除了具有法律文书的普遍性特点,还有自身的特点。根据我国法律规定和司法实践,律师法律文书主要具有以下几个特点:

(一)主旨鲜明性

主旨是法律文书的主要旨意。包括制作文书的目的和律师实务文书的中心思想。律师实务文书的主旨非常重要,目的和中心思想必须明确。任何一篇律师实务文书都具有鲜明突出的中心思想。律师实务文书与当事人制作的文书不一样,代表的是律师行业,律师形象和水平,目的和中心思想必须明确。

律师制作的法律文书,文书的中心内容必须抓住确凿的证据,围绕基本事实和相关的法律规定说明自己提出的是什么主张,为什么要这样主张,要把事实和理由、法律依据讲清楚。比如律师法律意见书,必须要针对某一事实,根据法律规定,提出明确的法律意见,帮助有关单位或个人处理某一件具体的事务,或者帮助其规避法律风险,避免损失等。

(二)证据材料需要讲究客观真实性

律师实务文书都是出于某一具体的事件或者案件,都事出有因,不会有无缘无故的律师实务文书出现。因此,律师实务文书都具有一定的事实基础,根据特定的事实依据而制作,并提出某种法律意见和请求。根据不同情况而制作的律师实务文书,在事实基础的写作上也有一定的差异,有的律师实务文书需要详细的陈述事实根据,有的律师实务文书则不需要详细陈述。但是,无论是否需要详细的陈述事实基础,在执业律师制作法律文书时,都必须尊重客观事实,严格选择材料,做到事实材料客观真实,确凿无误。

律师实务文书制作的材料客观真实非常重要,特别是以律师、律师事务所的名义发出去的法律文书,更是要求非常严格,否则容易给律师、律师事务所带来执业风险。当然,律师在制作诉状类法律文书时,对需要陈述的事实也需要认真核实,反复推敲,争取做到言之确凿,有凭有据,避免夸大其词或者缩小事实,甚至虚构事实,否则一样存在风险。需要注意的是律师制作法律文书要求的材料客观真实,说的是要陈述的事实要有真实、准确的证据来支撑,并不是要你大凡小事、面面俱到、事无巨细,全部陈述出来。有的律师制作的法律文书事无巨细,就像流水账,杂乱无章,体现不出律师的能力和水平,反而有损律师形象。

执业律师接触到一个案子,无论是诉讼业务还是非诉讼业务,第一步就是要查看证据材料,对证据材料的真实性、合法性、充分性、完整性等进行初步判断。在初步接触案件材料的时候,文书写作需要的材料的客观真实性是第一位。通过对这些证据材料的分析、判断,按照证据材料的重要性进行排序,再进行写作规划。一旦法律文书的写作主旨确定后,就应当根据写作的主旨再进行第二次选材。这个时候就要选择重要的材料,把它写入法律文书,用以说明和论证主旨事实根据,这时候材料就成为第二位的。法律文书的主旨与事实材料的关系就是如此,是辩证统一和互相转化、辅助的关系和过程。当然,组织文书的材料不但要客观真实,还得注意证据材料的合法性,不要使用不合法的证据材料,不要搬起石头砸自己的脚。

总之,律师实务文书写作时,材料是需要根据文书的写作而有所选择的,切忌堆砌材料,淹没文书的主旨,不能突出中心思想,让人找不到重点,给人感觉眉毛胡子一把抓,不知所云的印象。

(三)法律文书的内容具有规范性的特点

律师实务文书,既然是法律文书就一定得讲究法律文书的规范性,不能随心所欲。现实中,就已经有执业律师在制作法律文书时不顾事实,随心所欲地乱说,给自己带来了麻烦,受到了相应的处罚,这需要引起律师的注意。那么,律师实务文书的规范要求是什么呢?这些规范要求归纳起来,主要包括事实、证据、理由、法律依据和明确具体的请求。

执业律师在执业活动中经常运用到的是诉讼类法律文书,以诉讼文书为例,比如制作一份《民事诉状》,它的文书格式就要求在这份民事诉状中必须写明:诉讼请求、事实与理由、证据和证据来源等。在制作诉状的开头还必须详细地写明当事人的基本情况,结尾部分要写明这份诉状提交到哪个法院,起诉人还需签字,写下文书的制作时间。在事实与理由部分，在具体叙述说明时，又需要注意一定的要素化要求，比如陈述事实的时间、地点、人物、事件的起因、发生、发展、结果，最后的损失，等等。同时在事实陈述之后，还得表达意见和看法，就是提出观点和主张，提出诉讼请求。在提出意见和主张的时候，需要对理由进行说明，为什么要提出这样的主张？事实依据和法律依据是什么？这些都需要具体明确。

律师实务文书的规范性有人也称为要素性，其规范要求也被称作要素化要求。法律法规、司法解释等规定的要素必须写明，不属于规定要素范畴的则可以放弃。对于当事人基本情况的要素，要求是按照格式化、填空式的完成，对事实与理由的要素化要求是必须把事实原委和发生、发展、结果、理由、依据等完整的表述出来。规范的法律文书是律师的形象，也是律师法律素养的展现，执业水平的载体。

（四）法律文书具有形式的程式性即文书固定格式的特点

法律文书属于程式化的文书，律师实务文书也不例外。程式性主要表现在其结构的固定化和用语成文化、规范化两个方面。绝大多数的律师实务文书都是由首部、正文、尾部三部分组成的。重要的律师实务文书，在三部分的内容和结构层次方面也是比较固定的。比如诉讼状、各种申请书等都是具有一定的格式文本的，很多语言表达也是成文化固定的、规范的，执业律师根据不同的个案进行适当的调整、修改即可，基本格式是不会改变的。特别是执业律师制作的合同类法律文书，绝大部分都是经市场监督管理部门规定了统一的文书格式的，其程式性更加明显。

2016年7月5日，最高人民法院发布了《人民法院民事裁判文书制作规范》《民事诉讼文书样式》，并于同年8月1日起施行。最高人民法院一共发布了新的诉讼文书样式568个，其中人民法院制作民事诉讼文书样式463个，当事人参考民事诉讼文书105个，当事人参考文书就包括了律师实务文书。

（五）法律文书用语必须准确贴切，明白无误，解释单一

法律文书因具有法律意义，其语言文字要求高度严谨，表义确切，不能引起歧义。律师实务文书也是如此，必须予以重视。因此，无论是以律师、律师事务所的名义，还是以当事人的名义进行代书，在文书制作的时候，其语言文字的使用都必须表义明确、准确，其解释性是单一的，不允许出现第二种解释或者理解。

在律师实务文书中，特别是涉及关键性的事实和理由的阐述，以及诉

讼请求或者申请，都必须用语规范、准确、明白无误，不容歧义，不能再做其他理解，无懈可击。在使用语言文字时，一定要反复的推敲，使用确切的语言文字表达，少用甚至不用模糊语言词汇，避免歧义和风险。比如"两个当事人的孩子都到了现场"，这个表述就让人有点儿搞不明白，到底是"两个当事人"的孩子都到了现场，还是"当事人的两个孩子"都到了现场。这样的表述是容易引起歧义的，没有实现单一解释的特点。当然，具有一定执业经验的律师，根据某个特定的需要，有时候则是需要使用模糊表述的，不在本书讨论之列。

（六）律师法律文书的法定约束性特点

律师实务文书虽然不像司法机关、行政机关制作的法律文书一样具有明显的强制性和法律效力，但是在呈送给文书的受文单位后，也具有一定约束力。比如律师制作的诉讼状文书和申请书，一旦提交，受文主体就必须作出相应的处理，其法定的约束力非常明显。这个法定的约束力既是对受文机关有约束力，也对文书的当事人具有约束力。比如，律师文书中的上诉状，二审法院受理后就必须要在一定的时限内向对方当事人送达、案件必须在规定的时间内审结等。律师制作的法律文书一旦提交，法律文书记载的事实就会形成自认，对方当事人无须再举证，等等。因此，执业律师在制作法律文书时，必须严肃认真对待，不得掉以轻心，否则后患无穷，风险无法避免。

五、律师法律文书写作的基本要求

律师实务文书是法律文书的重要组成部分，除了一般法律文书的特点及自身的特点外，还具有公文语体的特点。因此，执业律师在制作律师实务文书时，在写作上应当遵循以下几方面的基本要求。

◇**程式规范，要素齐备**

目前一部分律师实务文书已由我国司法机关制定了统一的文书格式，合同方面也由国家市场监督管理部门制定了统一的参考文本作为范本，另一部分虽无统一规定的格式，但也有约定俗成的程式，这些法律文书很多是由学界或者司法文书研究组织研究推出的。律师实务文书有了统一的程式，一是便于写作时有所遵循和参考，二是有助于司法机关等受文后及时作出相应的处理，真正发挥律师实务文书的效用，体现其价值。

如诉状类律师法律文书，2016年已由最高人民法院统一制定了格式，律师代书时就应按照最高人民法院的统一格式进行写作。人民法院接受诉状类法律文书后，一般只要诉状类法律文书写作符合格式要求，就很容易接收，易于迅速审查并进而作出是否受理或如何处理的决定。各类律师实务文书的格式中，对要求写明的事项内容，也都有统一的规定，执业律师在制作某一法律文书时，就应按格式要求提供应该提供的事项内容，力求法律文书的要素齐全完备，以利于受文单位具体了解有关的基本情况，从而促使其尽快作出裁处意见。

执业律师在制作法律文书时，律师法律文书中规范范本要求提供的具体事项内容，有的只需按项填出即可，如有关当事人的姓名等身份情况，只需依次写明姓名、性别、年龄、民族、职业、工作单位、住所等，没有多大的写作技巧问题，这些都需要一项项的填写完整，不要遗漏。但是，在事实及理由等部分要求提供的事项内容，就不能采取简单的填表式写法，而需要用文字加以叙述，连贯成文，使人读后能了解事情的原委和来龙去脉，以及事理的分析论证等。最后，就是落款处呈送的机关和当事人或者文书使用人及日期一定要完善，要有头有尾，不要在结尾处遗漏。凡是需要当事人签名的法律文书，一定要记得让当事人本人签字确认，一般情况下执业律师不得代签。

◇ 事实清楚，法律关系明确

有一部分律师实务文书要求在文书中详写事实经过，必须说明事情的前因后果，发生、发展等来龙去脉。如使用频率很高的诉状类文书，民事、行政类诉状就要求写明当事人双方发生纠纷的时间、地点、关涉的人物（原告、被告、第三人等）、纠纷的起因、过程、结局、各方的不同意见和理由以及必要的证据、依据。刑事类诉状则要求写明被告人犯罪的时间、地点、被害人、犯罪的原因、过程（情节、手段）、后果、被告人的态度以及必要的证据。而在叙述上述事实时，又必须特别注意写清原因、行为、结果之间的内在因果联系。因为写清其有无因果联系，什么样的因果关系等，对于判明案件的性质有重要的意义。

1. 关键情节，具体阐述

关键性情节，通常是指有关定性的情节，有关法律责任认定的情节和影响问题严重程度的情节。所有这些情节，在法律文书中都必须具体详明地书写清楚。如刑事类案件的律师实务文书中,涉及罪与非罪、此罪与彼罪问题的事实情节;民事类案件的律师实务文书中,涉及是否构成侵权行为的事实情节,都是有关定性的关键性情节,必须具体详明地予以写清楚,以利判明问题的性质。各类文书中涉及谁有责任谁无责任的问题,都必须具体明白的写清楚,以便于分清法律责任以及责任的大小。有关程度轻重的情节,也应具体说明,以利于确定其严重与否的问题。

比如,制作离婚诉状时,当事人认识、恋爱的时间、过程需要阐述,这是分析感情基础问题的情节;结婚时间和在什么地方登记结婚的需要阐述,这是为了确定夫妻关系的存续时间和期间,以及登记结婚的机关,在分析感情是否破裂以及确定财产性质的时候是需要参考的;还有子女和财产问题都需要有所交代,不然法院无法进行审理。

2. 找准焦点,如实阐述

对于同一事实,基于利害关系和看待问题角度的不同,相对双方或不同的方面则可能有不同的认识和意见,在律师写作的相关文书中,相应的也要求予以准确记载和反映出来。如律师代书的答辩状、上诉状以及申诉状中,都会涉及争议的焦点等问题,需要清楚明白的写出来。一是要找准双方或各方的争执焦点,把握双方或各方在什么问题上有所争执,而这些争执的焦点问题又多半是有关案件或事件的关键问题。因此,对这些争执的焦点,就必须具体记清。二是在阐述说明这些争执焦点、意见和理由时,力求做到不失原意,准确恰当,如实记录。既不能有所偏颇,更不能任意歪曲,要力争还原事实真相,而且还应该做到简明扼要,鲜明突出。这样的法律文书可以使人一目了然,很快就可以作出适当的内心判断。

3. 财物数量数字,力求准确

律师实务文书中有许多内容涉及财物的数量、数字,凡能查清具体数量、数字的力求写明确、具体的数量、数字。如涉及财物纠纷的民事类律师法律文书,对方给己方造成了多大的损失,不仅需要写明损失的物品名称,还必须写明具体的数量、数字,以及折合的金额。在继承纠纷中,要求继承财产的种类和名称,也应有明确的数量,要求追偿的欠款以及应付的利息,都应有准确的数字,当然有时关于财物损失的数量、数字,难于计算出绝对的确切数字,但也必须推算出合理的基本数量、数字,并进行适当的说明。如损失达3万余元,"3万"是基本数字,必须确切。"余"是尾数,可以模糊一些。再比如,借贷案件中利息的计算,一般是计算到实际偿还完毕时为止，但是起诉至法院时律师得给出一个具体的数字，这个时候律师可以计算至起诉时，或者估算至一审裁判时，同时备注"利息暂时计算至×年×月×日"。

在实践中，一些律师只注重文字、词句的审查修改，往往忽略了数字问题，经常出现数字不准确的现象，很多时候在法庭上才慌乱地统计和重新计算，这样的后果往往会让律师前期的努力大打折扣，影响律师在当事人、法官心目中的形象。一些律师在办理损害赔偿案件主张损失时，只写一个主张的具体数额，但是没有提供详细、准确的计算方法，这也是不行的。所以，在诉状的请求部分如果只是写一个具体的数据，那么就需要在数字后面备注"详细计算方法和清单另页附后"，这样既方便了法官审理，也可以让对方一目了然，法庭上律师说明自己的计算方法和依据也就简单容易多了。同时，还能让你的当事人看到你认真负责，对待工作一丝不苟的态度。

4. 把握线索，有序阐述

律师实务文书中阐述事实，一般要以时间为线索，按照事件发生的时间先后，循序阐述，以时间和事件的发生、发展、结果这个主线进行阐述。即通常所说的"顺叙"的阐述方法，也称"自然顺序法"。同所有法律文书一样，阐述事实不宜采用文学作品中所常用的倒叙、插叙等方法，毕竟法律文书不同于文学作品，不需要悬念。而应该按照事件的发生、发展过程，自然有序地阐述，使人便于从中看出事情的来龙去脉，因果联系。

如一份刑事自诉状中，揭露被告人的犯罪事实时，就要记清被告人于何时何地对自诉人实施了何种犯罪行为，其犯罪行为的具体情节和所采取的手段，以及造成了何种后果等，这都需要详细、准确的阐述。最后还应写明足以证明自诉人所提供事实的证据及证据线索。这些阐述的内容，完全可以按时间的先后把它阐述清楚。当然在阐述被告人犯罪事实时，首先要说明自诉人与被告人的关系，是在什么情况下，因为什么原因发生的。再者，律师实务文书阐述事实，还应力求简明，不必铺陈赘言。

◇理由阐述，有理有据

理由是法律文书的灵魂，律师实务文书也不例外。它是整个文书主旨的集中体现，是统领全文的观点。理由，就是为什么，为什么要提出这样的主张，为什么他的行为是侵权行为，为什么应该赔偿等。有的律师实务文书可以不详写事实，但却不能不写理由。总的说来，律师实务文书中的理由，既要注意分析事理，更要有坚实的法律依据和事实依据，就是必须要有证据和法律规定来支撑。一般来说，执业律师在制作法律文书中说理时需要注意以下几个方面的问题。

1. 事实确凿，有据可查

律师实务文书，或要求在文书中写明有关的事实，或要求略去基本事实，但无论哪种写法都必须以存在的确凿事实为根据，这些事实必须是客观真实的。因此，有的律师实务文书（不是所有的律师实务文书），就需要通过对证据的说明和分析，论证文书中所阐述事实的确凿性和无可辩驳性。这就是通常所说的法律文书理由中的论证认定事实真实性的部分，这就是所谓的用事实说话。在大部分法律文书中它是在叙述完证据之后，作出"证据确凿，足以认定"的结论。律师实务文书不是认定事实的问题，而是阐述事实的问题，经常用"上述事实，有……为证"来作结论，或者"这些证据足以证明……"有必要时，还可通过分析证据，得出所阐述事实是无可驳辩的结论。总之，这部分理由的阐述，常常是和叙述说明证据结合在一起的，很难和证据的列举截然分开。客观事实是基础，证据足以让事实再现，证明事实的真实存在就需要做到有据可查。

2. 阐明事理，以法为据

律师实务文书中集中阐述理由的部分必须以事实为基础，以法律为依据，结合进行一定的说理分析。这也就是通常所说的法律文书理由中，论证适用法律的正确性的理由部分。这部分内容在所有律师实务文书中都是必不可少的，因为没有这部分内容，就难以说明文书的主旨和要求。以各种申请书为例，其中都有理由的部分，如破产还债申请书，则需要写明破产还债的理由和法律根据；强制执行申请书，则需要写明必须强制执行的理由和法律根据。值得注意的是，要善于把事理分析和引证相应的法律紧密地结合在一起，真正地体现以事实为根据，以法律为准绳。目前，有的律师实务文书，或者在讲理由时，孤零零地把法律条款引在文书中，不加任何分析，就算是理由了，结果缺乏说服力；或者只是单纯地进行事理分析，而把法律的有关规定抛在一边，显得理由缺乏法律依据。这两种倾向都是有待改进的，必须让事实与法律结合起来，做到有凭有据。

3. 引证法律，有的放矢

律师实务文书中引证法律，力求准确。在制作法律文书时，执业律师要根据案情的不同，引证外延最小，而密切照应案情的有关具体法律规定。一般应做到凡法律规定有条、款、项的，就要具体引用到某条某款某项。在引用的法律条款不多的情况下，力求引出有关的条文内容，以求说明问题和论证问题的有力和明确。总之，力戒大而无当，文不对题地引用法律，当然误引法律规定更是必须避免的。实践中，一些律师在说理部分只是说"根据有关法律法规"，但是一旦真让他指出是哪一部法律法规，哪一个具体的条款，他们就回答不上来了，这是一定要避免的。

◇公文语体，准确精练

律师实务文书的语体风格类似于公文语体，具有准确精练、朴实庄重的特点。具体说，有以下几点要求：

1. 文风朴实，庄严凝重

律师实务文书与其他法律文书一样，具有朴实无华，庄重严谨的语言风格。一是一，二是二；是则是，非则非。语贵平实，严谨郑重。排斥夸张渲染，铺陈敷衍。阐述案情事实，实事求是，忠于真相，既不能夸大也不能缩小，更不可虚构编造；阐述理由直截了当，一语破的，最忌迂回曲折，隐晦滞涩；说理要求明确具体，用语准确，避免语言含混，产生歧义。

2. 语言规范，慎用省略

律师实务文书的语言文字，力求合乎语法规范，符合公文语体风格，结构规整，成分齐全。特别是涉及当事人和利害关系人时，不宜随意省略简化。因为当事人或某些利害关系人，或是某一法律行为的实施者，或是某一法律行为的承受者，因此，在文书中必须明确地说明具有某种法律地位的某人实施了某种法律行为和具有某种法律地位的某人承受了这一法律行为，只有这样才能使人看清这种法律行为的责任应由谁来承担。因此，在律师实务文书中，某人的法律地位（通常称为法律称谓，如原告、被告等）及其姓名是不能随意省略的。"如被告王××打伤原告李××"或"原告李××被被告王××打伤"这种结构完整、成分齐全的句式才是正确的。一些律师在制作法律文书时，一般只用法律称谓，而忽略了人名，比如"被告致伤原告后就逃之夭夭了"，应当完整的表述为"被告张三致伤原告李四后就逃之夭夭了",这样的效果更加明显。再者,在律师法律文书中多用常式句,少用变式句,多用短句,少用长句,也是为律师法律文书的表意严谨、明白无误的要求使然。

3. 法律术语,恰当运用

任何专业性文书,使用一些专业性术语是必不可免的,这些专业性的术语还可以提升法律文书的品质,体现执业律师的水平。律师实务文书属于法律文书的重要组成部分,使用一定的法律术语即通常所说的法言法语,不仅是在所难免的,而且对于体现律师实务文书的法律意义和效能也是必需的。因为一个法律术语,通常是对一种法律行为或法律事实的准确概括。如起诉、上诉、申诉这些不同的法律术语,所表示的是引起不同诉讼程序的法律概念。准确地使用法言法语,对于恰当地表达当事人的法律主张是有直接的意义的。再如"正当防卫"与"防卫过当"属于有原则界限的不同的法律概念。正确地使用这些概念,对于明确地说明一定的法律事实是必不可少的。

4. 态度鲜明,褒贬适度

律师实务文书有鲜明的感情色彩,对违法犯罪的行为予以贬斥,对正当合法的行为给以支持,这是体现文书主旨的要求。因此在文书的语言中,常常带有褒贬不同的含义。如指控被告人的犯罪行为用"处心积虑""蓄谋已久""手段残忍""用心险恶";揭露其侵权行为用"肆意污蔑""恶毒攻击""唯利是图""欺行霸市",以表示斥责和憎恶的情感;而对受害的一方则以"无辜受害""遭受打击"表示同情和支持。对于这一点,我国古代文章理论家刘勰早已有所论述。因为有关法律的文书,多半属于对错误罪过等行为的斥责和追究。当然律师法律文书中运用语言,更应注意褒贬的恰切和适度,特别应防止褒贬误用现象的出现,避免疏漏。

◇语言精练,言简意赅

律师实务文书作为法律文书的一部分,本身虽不能算作公文,但因与处理法律公务有关,类似于公文,同样具有公文的某些特点,制作上应力求精练,言简意赅。言简意赅应注意语言文字的两个方面的要求:一是文字力求简洁,二是文意必须赅备。前者要求"练",即文字简约,语言洗练;后者要求"精",把握基本的内容,核心的思想,不能遗漏。这就要求我们用最少的文字篇幅,进行最有说服力的表述。

事实上,目前在律师实务文书中,这两方面都有待改进和提高。因有的文书一味强调"简",结果流于精简,文意表述不清,甚至有所疏漏。有些律师为了所谓的精简,把一份很好的法律文书改得面目全非,读起来也很不顺畅。也有某些文书在叙事说理时,强调如实反映当事人的原话原意,引用原话不厌其烦,说理也过于重赘,不仅有啰唆拉杂之嫌,且与文书的体例和风格极不协调,让人的感觉就像是老太婆的裹脚。这些都是值得引起注意的问题,一个好的法律工作者,一个合格的执业律师是不应该出现这些问题的。

在制作法律文书的时候,笔者建议参考最高人民法院的文书格式,同时参考邹碧华法官的《要件审判九步法》,根据审判需要查明的事实和内容参考写作。

六、不可忽视律师法律文书的写作受体

律师法律文书根据其写作特点,包含着"写作主体""写作受体""写作客体""写作载体"这些写作系统要素。对这些写作要素的研究掌握,可以提高法律文书的写作技巧,运用法律文书实现相关目的。

法律文书的写作主体,就是指从事法律文书写作的人,即作者。律师实务文书包括律师自己制作的法律文书,比如代理词、辩护词、法律意见书、律师函等,还包括律师代书的法律文书,比如起诉状、答辩状、上诉书、再审申请书等,这些是律师帮助当事人以当事人的名义代为书写的。法律文书的内容、格式、质量直接体现出制作者的法律素养和人文素养,律师制作属于律师的法律文书一定要提高自己的法律素养和道德素养,体现出律师的执业道德和执业水平。

当事人使用的法律文书,如果是当事人自己制作的,要求就不一定那么高。因此执业律师不方便说的,不适合说的话,往往当事人不会顾忌,站在老百姓、普通公民的立场,他们说出的话经常是"话丑理端",敢于发泄,敢于说真话,只要是不歪曲事实,不进行人身攻击,就不存在大的问题。所以,根据文书的写作主体即作者的不同,执业律师可以考虑在必要的时候让当事人自己表达自己的心思和看法,避免当事人埋怨自己请的律师也跟着法官一起不让他说话,不让他说出自己的真实意思表示。

写作客体,就是法律文书制作时的写作材料,就是律师用于制作法律文书的素材。巧妇难为无米之炊。执业律师在制作法律文书时一定是需要

研究写作素材的，没有写作材料，或者写作材料不真实是写不出高质量的法律文书的。

写作载体则是指写作主体从事写作活动所使用的语言文字符号等。对于执业律师来说，写作主体、写作客体、写作载体应该都很容易理解，因此不是本部分的重点。本部分希望着重介绍的是律师法律文书的写作受体，就是律师写这份法律文书是希望或者说需要提交给谁的，是给谁看的，需要谁来接收律师的法律文书并处理。因为，只有明确了法律文书的写作受体，才能有针对性地、有目地选择写作材料（写作客体），运用语言文字符号（写作载体），结合实践经验，制作出一份真正能实现价值的高质量的法律文书。

写作受体是接收、阅读、处理法律文书的单位或自然人，法律文书写作活动离不开写作受体这个基本要素，没有写作受体就无法制作法律文书，受体不明也同样无法实现写作的目的。因此，执业律师在写作活动开始前，首先就要确立自己的写作目标，力争去打动、说服特定的写作受体。这份法律意见书就为了要引起某个部门和领导的重视，帮助他们规避风险或解决问题，或者制作的这份辩护词就是为了要深深打动、感动法官，争取法庭对当事人从轻发落。当然，有些法律文书的受体不是单一的，这也需要引起注意。比如刑事案件的辩护词，如果用于侦查阶段，提交到公安机关，审查起诉阶段，提交到检察院，诉讼审判阶段，提交给法院，但是在诉讼即审判阶段，律师当庭发表的辩护词还要面向公诉人，其实也隐含了检察机关，所以在制作时需要多花点心思。

执业律师在写作法律文书的过程中，面临的每一种选择都要考虑到写作受体的特殊需要，他们在看到这份法律文书后可能会做出如何的反映，这份文书需要传达的中心思想是什么？目的是什么？这些在明确了写作受体之后就必须确定下来。法律文书制作完成并经审定后，还必须把它们提交给法律规定的写作受体以便于这些受体及其相关工作人员阅读、评判、回应。可见，在整个法律文书写作过程中，写作受体的"魂"要附在执业律师的身上，支配影响着法律写作行为。

◇法律文书的受体是法定的，具有法定性

文学创作中的写作受体是不确定的，文学作品是可以公开发表，并让公众自由阅读、欣赏的，法律对文学创作作品的写作受体的范围也不作限制。但是，法律文书写作却不一样，法律文书写作中的写作受体具有法定性的特征，我国法律对法律文书的写作受体作了明确的规定，不允许写作主体肆意确定。

在司法实践中，一般来说律师的法律文书应当写给某个机关、某个部门，提交给某个人，法律是有明确具体的规定的。而且，很多法律文书也是不能随便公开公布的。例如，我国《刑事诉讼法》第 162 条规定："公安机关侦查终结的案件，应当做到犯罪事实清楚，证据确实、充分，并且写出起诉意见书，连同案卷材料、证据一并移送同级人民检察院审查决定；同时将案件移送情况告知犯罪嫌疑人及其辩护律师。犯罪嫌疑人自愿认罪的，应当记录在案，随案移送，并在起诉意见书中写明有关情况。"据此，公安机关制作《起诉意见书》时，必须把同级人民检察院作为《起诉意见书》写作受体。再如，根据《刑事诉讼法》第 176 条第 1 款的规定："人民检察院认为犯罪嫌疑人的犯罪事实已经查清，证据确实、充分，依法应当追究刑事责任的，应当作出起诉决定，按照审判管辖的规定，向人民法院提起公诉，并将案卷材料、证据移送人民法院。"人民检察院作出起诉决定后，就得提起公诉，这个公诉文书即《起诉书》的受文单位就是人民法院，而且是具有管辖权的人民法院。否则，就是违法的。

那么律师实务文书呢？同样也是这个道理。根据《刑事诉讼法》第 227 条第 1 款的规定："被告人、自诉人和他们的法定代理人，不服地方各级人民法院第一审的判决、裁定，有权用书状或者口头向上一级人民法院上诉。被告人的辩护人和近亲属，经被告人同意，可以提出上诉。"在刑事案件诉讼过程中，被告人、自诉人和他们的法定代理人，如果不服地方各级人民法院的第一审判决，可以上诉，这个《刑事上诉状》就只能是向上一级人民法院提出，上一级法院就是《刑事上诉状》的受文主体。

《刑事诉讼法》第 66 条规定："人民法院、人民检察院和公安机关根据案件情况，对犯罪嫌疑人、被告人可以拘传、取保候审或者监视居住。"那么，由此可知，法院、检察院、公安机关都可以决定对犯罪嫌疑人、被告人进行取保候审或者监视居住，执业律师在接受委托后，如果要为犯罪嫌疑人、被告人申请办理取保候审或者监视居住，就只能向法院、检察院、公安机关提出来。而且，案件在不同的审理阶段，律师的《取保候审申请书》只能向这个阶段的具体承办机关提出来。比如说，案子在侦查阶段，你要申请取保候审，就得向公安机关提交《取保候审申请书》，公安机关才是适格的受文主体，你向检察院、法院提交，他们不会受理。同样，案子到了检察院的审查起诉阶段，申请办理取保候审就该向检察院提出来，检察院才是适格的受文机关，其主体是检察院。

◇律师法律文书写作受体的分类

依据律师法律文书的不同分类标准，可以对律师法律文书的写作受体进行多角度分类。

1. 特殊写作受体与普通写作受体

根据写作受体是否具有法律知识、受过法律训练可以分为特殊写作受体与普通写作受体。特殊写作受体专指那些具有一定法律知识、受过法律训练的人，例如法官、律师、检察官、公证员、大学法学学科的毕业生等，他们都是具有法律基础或者法学背景的专业人士。不具备法律知识、未曾接受法律训练的人称为普通写作受体。随着我国法治进程的逐步推进，随着法律知识的广泛传播与宣传，特殊写作受体的外延有扩大的趋势。写作受体是否具有法律知识、是否受过法律训练对执业律师实务文书写作过程有重大的影响。

在特殊写作受体的场合，鉴于写作受体往往是法律专家，至少是熟悉法律、有法律知识的专业人士，写作主体可以较多地运用法律术语，但也不可长篇累牍地进行法理学论述，那样做会让人觉得律师在给法官等法律专家或这些专业人士补习功课，会引起他们的反感。但是，也有一些法官对于这些理论或者基础性的知识听得进去，还频频点头。无论如何在事后笔者提交的书面文书里这些理论和基础的知识，都还是会保留的。因此，经常在收到裁判文书的时候法院的说理分析就是笔者提交的代理词或者辩护词的原文原话。

在律师实务文书需要提交到普通写作受体的场合，由于写作受体是法律的"门外汉"，法律文书的用语一般应做到朴实平易，建议少用或不用法言法语，但对法律理由要做详细具体、深入浅出地详细论述。这种情况一般用于向有关监督机关和这些监督机关的领导们求助，在向他们提交申诉法律文书时就需要有耐心、仔细点。

2. 上行写作受体、下行写作受体与平行写作受体

依据法律写作主体和写作受体间是否存在隶属关系，又可以分为上行写作受体、下行写作受体与平行写作受体。清代文论家刘熙载在《艺概》

中说,"辞命体,推之可为一切应用之文。应用文有上行,有平行,有下行,重其辞乃所以重其实也"。上行写作受体是指在隶属法律关系语境中位尊职高的写作受体,比如律师事务所、律师向司法局提交的办理重大、疑难、复杂案件或者群体性案件的报告。下行写作受体是指在隶属法律关系语境中位卑职低的写作受体,这类法律文书执业律师一般少用或者不会用到,但是律师事务所针对律师管理或者聘用中有时有涉及。平行写作受体是指法律地位完全平等语境中的写作受体,也就是写作者与受文主体是平行的,平等的主体。

律师实务文书的这种分类的意义在于写作受体的不同地位影响着词汇、语气之选择,还会影响着双方的关系。写给上行受体的法律文书,其行文溢满请示之辞气,处处彰显尊卑之别,上下级之间的关系十分明显。例如,《呈请移送案件报告书》末尾有一套语:"妥否,请批示。"执业律师向上级律协、主管司法行政机关的报告中也是这样的表述。

写给平行受体的法律文书,其辞气平和,不卑不亢,处处显示地位之平等。例如,人民检察院向人民法院提交的《刑事抗诉书》正文尾部云:"综上所述……为维护司法公正,准确惩治犯罪,依照《中华人民共和国刑事诉讼法》第××条的规定,特提出抗诉,请依法判处。"律师在发律师函的时候,其受文主体与律师是平行的,法律地位平等,在用语措辞上也是有所讲究的。当然,特殊情况除外,这涉及律师函使用的技巧问题。因为,有人把律师函称为"合法的恐吓信",其中奥妙有待进一步研究。

3. 确定的写作受体与潜在的写作受体

以法律文书写作时写作受体是否确定为标准,又可以分为确定的写作受体与潜在的写作受体。确定的写作受体,又名直接受体,是指在写作时写作主体能够依法确定下来的写作受体。例如,辩护律师会见犯罪嫌疑人前,制作会见手续(律师事务所专用介绍信和委托书)时,看守所是确定的写作受体,还有律师事务所给各级司法机关的律师事务所公函,用于告知案件指派某个律师具体承办等,这类法律文书的直接写作受体都是可以依法予以确定的。还有比如代理词、辩护词、取保候审申请书等,这类律师法律文书的受体也是具体明确的。

潜在的写作受体,又名间接写作受体,指写作主体在法律文书写作时无法确定,只是在将来可能出现的阅读者。律师实务文书中这类文书不多,一般为律师声明类文书。还有,当事人双方依法制作并签署的合同文书，如果合同日后得到忠实履行，则不会发生纠纷，不会进行仲裁和诉讼，法官、仲裁员没有机会成为该合同书的写作受体。反之，如果出现了违约行为，当事人求助仲裁或诉诸法院，法官、仲裁员自然成为该合同的写作受体。因此，法官、仲裁员是合同书潜在的写作受体，他们在审理案件，查明事实的时候就成为合同书的受体。

潜在的写作受体的存在，客观上要求写作主体不仅仅要考虑直接受体的阅读需要，还要适当顾及间接受体的阅读需要，要经得起他们的指责和批评，站在他们的立场审阅这份合同，会不会出现其他的理解，会不会引起歧义。因此，执业律师在制作合同时，不仅仅要说服眼前的直接受体即当事人，而且要目光长远，为说服将来的潜在间接受体做好准备。

◇ 了解写作受体是一条成功的写作经验

有一句话叫"见人说人话，见鬼说鬼话"。在生活实践中，这句话其实是有一定道理的。在所有的交谈中，我们对谈话对手了解得越多，沟通和交流就越会有成效，我们预期的目的就越容易实现。了解谈话对手是一个非常有用的手段，也是一个非常行之有效的经验，它构成整个交流活动的基础，这个道理犹如承受身体重量的双腿是行走的前提与基础一般。在交谈中，我们可以一边谈笑风生，一边从对方的声音和姿势中思忖着他是怎样一个人与他在想什么，这次的交流、沟通会出现什么样的结局等。我们可以通过从对手身上捕捉的信息决定和调整谈话的内容、方式以及是否终结谈话。

实际上，一篇好的法律文书就是一次成功的交谈，法律文书是执业律师和写作受体间的一次书面交流。为了说服写作受体，使法律文书具有实效性，执业律师应该熟悉了解写作受体，特别要了解写作受体处理某类案件的思路，精心构思文章，使其具有极强的针对性与说服力。

例如，在代理原告仅有划款凭证或借条来主张民间借贷关系的案件时，律师只有充分了解法官在处理这两类案件时的通常思路和裁判习惯，才能写好代理词，达到诉讼目的，实现当事人权益的最大化。因此，律师在制作代理词的时候，就可以多收集、研究这个法官之前的裁判文书，研究他的裁判思路和观点。同时，对其他法官的裁判文书和观点也要进行研究，适当的时候采用适当的方式，通过适当的途径传达给你的受文对象。毫不夸张地说，为写作受体着想是优秀法律文体作者取得成功的一条经验。从本质上讲,风格有如良好的举止,它源于为理解他人做出的努力,源于为他人而不是为自己着想。也就是说,它源于不仅用头脑思考,还要用心思考。

以律师法律顾问工作为例,一些执业律师在为客户提供常年法律顾问工作后,以一个年度为周期,需要将自己这一年的工作内容和成果呈献给客户,让他知道律师这一年到底为企业干了哪些事情,花了多少的时间和心血,以便续签合同。因此,很多律师向顾问单位提交了《常年法律顾问工作报告》。殊不知,以前没有这个《常年法律顾问工作报告》双方合作是非常愉快的,公司老总对执业律师也是客客气气,礼貌有加,可是这个《常年法律顾问工作报告》一提交,公司老总不但不感激法律顾问的辛劳和辛苦,反而变了一副态度,对待法律顾问就像对待自己公司的下属,不但没有了往日的尊重和礼遇,反而指手画脚,颐指气使了。很多律师非常不解,不知道自己错在哪里。其实,这就是执业律师在制作法律文书的时候缺乏对律师法律文书受文主体的了解,没有对这方面进行研究,不知道在什么时候该使用什么样的法律文书。

要知道工作报告不是平行主体之间的文书,而是上下级之间的文书。律师与顾问单位即客户之间是平等的主体关系,是平行的主体,不是上下级关系,律师如果卑躬屈膝地去主动报告,就降低了自己的身段,顾问单位改变态度是很正常的事情。这也是一些律师在给企业做常年法律顾问的时候,合作期限不长,经常被更换的原因之一。

总之,律师实务文书的受体很值得研究和重视,要在实践中不断地总结,要根据不同的法律文书和不同的需求,根据不同的受体确定法律文书的类型和内容。要知道,律师送出去的不仅是一份法律文书,还是律师的脸面和名片,影响着律师的形象,体现着律师的价值和人格魅力。

七、为何要站在法官的立场制作法律文书

站在法官的立场制作法律文书,这个提法或许不太准确,但根据笔者二十几年的法律服务工作实践,笔者认为却很有必要。也许有人还会提出:"执业律师为什么要站在法官的立场制作法律文书呢?"律师的法律文书不是除了诉讼文书还有很多非诉讼法律文书吗?"你说诉讼法律文书站在法官的立场制作还说得过去,为什么非诉讼法律文书也要站在法官的立场制作呢?是不是这个说法有问题呢?"

对于这个问题,笔者反复思考了很久,原本打算将标题修改为"站在法官的立场制作诉讼法律文书的技巧",后来仔细推敲还是采用了现在这个标题。因为,笔者认为律师制作的非诉讼法律文书尽管不是诉讼法律文书,但是如果引起诉讼或者仲裁,这些法律文书就会成为证据,既然是证据还是照样有可能接受法官、仲裁员的司法或者准司法审查,法官、仲裁员同样会成为这些非诉讼法律文书的受体。所以,笔者还是坚持"站在法官的立场制作法律文书"这个观点或者说法。

对律师实务文书写作的研究,离不开对法律文书的写作行为系统进行分析研究。执业律师实务文书写作,是一种艰巨复杂的精神产品、智力成果的生产过程,它以语言文字为工具,以精神产品、智力成果的生产为目的,表现出其特有的性格,意图通过这些文字工具实现写作主体的诉求。法律文书离不开写作受体这个基本的要素,而且要根据不同的受体确立写作目标,即打动、说服、约束、影响写作受体,完成之后最终是需要提交给写作受体进行阅读、评判、处置、回应的。否则,就不是法律文书了。

举个例子,律师制作的民事起诉状,这是需要向法院提交的,人民法院就是这份起诉状的法定受体。当然,对方当事人、对方代理人、我方当事人、委托人都是这份起诉状的受体。还有一个非常重要的细节是虽然人民法院是起诉状的法定受体,但是真正阅读、研究、回应这份法律文书的人却是法官,可以说法官才是真正的、关键的、核心受体。因此,律师在制作起诉状的时候,就不能只站在自己的立场,想怎么说就怎么说,毫不顾忌其他受体特别是法官的感受,这样制作出来的诉状一定不是高质量的诉状。所以,制作诉讼类法律文书应该站在法官的立场思考。

当然,这里的法官也不完全指承办案件的法官,部分诉讼类法律文书其实是写给公安机关的、检察机关的,他们才是某些特定的法律文书的写作受体。故,笔者想要强调的是制作法律文书时需要的是要具有法官这样的思维和立场,中立的表达诉求。也就是,律师完成这份法律文书后,就要换个角度思考,法官会如何看待这份法律文书?法官会如何处置、回应这份法律文书?

再举个例子,我们制作一份非诉讼的法律文书,比如合同。简单地说,合同是约定双方的权利义务的,是双方当事人达成的一致协议,似乎与法官没有任何关系。但是,一旦在合同的履行的过程中,发生了争议,引起了纠纷,在协商不能达成一致的情形下,争议就可能提交人民法院进行司法管辖或者申请仲裁进行准司法审查。那么，这份合同就会成为证据，这个法律文书就会以证据的形式展现在法官或者仲裁员面前，交由他们进行审查、评判并作出相应的回应。因此，法官、仲裁员实际上是非诉讼法律文书的潜在受体。

那么，在制作非诉讼法律文书的时候，或者签订合同的时候，律师就有必要跳出自身的立场，转换一个思维角度，试想要是发生纠纷，提交法院管辖或者申请仲裁，法官、仲裁员会如何看待合同约定，他们会怎么考虑？会不会支持我方的主张？为什么支持、为什么不支持？所以，律师为了降低和避免风险、防范风险，就得将风险防范前移，在制作法律文书的时候就站在中立的角度，用法官思维、仲裁员的思维，即裁判者的思维先进行审查。

那么，律师应该如何站在法官的立场制作法律文书呢？应该如何做？有哪些技巧需要掌握呢？笔者的做法通常是这样的：

第一步，作为法律文书的制作主体，笔者会首先站在自己的立场，将自己的诉求和主张、事实理由、法律适用的具体问题展示出来，争取向自己和自己的当事人、委托人提交一份满意的法律文书作品。因为，这个时候笔者代表的是笔者的当事人，必须站在当事人的角度，最大化的维护当事人的合法权益和利益，争取实现客户利益最大化。这个时候，笔者会不顾及对方的感受，也不会考虑法官的看法，把自己想到的看到的，全部先摆出来。因为，律师代表的是一方，只能站在自己这一方的利益角度提出主张和布局。直到自己对这份法律文书非常满意，当事人也很满意为止。但是，这还没有完，这只是开始，只是第一步。

第二步，站在自己的立场完成法律文书制作后，这个时候还不能提交产品，这时候的法律文书其实还是一个初稿，就是一个模型。完成之后，律师应该换一个位置，站在对方的立场来对自己的这份法律文书进行抗辩，换位思考，如果是对方当事人或者对方律师，会如何应对这个法律文书，如何应对这个主张？会运用什么手段和证据，会适用什么法律法规来对抗、反击？穷尽一切的分析研究，通过这样的方式找出自己的破绽，再进一步完善自己的法律文书。查漏补缺，针对对方可能提出的任何抗辩、反驳事实和理由、法律规定，再敲定制作的法律文书。但是，这还不能最终定稿，毕竟这只是站在权利主张者的角度在看待问题，还是会出现公说公有理婆说婆有理的情形，总会有失偏颇。

第三步，那就是当了原告，又当被告后，再跳出双方当事人的角度，自己当一回法官，审审这个案子，把原被告双方可能的观点、证据、法律适用等都摆出来，用法官的思维，中立的审理双方的主张，站在裁判者的角度来分析论证谁说得更有道理，谁的主张更符合法律规定，自己更愿意支持谁的主张，如何支持这些主张，自己对这个案子的法律关系、事实、证据会如何认定，如果自己来裁判这个案子，会如何裁判，裁判的事实依据、法律依据是什么？在裁判的时候是否还有需要查明的事实、是否还需要查明法律适用？证据是不是还有所欠缺？原告方的权利请求是否已经固定？原告的权利请求基础规范是什么？被告的抗辩权基础规范是什么？基础规范或者说法律关系的构成要件是否齐备？各方的诉讼主张是否清晰、完备？争议焦点是否归纳、归纳的是否准确、完善？案件事实证据是否充分？如何认定证据？如何适用法律作出裁判？

在这个阶段，就需要参考邹碧华法官的《要件审判九步法》来对自己的案件进行初步诊断，自己能否根据自己的事实和主张、法律适用作出有利的裁判。如果自己都不能说服自己，自己拿到这样的案子，自己都无法裁判，那么这个法律文书的主张就需要重新审视，直到自己能够完全具有信心裁判支持自己的主张为止。这个时候，律师制作的法律文书才算真正地合格过关。因为，律师的法律文书最终可能是需要面对法官的，是需要法官或者可能需要法官来认定并作出判断的，所以律师从一开始就需要具有法官思维，站在法官的立场，中立地审查自己的事实和理由、主张、法律适用，做到最大化的降低风险。

前面，笔者强调的重点是诉讼类法律文书，其实非诉讼法律文书也是一个道理，道理是相通的。正如合同的制作，也是这个道理。律师不但要在制作合同的时候只想到如何维护自己一方的利益，还得站在对方的立场思考，还得考虑一旦发生争议诉诸法律法官会如何看待这个合同，如何理解合同的约定等。

律师要从一开始就替法官考虑，因为法官的思维可以帮助完善律师的主张和证据的固定、补强，法律适用更准确无误。从一开始律师就要考虑到，要是哪一天律师拿到这样的一份合同，律师会不会认定合同有效或者是否显失公平，或者是可撤销的合同？如果换成律师自己来审理这样的合同纠纷，会如何判断？只有把这些前移，律师制作的法律文书才会是高质量的法律文书，才更容易体现出律师的真正水平和专业。在必要时，律师

| 走向大律师——中国式执业律师进阶指南

制作相关法律文书的时候,还需要参考人民法院裁判文书网公开的案例,看看法院对类似的案件的裁判思路和观点,做到有的放矢,心中有数。

八、律师法律文书制作的步骤

律师法律文书写作是一个需要法律专业知识和写作技巧相结合的工作,要制作一份合格的法律文书需要下一定的功夫,要制作出一份高质量的法律文书需要对材料的运用运筹帷幄、合理布局,什么时候使用哪些事实材料,什么时候结合法律规定进行说理分析,这都有技巧。看似法律文书没有什么写的,可是真正写起来却大有讲究,无论是手写,还是在电脑上输入,都不是简单的文字堆码。要制作一份合格的法律文书,就得掌握一定的步骤,不可不假思索就轻易动笔,也不可像记流水账一样,更不可主次不分、层次不清、含糊其辞,或者词不达意。总之,掌握一定的步骤,进行制作前的一些准备和制作后的修改完善非常必要。

笔者根据自己的实践经验认为,律师实务文书的制作应当包括以下这些步骤:

◇ 第一,了解客户的问题

律师接受客户委托,制作法律文书的时候,首先得了解客户遇到了什么问题,把具体情况搞清楚,比如说他是被侵权了?还是合作的对方违约了?也许是他遇到了骗子?对于这些问题都需要先一个个地弄清楚,才能根据这些问题结合客户的需求完成法律文书的制作任务。笔者就遇到过一些律师在制作法律文书的时候听客户说了老半天,或者材料收了一大堆,结果根本不知道应该从什么地方下手。其实,归根结底是律师没有把客户的问题搞清楚。了解客户的问题,就好比医生给病人看病时要先弄清楚这个病的来龙去脉,先把病因搞清楚,弄明白。

某街道办事处,辖区的某物业小区的业主多次反映,小区业主委员会的成员中有几个委员已经出售了物业,已经不再是业主了,还有几个业主委员会的委员从不缴纳物业服务费,与物业服务公司相处得很不和谐,已经无法维护全体业主的合法权益。他们希望街道办事处能帮助业主维权,重新选举业主委员会。街道办事处找到律师寻求帮助,希望律师起草相关的法律文书,在该小区发布公告,并指导该小区业主大会进行必要的选举,以便业主委员会履行职责,维护广大业主的合法权益。作为执业律师，就需要先把问题搞清楚，掌握详细的情况，为帮助街道办事处起草法律文书做好前期的准备工作。如果先不搞清楚是什么问题，律师就无法代为起草相关公告。

◇第二，了解客户的需求

当律师对客户遇到的问题搞清楚后，还没有掌握客户的需求时，还是无法制作出一份合格的法律文书。要制作一份合格的法律文书，至少律师还需要知道客户的需求是什么？他到底需要或者希望实现一个什么样的目的？只有知道了客户的需求，在制作法律文书的时候才能根据这个需求进行谋篇布局，围绕客户需求进行写作，进行材料的组织和分析说理论证。

还是以街道办事处的委托为例，律师搞清楚了问题的来龙去脉，把问题弄清楚后，还需要搞明白街道办事处的真正需求是什么？他们要律师起草这些公告法律文书的目的是什么？只有律师对街道办事处的需求有了真正的了解，才好以街道办事处的需求为导向，为起草公告法律文书做准备。

◇第三，了解阅读对象

客户问题弄清楚了，需求明确了，这个时候律师还需要考虑，这份法律文书写给谁？谁是这份法律文书的真正受体，也就是谁才是签收、阅读、回应、处分这份法律文书的人，律师写的这份法律文书的阅读对象要先掌握。了解阅读对象，根据他的不同职业和立场，以及可以掌握的性格、脾气、专业能力、人品、素质等，还包括他办事的习惯和风格，分析掌握他对这份法律文书的态度，他平时如何对待这样的案子或者事情？对这个阅读的对象有一个初步地了解，或者深入地了解，这对于律师制作法律文书更有帮助。所以，对这份法律文书的阅读对象很有必要进行了解。

在接受街道办事处的委托起草公告法律文书的时候，律师就得分析这些公告给谁看，向谁发布公告？至少，应当想到的是这份公告是向该物业小区全体业主发布，是向全体业主公告，当然这些业主还包括业主委员会的现任成员，以及业主委员会。因此，这个公告法律文书的阅读对象就是全体业主和已经丧失业主资格的现任业主委员会成员及其业委会。最后，还有一些潜在的阅读对象需要考虑。这些潜在的阅读对象包括社区领导、街道办的领导、区级政府及其法制部门的领导、法院的法官。为什么有这些考虑呢？因为这个公告发布出去后，有可能会引起现任的业主委员会及其成员的反感和抵触，他们也许会投诉、申请复议，甚至提起行政诉讼等。因此，律师在制作公告法律文书的时候需要考虑到他们的反映和可能出现的问题。

◇第四，统筹制作文书的事实和证据

当律师对前面的几个问题都搞清楚了之后，就需要收集证据或者接受委托事务的事实片段和信息，将这些散落的事实信息、片段一点点地收集起来，把能够证明或者反映事实的证据收集、固定下来，进行必要的统筹安排，便于起草法律文书。俗话说："巧妇难为无米之炊"。没有事实和证据，要想制作一份合格的、满意的法律文书几乎不可能。所以，统筹事实和证据，把这些证据罗列出来，把这些事实串联起来，对于制作法律文书很有必要。

就街道办事处委托制作公告文书一事，律师在起草公告时，就需要将业主反映的事实和提供的证据进行收集整理，必要时还需要进行逐一的核查，是不是有的业主委员会成员已经出售了小区的物业？是不是业主委员会的委员一直欠缴物业服务费等。律师有必要对这些事实和证据有一个全面的了解和掌握，做到心中有数，这样起草法律文书时才会有底气。而且，律师在起草法律文书时，还必须参考这些事实和证据，根据这些事实和证据来谋篇布局。

◇第五，研究制作法律文书需要运用的法律法规

制作法律文书需要围绕事实和法律规定，掌握了事实和证据信息后，就需要研究制作法律文书的法律法规。法律文书需要依法制作，依法就是依据法律法规的规定。因此，根据已知的信息和证据，查阅、收集、选择需要适用的法律法规依据是非常重要的，这些依据也可以称之为法律文书的"请求权基础"或者"主张依据"。有的时候，除了法律法规，还需要查阅部门规章和地方性法规、规范性文件作为文书制作的依据。

就某街道办事处委托的事项，因为该事项涉及业主委员会和业主的合法权益问题，涉及物权的问题，所以我们就需要收集《物权法》《物业管理条例》《四川省物业管理条例》《成都市物业管理条例》《业主大会和业主委员会指导规则》等法律、法规、地方性法规和部门规章，还要收集相

关司法解释、案例等。律师要研究这些法律、法规和规章对业主委员会的成立、改选、补选等问题是如何规定的，以及街道办事处、社区居民委员应当如何指导和帮助物业小区成立、改选、补选业主委员会成员，如何组织召开临时业主大会等。只有先弄清楚了法律规定，才能更有利于制作与物业、业主委员有关的公告。

◇第六，拟定法律文书的框架结构

很多法律文书都具有一定的规范格式或者说模板，律师在制作法律文书时可以收集这些规范模板、范文进行参考学习，并结合需要制作的法律文书的实际情况进行必要的调整。因此，需要根据收集到的事实和证据，对准备起草的法律文书设计一个大概的框架结构，再根据框架结构来进行必要的、适当的填充和完善。比如，法律文书的标题、送达的主体、制作这份文书的原因（就是为什么要制作并发布这份文书）、掌握的具体事实情况、法律法规的相关规定或者制作发布这份法律文书的权利来源、需要发布的事项和表达的主张及其理由，最后提出要求、落款和记载法律文书的时间。

如果是诉讼类法律文书一般都是有固定的或者说规定的范文、模板，这比较容易。但是，对于那些没有固定的、统一格式要求的法律文书，这就相对来说要复杂一些，起草的时候就得多花点心思，不要出现疏漏或者低级错误。有些文书虽然没有固定的格式，但是既然是法律文书，在我国的一些非官方的机构或者研究学会、协会、行业组织，一般也会发布相应的参考范文，律师在制作这类文书时也可以参考。总之，既然是一份法律文书，结构一定要完整，布局一定要合理，要能准确、明白、无误的表达这份法律文书的主旨和中心思想，把目的体现出来，实现制作法律文书的目标。

◇第七，起草法律文书

前面的几项工作基本上都是起草制作法律文书的前期准备工作，框架设计也不例外。把这些工作完成后，就可以正式开工制作法律文书了。这个阶段可以称为"落笔"阶段。在起草法律文书时，律师需要考虑以下问题：

（1）如何正确全面地归纳事实，如何有效、适当进行表述。

（2）如何正确地提出问题、解决问题，表达文书的主旨思想。

（3）如何展现执业律师的思路，就是按照一个什么样的脉络表达文书的中心思想。

（4）法律文书里面展示的事实是否证据充分，表达的观点和提出的主张是否符合法律规定，是否有法律依据支持，是否具有可操作性。

◇第八，修改法律文书

法律文书制作出来后，是不是就万事大吉，可以直接提交给客户了呢？不是的。法律文书起草后，还有一个非常重要的程序，那就是修改，反复修改，再定稿。一定是要反复地修改，一定是要提交定稿的法律文书给客户，而不是你起草的文书草稿。律师在提交工作成果之前，一定要反复的校对，不能写完了就赶紧的提交出去。这样是对客户的不负责任。

因此，在法律文书制作出来后，交付作品之前，一定要进行审稿、定稿这个程序，这是必不可少的。这个时候，律师需要注意以下几个方面：

（1）法律文书里面所陈述的事实是否具有证据支持，是否表述正确、表述准确。

（2）所书写的内容是否回答了客户的问题，是否具有说服力，是否能实现客户的需求。

（3）法律文书行文风格是否符合应有的规范和适合文书阅读对象的阅读习惯、阅读能力，是否会出现不知所云的现象，是否让人阅读不懂。

（4）法律文书是否符合文书的基本格式要求，结构是否完整。

（5）法律文书是否做到了行文有逻辑，事实陈述和法律表达是否前后呼应，是否实现了语言简练，表达清楚、明白、准确，不会出现歧义。

（6）用词、用语是否规范、准确，有无不当用词、用语，有无让读者反感或不适的地方。

（7）行文思路是否清晰，是否足以让受文主体、阅读对象作出适当的处置或者回应，不再需要补充。

（8）确保没有错别字等，避免低级错误。

通过前述程序的审定，反复修改之后，还不能立即向客户提交。如果时间许可的话，还可以把这份文书先放一放，过一会儿再继续修改。笔者一般都是这样操作的，几乎每次修改都能发现错误和不足，都有需要修改的地方。

执业律师千万不要小看法律文书的制作，更不要认为自己只是负责起草法律文书，校对、定稿这些反正是指导老师的事情，或者交给自己的助理或者合作伙伴修改。律师的基本执业技能通常被认为是经验，经验是否丰富足以反映出律师的执业技能水平如何。这些职业技能或者经验，一般来说在书本里、课堂上很难得学习到，有人称为这是一种非知识性的成果，只能在实践中摸索、感受、体验并总结才能获得的宝贵东西。当然，笔者觉得这个说法值得商榷，所谓的经验其实也是一种知识，是一种通过理论研究结合实践得出的经验知识。

总之，执业律师制作法律文书，也是在提供服务和生产产品。无论是提供什么样的法律服务，生产什么样的产品，律师都需要将最能体现能力和水平的高质量的服务成果展示给客户。特别是，实习律师和律师助理，在起草法律文书时一定得按照这些步骤严格要求自己，千万不能马虎，一定要反复修改，不能将读不通顺、逻辑思维混乱、用词不当、证据不充分、法律法规欠缺、错别字连篇、漏洞百出的法律文书向指导老师或者客户提交。

九、民事诉状的写作技巧

民事诉状是民事案件引起诉讼的法律文书，对整个诉讼活动起着事关胜败、举足轻重的作用。因此，看似一份简简单单的民事起诉状，其作用却不可小觑。制作民事诉状是执业律师最基本的工作和执业技能之一，在诉讼业务中，一般来说民事诉讼业务是最突出，也是最多的。

在制作民事诉状时，需要掌握一定技巧，不是一拿到案件材料就起草制作。当律师拿到案件时，第一步是要判断这个案件是不是属于民事案件，是否属于民事诉讼的范围？第二步是要判断这个案件是否符合起诉条件？第三步是判断和审查是否超过了诉讼时效？第四步是当事人提出的诉讼主张是否有必要的证据支持？一般来说，执业律师在制作民事起诉状前，都应当对这四个问题有一个初步的掌握和判断，否则就无法制作一份合格的民事诉状。笔者认为，制作民事诉状，需要注意以下几个技巧：

◇第一，必须注意民事起诉状的格式规范化

一场民事诉讼往往是从当事人向法院起诉那一刻开始的，起诉时原告方给作为裁判者的法官带来第一印象的就是民事起诉状。严格来讲，一份民事起诉状,其格式是否规范、案由是否准确、诉讼请求是否合理、事实与理由是否表述清楚、准确,这些问题既关系到诉讼程序的开启,也在一定程度上影响到诉讼的成败。格式规范化是民事起诉状的"形体",是一个民事案件留给承办法官的第一印象的媒介。

对民事起诉状格式的规范化,最高人民法院发布的《民事诉讼文书样式》有相应的要求,也公布了文书的范文。但是,实践中有很多律师并不太重视民事诉状的规范性,认为这些形式上的细节无伤大雅,并且认为这对于整个案件的成败并没有多大影响。然而,民事起诉状格式的规范与否就像一个人的外形,外形是否好看就决定了你给他人的第一印象。因此,递交一份漂亮的符合规范要求的民事起诉状很有必要,这相当于向法院和对方律师递交律师的另一张名片。一份格式规范的民事起诉状不仅要美观整洁、方便阅读,而且还能体现出律师良好的专业素养及严谨的执业态度,在未见其人先见其状的情形下,便可以帮助执业律师给法官留下良好印象,对后期的庭审能起到一定的事半功倍效果。

首先,诉状的字体及间距是很多律师最容易忽视的问题,但也是最直观影响整个诉状美观的问题。对此,律师们可以借鉴大多数法院文书的格式标准,统一为标题黑体 2 号,正文仿宋小 3 号,行间距为 1.5 倍。

其次,诉状各部分要素表述完整、规范,事实与理由、诉讼请求等部分标题需加粗,或者整体内容与上文主体部分空一行以示突出强调。

最后,尾部一般来说,可以表述为"起诉人"或者"具状人",同时,当事人签名需要手写且捺手印。根据最高人民法院的法律文书规范及范文,将民事诉状称为《民事起诉状》,落款签名为"起诉人",如果是提出反诉的则称为《民事反诉状》,落款签名为"反诉人"。

总之,要想制作出一份格式规范的民事起诉状,所要注意的细节颇多,并非想象的那么简单。细节决定成败。能制作出一份符合规范化要求的民事起诉状,也是执业律师不可或缺的必要条件。

◇第二,要做到案由精准化

2007 年 10 月 29 日,最高人民法院通过了《民事案件案由规定》,并于 2008 年 2 月 4 日发布。2011 年 2 月 18 日进行了第一次修正,同年 4 月 1 日起施行。最高人民法院《关于印发修改后的〈民事案件案由规定〉的通知》(法〔2011〕42 号)中明确指出,民事案件案由是民事案件名称的重要组成部分，反映案件所涉及的民事法律关系的性质，是将诉讼争议所包含的法律关系进行的概括，是人民法院进行民事案件管理的重要手段。选择案由就像大脑指挥行为一样，有什么案由，就有相对应的诉讼策略和判决结果。所以，案由对于整个案件的走向具有至关重要的作用。

修改后的《民事案件案由规定》以民法理论对民事法律关系的分类为基础，以法律关系的内容即民事权利类型来编排体系，列出了424种司法实践中最常见和广泛使用的案由。基于审判工作指导、调研、司法统计的需要，在部分三级案由项下又列出了一些第四级案由。基于民事法律关系的复杂性，不可能穷尽所有第四级案由，目前的第四级案由只是一些典型的、常见的或者为了司法统计需要而设立的案由。也就是说，目前我国司法实践中已经有的明确具体的三级案由达到了424个。

2018年12月12日，最高人民法院发布了《关于增加民事案件案由的通知》（法〔2018〕344号，下称《通知》），在原《民事案件案由规定》第一部分"人格权纠纷"的第三级案由"9.一般人格权纠纷"项下增加了一类四级案由即"1.平等就业权纠纷"，在第九部分"侵权责任纠纷"的"348.教育机构责任纠纷"之后增加一个第三级案由"348之一：性骚扰损害赔偿责任纠纷"。该《通知》自2019年1月1日起施行。也就是说，从2019年1月1日起，多了"平等就业权纠纷""性骚扰损害赔偿责任纠纷"这两个案由。

在某些案件中，案由的确定就是法律关系的确定，将直接决定举证责任的分配原则。比如，一个人被楼上落下的花盆砸伤，如果以一般人身损害赔偿纠纷作为案由起诉，则案件将被确定为一般侵权案件，原告只能选定一个人或一个住户为被告，并对他所认定的被告实施了伤害行为负举证责任；如果不知道这个花盆是谁家的，那么就应该以共同危险行为致人损害赔偿纠纷作为案由起诉，则案件就将被确定为特殊侵权案件，原告就可将所有可能实施伤害行为的个人或者住户列为共同被告，被告则必须对自己没有实施伤害行为负举证责任。

同一个案件，如果采用不同办案思路，选择不同的案由，诉讼路径、举证责任、诉讼结果可能会截然不同，如果选择失当，严重时可能导致本应胜诉的案件败诉。以医疗案件为例，如果以医疗事故赔偿纠纷起诉，一旦不能鉴定为医疗事故，又不能构成医疗差错，案件就会被法院驳回起诉，从而无法达到诉讼目的；如果选择医疗损害赔偿纠纷进行诉讼，那么只要证明医疗损害后果与医疗行为之间存在因果关系，当事人的合法权利就可能受到保护。相对于医疗事故赔偿来说，医疗损害赔偿纠纷中律师的工作量要少得多。

由此可见，案由的精准选择决定了诉讼的难度和胜败的概率，所承担的风险也就完全不一样。因此，在制作民事起诉状时一定要做到案由选择精准化，不可任性选择案由。

◇第三，诉讼请求应当明确具体、完整、适度适当

诉讼请求是否能得到人民法院支持，直接关乎当事人合法权益的实现，也体现了整个诉讼过程的成败。因此，它是整个民事起诉状的"核心"，是整个民事起诉状的主导，是整个诉讼的最终目的所在。一般来说，书写诉讼请求应注意以下几个方面：

（1）诉讼请求应当明确具体。民事诉状中的请求事项必须写得明确、具体，不能写得含糊其辞、抽象笼统。所谓"有具体的诉讼请求"，是指原告所提出的实体权利的主张，在内容和所涉及的范围上，必须具体化，能够界定，否则便无实际意义，且人民法院也无法对案件进行审理和作出裁判。

为使诉讼请求明确具体、一目了然，如果民事案件中的原告对同一被告提出了两个以上的诉讼请求，建议分项列出，切忌将多项请求混在一堆，以免法院漏审漏判。因此，诉讼请求的内涵和外延应当明确、具体，你提出诉讼要求人民法院保护什么，支持什么，反对什么，都应该清清楚楚、明明白白，毫不含糊，否则人民法院难以确定审判保护的对象和范围，更难以提供审判保护的方法。无论什么样的诉讼请求，不管人民法院会不会支持，需要在审判后才能确定，所以在起诉的时候提出诉讼主张时就必须明确、具体。

（2）诉讼请求必须完整、准确。民事诉讼实行"不告不理"的原则，法院也只能在原告诉讼请求的范围之内对原告的权益予以保护。因此，在民事诉状中将诉讼请求写完整是极为重要的，这避免了当事人的合法权益的丧失，避免漏列诉讼请求。准确，就是要求在制作民事起诉状的时候，所提出的诉讼请求一定要准确，不能含糊、模棱两可或者不准确。

比如，该主张合同无效的，就不能主张撤销，该主张撤销的就不能主张无效。理论上讲，人民法院在审理合同纠纷时有义务审查合同的效力问

题，但是实践中如果原告起诉撤销合同或者解除合同，法院就会认为己方已经自认为合同有效了，对后面提出合同无效的主张就不会予以审查，只会审查是否属于可撤销或者可解除的情形。因此，提出准确的诉讼请求非常重要，不可忽视。笔者经历过一起房屋买卖合同纠纷，一审律师认为合同可撤销，二审笔者认为应当是无效，但是法院则认为既然一审起诉时是撤销，那么就是自认合同有效，对无效的主张不予审查。案经省高级人民法院和检察机关的检察监督审查，都是这个口径，理由是一审诉讼原告主张的是撤销合同，这属于自认合同有效，就不能再主张合同无效了，法院也只针对是否应当撤销进行审理。

（3）诉讼请求的提出应当适度适当。在提出诉讼请求时并不是多多益善，也不是为了满足当事人的意愿，迎合当事人的心理，随意提出诉讼主张，而是要提出比较切合实际的请求数额。提出的诉讼请求适度适当，不仅可以减少诉讼成本，降低诉讼风险，而且有利于法院的调解和双方当事人的和解，减少讼累。当然还有一个问题是，如果代理律师按照当事人的不合理要求任意的提出诉讼请求，最终一旦得到法院支持的不多，当事人就会认为代理律师没有尽职尽责，这个问题也需要引起重视。

根据《人民法院诉讼收费办法》的规定，案件受理费是以诉讼标的额为基数按比例收取的，如果诉讼请求中的标的数额过大，与判决数额之间的差额风险只能由自己承担，这无形中会增加诉讼成本。一般情况下，在确定诉讼标的额时有如下参考因素：法律、法规、条例、规定、办法的具体标准，当地的社会经济生活水平，对方当事人经济承受能力，类似案例的判决等。例如：在合同纠纷中，当事人约定了过高的逾期付款利息或者过高的违约金，在这样的情况下，在确定诉讼请求时就需要跟当事人反复沟通，根据法律规定和司法实践，给出一个合理的建议，争取把诉讼请求做到适度适当，不漫天要价，不提出无法实现的巨额诉讼主张或者根本无法执行或兑现的诉讼请求。

有一个真实案例：一对夫妻因感情破裂起诉离婚，女方提出了一个诉讼请求就是要求男方返还她的嫁妆——一双绣花鞋。在案件审理中，人民法院了解到这对夫妻在闹矛盾的时候，二人发生打架纠纷，纠纷中女方用自己的绣花鞋摔打男方，男方顺手抓起一只绣花鞋扔进了粪坑。这只绣花鞋在粪坑里没有人去捞起来，早已腐烂。但是，女方作为原告在诉讼中非得要男方赔偿她从娘家带过去的那一双绣花鞋。法院根据实际情况反复给原告释明,告知她这一双绣花鞋因为已经被扔进粪坑腐烂,法院没有办法判决男方返还那一双绣花鞋,只能判令男方照价赔偿一双绣花鞋的钱或者同等价格的绣花鞋一双。女方对此根本不听,也不接受人民法院的解释。最后,法院直接没有支持她的这一诉讼请求。对于这个案子的原告来说,她坚持要求被告返还原来从娘家带过去的那一双绣花鞋已经不可能了,还要坚持,这样的诉讼请求就是不适当的诉讼请求,不能获得法院支持。

◇第四,事实与理由应当观点明确具体、逻辑清晰、重点突出

事实和理由应当围绕诉讼请求进行组织,选定的事实和理由应当以促成诉讼请求成立为目标,尽量保证陈述的每个事实与证据清单中每份证据确定的证明对象一一对应。民事起诉状中的"事实与理由"在整个民事起诉状中就形同它的"脉络",法官通过它可以最直接地了解到整个纠纷的前因后果及症结所在,这部分的表述直接影响到诉讼请求是否能被法院支持。一般而言,应注意以下几点:

(1)对于事实陈述应当力求准确,包括事实上的真实性,证据上的确凿性,逻辑上的严密性,语言文字上的准确性;中心突出,观点明确,要求把握住案情或者关键所在,围绕中心,确立论点,明确目的,不在枝节上做文章。

观点明确具体是指观点和材料统一,突出反映事物的本质,明确表达观点。要做到客观公正,以理服人,要求以事实为根据,以法律为准绳,准确、恰当地引用法律法规,摆出双方的责任是非,论证充分,理由充足,目的请求合理。要对基本的事实表述清楚,事实的要素包括时间、地点、人物、原因、经过、结果以及双方争执的焦点等,应把事实的各种要素写清写全。

在制作民事起诉状的时候,对事实的陈述要做到有证据支持,言之有据。这里的事实不是客观真实,而是能够用证据证明的真实,所以对事实的描述不能脱离自己掌握的证据,如果没有证据,在描述事实的时候就得更加讲究技巧,不能杜撰事实。

(2)有了事实就需要相应的理由对其支撑。对于理由,引证相关法律条文是关键,在有了法律依据之后,还要从法理上进行分析,以便分清是非、明确责任,论证原告诉讼请求的合理性与合法性,从而说服法官支持自己的诉讼请求。

值得注意的是，在民事起诉状中不仅要突出引用主要的实体法律规定，同时还需要兼顾相关的程序法，这样既有实体法支撑又有相应的程序法支撑，不仅显得更加完整，而且诉讼请求更容易得到支持。要知道，根据事实来支持自己的诉讼请求的这个论证过程就是说理，就是理由，诉讼请求与事实之间是有距离的，需要用理由来把两者结合起来。理由是整个民事起诉状的核心，在说理的这个环节，就是要利用自己掌握的事实和法律规定，做出对自己有利的论述，提出自己的观点和主张，并用证据来支持，以实现诉讼目的。

（3）在"事实与理由"部分，律师在写作时最需要注重技巧。不同的案件类型，对"事实与理由"的要求会有所不同，其中较为典型的是"离婚案件"。措辞用语方面：离婚的当事人往往比较敏感，所以在措辞用语方面要特别注意，不可用太多富有感情色彩的用语，比如"拳打脚踢""恶贯满盈""风流成性""水性杨花"等，否则会激化矛盾，导致还未开庭双方当事人已怒火中烧了，有时甚至累及律师跟着遭殃。在相识经历的表述方面：如果双方是自由恋爱并且相恋时间较长，为了规避感情基础的事实，建议不要过多的表述；如果双方是介绍相识并且相恋时间较短，这时为了突出感情基础薄弱，就可以多着笔墨详写一下。在婚后生活矛盾的表述方面：应主要围绕几个法定的感情破裂表现的情形进行表述。比如：多次因吸毒接受行政处罚，感情不和分居满二年等，对于其他酌定的情形只要简单表述即可，而且表述不要冗长，言简意赅，点到为止即可。

在离婚案件中的诉状制作，基本的事实也是需要交代清楚的，比如办理结婚登记的时间、地点，是否有孩子，孩子性别、姓名、出生年月日等，婚后夫妻共同财产和债务等都需要进行清楚的交代。笔者发现一些执业律师制作的起诉状看不出离婚诉讼的双方当事人是什么时候在什么地方登记结婚的，婚后是否有子女，是否有共同财产、债务等都没有交代，这样的离婚诉状是不合格的离婚诉状。

◇第五，其他注意事项

（1）关于签名的问题。注意在提交起诉状时一定要当事人本人签字或者盖章，不得代为签署起诉状。在特殊情况下，起诉状的内容一定要当事人确认，实在是需要代理人代为签署的，在委托书上一定要备注代理人有权代为签署诉状等法律文书的内容，代理人的签字后果由当事人承担。并且还得准备备用的民事起诉状,在当事人方便签署的时候让当事人签字具结,对民事起诉状的内容进行确认。有的律师为了图方便,往往制作法律文书后不交由当事人本人签名,这样就会出现当事人事后反悔或者追究律师责任的问题。因此,无论如何,律师在整理诉讼资料时,一定要把诉状、答辩状、委托手续交给当事人本人签署。在时间紧迫的情况下,如上诉状或起诉状等,在有当事人书面授权签署的前提下,方可代签,但事后第一时间一定要当事人补签。

(2) 关于当事人联系电话的问题。根据笔者的实践经验,在起诉状中一般不宜书写当事人的联系电话信息,以免法官绕开律师直接联系当事人。因此,一般不把当事人的电话直接留在诉状或者答辩状当中。但是,在律所公函或授权书上是一定要写律师的联系方式、执业证号的,方便办案机关工作人员联系。

(3) 关于当事人身份、居住信息的核实问题。应当反复查询和确认当事人及代理人的基本信息,保证民事起诉状中列明的当事人的基本情况真实、准确、有效。特别是居住信息,一定要实事求是,准确记载。有必要时,一定要将当事人的户籍所在地址和实际居住地址都罗列出来。原告和被告是单位或者其他机构、组织的,其名称应与法定名称相符,即原告或被告为单位的其名称应当与企业法人营业执照的统一代码、名称一致。原告或被告为自然人的,其姓名应当与其身份证上的姓名一致,并写明其身份证号码、住址和实际居住地。居住地属于确定管辖的重要因素,所以需要根据案件实际情况合理运用。

(4) 民事起诉状结尾及签署的问题。民事起诉状结尾部分,应当注明"此致"及具体受案法院。法院名称应当为全称,不得使用简称。还要写明起诉人及签署日期。起诉人应当使用全称,不得使用简称。起诉人为自然人的,应当由起诉人本人签名并加捺手印。如果起诉人是单位的,应当加盖单位公章并由单位法定代表人或负责人签名或盖章。有的人习惯在落款处写"具状人"而不是"起诉人",一般说只要受案法院不提出异议,接收诉状就没有问题,如果法院要求修改,就得修改,因为最高人民法院的格式文本上是用的"起诉人"而不是"具状人"。为了避免麻烦,直接使用"起诉人"最好。

十、如何制作民事答辩状

在民事诉讼中，被告一方收到原告一方的起诉状就得答辩应诉。准备答辩状是重要的应诉准备活动，原告提出诉讼，人民法院立案后，原被告就要正式交手了，答辩是双方的第一仗。一般情况下，原被告之间的纠纷在起诉前，可能已经过多次的交流和沟通，只是没有办法解决，最后才走上了法庭。

◇被告应当重视答辩权

根据《民事诉讼法》规定，人民法院应当在立案之日起 5 日内将起诉状副本送达被告，被告应当在收到之日起 15 日内提出答辩状。答辩状应当记明被告的姓名、性别、年龄、民族、职业、工作单位、住所、联系方式等。如果被告是法人或者其他组织的，还需要列明法人或者其他组织的名称、住所和法定代表人或者主要负责人的姓名、职务、联系方式。人民法院应当在收到答辩状之日起 5 日内将答辩状副本发送原告。该法同时规定，被告如果不提出答辩的，不影响人民法院审理。

实践中很多当事人往往容易忽略自己的答辩权，没有认识到自己第一次与原告交手的重要性。不但如此，一些代理律师往往也容易忽视这个问题，他们认为既然法律规定了被告不答辩不影响人民法院审理，为什么一定要提前答辩呢？为什么要提前将自己的想法告诉对方呢？实际上，这样的想法是错误的，也对被告不利。

被告进行答辩，可以对原告提出的诉讼请求和所依据的事实与理由进行回答和辩解，答辩的内容包括程序方面的问题，比如提出原告没有诉权、起诉不符合条件、受诉法院没有管辖权等；也包括实体方面，比如说明纠纷引起的真实原因、案件的事实真相，反驳原告的诉讼请求和理由，提出自己的诉讼请求。

被告进行答辩是一个重要的辩解手段和渠道，要认真对待，做好应诉准备，不搞突然袭击。被告的答辩可以帮助人民法院发现事实真相，帮助人民法院主审法官提前思考和分析、判断，并提前思考争议焦点，进行归纳，做好审理安排。

更重要的是，根据《民事诉讼法》的规定"当事人的陈述"属于证据，而且是排在民事诉讼证据的第一位的。一旦原告起诉，被告进行答辩,被告的答辩就是对案件事实的陈述,也是证据,人民法院必须对被告答辩状中陈述的事实进行审理查明。因为"当事人陈述"是案件当事人向人民法院提出的关于案件事实和证明这些事实情况的陈述。对于人民法院来说,当事人的陈述是查明案件事实的重要线索,只有把当事人的陈述当作证据来对待,与其他证据结合起来,综合研究,才能确定其是否可以作为认定案件的事实依据。所以,被告的答辩就是在进行陈述,被告也是当事人,被告陈述自然是"当事人陈述",也是证据。既然是证据,当事人就得合理运用证据,来维护自己的合法权益。

◇答辩状需注意的问题

既然知道了被告的答辩是重要的应诉准备工作,也是被告行使举证的权利,那么律师应当如何制作答辩状呢?笔者认为,制作一份合格的答辩状需要注意以下几个问题:

(一)格式的规范性

根据《民事诉讼法》的规定以及最高人民法院发布的《民事诉讼文书样式》规定,民事答辩状是具有一定的规范格式文本,在制作答辩状的时候一定要注意文书的规范格式,这不但是最高人民法院的要求,还是自我形象的展示。有些案件看上去不起眼,被告觉得没有必要请律师,至少得提交一份规范的答辩状,就算不请律师,至少可以让法院、法官和对方当事人看到、知道被告有律师指点和帮助。再说,规范的格式,条理清晰,对于法官来说也有所帮助,可以节省时间和精力,让他们有足够的时间多查明案件事实。

(二)制作答辩状之前,一定要认真阅读原告的起诉状

答辩是针对原告的起诉进行的答复和辩解,既然是答复和辩解,就需要认真阅读原告的起诉状。

第一,他提出的是什么样的诉讼请求,这些诉讼请求是不是准确、适当、合法、有理有据?

第二,通过认真分析诉讼请求,再分析其诉讼请求所依据的事实和理由,事实是不是真实的,理由是否充分?

第三,通过阅读起诉状,看看诉状中提到了哪些证据,以及这些证据的来源,真实性、合法性、关联性如何?来源是否合法、可靠?能否实现原告的证明目的?

第四，通过阅读起诉状，研究原告的法律依据是否准确合法？是否有明确、具体的法律依据？也就是通常所说的是否具有合法的请求权基础？是依据什么法律规定提出的诉讼请求？有哪部法律、哪条规定赋予他有权提出这样的诉讼主张？其依据何在？

第五，通过分析后，再看看原告的起诉是否搞错了对象？被告的主体资格是否适格？也就是自己是不是真正适格的被告？

第六，原告的起诉是否超过了诉讼时效，一旦超过了诉讼时效，原告就丧失了胜诉权。这个问题被告一定要重视，如果被告不主动提出来，人民法院不能也不会主动审查。

(三) 根据对方的漏洞和案件事实制作答辩状

答辩就是要找出原告起诉的破绽和漏洞，指出起诉状中的不足，找出法律关系和事实陈述的漏洞，证明起诉所述不实，其诉讼请求不应得到支持。

正如前面所讲，如果通过阅读原告的诉状，发现这个民事纠纷的诉讼时效已经超过，原告的事实再客观真实，理由再充分，已经丧失了胜诉权，只要答辩时提出来，法院就不能支持原告的诉讼请求。

其次，如果律师发现原告起诉搞错了对象，或者他根本无权起诉被告，比如根据合同相对性原理，原被告之间根本就没有合同关系，原告以合同法律关系起诉被告，这个时候被告就可以合同相对性原理主张自己不是适格的被告。

还比如，原告主张的法律关系或许根本就不成立，或者原告适用法律错误，或者根本就缺乏请求权基础等。只要被告针对原告起诉的漏洞和案件的客观事实据实进行答辩，有理有据地对其进行还击，就可以有效地维护自身的合法权益。

在一些事实清楚，证据确凿充分的案件中，一味地胡搅蛮缠实际上对被告也没有好处，狡辩反而会适得其反，在答辩时可以从简，或者避重就轻，或者主动承认错误和示好，争取利益最大化和妥善化解矛盾。

当然，在某些具体的时候，确实不太适合进行书面答辩的情况也可以不予书面答辩，在开庭时当庭答辩即可。总之，答辩的策略是利益最大化，损失最小化，纠纷妥善化处理，不可挑起事端，不可激化矛盾，冤家宜解不宜结。

十一、如何制作律师代理词

◇代理词的概念和作用

代理词是代理律师或者基层法律服务工作者等诉讼代理人，在民事、行政、刑事附带民事诉讼中，就民事、行政案件的当事人、刑事案件的被害人以及刑事附带民事案件的原告、被告所委托的诉讼代理人，在法庭审理阶段，为维护其所代表的一方合法权益，以代理人的名义，在代理权限范围内发表或递交的综合性代理意见。简单说，就是代理律师在代理案件中所发表的看法或者意见。

《民事诉讼法》第58条规定："当事人、法定代理人可以委托一至二人作为诉讼代理人。下列人员可以被委托为诉讼代理人：（一）律师、基层法律服务工作者；（二）当事人的近亲属或者工作人员；（三）当事人所在社区、单位以及有关社会团体推荐的公民。"严格来说，只要是符合规定的代理人在诉讼活动中发表的意见，对案件的态度和认识、观点进行的陈述，统称为代理词。

《民事诉讼法》第141条第1款规定："法庭辩论按照下列顺序进行：（一）原告及其诉讼代理人发言；（二）被告及其诉讼代理人答辩；（三）第三人及其诉讼代理人发言或者答辩；（四）互相辩论。"第174条规定："第二审人民法院审理上诉案件，除依照本章规定外，适用第一审普通程序。"

在诉讼程序中，无论是原告律师的发言还是被告律师的答辩，其实都属于代理词的范畴。代理律师发表的代理词不仅仅是在法庭的辩论阶段，其实是贯穿于整个诉讼活动当中的。我们一般说的代理词是在法庭审理的辩论阶段代理律师所进行的系统性的、全面的辩论意见，包括双方代理人发表的代理意见。代理律师在法庭审理阶段，以维护委托人合法权益为目的，表明代理人自己对案件的处理意见的这种文书就是我们所要讲的代理词。

律师代理词，无论是口头发表还是提交书面，都有一定的规范格式参考，有一定的诉讼文书格式作为范文。但是，这个基本的格式又与其他诉讼法律文书不同，代理词的文书格式并不固定，可以由代理律师自己根据需要组织，可以随时进行调整，因此相对来说比其他诉讼法律文书更加灵活。

尽管如此，代理律师如果能够提交一份完整、规范、整洁的代理词，无论是对代理律师自己的形象展示，还是对案件审理法官的征服，都具有十分重要的意义。随着依法治国的加强，执业律师的地位和作用日益凸显，不少执业律师发表的代理词都得到了法庭的认可和重视，一些执业律师的代理意见直接被法官引用，成为法院裁判的理由。因此，执业律师很有必要重视代理词的制作，充分发挥代理词的作用，把自己对案件的处理意见充分地进行表达。

中国司法文书研究会编辑的《中国律师文书范本》对律师代理词的写作做了详细的介绍，包括代理词的结构、基本内容、论证方法等。一般来说，代理词的写作大体上也是包括首部、正文、尾部三部分，首部、尾部的写法与辩护词基本相同。

◇代理词的结构、基本内容

代理词与辩护词一样属于法庭发言，也可以说不是真正意义上的法律文书，因而无固定格式。执业律师在发表第一轮代理词时，一般需要系统性的发言，通常也分为前言、理由和主张以及结束语三部分。前言是开场白，内容大体与辩护词的开场白相类似，也是简明扼要地陈述代理人的合法地位，说明开庭前所做的工作和对案件的全面看法。比如，我们经常说"尊敬的审判长、审判员，某某律师事务所依法接受本案原告的委托，指派本律师出席今天的法庭参加庭审，代理本案原告进行诉讼。开庭前，本律师进行了必要的调查走访，查阅案卷全部材料，今天又参加了法庭的审理，现发表如下代理意见……"

但是，有的律师对案件的来源或者委托的表述提出了质疑，他们认为当事人的委托书是直接签署给执业律师的，直接委托的执业律师，表述为"某某律师事务所依法接受本案原告的委托，指派本律师出席今天的法庭参加庭审，代理本案原告进行诉讼"不妥。因此，近年来很多律师又开始这样表述："尊敬的审判长、审判员，本律师依法接受本案当事人某某的委托，担任其诉讼代理人，现发表如下代理意见……"

无论如何表述，只要把律师是如何参与进来的介绍清楚即可，法院一般不会计较。只是，在发表代理词之前，对法官的称呼还是很有必要的，这是对法官最起码的尊重，也是执业律师执业礼仪的体现。当然，就算是简易程序,一名法官独任审理,他们也希望律师能称呼他们为"审判长"。因此,律师在制作代理词和当庭发表的时候称呼一声"尊敬的审判长"是百利而无一害的。

结束语多是对全篇代理词的归纳和总结,重申诉讼请求或者答辩的主要观点,提出处理建议之类的内容,这两部分的内容都较简要。一般的表述为:"以上代理意见,请合议庭参考,并予以采纳"。

理由部分则是代理词的核心部分,因为这是能否充分阐明起诉理由或反驳对方起诉意见的关键性内容。因此,我们着重谈谈代理词的理由部分写作的基本内容和方法。

1. 确认法律事实或法律行为是否存在和有无法律效力

作为执业律师,接受当事人委托代理诉讼,在发表代理意见时,首先要论证法律事实或法律行为是否存在及其有无法律效力。前者主要论证其是否具有真实性,后者主要论证其是否具有合法性。有时法律事实或法律行为是确实存在的,而且也是合法的;有时法律事实或法律行为虽然存在,但却不具有合法性;还有的情况则是法律事实客观存在,法律行为也是合法的,但是原告方的主张却超过了诉讼时效,已经丧失了胜诉权。

如某一继承案件,被继承人去世后,多数继承人要求按被继承人生前已有见证人在场见证的遗嘱执行,但其配偶又出示了被继承人临终前(较有见证人在场见证的遗嘱晚两年)委托配偶书写的一份遗嘱,要求按其最后的遗嘱执行。这样就出现了多份遗嘱的情况,哪分遗嘱属于合法遗嘱的问题就是代理律师需要陈述和辩解的。要是代理律师主张最后一份遗嘱为合法遗嘱,则应当强调它是最后的一份遗嘱,按照我国《继承法》的规定,有几份遗嘱的,应以最后一份为准。要是主张最后的遗嘱不是合法的,而是无效的,则应强调最后一份遗嘱没有见证人在场见证,属于不合法的遗嘱。这就足以说明,尽管某一法律事实虽然客观存在,但却不一定是合法的。所以,代理词既应该就事实的真实性展开论证,又要注意从事实的合法性方面展开论证。

2. 确认有无法律关系及其相互间应否享有权利和承担义务

人们基于人与人之间的某种关系是否享有一定的权利和应承担一定的义务,是以人与人之间是否存在某种法律关系为前提的。如法人 A 与法人 B 之间签订了某项购销合同,法人 A 应承担提供某种产品的义务,享有接受货款的权利;法人 B 承担支付货款的义务,享有取得某种产品所有权的权利。一旦在合同履行过程中发生纠纷，就要分析两方谁未尽合同约定的义务，或超越了应享有的权利范围。执业律师在代理各方进行诉讼的活动中，所发表的代理词，就要围绕上述内容展开论述和驳辩。有的属于一方未尽义务或未全面履行约定的义务，有的属于双方都未能全面履行义务，则还要比较论证究竟哪方尽到的义务多些，哪一方尽到的义务少些。这些未尽义务是否属于违约，是否属于根本违约，应当如何承担违约责任等。

再如亲属关系方面，父母对子女尽了抚养义务，子女就应对父母尽赡养义务，而且就算是在某些情况下父母没有尽到抚养子女的义务，但是根据法律规定，子女在父母年老体弱的时候依法也应该承担赡养义务。作为代理人在发表代理词时，首先就要论证他们之间所存在的法律关系，再根据他们之间的法律关系论证其应享有的权利和应承担的义务。

在劳动争议案件中，一方主张具有劳动关系，一方主张不具有劳动关系。执业律师就要根据自己所代理的哪一方，据理力争，结合有关规定进行判断，发表自己的代理意见。

3. 有关案件性质和法律责任的论证

民事、行政案件涉及的案件性质多数属于是否构成侵权的问题，或是财产侵权，或是人身侵权，再或是人格名誉或知识产权的侵权问题。因此，在律师发表的代理词中，也就必须根据案件的根本性质问题展开论证。

一般说来，原告方的代理词总是要据实体法论证被告方构成了侵权行为，并进一步论证被告方应承担的法律责任，或应赔偿经济损失，或应赔偿精神损失，或两者兼而有之。被告方的代理词则相反，往往要论证被告的行为不构成侵权行为，因而不应当负任何法律责任，甚至反诉原告有侵权行为，应负相应的法律责任。随着我国法制的日益健全和人们法律意识逐渐地增强，近年来有关名誉权和知识产权的案件日益增多，其代表各自一方的代理词中，论证有无这方面侵权行为的内容也日益显得突出。

在行政案件中，自然人或法人与行政机关之间的纠纷，也常常集中在行政机关的具体行政行为是否构成了对相对人的侵权，双方的代理词也是紧紧围绕着侵权行为的是否成立而展开论辩。总之，这种有关案件根本性质和应负法律责任的论辩内容，常常是代理词的核心内容之一，而且这一问题的论辩又多是和上述两个问题的论辩紧密结合在一起的。

◇代理词的主要论证方法

1. 据实论证

案件事实是案件的基础，一般情况下，只要把事实如实地说清楚，就能把是非曲直分辨清楚，特别是一些是非界限明确的事实。因此，代表符合事理一方的代理词，常常运用的说理方法就是据实论证的方法。也就是通常所说的"摆事实，讲道理"的方法。这种方法容易发挥折服对方的作用，也容易被法庭所接受。

2. 据法论证

事实是案件的基础，法律是衡量是非的准绳。"以事实为根据"是一个方面，"以法律为准绳"则是另一个方面。特别是比较复杂的纠纷事实，若不用法律加以衡量和分析论证，不易辨清具体的是非界限和双方的法律责任。如下面这份代理，就是依法论证的代表。

我国《宪法》第38条明确规定："中华人民共和国公民的人格尊严不受侵犯。禁止用任何方法对公民进行侮辱、诽谤和诬告陷害"，我国《民法通则》第101条也规定："公民、法人享有名誉权，公民的人格尊严受法律保护，禁止用侮辱、诽谤等方式损害公民、法人的名誉"。被告竟然用"流氓、破鞋、野妓、婊子"等侮辱性语言，谩骂原告，属于明显的侮辱人格尊严的语言和行为，构成了对原告名誉权的侵害。但是被告又狡辩称，说他所讲的话是别人的"反映"，因而就认为原告本身确实存在问题，他所说的不过是揭发了原告的一点隐私。像被告的这种辩解，显然是逃避责任的一种诡辩。原告代理律师又反驳道，我们大家都知道"破鞋、野妓、婊子"之类的话，本身就是骂人的语言。而现在被告却不辨是非，而且通过文字形式加以宣扬，不是有意扩大损害他人名誉的违法行为吗？《最高人民法院贯彻执行〈中华人民共和国民法通则〉若干问题的意见（试行）》第140条规定："以书面、口头等形式宣扬他人的隐私，或者捏造事实公然丑化他人人格，以及用侮辱、诽谤等方式损害他人名誉，造成一定影响的，应当认定为侵害公民名誉权行为。"

这是一篇据法论证侵害名誉权行为的代理词，引法论理较为充分。一般说来，法律与情理是相一致的（但有时也有一定的差距），在相一致的情况下，有的代理词除应加强法律论证外，还需情理上作进一步的延伸，以取得更好的论辩说理效果。

◇ **民事案件代理词和行政案件代理词**

在民事案件和行政案件中，代理人在法庭辩论阶段所发表的演说都可以叫代理词。但是，民事案件和行政案件是两种不同性质的案件，案情不同，审判程序的依据也不同，所以其代理词的制作也有所不同。其区别大体上有如下四点：

（1）民事案件中有请求确权的，有请求解除合同的，更有大量请求给付的，人民法院受案范围极其广泛。因此，代理词的写作方法也就千变万化。例如，确权的代理词一般要写权利之产生、演变，以阐明当事人具有某一权利；而解除的代理词一般要写权利与义务上的今昔变化，名存实亡，当初之关系已不复存在。以上两者虽然都要表述发展过程，但其重点所在显然不同。行政案件，人民法院受案范围有所限制，内容相对集中。原告起诉不外乎是说具体行政行为如何违法，请予撤销或变更，被告答辩也不外乎是说具体行政行为之所以作出，如何合法，请予维持，因此导致其代理词写作也相对单一。

（2）我国1989年《行政诉讼法》第32条规定："被告对作出的具体行政行为负有举证责任，应当提供作出该具体行政行为的证据和所依据的规范性文件。"第33条规定："在诉讼过程中，被告不得自行向原告和证人收集证据。"由于举证责任的倒置和收集证据的限制，行政案件代理词中有关证据的提出与辩驳势必比民事案件代理词中关于证据的内容更为重要，尤其是行政机关一方，无论是作为被告还是作为上诉人、被上诉人都是如此。

（3）民事案件虽然也有的在"对簿公堂"之前经过了相关部门、人员的调解，但一般而言，没有固定程序。行政案件是因为不服行政机关所作具体行政行为而"民告官"，人民法院受理之前已有行政处罚的程序或行政机关不作为的过程，有的还要有一个必经的复议程序。因此，事关《行政处罚法》《行政许可法》和《行政复议法》的一些程序问题，在行政案件代理词中，无论是一审代理词还是二审代理词，都有可能成为重点；而民事案件的代理词中，如无特殊情况，此类内容较少，尤其是一审代理词，几乎很少涉及程序问题。

（4）刑事附带民事案件的民事代理词一般要提及被告人犯罪行为与被害人所受伤害或者损失的因果关系。在刑事附带民事案件中，遇到法官不准就刑事部分提及的时候，庭后一定要准备书面的代理词提交，把律师应当说到的说全，至于是否采纳由法院来决定。

而行政案件没有作为附带性质的诉讼，也就没有此类代理词。当然，随着司法改革以及依法治理，行政诉讼也开始改革了，根据规定在一些行政案件中也可以就相关民事部分进行一并处理了。

◇一审代理词与二审代理词

一审原告代理人的代理词主要是阐述案件事实、诉讼请求的依据和理由。而被告代理人的代理词，主要是反驳原告起诉的事实、诉讼请求的依据和理由。双方争执的焦点是案件事实的本身。如继承案件论证与辩驳的重点是主张继承的人是否享有继承权，离婚案件的重点是双方是否具备感情破裂的法定条件，损害赔偿案件论证与辩驳的重点是被诉侵权一方是否具备侵权的构成要件，合同纠纷案件的重点是合同履行过程中因何事何因引起的纠纷，谁是违约方？是否属于根本性违约等。双方代理词均直接以案件本身分歧为焦点。

二审上诉人的代理词主要是否定一审判决中全部或部分判决内容的事实根据和理由，指出一审判决错在什么地方，上诉一方又对哪些事实和认定不服。被上诉人的代理词主要是肯定一审判决，反驳上诉人主张的事实、根据和理由。二审代理词争执的焦点，虽然也是案件事实本身，但是，更具体表现在对一审判决全部内容或某一部分内容的否定与肯定上。无论是从事实认定、法律适用还是从新的证据以及一审程序上都是这样，其内容更加具体、细化，其分析更加深入、细致。同时面临终审判决，所以其言辞可能更加尖锐，辩论更加激烈。

在制作二审代理词的时候，笔者认为不但要根据二审庭审的实际情况来具体分析制作，而且还应当重点研究一审的庭审笔录。根据笔者多年的实践经验，笔者发现二审法院在审理二审案件时非常重视一审的庭审笔录，因此在制作二审代理词的时候一定不要忽略一审庭审笔录。

◇代理词的制作及提交注意事项

（1）根据案件事实，一定要抓住争议焦点，鲜明地提出执业律师作为代理人的观点，并围绕这些观点从多角度、多方位展开论证，无论是事实、证据、法律规定、法理、人之常情、逻辑等都要力求进行充分的论证分析。

（2）执业律师发表代理词一定要立足事实基础，根据案件客观事实和法律规定依法进行代理，客观、理性、准确的发表代理意见，切不可虚构事实或者凭空假想，更不能随意编造法律规定，引用事实必须要有证据支撑，引用法律法规必须要有明确具体的规定，不可满口"根据法律规定……"而是要具体到根据什么法律，哪条哪款规定。

（3）代理词要根据法庭审理的具体情况不停地修正、调整，不是说你写好了在法庭上就直接照本宣科，照着读就可以了，而是要根据庭审进行情况适时调整、修正，一定要根据庭上出现的新情况、新变化，弥补、修正代理词中的漏洞和不足。

（4）代理词的言语一定要力求准确、简练，论点明确、具体，逻辑性强，陈述事实要客观真实，重点突出，语言要通俗易懂，用词恰当，留有余地，引用法律条款要有根有据，条、款、项具体明确，有据可查。现在，很流行的说法是律师的代理词需要判词化，简单地说就是要向法院判决书一样表述，这样法官如果采纳观点就可以直接采纳使用。笔者办理的案件中，确实有一些法官的判决认定就是直接采纳笔者的代理词。

（5）庭上发表的代理词庭后要及时修改补充，并反复推敲，修改，及时提交修正后的代理词。如果发现之前的代理意见存在疏漏或者错误，应当及时提交代理词（二）或者（三）等，对之前的疏漏和错误进行及时的修正。

（6）代理词提交应当注意的是，一般不建议在开庭前提交书面的代理词，理由有两个：一是代理词需要结合庭审的实际情况进行修正，还需要庭后完善和补强；二是近年来笔者发现提前将书面代理词提交到法庭，书记员在执业律师发表代理意见时根本不再记录，而是简单的记录"详见代理词"，而事实上很多法官在判决的时候根本不习惯看律师的代理词，只注重庭审笔录。还有一点是，如果案件结果当事人不满意，当他们看到对方律师在庭审笔录里面说了很多，而你说的却没有在庭审笔录里面体现出来，他只看到"详见代理词"，这会引起当事人的误会和不满，还容易引起投诉。

十二、辩护词的写作技巧

◇辩护词的概念和辩护的目的、对象

辩护词，通常认为是人民法院在审理刑事案件中，被告人或上诉人委托或人民法院指定的辩护人为维护被告人、上诉人的合法权益，在法庭辩论阶段，依据事实和法律，为被告人、上诉人作无罪、罪轻或减轻、免除刑事处罚等而当庭发表的系统性法庭发言，具有较强的针对性和驳辩性。

随着我国司法制度改革以及刑事诉讼重大改革，律师辩护已经前置。根据《刑事诉讼法》第34条第1款的规定："犯罪嫌疑人自被侦查机关第一次讯问或者采取强制措施之日起，有权委托辩护人；在侦查期间，只能委托律师作为辩护人。被告人有权随时委托辩护人。"因此，过去在侦查阶段律师的身份还不是辩护人，通常被称为"法律帮助人"。自从2012年我国刑事诉讼制度实施重大改革后，新的《刑事诉讼法》规定在侦查阶段犯罪嫌疑人就可以委托律师担任辩护人了。

辩护律师对于侦查机关、国家安全机关、公诉机关或自诉人指控犯罪嫌疑人、被告人所犯的罪行，就事实上和法律上的依据提出辩护意见和理由，以实现其维护法律的公正性和维护被告人合法权益的目的，辩护律师在整个刑事诉讼过程中发表的辩护意见都可以概括称为辩护词，而不仅仅是法庭审理中律师发表的辩护意见才叫辩护词。

根据我国法律规定，辩护是被告人（上诉人）的诉讼权利，除自己辩护外，可以委托律师或法律所允许的人为其辩护。人民法院根据情况，可以指定承担法律援助义务的律师为被告人提供辩护。作为辩护人，应依法据实提出证明被告人无罪、罪轻或者减轻、免除其刑事责任的材料和意见，以实现辩护人依法维护被告人合法权益的职能。笔者认为不仅仅是律师为犯罪嫌疑人、被告人的辩护叫辩护词，他们本人或者其他符合条件的辩护人发表的辩护意见也应当属于辩护词的范畴。不过，我们这里不讨论犯罪嫌疑人、被告人及其他辩护人的辩护，仅以律师辩护词为主。

根据《刑事诉讼法》第37条的规定："辩护人的责任是根据事实和法律，提出证明犯罪嫌疑人、被告人无罪、罪轻或者减轻、免除其刑事责任的材料和意见，维护犯罪嫌疑人、被告人的诉讼权利和其他合法权益。"辩护人能够参加到诉讼中来，主要是来源于犯罪嫌疑人、被告人的委托，但这并不等于辩护人在诉讼中应当听命于犯罪嫌疑人、被告人的意志。辩护人在诉讼中仍然是独立于犯罪嫌疑人、被告人的一种诉讼参与人。

辩护律师在诉讼中是以自己的名义，根据对案件事实的了解、掌握和对有关法律规定的理解，独立提出辩护意见，独立进行辩护。但是辩护人的这种独立是在有利于维护犯罪嫌疑人、被告人的合法权益的大目标下的独立。因此，辩护词是一种说理性很强的文辞，必须坚持"以事实为根据，以法律为准绳"的原则，同时应做到言之成理，持之有故。不应无理狡辩或歪曲事实。

侦查阶段的律师辩护，主要体现为律师对犯罪嫌疑人无罪、罪轻或者减轻、免除其刑事责任的材料和意见，其中包括提出公安机关对犯罪嫌疑人采取措施不当或者向检察机关提出犯罪嫌疑人不应当被羁押等的意见，这些都是辩护律师可以进行辩护的，其提交的书面意见就是辩护词。

公诉案件在审查起诉阶段，辩护律师主要辩驳的对象是公安机关的起诉意见书，审判阶段辩驳的对象是公诉机关的起诉书和公诉意见书，在自诉案件中是针对自诉人的自诉状进行辩护。辩护人可以针对公诉机关或者自诉人的起诉书中不实不妥之处，加以论证与辩驳。

在一审自诉案件的辩护中，辩护人还可以像有些辩护词那样将答辩与反诉合二为一，在辩护词中加上反诉内容，以保护自己当事人的合法权益，以追究自诉人的刑事责任。根据《刑事诉讼法》第213条的规定："自诉案件的被告人在诉讼过程中，可以对自诉人提起反诉。反诉适用自诉的规定。"因此刑事自诉案件提出反诉具有法律依据，只是如果当事人自己没有提出反诉，辩护律师是否可以在发表辩护词的时候提出来尚无明确规定。

二审程序，是因为案件当事人不服一审裁判而向二审法院提起上诉才得以启动。因此，二审辩护词主要辩驳的对象，无论是公诉案件还是自诉案件，都主要是针对一审判决书。辩护人可以针对其中不实不妥之处加以论证，加以辩驳。与一审辩护词所不同者，大致有四个方面：一是可以在一审辩护词的基础上提供新证据，以证明被告人无罪、罪轻或可以、应当减轻、免除刑事责任；二是可以提出被告人在被采取强制措施之后，特别是在一审判决之后的羁押期间有认罪、悔罪、坦白、检举及其他立功表现等，以请求二审法院对上诉人作出减轻或免除刑事责任的判决；三是二审程序，说明一审程序已经完结，此时回顾一审全过程，可能发现一审程序中存在某些违反程序的问题，这时可能会比一审诉讼过程当中发现得更多一些，甚至更严重一些。因此，二审辩护词中有关程序问题的论证与辩驳可能会比一审辩护词所占比重更大一些；四是一审完结，判决已出，是无罪、是有罪、是轻罪、是重罪，已有结果。无论是被告人上诉，还是自诉人上诉，对定罪、量刑结果都是不服一审判决的焦点问题。因此，对案件之中影响甚至决定定罪、量刑的关键问题可能争执得更加激烈，所以二审辩护词中对此应结合可能发现和出现新的证据、新的情节作出比一审辩护词更加深入细致地分析、论证。

◇辩护词的结构和基本内容

严格说来，辩护词不属于法律文书，自然也无固定的格式可言。但实践中往往又经常把辩护词作为律师法律文书在进行教学，比如中国政法大学出版社出版的高等政法院校规划教材《法律文书格式及实例选编》就将律师辩护词作为律师实务法律文书用于教学，笔者也认为辩护词应当属于律师法律文书。因此，从实际情况看，律师辩护词一般还是有一种常用的框架和结构的，即由标题、正文、结尾三部分组成，有人又认为是由前言、理由和主张、结尾三部分组成。本部分按照前言、理由和主张、结尾这个结构展开讨论。

第一部分前言，属于开场白性质，除开头对审判庭成员的称呼外，接下来申明辩护人受何人委托或为法院所指定，出庭为其辩护，再是简要说明辩护人在开庭前所做的工作，最后是陈述辩护人对全案的基本看法。这是多数辩护词中所讲的内容。但也有的还对法庭开庭审理此案表示支持，对公诉机关提起公诉表示原则性的肯定等，还有的辩护人在称呼审判庭成员时也会称呼"尊敬的公诉人"等。这些目前尚无具体明确的规定，不能说这样对还是不对，也不能说这样是好还是不好。不过，笔者一般是不会这样的，只在开头时对审判庭成员进行称呼，认为称呼公诉人是不必要的，因为在法庭上从某种角度上说控辩双方是对立的，法庭审理是居中审判，辩护律师发表的辩护意见也是主要发表给审判庭成员听的，目的是要说服法庭审判人员。对于有关全案的基本看法，笔者认为很多时候也是可以省略的，可以留待全篇发言的结尾来归纳总结。当然，不可否认的是辩护律师的辩护词如果能说服公诉人，在后续的辩论中，公诉人的针对性或许就不会那么强烈了，这也是好事。

特别是采取"有罪辩护"的辩护词，一般在前言中可以不谈对全案的基本看法。而作"无罪辩护"的辩护词，在前言中首先应亮明观点，讲出对全案相反的看法，否定检察机关或自诉人对被告人的指控，也是通常采用的一种说理的方法。当然，这个也要根据不同的个案和具体情况来确定，没有千篇一律的定式。不过，在做"无罪辩护"时，应当说越来越需要讲究技巧，不同的人有不同的做法，认识不一。笔者一般是根据案件的实际情况在做"无罪辩护"的同时，也要把有利于被告的罪轻、从轻、减轻情节陈述出来，为当事人争取最大化的利益。要争取既不让法官为难自己，又可以在做"无罪辩护"的同时将有利于当事人的情节都全面的展示出来。这个在本文后面部分笔者再详细讨论。

第二部分辩护理由和主张，是辩护词的核心内容，或者据实驳辩，或者据法驳辩，或者兼而有之。但不论从哪个方面进行驳辩说理，都必须立论有据，有法可依。要有正面的观点，要有分析驳辩，而且要以公诉机关或自诉人的指控为对象，依法据实地展开驳辩，最忌文不对题、言不及义、空话连篇、无的放矢。具体内容留待后面详讲。

第三部分结尾。有的辩护词有，也有的没有，讲完理由后，戛然而止。有结尾的应归结全篇辩护词的中心观点，再提出具体的处理建议。有观点认为，属于"有罪辩护"的辩护词，处刑的年限，不宜提得过于具体，以免被动。但是，根据现行的刑事诉讼法，辩护人不但要做罪重、罪轻、有罪、无罪的辩护，还需要进行量刑辩护，这就不得不考虑具体的量刑建议了。后面我们再具体的讨论，在此不予详述。

◇辩护词论证的几个关键问题

1. 有关事实认定问题的论证和驳辩

有关事实认定问题的论证和驳辩，也称"事实之辩"。事实应该是辩护人首先要考虑的问题。因为事实是案件的基础，没有被指控的犯罪事实或事实有重大出入，则直接影响到被告人是否构成犯罪或罪行轻重。因此，辩护人首先要对公诉机关的起诉书或自诉状中有关事实、证据部分进行认真分析研究，如发现在认定事实上有误，自然就应予驳辩。当然，正如前面所说，刑事诉讼改革后律师的辩护工作已经前移，在侦查阶段律师已经可以担任辩护人，履行辩护职责，行使辩护权了。因此，在工作中如果侦查阶段发现犯罪嫌疑人不构成犯罪，或者侦查机关对案件侦查的事实有误等，也应积极开展辩护工作，照样会向公安、国家安全机关等提交辩护词，在必要的时候还会将辩护意见直接提交到人民检察院，阻止检察机关批准逮捕。有关事实认定的辩护，常见的有以下几种情况：

（1）事实性质，认识不同。这种情况是辩护人与公诉人或自诉人对被告人的行为事实本身并无重大的分歧，换句话说司法机关或者自诉人指控的事实是客观存在的，确有其事。但，在该事实的性质认识上有原则的分歧，这一分歧认识的结论，自然也截然不同。有时常常涉及罪与非罪、此罪与彼罪的不同性质。如下面这份辩护词就事实的辩论就是属于这种情况："对于公诉人指控被告人扎伤被害人的行为事实，辩护人不持异议，但根据这样的事实得出被告人的行为属于'防卫过当'，应负刑事责任的结论不敢苟同。因为被告人的行为属于'正当防卫'，不负刑事责任。根据我国《刑法》第20条第2款的规定，正当防卫明显超过必要限度造成重大损害的，应当负刑事责任……现在，被告人对于不法侵害者的防卫行动，虽然在使用的器械上，较不法侵害者锋利些，但并没超过必要的限度。对方拿的是短刀，被告人拿的是长矛。这样把不法侵害者扎伤，不能认为是超过了必要的限度。否则被告人遇到手持短刀的不法侵害者的侵害，必须放下手边的长矛不能用，只能找到一把短刀来和不法侵害者对抗，才算是'正当防卫'，那样恐怕早被不法侵害者砍死或砍伤了。"还比如说，"防卫过当"是需要达到造成对方"重大损害"这个条件，如果仅仅是刺伤了对方，而没有达到"重大损害"的条件，也是不能构成"防卫过当"的。

还是以多年前笔者办理过得一起强奸案件为例，被告人经人介绍与本村以为智力低下的女人交往并建立恋爱关系，期间在被告厨房或者卧室二人发生过多次性关系。在双方家长为他们组织订婚仪式的当天，因女方亲友觉得男方家庭条件差，不愿意女方嫁到男方家里，双方发生冲突。事后，女方亲友报案称男方即本案被告强奸，因此被告被抓捕归案。公诉机关指控认为女方属于智力中度低下，男方与其发生性关系，违背了女方的意志，应当构成强奸罪。同时，查明女方在与本案被告分手后，被告关押期间又另嫁他乡，已经怀上了孩子。对于这些事实，笔者是没有异议的，但对行为性质的认定就有异议了。

为此，笔者辩护认为："本案事实存在，被告确实与女方建立了恋爱关系，并发生了性关系。但事实上，女方在接受公安机关的询问时均陈述她是自愿的，被告没有强迫她，而且对她很好。更为重要的是，女方虽然智力低下，但是只是中度的智力低下，并不是重度智力低下，具有一定的民事行为能力和性防卫能力，华西精神司法鉴定中心的鉴定结论是女方属于轻-中度精神发育迟滞。根据最高人民法院、最高人民检察院、公安部1984年4月26日联合发布的［1984］法研字第7号规定，明知妇女是精神病患者或痴呆者（程度严重的）而与其发生性行为的，不管犯罪分子使用什么手段，都应当以强奸论处。本案中，被告人并不明知案涉妇女属于精神病患者，更不知道她是属于痴呆且程度严重的情形，而且司法鉴定的结论该妇女只是轻度到中度之间的精神发育迟滞，并没有达到严重痴呆的程度，因此被告不应该构成犯罪。同时，该妇女在其报案的亲友介绍下，已经另嫁他人，且已经孕育孩子。如果本案被告构成强奸罪，那么与该妇女结婚的男人自然也构成了强奸罪，其介绍的亲友也会成为共犯。"

一审法院并没有采纳前述辩护观点，以强奸罪判处被告有期徒刑3年。二审中，二审法院采纳了笔者的辩护意见，将一审判决撤销发挥重审，后公诉机关以证据有变化为由撤回了起诉。最后，一审法院与公诉机关对关押被告400余天的后果进行了司法赔偿。

还有一个抢劫案，被告人与受害人是驾校的师兄弟，在下雨天大家都没有练车的时候围在一起打扑克进行赌博。赌博结束后，被告人得知受害人在玩扑克牌的时候使诈，导致他们几个输了1200元钱，为此当场要求受害人退钱，同时参与的几个输了钱的师兄弟也要求受害人退钱。在这个过程中，发生了冲突，在被告人的要求下受害人愿意退钱，并同意多拿出300元请师兄弟们吃饭，以化解大家的矛盾，让他跟大家赔礼道歉。事后，受害人的亲友得知此事而报案，参与赌博输钱的几个师兄弟因此被公安机关以抢劫罪之名抓捕归案。

笔者接受委托后，担任第一被告的辩护人，笔者提出："对公诉机关指控的案件事实，我们不持异议。但是，对于他们当场索要赌资的行为和受害人在几个被告的要求下多拿出300元请大家吃饭的这个事实是否构成抢劫罪本辩护人持有不同的观点。本辩护人认为，抢劫罪的主观方面是直接故意，并以非法占有公司财物为目的，如果行为人是为了抢回属于自己的赌资，则不应当构成犯罪。虽然受害人多出了300元请大家吃饭，但是这300元并没有被案涉被告人非法占有，他们也没有非法占有这300元的目的，而是为了大家是驾校的师兄弟，化解矛盾而为的。根据2005年6月8日，最高人民法院发布的法发［2005］8号《关于审理抢劫、抢夺刑事案件适用法律若干问题的意见》第7条第2款的明确规定，抢劫赌资、犯罪所得赃款赃物的，以抢劫罪定罪，但行为人仅以其所输赌资或者所赢赌债为抢劫对象，一般不以抢劫罪定罪处罚，构成其他犯罪的，依照刑法的相关规定处罚，本案被告××不应当构成抢劫罪，应当予以无罪释放。"

此外，针对一些具体事实的性质进行说理驳辩的，也常常涉及是否构成某种罪名的问题，即"此罪与彼罪"的问题。如下面有关盗窃与抢劫罪名的驳辩："起诉书指控被告人入室盗窃，恰遇事主回家，被告人携带盗窃物品夺路而逃的犯罪事实，辩护人对此并无不同意见。唯对据此事实指控被告人犯抢劫罪，持有不同看法。抢劫罪的特点是凭借暴力，强行劫取被害人的财物。而该被告人的上述行为并不具备这一特点。仅是出于惧怕事主阻拦其盗窃或抓获其归案，而夺路仓皇逃跑，仍属于盗窃行为的延续。因此，起诉书指控被告人构成抢劫罪不能成立"。这种情况，实际上也是事实客观存在，只是在事实的性质认识上产生了分歧，导致对行为人的行为是应该构成盗窃罪还是应该构成抢劫罪的辩论。

（2）夸大缩小，歪曲事实。起诉书或自诉状中对不利于被告人的事实有所夸大，或对有利被告人的事实有所缩小甚至于根本不提，往往会使被告人的犯罪程度有所加重。特别是对被告人的行为事实带有言过其实、夸大其词的内容，作为被告人的辩护人则必须说明事实真相，还原事实本来面貌，以达到减轻被告人犯罪严重程度的目的。一般说来，这种辩护属于"有罪辩护"，提出证明被告人罪轻并应减轻甚至或免除其刑事责任的材料和意见。提出被告人有罪罪轻，或者应当、或者可以免除处罚也是辩护人的职责，所以这种辩护词在司法实践中大量存在，这种辩护方式也被广泛应用。如下面这份辩护词就有这种特点："起诉书指控被告人李某一贯盗窃，盗窃成性等结论，夸大其词，与事实不符。李某仅仅个人单独盗窃一次，参与盗窃活动一次。而且同案犯王某在被告人参与盗窃一次之后，多次拉被告人李某再次参与盗窃，均为被告人李某所拒绝，只答应不予揭发。根据被告人李某这样的犯罪行为，得出'盗窃成性''一贯盗窃'的结论，显然与事实不符，进而推出其在共同犯罪活动中处于主犯的地位，更是缺乏根据。为此，恳请法庭对被告人李某在此案中的地位给予正确的认定，并作出公正的裁处。"这不仅涉及被告人李某罪行轻重问题，还涉及是否构成主犯的问题，辩护人必须据实据法予以驳辩。

在笔者办理的一起盗窃案件中，公诉机关指控我的当事人盗卖国家沙石资源 18 000 余立方米，获得赃款 20 万余元。然而笔者通过阅卷、会见当事人发现，被告人案涉的盗窃沙石问题实际上是某国家项目中，施工单位从河道里面清理出来的泥沙、淤泥、建筑垃圾等河道垃圾，因这些垃圾堆放在村民的农田上，村委会为了土地复垦而将复垦工作交给我的当事人做，我的当事人在清理复垦土地上的这些垃圾后，将其卖给了一个道路施工队用于路基回填。而且，在其复垦的土地上还有原施工单位临时修建的建筑物撤场后，被推毁的建筑垃圾等。经接收这些建筑垃圾的单位和负责人证实，笔者的当事人送过去出售的这些垃圾中确实包含有在河道中清理出来的连砂石等 18 000 余立方米，一共销售 20 万余元。公诉机关将这些建筑垃圾 18 000 余立方米和 20 万余元销售款全部计算为当事人的盗窃数量和赃款金额。

笔者在辩护中提出："因本案被告已经被关押了快两年时间了，被告本人为了获得从轻处罚，愿意认罪认罚，但是本辩护人认为公诉机关指控的事实有夸大其词的嫌疑，对被告在复垦工作中拉出去变卖的建筑垃圾一并计算在其盗卖的河沙石中，将这 18 000 余立方米复垦变卖的沙石、建筑垃圾混合物全部认定为赃物，将这 20 万余元销售款全部认定为赃款，属于夸大犯罪事实。如果公诉机关要将这些全部认定为赃款赃物，那么请问被告在复垦工作中清理出去的建筑垃圾又到哪里去了呢？这是一个国家项目，在复垦的土地上有施工单位修建的临时建筑物，在复垦工作中一并被清理变卖，公诉机关又如何证明这 18 000 余立方米中有多少是建筑垃圾，有多少是河道清理出来的砂石呢？这 20 万余元变卖的款项中又有多少才真正属于赃款呢？"笔者对这个事实的辩论引起了法庭的重视，最后不知道法庭是如何认定盗卖数量和赃款数额的，只知道法庭认定了一个数量，认定笔者的当事人构成盗窃罪，判处有期徒刑三年，缓期执行四年，当事人被释放了。

（3）本无其事，严重失实。倘若起诉书或自诉状中指控被告人的犯罪事实，严重失实，或本无其事，则作为辩护人必须全力进行驳斥。一般有两种情况：一是虽有犯罪事实，但并非被告人所为，搞错了犯罪行为的实施对象；另一种是证据不实，犯罪事实根本不存在。这两者无论哪种情况，都必须用充分有力的证据，论证被告人不存在上述犯罪行为，前者要侧重用证据说明被告人根本没有实施犯罪的可能性，后者则应侧重于推翻原有的证明犯罪事实的证据，同时用新的证据说明事实真相。下面的例子就是如此：

案例一：起诉书指控被告人"本月 3 日深夜 2 时窜入被害人的住处，切断电源，趁昏黑之际，用钝器猛击正在熟睡的被害人的头部，致被害人头骨严重塌陷性骨折，伤及脑中枢神经，失去语言功能的严重后果。但经过证实，被告人当日根本不在本市，而是远在 200 公里以外的某县，现有该县某宾馆的住宿证明和被告人去某县的往返汽车票及其入住该酒店的监控视频为凭，证明被告人确无作案的可能。请法庭予以进一步查实定案。"这是一份针对指控的犯罪事实并非被告人所为而写的辩护词。这也是典型的当事人不在犯罪现场的案例。

案例二："起诉书认定被告人文某报复陷害的证据，就是段某、郝某的证明。据段某证明，某年 5 月 13 日中午 12 点左右，她走到书记文某的办公室门口，听到文某说：'承认也得承认（指销货款被盗一事），不承认也得承认，不承认给你抓起来'。又据郝某的证明，13 日中午 12 点多，她听到文某与李某的谈话。文某说：你承认也得承认，不承认也得承认，你的案已经定了。两个人的证明，都是某年 5 月 13 日中午 12 点左右，听到文某与李某的谈话内容似乎很相似，看来这是千真万确的了。但是事实并不是这样的。被告人文某与李某的谈话时间根本不是 5 月 13 日中午，而是 14 日上午 9 点到 10 点之间。谈话时副经理彭某在场（给每个职工谈话都是文书记与副经理彭某共同在场的）。彭某证明是 14 日上午，而且证明只和李某谈过一次话，这点李某的家属也是承认的。彭某是现场的直接见证人。而且被告人与李某谈完话之后，接着和王某谈话。王某也证明，那天上午大约是 10 点，李某谈完话之后去找他的，当时崔某也在王某的房间，也可证明此事。谈话的内容彭某证明被告人文某根本没有逼李某承认偷钱的话。因此，我认为段郝二人的证明是不真实的，是不能采信的。"

案例三：在一起受贿案件中，辩护律师提出辩护："公诉机关指控我的当事人在某年 5 月 2 日在某县某某酒店收受王某的贿赂 20 万元。但是，据我的当事人陈述当天他根本没有到过某县某某酒店，而且王某当天也根本不在某县，而是在 Y 县出差。当天我的当事人在乡下走亲戚，他的亲戚和亲戚的邻居们都可以证实，他当天在亲戚家参加婚礼，还作为证婚人发表了证婚词，根本没有时间到某县某某酒店收受贿赂。而王某当天也根本不在某县，而是在 Y 县出差，他到某公司参加一个座谈会，该公司做了会议记录，会议记录上还有王某的签名。这些事实足以证明公诉机关指控我的当事人在某年 5 月 2 日在某县某某酒店收受王某的贿赂 20 万元的事实是不存在的。"最后，人民法院对该笔受贿款项没有予以认定。

2. 有关证据认定问题的论证和驳辩

对事实部分，有无证据在案佐证是应当进行认真分析研究的。如果发现对方没有证据，证据不具备真实性、客观性、关联性，证据的取得不合法，或在二审辩护中发现证据在一审程序中未经质证，应予以指出并加以辩驳。

2010 年 6 月 13 日，为进一步完善我国刑事诉讼制度，根据中央关于深化司法体制和工作机制改革的总体部署，经过广泛深入的调查研究，最高人民法院、最高人民检察院、公安部、国家安全部和司法部联合发布了《关于办理死刑案件审查判断证据若干问题的规定》和《关于办理刑事案件排除非法证据若干问题的规定》，这两个规定都是从 2010 年 7 月 1 日开始实施的。值得注意的是，两院三部在印发这两个规定的通知中要求，"办理其他刑事案件，参照《关于办理死刑案件审查判断证据若干问题的规定》执行"，这就等于是在办理所有刑事案件中都得执行这两个规定。因此，辩护律师在刑事案件的辩护中以及起草辩护词的时候，在对证据发表质证、辩论意见的时候，一定要认真学习这两个证据规定，严格按照这两个刑事证据规定发表辩护意见，力争排除非法证据，为当事人争取最大的利益。

笔者在实践中发现，不少律师在制作代理词或者辩护词的时候没有养成查阅法律法规、司法解释规定的习惯，总是习惯用"根据有关规定"来代替具体的法律法规和司法解释的具体规定，这是不可取的。辩护律师发表的辩护词，法律适用一定要具体明确，且必须要准确无误，不能仅仅用"根据有关法律规定"来代替具体的法律法规、司法解释的条款。当然，实践中一些法官对执业律师在辩护或者辩论中适用具体法律法规规定非常不感兴趣，还有的法官当庭就会对律师说："辩护律师，你这是在教我怎么办案吗？"，还有的法官会说："辩护律师，你这是在给法官普法吗？"这种情况笔者本人就遇到过几次，但是为数不多，很多法官还是愿意听辩护律师指出适用的具体法律规定的。而且，笔者在实践中还遇到一些法官在辩护律师指出具体法律法规规定的条款时，还会谦虚地追问："辩护律师，请你说慢点，是哪个法律的多少条呀？"他们会拿笔记下具体的法条。还有的法官会要求："辩护律师，下来你把具体的法律规定给我提交一下"，等等。所以，笔者总结认为具体的法律法规条款还是应当明确具体，就算在法庭上口头表达时不一定说出来，最低也得在辩护词后面附上具体明确的法律条文，就像人民法院的裁判文书附录上裁判适用的法律规定一样。相信这样做会得到大多数法官的接受和认可，会对当事人更为有利。

3. 有关定罪问题的论证和驳辩

在适用法律方面，首先是有关定罪问题的论证和驳辩。如果辩护人采用"无罪辩护"的，一般要从事实方面入手，只有从根本上推翻了指控的犯罪事实或否定了事实的犯罪性质，才能否定被告人构成的罪名。通常对罪名问题的驳辩主要是认为罪名不当或者罪名不成立，辩护人认为不属于起诉书或自诉状中指控的罪名，而属于相对说来较轻的一种罪名。这实际上也是"此罪与彼罪"的一种辩护，或者叫"轻罪"辩护，这仍属于"有罪辩护"。即不否认被告人构成犯罪，但属于一种较轻的罪。常见的有，被告人被指控构成强奸罪（有未遂情节），辩护人的辩护词认为被告人犯侮辱妇女罪；被告人被指控构成抢劫罪，辩护人辩护为抢夺罪；被告人被指控构成故意杀人罪，辩护人辩护为故意伤害（致死）罪等。

案例："起诉书指控被告人犯有强奸罪（有未遂情节），事实是被告人对邻居李某强行搂抱，并满口脏话，甚至说我要和你睡觉等污秽语言。但当时被告人喝得醉汉一般，信口胡言，其下流行为也仅止于强行搂抱。事实上并没有对李某实施任何暴力或其他威胁性行为，更没有任何的其他性侵犯的行为。当李某挣脱被告人的搂抱，被告人未再作进一步逼迫和强制，李某向屋外跑出时，被告人也未作任何阻拦。随即自行倒在床上，昏昏睡去，直到李某从院内找来另一邻居将其拖出。这实际是被告人酒醉之后，对女性邻居李某实施的猥亵流氓行为，最多仅能构成侮辱妇女罪，而根本不具有强奸罪的特征。对一个犯罪行为的性质确定，不能仅听他说了什么话，而重要的是要看他实施了什么样的行为。强奸罪与侮辱妇女罪根本不同的特征，是看行为人是否采用了暴力手段或其他胁迫手段令妇女接受性的行为，基于被告人的上述行为，辩护人认为被告人的行为不具有强奸罪的特征，不应当构成强奸罪。"

4. 有关量刑问题的论证

关于量刑问题，辩护词中多属于正面说理，据实据法，展开论证。起诉书或自诉状一般不会提出具体的量刑意见，最多不过是讲"从严惩处"，但是根据现行的刑事诉讼制度，公诉案件在审理中公诉机关会提出量刑建议，律师也会进行量刑辩护。在对当事人的量刑进行辩护时，作为辩护人必须根据被告人自身存在的从轻情节，提出较为具体的从轻意见。常见的从轻情节很多。有年龄方面的，如未成年人；有法定的从轻情节规定；有犯罪实施过程方面的，如有犯罪中止、犯罪未遂等情节；有认罪态度方面的，如有自首悔罪认罪、立功表现等；有未造成严重损失方面的，如积极退赃、退赔等。此外个人犯罪的，有初犯情节的；共同犯罪中，有从犯、胁从犯等情况的，辩护人都应根据被告人自身存在的从轻事实，引证有关的法律规定，正面论证对被告人应予从轻处理的观点。

如下面这份辩护词就是从这方面阐述理由的："我请法庭注意，被告人的认罪态度是好的。被告人不仅自被拘留之日，就交代了自己全部的罪行，同时还有立功表现，主动揭发了同伙的抢劫罪行。这次抢劫活动被告人并没有参加，但主犯于某在组织这次活动前，曾想拉被告人一起参加。被告人借故溜掉。主犯于某、从犯李某、刘某抢劫既遂之后，还曾向被告人炫耀其抢劫的成果，因此，被告人对主犯于某等抢劫的财物十分清楚。由于被告人的揭发，迫使主犯于某也不得不承认这起抢劫罪行。这属于立功表现。根据'坦白从宽、立功受奖'的一贯原则，对被告人所犯盗窃罪行应予从轻处罚。"

实践中，辩护律师发表量刑的辩护意见时，需要做充分的准备，比如查阅最高人民法院的量刑指导意见以及各地的量刑指导意见的实施意见，将具体的有利于当事人的从轻、减轻、免除处罚的具体情节尽可能地陈述出来，这些量刑情节除了前面的情形之外，还有事发后是否得到了受害人的谅解，是否给予了受害人赔偿，是否积极退赃、退赔，是否当庭认罪等。笔者在陕西省办理的一起刑事案件，在开庭前得知法院的判决书都写好了，开庭当天就要宣判，而且笔者的当事人在法院判决书上记载是以盗窃罪判处有期徒刑12年。同案犯的辩护人提前已经看到了加盖人民法院印章的判决书，认为没有任何希望了，对量刑辩护也就没有重视。但是，笔者在法庭上与公诉人据理力争、"顽固抗争"，量刑阶段公诉机关建议对笔者的当事人量刑12至14年，笔者却建议量刑3年至7年（实际我内心认为最多量刑3年以下）。最后，那个案子当庭宣判没有成功，经过审判委员会讨论研究后，笔者的当事人被以盗窃罪判处有期徒刑6年。

对于量刑建议和辩护的问题，很多辩护律师都不太重视，这是不行的。根据我国《刑事诉讼法》第201条规定，对于认罪认罚案件，人民法院依法作出判决时，一般应当采纳人民检察院指控的罪名和量刑建议。所以，在认罪认罚的案件中，辩护律师也一定要重视量刑的辩护，不然法院直接采纳检察院的量刑建议，对当事人就不利了。

5. 有关程序问题的论证

人民法院在审理案件过程中，有违反程序的事实，并可能影响案件公正裁决的，辩护人也应据法驳辩，以保证案件得以公正裁决。常见的有人民法院违反管辖、受理了不应受理的案件、未向当事人交代应有的诉讼权利（如未交代当事人有申请法庭组成人员及其他有关人员回避的权利），影响案件公正处理，等等。对此，作为辩护人均应据法驳辩。当然，对于一些轻微的违反程序的问题，只要是不会影响裁判结果公正的问题，辩护律师也可以不要过于的计较，只需要简单的提出来，指出即可，让法院知道辩护律师不是不懂法，而是知道了这是违反程序的，只是没有过于计较。因此，对于程序的问题要根据具体情形进行辩论，该计较的一定要抓住不放，不该计较的可以予以包容。

比如下面这段辩护词："原审法院受理此案，在管辖上存在严重失误。根据我国《刑事诉讼法》第26条的规定，几个同级人民法院都有权管辖的案件，由最初受理的人民法院审判。在必要的时候，可以移送主要犯罪地的人民法院审判。原审法院虽有权审理此案，但既非最初受理此案的人民法院，又非主要犯罪地的人民法院，而迫不及待地受理此案，这是与上述法律规定相违背的，因而所作出的判决也是无效的"。笔者办理了一起毒品犯罪，公诉机关指控我的当事人制造毒品五十几公斤，奇怪的是这个案件居然是基层法院在审理，当事人在一审中量刑较重，提出了上诉。在二审中，对于这个程序问题笔者只是轻描淡写的提了一下，没有过多地辩论，避免对当事人不利。

6. 有关情理方面的论证的驳辩

辩护词除应抓住事实和法律两个方面进行充分的论证和驳辩外，有时也还需要针对某些与人情事理相悖的情况，进行驳辩和申说。如被告人虽属犯罪，但与被害人的激将挑衅有直接关系，这样就需要将被害人的刺激挑衅的情况如实讲出，以说明被告人之所以犯罪，与被害人的行为不无关系，从而应考虑对被告人从轻予以处罚等，诸如此类，均应重视。

下面这份辩护词就属这种实例。"被告人之所以犯有伤害罪，是和被害人的恶意刺激，故意挑衅的行为分不开的。明明是被害人作了亏理的事，自己背着丈夫与第三者非法同居，而且被出差外地的丈夫回家后堵在家里，丈夫虽然骂了她无耻之类的话，并把第三者赶跑，但开始并未对被害人施以暴行。只是在被害人反过来破口大骂丈夫乌龟王八之类的脏话情况下，才激怒了丈夫，迫使被告人在一时的激愤情绪中，用木棍猛击被害人的头部，造成颅骨裂伤的。被告人构成故意伤害的犯罪行为是应受到法律的制裁的，但造成这样的恶果，被害人也负有一定责任。因而法庭在考虑对被告人量刑时，这一减轻的因素是应考虑在内的。"

笔者办理的一起杀人案也遇到了类似情形，笔者在发表辩护词时指出："当被告发现睡在身边的老婆不知去向时，正好看到公路对面酒厂二楼的保安宿舍亮着灯光，还没有拉上窗帘，经其仔细确认发现该房间的床上，骑在保安身上发生性关系的女人正是自己的老婆。当他赶到现场撞门进入时，这个与自己老婆发生关系的保安不但不知道错误，还故意挑衅我的当事人，骂他性无能，不是男人，满足不了自己的女人等，他不但不知道悔改，还鼓动当事人的老婆不要怕他，有其撑腰，说这个男人不敢对他怎么样等。在受害人的刺激和挑衅之下，我的当事人才出于激愤而杀害了他，对于这样的结果受害人具有一定的过错和责任，应当减轻被告的处罚。"最后，这个当事人因故意杀人被判处无期徒刑。

◇辩护词的辩论思路

作为系统发言的一篇辩护词（一般是指第一轮的发言）通常要有一个通盘的考虑，也就是说要有一个论辩的思路。按照这个思路所阐述的辩护意见和理由，易于收到较好的效果。这个思路体现了论辩的艺术，也是整个辩护词的指导思想。一般情况下，律师为被告人提供辩护有两种：一是无罪辩护；二是罪轻或者减轻免除刑事责任的辩护，即一般辩护或者叫有罪辩护。

无罪辩护，一般而言是从事实到理由上把对方论点一一辩驳，其中应注意几点：

1. 从事实入手辩护

事实是案件的基础，否定了对方指控的犯罪事实，案件就不复存在了，至于罪名问题、量刑问题等，也就无从谈起。否定事实，一般是：

（1）证据不实，犯罪事实并不存在；

（2）犯罪事实存在，但不是本案被告人所为，确切地说不是本辩护人所辩护的被告人所实施。这两者无论哪种情况，都必须用充分有力的证据，论证被告人不存在上述犯罪行为，前者则应侧重于推翻对方提供的证明被告人犯罪事实的证据，同时用新的证据说明事实乃属子虚乌有；后者要侧重用证据说明被告人根本没有实施犯罪的可能性。

2. 进行法理分析辩护

（1）被害人受到伤害、受到损失的事实存在，本案中本辩护人所辩护的被告人也在现场或者其行为与之有着某种关联，但二者之间没有因果关系。对此，要运用法理及其他理论常识加以分析，予以解说。

（2）事实虽有，也是本案被告人所实施，但事实不是犯罪事实。这种情况，多为辩护人与公诉人或自诉人对起诉书或自诉状中所列举的被告人的行为事实本身，并无重大的分歧，但在该事实的性质认识上有原则的分歧，这一分歧认识的结论，自然也截然不同，有时常常涉及罪与非罪的不同性质。比如有犯罪的客观阻却事由，如正当防卫、紧急避险、违法性认识不能、期待不能等。

3. 无罪辩护的同时进行有罪、罪轻辩护

对于无罪辩护，大家都知道这是非常困难的，也不是真的就有那么多案子无罪。在实践中，很少有无罪辩护是获得全面支持的。不过，通过无罪辩护实现曲线救国，帮助当事人获得从轻、减轻判处是客观存在的，也非常有必要。在辩护律师做无罪辩护的时候，是否可以就当事人如果构成犯罪，但是具有很多罪轻、从轻、减轻、自首等情节的情况下，辩护律师又进行罪轻、从轻、减轻等辩护呢？目前，这是很有争议的。

在笔者参加的一些高端刑事辩护论坛上，笔者与一些刑事案件审判专家、公诉人、执业律师交流中，他们根据这个现实也是比较支持辩护律师在做无罪辩护的同时指出当事人如果构成犯罪，应当具有哪些罪轻、从轻、减轻等情节。也有人对这个问题展开了专题讨论，支持这个辩护方法。但是，实践中很少有法官和公诉人支持辩护律师这个辩护方法，他们一般都会明确要求辩护律师具体明确是有罪辩护还是无罪辩护。总之，辩护律师做无罪辩护的风险是非常大的，弄不好两头不讨好。笔者也遭遇过法官当庭指责我是在让他们"做选择题"的情形。

对于这个辩护方式，笔者曾经与一位资深刑事法官某法院主管刑事案件审判的副院长进行过充分的交流，在交换意见的最初，他非常反感这种做法，当笔者指出如果笔者做无罪辩护，人民法院不予支持，笔者不就当事人罪轻、从轻、减轻情节进行辩护，一旦人民法院作出有罪认定，又没有对其罪轻、从轻、减轻等情节进行重视和审理，这对当事人来说非常不公平，不能因为当事人和辩护人的辩解而剥夺当事人获得罪轻、从轻、减轻等处罚待遇，这样不利于刑罚的实施，也无法体现刑事司法的教育与惩罚相结合的功能。如果一旦被上级法院撤销，还会存在错案的情况，这对承办法官也不利。最后，这个主管刑事案件审判的副院长接受了笔者的观点，笔者也按照这个辩护思路在他主审的案件中进行了有效尝试，并取得了非常满意的辩护效果。

为了在做无罪辩护的同时争取当事人获得有罪的前提下的减轻、从轻处罚，而又不至于被承办法官质疑是在让他"做选择题"，笔者改变了辩护词的写作，将有罪、罪轻、减轻、从轻的情节在对案件的概述时进行了陈述，这样可以在辩护律师发表无罪辩护之前，就很自然地把当事人有利的有罪情节完美展示出来，也不至于被法官为难。笔者以某起盗窃案的辩护为例，在该案中笔者认为被告是无罪的，但是又要考虑无罪意见不被采纳，当事人有罪罪轻的情节被忽略了，笔者是这样辩护的：

尊敬的审判长、审判员，本案开庭前本辩护人反复查阅了案卷全部卷宗材料，进行了多次会见。根据公诉机关的指控以及向人民法院移送的证据，我的当事人是主动投案，并如实供述，应当属于自首，在法庭上他如实回答公诉人及法官的提问，当庭对公诉机关指控的犯罪事实予以认可，这符合当庭认罪的情节，同时，被告人在本辩护人去会见的时候还主动提出，如果人民法院认定其构成犯罪，他愿意主动退赃退赔，争取宽大处理。如果我的当事人的行为构成犯罪，他具有自首、当庭认罪、属于初犯、具有认罪悔罪的积极表现和诚意，应当得到人民法院的从轻、减轻处罚。但是，律师担任辩护人依法独立于当事人的意志，作为辩护律师应当独立行使辩护权，依法依规履行辩护职责。因此，本辩护人认为这个案件中，我的当事人即被告人××的行为是不构成犯罪的，其具体的事实和理由如下……

一般来说，这样的辩护既可以把辩护律师的无罪辩护事实与理由充分的发表，又可以将当事人有罪、罪轻、从轻、减轻的情节完整的陈述出来，对法院在认定当事人构成犯罪前提下的量刑是有帮助的，也是会得到当事人的支持和理解的。就算无罪辩护不成功，当事人也不会获得不利的量刑处罚。只是，这个时候虽然法院的承办法官可能不会指责辩护律师是在让他"做选择题"了，但是他们容易让当事人明确是否同意辩护律师的辩护意见，如果不同意则他们不会计较，一旦当事人说同意，他们会让当事人明确是不是就不认罪了。在这个情况下，笔者做这样的辩护的时候之前，一定是要提前与当事人沟通，他们事实上是希望自己无罪的，但是不能让他们去冒风险，如果遇到这样的情况，建议当事人回答："不知道"或者"我不懂法，请法院依法审理，公正判决"或者直接说："我不知道自己是否构成犯罪，请法院依法判决"等，不宜正面回答法官的这个问题，这样问题就解决了。

一般辩护即有罪辩护，即被告人确实有罪，辩护人的责任是指出被告人有罪或者具有从轻、减轻、免除刑事责任的情节。案件中，被告人毕竟给国家、社会或者给受害人造成了损失或伤害，所以必须以事实为根据、以法律为准绳，在肯定其犯有罪行的前提下进行辩护。其方法大致有如下几点：

1. 欲退还进，后发制人

即先退一步，承认被告人有罪，然后逐步陈述有利于被告人的各种客观事实和情节，重点陈述被告应当或者可以从轻、减轻、免除处罚的事实和理由，使法庭和公诉人不得不承认和接受辩护律师的辩点，认同辩护律师的辩护。比如下面的案例就是如此：

张某所犯行凶杀人罪，性质是严重的，手段是恶劣的。他给党和人民造成了严重的危害，给被害人毛某本人及其家人造成了很大的痛苦和伤害，给社会上也带来很坏的影响。张某的行为，应由他本人负法律责任。对于给毛某造成的不幸和痛苦我作为被告人的姐姐，代表我们全家都对他深表同情和无比内疚。现在我仅从被告人张某的年龄和案件的发生发展提出如下的辩护意见，请法庭考虑。张某的手是在工作中磨起的泡，他把泡挑破的目的是为了继续干活，这本是对工作负责的积极表现。但由于他缺乏卫生常识，使得泡挑破后，在抹灰的工作中，引起了感染。以后他找到领导，领导说：你自己挑破的，感染了不能算工伤。以后又在大会上不点名地批评了他。这样就给这个性格不开朗的青年工人造成了很大的压力，这成了矛盾的起点。后来他又找到领导，又与领导发生了争吵，领导李某说，不算工伤，这是队里定的，我也有领导，你有意见你去告。这样就导致矛盾更加激化。毛某是抹灰班长，与张某既是领导与被领导的关系又是在一起工作的同事关系，本应更加关心体贴自己的班组成员，但是毛某一是阻挠张某去找领导反映意见，二是接到张某拿来的医务室开具的干轻活的证明，当场就给扔掉了，还说：没轻活，爱干不干，不干就算旷工。这样就一步步地把一个青年人往绝路上推。基于这种情况，张某觉得今后没出路了，于是产生了自杀的念头。但又觉得自己一个人死了不划算，于是准备杀人之后再自杀。后来，他买了准备自杀的敌敌畏，抄起家中的斧子在工厂向毛某行凶（将被害人砍伤）。给被害人毛某造成伤残的后果。综观这一过程，我作为被告人的亲属，也作为被告人的辩护人认为：尽管张某行凶杀人行为具有不可推卸的责任，理应受到国法的制裁，但有关领导乃至于毛某本身，在处理这一事件过程中也不同程度地负有一定的责任，而且应该考虑这些因素，对被告人予以从轻、减轻处罚。

这篇辩护词虽是亲属代为发表的，但从整个辩护思路看是采取的先退后进层层进逼的写法，符合事理，足以服人。而且在实践中产生了良好的效果。该案在某厂公开审理，开庭前不少工人师傅要求从重判刑，但听过法庭辩论后，休庭时工人师傅们找到合议庭的审判人员要求从轻判刑，最后判张某8年有期徒刑。

与前面笔者辩护的激愤杀人案一样，笔者辩护认为："被告人虽然实际上实施了杀人行为，受害人与被告人的老婆发生性关系属于道德问题，罪不至死，依法应当对被告人进行刑罚处罚，但是受害人作为一个保安队长，在被告人刚从外省务工回家的当晚，不顾其夫妻感情，就在当晚还多次电话、短信、微信要求其老婆到他的宿舍偷情，并扬言如果被告人的老婆不过去，他就要将他们的关系公之于众，让被告人跟他老婆离婚，让被告人的老婆没脸见人，逼迫被告人的老婆深夜离开丈夫去与这个保安队长苟且。当被告发现自己老婆不在自己身边，看到自己老婆与受害人龌龊的一幕时，这个保安队长不是及时停止龌龊行为，认识到自己的错误，反而是对被告人进行语言挑衅和刺激，骂其不是男人，不能满足自己的女人，他居然称自己是在帮被告人的忙……显然，受害人对被杀害的后果是存在一定的过错的，任何正常的男人面对这样的情形也都是容易失去理智的，谁也不会容忍这样的事情发生。因此，本辩护人认为依法应当减轻对被告人的处罚。"当初，受害的保安队长的子女对被告人恨之入骨，强烈主张判处被告人死刑立即执行,当她们听了笔者的辩护意见后,情绪得到了很好的控制,最后也接受了法院对被告人无期徒刑的判决。

2. 针锋相对,据理辩驳

有的案件,起诉书或自诉状中明显有误,则辩护人为维护被告人的合法权益,则应亮明观点,针锋相对地据理据法予以驳辩。无论事实认定上的错误,或适用法律上的错误,都必须予以批驳,并正面陈述事实和法律上的依据。如下面这个例子就是采用这种写法的,值得借鉴。

"起诉书认定:'被告人王某系该案的主犯,并首先闯入李某所开的店铺,用铁棍打碎货柜的玻璃,动手抢劫货柜中的黄金首饰。'但是事实并非如此,被告人王某当时只在门外,替吴某等三名被告观察动静,中途又逃匿他处。而吴某、孙某、张某三人闯入店铺后,由吴某、孙某、张某用自制手枪看住两位售货员,由张某砸碎货柜玻璃,抢走黄金首饰20余件及电动剃须刀10只、电吹风机5把等贵重物品。这有吴某、孙某二人的供述可以证明,只有张某企图逃避罪责才一口咬定是王某入店砸碎的售货柜。王某虽然参与了犯罪行为,但中途逃跑,属于犯罪中止行为,认定为主犯显属不当。"这属于对被告人犯罪事实认定有误和定性方面的错误所提出的驳辩,针锋相对,据实反驳。

3. 揭露真相,澄清事实

即起诉书或自诉状中对不利于被告人的事实有所夸大,或对于有利被告人的事实有所缩小甚至于根本不提,往往会使被告人的犯罪程度有所加重。以此作为被告人的辩护则必须提供证据或指出对方证据虚假,从而说明事实真相,还事实以本来面貌,以达到减轻被告人犯罪严重程度的目的。

根据我国法律规定,司法机关应当客观、全面地收集证据,但实践中一些司法机关为了达到证明被告有罪、罪重的目的,一是没有客观、全面的调查取证,二是对收集到的对被告有利的证据也是遮遮掩掩、举重避轻,这就需要辩护律师认真阅卷,反复查阅案件全部证据材料和线索,发现对被告有利的证据和线索,并适当地进行运用,揭露案件事实真相,澄清事实,达到对被告最有利的辩护目的。

4. 解释罪名,对号入座

就是在涉及被告人犯罪行为构成何种罪名时,可先将两个罪名构成的要件阐明,然后结合本案具体事实的性质进行论证辩驳,从而否定被指控或被认定的较重的罪名，而为被告争取一个相对较轻的罪名。在这个问题上，就是对案件的罪名的辩护，或者说是"此罪与彼罪"的辩护。

往往一些法官不爱听辩护律师对罪名的构成进行分析，认为辩护律师在法庭上是"在关公面前耍大刀"，他们很反感。这个时候，就需要辩护律师掌握一定的技巧，适当的口头表达，点到为止，不过多地展开论述。但是在书面的辩护词制作时则要求详细的进行阐述，达到说服法官的目的。有的法官因为庭审时间的问题，他们不想把庭审时间拉得过长，或者他们碍于面子，制止辩护律师发言，但是从内心他们还是愿意辩护律师对这些问题进行详细的书面论述的。

十三、律师函的功能、作用和制作技巧

律师函，顾名思义就是以律师的名义发送的函件，是指律师接受客户的委托就有关事实或法律问题进行披露、评价、交涉、沟通，进而提出要求或者建议，以达到一定效果或者目的而制作、发送的专业法律文书。

在律师实务中，律师函是执业律师的一个工具，运用好了可以达到事半功倍的效果。执业律师用律师函的方式和途径对某一事实进行阐述、法律评价和风险评估，其目的在于运用法律和律师专业的判断，对受文主体晓之以法律事实，动之以利弊得失，让其得出自己的"法律评价"，即"传法达意"。它的本质是一种委托代理进行意思表示的法律行为，对于委托人维护自身合法权益具有重要的意义。

近年来，律师函在律师实务中运用得比较广泛，而且运用好了往往可以化解很多矛盾纠纷，减少很多不必要的诉讼，还有利于双方当事人和谐相处，降低诉讼和维权成本。实践中，当事人经常会委托律师发律师函来进行催款等。但是对于律师函的重要性，以及律师函的发送技巧和注意事项，很多当事人甚至有些律师的理解并不透彻。最高人民法院［2015］民申字第1051号《民事裁定书》对律师函的作用进一步予以了肯定。笔者在实践中发现不少执业律师对律师函不太了解，也不太重视其价值和作用，更没有去研究如何运用和写作。

律师函说是法律文书，也不算什么正式的法律文书，说不是法律文书，但是实践中还真是一种法律文书。因此，笔者认为既然要发挥律师函的作用，要运用好律师函，那就还真得把它当成一种法律文书来对待。中国司法文书研究会编写的《中国律师文书范本》里没有《律师函》的写作

内容，但是有《律师催告函》的写作范本。其实，在笔者看来这个《律师催告函》就是《律师函》，或者说《律师催告函》是《律师函》的一种，《律师函》包括了《律师催告函》。

一份律师函，它包含三层法律关系：一是执业律师与委托人之间的委托授权关系，这一层面是基础的法律关系，没有委托人的委托授权执业律师就没有制作、送达律师函的基础；二是律师与受文主体之间的法律关系，律师函是执业律师在与需要送达律师函的对方进行交流与沟通，是执业律师直接面对面地与委托人的对手交锋；三是双方当事人之间的法律关系，这是当事人委托律师发送律师函的前提。因此，律师函应根据委托人的合理要求并结合执业律师的法律专业知识、法律法规规定制作，向送达对象进行交涉或者主张权利，以便律师函的受文主体作出决定。

◇律师函的作用

律师函具有声明和主张权利、中断诉讼时效等作用，很多时候可以帮助执业律师和委托人实现权利和维权目的，帮助委托人固定证据、确认事实和起到沟通等作用。一般来说，律师函具有以下功能：

1. 信息传递功能

律师函既是向对方传达委托人的意思、律师的法律评价等信息，也是为获得受文主体的预期信息而制作的，传递信息功能目的很明显。因为很多时候，委托人与对方当事人在某一件事情上已经产生了分歧，发生了争议，他们双方直接的继续交流、沟通已经很困难，或者根本就没有可能。这个时候，可以通过执业律师向另一方当事人发送律师函进行交流、沟通，提出自己一方的主张，并通过执业律师的专业知识进行法律分析评价，帮助当事人化解矛盾纠纷，达成共识。再比如，合同双方当事人在合同履行过程中，一方当事人没有按照合同约定履行义务，可以通过律师函进行催告，让其尽快履行合同义务，避免纠纷和讼累。

2. 预警功能

律师函除了传递信息的功能外，还有一个重要的作用是警示作用，可以警示对方，发挥预警的功能。实践中，执业律师通过自己掌握的法律知识，把当事人双方之间的事实和法律关系进行梳理，用律师函的方式进行润色加工后，将法律后果进行分析评价，能够使对方迫于律师的名义和法律的威严，产生心理上的恐慌，成为一种强势的意思表示。往往很多时候，对方当事人或者只是一时气愤或者某种原因而毁约或者做出了不当的行为，他并没有想真正的撕毁合同或者怎么样，更没有想到一旦事情闹大了会牵扯很多事情，还会花很多的时间、精力、金钱等，只要看了律师函里面的专业分析，他们就会知难而退，继续履行合同或者停止侵权等。因此，有人又将律师函称为"合法的恐吓信"。

笔者曾经受理过一起离婚案件，委托人某女士因为怀疑男方出轨而准备起诉离婚。根据女方掌握的现有证据，想要让法院以感情完全破裂，没有和好的可能而支持女方的离婚诉求应该不太可能。但是，委托人是一个知识分子，就是容不得自己的男人在外面出现这样的事情，一根筋地坚决要离婚。不但如此，委托人的父母也知道这个事情，也是坚决要离婚，一刻也不想再见到这个不像话的女婿。通过交流沟通后，笔者得知委托人掌握了其丈夫大量的微信、QQ聊天记录，几乎都是与异性聊天的内容，而且还有大量的黄色、低级趣味的不健康图片和下流的语言。不但如此，这些聊天内容里面还有委托人与丈夫之间的不少隐私内容，通过阅读这些聊天内容似乎他们夫妻二人，已经没有什么秘密可言了。

经过笔者分析，就算是申请不公开审理，这些内容出示在法庭，对委托人双方似乎都比较尴尬，而且离婚目的还是不容易实现。在通过对委托人丈夫工作情况的了解后得知他是某公司驻某省分公司的总经理，他很在乎这个工作和职位。于是，笔者建议先给委托人的丈夫发送律师函，先沟通一下，争取协商离婚。尽管委托人认为已经与丈夫协商多次都没有结果，如果发律师函去进行协商也不太可能，但是她还是同意笔者先发律师函试试。于是，笔者将自己掌握的情况进行了梳理，并尽可能在律师函的事实阐述里面，严厉指出作为一名高级知识分子的女人是不会接受这个现实的，更何况其岳父岳母也知道了这个事情，今后如何相处？同时，笔者也将其岳母准备将他的这些聊天记录发到他们集团公司老总和纪检部门的想法如实地告诉了他，并给他分析了事态的严重性和可能出现的后果、风险，让他自己冷静地思考，希望他能及时回复并妥善处理。结果没几天，委托人的丈夫签收律师函后立马与笔者取得了联系，并主动提出愿意继续协商离婚。最后，在笔者帮助下他们很快就达成了离婚协议把婚离了。

因此，律师函如果运用好了，其效果还是非常不错的。根据功能不同，律师函主要分为律师催告（敦促）函、律师询问函、律师答复函、律师沟通函、律师建议函以及其他律师函，其运用十分广泛、灵活。其特点是：

（1）行文关系单一。主要用于向委托人指向的人或者单位依法表达法律诉求，就是点对点的关系。

（2）应用领域广泛。基本上可以在一切法律业务中使用律师函，因此其适用范围非常广泛，从诉讼到非诉讼领域，从民事到商事领域、行政诉讼等都是可以运用的。

（3）形式、内容灵活。律师函是执业律师处理诉讼和非诉讼业务的灵活工具，往往篇幅短小，形式、内容灵活，内容可以根据案情及制作人的实践经验和法律水平灵活构思、取舍，依据法律法规规定提出专业性强、威胁性强的观点。

（4）受托发函。律师函是执业律师代表委托人以律师的口吻和形式向委托人指向的人或者单位表达委托人的意志和主张，提出律师的观点和看法、意见、建议，其权利来源于委托人。

（5）专业、权威。律师是法律专家，是最为严谨和认真的专业人员，由执业律师把委托人的意志通过法律人的思维和途径表达出来，赋予其强烈的法律色彩，显得十分专业和权威，具有震慑力，可以起到事半功倍的作用。

一般来说，律师函有以下几个作用：

（1）律师函可以很便捷的方式追回委托人被拖欠的货款等债权。商业活动中拖欠货款的情况时有发生，如果直接通过诉讼方式解决，不仅需要耗费很长的时间，而且还会因此失去客户。如果通过律师发函向客户指出问题的严重性并催收款项，客户将会考虑通过诉讼方式解决对其的不利后果，一般都愿意偿还欠款。

（2）在尚未提起诉讼或申请仲裁之前，通过律师发函，可以起到中断诉讼时效的效用。很多案件都是因为过了诉讼时效，当事人失去了胜诉权。因此，在诉讼时效快要届满前，如果来不及尽快起诉，这个时候就可以运用律师函的方式将诉讼时效中断。

（3）通过律师发函可以澄清事实、消除误会、制止不法侵权行为。在当事人之间有时候会因为这样那样的问题引起意见不合或者误会，对方可能会采取不法行为等，这个时候可以委托执业律师通过向另一方送达律师函的方式进行交流、沟通。此时律师函就具有澄清事实、消除误会和震慑不法行为的作用，是一般商业信函、民间书信所不能及的。

（4）用律师函履行其他法律告知义务。律师函是一种既权威又灵活的律师执业法律文书，很多时候都可以通过律师函向对方传达信息，履行告知义务，以提示对方依约履行合同义务或者依法履行职责等。比如通知追认无权代理人的代理行为、不安抗辩权的行使、同时履行抗辩权的行使、先诉抗辩权的行使、通知合同无效、撤销权的行使、敦促有关职能部门履行行政行为等，凡是当事人具有的告知权利，都可以通过律师函来完成。

（5）通知解除合同。这是合同法赋予当事人的一项权利，依据是《合同法》第93条、第94条、第96条的规定，告知对方合同自通知到达时解除。对方有异议的，可以请求人民法院或者仲裁机构确认解除合同的效力。不过，法律、行政法规规定解除合同应当办理批准、登记等手续的，不能通过律师函通知解除。

（6）达成庭外和解协议。律师函的和解作用是其主要的用途。正是这个原因，使律师函受到越来越多人的欢迎。这类律师函通过通知对方在指定期限来人、来函、来电协商的方式来促使双方达成庭外调解协议。但要指定具体期限，并且要给对方必要的准备时间。另外，还要告知对方如果逾期不来处理，将面临什么后果，譬如起诉、解除合同、停止付款、停止供货等。

（7）固定证据，方便诉讼的作用。在当事人之间的争议中，很多证据是不固定的，事实是不清楚的，如果贸然起诉就会出现很多不可控的因素，这个时候完全可以通过律师函的方式将必要的证据固定，澄清事实和固定事实，为后续的维权打下坚实基础。

（8）警示、震慑作用。在当事人的法律交往中，往往容易出现一些当事人忽视法律的存在和法律规定，或者不重视合同约定，任意撕毁合同约定，他们根本不知道毁约的后果其实是非常严重的。比如，他们或许不知道一旦败诉被申请执行就容易被纳入失信人员名单，就会影响征信等，还有的企业会因此被降低等级资质等。这个时候，一纸律师函或许就可以改变局面，扭转乾坤，阻止对方当事人不理智、不合法的行为，起到警示、震慑作用，促使其依法办事、按约定履行合同义务。

走向大律师——中国式执业律师进阶指南

◇律师函的制作技巧

我们掌握了律师函的功能和作用，下面再来看看律师函的制作技巧方面的问题。首先，律师制作律师函的时候需要明确，一份律师函需要包括以下几个方面：

1. 阐明事态

律师给对方发送律师函，需要在律师函里对发送律师函的基本事实或者事态有所归纳、整理、阐述，必须让对方清楚真实的事态，不夸大也不缩小。这样对方才知道律师是基于什么情况给他送达律师函的，不然会让人家觉得很突兀，不知所云，也会降低律师在对方心目中的专业形象。这就需要将委托人与对方的基础法律关系和法律事实进行客观陈述，让对方知道律师为什么要给他发律师函。

2. 提出主张

发送律师函要告知对方我方的主张，也就是说我方发这个律师函需要表达一个什么意思或者观点，目的是什么，有什么样的诉求或者主张，得把它说清楚。如果没有明确的主张，这个律师函就算人家收到了，也不知道我方的目的是什么，当然就无法实现我方的目的。

3. 告知后果

告知后果很关键，没有法律责任的法律是没有力量的，同理没有告知后果的律师函就像一锅温开水，起不到任何作用。当然这个告知后果的表述方式有很多种，有彬彬有礼型的，比如说"贵公司若不按照合同约定履行付款义务，我方不排除采取某某措施的可能性"；有温文尔雅型的，比如说"希望贵公司尽快付款，避免不必要的纠纷，贵公司如不按时付款，我方将保留通过某某途径对贵方进行追索的权利"；有针锋相对型的，比如"经多次与贵公司交涉无果，贵公司的行为已经给我方造成了重大损失，我方已经准备依法起诉以保障我方的权益，望贵公司三思而行"，等等。当然，各种表述各有好处，也要根据不同的情况而定，关键是要达到效果。

4. 律师函的制作规范

要让律师函达到预期目的，实现其满意的效果，其次就是需要出具一份符合基本规范或者说法律文书基本格式要求的律师函，要对律师函的行文格式有一个基本的掌握。一般情况下，实践中的律师函可以分为首部、正文和尾部三大组成部分。而律师函的首部一般又由三个部分组成：具体包括标题、函号和送达对象即受文主体。

（1）首部。

第一，标题。一个完整、规范的律师函标题一般由三部分组成：发函律师事务所的全称、律师函的主旨及律师函字样组成。这三个部分可以分三行显示，不要放在一行里面显示，否则显得标题太长，主旨不能突出，也显得不够美观。如：四川某某律师事务所关于要求某某公司立即支付工程款并返还保证金的律师函，写法如下：

四川某某律师事务所
关于要求某某公司立即支付工程款并返还保证金的
律师函

笔者发现，在实践中执业律师制作的律师函的标题大多数都很简单，只有"律师函"三个字，有的在律师函这几个字的上面加了律师事务所的名称，但没有律师函的主旨内容。这样的表述方式，给人的感觉是主张不具体、不明确，显得发送律师函的执业律师不够专业。标题的最基本要求就是能够表达律师函的主旨，要让阅读者通过标题就能够清楚地知道发函人想要收函人干什么，这个律师函的目的就十分明确了。

第二，编号。律师函编号的基本结构为：（年号）+发函律师事务所所在行政区划简称+发函律师事务所简称+法律文书的性质即律师函的简称+字第××号。如，（201×）川×律函字第××号。关于第××号一般有两种表达方式：第一种方式是按照律师事务所或发函律师的总发函的份数来编写。如，本年度的第50封律师函就可以表述成第50号。第二种方式是按照发函的日期来编写，如，2018年12月20日发的函可以表述成第20181220号。

笔者发送律师函，如果是以律师事务所盖章发送的一般采用第一种方式编号，如果是以自己的名义签字发送律师函，不加盖律师事务所印章的，就用第二种方式编号。当然，第二种方式编号如果遇到同一天需要发送多份律师函的时候，则编号为：第20181220-X号，用这种表达方式对律师函进行编号，就方便管理了。实践中，笔者看到过很多律师函根本就没有律师函编号，也许制作律师函的执业律师根本不知道怎么编写编号或者压根儿就没有重视这个问题。律师函没有编号，就显得不专业、不正式，如果有律师函编号就能显示专业精神并给人一种很正式的感觉。当然，没有编号的律师函也不便于文书管理，不便于律师函查阅。

第三，送达对象。送达对象又可以称为受文主体，即接受律师函的机关、单位或个人等主体。为了表示对送达对象的尊重，送达对象要用全称，不可省略或用不规范的简称。因为，律师函一旦发出，在某些时候就是非常重要的证据，如果你发出去的律师函受文主体与应当受文的主体名称不一致，或者名称不全等就会引起歧义，对方否认是给他们发的律师函，认为你发的律师函主体错误。当送达对象为个人时需在姓名后加先生或女士等尊称，一般情况下笔者发律师函的时候如果知道接受人的身份证号码的，还会在姓名后面加上身份证号码。

在送达对象中有一个需要注意的事项，即到底向哪个主体送达律师函？如果在律师函中涉及其他当事人的可以进一步加强律师函的威力，给真正受函人压力。每个主体都可能有上级或类似的主管单位等能给他施压的单位或个人，分公司有总公司，子公司有母公司，挂靠单位有被挂靠单位，雇员有雇主等。律师可以通过同时给这些主体发函来给对方施压，从而使自己取得优势，当然就算是事实上律师不会给他们的上级机关等发函，律师函的受文主体上也可署名，或者律师在附件里面备注抄送哪些主体。当对方是大型组织和政府机构等时这种方法尤为有效，在给法人等组织发送律师函时要表示同时抄送给法人的法定代表人或其他主管领导。如，致：某某公司，并某某先生/女士，这样做通常都能刺激起对方做出有利于委托人的反映和回复，起到事半功倍的作用。

（2）律师函的正文。律师函的正文一般由四个部分组成：具体包括委托声明、事实简述、法律评论、律师意见和建议。

第一，委托声明。委托声明由委托来源及委托事项两部分组成。委托声明主要是向送达对象表明律师向其出具律师函的合法授权来源，以及委托人的委托事项，即委托人想让送达对象做什么或不做什么。简单说就是告诉受文主体，律师发送这份律师函是有授权委托的，是接受委托人的授权，就某项事务发函进行沟通、交流和交涉。实践中，笔者会在这个部分简单的对委托人及其律师事务所进行介绍，比如：

四川高扬律师事务所系根据中国法律登记注册的中国律师事务所，本律师函署名律师具有完全的合法执业资格，四川××投资有限公司（以下称四川××公司）是一家经四川省工商行政管理局注册登记成立的合法企业。本律师依法取得四川××公司的授权，就其与贵公司签订的合同相关事宜郑重致函贵公司，希望贵公司尽快履行付款义务，避免讼累。具体如下……

实践中有些律师函是以律师事务所的名义发出，律师函尾部加盖了律师事务所的印章，而有些律师则是直接以律师本人受委托名义向送达对象发函，直接在尾部签署执业律师名字。当然，还有一些律师根本没把律师事务所放在眼里，因为他在委托声明中压根没提到所执业的律师事务所。笔者认为，律师函是否需要加盖律师事务所的印章没有具体的法律规定，实践中以执业律师个人名誉发送律师函的现状大量存在，而且大部分都能被委托单位、受文主体和人民法院、仲裁机构所接受和认可，这也没有什么不可。但是，不管是否加盖律师事务所印章，笔者认为对律师事务所的介绍还是很有必要的，律师事务所毕竟是律师的执业机构，代表执业律师有组织机构，这样的表述也是符合律师执业规范中要求由律师事务所统一接受委托的规定的。在笔者发送的律师函中绝大多数都是以个人名义签字送达的，而且都获得了法院和仲裁机构认可，在一起行政案件中笔者曾经代表当事人向某县人民政府发送过律师函，在某高级人民法院的生效裁判文书中不但支持了笔者的律师函，而且还大量引用了笔者律师函里面的内容。

第二，事实简述。一份好的律师函应该在委托人提交的材料及委托人陈述的基础上，通过有组织、有逻辑性对案件事实进行叙述，使送达对象相信你列举事实的合理性及真实性，并迫使其做出对自己有利的行为。事实简述部分有以下几点值得注意：

首先，要求简明扼要归纳事实。律师函在对事实部分进行叙述时不需要像律师法律意见书那样详细，只需要根据委托人提供的材料，简明扼要的将事实与双方争议的焦点归纳总结出来即可。有观点认为，律师法律意见书是律师在充分的资料准备及法律研究的基础上作出的，而律师在出具律师函时很多对案件的事实及证据的掌握并不充分；律师函更多承担的是宣示功能而非分析功能，律师函只是打前战用的，后面还有一系列组合动作，不宜详述，言多必失。笔者对这个观点深表赞同。律师函的事实阐述基于当事人的陈述,如果说得太多,难免话多语失,一旦出现对己方不利就容易被对方抓住,而认为这是对事实的自认。更何况,很多时候律师函所起到只是一个投石问路的作用,也没有必要过多的陈述事实,特别是有争议的对自己一方不利的事实。

其次,以"根据委托人提供的资料及陈述"这样的字句开头。经常接受委托发送律师函的执业律师,一般都知道当事人给律师的信息很多时候都是经过他们过滤的,当事人告诉律师的信息,其实是他们想让律师知道或自认为律师可能想知道的信息,很多时候并不是执业律师真正希望掌握的事实和全部真实的事实,特别是那些他们认为可能是对自己不利的事实,一般不会愿意告诉律师。但是,事实上执业律师要代理委托人向对方送达律师函,只有在充分了解事实真相的基础上才能制定出可行的方案,才能在制作律师函的时候做到抓大放小,有的放矢,更好地维护委托人的合法利益。如果执业律师只是在听取了委托人的一面之词,而且还是经过委托人加工的事实,就认为已经掌握了全部事实,就草率的作出决定是非常危险的。为了规避风险,执业律师得给自己留有回旋余地,以免委托人所讲述的事实不准确,甚至虚假的时候自己承担不利后果。所以,在列举事实的段落前一般这样开头:"根据委托人提供的资料显示或者根据委托人的陈述及相关资料显示"。

最后,强调有利事实,回避不利事实。执业律师接受委托发送律师函,无论是催告还是事实澄清或者进行交涉等,这都是一种主动的出击,哪怕只是投石问路也是一种主动出击。因此,出具律师函一方的好处,就是可以根据自己一方有利的点和面组织对委托人有利的事实。当然,如果事实对委托人有利,那就主要强调事实;如果法律规定或者合同约定对委托人有利,那就强调法律规定和合同约定;如果情理对委托人有利,那就多强调情理;如果证据对委托人有利,那就强调有利的证据。总之不管优势是什么,都要在律师函中对它们予以强调和渲染,集中展示对自己有利的点和面。在强调有利事实的同时,要尽量规避不利事实,将不利的情节模糊化。

在事实简述部分对于默认声明环节也是值得重视的。在实践中经常看到有些律师函在事实陈述的结尾还会加上一个默认声明:比如,如在本律师函发出后15日之内还没有收到贵公司的书面回复,则视为我方委托人就本案有关的事实陈述都是准确和完整的。比如:贵公司若对本律师函的内容有异议，请在本律师函发出后15日内书面告知我方，不予回复或者逾期回复视为没有异议。尽管这样的表述从法律上分析是有问题的，不会当然的对律师函的受文主体的默认作为意思表示，事实上即使对方在律师函要求的期限之内没有回复也不构成对事实的认可。但是，实践中默认声明是有它的实际作用的，至少可以给对方施加压力，迫使对方作出回复。

第三，法律评论。法律评论由法律引用（包括具体的法律法规条文的引用、合同具体条款的引用）和法律分析两部分组成。在前一部分对事实进行简述之后，律师就得以事实为依据，以法律为准绳，对律师函的受文主体一方的违约或违法行为进行法律评论。法律引用是为了说明对方的违法或违约行为是有明确的法律规定或合同条款约定的，是有根有据的，不是委托人凭空臆造的。法律分析就是通过对法律或合同条款的引用说明对方的行为是违法或违约的，进而分析其行为的严重后果和危害，应当承担什么样的责任。为了增强律师函的说服力，最好的方法就是拿法律来说事儿，明确指出对方行为违法或违约的地方，再加上律师专业的法律分析，这样就更能使对方接受我方的观点和主张，真正发挥律师函的作用。

第四，律师意见和建议。律师意见和建议这个部分，主要是作为律师函制作的主体，作为执业律师最后根据前面的事实陈述、法律分析，由需要给送达对象提出什么样的要求，告诉他该怎么做以及如果不这样做的后果两部分组成，这部分就是所谓的"合法恐吓部分"。也就是说，通过前面对对方需要承担责任的事实原因和法律原因分析之后，接着就得明确提出我方的具体要求。这一部分是执业律师以专业人士的身份和语气，运用法律权威郑重的告知对方，要求其在规定期限内完成规定事项，否则可能出现什么样的后果以及最后将由该方承担不利后果。

律师意见和建议部分有以下几点注意事项：

第一，不要把话说得太满。律师意见和建议部分是整个律师函的关键，要特别注意这部分"威胁性"的言语表述和内容必须留有余地，不能把话说得太满，在用词的时候一定要为双方和解留下空间。执业律师虽然代表自己一方的委托人，但是毕竟当事人是当事人，律师是律师，这个位置一定要摆好，不要感情用事、意气用事、口无遮拦的大话连篇，更不要过度丑化对方，这样只能使双方关系更加恶化。一般来说，只要在适当的时候用适当的方式和语言指出对方的不当行为已经构成了违法或违约就可以了，不要树敌。

正如笔者前面所言，很多时候律师函是起一个投石问路作用，并不是一个律师函就真的能完全震慑对方，对手没有那么容易就轻易地缴械投降，必须要为自己留有余地。另外一个方面，实践中笔者经常遇到不少的当事人仅仅是委托律师发一份律师函，后面就没有任何下文。如果执业律师在律师函里面这个度掌握不好，言语过激、过分丑化对方或者话说得太满，对方根本不予理睬，在没有当事人后续授权的情况下，律师无权采取下一步行动，这就等于白白地跟对方当事人叫板，自己的当事人却不给力，搞得律师很被动，骑虎难下又没有任何办法。

第二，为行动确立时间表。律师接受当事人委托，发律师函的目的就是要求对方在一定期限内，为一定行为或不为一定行为，所以律师得为对方的行动确定时间表，并给出行动的最后期限。如果律师草拟一份律师函，最后没有具体可操作的时间段，没有给对方限定期限，这没有任何效果。律师在律师函里面设置最后期限能促使对方采取行动，随着最后期限的到来，压力会越来越大，就越容易做出决定，采取行动。至于说在律师函中给出的时间期限长短问题，这个没有统一的规定和要求，也不是完全一致，需要根据不同的情况和时间来确定。有观点提出，律师函给出的最后期限一定要短，比如，涉及合同违约的律师函，建议违约方必须在××日内承担违约责任，不然将予以起诉时，给出的最后期限一般不要超过10天，否则就没有效果了。该观点认为，律师给予对方过多的时间将会减损最后期限的威力，时间带来压力，只有短时间才能造成紧迫感，这就是最后期限一定要短的原因。

对于这个问题，笔者有不同的看法。笔者认为这个时间的确定，要看具体的情况。比如，委托人很着急，确实是一旦协商不好就会立即采取下一步措施，而且整个案件的事实、证据对我方确实很有利，这个情况可以给对方一个较短的紧迫时间期限。如果遇到委托人不急于起诉，或者飘忽不定，或者有顾虑，或者是这个期间正好是节假日等，那么就需要给予对方较长的时间期限。而且，有些时候律师函给对方的时间期限反而要长，这就是所谓的以时间换空间，为自己一方留足足够的时间做充分地准备。因此，这个期限长短的问题应当灵活掌握。但是，不论期限的长短，必须要有一个确定的期限，不能没有限制，没有固定的时间界限，否则反而不利。

第三，预警如果不采取行动将要实施制裁。律师函在发表了律师意见和建议后，为了实现最好的效果，则应该在最后期限上加上对方会获得一定制裁的可能性的预警。在律师函的最后部分，执业律师应当明确表示，如果对方不遵守最后期限，律师会按照委托人的指示或者授权，而采取相应的制裁措施。比如公开发表律师声明，向有关主管机关或职能部门投诉、举报、依法起诉或者申请仲裁等。当然，在有必要的时候还可以将当事人可能会采取的一些措施都要体现出来，力争全方位、多角度地表达可能出现的对对方不利的后果，包括法律责任角度、商业利益角度、商业信用角度等。

律师函正文结束后，最后就需要另起一段写上"特此函告，请予以重视！"或者"特此函告，顺颂商祺！"等，以此来结束律师函的正文。

(3) 律师函的尾部。

律师函的尾部一般由两个部分组成：具体包括落款和附件。

第一，落款。律师函的落款具体包括律师事务所的名称、发函律师姓名（实习律师、律师助理等均不得署名）和成函时间。在律师函的落款处是不是必须要加盖律师事务所的公章，用以证明律师发函的合法性，这是有争议的。笔者认为盖章与否都可以，但是必须要执业律师的签名。成函时间用汉字将年、月、日标全，注意应将"零"写为"〇"，而不是英文字母"o"或者阿拉伯数字"0"。实务中很多律师的律师函为图方便多用阿拉伯数字，这样显得很不规范。

在律师函的落款问题上，笔者想重点讨论的是是否必须要加盖律师事务所印章的问题。笔者了解发现，绝大部分的人包括很多的执业律师都认为，律师函必须要加盖律师事务所的印章才能生效，否则就无效。据悉，国内某仲裁机构裁决的一个商品房买卖合同纠纷，也涉及了律师函形式要件的认定。在该案中，申请人向被申请人送达了房屋限期整改《律师函》，但律师函只有律师签字没有律所盖章，仲裁庭认为：《律师函》不符合行业规则，因为《律师函》系律师受委托以律所的名义向相对方发出的函件，应当加盖律所公章以证明其合法性，仅有律师个人签名，不符合《律师函》应当具备的形式要件，不能证明是律所发出的。这一认定引发广泛争议，有支持也有反对，可谓意见纷呈、仁智互现。

但是，笔者认为律师其实不需要证明这个律师函是律师事务所发出的，只需要证明是执业律师本人签署而发送的即可。正如前面笔者所讲，律师函顾名思义就是以律师的名义发送的函件，是指律师接受客户的委托就有关事实或法律问题进行披露、评价、交涉、沟通，进而提出要求或者建议，以达到一定效果或者目的而制作、发送的法律文书。律师函发送的真正的主体应该是执业律师而不是律师事务所。

其一，从法律规定的层面上讲，迄今为止没有任何一部法律法规规定律师函应当如何制作和送达，也没有任何规定律师函必须加盖律师事务所的印章。当然，同样没有任何规定说如果律师函没有加盖律师事务所印章就无效、非法，也没有说加盖了律师事务所的印章就合法、有效。在非诉讼法律业务中，律师函就是一个文书，往来的函件，在诉讼中它就是一个证据，既有物证的属性，又有书证的属性，只要是符合证据的三性就可以被采信，作为认定案件事实的证据。

其二，律师函与法律意见书具有本质的区别，其行为后果也是不一样的。法律意见书应当加盖律师事务所印章，因为委托人会参考律师给出的法律意见作出一定的决策行为，会给委托人带来风险，律师给出的意见需要律师的执业机构进行审核、把关并确认，以降低风险，这个确认的主体应该是执业律师和律师事务所。而律师函的写作主体是执业律师，其主旨是代表委托人向另一方相对人提出主张，其涉及的事实陈述和证据需要得到的是委托人的确认和认可，而不是律师事务所。

其三，在律师函中执业律师的观点性陈述和"恐吓性"语言是个人行为，实际上与律师事务所无关，代表的仅仅是制作律师函的执业律师，不能代表律师事务所。

其四，根据中华全国律师协会《律师办理国有企业改制与相关公司治理业务操作指引》第39条第2款规定："法律意见书一般以律师事务所的名义出具，由一至二名承办律师签字；简易事项或其他需要仅以本所名义出具的，可以仅由本所盖章出具；时间紧急或有其他特殊情况的，可以由本所合伙人律师签字出具，事后补盖律师事务所公章。"通过这个指引可知，法律意见书仅有律所盖章应当有效，但律师是否签名并不影响法律意见书的效力。但是，法律意见书与律师函不一样，律师函不可以没有律师签名，否则就不叫律师函了。

其五，根据笔者多年的实践经验，目前尚没有发现一起因笔者以执业律师个人名义发送的律师函，因没有加盖律师事务所印章而被认为是无效的或者违法的，恰恰相反，笔者以执业律师个人名义制作并送达的律师函，经常被人民法院作为有效证据采信。

因此，对于律师函是否必须加盖律师事务所印章的问题，笔者认为可以加盖也可以不加盖，但是无论是否加盖律师事务所印章，执业律师都必须签署姓名，并注明律师身份。至于有观点认为委托人是与律师事务所建立的委托合同关系，依据《律师法》第25条规定，律师承办业务，由律所统一接受委托，与委托人签订书面合同。因此，与客户发生委托合同关系的是律所。参照《民法通则》第43条规定，律所可以指派律师完成相关事务，而律师依据律所指派完成相关事务的行为则系职务行为，律所应当对律师的业务行为承担民事责任。依据《律师执业管理办法》第25条第6项规定，律师函是律师提供非诉法律服务的方式之一，因此律师起草律师函并署名系履行职务行为。这个观点笔者是认同的，但是委托人与律师事务所建立委托关系与律师函由律师个人署名是没有冲突的，律师个人署名还是得委托人与律师事务所建立委托关系，不是说律师个人署名就不需要律师事务所统一接受委托了，更不是说律师个人签署律师函就不是律师事务所在统一接受委托了。这完全是两回事。

第二，附件。附件部分一般包括联系方式、委托书与律师证复印件、相关证据资料、法律依据等这几个方面的内容。

（1）联系方式。律师函的联系方式包括发函律师的联系方式及委托人的联系方式，联系方式一般包括律师事务所的名称、发函律师的姓名、电话号码、邮箱、传真号码、联系地址和邮编等，这样方便对方可以有多种方式和律师函发送一方取得联系。实践中也有不少律师在联系方式处只写发函律师联系方式，这样对方就可以直接与律师沟通，律师再把沟通的情况及时反馈给委托人，这样律师的工作就有形化了。如果对方直接跟委托人联系，律师还得从委托人那获得信息，那就比较被动了。还有些委托人认为既然已经委托律师，直接和律师联系就可以了，也怕自己说出对其不利的话。笔者一般的做法是如果委托人委托的仅仅是发送律师函，联系方式就只留委托人的，如果是在办理委托事务中而发律师函，发送律师函是委托事务的一部分，还需要律师进行后续的跟进和沟通，那么就需要而且只需要留下律师的联系方式。

（2）委托书与律师证复印件。律师函的附件一般应当包括授权委托书、律师执业证的复印件。这些资料的目的是告诉对方，律师发送律师函是符合法律规定的,有当事人的委托授权,签署律师函的署名律师具有律师从业资格和执业资格,有权签署律师函。附上这些资料可以增强律师函的可信度和震慑力度,扩大律师函的效用。

(3)证据材料及法律依据。律师函要达到真正的目的,在必要时还需要提供相关的证据材料、法条等,将律师函提出主张的事实依据和法律依据附在后面。委托人提供的证据材料用以证明律师函事实部分的叙述有相关证据予以证明,法条用以证明律师函提出的要求有法律依据。当然具体附件需要提供哪些证据材料和法律依据,还要看委托事项的具体情况。笔者认为,有些时候律师函的往来其实也是一种沟通或辩论,一来二往可以让事实更加清楚明白,就算是律师函沟通不好,解决不了问题,最终到了法庭还是得出示证据和依法进行辩论,如果能通过律师函的交流、沟通实现目的,化解纠纷,也是好事一件,可以避免双方的讼累和减轻律师的工作量。当然,通常笔者的做法是在委托合同里面约定清楚,一旦当事人委托律师,无论代理律师通过什么样的方式和途径实现委托目的,都算律师完成了工作任务,不能仅仅因没有通过诉讼方式就实现了权利主张,而否定律师的功劳,否则律师们都不会愿意通过非诉讼的方式维护委托人的合法权益了。

◇律师函的制作和发送操作指引

1. 接受客户委托

根据《律师法》《律师执业管理办法》的规定,律师不得私自接受委托,所以律师应当以律师事务所的名义接受委托。具体分为以下几个步骤:

(1)签订委托代理合同。如果客户单独委托出具律师函业务,需要以律师事务所的名誉和客户签订专门的委托代理合同,以明确双方的权利和义务。实践中,也有很多时候出具律师函无须签订专门的委托代理合同。比如:客户已经委托律师代理诉讼或仲裁案件,并且已经签订了委托代理合同,在诉讼或仲裁过程中出具律师函时,就无须再签订专门的委托代理合同;为顾问单位在服务过程中出具律师函,一般也无须签订专门的委托代理合同。

(2)签署授权委托书。客户和律师事务所签订了委托代理合同后,客户得向具体承办的律师出具授权委托书,用以证明律师出具律师函是有合法授权的，这也是执业律师签署律师函的授权依据。专业的律师函，授权委托书是要作为律师函的附件一并寄送给对方的。

（3）收取律师服务费。律师出具一份律师函，到底要收取多少律师费？这个也没有具体的规定和标准，这应根据委托事项的具体情况以及承办该项事务的律师个人情况而定。一般律师函的收费在1000元至5000元不等。根据复杂程度和承办律师的执业水平、知名度等进行协商。制作发送律师函收费太低不行，一是客户不会相信这东西有多大价值；二是收费低了律师未必会尽心尽力把律师函制作好，难以深入地去做法律研究或者调查取证等。收费太高也不太现实，这毕竟只是份律师函。

（4）听取客户的陈述，审查证据。办理完委托手续，收取了律师费，首先得听取客户就委托事项的陈述。通过听取客户的陈述找出问题的关键点，再做一些针对性的询问。掌握基本的事实情况，并审查客户提供的证据。在确有必要的时候，根据委托事项的具体情况，以及客户提供的线索，做必要的调查取证工作。当然，一般情况下制作律师函是不需要深入调查的，只需要做一般的了解和审查基本的证据即可，特殊情况则另当别论。

2. 起草律师函

准备工作完成，就起草律师函。等律师函起草完了，还要经过一个委托人的确认程序，得到客户的确认是律师函送达前的必经程序，最好是保存客户认可确认的证据。如果客户对律师函的事实阐述或者分析说理等有异议，这就需要进行沟通，直至双方形成一致意见，否则是不能轻易发送，目的是为了最大限度地规避律师的风险。

3. 律师函的寄送

律师函最好用邮政特快专递的方式寄送，这样能确保对方能收到律师函，万一对方否认收到了律师函，还可以让邮政部门出具对方已经签收的证明。通过邮政特快专递寄送能增强律师函的正式性及紧迫性，还能更好地保存证据。如果知道对方的传真或邮箱地址，还可以同时以传真和邮箱的方式再次发送。律师函以邮政特快专递及电子邮件的方式送达时，应当在邮政特快专递的单子上面备注某某公司律师函字样，或者在邮件标题上明示律师函的完整标题。有律师研究过，邮政特快专递的邮递详单上可以方便寄件人备注邮件内容，在备注和声明等地方可以写几十个字，基本就足够了。

司法实践中，最高人民法院已经有判例认为法律文书的送达，必须使用邮政快递的情形，因此这也需要引起注意。律师函寄出后，邮政快递的详情单一定要请邮政部门加盖邮戳，出具发票或者收据，最后还得查询签收情况并做证据保存，以备诉讼之需。

CHAPTER 5 第五章
执业律师应当掌握的咨询接待、谈案、报价技巧

【阅读提示】

　　律师工作可以被认为是从接受最简单的咨询开始，如何将自己所学理论知识运用实践，最初可能就是从接待、解答咨询起步的。如何正确认识、对待、解答咨询，如何面对免费咨询，是否应该拒绝免费咨询？如何有效拒绝免费咨询？律师在解答咨询中应当注意哪些问题？"望、闻、问、切"的具体运用，在本章都十分详尽地进行了分析和介绍。同时，执业律师还应当掌握一定的谈判技巧，准确把握商谈的时机，准确把握客户的价格心理和购买力，提高成交率。要将客户的询价与客户的价格谈判区分开来，询价不等于是谈价，这有根本区别。在与客户进行价格谈判之前，律师应当告诉客户，律师的收费关键看客户的需求，能否解决问题，不能只从价格上来衡量，价值才是关键；你要让客户知道，选择一位合适的律师比挑选一位廉价的律师更稳妥、更有必要、更值得；要让客户明白，每一位执业律师的办案风格、执业经验、工作经历、人生阅历、执业技能、执业技巧的不同，价格差距自然就形成了。律师谈案、报价，需要明白客户的心理状况，他们总是希望花最少的钱，请最好的律师，而律师却希望赚得越多越好。客户在谈判价格的时候，他们一般都会认为自己不讨价还价，就会被欺骗，心里不踏实。实际上，对于法律消费的客户来说，他们并不知道自己将要购买的产品和服务，到底值多少钱，自己到底应该付出多少钱，所以他们讨价还价、砍价，就是理所当然的事情，要有心理准备和能够正确认识。执业律师，应以客户可能接受的最高价格，为其提供优质、高效的法律服务，让客户真正感受到他是客

户,他是消费者,他才是真正的赢家,让他们找到赢的感觉。

一、是否应该拒绝免费法律咨询

◇ 从律师名片发给了律协会长说起

曾经看到一篇文章,说某地律师业务拓展比较困难,一些律师前往看守所周边发放名片招揽业务。有一天,一位律师看到看守所旁边来了一辆车,赶紧跑过去递上自己的名片,问询是否需要律师,殊不知刚从车上下来的却是当地市律师协会的会长。从那篇文章中看到这个景象的时候,笔者很是心酸,在替年轻律师展业困难担心的同时,也想起了自己当初执业的惨状。

笔者从1992年开始律师执业,一路走来的心酸自己心里非常清楚。曾经也倒过苦水,那个日子真是不好过。执业初期,没有业务,经常处于入不敷出的状态,人年轻,没有经验,没有阅历,没有社会背景和靠山,不要说人家不知道你是干什么的,就算人家知道你是干什么的,也不放心将案子交给你一个毛头小子。所以,要是有一个小案子,可以适当收点代理费,人家愿意把案子给你试手脚已经非常不错了,生怕人家变卦,不给你做。有时候,就算是人家不给钱,也很想有机会去练练身手。

当年为了拓展业务,让更多的人知道并了解笔者,在没有业务拓展突破口的情况下,笔者参加记者培训班开始尝试着写法制新闻、法制故事、法律咨询问答,慢慢地,我的文章载于报纸、杂志,笔者得以稿费养家糊口的同时也小有名气,客户开始主动上门向笔者咨询,并委托笔者代理案件。逐渐地,客户口口相传,在口碑效应下,总算有所收获,没有虚度光阴。因此,在执业初期的笔者很多业务是通过接受免费咨询而获得的,那个时候笔者从来就不拒绝免费咨询,最主要的是没有拒绝的资本。

◇ 我们应当提倡有偿服务,收费咨询

执业律师是否应当接受免费咨询,这个问题一直是比较有争议的,但是在众多执业律师认为应当拒绝免费咨询的背景下,还是有很多执业律师在接待免费咨询。不可否认,每一个执业律师都是希望自己的劳动可以获得应有报酬的,大家都希望接受有偿服务,收费咨询。但是,现实却不是那么回事儿,免费咨询者比比皆是,这个律师不接受免费咨询,别的执业律师可以接受，说不定就错过了一次大好的机会。

现实中，确实有很多免费咨询服务的执业律师，当然这里面大部分都是刚执业的律师，还有很多是律师助理或者实习律师。虽然他们提供免费法律咨询服务，但是咨询服务质量就难以保障了。当然，对于一些初执业的、实习律师、律师助理，给出的咨询解答意见或许不是那么准确，想让客户或者当事人付费或者付出多高的咨询费，这似乎也不太现实，我们也有必要重视这个问题。对于具有一定执业年限和执业经历、执业经验的律师，笔者的意见还是应当提倡、鼓励、坚持有偿咨询，提供有偿的法律服务。

◇ **拒绝免费咨询可能会将潜在客户拒之门外**

执业律师是否应当一概拒绝免费咨询呢？其实，也不尽然。虽然笔者主张提倡、鼓励、坚持有偿咨询，但是一味地拒绝免费法律咨询也不可取。

正如前面所讲，刚出道的执业律师，大众还不知道你是干什么的，还不相信你的执业水平和能力，你的业务量也许还没有达到饱和，还需要扩大业务量，这个时候接受客户的免费咨询，也是一个自我宣传的渠道，更是一个发现案源、开拓案源的大好机会。律师助理、实习律师更是如此，这是实践的机会，应当牢牢抓住，不要轻易放过。

可以想象，全国各地到处都是商场、超市、店铺，无论消费者进店参观后是否购买，商场、超市、店铺都得正常开门营业，不能因为进来参观、闲逛的人根本不会购买，或者可能不会购买就拒绝向他们提供服务，否则商场、超市、店铺迟早得关门大吉。商场、超市、店铺无论有没有消费者购买，他们的商品随时都得摆放得整整齐齐、干干净净，这些准客户才方便欣赏、观察、对比、挑选，最后才决定是否购买和购买多少。如果他们没有看到商品，就无法做出选择，购买几乎不太可能。

执业律师从事这个职业，就好比开了一家店铺。但是，执业律师的商品客户无法简单看到，因为律师提供的是服务，是法律专业知识和技能技巧。那么，接受客户的免费咨询，就等同准许那些不确定购买的潜在消费者进店参观、对比、选择商品一样，不能拒之门外。

在笔者的执业生涯中，不但接受了无数的免费咨询，还做了很多的公益服务，参与了很多的公益活动。当然，在其中笔者也获得了很多的案源回报，不但从中可以获得良好的口碑，而且还是一个很好的机会。应该说除非在特殊情况下，否则任何案件的委托、业务的形成、成交都是需要一个了解、谈判的过程的。客户咨询无论收费与否，都是执业律师展示自己的机会。客户通过咨询，可以加深对执业律师的认识和了解，包括律师的专业水平、职业素养等。

很多当事人前来咨询律师的时候，他们只是想来问问，了解一下情况，不要说他们不想付费，不懂得尊重知识，尊重人才，他们会认为自己这个事情就是一个鸡毛蒜皮的小事，也根本没有考虑支付律师咨询费，更不要说还要请律师。但是，一旦经过律师耐心地了解案情，详细地进行专业解答，说不定当事人马上就会改变认识和决定，最终还会直接选择你作为他们的代理律师。所以，对免费咨询也不要一律拒绝。笔者就遇到过很多这样的当事人，也在接受免费咨询的活动中获得了很多案源。因此，笔者建议年轻的执业律师们不要眼高手低、好高骛远，要一步一个脚印，脚踏实地地发展，只要不是业务量很大、业务量还没有饱和的情况下，就不要轻易拒绝免费咨询。因为，这些免费咨询者就是你的潜在客户，这些潜在客户需要你用心去挖掘、去维护、去服务。

（四）拒绝免费咨询需要具有一定的资本

归纳以下几点意见：一是执业律师展业比较困难，特别是没有资源和背景的刚执业不久的律师，需要经历寻找案源这么一个痛苦的过程；二是做律师也很不容易，律师不是慈善家，不是救济部门，也需要挣钱养家糊口，也需要生活，所以提倡、鼓励律师有偿咨询，坚持付费咨询，共同努力创建一个知识付费，有偿咨询律师的大环境；三是律师不能一味地完全拒绝免费咨询，否则就等于把潜在客户拒之门外。接受当事人的咨询也是执业律师展示自己、宣传自己的途径，更是获得案源的机会，人家主动找咨询无论是否付费，总比你腆着脸皮主动上门问人家要不要找律师强百倍。

当然，一律不拒绝免费咨询也是让人头疼的事情，这也需要因人、因时、因事而论。据笔者所知，很多执业律师确实是公开、明确地拒绝免费咨询的，笔者现在也是一样，早就公开、明确地表示拒绝免费咨询。这与笔者前面所讲实际上并不矛盾，因为要拒绝免费咨询首先得有资本，而且拒绝免费咨询也是对付费的客户一种负责的态度。

当一个执业律师突破了生存的瓶颈时，这个时候他的业务量已经达到了一定的水平，他已经具有一定的基础，有了一定的专业水平基础，有了一定的资本即金钱的积累和客户积累，有了一定的客户圈子和良好的口碑。这时，他不会继续在乎免费咨询可能带来的业务，也不会在乎可能形成案源的机会，此时他已经没有太多的时间和精力许可其继续免费提供服务了。

二、如何有效拒绝免费法律咨询

执业律师不应该一刀切地完全拒绝免费法律咨询，就算是具有丰富经验的老律师也是如此。因为，免费法律咨询中确实存在一些有价值的案源机会，只要把握好了，对执业律师展业还是很有帮助的。因此，面对免费的法律咨询者，就要做出适当的选择，将没有价值和意义的免费咨询拒之门外，将有可能形成案源的咨询进行筛选，争取从中发现成案机会，这就是笔者所提倡的"有效拒绝免费法律咨询"。那么，应当如何有效拒绝免费法律咨询呢？下面谈谈笔者的一些认识，供参考。

◇明码标价是有效拒绝免费咨询的好办法

一般来说，希望免费咨询的当事人几乎都是想占小便宜的人，还有人认为律师咨询收费是无本万利，心理很不平衡。他们认为律师解答几个问题不就是告诉一下法律是怎么规定的吗，这么简单还要收费？其实，律师解答法律咨询并不是仅仅背几个法律法规条文那么简单，这里面涉及熟读法条、理解含义（包括立法背景）、研究案例、针对当事人提出咨询的个案进行对比分析等一系列的工作，这些工作当事人看不到，一般人也理解不到。更何况，律师解答咨询还得花费自己的宝贵时间。这就是咨询收费最好的理由。

律师解答咨询，看上去好像很简单，但这同样是一个法律适用的过程。执业律师要告诉当事人，如何充分的运用法律知识，解决当事人的困惑或者维护当事人的合法权益。在解答的过程中，律师需要了解大量的案情，需要对当事人咨询事务的合法性、合理性、可行性等进行分析判断，还要结合司法实践进行分析，这是一个非常复杂的过程。既然解答咨询也是一个法律运用的过程，这就涉及法律运用技巧，同一个法律问题不同的律师或许会给出不同的解答，这都是劳动、是付出。既然律师解答咨询，付出了努力和代价就应当获得应有的回报和最起码的尊重。

有同行提出，律师行业和医生行业很像，患者生病去看医生时在医院挂号要收费，会让病人重视与医生的预约，会让病人认识到医生的时间宝贵。律师行业也一样，往往免费咨询的预约客户，他们没有付费，很是随意，他们很多都不尊重律师的时间，同时也不尊重自己要咨询的法律事务。律师解答当事人的咨询则是在给案件看病，不尽可能地了解事情的前因后果，来龙去脉，就无法作出准确的诊断，不可能开出治病良方。付费咨询就是要让客户知道，他与律师的交谈时间是花钱买来的，他与律师说话耽误了律师的时间是要付费的，有成本的，他才会珍惜时间，才会尊重律师和案件，才会守时、守信。

当律师提供免费咨询的时候，当事人往往总是以各种理由失约，或者根本不按照约定的时间地点前往，或者在咨询的过程中临时想各种各样的问题进行轰炸式的提问，还有的当事人把一个事情换着不同的花样反复提问，搞得律师都头大。一旦采取有偿收费咨询的服务方式，结果就不一样了。简单的问题，当事人可以到网络搜索，根本不会花钱找律师，复杂的问题当事人为了节省钱，一定会提前给律师把资料准备好，把需要咨询的问题罗列出来，这样既节约了律师的时间也可以为他自己省钱，效率也提高了，律师获得尊重的程度也无形中提升了。所以，明码标价的收取法律咨询服务费，是有效拒绝免费法律咨询的好办法。笔者在接待当事人咨询的时候，一般都要告诉他们咨询要收费，可以是按件收费，也可以按照小时计费，如果按件计费也要限定一个具体的时间，不能放任当事人长时间地、无限制地、不停地提出一些低级的不合法不合理的问题。

◇**提高咨询收费标准，想免费咨询的人自然就望而却步了**

对于免费咨询的人来说，虽然他是没有付费，但是他们的付费义务实际上是转由成交客户买单了，这对成交客户来说是很不公平的。一来免费咨询的当事人挤占了执业律师的时间，浪费了执业律师的精力，这些时间和精力其实是成交客户已经购买了；二来如果执业律师经常接待免费咨询服务，一旦遇到能够收费的客户，他们就会在正常收费的基础上收取较高的费用，用以弥补免费咨询的损失。所以，免费咨询实际上是在挤占成交、付费客户的时间，是在侵犯他们的权益。因为，律师接受咨询无论是否收费，一旦接受了都会尽力而为，不可能因为是免费的就不认真负责，只是相对来说免费解答咨询会与收费服务有所差异，比如投入的时间和精力的差异。

◇ 当面解答咨询也是拒绝免费咨询的好办法

有的咨询者，自以为聪明，以为免费咨询了几个律师，就认为自己什么都知道了，可以不要律师而自己去解决，结果很多咨询者不熟悉法律知识，更不知道如何有效地运用法律知识，最终还是吃了亏。他们不但不会在自己身上找原因，反而会埋怨提供免费咨询的律师。对这样的咨询者，在律师初次与他们接触时就可以有一个初步判断，他们的忠诚度极低，一会儿咨询张律师，一会儿咨询王律师，再过一会儿又咨询李律师，对他来说反正咨询免费。笔者以前也经常遇到这样的咨询者，他在咨询的过程中会告诉你，他已经咨询了很多律师，还会把不同律师的不同意见拿出来跟你理论，这样的咨询者一般来说很难形成案源，成交的可能性不大，建议尽早拒绝。实际上，他不是来咨询，而是来跟你讨论哪位律师的解答更可信，他好按照可信的解答自己处理。

2019年底，笔者接待了一位咨询者，说是婚姻被骗，很痛苦，要离婚，希望律师免费咨询。笔者也耐心的接待并给出了解答意见，她也给了一个报价。根据她的情况和财产的数量，笔者报价基本收费20万元，标的提成8%，她说回去考虑一下。结果，她到成都咨询了很多律师，其中付费2000元咨询一次，收集了不少的报价，最低的报价3万元。于是，她回头又跟笔者协商首付10万元，标的提成5%。通过她对不同律师的咨询，提供的信息，最后笔者拒绝了她的委托。这样的当事人，最终结果无论如何，她都可能不满意，因为她得到的咨询解答太多了，收费低的还给她作出了承诺，你收费比人家高，还不能给人家一个确切的承诺，要是败诉了或者她不满意结果，律师的麻烦可能就来了。所以，笔者拒绝了。

优秀律师时间都有限，他们希望精确地找到问题症结，找准争议焦点。如果仅仅是简单通过微信、QQ、电话咨询，根本无法解决问题。律师越有经验，经历越丰富，业务量就越大，他们就越忙，其敬业精神和执业理念也与初执业的执业律师有所差异，他们就会更加小心谨慎。有一些客户，他们希望通过微信、QQ、电话的简单沟通和咨询就想得到准确答案，这实际上不现实。优秀律师解答当事人的咨询需要花一番功夫，也需要一个详细、具体、系统地案情了解过程，如果不当面进行咨询，很难获得准确又满意的解答。遇到咨询者在电话、微信、QQ简单咨询后，就应当告诉他携带详细的案件资料，到律师事务所预约付费进行法律咨询，这样给出的解答才会是真正专业和负责的解答。要求咨询者到律师事务所付费咨询，同样是拒绝免费咨询的有效方式。切忌在电话、微信、QQ里面简单直接的给咨询者报价，因为随意的简单免费咨询就让律师报价，这是巧妇难为无米之炊，律师在没有对案件进行一定了解的情况下无法准确报价。

◇不要担心拒绝免费咨询会失去客户

具有一定资本的律师都会拒绝免费法律咨询，如果你已经能够大胆的拒绝免费法律咨询，说明你已经具有一定的资历和资本。理智、忠诚的客户不会因为你拒绝免费咨询而放弃，反而会对你另眼相看。拒绝免费法律咨询，节省时间和精力，办理好成交客户的案件，多替他们努力争取合法权益和实现他们的利益最大化，换取的是客户良好的口碑，这个效应远远大于不停地接待免费咨询所获得的回报。或者，律师可以静下心来做理论研究，将理论联系实践撰写文字作品，展示给更多的读者，这些读者也会是律师的潜在客户。

律师职业具有多面性和艰苦的特点，律师的职业角色因时、因地、因人而异，绝大多数执业律师三餐没规律、早出晚归、作息不正常，恶劣的执业环境又使得律师不仅要和同行竞争，还要和公、检、法对抗、与委托人博弈，身心极度疲惫，健康严重透支，很多律师处于亚健康状态。律师职业，可以说是一个出卖时间和知识来获得报酬的职业，是体力劳动和脑力劳动高度结合的工作。律师也需要养家糊口，没有收入来源，生活、生存如何保障？世上没有白吃的午餐，律师解答咨询收费是最正常不过的事情。

绝大多数的律师，在职业生涯中不停地尽心尽力免费回答各种各样的法律咨询，生怕得罪了客户以后，客户不再继续找他，而往往事与愿违，你会发现你经常提供免费服务的人最终选择的居然不是你，他们已经对你的免费服务习以为常了，一旦你开始收费，他们就会立马翻脸、背叛你。所以，很多执业律师从业开始的时候是"期望被咨询"，到后来又"害怕被咨询"，不想再过多遭遇这种背叛。所以，该拒绝的时候就要拒绝，该放弃的时候就要学会放弃，不要担心拒绝免费咨询会失去客户。

第五章　执业律师应当掌握的咨询接待、谈案、报价技巧

◇恰当拒绝熟人免费咨询，引导他们尊重知识、尊重律师、养成付费习惯

《乡土中国》是费孝通先生著述的一部研究中国农村的作品，费孝通先生在《乡土中国》一书中将中国的传统社会界定为"熟人社会"，人们理所当然地在熟人中去寻找解决办法，这种现象出现在各种人际交往和市场中，而在法律服务市场尤为突出。由于法律的专业性，以及人们普遍对法律潜意识存在一种恐惧，所以更多的人在面临法律问题的时候更倾向于寻找熟人。为此，在"找个熟人问问""找熟人帮忙""熟人咨询不用花钱"等思维的影响下，各种关系找上门来（比如亲戚、朋友、同学、老乡，还有亲戚的亲戚，亲戚的朋友，朋友的朋友，朋友的亲戚，等等）。这种现象的发生，导致很多执业律师碍于情面，大多数选择默默承受，不得不花费大量的时间成本和精力，为这些免费咨询者提供解答，这给法律职业者带来了很大的困惑，甚至严重影响律师的正常生活和工作。

对此，笔者也深有体会。以前经常遇到整天的解答免费咨询，这个处理了那个又来了，刚回答完张家的咨询，李家又要代书一个合同，搞得自己成了公益律师。有时候，半夜都有免费咨询电话骚扰。有的人完全把笔者当成了"百度"，不属于法律问题的问题也经常咨询笔者。特别是有一个老乡，他搞了一个企业，他有什么法律问题是不分时间、地点、场合、节假日的给笔者打电话，完全没有章法，严重骚扰着笔者的工作和生活。后来笔者开始拒绝他，慢慢引导他付费咨询，而且应当在工作时间咨询，除非特殊、紧急情况除外。最后，这个老乡就每年给笔者支付一万元的咨询费，非工作时间一般不会打搅我，一直坚持快十年了。虽然，这些年笔者一直没有让他增加费用，但是至少笔者感受到了尊重，就算多付出点也值得。

对于一些无关紧要的免费咨询，笔者是予以忽略、回避的，晚上定时关机，节假日尽量不带手机在身边或者基本不看信息、微信、QQ等，逐渐地这些可有可无的免费咨询也就变得少起来，不是重要的咨询就别让他打搅你，而且就算确实需要咨询的重要事情，他们会多次的联系。在解答这些咨询的时候要理直气壮地让他们付费，不论付出多少，就算发个红包表示一下也行。虽然，这个有偿不同于一般的咨询客户收费那么高，但是这也是获得尊重和肯定的表现。因为一个人的精力是有限的，不可能面面

俱到，总有疏忽的地方，不能总是为了别人活着。如果被忽略的免费咨询信息真的那么重要，这些"关系户"还是会通过其他途径继续找你咨询的，除非他根本就没有认可你的专业度，去找别的律师咨询去了。如果真是这样，那也乐得轻松，给别的执业律师一个机会吧，说不定他在别的执业律师那里咨询就愿意付费了呢。这样等同于同行之间的互相成就。

三、如何有效接待法律咨询

◇何为有效接待法律咨询？

"有效接待法律咨询"这个命题是笔者个人的说法。因为何为有效？如何判断是否有效？这没有标准答案。笔者认为要判断律师在接待咨询时是否属于有效，要从是否留下了良好的第一印象、是否明白了咨询者的问题所在、是否帮助咨询者解决了困惑、是否让咨询者对律师的解答满意、是否可以形成案源并转化为案源、是否在接待后让他成为律师口碑传递者等方面来进行分析判断。

律师接待法律咨询是拓展案源，展示自己的有效途径，咨询者或许将来就是律师的委托人，还可能是律师的忠实粉丝，会经常替律师宣传和推荐客户，所以接待咨询，为其提供法律解答是律师在为自己寻找口碑相传的人，律师把他们的法律问题解决了，让他们满意了，他们就会成为你的忠实粉丝，免费为你现身说法，为你宣传。笔者这样的粉丝很多，圈内外都有，对笔者的律师执业和律师事业的发展帮助不小。

通过律师的接待和对咨询的法律问题解答，律师留给咨询者很好的印象，又解决了他的问题，或者还转换成了案源，咨询者变成了律师的委托人，律师的服务让他们满意了，他们都乐意帮律师打广告。一旦，哪一天这个咨询者的邻居遇到法律问题，他得知后就会马上想到你，把你推荐给他的邻居，他还会以为邻居推荐了一个优秀律师而感到自豪、高兴。又或者说前来咨询，本来以为简单地咨询几句，律师给他支点招，他的问题就可以迎刃而解，没想到在律师的帮助下，他终于明白了原来不是这么简单，还是需要委托律师办理才行，通过你的接待、解答，他对你非常认可和信任，转而将案件委托你代为办理，这就是有效的接待。简单说，有效接待就是要将咨询者变成律师的委托人，就是要将他们变成律师的粉丝和宣传者，通过他们的口口相传，律师将收获更多，这就是接待咨询最为有效的结果。

◇如何做到接待法律咨询的有效性？

要想做好律师咨询接待，让自己的接待成为有效接待，我们需要明白"解决咨询者的问题是律师的任务，解决咨询者的法律问题是律师的首要任务"。为此，律师需要知道如何了解咨询者的问题？咨询者都有哪些问题？哪些问题是律师应当或者说可以解决的问题？咨询者的最终需求到底是什么？律师如何来满足咨询者的最终需求？这些问题往往不是一时半会儿，三言两语就能说得清楚明白的。所以，提倡咨询者预约当面咨询。法律咨询看似简单，但是在律师执业生涯中，往往又是判断和检验执业律师是否具备高素质和专业能力的最基本的起点，也是决定律师是否成功受理案件或者成功接下某个项目的关键所在。试想，如果连一个咨询接待都做不好的律师，谁会放心将案子交给他？那么，律师需要如何做呢？

第一，引导法律咨询者到律师事务所当面咨询。一次良好的法律咨询接待需要注意环境和氛围，律师事务所是律师的执业机构，也是律师的第一办公场所，而公检法机关则是律师的第二办公区。良好的办公环境，可以让前来咨询的人感受到律师事务所的法律文化氛围和气息，初步了解律师工作环境和律师事务所的文化，给人以踏实的感觉，让前来咨询者踏踏实实地向律师咨询问题。

律师事务所一般都有形象展示墙等，律师事务所的荣誉、成长经历、成果等一般都会在显眼的位置进行展示，为律师做好咨询接待的硬件铺垫。而且，律师在律师事务所接待当事人，会显得更加正式，更有利于保密，律师处于主战场的优势地位。

当面咨询是为了更方便为咨询人提供服务，更好地让咨询者体验优秀律师的专业服务水平。从根本上讲律师法律服务的质量取决于当事人的满意度，要真正做到让当事人满意，律师就得先从当事人的角度考虑问题。遇到有法律困惑的咨询者，他们很多时候其实是不知道自己该如何咨询律师，也不知道该跟律师说些什么，更不知道该如何正确地向律师提问。如果不是面对面的接受咨询，无论是电话还是微信，都是很难把事情说清楚的，这样既浪费大量的时间，又浪费律师的精力，最后获得的结果可能咨询者、解答者双方都不满意。

然而，当面咨询就不会出现这些问题，律师可以在了解咨询者的基本事实之后，引导提出其内心真正关心、关注、有疑问的问题，真正提出所想咨询的问题。在律师事务所当面咨询，还有一个好处是执业律师遇到棘手的问题可以及时通过网络、系统求助或者向律师事务所的同事求助，可以来一场即时的法律研讨。这样做律师不需要掩饰，让咨询者看到律师的真诚和律师身后的强大后盾，他咨询的不是一位律师而是整个律师事务所的律师团队；这样还可以为律师后续的谈判、成交做一些铺垫。

第二，初步掌握案情，并让咨询者提前准备好相关资料。要在咨询者联系后预约前来律师事务所面对面咨询前，初步掌握咨询者需要咨询的法律问题类型，比如是离婚纠纷还是交通事故，或者股权纠纷抑或民间借贷等，律师要做好咨询接待的前期准备工作。同时，如果咨询者手里已经掌握有部分证据或者案涉资料，尽可能地让咨询者提前发给律师或者给律师准备一份，律师还得告诉前来咨询的咨询者，无论他们认为是否有用的资料，只要是与前来咨询的事务有关的最好全部都带上，由律师根据需要进行区分和筛选，这样律师就可以在接待前先熟悉具体情况，做好基本的解答准备。

这样做的好处是律师在解答咨询者的咨询时更加得心应手，做到心中有数，有的放矢。而且，还可以进行一个初步的判断，看看是否可以通过接待将咨询业务转换为案源，力争为当事人挽回损失或者降低损失或者争取利益最大化等，将这些潜在客户变成真正的客户。

第三，收费标准明码标价放置在显眼位置。接待咨询，特别是将咨询者约到律师事务所解答，如果之前没有沟通咨询收费的问题，在律师接待咨询者的地方一定要提前准备好咨询收费的提示和咨询收费标准，确保咨询者走进接待室就能一眼看到咨询收费的提示和收费标准。这样做也是一种以明码标价的方式将律师提供法律咨询解答服务进行商品化，且显得专业化、正规化。

假如，没有对收费问题进行提前沟通，咨询者看到收费提示也视而不见，这个时候接待咨询的律师或者律师助理，最好是律师助理应该明确地提示咨询者，律师解答法律咨询服务要收费。执业律师可以通过这些细节判断咨询者对法律知识的尊重程度和对律师的尊重程度，以及咨询者购买力如何，为接下来律师解答咨询的范围、广度、深度、精细化程度划定框架，以及为后续是否有必要或可能转化成案源，是否可以开发成为客户进行初步的评判。

第五章 执业律师应当掌握的咨询接待、谈案、报价技巧

执业律师解答法律咨询一定要注意，不能羞于咨询报价。否则，随着律师的执业年限增加，免费咨询会源源不断，律师会身心疲惫，从而影响律师的执业。笔者就经常遇到这样的情况，他们明知有咨询收费的标准，咨询结束后不是按照明码标价的标准支付咨询费，而是问是否需要交咨询费、该交多少咨询费。如果笔者回答："算了这么简单的问题就不收了"，他们会毫不客气。如果笔者回答："你看着随便给"，那么他们就会像打发叫花子一样，让人哭笑不得。所以，在咨询前就将这些问题解决好，以便安心的解答咨询，避免劳心费神最后花费了时间和精力，只换来一句"谢谢"。

不过，笔者团队有一个做法大家可以参考。那就是如果这个前来咨询的人最后决定委托笔者代理，那么他前期支付的咨询费可以直接转化为代理费，他们只需要按照代理合同扣除已经支付的咨询费，补交差额即可。这样他们在支付咨询费的时候就会更乐意，支付了咨询费之后可以在代理费中扣减，他们为了能扣除这笔费用，一般在需要委托律师的时候，你也就具有优先性了。感兴趣的读者不妨试试。

第四，了解咨询者问题的来源及其法律问题：解答法律咨询，首先得搞清楚问题来源及其法律问题，否则律师就无从下手，没有办法给予解答。比如说，当事人咨询离婚案件，首先律师需要知道他为什么提出离婚？其次，他需要咨询律师什么问题？是他想知道自己能不能提出离婚吗？还是他们想通过民政婚姻登记机关登记离婚，想请律师起草一份离婚协议。了解咨询者的问题来源就是了解他需要咨询的法律问题产生的背景，只有根据这些背景情况结合他的法律问题，才好根据律师掌握的法律知识和司法实践经验给出他满意的答案。

了解咨询者的法律问题背景并不难，其实难的是当事人很多时候咨询的问题并不是法律问题，或者他所提出的法律问题根本不是他想知道的，或者是律师根本无法解答的问题。遇到这样的情况，执业律师就需要掌握前来咨询者的终极目的是什么？也就是说咨询者想通过咨询律师解决什么问题？比如说，有当事人找到律师问："律师我想离婚，你说怎么办？"估计面对这样的问题，不同的执业律师会给出很多种答案。简单点的回答是："你想离婚，那就离吧"，也许有人回答："好啊，那你请一个律师帮你吧"等，这样的解答不可能让咨询者满意，也没有任何作用。如果是笔者接待，便会问他："你为什么要离婚呢？""离婚有两种途径，一种是通

过双方协商一致，到民政局婚姻登记处办理离婚登记，另一种是向人民法院提出离婚诉讼，你希望选择哪一种呢？""你们能协商一致吗？可以通过民政局婚姻登记处办理离婚登记吗？如果不能我建议你还是通过向法院提出诉讼的方式离婚。""离婚的前提是你有足够的证据证明你们的婚姻感情确实已经完全破裂了，再没有和好的可能，如果你没有这些证据，法院一般是不会轻易支持你的离婚请求的。""如果你有证据无法收集，可以委托律师给你代理，帮助你收集证据，还可以代理你向法院提出诉讼等，帮助你办理离婚案件……"笔者会引导他们，提出他真正需要知道的问题，再进行解答，真正的解决他的问题。

通过这样的方式，笔者就会知道咨询者内心真正的法律问题是什么，也可以根据相互之间的交流掌握咨询案例是否可以转换成案源。比如，通过这些沟通，当事人表示出前来咨询的目的就是想知道应该如何离婚，或者他跟老婆或者她跟老公赌气，一时气愤，因为冲动来咨询的，等等，笔者就可以在接待咨询中根据他们的目的做出判断和选择。

第五，认真解答当事人的法律咨询。接待法律咨询，无论之前是否收集相关证据、资料，也不管之前是否掌握基本情况，在回答咨询前一定要先弄清楚事情的来龙去脉，不可随意、草率回答。律师认真、负责、专业的服务态度直接影响律师是否可以成交的概率，决定着咨询者是否会成为你的宣传者、广告员。对于一些自己拿不准的问题，记不清的法律法规条文，应当马上查阅后再进行准确回答，切忌模棱两可地给出模糊的答案。对于当事人咨询的问题，一定要根据法律法规规定结合司法实践给出答复，不能为了迎合当事人而按照他希望听到的回答或者他的预期进行回答，这样既容易误导当事人，也会为自己埋下被投诉的隐患。

咨询者之所以来咨询，就是他们搞不明白、不懂，律师解答咨询的目的就是为了帮助他们搞清楚明白。对于不合理、不合法的目的，律师不能迎合他们的需求，而是要给他明确指出来，并提示风险所在，帮助他们打消不合法、不合理的念头，帮助他们正当行使权利和主张合法利益。律师认真负责的态度，也是当事人最后决定是否选择代理律师的重要参考评判标准。再说，现在很多当事人并不是只来咨询一位律师，或许他来之前已经咨询了好几位律师，至少他可能在网络上搜索过多遍。对于一些具体的细节问题，有时候律师还不一定有他们掌握得全面、具体。所以，解答咨询当事人的法律问题千万要认真、负责、专业，不可应付了事，糊弄过关。

第六，正确引导当事人委托律师。很多人前来咨询法律问题，他们其实并不知道自己是否应该委托律师，也不知道委托律师有什么价值。而且，现在的司法环境下，如果由缺乏基本法律知识的人自己参与或者亲自办理诉讼和非诉讼事务，很多事情他们是无法办理的。因此，在他们咨询法律问题的时候，律师就可以对他们进行适当的引导。引导是为了让他们知道律师可以帮助他们干什么，可能帮助他们实现什么目的等，要让他们知道律师的作用和价值所在。对于那些无法形成案源，其主张根本无法实现的人，律师要做好充分的解释和劝导工作，积极引导他们，不该打的官司不要打，没有必要打的官司也不必打，可打可不打的官司尽量不打，告诉他们另外的非诉讼解决途径。

对于那些确有必要打官司，也只有通过诉讼才能解决的问题，律师就可以适当的引导他们委托律师。但是引导的时候要注意掌握分寸，要把握好度，不能给当事人打包票，更不能做出结果性的承诺，要分析利弊，指出风险所在，实现目标的可能性在什么地方，由当事人自行决定是否诉讼以及是否委托律师。接待咨询当事人，律师只是负责解答他们的咨询，解决他们的法律问题，至于是否决定诉讼，执业律师不要去过多地鼓动，否则会引起他们的反感。如果他们觉得律师给出的建议是正确的，能接受，并且愿意委托律师办理，那么接下来就进入下一个程序，报价谈判、签订委托代理合同等。

第七，接待后的跟踪回访和问候。很多律师在接待了咨询后，对于那些没有形成案源，没有成交的就不再理睬了，以后也再也没有了联系，这样的咨询接待也不属于有效的咨询接待。根据笔者多年的经验，如果咨询者前来咨询后他的法律问题已经得到解决，不再需要继续跟踪回访的，可以留下联系方式，逢年过节的时候发一条短信问候一下，以示关切、问候，可以保持和增进联系，让他们时时刻刻记得还有律师在关心、问候他们。

对于那些法律问题虽然解决了，但是他们的目的还需要进一步努力才能实现的咨询者，比如需要通过诉讼方式实现等，他还没有决定是否委托律师或者是否选择诉讼等的情形，执业律师或者安排助理在他们离开后的几个小时或者第二天，打个电话问候、关心一下，听听他们对接待律师的评价，或者了解一下他是否还有什么疑问或者不懂的地方，看看律师还可以如何帮助他，他们会感受到律师的温暖和关心。特别是婚姻家庭案件的咨询者和刑事案件犯罪嫌疑人、被告的亲属，这个时候律师的关心和问候，他们会很感激。问候实际上是再次提醒他，你是值得信赖的，是有感情、有爱心的人。在他们选择律师的时候，对你一定有帮助。

四、解答法律咨询注意事项

律师行业是法律服务行业，销售的是自己的法律专业知识。笔者认为，律师行业不仅仅是法律服务行业，销售的也不仅仅是法律专业知识。律师首先是一份工作，其次是一个事业，最后才是一个行业。既然是工作，还是一份提供法律服务的工作，所提供的既有产品又有服务，产品包括法律知识，其中最重要的是法律经验和执业技巧。执业技巧带给当事人的价值是帮助当事人掌握维权技巧和风险防范技巧、风险管控技巧等，所以不仅仅是销售法律专业知识。

执业律师有一项最基本的服务，那就是解答法律咨询服务。解答法律咨询看上去是一件很简单容易的事情，但事实上并非如此，其学问也很大。有的执业律师经常接受当事人的咨询，每次都是耐心细致，不厌其烦地解答，可是却从来没有收到过咨询者支付的咨询费。而有的执业律师不是经常受理咨询接待，而且解答问题也很简单干脆，态度好像还比较傲慢，可是他们每次都可以收到丰厚的咨询服务费。还有的执业律师经常都在解答当事人的咨询，咨询者络绎不绝，可就是无法成交，不能将咨询接待转换成案源，而有的执业律师接待咨询的时候不多，但是每次咨询后基本上都可成交，案源转换率特别高，收费还不低。这是什么原因呢？这就是解答咨询的技巧问题，也是学问。要想提升自己解答咨询的成交率，让咨询当事人最大可能的转化为委托人，以下这几个方面是需要注意的。

◇ **善于倾听**

作为一名优秀律师，善于倾听是必要的，也是必需的。学会倾听当事人的陈述，尽可能不要打断他，尊重当事人的发言权。执业律师解答咨询，首先得弄清楚当事人的问题所在，如果不能耐心听，就难以找到他们想咨询什么问题，以及他的问题所在。因此，律师在解答咨询时，要耐心倾听，必要时辅以询问，如此反复。询问就是解答律师心中的疑问和及时对当事人的引导，引导当事人回到主题上来，不要跑题。此外，律师还要学会找到当事人谈话中的一些隐含信息，听出他们的"话中之话""弦外之音"。所以,律师要学会倾听,善于倾听,听出当事人的"话中之话""弦外之音"。

倾听完毕,需要进行信息确认。通过"倾听—询问—再倾听—再询问"这样一个反复的过程,要准确地把信息进行整理、归纳、要点概括,对信息进行确认,看看是否听懂了当事人的意思,对他的陈述归纳、整理是否正确。有人将其称为律师对陌生信息的处理能力,笔者认为这也是执业律师最基本的重要信息抓取、提炼、归纳的综合能力。通过倾听,律师需要向当事人确认他需要律师提供帮助的是什么,他的主要目的是什么,他的要求、情绪和期望值如何等,这些都是需要律师确认的信息。一般来说,解答咨询时,听取当事人陈述后,律师需要对下列信息向当事人做进一步的确认:

1. 当事人遇到了什么法律问题?

假如当事人咨询商标问题,律师需要确认他是希望注册商标还是商标被他人侵权了?如果他咨询的是刑事案件,律师需要确认他与这个刑事案件的犯罪嫌疑人、被告或者受害人是什么关系?这个犯罪嫌疑人、被告是否被羁押?涉嫌什么罪名?羁押在什么地方?必要时还需要对前来咨询的当事人身份信息进行确认和登记,否则律师面对的可能是一名在逃的同案犯,律师的解答或许就会成为律师教唆、帮助他逃避法律制裁的方法、途径,或者帮助他毁灭、隐藏证据等,给律师带来法律上的风险。假如当事人跟律师谈的是诉讼案件,他被诉成为被告,律师就要了解这是什么性质的案件,涉及哪个专业领域,案件进展到什么程度了等,律师要把基本案情提炼出来以便给出专业的解答意见和建议。

2. 当事人前来咨询的主要目的是什么?

当事人前来咨询,都是带着目的而来。通过倾听当事人的陈述,辅之律师的询问,然后律师就要初步判断当事人的咨询目的是什么?如果他只是来简单地了解一下法律规定或者案件可能会出现的结果,律师只需要弄清楚问题后,给出一定的法律解答即可。如果他前来咨询还有寻求帮助和物色律师的目的,那么律师在解答的时候就需要注意为自己成为当事人可以信赖的律师奠定基础,展示律师的专业、诚信、敬业的态度和执业素养。

3. 当事人是否已经咨询过其他律师

看到这里,一些律师或许会认为,执业律师解答当事人的法律咨询,根据当事人的陈述和证据进行解答就是了，为什么还要向当事人确认他之前是否咨询过其他律师呢？笔者认为，不同的律师对同一个事实和同一部法律的理解和看法都可能会不一致，角度不同看到的问题也就可能不同，想到的解决方案也许就会出现差异。也许当事人前来咨询前已经咨询了其他律师，其他律师已经发现了问题所在，并给出了有效的解决方案，那么我们可以参考他们的解答意见和给出的解决方案，并进行优化，再提供给当事人。如果之前的律师发现的问题是我们没有发现的，他们给出的解决方案是我们没有想到的，而这个意见确实是正确的，这个解决方案确实是最优方案，那么我们不但可以从中学到经验，还可以实现同行之间的推荐和肯定，告诉当事人之前的律师的解答完全正确，给出的解决方案已经是最优的，那么律师的诚恳和专业态度照样可以获得当事人的点赞。

当然，如果律师对当事人之前咨询的律师给出的意见和解决方案不太认同，那么也可以在提出适当的意见和解决方案之后，告诉当事人为什么会给出这样的意见和解决方案，让当事人在同行之间自行对比，选择他认为最合适的解决方案。不过，对于其他律师给出的解答意见和解决方案，律师也要正确认识，要尊重同行，不能在当事人面前去诋毁、贬损同行，这也是执业律师最基本的执业道德底线。

◇ 只能分析不能预测结果

执业律师在解答当事人的法律咨询时，通过当事人介绍案情和事实陈述，根据当事人提供的证据材料进行分析判断，切忌不要过分依赖、相信当事人的陈述。执业律师解答咨询时分析案情及回答问题，要注意只能分析案件的可能情况和走势，但是不能预测案件结果。执业律师接受当事人的委托代理案件，可以参与案件的实际处理，但是都不能预测并承诺案件的结果，更何况仅仅是听了当事人的陈述和看到部分证据材料，根本没有实质性的参与案件，就无法作出准确的预判，也就无从预测结果。因此，在解答咨询时可以进行适当地分析，但是不要轻易地预测结果。因为一旦草率作出预测，当事人就很容易把预测当成承诺，并在此基础上进行委托。但是，如果最终结果不是你预测的那样，当事人就会不依不饶，为自己埋下被投诉的风险。

执业律师在解答当事人咨询时，根据只能分析不能预测结果的解答原则，需要注意以下几个方面的问题：

（1）进行分析解答时，要精辟简要论述，不要和盘托出法律分析，更不能过多地详细分析阐述。

（2）要充分展现自己的专业、自信和能力，不要贬损同行。

（3）只对案件作出理论上的分析，不做结果性的预测，更不要保证案件的审判结果。

（4）律师应当事人要求提出处理建议时，应当在基本了解当事人意图后提出建议。而且，这个建议应当强调原则性而不体现操作性，即只对案件提出方向性建议，不要告诉当事人具体如何操作，避免当事人一知半解就自以为是，自己搞砸后埋怨律师。

（5）执业律师还应当适度分析和提示风险、实现目的的困难所在，适当降低当事人过高的期望值。对于败诉可能性较大的案子，更要向客户充分阐释法律风险，降低其对结果不切实际的心理预期。对于已经成交的当事人，最好是制作书面的诉讼风险告知书，让客户签字确认。

◇坚守合法正义的底线　切忌盲目迎合当事人

执业律师在解答当事人咨询时，应当积极回应当事人合理、合法的要求，并应当结合当事人的价值取向提出原则性建议。在当事人目的明确后，律师应当围绕当事人的目的准确、简要地阐述操作的步骤和方法，这种阐述宜粗不宜细，点到为止，但应当让当事人基本上能听得懂，并且让他们有理由相信律师的专业水平，能胜任代理他的案件，维护他的合法权益。切忌，不能为了迎合当事人的求胜心理或者过高的预期，违背职业道德和执业素养，作出虚假承诺和不合法、不实际、不道德、不正义的建议。

虽然在目前的市场环境下，律师和律师事务所要想在竞争中取胜，满足客户对法律服务的需求至关重要，但是面对客户过于强调及追求自己的不合法、不合理的要求，执业律师应当充分权衡利弊，进行疏导和风险提示。如果当事人听不进执业律师的意见和建议，在疏导和提示无效的情况下，则应当考虑拒绝客户的委托。律师要做到坚守合法正义的底线，切忌盲目迎合当事人而虚假承诺，不能为了成交而不顾及对客户的选择。

执业律师在解答法律咨询时，态度要冷热结合，不要过于抬举当事人，让当事人养成与律师地位平等，不要让当事人认为律师就是为他们服务的，就应该按照他们的意思办事，就应当围绕他们的目的想办法，给方案。因此，律师接待时要热情，但不得自损形象的低声下气和阿谀奉承、讨好卖乖，否则就会适得其反。要记住，在涉及专业内容时，律师就是绝对的权威。当然，如果当事人是真诚的来到律师事务所咨询，他们对律师足够的真诚和尊重，那么律师就不应该用很冷漠的态度来对待，毕竟一旦成交他们就是我们的委托人，就是我们的"上帝""衣食父母"。此时，需要礼貌、温情地接待，要把律师的真诚关切和同情表现出来。

无论如何律师不是当事人，不能入戏太深，不能站在当事人的立场意气用事，或者为了获得当事人的信任和案源，就对当事人的盲目追求和不切合实际、不合法、不理性的过高期望值进行承诺或者保证。作为律师，必须在当事人面前保持足够的专业、理智、冷静，不能为了获取案源或者为了成交而失去律师的尊严。

◇解答范围要有限度

执业律师解答当事人的法律咨询，在对问题的解答时要注意解答的范围，不要什么都说，否则当事人根本不知道律师到底在说什么，更不知道律师说的重点。这样一来，不仅对解答法律问题不利，而且会降低律师在当事人心目中的专业形象，他们会怀疑律师的专业能力和对问题的归纳能力。只有自信的律师才能赢得当事人的信任，自信的律师往往都是善于归纳、总结、提炼，能够掌握重点的律师。自信，不但体现在对法律知识的熟练、专业的方面，还体现在如何把这种自信通过语言、神态等传递给当事人。自信也体现在有效解答和控制场面的方面，不能放任当事人提出一些不切合实际或者与案件无关的问题，更不能放任他们开放式提问。律师不仅是专业人士，而且时间都比较宝贵，没有时间和精力跟当事人闲聊，不要去讨论太多空洞的法律理论问题，律师是实战家，不是搞理论研究的专家、学者、教授，所以回答当事人的咨询要掌握好回答问题的范围。

解答当事人法律咨询是一门艺术，每个人都有不同的体会，关键是要学会思考，学会总结。不少执业律师都认为解答咨询的终极目的是在合理的范围内成交，签订委托合同。因此，执业律师解答当事人的法律咨询应该限定一定的解答范围，回答咨询的内容和范围要做到恰到好处，要掌握主动权，在适当的时候可以直接切入谈律师费的问题，否则不宜过多的解答。对此，笔者虽然不是完全赞同，其实也不无道理。至少，笔者认为执业律师在解答法律咨询时要掌握和控制范围，不能说得过多、过细，毕竟案件都是发展变化的，很多不可控因素的出现，案件的走向就会不同，说得过多过细往往容易出现问题，反而让当事人怀疑执业律师的专业水平，不利于成交。

对于一些执业律师不便于解答的属于政治性、政策性的问题，执业律师也不宜回答，律师回答的应该是法律方面的专业问题。对于那些全凭假设、猜测和臆断的问题，由于缺乏真凭实据，缺乏事实依据，执业律师也不宜贸然回答。因为，一旦假设就会有太多的假设，执业律师根本无法回答。

◇接待时间要有效控制

执业律师解答法律咨询，无论是按照计时收费还是计件收费，都要掌握好咨询时间。要控制好接待的时间，就要求执业律师在倾听当事人的陈述时，适当引导当事人对案情的介绍，控制方向、节奏及内容，及时进行引导、小结，避免当事人跑题，把律师咨询当成无所事事的闲聊。在接待当事人法律咨询的会谈过程当中，如果发觉当事人陈述时吞吞吐吐、闪烁其词、欲言又止，律师应当意识到案件事实是否牵涉个人隐私或商业秘密，或者当事人不希望过多的咨询接待人员知悉某些事实，这时就应当安排无关紧要的接待人员、律师助理等暂时回避，并适时引导当事人说出事实真相和真实的目的及需要。在听完当事人的陈述后，执业律师要迅速整理当事人传递的案件信息，简要归纳并复述向当事人确认，尽快列出当事人希望询问的法律问题，规划解答当事人的思路。在这个过程中，执业律师还需要尽快判断是否在可收案范围，有没有成交的可能，并做好应对的心理准备。

有观点认为，执业律师解答法律咨询的时间，一般应当掌握在一个小时到两个小时以内。律师接待当事人的法律咨询，无论是按照小时计费还是按照件数计费，都有必要对这个时间进行控制。按照小时结算咨询费的，如果在接待、解答的时间方面拖得太长，就会增加当事人承担的律师咨询服务费，增加当事人的负担，同时会让当事人认为这个律师收费太高，效率低下，降低成交率。但是，时间太短，律师在倾听当事人陈述时就不会有足够的时间，回答问题就会显得匆忙，难以把当事人关心的问题回答清楚。而按照计件的方式收费，如果不控制时间，当事人会慢慢地跟律师拉家常，一两天都有说不完的话，老是无法陈述清楚案情，总是在那里伤感和抱怨，或者当事人会不停地进行开放式提问，律师的回答他又觉得不满意。

因此，当事人前来咨询时，在他们陈述案件事实时需要适当地进行引导，并归纳焦点和问题，准确地给出解答意见，适时结束咨询接待，不宜时间拖得太长太久。

◇专业问题交给专业人士解决

执业律师解答当事人法律咨询，要明确自己是律师，是法律之师，自己的专业和专长是法律，不是其他专业人士，对于其他专业的问题律师不能越俎代庖，不能自作主张的大包大揽，专业的问题要交给专业人士解决。比如说，当事人咨询的问题涉及司法鉴定的问题，对于司法鉴定的法律问题执业律师可以解答，也能够解答。但是，对于司法鉴定的专业问题，比如伤残等级、继续治疗费的鉴定、误工日期的鉴定等，这就属于司法鉴定人的专业职责范围内的事情，尽管执业律师或许知道有关鉴定标准、鉴定流程，但是笔者认为仍然不能给予解答，更不能凭着自己的一知半解就草率作答。笔者通常的做法是将这些专业的问题直接推荐给司法鉴定人来处理，让当事人就司法鉴定的专业问题直接咨询司法鉴定人。

类似的还有司法会计鉴定、建设工程造价鉴定等专业问题，当事人往往不知道遇到这类问题需要找谁，他们首先想到的一般是律师。因此，执业律师在接待当事人法律咨询的时候，如果遇到他们还需要咨询法律之外的其他专业问题，就不能打肿脸充胖子，自以为是地给出解答，而是要转介绍或者推荐专业人士处理。这样的好处是对当事人负责，又降低了自己的风险，还为法律职业共同体的同业者提供了业务机会，多交了朋友，扩展了自己的人脉资源。

◇让自己像一个律师

在当事人咨询法律问题时，作为执业律师首先必须在行头上要像律师。以貌取人是人的劣根性，不值得提倡，但是以貌取人的现实又无法回避。当事人心目中的律师形象已经受到电视剧和电影的影响，律师形象在他们的心目中已经根深蒂固，绝对不能容忍一个律师看上去很猥琐、邋遢。

尽管，一个人的长相是天生的，但是衣着却是可以由自己决定的。不可否认，一套得体的服装，可以赚取到不少当事人的第一印象和好评，增强客户的信任和回头率。律师行业是一个绝对需要以高于普通规格待人接物的行业,一定不能以一个猥琐、邋遢、随便的形象接待客户的行业。有观点认为,特别是年轻律师在衣着、服装方面的外在形象,你得让自己像一个律师,你得让当事人看到你的时候,能感觉到自己咨询的就是一名律师。

律师是公平、正义的代表,是当事人合法权益的维护者,是当事人、弱势群体的靠山和依赖。因此,律师在仪表上要给人专业、稳重、强势的印象,给当事人一种信得过的专业感、安全感。执业律师的仪容仪表非常重要,包括外貌、着装等。律师的外表,应该是庄重、整洁、大方、得体的。在客户看来,一个穿职业装的律师,他的专业精神通常要高于一身休闲打扮的律师,这无可非议。法律服务是无形化的,客户在接受律师的服务之前,他无法对律师的专业能力形成一个准确的判断,律师要尽可能地通过一些有形化的展示,来启发他对律师专业素质的良好想象,这就包括律师的仪表和着装。律师的着装,一般是女律师一定要着正装,不可以穿T恤衫,不可以穿露着胳膊的衣服,男律师一定要注意衬衫的袖子、领口是整洁的,一定不能穿白袜子,应该穿深色的袜子……这些在此不过多赘述。

除了外在的形象之外,内在的气质也很重要。在与当事人谈话时,执业律师说话要条理清楚,语速适中,语气平和,冷静客观,不卑不亢,理性克制,尽量使用法言法语和专业词汇,举止应该稳重、庄重。若当事人陈述完毕,律师就可以立即总结个出所以然来,就可以迅速树立一个干练的律师职业形象,当事人很快就很有可能被律师征服。有些法言法语尽管当事人不一定听得懂,只要律师一说出来,他们就会觉得很高深、很专业,不是一般人能够明白的,就会产生咨询后委托律师的想法。如果一个执业律师跟当事人沟通通篇不涉及法律条文、法律理论、法律文化,甚至连法律术语都没有,当事人就会认为律师没有法学理论功底,就会对律师的专业能力产生怀疑。所以,要想自己像一个律师,你就得说出自己像律师的法言法语,展示出相应的法律专业水平和法律素养。

◇适当地推销自己

接待咨询,不仅仅是听取当事人的陈述,要记住,每一次咨询接待,都是执业律师的一次销售机会,都是执业律师展示自己的一次机会。有观点认为，执业律师推销自己就和销售有形产品一样，作为供方的律师，必须清楚掌握作为接受服务方的当事人的真正需求，而且需要贯穿于整个接待过程。营销有两个层次：初级营销是发现其真正的需求并满足他；高级营销是针对自己具备的产品而挖掘其需求，就是把梳子卖给和尚的能力。这个说法笔者比较认同。毕竟很多前来咨询的当事人只是抱着问一问、试一试的心态前来咨询律师，其实他们并不知道，实际上执业律师可以为他们提供很多实实在在有价值的服务。这个时候，执业律师就很有必要适当地推销自己，让当事人知道执业律师可以帮助他解决很多方面的事情，可以帮助他们维护自己的合法权益，避免自己的权利受到侵害等。

律师接待当事人咨询的过程中，要技巧性介绍自己办理过的类似案例，但不要过多引用，以免当事人认为律师在吹嘘自己。同时，执业律师在接待当事人的时候，要适当借用其他客户的名气，以便增强当事人对律师的信任。但是，切忌一定不要透露其他客户的隐私或商业秘密，这是对其他客户的忠诚和保密义务，也是体现律师的专业素养和执业道德的表现，可以在当事人那里获得更多的加分。在接受当事人咨询时，还要注意避免回答是否认识某领导或者法官，不要炫耀与某某法院领导、法官的关系。

执业律师需要展现自己最精干、最专业的一面，可以不露痕迹地通过事实来证明自己的工作能力和专业能力，但是不要夸夸其谈。比如，如果没有其他同事或者同行在跟前一同参与接待咨询，律师可以向当事人出示一些获奖证书、荣誉证书，发表的一些有价值、有水准、有影响的作品，口气平淡的叙述一些自己的成功案例并展示相应的裁判文书。如果有同事或者同行在的话，律师应该诚恳地向当事人表示一定会遵守职业道德，全心全意地投入到案子之中，努力为当事人争取合法权益。总之，推销自己的原则必须是在吸引、留住客户的同时保护好自己。

◇ 做好接待笔录为成交奠定基础

执业律师在接待当事人法律咨询时，一定要养成快速、准确、完整记录的习惯。俗话说："好记性不如烂笔头"，当然现在不仅仅是用笔记录了，电脑打印也行，只是最后需要打印出来给当事人签字确认。执业律师在接待当事人咨询时，做好在咨询过程中的笔录，让当事人签字确认，可以帮助执业律师归纳、整理当事人陈述的信息和需要咨询或继续寻求解决方案的问题所在,帮助执业律师提炼问题的重点和归纳焦点,准备解答方案等。

更为重要的是,做好接待笔录可以帮助执业律师固定事实,避免执业风险。同时,对于你给出的解答和解决方案自己做到心中有数,如果有报价谈判内容也好有所体现,做到有据可查,为接受当事人的委托做好准备,为下一步你的报价提供一定的依据,避免当事人真正需要委托律师的时候,你却已经忘得一干二净的尴尬。

五、"望、闻、问、切"在律师谈案中的运用

律师谈案是一件比较复杂的事情,要将一个案件谈下来促使成交,而且还要实现收费可观,那就更不容易了。关于执业律师谈案的技巧问题,网上有很多的文章,也有很多的技巧。笔者有幸拜读了段建国律师的《"望闻问切"四诊法应广泛适用于律师业》,颇有收获。吕国华律师的《也谈"望闻问切"四诊法在律师接待当事人咨询中的适用》更是很有新意,对执业律师在咨询接待中的谈案很有帮助。笔者在两位大咖的基础上,谈谈"望、闻、问、切"在律师谈案中的运用技巧,供大家交流、参考。

段建国律师指出,若律师不会驾驭诉讼,没有与当事人的默契配合,可能导致败诉。若律师不会接待客户,讨价还价不当,往往会丢掉客户,也会为得不到合适律师费伤脑筋。但是,若律师深谙"四诊法",悟其真谛,不仅对律师做出恰当的出庭对策、获取庭审出彩大有裨益,而且对律师开出现实的律师费价格、取得合适的律师费奠定良好基础。反之,若当事人巧妙运用"四诊法",会为自己找到合适的律师、为取得胜算结果创造条件。

吕国华律师提出,"望、闻、问、切"四诊法相传源于古代名医扁鹊,可适度借鉴于律师执业领域,尤其是律师接待当事人咨询的环节。医生和律师作为服务型行业,有许多相通之处。他认为,四诊法不能广泛适用于律师业的各个领域,但是,可以在律师接待当事人咨询领域彰显其独特功能。

笔者认为,"望、闻、问、切"四诊法在律师接待"谈案"中进行运用,相较在接待当事人咨询中更为适合。执业律师接待当事人咨询与接待当事人谈案,有一定的关联,也有很多相似、相通的地方,但是执业律师接待当事人的法律咨询重点是"解答"当事人的法律疑问,争取成交。谈

案阶段则不同,目的十分明确,直接关系到是否能谈判成功,是否能够把案源拿下,是否可以成交的问题。在谈案这个阶段,执业律师不仅仅是在"答疑释惑",而是把重心放在了"成交"上,已经处于案件委托的谈判阶段。相对于解答咨询来说,谈判的难度更高、更大,技巧要求也自然更高。为此,笔者认为在谈案阶段执业律师更应当掌握和运用好"望、闻、问、切"四诊法。

◇执业律师如何"望"?

"望闻问切"中的"望",是指用眼睛望患者的整体和局部的情况。比如我们到了医院看医生,医生会让我们张开嘴,他们会观察我们舌苔的状况,检查我们的眼睛,看看是否发黄等,从而判断我们身体什么地方出现了问题,患的什么病。那么,律师在与当事人谈案过程中,如何运用好"望"这个技巧呢?"望"什么?如何"望"?这就是技巧。

执业律师谈案阶段的"望"并不是要以貌取人,更不是以衣识人,因为达官贵人,也有衣着朴素者;草民百姓,也常有衣着光鲜者。不能仅凭外在的穿着打扮判断一个当事人的身份、社会地位、职业、文化程度、收入状况。这里的"望"是指通过观察当事人的衣着、体貌特征和言谈举止对客户形成一个初步的综合判断。有人提出,律师在与当事人谈案时,既要察其气质,又要观其言谈举止;既要"望"当事人提供的书面材料,又要"望"当事人的神情和心态;既要"望"案件之事实,又要"望"法律之精神;既要"望"案件大体之结果,又要"望"难免之偶然。

通过"望"结合执业律师的社会生活经验和辨人、识人、知人,来确定与当事人的具体谈判方式,包括谈判内容、话题、时间长短,以及根据当事人可能的承受能力、购买力等规划报价方案和金额。针对不同的当事人谈案,方法和技巧应当有所不同,该适时进行调整的就得及时调整,对不同类型的当事人采用不同的谈判技巧。"望"的过程也是一个分析的过程,需要借助生活经验法则和一定的心理学知识,帮助我们作出正确的判断。

◇执业律师如何"闻"?

"望闻问切"中的"闻",是指用耳朵听,用鼻子闻。听包括讲话声、咳嗽声、呼吸声,闻就是闻气味,包括口腔气味和各种分泌物的气味。律师与当事人谈案过程中如何把握好"闻"这个环节呢?要"闻"什么?如何"闻"?律师在与当事人谈案过程中的"闻"应当是指律师要认真聆听当事人的陈述,一般不能无故打断其陈述。这样更易让当事人进入良好的语境状态,也能给律师充分的时间去聆听并思考。但是,执业律师之"闻"也不是光坐在那里听当事人讲,因为如果当事人词不达意,律师就会不知所云;若当事人喋喋不休或者不分主次,就会浪费律师的宝贵时间和有限精力,又难得要领。因此,律师之"闻"要"闻"其所要"闻",也就是不能只坐在那里简单地聆听当事人说话。要求律师既要仔细聆听当事人的陈述,又要对当事人的陈述进行适度的引导,以避免在与案情无关紧要甚至毫无关联的细节上浪费律师的时间;既要听当事人叙述案情,又要结合其提供的相关证据材料分析思考;既要耐心聆听当事人叙述案情经过,又要适时进行关键性发问,以利于律师在良好互动中更好地把握案情重点。

简单地说,执业律师在谈案阶段,不仅要听当事人想说的,而且更要听律师想听的,必须要听的。因此,律师之"闻",既要"闻"其声,又要"闻"其心。律师在与当事人谈案时,既要注意耐心倾听当事人对案情的叙述,尽量详细地了解案情,把握案件的来龙去脉,发生、发展、结果,又要做到"闻"其心,抓住案件的"重点""重心",还得迅速察觉案件的特殊之处,发现案件的疑难症状,甚至判断出是否为敏感案件,以利于判断能否接受当事人的委托,是否有必要接受这个案件。所以,律师之"闻",既"闻"其语言,又"闻"其心声。当事人的心态如何?他关注的重点和核心是什么?当事人想追求一个什么样的结果?他的真实想法到底是什么?执业律师必须用心揣摩。

律师"闻"其语言,能从表面的语言文字上了解案情以及当事人的需求,却未必能了解当事人陈述的案情背后的事实真相和当事人的真实需求。其间是否有难言之隐和隐瞒?当事人的真实动机是什么?这些必须从"闻"其心声中寻找。只有透过当事人表面的语言、文字叙述,通过认真聆听思考,才有可能发现一些更真实的东西,也才有利于律师更好地把握案情,从而为"问"的时候准备好提纲,为事后判断是否可以接受当事人委托作为参考。

◇执业律师应该如何对当事人发问？

"望闻问切"中的"问"，是指看病时医生要仔细询问病人的病情。流传有十问歌："一问寒热二问汗，三问头身四问便，五问饮食六胸腹，七聋八渴均当辨，九问旧病十问因。"律师在与当事人谈案过程中如何把握好"问"这个环节也非常重要。律师要"问"什么？如何"问"？吕国华律师认为律师之"问"，包括"慰问""询问""疑问"三个循序渐进的阶段，相辅相成，缺一不可。笔者觉得很有道理。"慰问"是指律师在与当事人见面时的礼节性寒暄或者对身处困境的当事人的简单安慰。对于身处困境的当事人，律师即使只是象征性的口头安慰，也往往可以迅速拉近律师和当事人的内心距离，赢得当事人的信赖。"询问"是指律师向当事人提出的常规性问题，这些问题在多数情况下可以帮助律师在当事人陈述的基础上进一步深入了解案情，并对案件有一个整体的比较清晰的全面把握，以便初步规划办案思路。

执业律师与当事人谈案时，另外一个"问"的环节是向当事人提出"疑问"。律师对当事人进行"询问"后，已经差不多掌握了全部案情，但是对一些重要的事实和存在的疑问，律师需要从当事人这里得到进一步的肯定和解释。比如，为什么借款金额达到了30万居然没有通过银行转账，而是直接现金交付？为什么夫妻感情不好长达十年，从来没有提出过离婚，现在怎么突然又提出离婚了？为什么在诉讼时效期间没有提出诉讼，现在已经超过了诉讼时效，当事人才来找律师起诉？之前既然已经委托了律师，为什么案子还没有结案，当事人就把前面的律师辞退了等，这些疑问在当事人陈述完之后，律师就可以向当事人提出，以解惑释疑，并考虑是否继续跟当事人谈判或者是否对当事人的案件感兴趣，把握有多大？受理当事人的委托价值又有多大？

律师之"问"不仅仅包括对当事人之问，还应当包括律师主动向当事人提出，他们对于委托律师还有哪些疑问，执业律师根据当事人的这些疑问给予适当地回应。这个问，吕国华律师称之为被动之"问"，被动之"问"是当事人对律师的发问。此时，当事人希望律师解答自己心中的某些疑惑或者案件某个环节引起的不解，甚至希望律师谈一下如果接受委托，其办理思路是什么？如何确保胜诉等？有的当事人还会询问律师的主要业务方向是什么，是否办理过和该案件相类似的案件，有什么样的优势等。解决这些被动之问,意义重大。面对当事人的这些疑问,律师应当坦诚相待,认真、谨慎回答。切忌,不可虚假宣传和撒谎、违规承诺骗取当事人的信任而达到成交的目的,否则执业律师将给自己埋下风险隐患。

在谈案阶段的律师之"问",不一定要全面细致,但要把握重点。一旦成交之后,律师之"问",就必须全面细致,不放过任何一个疑问,不留任何一个死角了。只有发现了案件的重点,才能为准确的法律判断奠定基础。也只有这样执业律师才能判断是否接受当事人的委托?是否愿意成交?如何成交?多少费用才愿意成交?如果在谈案这个阶段,执业律师就问得过多过细,一是花费的时间和精力太多,耽误不起;二是若最后谈判不成功这些付出就一文不值;三是一旦成交律师没有其他需要询问和调查了解的,当事人反而会觉得律师收了费没有做多少事情,这个费用是不是收高了?所以,谈案阶段的问,要适可而止的问,要悠着点问,不能超过应有的限度。再说,还没有成交之前,一些当事人也是不太会愿意什么都跟律师如实陈述或和盘托出的。

◇执业律师在谈案中的"切"是成败的关键

"望闻问切"中的"切",是指切脉、候脉,又称"把脉"。医生替病人看病,切脉可以了解到全身脏腑经脉气血的情况,找到病因、病根等。律师在与当事人谈案过程中如何把握好"切"这个环节呢?律师要"切"什么?如何"切"?笔者认为这是律师与当事人谈判是否成功,能否成交的关键,是谈案中非常重要的技巧。因为,律师之"切",既"切"案情,也"切"心情,即当事人的心理状况和心理预期。

"切"案情是律师根据当事人的陈述和察看当事人的表情、对证据材料的分析,运用专业知识将案件"切"中要害的一种能力和表现。"切"心情是律师根据当事人提供的书面材料和口头陈述,运用专业知识进行初步的法律分析和判断后,分析、预测、判断当事人心情和心理状态、心理预期的一种能力和技巧。律师之"切",既要坦诚以待,又要繁简得当。以诚相待是人际交往的一条普遍准则,这个准则也适用于律师和当事人之间。律师通过分析案情,可以把自己的法律判断如实告诉当事人,由当事人自己决定是否委托律师。律师不坦诚以待,会失去当事人的信任,最终丧失机会。如果律师不能做到繁简得当,就会被当事人"掏空",他们就会认为其实也不是那么复杂和高难度,就会认为委托律师没有多大价值,没有必要委托律师,或者委托律师根本就不需要那么高的费用,从而使执业律师失去当事人的委托或者收不到应有的与实现价值相当的律师代理费。

律师之"切",既要"稳妥",又要切中要害,这实际上就是律师的一个分析、预测、判断技巧。律师"切"案情,要求律师认真研读卷宗,耐心倾听当事人陈述案情,并在此基础上,结合专业知识和办案经验,作出稳妥的法律判断,只要说到了"点"上,说到了关键之处,胜过千言万语,当事人就容易心悦诚服,愿意委托律师办理案件。"切"心情,就是要预测当事人内心能够接受的预期结果,是不是必须要大获全胜,是不是一个坚持要"整个南瓜"或者"整个坛子"的人。

通过前面的"望""闻""问",分析判断当事人对自己的信任程度、认可度、依赖度,对自己的报价是一个什么样的心态?这个当事人是否尊重知识、尊重律师?他的接受、承受能力如何?他的法律消费观念如何?他的购买力又如何等,这些都是执业律师在谈案中需要分析、研究的。如果执业律师通过与当事人的谈判,把握准了案情,掌握住了当事人的心理预期,对当事人的承受能力、法律消费观念、购买力等都"切"准了,谈案的成功率自然就会高很多。

"望、闻、问、切"是中医诊断疾病的基本方法,在律师行业也有运用、借鉴的价值和空间,对于律师与当事人谈案应当很有帮助。律师与当事人谈案,也是一个了解案件情况和当事人性格、道德水平、认知能力、经济能力、消费水平、购买力的过程和途径。执业律师运用好"望、闻、问、切"这些谈案技巧,处理好谈案过程,就为建立委托关系实现成交奠定了基础,创造了条件。

六、执业律师谈案报价技巧

律师在谈案中的报价是能否成交的关键,任何律师水平再高,能力再大,如果在谈案过程中总是因为报价的问题不能成交,没有案子可做,没有收入来源,那么其他一切都是徒劳。所以,律师谈案报价应当以成交为终极目标,成交才是谈案的目的。但是,报价不是杀价,绝对不能低价竞争。谈到执业律师报价的问题,就不得不考虑如何报价?什么时候适合报价?应当以什么方式报价?报价依据是什么?凭什么如此报价?执业律师报价时应当参考哪些因素?这些问题都值得思考。

第五章 执业律师应当掌握的咨询接待、谈案、报价技巧

◇ **低价竞争不可取**

曾经看到一篇关于执业律师谈案报价的文章，作者建议执业律师在谈案报价时开价要适当，对此笔者比较赞同。执业律师报价当然要适当，不能漫天要价，就算漫天要价，你有这个实力吗？客户有这个支付能力吗？所以，适当开价是正确的。但是，怎样才算适当呢？没有统一标准，应当因人而异。文章作者提出："应当入乡随俗，特别是刚执业的律师。天天盼案子，想案子，甚至想做个免费的法律援助案件也能增长点经验。但是案件真的来了，要价又往高了要。当事人望而却步。心不能太渴。要抱着学习的心态来接案办案。必要时可以先收个前期费用，哪怕是几百元。一旦案件接到手，当事人一般不会再换人。这意味着他还要把前因后果来龙去脉再讲一遍。特别是当事人的心痛史，一般不愿意反复地揭开伤疤。"对这个观点，笔者表示并不支持。

第一，执业律师收费绝对不能低价取胜，低价取胜不是法宝，也不是长久之计。低价取胜只能是坑了律师行业又坑自己，一旦哪一天律师想提升自己的时候才知道很困难，因为自身已经被那些低收入人群、低承受能力、低购买力的群体包围起来了，突围是一件很不容易，而且非常痛苦的事情。

第二，这个观点的提出实际上是对律师行业的执业行为规范、行业现状、当事人的消费心理不够了解所致。律师行业规范是不准许低价竞争或者说不正当竞争的，就算是初出道的执业律师，他们与其接受几百元的案件，不如多做公益，多积累知识，多花时间学习。一旦律师被几百元这样的小事情、小案子套住了，就会分身乏术，根本没有时间、精力去开发、挖掘、发现收费高的大业务、大案源了，就会失去很多的机会。

第三，现在的法律消费者除了真正的困难群众，他们一般是不会轻易相信低价的律师的，他们不会把自己的案子甚至自由、生命如此草率地交给一个没有案源，还在低收费揽业务的执业律师。如果真是困难群众，他们就会申请法律援助，不会找社会执业律师了。

第四，这个情况一般发生在执业律师的执业初期阶段，且是单打独斗的情况。要是这样做，律师收费几百元，根本不能保障你的基本生活。因此，为了拿到案子，前期只收几百元的低价收费不可取。笔者建议初出茅庐的执业律师有必要跟随团队，在团队的带领下拓展业务，不要单打独

斗、孤军奋战。

有人提出，为了把案子拿到手，可以前期少收点，先收几百元，后面可以分阶段收费，比如接受委托时交多少，立案时交多少，判决书下来交多少，执行后交多少，或者律师介入协调成功交多少，不成功退多少，进入诉讼阶段另行收费等，律师可以做一个收费价目表，把不同阶段、不同项目的收费标准详细的列份清单，在与当事人谈论费用时让当事人过目，这样会让当事人认为你是一个公平合理收费的律师，而不是一个信口开河，漫天要价的无良律师。对此，笔者还是不太认同。为什么？因为这样有几个问题：一是有诓骗当事人的嫌疑，相当于把客户先骗进来，再一步一步地收取人家的钱，显得不诚信、不道德。当初客户可能认为费用低，不会有什么意见，可是发展到后面，他会觉得在不断地向他收钱，他就会反感，就会反抗，合作结果就可想而知了。二是，这种分段收费的做法应当适用于标的额比较大的案件，为了降低和分散客户的风险和经济承受能力才采用，不适合在小案子中使用。

◇先谈价值，再谈价格

在谈判报价的过程中，要记住接案是第一位的，纵然是一位博古通今、学富五车的执业律师，如果没有案子可做也是浪费人才，无法施展才能。作为执业律师，除了法律援助案件和办理律师事务所的公共案源以外，自己受理的每个案件都必须要经历自己谈案报价的过程。吕良彪律师认为："律师费是律师安身立命的根基，是律师保持职业独立性、实现职业价值的前提和保障，是评判律师专业能力与实际贡献最可观的标准之一。"笔者完全赞同吕良彪律师的观点。也认为执业律师不是国家公务员，也不是慈善机构，一般来说律师除了自己办理案件提供法律服务挣取劳动报酬外，没有其他收入来源，如果要离开律师收费来谈律师这个职业既不现实，也不公平。律师收费与律师职业是密不可分的，而且正是律师收费的原因，在一定的程度上壮大了执业律师的队伍。

执业律师谈案要想谈好价钱，就要跳出价格，找到比价格更重要的东西，那就是价值。从哲学上讲，价值属于关系范畴，从认识论上来说，是指客体能够满足主体需要的效益关系，是表示客体的属性和功能与主体需要间的一种效用、效益或效应关系的哲学范畴。价值作为哲学范畴具有最高的普遍性和概括性。爱因斯坦认为："一个人的价值，应当看他贡献什么，而不是应看他索取什么。"所以，作为执业律师在谈案件的时候，报价前需要告知当事人，其实他应该在乎的不是你收多少钱的问题，而应当关心的是律师能不能给他创造价值以及能创造什么价值、创造多大价值的问题。

如果不能让客户看到律师的价值，尽管律师收费非常低，就算是免费，他也不一定相信你。因此，律师在谈案报价时，不是仅仅需要告诉当事人律师需要收多少钱，而是要告诉他们，律师能帮助你干什么？为什么要收这么多钱，这是因为律师的价值所在，是律师本来就应该值这么多钱。

执业律师谈案报价时，先谈价值再谈价格，这已经是很多成功律师的共识，很多执业律师从中也获得了实惠。律师报价前，应当明晰客户感知利益和潜在的风险，并告诉他委托律师以及委托我这位律师会给你创造什么样的价值，首先让客户肯定律师的价值，接下来律师再跟他谈钱就容易多了。在律师接谈的具体个案中，通过深度剖析，最大化向客户展示你的工作价值，最后才确定定价标准，始终把客户的利益放在首位，这样的谈判报价方式客户更容易接受。

律师职业是一个专业和实践密集型职业，也是一个忍辱负重的职业，一个先苦后甜的职业。因为，律师职业门槛很高，法律专业知识很多，执业初期会遭遇很多白眼和挫折，经常碰壁，而且很多时候律师出于职业需要和委托人的权益考量而不得不在夹缝中求生存，要经过一定的磨炼和经历才能成长、成熟、成功地执业。所以，律师一定要具有自己的价值观，要辩证地看待不同案件中，不同律师所创造的价值也不同，在谈案报价中要重视价值的体现。

律师行业整体的价值并不等于每一位律师的价值，不同的律师价值不同，不同律师在不同个案中体现的价值也是千差万别。无论一个人是怎样当上执业律师的，也不管是否挣到了满意的财富，至少律师要实现自身的财富自由，首先要使自己拥有价值。很多人认为，为了让自己有价值，其实已经耗费了小半辈子的时间，读过很多书，上过很多学，花费了很多的时间、精力和财富，因此律师就应该很值钱。其实，这是一个错误的观点。

20世纪30年代有这样一则故事，应该很多同行都听说过，这个故事对执业律师认识自己的价值，或者说跟客户谈案时谈律师的价值应该很有帮助。故事说的是美国福特公司电机出现问题，反复研究仍未找到症结所在。电机专家斯坦门茨经过3天研究，最终只在电路图上添了一条线就解决了问题。老板问他要多少报酬，他说："10 000美元。画一条线值1美元，知道在哪里画线值9999美元。"这个故事告诉我们，客户要看到最终的价值成果，而不是你在此过程中付出了多少努力（即成本），虽然一条线并不值钱，但是能找到应该在哪里画这条线并添加这条线就值钱了，这就是价值所在。

衡量价值的大小，是依照创造的价值或者可能实现的价值，以及为社会和他人所能认识和感知的。所有的商业问题，都是人的问题，都与价值有关，值不值？值什么？值多少？商业离不开利益，利益就与价值息息相关。在执业律师接受当事人委托时，执业律师收取律师费的多少，当事人愿意付出多少，很大程度上取决于客户对律师的价值判断后作出的决定。在谈价格之前一定要先谈价值，先谈价值再谈价格，这是一个非常实用的谈案报价技巧。判断能力和沟通能力对于一个律师来说是生命力所在，也是一个律师是否成功的关键因素之一。知识靠学习积累，技能靠实践总结，影响力靠口碑宣传。没有一个人天生就是大律师、名律师、成功律师，所有的大律师、名律师、成功律师都是从小律师做起的，在实践中一点一滴的积累，积累知识、能力、经历、阅历、经验、资源等，在积累的基础上不断地完善和总结。其中，判断价值和与客户沟通价值所在是非常重要的一项执业技巧。

现实中，很多执业律师对自己收取的法律服务报酬感到失望，总觉得自己的付出与所得不匹配，不成正比。笔者想这多少与谈案报价时没有考虑到自身价值的问题有关，也许当时为了把案子拿到手，而不得不把价格降低到自己的服务价值之下。当一个执业律师获取的报酬让人觉得很值得的时候，才会全心全意地为客户服务，竭尽所能地去实现客户的目标利益。反之，如果律师获取的报酬让你非常不满意，总觉得自己的付出远远大于所得，心里就会非常不平衡，在提供服务的时候律师的心思和力道就会受到心情的影响，服务质量就会大打折扣，这将会直接影响律师的服务质量，服务质量也就会直接影响客户的满意度和口碑。如此恶性循环下去，最终吃亏的是律师自己。要知道，靠着合适价格来反应自身价值的人，并不一定会失去客户，更不会失掉很多客户。所以，报价前先考虑自己的价值，先谈谈自己的价值和可以、可能为客户带来的价值和创造的价值，最后再具体报价，会收到意想不到的效果。

我们通常发现，一个律师的价值获得客户的认可，当他在感受到尊重与互信的情况下，一定会提供更好的服务。当然，一旦某个律师已经低价接受了当事人的委托，不论最终成交价格如何，作为律师都要尽可能给予客户真正有价值的法律服务，让他们觉得律师的付出和努力非常有价值，他们在今后遇到法律问题时就会优先考虑律师，律师的价值照样可以得到体现。律师要为自己的客户服务，需要对客户面临的问题、目标和需求有准确的把握，这是为客户提供良好服务的基本前提，也是执业律师最基本的执业道德要求，与案件的收费多少没有任何关系，所以执业律师一定不要自己砸了自己的招牌。客户的目标是律师提供法律服务工作的核心，执业律师受理案件后，一定不要单纯就收费高低来掌握自己的服务，更不能因此影响律师的法律服务质量，而是要切实地了解客户的目标，要围绕客户的目标来全力开展服务工作，尽最大可能地给客户创造更多更高的价值。

如果是刚执业不久的律师，在报价的时候不是关注自身的价值和对客户的价值，而是重点在于关注律师自己，只有让客户看到了你的价值，他才会愿意付出价钱。

◇**执业律师谈钱不伤感情**

很多执业律师对于报价谈钱的问题很是扭捏，总认为不好开口，特别是遇到熟人、朋友的案子，更是不好开口。感觉在朋友、熟人面前谈钱很俗，容易伤感情。要知道很多执业律师的业务都来自熟人推介，源自于口碑，如果认为谈钱难为情，这对客户和律师都是一件非常不好的事情。无论是职场还是生意场，人与人合作的本质是什么？实际就是利益交换，律师为客户提供法律服务，客户支付律师费作为报酬，这是非常合理、合法、合情、合规的事情。

法学泰斗江平教授认为，律师光是埋头苦干为当事人服务还不行，律师要获得合理报酬，还存在许多与当事人沟通的问题，还存在许多律师收费谈判的技巧问题。法律专家刘桂明老师认为，律师不应该羞于谈钱，因为律师谈钱是天经地义的事情，是理所当然的事情、是合理合法的事情。如果一个律师羞于谈钱，一定是对自己、对律师职业乃至对律师制度还不够自信的表现。因此，律师谈钱理所应当，如何合理、合法、合规的谈钱是我们应当关注的问题。律师的作用是维护司法公正、维护法律正确实施，律师的最高目标是维护当事人的合法权益，使当事人的合法权益最大化。实际上，当事人与律师的利益完全一致。律师和当事人之间的矛盾就是律师提供的法律服务与律师费这两个对价的矛盾，最完美的结局就是律师提供的法律服务能让当事人满意，当事人支付的律师费让律师满意，这样才能实现双赢的局面。因此，执业律师不但要谈钱，而且要理直气壮地，谈出自己心目中理想的收费标准。

美国有名的"金钱伉俪"——帕尔默夫妇，即丈夫斯科特·帕尔默和太太宝芬妮·帕尔默共同写了一本书《谈钱不伤感情》，他们二位在该书中提出了"金钱人格"的观点。什么是金钱人格呢？就是每个人考虑和处理金钱问题的方式都是独特的，这种方式，就是所谓的金钱人格。作者在这本书中将金钱人格分为：省钱王、消费狂、冒险家、求稳者、随性者五类。笔者认为这本书虽然是写夫妻之间和家庭的，但是其对金钱人格的分类还是有值得借鉴的地方，律师在谈案时可以参照作者的五种金钱人格分类，对你的客户进行分类，根据相关类型客户的特点掌握报价的方法和技巧，或许也有一定的帮助。

现在流行执业律师应当具有商业思维的说法，就是认为执业律师应当具有生意人的商业思维。为什么生意人之所以是生意人，就是因为他们清楚地明白一个道理：天下没有免费的午餐！他们知道利益交换和支付对价。《茶花女》中有一句名言："金钱是好仆人、坏主人。层次低的人，成为金钱的奴隶，为金钱所累，自己累，别人也累；层次高的人，成为金钱的主人，让金钱为我所用，与己方便，也与人方便。"是的，我们作为执业律师应当坦诚的谈钱，但是我们也要明白钱不该成为束缚我们的枷锁，钱不该给我们带来烦恼，而应该让我们活得更好。"律师毕竟不是商人，谈钱太世俗"，这个想法在律师队伍中尽管普遍存在，但这确实是一个错误的观点。这种思维习惯，其实是律师不专业、不自信的表现，缺少法律人专业的角色定位和应有的自信，这种情况在熟人的案件或通过介绍的案件中出现的频率更高。在这种情况下，执业律师过多地被朋友、熟人的角色所误导，在律师收费谈判过程中，忘记了自己是专职律师，忘记了律师实际只是一个身份，只是一份工作，或者混淆了朋友与律师的角色而使自己缺少律师定位和律师思维，从而也忘记了自己的律师职责。

碍于情面和抱有谈钱伤感情想法的律师，在最终谈判中收取的服务价格与自己的付出极不相称，虽然接受委托，受理案件，但是很多后来都后悔了，根本无心履行职责或者根本没有认真履行职责，搞得皆不欢喜。这样的情况也存在于与老客户的谈判中，有些老客户与承办律师长时间合作建立了信赖关系，慢慢成了朋友，有些律师也就慢慢地淡化了自己的律师角色。往往老客户回头继续委托执业律师办理案件的时候，部分执业律师忽略了"在商言商"的价值规律，而羞于与当事人谈收费，缺少了律师专业角色定位。这是执业律师缺乏商业思维的一种表现，这样必然导致执业律师认为自己吃亏了，办案质量也就无法提高，就容易损害当事人的利益，最终也会导致与老客户之间的朋友关系失意的后果。

　　既然是朋友、熟人或者老客户的案子，笔者一贯的做法是，在谈费用的时候可以适当地考虑降低收费标准，但必须是自己心目中非常乐意的收费底线，否则笔者不会受理。要么，在谈判收费的时候寻找合作律师，安排团队律师进行谈判或者直接推荐给团队律师办理。对于没有谈判经验的执业律师，可以寻求善于谈判的具有相当经验的老律师合作，这样既可以让当事人觉得不是一位律师在为他服务，同时还会增强他们对律师的信任，更重要的是律师之间可以很好地配合谈判。笔者从2011年开始团队合作以来，在谈案报价方面取得了显著的成效。淘汰了一批低质量的客户，培育了大量的优质客户和忠实客户，并稳定了律师团队，客户、自己和团队律师实现了共赢的局面，结果是皆大欢喜，互利互惠，合作共赢。

　　在谈案报价方面，任何律师都不是那么绝对的优秀，很多人都或多或少的基于某种原因，出现过确实不便于开价谈案的情况，要求每一个执业律师面对每一个熟人、朋友都可以面不改色心不跳的谈钱不伤感情，还是过于理论化了点。所以，搞好团队建设和培养一定的合作律师大有必要。至少，律师得在每一个专业领域认识一两个比较拿得出手的律师同行，在必要的时候律师可以跨所合作。尽管在律师同行转介案源收取案源转介费存在合规的风险，但是行业的规则就是这个样子。就算不把这些案源转介给跨所的同行，一旦推荐给本所的执业律师，律师事务所根据相关制度支付一定比例的案源费也合理、合法、合规。

　　现实中大量的同行业务转介存在，客户也乐意接受。据笔者所知，笔者身边就有执业律师将一个自己不方便受理的案件转介给本所同事，该律师仅仅是转介案源费就收了600万元。笔者听说转介最高收费的一个案件是2.4亿元,可想而知转介的律师仅仅是案源转介费就相当可观。再说,现在提倡执业律师要走专业化、精细化的道路,当执业律师到了一定的时候就需要朝着专业化、精细化的方向发展,不会一直做"万金油"律师,不会继续做"全科医生"。但有了案源不可能直接拒绝,通过转介不但可以给同行提供机会,又可以帮助客户物色一位你认为合适的专业人才,取得当事人的信任,你还可以从中获得一定的转介报酬,何乐而不为呢?当然,笔者也看到过一些反对案源转介的观点,不过这并不现实,而且也与主流观点相悖,更不符合律师行业发展的需要。

笔者有一位搭档,曾经是企业高管、经济师,他与公安战线交情比较深,有很多的同学,还有一些在金融系统。在我们合作之前,他办理这些案件总是收不起费用,而且搞得很被动。后来我们进行了合作,创建了团队,他的这些案件都由笔者来谈判,以他办理为主,笔者协助,原来他只能收费一两万元的案件,我们都可以收到5万元以上,而且当事人的满意度还提高了,他的口碑更好了,当然笔者也获得了相应的实惠。

前些年,笔者在某律所执业时,律所主任有一个朋友的女儿离婚,主任不方便办理,就推荐给另一位律师办理。这位律师觉得主任的朋友家女儿的案子,不好收费,为了给主任一个面子,他主动表示这个案子不收费。结果,他接手不久就因种种原因推进不动了,搞得主任很被动,主任的朋友也很不高兴。于是,主任找到笔者希望接手过来办理。由于前面的律师不收费,但是办理得很不理想,主任很没面子,让笔者来做如果要向当事人收费,主任感觉不好,也会比较困难,所以就说这个案子的费用由他来给笔者补贴。笔者拿到案子后,很快约见了当事人,笔者发现当事人不是没钱人家,他们也不在乎那点律师代理费,他们在乎的是办案结果,希望尽快帮助他们的女儿解除痛苦的婚姻。

掌握这些情况后,笔者在第一次见面的时候,就非常自然地提出了收费的问题。因为他们只是离婚问题,没有子女、没有财产、没有债务,又是主任的朋友,笔者就报了个一口价,收费两万元,如需二审代理不增不减。很快我们签订了委托代理合同,重新办理了委托手续,当事人非常乐意的交了律师费。后来,这个案子在法院非常顺利的调解离婚,而且协商的时候笔者都没有到场,双方当事人在法官的主持下就达成了庭前离婚协议,法院制作了离婚调解书。结案后,笔者拿着调解书和主任应得的案源转介费去跟他汇报时,他居然不敢相信这是真的。当然,这个案子调解时笔者没有去是有原因的，因为对方当事人跟笔者交过几次手后，愿意离婚了，但前提是不愿意看到笔者出现在他们的法庭上，所以笔者也落得轻松愉快的挣了两万元律师代理费，当事人还感激不尽。

七、律师在谈案报价时需要考虑的影响因素

执业律师谈案报价有没有参考标准？执业律师凭什么报价？向客户报价时需要考虑哪些参考因素？这是执业律师需要重视的问题。否则，执业律师毫无根据的随意报价，成交的可能性并不大，需要说服客户为什么要这样报价，否则律师自己都不知自己是如何开的这个价，自己都不能说服自己又如何说服客户并成交呢？

律师在谈案报价时，不能凭空想怎么报价就怎么报价，报价还是应当参考和借鉴一定的规律和影响因素。有人说律师收费报价是一种技术活，更是一种艺术活。笔者认为，无论怎么说执业律师的报价都是一种技巧。不可否认，在某种程度上执业律师收费报价，有可能会比提供法律服务本身更让律师头疼，律师跟自己的当事人即客户打交道往往比承办具体的案件更累，在律师界这基本上达成了共识。而且，律师在收费报价的时候，也是一件很矛盾和痛苦的事情，很难抉择。特别是对于执业经验不是很丰富，案源不是很饱和的执业律师更是如此。当律师好不容易谈判下来一个案件，报价已经是最后关键的一步了，如果报价出了问题，就会前功尽弃。如果律师报价太高，客户可能就会流失，如果报价太低又会使执业律师的付出和投入不成正比，特别是团队合作的案件，报价低了，落实到具体律师身上的份额就会更少，就会使执业律师吃亏。所以，对于报价问题如果掌握不好火候，客户就很容易流失，这就需要执业律师在报价时必须要参考影响报价基本因素问题。

根据实践，笔者认为执业律师在谈案报价时有以下几个参考因素需要重视和考虑：

（1）案件的性质、难易程度、标的额大小、支付方式是否与结果挂钩（一般代理还是风险代理）、客户的期望值和对服务的要求。

（2）客户的经营规模和所处的地域，案件审理或者律师需要经常往返的地域。

（3）你是在跟谁报价，决策者对律师服务的重视程度。

（4）客户的经济承受能力和购买力。

(5) 律师的成本和利润预期。

(6) 当地行业收费指导价和市场行情、同行报价对执业律师报价的影响。

(7) 执业律师的知名度、执业经验、话语权。

(8) 仲裁委所收的仲裁费、法院收纳诉讼费及同行的收费情况。

首先，我们来看案件的难易程度、标的额大小、支付方式是否与结果挂钩（一般代理还是风险代理）、客户的期望值和对服务的要求方面的报价影响。

案件的性质、案件标的大小和难易程度的影响。比如律师受理一个刑事案件，接案之后需要会见、阅卷、联系法官、检察官进行必要的沟通，要准备开庭等，这些都要花费很多时间，这些时间就是执业律师的办案成本。执业律师办理案件所需要的时间，受案件的性质、案件标的大小和难易程度的影响，如果案件重大、疑难、复杂，所占用执业律师的时间就会比较多，案件的审理的时间跨度就会比较长，庭审的次数也会多，庭审时间也会很长，对于这类案件执业律师收费当然要高。比如笔者办理的一起毒品犯罪案件，仅仅一审在成都市中级人民法院审理就花了两年多时间，这样的案件时间跨度如此长，收费低了律师如何办？笔者办理的不少非法吸收公众存款案件，案涉被告动辄数十人，案件卷宗材料动辄数百本，审理动辄连续几天，这样的案件收费一般也不会低。还有一些民事、经济案件，案涉经济额即标的额很大，需要反复申请鉴定，律师的工作量也非常大，如果报价低了，律师也没有办法做。所以，案件的性质、标的额大小和难易程度对律师报价的影响很大。

在与客户谈判时，因律师代理费的收取方式不同，而报价有所差异。比如是一次性支付律师代理费还是实行风险代理，是全风险代理和半风险代理，是按照人民法院的裁判结果收取律师代理费还是要执行回来才提取律师代理的标的费等，这些都与执业律师的报价有关。笔者对于一次性交纳律师代理费的，相对来说收费比较低一些，如果是半风险代理，收费又比一次性收费高，全风险代理笔者一般不接收。在风险代理中，执行到位后提取代理律师标的提成，比凭人民法院的裁判文书或者调解书结算支付律师代理费标准高。这就是代理律师收费方式不同对执业律师报价的影响。

在客户的期望值过高，以及客户有特殊的服务要求的案件中，律师代理费的报价相对比其他的案子要高。比如说，一般情况我们认为这个案件

第五章　执业律师应当掌握的咨询接待、谈案、报价技巧

应该获得赔偿 500 万元，但是当事人坚持要主张 1000 万元，或者完全可以向 4 个被告同时提出诉讼主张的，当事人坚持只起诉 3 个被告等，这样的案件笔者在报价时也是会比一般正常的收费报价要高一些。

　　客户的经营规模和所处的区域，案件审理或者律师需要经常往返的地域对律师报价有不同影响。不同的客户经营规模不一样，其所处的地理位置和案件审理、牵扯的地域与执业律师的工作时间、工作成本、工作量都有关系。企业经营规模较大的客户，律师报价相对要高些，对那些处于边远地区的企业、案件在边远地区法院或者仲裁机构审理的案件，交通不变的地方，律师的报价通常也会较高。因为这样的案件会花费执业律师更多的时间和精力，往往在途时间就会花费很多，耽误了执业律师承办其他案件的时间，占用了执业律师其他成交的机会，其回报自然应该高一些。而且，异地收费可以适当提高也有相关依据，很多地方的律师收费指导意见都有类似的规定或者授权说明。

　　在区域因素的影响方面，我国东西部地区特别是东部沿海发达地区与西北边远地区的经济落差很大，观念差异也非常大，无论是收入的差异还是资源的分配，都存在着较大的差异。以 2014 年各地人均可支配收入的数据来看，北京市 40 321 元，上海市 43 851 元，四川省 22 368 元，新疆维吾尔自治区 15 097 元，在可支配收入上北京和新疆的差异非常大。执业律师受理这些区域的案子，不得不考虑地方的人均可支配收入情况。从律师行业收入来看，2013 年北京律师人均收入是 41 万元，上海律师人均收入接近 56 万元，广东律师收入人均接近 28 万元，当年这三个省份律师的收入总额占了全国整个律师行业创收 470 亿元的一半。而四川律师人均近 10 万元；新疆律师人均 5 万元。从这些数据对比来看，执业律师收费报价显然具有地区差异。所以，这就是区域上对执业律师谈案报价的影响因素。

　　律师跟谁报价以及决策者对律师服务的重视程度也是报价的影响因素。跟企业有权决定的人谈案，在报价时执业律师可以直接提出一个较高的报价，并可以向其解释报价理由，成交的风险一般不大。但是，如果执业律师迟迟见不到决策者，总是在跟无权决定的人谈案，要是直接提出一个较高的报价，成交的风险就大了。因为跟律师谈案的人不是决策者，他根本无权对价格做主，他需要层层上报，而上报的时候则有可能把律师的报价理由故意忽略，要么就会出现抓小放大的情况，把执业律师认为是重点的问题轻描淡写了，把执业律师认为不重要的问题反而扩大化了，或者

不将书面报价提交，只顾自己捡一些他认为重点的内容汇报，这将出现表达不全、表达不精准的情况，这会直接影响成交。所以，如果是跟无权决定的人谈案报价，报价不宜过高，而且要尽量争取将书面报价提交到决策层。

执业律师在谈案报价阶段，所报律师代理费还受客户的经济承受能力和购买力的影响。如果客户经济承受能力和购买能力比较强，他具有高价购买法律服务的能力，那么律师报价的时候就可以适当报价高些。如果客户没有经济承受能力，暂时拿不出这么多的律师代理费，但是他们还是具有一定的购买能力，这个时候执业律师可以根据具体情况和胜算的大小，采取部分风险代理的方式或者分期付款的方式办理，其报价也就可以适当提高。对于既没有经济承受能力，又没有购买力的客户，那么执业律师就需要根据自己的实际情况选择性的受理和报价。

客户的经济状况、付款能力对执业律师报价的影响还有一个重要的问题需要注意。客户的经济能力好报价可以稍高一点，这并不是说律师遇到有钱的客户就多收费，而是律师应当掌握有钱人的心态。有钱人的心态在大多数时候有可能是有钱就任性，律师报价低了收费少了，他有可能认为律师能力不行，所以律师才会报价低。作为他来说会认为律师真的有能力、时间很宝贵，那么律师收这么低的费用是不合理的，这个时候他就可能对律师产生怀疑，这时客户对律师的信任就会动摇。他或许不会怀疑律师的能力，但是他会怀疑律师对他这个案子的忠诚度和时间、精力、心思的投入。对于经济能力相对较低的客户，在律师专业化和律师费的多少上，客户关注的不一定会是律师的专业化而可能是关注律师开价的律师费的多少。所以执业律师在收费报价的时候，要综合客户的经济状况进行报价。

执业律师在不同的案件中所需要付出的成本是不一样的，对于付出成本不高的案件，在报价时可以考虑适当降低，如果执业律师需要投入的成本较高，比如时间、精力、财力的垫付等过高，那么报价就应当高一些。当然，执业律师在不同的执业时期，根据自己的不同需求和追求，以及自己的利益追求目标不同，其报价也不同。比如，有些案件执业律师或许收不到多少律师代理费，但是这个案件是很有影响的案件，执业律师承办可以借此扩大自己的影响力和知名度，那么所追求的经济效益即利润就不会那么重要了，其报价当然不宜过高。如果执业律师已经具有一定的知名度和影响力，对声望的追求已经不是那么迫切，其追求的就是经济利益，那么报价就应高一些。所以，不同的执业律师根据其成本与追求不同，报价也会不一样，这也影响着执业律师的谈案报价。

不同的省份都有不同的行业指导标准，执业律师在具有行业指导标准的地方代理案件，对于已经有明确、具体的指导价的收费项目和业务范围就只能在这个指导价的幅度内进行把握、调节，不能高于指导价，也不能低于指导价。如果律师谈判的案件不在指导价范围内，已经是放开了市场价的，那么可以参照当地的市场行情进行自由调整，根据实际情况报价。

执业律师的知名度和执业经验、话语权、专业水准对律师报价的影响也比较大。中国的经济有一个"二八现象"，律师行业的收入也存在这个"二八现象"，80%的律师收入集中于20%的律师来创造，80%的律师却只收入到整个律师行业收入的20%，这个两极分化现象一直都很严重，知名度高和执业经验、话语权、专业水平高的律师收入就比较高。客户在选择律师的时候，同样会受到律师的知名度和执业经验、话语权、专业水平的影响。客户作为消费者，都知道选择名牌商品，名牌商品首先它的质量可靠，值得信赖。在条件允许的情况下，客户也同样会选择知名度高和执业经验、话语权、专业水平高的律师。如果律师事务所是知名律师事务所，执业律师又是知名律师的话，那么律师在报价的时候，就可能或者能够开出较高的报价。

仲裁委所收的仲裁费、法院收纳诉讼费的情况也是笔者考虑的报价因素。

笔者一直有一个原则，无论什么案件，笔者的收费不会也不能低于该案的仲裁收费或者法院收取的诉讼费标准，所以笔者在报价时对仲裁收费和法院应当收取的诉讼费也会关注，并作为笔者报价的最低底线参考之一。

八、执业律师的报价时机和报价方式

执业律师在执业过程中，如何收费报价的问题是行业内一直在讨论的问题，特别是刚执业不久的律师很是关心这个报价的技巧问题。前面，笔者提出了不要低价竞争、要在报价前先谈价值后报价以及执业律师如何大大方方、理直气壮的报价、执业律师报价时的影响因素等问题，现在谈谈执业律师的报价时机和报价方式的问题。

律师收费报价是个经验积累的过程，只要用心总结也有规律可循，不同的律师有不同的经历,会得出不同的经验,有些经验可以借鉴参考,而有的则因人而异,不一定对大家都有用。下面的报价时机和报价方式供大家参考。

◇应当何时报价

1. 不要轻易在电话里报价

律师经常接到来电咨询,当事人打通律师的电话就会直接问律师怎么收费,很多时候律师什么情况都不知道,当事人就这样直接问收费问题,搞得律师自己都是一头雾水。一般情况下,律师最多的业务应当是咨询业务,大部分业务均是从咨询业务开始的,尤其是电话咨询。以笔者为例,经常接到当事人在咨询中问收费问题。比如有当事人联系笔者,问:"张律师我有一个借款纠纷,别人借了我五十万,我想请你帮我办理,你看大概要收多少费用呢?"面对这样的问题,笔者不知道他们是什么地方的,不清楚管辖法院,不知道对方的情况,也不知道他们具体的约定,还有很多需要进一步了解的情况,这个时候笔者无法向他报价。还有当事人电话里面问:"张律师,我想跟我老婆离婚,离婚官司你接不接呢?你们打离婚官司是怎么收费的呢?""张律师,我一个亲戚出车祸了,他被小车撞伤了,正在抢救,这样的案子你办不办?你们一般收多少律师费呢?"等,像这样的咨询问题很多执业律师都应该遇到过。面对这类问题,经验老到的律师一般都不会在电话里直接报价,他们会适当地了解情况后约当事人进行面谈,在掌握更多的案件信息后,才能给出一个恰当的报价。

为什么建议律师不要轻易在电话里报价?因为,一般情况下当事人电话咨询,律师没有与当事人见面,仅仅是通过电话进行几分钟或十几分钟的交流,律师根本无法全面了解当事人的情况,比如案件的具体情况、所涉及的复杂程度、当事人的经济情况、购买能力、案件本身其他重要信息,根本无法确定自己是否有必要受理这个案件的委托,更无法给出恰当的报价,一旦轻易报价有时候律师自己都不知道这个报价是如何得出的。其次,面对电话咨询的询价,执业律师无法将己优秀的一面展现出来,说不定律师自认为已经报价很低了,当事人却认为这个费用太高了,问了报价后就再也没有下文,这就等于律师直接丧失了展示自己的机会。如果执业律师在律师事务所与客户面谈,律师和律师事务所就会实实在在地呈现在当事人面前,如办公场地环境、律所品牌建设、荣誉等就会为执业律师增添光彩，对执业律师的报价增值。执业律师就有更多的时间和机会展示自己和自己的律师事务所，可以更加方便、高效的把自己的优势、专业、敬业精神展现出来，律师不但可以放心大胆的报价，还可以轻松愉快地告诉当事人，为什么会这样报价。再则，一些不愿意到律师事务所与律师见面的当事人，他们急切地希望执业律师报价，也可以初步判断他根本没有委托的诚意，或许他就是为了"货比三家"通过律师的报价帮助他进行对比。因此，笔者不提倡律师在电话里轻易地报价。

当然，很多问题我们都要一分为二地看，任何事情都不要看得那么绝对、说得那么绝对。对于一些比较熟悉的当事人，案情确实简单，简单问问就很清楚明白的案件，执业律师在确认后也是可以先行给一个报价幅度。只不过，这个时候执业律师一定要告诉当事人，这只是根据他介绍的情况给出的一个大概报价幅度，具体的收费还是需要当面详细了解后进一步确定。因为，笔者也遇到过一些当事人，他们尊重知识、尊重律师，愿意知识付费，有过法律消费经验，他们没有其他的心思，就想简单的知道这样的案子大概收多少费，直接会问大概在什么幅度，他会告诉律师只要他能接受，他就会尽快安排时间过来办理委托代理手续。所以，面对电话咨询报价的问题也要灵活的掌握，根据实际情况作出判断，不能全部拒绝报价。

2. 报价时机的掌握即何时报价

不要轻易在电话里面报价，要争取面谈后再报价，也适用于网络咨询的报价，网络咨询也是一样的道理，要尽量把当事人约到律师事务所面谈后再报价。无论是电话咨询还是网络咨询，都没有面对面的咨询来得高效、实在。那么，约到当事人当面咨询后，什么时候适合报价呢？

首先，不宜一见面就谈价钱。笔者经常遇到当事人到律师事务所一来就问："张律师，你说说我这个案子你怎么收费呢？""张律师，我这个案子你收多少钱？"面对这样的当事人，律师要请他先坐下休息一下，简单寒暄几句后再向他了解案情，在了解详细情况后律师再选择一个合适的时机开价。

其次，报价前律师需要做一些铺垫。比如之前承办的类似案子的结果如何，是如何收费的，按照行业指导意见和律师事务所的收费办法，这个案子应该收多少费等，要先铺垫一下。正如前面所讲，律师在报价前要将律师的价值多让当事人知道，要让他感受到委托律师是正确的，是值得的，就算律师的报价稍微高一点，他也是会接受的。笔者遇到急于让笔者报价的客户，笔者一般会这样说："先不要着急，你请律师和我们选择案件是双向的，我要尽量多掌握一些情况，才能决定是否接受你的案子以及如何收费，你也应该多对我们律师事务所和我本人了解一下，这样大家合作才会更愉快。反正没有签合同缴费之前，你都有选择的权利，钱还在你兜里，不用着急的。"

最后，当双方都足够的了解，执业律师对案件已经掌握得差不多了，心中有数了，再进行报价。这个时候报价当事人会认为律师是专业、敬业、负责任的，不是只想到收费，而是先要分析考虑当事人的利益，把当事人的利益放在第一位，时时处处在替当事人考虑，这样成交的机会就更大一些。而且，从法律谈判的角度讲，往往最初的报价决定了最后的成交结果，如果律师盲目地报价就容易使自己限于一个两难的境地。因为，往往最初的报价方案都不会成为最终的方案，甚至会与最终的方案相去甚远。而在还没有时机成熟的时候报价，就很容易限定了执业律师的利益。所以，报价一定要谨慎，不能冲动和盲目。

◇**执业律师的报价方式**

1. 口头报价与书面报价

报价方式按照呈现形式的不同分为口头报价和书面报价，对于简单的诉讼案件可以直接采取口头报价，对于复杂诉讼案件或者非诉项目报价，则最好采取书面的报价方式。对于很熟悉的客户可以口头报价，对于陌生客户有必要书面报价。但无论是口头报价还是书面报价，提供的报价方案可以给当事人多种支付方式选择。报价方案的选择，包括对具体承办律师的选择，比如在一个报价方案中律师可以设置合伙人律师、资深律师、一般律师不同的服务价格，这样当事人可以结合自己的情况选择不同的律师为其提供法律服务。其次是价格计算方式的不同选择，可以提供给当事人小时费率、一揽子包干价格、风险代理收费价格，也可以结合不同的案件或项目给出组合型价格方案。报价按照不同类型分为诉讼案件报价和非诉案件报价，对于不能简单直接说清楚的，建议采用书面的方式报价。

2. 进攻型报价的参考

在法律谈判中有一种叫作"进攻型报价"的方式，虽然这种方式一般适用于执业律师代理当事人参与谈判，但是有些技巧同样适用于执业律与客户的谈判。

（1）给出夸大的报价。进攻型报价首先是给出一个夸大的报价，就是要高出执业律师心理预期的报价。我们知道，人们在找工作时，一般都会提出高于自己预期的薪资待遇条件，而我们在餐厅用餐的时候如果发现某一道菜有问题，我们内心其实只希望能把这道菜退了即可，但是我们一般不会只让店家把这道菜退了，而是让他们给我们全部免单。这些其实都属于进攻型报价，就是我们往往都会报出一个比心理预期高的价格。基辛格博士曾经说："谈判桌上的结果往往取决于你能在多大程度上抬高自己的要求。"这个说法听起来有点夸张，但是研究表明律师的最初报价与最终达成的成果之间确实存在着不可或缺的联系。

当然，夸大报价不是让律师漫天要价，也不是说律师报出的价格就没有商量的余地，否则谈判就无法继续下去，就不能实现你的成交目的。夸大报价的优势是有利于隐藏执业律师的心里底线，为自己争取较大的谈判空间，同时一旦谈判结束成交后律师给客户让了价，他们会认为得到了律师的充分尊重，他们会有一种成就感，今后合作起来也会更加愉快，有助于建立良好的合作关系。而且，在谈判中律师适当地作出让步，会使当事人觉得自己是谈判的赢家，也就更容易成交。相反，如果律师一上场就交出了自己的底线，把自己的心里的底线抛出来了，当事人讨价还价的时候，律师觉得价格太低不愿意让价，就会影响成交。所以，律师报出来的价应该留有客户砍价的余地，但又不能有太大的余地。律师报出来的价要有依据，律师要让当事人在跟律师讨价还价的过程中更加坚定对律师的选择。

（2）博瓦尔技巧。尽管前面我们提出了夸大的报价方式，但是现实中不少执业律师在谈判报价中将"博瓦尔技巧"也运用得很好，也取得了显著得成绩。"博瓦尔技巧"是指美国的劳资谈判历史上曾经一度为资方采用的谈判技巧，就是直接提出一个自己认为合理的，应当作为最终谈判价格的一个报价，要求客户只能考虑是否接受这个报价，要么同意，要么放弃，不接受讨价还价，不接受议价，也就是"一口价"。

"博瓦尔技巧"看起来与夸大报价有点不符，但是就其本质，实际更体现了报价摊牌快的特点，避免在那里长时间的议价耽误时间和浪费精力。这种报价技巧的好处是可以减少甚至避免激烈的争辩，使双方直面主题，加快谈判进度，而且可以适当地宣扬执业律师的主动权和强势、优势地位。当然，采用这种报价方法需要执业律师具有足够的经验和勇气，还必须要具有相当的实力，否则当事人就会拒绝谈判，无法实现成交目的。还有，这个报价方式不是对每一个客户都适用，要看具体的情况，区分不同的客户和案件性质。

实话说，"一口价"的方式笔者是经常在使用，只要笔者认定了需要采用"博瓦尔技巧"报"一口价"的，就会坚持自己的报价，不会退让，也不会接受讨价还价，如果客户坚持讨价还价，笔者就会立马请助理送客，不再继续谈判。但是，尽管笔者经常采用这种方式报价，但成功率还是非常高，因为笔者在谈判过程中会为自己的"一口价"做好铺垫，会告诉客户一旦笔者报价就是定价。

3. 必须要对报价充分说明

执业律师在谈案中的报价，无论是口头报价、书面报价，也不管是夸大报价还是"一口价"，执业律师都必须做好对报价进行充分说明的准备。而且，在必要的时候报价前就要逐步地进行说明，为报价后成交、签单奠定基础。因为，既然是接受案件的谈判，谈判是双方的事，是一个协商的过程，全国执业律师几十万，到处都是律师，一个律师不受理还有其他律师。如果谈案过程执业律师处于绝对优势，这没得说，而且这也已经不是谈判了，就像我们生病看医生，我们就要找那个专家，我们就认定他了，难道还去跟他讨价还价？如果不是这样，那么执业律师在坚定自己的报价后，就需要罗列出一系列的理由，来告诉客户律师为什么要这样报价，律师为什么报这个价，通过充分、合理的说明，客户心里的疑虑就会慢慢打消，抵触情绪就会被律师化解，反而增强了律师的报价说服力。

往往在律师采取夸大报价和"一口价"的说明之后，当事人就会觉得他还是受到了律师的尊重。律师的报价说明，不仅仅是论证律师的报价的合理性，说服客户接受律师的报价，同时还可以为律师自己退让埋下伏笔。当客户提出了某一个具体的问题，而且诚恳的希望律师酌情考虑降价，那么这个时候律师就可以考虑这个因素为由，适当接受客户降价优惠的建议。这样，律师不但树立了一个良好的正面形象，而且不会让客户觉得律师是一个频繁报价、朝令夕改的人，律师的让步确实是建立在客户提出的相关事实基础上的，这样客户也会认为他取得了谈判的成功，终于让律师把价格减少了，他就会觉得面子十足，乐意与律师成交。

九、律师在收费谈判中如何定价

国家发改委和司法部共同制定颁布的《律师服务收费管理办法》是为适应建立社会主义市场经济体制的要求，保障律师事务所和委托律师事务所办理法律事务的自然人、法人和其他组织的合法权益，规范律师服务收费行为，根据律师和价格的有关法律、法规而制定的办法。该办法第9条规定："实行市场调节的律师服务收费，由律师事务所与委托人协商确定。律师事务所与委托人协商律师服务收费应当考虑以下主要因素：（一）耗费的工作时间；（二）法律事务的难易程度；（三）委托人的承受能力；（四）律师可能承担的风险和责任；（五）律师的社会信誉和工作水平等。"这些规定是收费的参考因素，也是执业律师为自己定价的参考依据。

根据规定，每个律师事务所都要制定并公示收费标准。因此，执业律师应当参照所在执业机构即律师事务所的收费标准为自己定价。中华全国律师协会2018年1月6日通过的《律师业务推广行为规则（试行）》第10条第8项规定，除法律援助案件以外，律师、律师事务所进行业务推广时，法律服务不得不收费或者减低收费。从这个规定来看，如果有政府指导价格的地方，应当严格按照政府指导价来确定执业律师的定价收费，如果没有地方政府指导价格，那么也应该按照各律师事务所的收费标准执行，如果不收费或者减低收费就涉嫌不正当竞争。这个规定，实际上是在维护执业律师的利益，在避免不正当竞争，这也是执业律师理直气壮给自己定价的依据。

虽然同是在一家律师事务所执业，不同的执业律师的能力、执业水平、专业素养、知名度等还是存在较大差异的，收费自然也不同。所以，律师事务所的收费标准就是执业律师的收费标准。加之，律师队伍日益壮大，律师行业管理日益完善，市场经济已经形成，法治经济已经基本实现，很多地方已经放开了执业律师的收费管控或者说政府指导，让律师行业收费回归市场，由市场调节律师收费。一方面执业律师的收费越来越自由，另一方面则是执业律师的竞争也越来越激烈。

2018年3月，北京市司法局、北京市律师协会发布《关于全面放开我市律师法律服务收费的通知》，宣布自2018年4月1日起，全面放开律师法律服务收费，取消全市律师诉讼代理服务收费政府指导价，实行市场调节价。此通知一发，宣告了律师收费政府指导定价时代的结束，律师的收费将不再受限于政府定价,而是完全交由市场这双手来调节。放开定价并不意味着"乱定价",为了保证"放而不乱",通知中强调,律师法律服务收费放开后,各律师事务所要严格遵守《律师法》《价格法》以及《律师事务所管理办法》《律师执业管理办法》等法律法规、规章的规定,建立健全收费管理和财务管理制度,严格落实明码标价制度,为委托人提供质量合格、价格合理的服务。北京是第一个全面放开律师收费政府指导的地方,随着社会发展将会有越来越多的省市放开律师收费的政府指导,法律服务收费最终将完全走向市场,并逐步与国际接轨。

无论是政府定价,还是市场调节价格,对于律师来说,最重要的还是"服务品质",能带给客户的价值。实践是检验真理的唯一标准,能否为客户提供优质高效的法律服务,才是检验律师费是否物有所值的唯一标准。律师在制定定价策略时,不能低价竞争已经成了共识。据媒体报道,曾经在网络广为传扬的张某某大年三十杀人案,据网络流出的《委托代理协议》显示,某律师事务所向张某某家属报出的律师费为人民币一元,也算是为律师费低价竞争标新立异。遗憾的是据说尽管律师费低廉至一元,当事人家属仍然更换了该律师。这足以说明,由市场机制调节的律师费,决定权在掌握市场选择权的委托人手里。对于律师来说,实打实的优质法律服务才是检验律师费是否为物无所值、物有所值、物超所值的唯一标准,律师的定价就需要根据自己能提供什么样的法律服务来定。

目前律师行业律师费的定价大多数依然是遵循:劳动价值理论。也就是把一个商品生产过程汇总的所有劳动和原材料成本加总,然后设定一个恰当的利润率,这就得出了这个商品的合理价格。有的执业律师为了让这个合理价格符合自己的心意,只好将自己的"劳动成本"加大,甚至无限扩大,以达到提高收费的目的。但是,事实上市场不一定买账,委托人不一定买账。经济学家卡尔·门格尔说过,任何事物的价值都是主观的。因为,价值取决于特定的情况,一切事物的合理价格应该是个体消费者在某一特定时间所愿意支付的价钱。实际上,任何物品都没有所谓的"公平价格"可言,价格是否合理不同的消费者有不同的判断,这要看不同的消费者购买时的需求和愿望。这是外企一般情况下愿意支付的律师费比国企给得更多的原因之一,因为他们理解的律师价值与国企不一样。

约瑟夫·熊彼特说过,没有人会依据整个世界拥有的面包量来衡量面包的价值,但是每个人会依据自己所拥有的面包数量来衡量面包的效用。

执业律师很难依靠原来的朋友、亲戚拓展业务、开拓市场就是这个原因。你一直在他们身边，他们就很难意识到你服务的真正价值，而外面的陌生人更容易给出一个让你满意的价钱。在不同环境你对别人产生的价值和他们认识你的价值都是不一样的。所以，律师在定价时要根据不同的时期、不同的环境、不同的案件性质、不同的当事人等来为自己定价。

当事人消费执业律师的法律服务，不是一种习惯性的消费，也不是一种消费的常态，这属于偶然的消费。作为企业经营者则不同，他们需要的是执业律师的长期法律服务，目的是风险防范和管控。而作为普通人在很多时候都没有这个需求，只是一旦遇到法律问题，他自己又无法解决，这个时候他对执业律师的法律服务商品的需求就很强烈。尽管是这样，律师还是需要客观的为其能提供的法律服务定价，绝不能因此漫天要价和乘人之危。伟大的经济学家阿尔弗雷德·马歇尔认为，价格是由消费者的效用（需求）和特定商品的生产成本（供给）共同决定的。律师收费定价，虽然按照成本原则及一定规则进行不太符合市场规律，但这也是中国现阶段律师行业必须面对的现状。如果没有定价标准进行收费，客户会认为律师收费是在"乘人之危"，律师的劳动根本不需要成本，律师就是"个体户"、自由职业者，律师收费完全可以随便说了算。

律师事务所及律师个人应当清晰了解到自身的成本，并根据这些成本进行定价，使得自己的报价有基础。虽然律师跟客户报价不需要分析成本，但是执业律师给自己定价就需要考虑成本，这是不可回避的现实。事实上律师的成本很高，只不过站在客户的立场，他们一般不会在乎律师的成本，因为这些成本是律师执业的条件。但是，如果律师考虑为了实现客户利益、维护客户权利所需要付出的成本，并作为定价因素，那么就会不一样。所以，国家发布的《律师服务收费管理办法》将执业律师办理案件耗费的工作时间、法律事务的难易程度规定为收费的参考因素，具有一定的道理。

律师作为现代服务业，按照目前国家的税务制度，税务成本比较高。影响律师收费的还有律师个人的资历、律师所在律师事务所的品牌、律师个人的专业化程度、律师个人业务量、团队等因素，《律师服务收费管理办法》规定的"律师的社会信誉和工作水平"作为收费因素就是这个原因。当然，律师事务所的品牌与执业律师个人的信誉、知名度等相比较起来，还是个人因素影响定价的因素较多一些，律所的影响较低。笔者就看到不少知名大所的执业律师他们的定价并不比笔者高,他们在跟笔者竞争法律业务时并没有因为在知名律师事务所执业占据多少优势。所以,执业律师的定价最为关键的还是自身的专业能力、敬业精神、诚信态度、优质高效的服务和良好的社会评价即信誉、口碑。

律师的广博知识是定价的重要因素,因为律师的知识越广博,律师解决问题、分析案件的视野角度就会更加广阔,解决问题的手段就会更多,而且律师驾驭各种谈判技巧的能力就会更强,就更能熟练的运用法律技巧,就能更好地提供法律服务,更有可能最大化的实现客户的利益追求,律师的价值就越大,定价就可以更高。如果律师还具有一定的心理学知识,律师懂得研究双方当事人的心理,可以洞悉对方的心思,对维护客户的利益就会有很大的帮助。如果律师对社会了解很多,律师的人生经验、社会经验非常丰富,在分析问题的时候,大局观就会形成,特别是很多复杂案件,律师能通过综合手段运用来加以解决等,这都是律师的定价因素。律师这个行业,天然就和政治有密切的联系,如果律师能掌握党和政府的政策精神,熟悉我国政治体制和体制运作特点,有和政府机关打交道的能力或者有这方面的工作经历,律师的定价又可以再提高。所以,执业律师如何定价,靠的是律师自身的专业、智慧、能力以及为客户能提供的优质服务!

影响律师定价的还有其他的一些参考因素,比如2001年上海市的咨询收费就可以达到每小时3000元。当年,美国律师的小时收费标准是200美元至500美元,律师助理是100美元,而美国律师代理诉讼、索赔案件的收费则可以达到实现的赔偿数额的三分之一。律师收费定价不仅要考虑成本及自身特点等问题外,当然也要对于不同当事人给予不同的定价策略。因为,不同客户的接受能力不一样,接受能力包括客户的经济能力、客户的心理承受能力。有时客户确实愿意出很高的价格请一名很著名的律师,但是他经济上有心无力,律师定再高的价格也与他无缘;有时客户经济上完全有能力、有实力支付得起比较高的律师费用,但是他认为根本不值得给律师付这么高的价格,有力而无心,也是无缘。所以,执业律师为自己定价的时候既要坚守自己的价格底线,争取在市场上为自己树立具有一定公认度的价格标准,又要根据客户的实际情况对自己的定价进行调整。

《商法(月刊)》在2018年12月底发布的《2018年中国律师事务所费率调查》最新统计数据显示,中国律师平均小时费率为2792元。其中初级律师提供法律咨询服务的平均小时费率为1576元，高级律师为2198元，高级合伙人为每小时3481元，管理合伙人则达到4054元。

以四川地区执业律师办理刑事案件为例，参照《四川省律师法律服务收费行业指导标准》办理刑事诉讼案件实行计件收费，标准如下：（一）担任刑事案件犯罪嫌疑人、被告人的辩护人：1. 侦查阶段（含检察院自侦阶段）：2000元/件至15 000元/件；2. 审查起诉阶段：2000元/件至12 000元/件；3. 审判阶段：3000元/件至30 000元/件。也就是说，我们办理一个刑事案件三个阶段的收费标准为7000元/件至57 000元/件。根据指导标准，刑事案件的犯罪嫌疑人、被告人同时涉及数个罪名或数起犯罪事实，可按照所涉罪名或犯罪事实分别计件收费；办理重大、疑难、复杂的刑事诉讼案件，经律师事务所与委托人协商一致，可以在规定标准5倍之内（含5倍）协商确定收费标准，但不得重复累加收费。如果一个刑事案件属于重大、疑难、复杂的情形，执业律师提供三个阶段的收费为35 000元/件至285 000元/件，要是这个嫌疑人还涉及多个罪名，这个收费还可以分别计算。因此，你在给自己定价的时候就可以根据你的执业年限、执业经验、专业能力、影响力、知名度、知识面等进行定价。而且，这个定价有依有据。你在向客户报价时，根据你的定价因素向客户解释，就具有说服力。

2019年6月3日，四川省发展和改革委员会按照《国家发展改革委关于进一步清理规范政府定价经营服务性收费的通知》（发改价格〔2019〕798号）要求，发布了《四川省发展和改革委员会关于贯彻落实进一步清理规范政府定价经营服务性收费有关工作的通知》（川发改价格〔2019〕266号），放开了四川省部分律师收费项目即原指导收费部分的政府指导价格。根据该《通知》精神，按照国家发展改革委发布的《地方政府定价的经营服务性收费范围》及"各地政府定价经营服务性收费项目不得超过规定范围"等原则，调整《四川省定价目录》（川发改价格〔2018〕199号）中政府定价（含政府指导价，下同）经营服务性收费范围，其中包括：放开5项收费项目，实行市场调节价。这五项收费项目包括：一般道路清排障作业收费标准、机动车安全技术检验及尾气检测收费、部分律师服务收费（限于刑事案件辩护和部分民事诉讼、行政诉讼、国家赔偿案件代理律师服务收费）、有线模拟电视基本收视维护费，并于2019年7月1日起施行。

笔者查阅了《四川省定价目录》（川发改价格〔2018〕199号），部分律师服务收费（限于刑事案件辩护和部分民事诉讼、行政诉讼、国家赔偿案件代理律师服务收费）作为重要专项服务，在该文件中被列为四川省定价目录的范围，即实行政府指导价收费标准。按照《国家发展改革委关于进一步清理规范政府定价经营服务性收费的通知》（发改价格〔2019〕798号）要求，四川省发展和改革委员会于2019年6月3日发布的《四川省发展和改革委员会关于贯彻落实进一步清理规范政府定价经营服务性收费有关工作的通知》（川发改价格〔2019〕266号），明确放开了四川省部分律师收费项目即原指导收费部分的政府指导价格，笔者根据该《通知》附件：《四川省政府定价经营服务性收费范围》，发现律师收费的项目已经不在该范围内。据此，笔者认为四川省的律师服务收费已经全面放开，已经全部实行市场调节价。

十、为何客户会选择出价高的律师

为何客户会选择出价高的律师？有人会相信客户会选择出价高的律师吗？总之，不管信与不信，事实上很多客户在对律师进行选择时，不是选择收费较低的执业律师，而是选择了收费较高的执业律师，这个现象确实很普遍。这个问题已经成了一种现象，值得我们去思考和研究。当然，我们说客户选择出价高的律师也不是完全绝对的，事实上还是有很多当事人因为种种原因选择了收费较低的执业律师，而且收费较高的执业律师也不是绝对完全比收费低的执业律师专业、优秀、权威，这个需要我们辩证的去思考和看待。笔者觉得这个也与"二八定律"有一定的关系。

霍姆斯大法官曾说："法律的生命不在于逻辑，而在于经验。"老律师之所以比青年律师在谈案方面具备优势的原因就在于"办案经验以及与人交流之道"，而以往老律师的上述"经验"却只有在谈案现场才能"言传身教"，并且还需要青年律师具备"悟性"。谈判是人作为社会集体的一个成员，在完成单纯以个体力量无法完成的行为时，需要与个人以外的其他主体进行合作，或解决矛盾冲突时所采取的一种协商手段。所以，谈判是个人或一方与其他成员相互合作或者解决各种矛盾冲突所采取的协商形式。由于在社会政治生活和经济生活中，人与人的合作以及人与人在交往过程中，需要解决不断产生的矛盾和冲突，这就使谈判贯穿于社会生活的各个方面、各行各业的商业行为之中。

商业谈判，是市场主体面向市场、开发市场的具体活动。商业谈判的过程，本身就是了解市场、开拓市场、接受市场检验的过程。谈判作为人类进行政治经济等社会活动的基本方式，多年来人类积累了丰富的经验和技巧。谈判是一门学问，是一门艺术，是一门有基本规律可寻的科学。所以，当事人选择出价高的执业律师，是因为他们有丰富的办案经验，有丰富的谈判经验，懂得谈判的艺术。

笔者以前听说一句话："三天学个大医，三年学个怕医"。意思是说有些学医的，刚出道就认为自己不得了，感觉什么病都能医治好，什么病都敢接手医治，而逐渐地随着年龄的增长，经验的丰富，居然越学越觉得自己什么病都不敢医治，什么病都医治不好。后来，自己从事了法律服务工作，刚开始也是一样，总觉得什么官司都可以接，什么案子都能够打得赢，而现在从业快三十年了，尽管获得了省、市优秀律师称号，但是反而觉得自己越来越没有用了，很多案子也越来越没有把握了。也正因为如此，笔者受理案件总是要把各种风险都反复如实告知，从不敢有半点隐瞒，更不敢轻易做出任何不该做出的承诺，若是非要笔者做出什么承诺，除了我承诺尽职尽责、不背叛当事人外，好像笔者其他什么承诺都不敢做出。奇怪的是，尽管如此笔者每次受理案件的收费都不比其他同行低，反而比其他同行收费高。因此，不轻易承诺，不信口开河的高价律师，也是当事人比较信任的和愿意托付的。

笔者在这个行业摸爬滚打这么些年，发现当事人选择收费高的律师一般有两种较多的情况，一种是资源型的打包票的律师，这种律师可能确实具有一定的资源，他们也可能根本没有资源，习惯跟着客户的心思走。

另一种律师就是以为自己执业这么多年，具有丰富的办案经验，总认为自己可以把准案件脉搏，但是却始终无法知道法官最后到底会怎么判决，担心如果把案件说得太精确，一旦最后结果当事人不满意，那么就会引起投诉，对自己也不利，感觉自己心中都没有底，更不敢轻易向当事人承诺，也从来不敢向当事人做出任何胜诉承诺，否则就会有欺骗的感觉，很不自在。但是，往往这样的律师又自命清高，认为受人之托忠人之事，一旦接受当事人委托就会尽心尽责的去办理，如果收费太低担心自己无法保证办案质量，所以也不想让价。往往这样的律师就会出现"半年不开张，开张吃半年"的情况，宁愿放弃低收费的案件不做，悉心钻研业务，等候出得起高价的识相"伯乐"。当然,这个情况的律师一般都是不愁吃穿,没有温饱压力,具有一定功底和基础的执业律师。

除了笔者前面说的第一种情况外,第二种律师必须是要具有真才实学的,必须是其服务与报价相匹配的,让当事人认为值得。一个执业律师,如果能通过对当事人提供的案件有关资料,准确分析法律行为主体之间的法律关系,准确把握法律关系的性质,全面掌握案件所涉及法律关系的相关法律规定,必要时还应该考虑最高人民法院案例的指导作用,能熟悉解决法律适用的问题,对案件证据的分析与运用,能够最大限度地保护或者实现当事人的最大利益,就能使律师在客户面前树立起一个具有相当水平的、经验丰富的专业律师形象,律师对案件的分析比较接近于实际情况,得出的结论才会客观、公正、务实,那么就算律师的报价比其他律师高,也会获得竞争优势。

在实践中,执业律师对证据的梳理能力也是高收费的因素之一。有些案件当事人在开始阶段就可以把全部证据放到律师的面前,律师根本就不需要劳心费神的去收集证据,就可以完全看到案件的整个证据,可以做出分析判断。但更多的案件,当事人只能提供部分证据给律师,而且这些证据是不是有效证据,是否可以在案件中进行运用都不得而知,这就需要执业律师进行证据的引导、梳理,做进一步调查和搜集。这个时候,执业律师能否对当事人没有提供的证据,根据当事人提供的案件基本事实,对证据线索做缜密的梳理和布局,引导当事人进一步提供证据或提供新的证据线索,或者根据案件的需要去培育证据、创造证据等,这都是反映执业律师专业水平、执业经验的重要方面。

一个优秀律师不仅应该对当事人提供的证据做出准确的判断,且还要在当事人缺乏证据和没有提供证据的方面,有预见性地梳理证据线索。告诉当事人还有哪些问题缺少证据,这些证据应当如何搜寻线索和搜集等。证据线索的梳理,实际上是对法律服务工作的一种预测,也是向当事人展示律师的专业水平和体现执业律师办案经验、执业技巧的一个途径。这就是执业律师值钱的地方,是高收费的重要因素,也是客户为何愿意花更高的价钱请律师的重要原因之一。

一个优秀的执业律师还应当具备将简单案件复杂化,将复杂案件简单化的能力,这个能力也是当事人愿意选择高收费律师的因素之一。如何判断案件简单还是复杂?这就要看当事人对案件的认识。有的当事人在请律师的时候，认为这个案件很简单没有什么难度，律师不过就是写个诉状，立个案，出庭发表几句代理意见就完事，因此不愿意给多少代理费。这个时候，执业律师就应当实事求是的从法律专业和律师实务的角度，告诉当事人案件的难度和复杂性，以及这个案件的风险所在，需要注意的问题和律师在这个案件中的价值和作用是什么。有的当事人认为这个案件非常复杂难度很大，担心一般的执业律师可能不能胜任，这个时候执业律师就要在复杂的案件中，准确把握案件的法律关系，找到解决问题的关键，以简单的思路和简洁的语言，告诉当事人解决案件的出路和方法，从而给当事人以信心，让他放心将案件交给律师承办。

当事人在听取了律师的分析判断和风险提示后，对于他认为简单的案件就会觉得原来不简单，那些收费低的其他执业律师可能是为了获得案源而顺着他的意思讨好他，没有把风险如实告诉他，那么他们在选择的时候就会有所动摇和考虑。而对于当事人认为很复杂的案件，经过律师的归纳总结、梳理，当事人知道了这个案子是一个什么样的法律关系，哪些证据对他有利，律师是如何解决他的疑问和案件的争议焦点的，他就会认可律师的执业经验和办案能力，他会认为律师不但能找到问题所在，还知道如何解决这个问题，他们就愿意付出较高的律师费，委托该律师办理他们的案件。能将简单的案件复杂化，将复杂的案件简单化，也是当事人愿意选择高收费律师的重要原因之一。

在律师与客户谈判时，还有一个重要的事项，那就是律师需要有亲和力。有一位大律师说亲和力永远大于律师对法律知识的掌握，永远大于律师办理案子的能力。亲和力，就是信任。怎么让客户信任律师，让和律师坐在一起的客户感受到舒服，信赖律师的能力，信赖律师对他的案子能够尽心尽力，这点很重要。这需要律师不但要学习法律，还要学习心理学、社会学，并综合运用，才能汇聚成客户的信赖，才能体现律师的亲和力。

总之，当事人不会无缘无敌的选择收费较高的执业律师。如果律师还没有这个能力高收费，在低价竞争对手面前还无法占据优势地位，律师就得赶紧行动起来，让自己更专业、更诚信、更敬业、更值钱。要想成功，必然需要承办一些大案、要案，收费也需要提升。如果律师整天被一些鸡毛蒜皮的小事纠缠，就没有机会接触所谓的大案、要案，就根本无法提升自己，想值钱就会很难，想高收费就会更难。

十一、原则谈判在律师谈案、报价中的运用

《谈判力》的作者写道:"无论你愿意与否,你都是一名谈判者。"阅读《谈判力》这本书,让笔者明白了很多道理,可以从中获得律师与客户谈判、报价、成交的技巧。结合自身二十余年的执业经历,下面谈谈笔者的一些感受和认识,权当阅读这本书的读后感,但凡对朋友们有些许帮助,笔者也会感到欣慰。

◇每个人都是谈判者

不错,正如这本书所言,每个人都是谈判者,每天都不可避免地要与谈判相伴。虽然,谈判随时随地都在发生,但是要谈出好的结果却不是那么容易的。温和的方式说话是尽量避免摩擦和冲突,为达成共识,往往很快让步;而强硬的方式则以战胜对方为目标,坚守立场,但是常常会两败俱伤。还有第三种谈判方式,那就是哈佛大学研究的"原则谈判方式",强调把人和事分开,着眼利益而非立场。不过,谈判的形式千差万别,但基本要素却是不会变。

无论你是否愿意,其实都已经是一名谈判者。谈判是生活中无法避免的现实,每个人每天都要与别人进行谈判。很多时候,我们都在不知不觉中进行着谈判。谈判是从别人那里寻求自己需求的一个基本途径,是与谈判对方存在相同或不同利益时,寻求解决方案的相互交流。冲突日益增多,需要谈判的场合也越来越多。当然,律师的工作也就更需要谈判了,而且律师几乎离不开谈判,律师时时处处都在从事着谈判工作。律师需要谈判,也离不开谈判,与自己的委托人签署委托合同时需要与客户谈判,代理客户处理相关法律事务也需要谈判,所以谈判是律师的一项非常重要的生存技巧。

每个人都希望自己的事情由自己来决定,人们越来越不愿意听别人发号施令。所以,很多时候不能随便发号施令,而是要运用谈判技巧说服对方,与其达成一致,否则达不到想要的结果,实现不了预期利益。正是人与人之间的不同,观念、认识等差异越来越大,我们就需要用谈判来消除分歧。不论是商界、政界还是在家庭中,人们更多的是通过谈判来解决问题。即便是打官司,无论是庭前还是庭后,双方或者说各方的谈判随时都在进行着。

◇原则谈判，不要在立场上讨价还价

原则谈判，它根据事情本身的是非曲直寻求解决方案，而不是进行一场各抒己见的讨价还价，其手段是坚持原则，使用客观标准，其目的是为了实现双赢的局面。当双方利益发生冲突时，必须让这种谈判方式尽可能的基于某些公平的准则，而不是以一方的意志为转移，它要求的是在道理上、原则上强硬，对人则采取温和的态度，这就要求谈判者把人和事分开来，它不需要耍花招，也不需要装腔作势。因此，原则谈判既能让一个人得到想要的东西，而又不失风度，它能让你公平有理的同时，又能保护自己不被对方利用，最大化地实现自己的利益。

原则谈判是一种通用的谈判策略，与其他所有方法都不太相同，无论对方是否有经验、是否友善，都能发挥作用。原则谈判对于律师来说会更有帮助，可以实现律师昂首挺胸、理直气壮的谈判，很有尊严地执业，获得客户的尊重，实现自己的利益需求。当然，如果律师的谈判对方也掌握这种谈判方式，那么律师的谈判也许将会更加容易，因为彼此都会为了实现共同的利益，努力去实现双赢的谈判结果。

在立场上纠缠不清不能达成明智的协议。因为，如果双方将精力放到了各自的立场上，各自真正关心的问题往往就被忽略掉了，达成协议的可能性也就变小了。当各自都坚持自己的立场的时候，经常性的把谈判的目的、自己的利益需求这些重要的事项忘得一干二净，早就被抛到九霄云外去了。这种现象在律师执业中还是比较普遍，导致律师代理当事人谈判商业合同时总是因这样那样的原因很难促成交易。因此，近年很多机构都在研究律师商业思维，在对律师进行商业思维的培训、培养。商人的终极目标是成交，看重的是利益，关心的是利益所在，是否可以实现自己的利益需求和利益最大化。而律师往往考虑的是这不行那样违法，就没有去思考如何才行？怎样才不违法？其实，律师的工作不仅仅是防范风险，而是要如何在风险最低的前提下实现客户利益的最大化，实现客户的利益需求。

执业律师在与客户谈判时往往也容易进入误区。执业律师经常把自己当成了正义的化身和救世主，很多时候一些客户也会有这个想法，因此他们对执业律师要求相当高，有时候要求还非常不合理。因此，这样的情况发生时，执业律师与客户的谈判成功率就会受到影响。在立场上纠缠，缺乏效率。在立场上纠缠的谈判方式会阻碍双方达成协议，为了使最终的结果有利于自己，双方起步都很极端，而且死守不放，还有欺骗、胁迫的嫌疑。这样一来，谈判所需要的时间越长，所花的经历就越多。

在立场上纠缠还会影响双方之间的关系，本来是为了合作解决问题，一旦坚持立场，就会演变成一场利益争夺的较量。如果谈判以失败而告终，那么双方或许就成了敌人、仇人，双方的关系也就好不到哪里去了。当然，这个说法有点危言耸听，说得过于极端，至少执业律师与当事人之间的谈判不会这样，就算案子谈不成，也不至于成为敌人、仇人。

◇ 勇于选择客户，放弃客户

尽管现实社会中，不少的客户在选择律师的时候，并不是仅仅以收费的多少来判断，他们不会因为某个律师收费低就直接将自己的案件交给他来做，他们自己有一套考察律师的方式。但是也不得不承认，客户总是希望支付最低的律师费换取最大化的利益。在笔者的法律职业生涯中应该说经历了很多的谈判，以笔者与客户的谈判为例，我们经常遇到一些客户专门找上门来，本来他是有求于你，但是往往他们又总是坚持自己的立场，特别是在支付律师报酬方面，他们总是希望支付低廉的报酬，意图获得高额的回报，实现他们案件大获全胜的目的。不仅如此，他们还会不停地教你该如何去做，该去疏通什么样的关系，找到某个领导，等等。

还有一类客户，他们实际上看不起律师，只是觉得律师可以利用，支付廉价的报酬把律师当枪使。对于这样的客户，一般笔者是敬而远之的，将其尽快打发出去，不能让他们打搅笔者的清静，影响心情。因为遇到这样的客户，即使律师坚持跟他谈判下去，最终谈判出了成果，合作起来也会很不愉快，他总是会认为给律师的报酬高了，律师给他提供的服务少了，在他的眼里律师接受了他的委托，律师就得什么都听他的，什么都该跟他干，让律师去帮他申诉、上访、投诉、举报、喊冤，总是把律师推在第一线，自己却在背后看热闹，偷着乐。

遇到这样的客户，他们总是会不满意，不但达不到预期的效率，而且会严重干扰律师的心情，影响律师的情绪，导致合作过程中的关系相处十分尴尬。更有些人，他们会不停地对律师指手画脚，好像他比律师这个专业人员懂得更多、更专业、更权威。当笔者遇到这样的客户时，能够拒绝的一定拒绝，实在拒绝不了的就回避。在忍不住的时候笔者会问他："既然你什么都懂，什么都知道，当初干吗还要花钱请律师呢？"在此，笔者真诚地告诫还没有遭遇这样客户的同行们：一定要慧眼识珠，不要被那些说得很好听，给你画了很大一个馅饼的客户所迷惑，在跟他们进行案件成交谈判时一定要坚持原则，采用客观标准，不能被花言巧语遮挡了眼睛，低价把自己卖了，到头来不但容易被客户投诉，而且还会被有关部门要求律师协会、司法行政主管部门追责。

◇一定要避免多方参与的立场谈判

很多律师都经历过这样的情况，客户来咨询或者洽谈时，他身后跟了一大帮人，这些人往往总是自以为是，总认为自己什么都懂，什么事情都要搭上几句话，帮上几句腔。殊不知，这些所谓的七大姑八大姨，他们的参与往往使事情更加难办，让谈判迟迟得不到满意的结果。这种现象无论是客户跟律师谈判合作或者是律师代表客户对外谈判，相信大家都会遇到，或者说多多少少都遇到过。

要知道，在立场谈判中涉及的人越多，谈判带来的弊病也就越多。俗话说："艄公多了打烂船"，人多嘴杂，往往成不了事。农村里还有一句话说："十个说客，当不到一个夺客"，就是说有十个说好话的，往往不及一个说坏话的人顶用。因此，无论是律师跟客户谈判，还是律师代表客户谈判，都应当注意这个问题，避免多方、多人参与谈判。切记，任何决策最终都是少数人说了算，而不是一大帮人说了算，决策者就是那一两个人。

◇原则谈判的四个要素：人、利益、选择、标准

人，就是要把人和事分开。人不是机器，都是带有感情的生物，每个人都有自己的不同感知，有时候很难做到明白无误的交流，更难以做到不带情绪的谈判，往往感情容易与客观利益纠缠在一起。因此，我们在谈判时，解决问题之前应当把人际问题和实际问题分开处理，也就是就事论事。我们作为谈判者，之所以谈判就是为了肩并肩地工作，一起解决问题，而不是互相攻击，互相指责和埋怨。所以，原则谈判第一个要素就是把人和事分开。在我们的生活中会遇到一些人，看上去不怎么样，给人很不爽的感觉，但是他们办起事情来有板有眼，一步一个脚印，脚踏实地，认认真真，兢兢业业，简直无可挑剔。而有的人看上去油光满面，一表人

才、衣冠楚楚，可是骨子里坏得很，什么事都办不好，遇上这样的人你就倒霉了。

第二个要素是着眼于利益而不是立场。谈判者本应满足各自的利益，把精力集中在利益上，但是往往立场式谈判却把精力集中在立场上了，忽略了利益。谈判中的立场经常掩盖了实际利益需求，就算在立场上作出妥协，实际上也无助于达成共识，也不能够兼顾立场背后的实际需求。因此，原则谈判要求应当"着眼于利益，而不是立场"。我们在谈判中，应当时刻注意谈判的利益需求是什么？我们如何实现自己的利益需求？对方的利益需求在哪些方面？我们如何帮助实现对方的利益需求？我们双方的共同利益有没有？什么是我们的共同利益需求？我们要如何才能实现共同的利益需求？总是纠缠谁对谁错有什么用？这对实现我们共同的利益需求有什么帮助？因此，在立场上纠缠就是自掘坟墓。而且，这样做很难达成一致，难以成交。

第三点就是选择，为谈判各方共同利益创造选择方案。在压力之下很难设计出最佳方案，就算谈判一方基于压力或者某种原因进行了妥协，在合作过程中也难以发挥极致，更难得为各方共同利益的实现创造出一个最佳的方案。当然，站在不同的角度或者立场，对这一问题或许有不同的认识和理解。举个简单的例子，一个客户在三个报价不同的律师当中选择代理人，一个报价20万元，一个报价30万元，一个报价5万元，客户实际上是希望报价30万元的律师代理，但是他却认为30万元太高，5万元他才能接受，通过各种利益博弈，这个报价30万元的律师与客户签订了5万元的代理合同。可想而知，在这样的谈判结果下，他们双方很难创造出共同的最佳利益，方案也不是共同利益的最佳选择方案，就算谈判成功了，这个律师最多也就会提供他认为值5万元的服务，不太可能提供价值30万元的服务。俗话说，要想马儿跑，就得让马儿吃饱。低廉的报酬是无论如何也换取不到高额回报的，这本身就不匹配、不公平。

坚持客观标准。原则谈判要求坚持客观标准。原则谈判要求对人温和，对事强硬，告诉对方既然是协议，就不是哪一方说了算，协议必须反映出公平的标准，而不是依赖于各自的心理预期和要求，谈判不是要基于某一方的标准，而是要有公平合理的依据。比如市场价值、专家意见、惯例、法律的评判，要通过讨论这样的标准而不是单凭各自的意愿，大家就会遵从一个公正的解决方案。以律师与客户的谈判为例，一般来说律师的收费参考因素与律师的执业经验、执业经历、执业时间长短、阅历、学历、工作经历、社会知名度、美誉度、影响力、号召力、专业程度、忠诚度等有关,但是这些一般也不好量化,那怎么办?这个时候,就可以引进国家的、地方的、政府的、行业的收费指导意见、参考标准作为参考或执行标准。

从某种意义上说,前述这些标准相对来说就是客观标准,它们的制定与发布都是经过反复调研、考察、论证的,非常具有参考价值。这些标准里面有一定的幅度,这些幅度就根据律师的个体差异、不同案件、事务的差别进行调节。有了这个客观的执行标准,律师报价也就有了参考,心里面就会有底气,不是凭空臆想出来的,报价就更具有说服力,更容易谈判成功。所以,原则谈判的第四点就是要坚持使用客观标准。下面举个例子:

一个案件标的金额500万元,客户希望委托律师代理,希望律师报价。律师怎么报?报多少合适?如果律师报价了,客户问律师这个报价是如何来的?如果没有一个客观的标准,律师怎么回答?律师怎么让客户接受你这个报价?他如何来评价你这个报价?因此,这时客观标准就显得非常重要了。以四川省律师收费为例,500万元标的财产案件,律师收费在266 000元至366 000元这个幅度,律师如果执业年限长,执业经验丰富,具有一定知名度,报价30万元。这时客户问律师报价30万你是怎么来的呢?那么律师就可以告诉他:"我是根据四川省律师收费的指导标准计算的,最低收费266 000元,高一点儿就该366 000元,我执业十年了,这样的案子办得很多了,我收你30万元已经不算多了……"这样一解释客户自然也就明白了。当然,有人会说这个标准已经不适用了,但是要知道就算不适用了,律师还是可以参考借鉴。

◇原则谈判的三个阶段:分析、计划、协商

在分析阶段,只需要判断形势,收集、整理和分析信息,律师需要考虑的是双方对问题的不同认识,对律师的信任程度以及交流障碍,各自的利益所需、利益所在。首先,分析阶段律师要对客户的基本情况有一个大概了解,掌握基本的信息,以及客户来源渠道、法律需求属于哪个方面,他的工作、职业、文化程度、法律常识、法治观念、基于什么原因前来谈判,他的购买力如何,之前是否咨询过别的律师,别的律师会进行哪些方面的解答,彼此之间的交流是否会存在障碍,如果会有障碍应该是哪些方面，这些障碍是否严重，律师会如何处置这些障碍，客户会关心哪些方面的问题，律师应该如何预测客户的问题，律师如何来回答客户的问题，客户会有哪些需求，他的利益所在是什么？律师如何来满足客户的利益需求？客户会信任律师吗？他为什么会信任律师？律师如何向客户介绍自己和自己的团队？律师如何让客户信任你？律师需要准备哪些方面的知识、哪些文书、哪些资料和荣誉证书等，尽可能完美的展示自己的实力和专业、忠诚度等。律师还得考虑自身的利益，需求和目的，如何尽可能地利用原则谈判实现双赢的局面，促成案件成交，建立委托关系。相信，有了这些充分的分析和准备，你已经成功了一半。

其次就是谈判的计划。在这个阶段，就是律师打算如何与客户谈判，需要开动脑筋，作出谈判策略的决定，比如律师如何处理人际关系问题，客户的利益需求中什么是最重要的？比如说他是希望少花律师费还是想尽快取保候审，还是尽快提出诉讼，还是尽量挽回损失？律师的现实目标是什么？对这个业务领域很感兴趣还是根本不感兴趣？是想借这个案子挣钱还是想借这个案子锻炼，或者是为了成名？为此，律师要做好计划，找出相应的选择和标准、途径，为实现律师的谈判目的做准备。

最后就是协商，协商就是进入实质性的谈判。在这个阶段，双方交换意见，首先要消除意见分歧，克制情绪，排除交流障碍，尽最大努力的理解对方的利益所在，并可以一起寻找彼此的有利方案，再根据客观的标准寻求共识，达成解决双方利益冲突的协议。记住，原则谈判很重要一点是注重基本利益，以利益为出发点，不要在立场上纠缠，要寻求一条互利互惠的方案，采用客观、公平的标准，把人和事分开来讨论，才能得到明智的谈判结果。

◇ **原则谈判要把人和事分开，谈判者首先是人**

大家都知道要解决问题，要双方互相理解，不发脾气，有分歧也不往心里去，这非常难。我们采用原则谈判方式就是要把人和事分开，建立一个信任、理解、尊敬和友谊的基础，努力让谈判一次次地更加愉快和顺利，让双方都自我感觉良好，期望给别人留下一个好的印象，让对方更加注重考虑对方利益。为此，律师在谈判时就不要把人的感情与现实混淆在一起，避免对方误解律师所表达的东西。一旦谈判中产生误会，就会加剧偏见，引起逆反心理，最终形成恶性循环，理性分析已经不太可能，谈判就会受到影响，勉强合作就会十分不愉快。

笔者曾经代理一个远房亲戚的案子，那个远房亲戚受了工伤，用人单位不予赔偿，他去申请工伤认定又处处受阻，眼看索赔无望。这时他找到笔者，希望笔者帮助他索赔。那个时候他说得自己很可怜，表现得经济非常困难，代理费都拿不出来。于是，笔者的同情心泛滥，当即表示先办理委托手续，至于费用以后再说。这个以后再说到底是他拿到赔偿后再给还是就不给了，当时确实没有说清楚，毕竟是远房亲戚，笔者也想帮他一把。笔者的心里想的是等到他拿到钱再给，实在拿不到也就算了，毕竟是远房亲戚不好说得太透彻。不过，那是很多年前的事了，当年上有老下有小。再说了，那些年律师代理收费本身就非常低。后来，笔者费了九牛二虎之力，给他要了10万元赔偿回来，而且在当时当地已经算很高了。殊不知，在他拿到钱之后居然对应该收取的代理费不闻不问，他老婆多次提示他给笔者支付代理费，他也无动于衷。至今，笔者也没有收到他的代理费。这就是笔者没有将人和事分开的后果，把感情与现实混淆了，引起了他的误会。

在人的问题上，作为客户的委托人对于律师来说，他们的利益包括两个方面：一个是实质利益，律师能给她挽回多少损失，律师能帮他获得多少赔偿；一个是关系利益，他们总想在律师身上花最少的钱，办最好的事，为他实现利益最大化。他们一边嘴上肯定律师的能力和付出，一方面在行动上总是克扣律师的报酬。相信很多律师都遇到过这样的人，这样的事。这个时候，律师就需要把人和事分开，关系归关系，事情归事情，做到桥归桥路归路，采取原则谈判达成一个兼顾双方利益的协议。

◇律师收费妥协达到成交，并不是明智之举

在立场式谈判中，谈判者往往容易把实质利益与关系利益对立起来，这样实际上很不利。一些律师为了拿到案源，不停地妥协，不停地在价格上让步，事实上这并不是好事，反而会让对方看不起律师，觉得律师连这个钱都不值，更不要说尊重律师、依靠律师了。不可否认，律师的口碑非常重要，很多律师的业务来源都是靠口口相传，都是靠口碑效应。这些口碑案源，就很容易出现关系利益和实质利益的冲突。律师就要把关系利益与实质利益一分为二，直接解决人际问题。解决实质问题和保持良好的合作关系并不矛盾，只要把人际关系的基础放在准确的认知和明白无误的交流，恰当的情感和长远的目光上，直面人际关系问题，不要指望牺牲自己的实质利益来换取良好的人际关系。

在谈判中，有时候让大家都把情绪发泄出来其实并不是坏事，把情绪表现出来，并承认自己有情绪很正常。因为，人们只要把委屈倾诉出来就能获得心理上的轻松，一旦发泄了情绪接下来的谈判或许就会变得理智许多。不过，如果是你要发泄情绪，那么必须要掌握分寸，控制好这个度。笔者不支持只能接受客户有情绪，不允许律师发情绪的观点，所以，这个分寸和程度才是关键。而对于客户来讲，谈判中他们发泄情绪，律师不要轻易抵制，不要轻易做出回应，要冷静点，静观其变，要克制自己，不要打断，也不要摔门而去。

通过重新地认知，情绪的发泄，接下来的交流就显得非常重要了。没有交流就无法进行谈判，谈判其实就是双方为了达成共识而进行的交流。一般而言，律师在接受咨询过程中，客户通过咨询对律师具有一定的认知，通过他的情绪宣泄，接下来谈判就会很顺畅。不过，这个时候律师一定要注意的是既不能让客户对律师产生误解，律师也不要对客户产生误解，一定要认真聆听并理解对方的意思。如果律师没有用心听，没有理解客户的意思，或者还错误地理解了客户意思，那么谈判就会受阻，成交自然也就比较困难了。理解并不是表示赞同，律师可以做到完全理解对方，但是同时又绝不赞同对方的意见。这里理解与赞同是两个完全不同的概念。还有，这里的情绪是多样化的，不仅仅是互相指责和埋怨，也包括客户一方想到伤心事的落泪。比如亲人涉嫌犯罪被关押了，亲人不小心工作中受到伤害了，这些情况下客户也会有一些情绪宣泄。

CHAPTER 6 第六章
执业律师的定位与专业化

【阅读提示】

习近平总书记在出席中央政法委工作会议上强调:"政法系统要把专业化建设摆到更加重要的位置来抓。"中央政法委书记郭声琨指出:"坚持实战实用实效导向,提升政法队伍专业化建设水平。主动适应新时代政法工作新任务新要求,把专业化建设摆到更加重要的位置抓紧抓好。"司法部部长傅政华要求:"要把律师队伍发展纳入国民经济和社会发展综合评价指标体系,大力提高律师专业素质和能力。"全国律师协会长王俊峰认为:"实施律师行业的领军人才的培养计划,要加强重点业务领域、新兴业务领域、高端业务领域,促进专业化的分工。"根据上层的指示精神,结合法律服务市场的迫切需要和适应市场的发展趋势,执业律师必须重视定位与专业化,本章重点介绍了执业律师的定位和专业化,特别是专业律师如何定位和如何走专业化道路的问题。专业化往往离不开团队化,因此,执业律师走专业化道路时,有必要对团队化进行必要的掌握和了解。这些问题在本章中,基本上都能找到答案。

一、执业律师的定位

执业律师的成长需要经历一个漫长的过程,每一个执业律师都有一个自己的成长经历。但是,也不排除在特殊情况下,有的执业律师有着特殊的背景和经历、机遇等,他们的成长历程稍许有些差异。绝大多数的执业律师的成长经历,基本上都是相近似的。执业律师经历了一定的积累、磨炼、成长期之后,渡过了第一个生存的瓶颈时期后,接下来就是发展的问题了。执业律师要发展，就需要考虑自己的发展目标、发展形势、发展方向、发展范围，这就需要考虑执业律师定位的问题。

什么是定位？定位是一个汉语词汇，意思是指确定方位，确定或指出的地方，确定场所或界限等。执业律师的定位，按照马贺安律师的观点"定位：未战先胜！"他提出，有人说"请"个律师，有人说"雇"个律师。这一"请"一"雇"，定位完全不一样。定位的不同，决定律师既是一个受尊敬的智者，又是一个受气的奴才。"雇"虽然也有请的意思，但是多数情况下会被理解为"雇工"，这个就与"雇主"相对应了。那么，律师就是他们雇来的工人，他们才是主人，律师受到尊重的成分自然也就不一样了。

我们经常说执业律师一定要定位准确。这个定位准确，与我们说律师在某个案件或者事件中的定位是不同的，前者主要针对执业律师的发展方向、战略定位、功能定位、价值定位方面，后者一般指的是律师所处的位置，一般是指地位、角度、角色、立场的问题。当然，有些时候律师的定位也是互相交错的，不是那么完全的绝对，这要根据不同的情况而定。定位论认为，战略就是定位。在产品走向市场之前，定位准确就无往而不胜，定位错误就会举步艰难，甚至一败涂地。比如说，有人将律师定位为商人，有人将律师定位为法律工作者，还有人将律师定位为匠人，有人将律师定位为顾问、参谋，有人将律师定位为助手等，不同的定位其结果大不一样。而且，执业律师的定位，既有外部定位又有内部定位，别人会给律师一个定位，律师还得给自己一个定位。

比如说，律师的常年法律顾问单位对律师的内部定位不同，则律师在该公司受到的尊重程度就不同。那么，内部定位又如何呢？内部定位就完全取决于律师，看律师自己如何定位。很多人因为律师收费、讨价还价的行为将律师定位为商人，商人这个定位对执业律师来说不太妥当。虽然执业律师不是商人，不能定位为商人，但是，执业律师同样需要商业头脑和商业思维，这是完全不同的两码事情，需要区分开来。

执业律师的定位，除了方向问题外，不同的时期应该有不同的定位。比如说，执业初期一般三至五年期间，是不是应当定位为一份工作，工作就是为了生活，需要挣钱吃饭，这个时期律师没有多少执业经验，执业技能还达不到实践需要，资源匮乏，案源缺乏，始终在温饱线上挣扎。那么，在这个阶段第一要务是解决温饱和积累知识、积累经验、积累资源等，这就是执业初期的定位。当然，这个三到五年的期间也因人而异，不是绝对的时间。有的执业律师本身就具有一定的基础，也不存在温饱问题，他们就不需要这么长的时间。而有的律师尽管拿到律师执业证，但是他们没有真正的从事律师业务，或许需要的时间更长。

执业律师无论是什么情况，都应该对自己有一个定位。定位越是准确，对自己的发展越有利。定位的时候一定要有目标、有计划、有信心，不能凭空设想，好高骛远，不着边际。否则，这样的定位不但没有好处反而会害了自己。执业律师的定位一定要脚踏实地，一步一步地来，到了不同的时期就根据自己的实际情况检视自己的定位，适时进行调整和修正，不断总结完善。执业律师定位的过程在成长历程中必不可少，也举足轻重，更是执业律师走向成功，走向大牌的必由之路。

二、执业律师为什么要定位

有一位执业律师提出他给自己的定位是只做企业客户，而且只做收费2万元以上的业务。他说做个人业务是单次合作，一个案子办完了就不会有下次，而企业客户可以有很多开发、挖掘的空间和市场。对于这样的定位，我们不能说不对，或者不能说不好，也不能说不行。但是，我们需要思考的是为什么要这样定位？是不是个人业务真的就是做一个案子就没有下次了呢？是不是律师不需要个人这样的口碑呢？结论当然不是。定位是一个逆向思维的问题，定位不是从自身开始的，而是从客户的心智开始。不要问律师是什么，而是要问在客户心智中律师是什么？不要问自己的定位是什么，而是要问律师给客户的印象可能会导致客户给律师的定位是什么？律师自己的定位有时候不是那么的重要，但是律师在潜在客户的心智中已经拥有的定位更重要。

在我们这个传播高度发达和高速的时代，自媒体非常便捷、发达等特点，律师需要思路开阔，抓住大好形势，避免陷入细枝末节，从长远的视角考虑自己的定位。在这个过程中，律师要学会放弃和坚守，要能适应和应对变化，要有眼光，运用潜在客户包括你的同事和同行的心理认知，保持自己的基本定位战略并适时加以改进和修正。在心智中拥有一个定位，就如同拥有了高价值的房地产，一旦放弃就会很难再拿回来。定位是积淀而成的概念，利用了广告能长期积累的特征，因此传播一定要体现出律师的定位，律师的广告一定要体现出律师的定位，律师的穿着打扮和言谈举止都需要体现律师的定位。所以,有人说作为一名律师,就得穿着打扮成律师的样子。如果律师想发展,就必须要下一番功夫,深刻认识执业定位。

美国的艾·里斯、杰克·特劳特指出:"有的人做不好定位,因为他们被词语框住了,他们有一个错误的假设,词语是有含义的。他们让字典主宰了自己的生活。"他们认为:"要想定位成功,你的思维要有很大的灵活性。你必须要有能力选择和使用词语,蔑视历史书和词典的权威。"

因此,对于执业律师为什么要定位的问题,其实没有统一的标准答案,也不应该有统一的标准答案,更不能受这些所谓的标准答案所束缚。应当说,每一个执业律师在为自己定位时的时期、处境、目标、认识都是不完全一致的,他们为什么要定位?也就不可能有一个统一的标准答案。但是,在一些共性的问题方面,执业律师为什么需要定位应该大致一致,比如为了明确自己的目标、提升自己的执业技能和素养,提升自己的价值,解放自己的时间和精力,帮助自己走更专业、高端的律师执业道路等。

三、执业律师定位的必要性与迫切性

"不想当将军的士兵不是好士兵。"同样,一个没有执业定位的律师,也不是一个好律师。笔者提出的是执业律师的定位,重点强调的是对律师的定位,就是对执业律师自己的定位。还有人提出的是律师执业的定位,也有人提出的是律师职业的定位。无论是律师职业的定位、律师执业的定位还是执业律师的定位,这些不同的说法可能有一定的差别,但还是有很多互通的地方。以笔者的理解,执业律师的定位应当比律师执业定位的范围更宽、更广、更深,包含的内容应当更多一些,更广一些。由于对定位的说法不一致,所以理解也就会有一些不同。比如,潘孝平律师就提出了律师执业的定位这个观点,他曾经详细地论述过律师执业定位的重要性,分析了律师定位的现状,论述了律师定位的必要性和迫切性。

还有同行提出,尽管对于律师的定位基本上的共识是源于国家立法对律师职业的角色定位。该观点认为《律师法》第2条明确规定,律师"应当维护当事人合法权益,维护法律正确实施,维护社会公平和正义"。显然,法定明确的"三个维护",强调的是律师应当具备的职业责任、专业责任乃至社会责任。《律师法》第2条规定的"三个维护"具有广泛的深

意：一是"律师应当维护当事人合法权益"表明，律师要最大限度地争取当事人的利益最大化，这是律师的本职，也是律师的职业责任；二是律师通过维护当事人的权益达到"维护法律正确实施"的目的，从法律人的责任使命来看，这是律师的专职，也是律师的专业责任；三是律师在做好本职工作和完成专职工作之后，最终是为了实现维护社会公平和正义的目标，这是律师执业的最高目标，也是律师执业的最高使命，更是律师的社会责任。这对律师职业定位的理解完全正确。但笔者认为这里的律师定位不是执业律师自己的定位，而是法律的定位，是律师法上的角色定位问题，不是笔者讨论的重点和方向。

很多中小城市的律师事务所和律师都没有定位意识，没有考虑过定位问题，自然就无从定位。实际上，一些大中城市的律师事务所和执业律师对于律师的定位也缺乏意识，不少律师对定位问题同样不予重视。随着市场经济的发展，法治经济的逐步成熟，"万金油""全科医生"式的执业律师和执业理念，已经不能适应市场的发展需要，跟不上时代的步伐了，所以必须要重视律师定位的问题。

对于执业律师的定位，首先是个体提升的需要。每一个律师的发展，从执业开始都有一个或快或慢的过程，条件好一点、机会多一点、稍微有点背景的执业律师，发展可能会快一些、好一些。而条件比较差，没有机会，没有背景的执业律师只能靠自己一步一个脚印的徒步前行，急需对自己有一个提升。一旦执业律师有了定位意识，并能给自己准确定位，这对律师个体的发展一定具有目标和导向性作用，一定有助于加快律师个体的快速发展和提升。执业律师的定位，对执业律师的专业化发展和精细化发展具有基础性的作用。执业律师要精细化必须要专业化，而专业化则需要执业律师先有准确的定位，如果执业律师定位不准，就难以实现专业化，没有实现专业化，就很难达到精细化。随着客户对律师业务专业化服务的需求和市场对律师业务精细化分工，律师定位有助于律师更好地服务社会、服务客户，服务的专业能力水平就能快速提升。随着经济发展的不断加快，律师之间的竞争日益激烈，一个律师如果没有较好的执业定位、没有远景规划，那么就不能确定自己的执业目标，前景茫然，则有可能在竞争中处于劣势，必然影响自身的发展。另外，执业律师的专业化也是国家法治建设的需要，律师定位准确及专业化的实现，有助于形成一支的高素质专业化的律师人才队伍，促进律师事业健康发展。

走向大律师——中国式执业律师进阶指南

当前,不同的地方都存在着相当一部分律师对其定位的认识不足,意识不够,他们只是把律师当成一份工作,满足于养家糊口、谋生存,没有发展思维,没有发展眼光,更没有战略意识,得过且过,导致律师服务能力滞后于社会对律师职业的需求,滞后于对律师精细化、专业化技能的要求。还有一部分律师只满足于现状,满足于传统诉讼业务的办理,对于新型的诉讼业务和非诉讼法律服务业务不够了解,更没有主动去探索,不愿意去冒险,对律师定位和高端业务的开拓缺少动力,没有积极性。面对沿海一带城市及北、上、广、深等地知名律所入驻本地漠不关心,毫不在乎,对人工智能法律服务领域也无动于衷,视而不见。如此下去则很可能会影响律师服务社会经济发展的深度、广度,同时自身也可能遭到同行的排挤和市场的淘汰。因此,执业律师的定位是一个非常亟待重视和解决的问题。

2011年4月21日,《北京日报》发表了一篇题为《江平:律师兴则法治兴》的文章,著名法学家、中国政法大学终身教授江平先生认为律师最容易产生的职业病第一个是麻木。他觉得,现在学法律的人面临的问题,主要就是缺少赤子之心。法律的强大或者软弱,法律里面的各种问题应该说律师是最有亲身体会的,这是司法改革、法制建设动力的一个重要部分。第二个是浮夸。江平教授认为浮夸是律师的另一个职业病。有人跟江平教授讲,他找过某律师,律师跟他承诺,这案子交给他没问题。江平教授指出,有些律师可能能耐不小,有的可能能耐还不太大,但是包打官司,跟当事人说起来,口气很大、信心十足。他认为,律师本身就是靠自己的知识和机智来办事,律师的知识、聪明、机灵,能够帮助律师非常敏感地抓到一些有利于当事人的东西。那么如果再不注意这一点,就最容易产生浮夸,而浮夸的进一步,就是产生虚假甚至欺骗。江平教授指出对于律师、法院、政府以及任何一个行业,现在仍然要警惕浮夸,尤其作为律师,贵在严谨、科学、老实。律师是严谨的工作,容不得半点虚假,半点浮夸,到法院打官司要严谨,要以事实为依据,法律为准绳,法律是哪一条,证据是哪些,要一个一个摆出来。辩论时要用哪个证据、法律依据,不一条一条抠行吗?必须要以"真实"作为基础。对于江平教授指出的执业律师的这两个职业病,笔者认为非常客观,很切合实际。而且,这个职业病应该也与执业律师的定位息息相关。如果一位执业律师,能够准确地为自己定位,并坚持自己的定位,敢于为自己的定位努力奋斗,那么就不会出现麻木的病状,一旦自己定位了就会朝着定位的目标前行,努力去实现自己正确的目标定位,那么也就不会浮夸了。

2010年的《民主与法制》杂志有文章指出"律师应先定位后执业",不过这里的定位应该也主要讲的是律师角色的定位。笔者认为,执业律师的定位既包括了律师法上对律师角色的定位、也包括了律师自身追求的定位,还包括了律师执业的方向、范围、目标的定位。笔者讲的重点是律师自身追求的定位和律师执业的定位,自身追求的定位指的是想做一个可以解决温饱、小富即安的律师,还是想做一个优秀律师,是想做一个地方的优秀律师还是一个省、市,乃至全国的优秀律师,还是想做一个知名大律师,或者一个只要可以挣钱就心安理得的律师,等等,这些都属于自身追求的问题。律师执业的定位包括律师是想做民事方向还是行政方向或者刑事方向的律师,也可能是非诉讼律师,还可以是常年法律顾问型律师,律师的目标可以是只做当地的某一个领域的业务,也可以做全省的某一个领域的业务,当然更可以做全国的某一个领域的业务,这些都与律师的定位有关。所以,律师的定位决定律师的发展潜力和发展空间,更决定律师的执业之路能够走多久、走多远。无论是律师自身的提升还是业务领域的拓展,律师定位都必须重视和考虑,也非常必要和迫切。

四、执业律师如何定位

执业律师有了定位意识,知道了定位的重要性,那么就该考虑如何正确定位了。

在律师事务所组织的一次执业律师专业化和定位的座谈会上,笔者提出了自己的定位理论。第一,定位与专业化具有一定的关系,但是定位又与专业化不同,专业化可能需要一定的过程,需要一定的积累,而定位则从一开始就可以考虑,就可以早做准备。第二,定位要结合自己的目标和追求,只有明确的目标和追求才能实现真正的定位。第三,定位需要根据不同的时期和阶段,根据自己的发展进行调整,不是始终不变的。第四,执业律师的定位要脚踏实地,不能好高骛远,否则最终将会是镜花水月一场空。

首先,我们说定位与专业化的关系问题。有人从律师成长的角度来看,将律师发展的经历分为四个阶段:即实习律师、工薪律师、提成律师、合伙人律师,这是从职位的角度来进行的划分,一般的律师也是按照这几个阶段逐渐发展过来的。有的人结合律师发展过程、定位、创收等因素,把律师的发展分为三个阶段:即普通律师阶段(笔者习惯称为初级阶段)、优秀律师阶段、品牌律师阶段。笔者倾向于后一种划分观念。但是,无论如何划分,只要是一个有追求、有理想、有抱负的执业律师,就得考虑律师定位的问题。而且,要想自己最后真正地走向成功,还必须考虑专业化的现实问题。专业化是执业律师的定位方向的问题,只有执业律师有了明确的定位,才能真正实现专业化,只有真正实现了专业化,才能更好地实现精细化。执业律师定位不是必须先解决温饱问题,在立志从事律师职业的时候就可以为自己定位了。但是,专业化一般来说需要首先解决温饱问题,一旦饥不择食,就很难实现真正的专业化。其次,定位要结合自己的目标和追求,只有明确的目标和追求才能实现真正的定位。再次,定位需要根据不同的时期和阶段,根据自己的发展进行调整,不是始终不变的。社会在发展,时代在进步,执业律师的定位也要与时俱进,不停地进行必要地调整。在不同的时期和阶段,每一个执业律师面对的机遇和挑战都是不同的,其发展也是变化的,如果还是坚持、死守以前的定位,还是按照以前的目标发展,恐怕就要落后,跟不上时代潮流和社会发展需要,所以就必须要与时俱进地调整。最后,执业律师的定位要脚踏实地,不能好高骛远。执业律师定位,其实也可以理解成对自己执业进行规划,这个规划是要具有一定根据的,不能凭空设想,想一出是一出,不能太随意。在为自己定位的时候要结合自身的实际情况,比如经济实力、知识面、兴趣和爱好、社会资源、家庭背景、圈子等进行综合考虑,定位要接地气,要有这个可能性才行,不能好高骛远。比如说,执业初期如果确实温饱问题都没有解决好,就不能定位太离谱,如果律师的定位不着边际,只是说起来好听,让自己一时高兴,没有实际价值和意义,这又有什么用呢?执业律师给自己的定位要量体裁衣,要切合实际,要具有可操作性和可实现性,否则那不是定位而是妄想。

有同行曾经研究过律师定位的具体类型及方法,笔者认为这些方法非常不错,在此推荐给大家,希望对大家有所帮助。

1. 律师执业定位有哪些类型?

(1) 方向定位:以诉讼和非诉讼业务类别作为定位方向。确定为:诉讼方向和非诉讼方向。诉讼方向又可分为:民事诉讼方向、刑事诉讼方向、行政诉讼方向等;非诉讼方向也可分为:投融资方向、公司上市方向、公司治理方向、公司并购方向等。无论诉讼、非诉讼方向，均可根据专业和精细化的需要，细分业务方向，如："投融资方向"可分为：境内投融资和境外投融资等等，这些都是按照服务方向进行的定位。

（2）专业定位：以法律服务专业与分工不同进行定位。如：建筑房地产专业、知识产权专业、民商事专业、金融债券风险专业、刑事专业、法律顾问服务专业、劳动社会保障专业、破产和清算专业、行政法专业、涉外经济专业、公司法专业、环境与资源专业等。根据精细化分和服务的需求可以将某个大类型的专业进行细分，确定"细分专业定位"，如：法律顾问专业还可细分为：机关事业单位法律顾问、公司企业单位法律顾问、个体工商户、公民个人法律顾问等；还可将"企业公司法律顾问"细分为：上市公司法律顾问、非上市公司法律顾问；大中型企业法律顾问、中小企业法律顾问；民营企业法律顾问、国资企业法律顾问、纺织服装企业法律顾问、建材企业法律顾问、商贸流通企业法律顾问、加工制造企业法律顾问等。根据不同的需求、不同的服务，细化不同的专业，做到精细化专业定位，做好精细化法律服务的效果。比如，近几年比较热门的"房地产专业律师""税务律师""知识产权律师""股权律师"等，都是按照专业方向进行定位的。

（3）市场定位：将法律服务产品化，按照市场运营模式，将"服务产品"推向市场，律师执业定位的"市场定位"，是根据市场需求确定提供相应的服务，提供相应的产品。根据这一定位的要求：市场决定产品需求，产品必须适应市场需求。比如，现在很多地方出现的"二手房交易律师"，就是根据二手房交易火热，交易频繁，争议较多的情况产生的。还有比如"民间借贷律师"，他们专门做民间借贷案件，他们熟悉民间借贷的行情，掌握市场经济规律和资金运作等。

（4）区域定位或者审级定位：就是按照一定的区域或者审理法院的级别进行定位。

以上律师定位的类型只是其中部分，不同的执业律师应当根据各自不同的条件和实际情况，以及兴趣、爱好、追求目标等确定具体的定位，做到定位正确、定位准确，从而让自己的定位能真正实现。比如有的律师对自己的定位是收入的定位，有的律师对自己的定位是成就方面的定位，还有的律师的定位是著书立说方面的，以及什么时候自己创办律师事务所等。不同律师有着不同的追求和人生目标，对自己的定位也就不相一致。

无论执业律师如何为自己定位，只要是有利于自己的律师执业发展，有利于自己的成长、成功，都是正确的，可行的。当然，定位的类型不同，说明不同的执业律师追求不同，不同的执业定位决定的发展方向和成就也就千差万别。

2. 如何做好定位

（1）主动定位：执业律师的定位需要自己主动定位，不能被动的按照别人的意思定位。执业律师在从事执业活动的初期，就应当在各种各样的业务领域不断积累经验的基础上，积极主动为自己的执业生涯设定目标，做好规划，选好专业发展方向，着力专业能力的培养，朝着专业化方向发展。

（2）正确定位：是指律师执业定位必须根据自身实际情况、兴趣爱好、专业特长、潜力经验、市场等因素来正确确定自己的定位；不能好高骛远，必须做到定位方向正确、专业选择正确、实际能力判断正确、实施方法正确。

（3）准确定位：是指律师在定位正确的基础上，要准确地找准自己的定位目标，要根据自己的经验和条件，在多种选择的基础上选择出某一具体的定位目标或专业，甚至在条件成熟的时候，可以准确地定位到精细化细分的专业上，使自己能真正地成为某一领域的实战专家律师。有句话说"定位决定地位"，执业律师的准确定位，有利于律师将来不可限量地朝着专业化、精细化的方向成长发展，成就一番事业。

（4）朝着定位全力付出：执业律师在确定自己的定位和确定目标后，应当制定计划，认真规划实现定位的途径和方法，必须严格要求自己朝着设定短期目标、中期目标、长期目标，有目的有计划的付诸行动，不断地克服困难，提升自己的执业技能、水平、知识经验积累，并最终实现自己的目标定位。全力以赴，做到极致。

（5）适时调整定位：执业律师定位后，由于在实践的过程中会出现不断地变化，而且很多时候计划没有变化快，且不同的律师实现目标的进度也不同。因此，必须要对自己定位的实现适时调整，确保律师定位的正确性和准确性，并确保按计划、按进度顺利的实现目标定位。"定位不代表能到位"，当律师为自己准确定位后，实际上就确定了一个目标，但是律师不一定能够达到这个目标。在定位之前还需要考虑自身的资源和条件，弄清自己的定位战略、策略等。而定位一旦完成后，还要对定位实施效果、到位情况适时进行评估，有助于提高律师下一步定位的准度和精度。

五、执业律师定位的误区

执业律师定位具有必要性和紧迫性,定位一定要正确、要准确。现实中,一些律师对自己的定位不正确,不准确,没有真正地认识到执业律师正确定位、准确定位的重要性,而是进入了律师定位的误区。有些人对律师这个职业不够了解,对律师这个行业不够了解,而错误的给律师定位,比如有人就认为律师是帮助坏人说话的,律师就是捣乱的,等等。律师可以通过方方面面的努力去纠正别人的错误认识,避免别人对律师错误的定位。但是,如果连律师给自己定位都是错误的,那就怪不得别人了。执业律师一旦进入了错误的执业定位,对执业律师个人和律师行业都非常不利,会严重影响律师的整体形象和执业律师的声誉,不得不引起重视。

执业律师在实践中会遇到一些当事人,他们在选择律师的时候不是太注重执业律师的专业能力和执业技能,也不太在乎执业律师的知名度如何,最关心的是律师的社会关系。如果关系好,他就愿意委托你,如果关系不好,他就会怀疑你的能力,也就不太可能委托你。于是,部分执业律师经不起诱惑,为了投其所好,就真正地去拉拢一些所谓的"关系"。笔者认为,这些就是执业律师定位误区的典型,这是要不得的。

六、执业律师不是当事人的工具或雇员

执业律师定位的误区还有一个就是把执业律师定位为"当事人的工具或雇员"。对于这个定位笔者一直非常反感,也从来不认同。

执业律师如果为了获得当事人的信任或者为了获得案源,就对当事人言听计从,不作区分的答应当事人的主张,到头来实现不了就有虚假承诺之嫌,而且还容易引起投诉和赔偿,这个风险不小。律师与当事人之间是双向选择的合作关系,是平等的民事主体,律师不是客户的雇员,也不是客户的工具,执业律师与客户之间是平等的合同法律关系,没有上下级之分,不是管理者与被管理者的关系。所以,我们要对执业律师有一个准确的定位,不能为了讨好、迎合当事人,为了获得客户而失去尊严和体面,甘愿被当事人颐指气使,呼来喝去。执业律师一旦将自己定位于当事人的工具,那么就有被利用的风险,工具不是拿来利用的又是干啥的呢?如果执业律师将自己定位为当事人的雇员,当事人就是执业律师的雇主,就是老板,就是管理与被管理的关系,你就得服从当事人的管理,听从当事人

的安排和指挥，你就会无法独立办案，不能发挥自己的专业特长和执业技能，自己的智慧也会被埋没。

一些担任法律顾问的律师同行，年终习惯向顾问单位提交工作报告，可是没有想到这个报告如果养成了习惯，就会给当事人灌输律师是他的下属，律师得向他报告工作，这样合作起来就很别扭了。笔者的做法是年终向顾问单位提交法律顾问工作记录，告诉顾问单位笔者都干了哪些事，有哪些成绩，下一步还应该注意哪些方面，什么地方还应该加强等，绝对不会提供工作报告。就算偶尔提交了一个什么报告，笔者都得反复解释，这不是我应该做的，只是为了配合工作而以，不能养成报告的习惯。律师与顾问单位之间可以保持长期的联系和沟通、交流，但不是上下级之间的报告关系。所以，律师不能将自己定位为客户的工具和雇员，更不能养成客户把律师当工具和雇员的这个习惯。

七、新晋律师专业定位的重要性

如果说新晋律师的成长，直接关乎中国律师的未来，或许有人会质疑，因为很多律师刚执业就已经不是青年了。有的律师虽然年轻，但是执业比较早，职业经历还比较丰富，而有的律师是半路出家，他们执业从事律师这个职业的时候已经进入了中年，他们的执业经验、专业水平和能力还不一定比得过青年律师。但是，现在却不一样了，现在司法考试几乎是彻底改革，国家法律职业考试制度日益完善、健全，报名考试门槛很高，对报考人员的路径也进行了限制。

新晋律师要在律师行业有所发展，有所建树，那么在从业初期就应当做好定位的准备。新晋律师的成长经历，就是一个将专业知识逐步转化为专业运用的过程，定位就应当在执业初期开始规划，谋篇布局。新晋律师群体，整体的专业素养的提升，将会决定着中国律师行业未来的发展水平和质量。而作为新晋律师个体来说，专业提升和执业定位将会决定着其未来的执业高度和方向。因此，新晋律师要维护当事人的合法权益，维护法律的正确实施，维护社会的公平正义，就必须坚持专业的服务水平，精诚的服务态度，精准的法律分析。为此，新晋律师的专业定位就显得更为重要。

法律知识是一门体系强大、复杂的专业性知识，既包括关于法律规则的知识，又包括法律方法、法律观念甚至是法律理念的知识，还包括法律运用、解释等方方面面。法学学科涵盖了社会生活的方方面面，是一门重要的社会学科。律师执业定位中的专业定位举足轻重，从法学学科分类角度出发，对于执业律师的专业定位可以按照程序角度和实体法律关系两个角度进行分类。具体分类在此不再赘述。我国律师行业经过几十年的发展，已经从"全科医生"的"万金油"时代，逐步发展到专业细分的"职业化""专业化"时代。而律师队伍也从原来的"法学科班"与"非法学专业"的混同进入模式，逐步走向"法律专业"的"高质量""专业化"时代。这个变化，从"国家司法考试"改革为"国家统一法律职业资格考试"就可以看出。

国家实行统一法律职业资格考试，意味着未来有机会申请律师执业的群体已经受限。因此，律师行业必须根据不同的市场需求、不同的服务对象，结合自身的发展，对自己的发展细分不同的专业，做到精细化专业定位，做好精细化法律服务的准备。这个精细化定位的前提就是专业定位，先有专业定位才能更好地实现精细化定位，由"专"到"精""细"。

新晋律师通常指的是执业年限 3 年至 5 年的律师，这个时期的执业律师由于案源匮乏、执业经验不足、执业能力有限，导致收入不高，有的仅仅只能解决温饱。而与此相对应的是法律服务市场的细分，对于专业化律师需求日趋旺盛，一些资深律师常常面对的是源源不断的案源。江苏博事达律师事务所张君峰律师认为，律师业务的精细化发展已成不可逆转的潮流，越来越多的专业化优势显著的律师不断涌现。然而，对于急需积累实务经验、案源匮乏的执业初期的新晋律师，如何在竞争愈发激烈的法律服务市场站稳脚跟进而谋求发展，是律师不得不面对的一个现实问题。他提出要在律师行业谋求一个良好的发展，就应当专注于某一专业领域，成为这一领域的专家型律师。实际上，专家型律师不仅仅是指在某一行业、在某一领域，律师应选择最感兴趣的一类案由或者纠纷形式作为自己的专业方向，比如知识产权或者房地产，或者交通事故损害赔偿，作为自己的主流研究方向，然后倾注全部的心血或者精力于其中，进而成为高、精、尖的业务实体。

如果新晋律师要想自己做大做强，及早地为自己定位，并布局专业发展非常必要。而且，执业律师的专业化在执业生涯中一定是具有绝对的竞争优势。有道是行家一出手就知有没有。对于经常与执业律师打交道的企业家们来说，他们在企业经营的过程中，会接触到大量各种专业的执业律师,新晋律师到底专业不专业,他们一问便知。所以,新晋律师的专业定位非常重要,而且要真正的动脑筋、花时间、付出精力去朝着专业化的方向发展、努力研究和探索专业知识、执业技巧。

不同专业的执业律师,其专业立场不同,看待问题的角度就不一样,得出的结论或者说意见就有所不同。但是,现实社会对律师的要求越来越高,不但需要专业型律师,还需要全能型律师,面对错综复杂的纠纷,执业律师不仅仅是要从某一个专业的角度看问题、分析、解决问题,还得从多角度、多方面发现问题、分析问题、解决问题,做到游刃有余,既能从专业化的角度进行案情梳理,又能从道德伦理、法律思维等角度进行全方位的社会与法律相结合的剖析,这才是律师所应追求的最终模式。而青年律师要达到这个境界不是一时半会、一年两年就能实现的,这需要知识的积累,经验的积累,需要更多的实践经验和精力才行。从这个角度讲,新晋律师尽早地定位和专业发展计划也是势在必行的。无论青年律师什么时候走专业化发展道路,定位都是必需的,执业定位必须先行。

在2002年第二届中国律师论坛上,律师业务的专业化已成为必然趋势的定论,已经被全体成员所共识,来自80多家事务所的200余名律师代表因此共同签署了《上海宣言》。首先,律师的专业化必然能有效地对应法律的专业化,执业律师通过对于法律规定和法律原则的专业化分析,进而实现真正的社会公平与正义。客户之所以能放心的将其最关心的、最担心的法律问题交给律师来解决,就是因为看中律师的专业性,能够为其带来预期的利益回报。新晋律师尤其要注意专业方面的学习,通过3年至5年甚至更长时间的积累和专业学习,并通过实践锻炼、钻研,深入地挖掘涉案法律规定的真正内涵和宗旨所在,在自己的专业定位领域深耕细作,不断地提升和发展,奠定专业化发展基础。

另外,法律体系的复杂、庞大,也是执业律师专业化的重要因素之一,执业律师的专业化也会受法律体系庞杂的限制。面对瀚如烟海的法律规定和各类司法解释、司法文件、部门规章、法律理论体系,要掌握和精通每一个专业领域的法律知识是不可能的。毕竟人的精力是有限的,时间更是有限的,在有限的时间内即使发挥最大的本能,也不可能对于律师行业所有领域的专业化规定都有深入的了解,只有进行专业化分工,然后专注于某一业务领域,才能真正提高我们的业务能力和服务质量,有利于品牌和声誉的打造。为此,江苏三法律师事务所马晶晶律师认为,律师专业化是一个宏观的概念，在实现个体专业化过程中的时间因素、选择因素、心态因素都是影响和决定执业律师专业化的重要因素。

八、朱树英谈律师专业化

执业律师的专业化问题，近年以来一直是律师行业的热门话题。朱树英律师很早就开始重视执业律师的专业化发展了，2004年他对律师专业化进行了一场演讲。

朱树英律师认为专业化不仅仅是事务所的专业化，也是律师的专业化，律师事务所的整体专业化优势有利于律师个人迅速走上专业化道路。反之，一个律师事务所专业化的关键有时也在于律师个人的专业化。律师事务所是由具有专业知识的律师组成的，因此不仅仅律师事务所和合伙人要考虑专业化，就组成律师事务所整体的律师个人而言，都要考虑自己如何成为一名专业化律师。在解决事务所专业化这个问题上必须具有两个积极性：一是事务所、合伙人的积极性；二是律师的积极性。

据朱律师介绍，建纬律师事务所里有专门研究工程索赔的律师。工程索赔是一种国际惯例。这个领域的范围很大，可以说是座金山。整个承发包市场中承包人的策略就是低中标、勤签证、高索赔。低中标是激烈的竞争造成的。承包商履行合同过程中的对策就是勤签证，勤于签证，精于索赔，因此工程索赔就成为一个大问题。朱树英律师的一位助理，他是南京东南大学土木工程硕士研究生，本科学的是合同管理专业，硕士专业是工程索赔，他就专门研究工程索赔，有一定的优势，他对工程索赔有一套完整的理论。朱树英律师告诉他："你的理论在实践中必须结合实际，使它们成为指导实践的依据，这需要一个过程，在索赔实践中大量专业术语人家听不懂，要把理论转化为实践中可用的东西至少要5年。大学毕业后进入律师这个行业要自如地运用自己的理论指导实践，必须经过这个过程。"

朱树英律师认为律师事务所人越多，越要选择专业上有发展前途的点（专业定位），在点上取得突破，以带动律师事务所的发展。房地产是一个综合行业，和土地、金融业都有关，结合部很多，找准结合部上有前景的点，再进行突破，三五年后就有可能成为专业律师。因此，他强调专业化的事务所必须要有专业化的律师，每个律师都要有自己的专业和计划发展的专业。在专业化分工和市场需求方面，朱律师认为我们面对的房地产市场是个综合市场，可分成若干个小市场，细分的话有建筑市场、土地市场、销售市场、租赁市场等，还有法律服务市场，律师就在这个市场当中。这个市场由律师和服务对象组成，两者是对应的双方，因此律师要研究法律服务市场。我们都知道市场由市场主体、客体即标的物以及双方的权利义务构成，这就必须研究你需要律师做什么？律师能为你做什么？

朱律师提醒大家，为政府提供法律服务，产生的影响力比为其他客户服务产生的影响力大许多倍。在我国香港地区，许多律师90%以上的业务来自于房地产交易市场。在交易过程中，一级市场、二级市场、三级市场的转让买卖，都需要律师提供法律服务。因此，房屋交易是律师在房地产领域中的又一法律服务市场。政府、开发商、承包商、小业主都是律师的服务对象，研究市场需求就有一个律师服务定位问题。我们要考虑律师事务所定位在哪里，执业律师的定位在哪里？总体上讲，服务市场定位应与市场需求相结合。他认为选准作为突破点的市场需求很重要，要研究哪些市场是有发展前途的，进而确定发展重点。另一方面要研究可能带来潜在业务的市场的各种情况，尤其是一些平常我们不熟悉的领域。比如说房地产开发项目转让的法律服务，就是很值得研究的新业务。

朱律师在很多地方讲过他自己亲自承办过的一个案子，他认为是他从事律师职业以来办得最成功的一个案子。这个案子涉及上海建工集团的一个房地产项目转让，上海市高级人民法院一审判决，认定房地产转让合同为附条件的民事行为，条件未成就，转让合同未生效，要上海建工集团承担返还人民币6000多万元的连带责任。案子上诉到最高人民法院，朱律师代理这个案子的结果是定性改了，认定转让有效，连带责任不成立。这个案子的问题比较复杂，解决这个案子的关键却是最基本的民法理论：什么是民事权利义务的转让？什么是房地产开发项目的权利义务转让？此转让过程当中是否可附条件？附条件的行为是否可以变更？什么是条件成就？一大堆问题使房地产领域中的民法基本理论复杂化，而不研究解决这些市场中产生的新问题，就难以取得突破。朱律师曾经在《中国律师报》上发表过《一个房地产案件的几个基本的民法理论问题》的文章，就这个案件表达了关于项目转让的有关法律观点。后来这个案件被最高人民法院编入了《房地产案例精选》。这个案件充分说明在房地产项目转让领域中，存在重要的律师业务和市场需求。笔者在多次听朱律师的讲座中都听到他讲过这个案件，他办理这个案件的成功其实就是专业化水平的体现。

据朱树英律师介绍，建设工程承发包市场非常混乱，其主要表现在拖欠工程款，全国施工企业被拖欠的工程款已达到天文数字。近年，拖欠工程款的现象不仅没有缓和，反而愈演愈烈，解决问题最终只能提起诉讼。朱树英律师认为仅仅是工程款纠纷这一项，前景也是非常诱人的。因此，笔者认为工程欠款纠纷其实就是一个很好的专业，而且具体明确，市场前景确实不错。朱律师在十几年前就看好这个专业，难怪如今房地产专业律师和建工专业律师越来越多，专业性也越来越强，细分也越来越明显。

　　如何去开发法律服务需求呢？朱律师教了一个可行的方法给大家。他建议，可以先帮这些承包商、发包商、开发商进行分析，找个比较典型的开发商，帮他做一个免费的市场调查，让他把两年内所有的案件材料拿给我们帮他作分析，看看他打官司总是输的原因。关键是看他的合同，告诉他每个合同中有多少问题，一一列出来，作一个综合分析。建纬律师事务所就做过这样的工作。一个公司两年里一共有17个案子，合同无效比例达到了59%，通过律师分析后告诉他合同管理有问题，合同的签约质量和履约质量都有问题。后来这个公司的老板被吓了一跳，朱律师就提出可以给这个公司"开药方"，给他们公司规范企业合同管理提供法律服务，称之为"合同系统管理服务"。大家仔细留意就可以知道，其实朱律师说的"合同系统管理服务"，这已经又是一个非常专业的领域了。

　　合同管理是个系统工程、综合工程，企业许多工作环节都与合同有关，必须加强企业合同管理。那么应该如何管理呢？应当根据现在存在的问题来进行管理，这很现实。企业合同管理办法本身有问题，而企业没有管。要管就要纵向管到底，横向管到边。于是建纬律师事务所就给这家公司提供了四项服务：一是修改完善他们的合同管理办法；二是帮他们起草制作规范的经常使用的合同文本；三是帮他们培训与合同业务有关的所有员工；四是建立一种机制，预防合同管理人员利用签合同的权利进行贪污和受贿。这四项方法解决签合同的质量和履行合同的质量问题，这就是一种服务——非诉讼的过程服务。

　　朱律师认为必须对房地产整个开发过程都把关，律师应当提供批发服务，不能满足于做零售。律师应该根据项目开发的客观需求，提供一个过程、一个流程，甚至是一个全过程的法律服务。服务的模式应该有过程的服务和全过程的服务。如果是过程服务，就研究一个阶段的过程服务。因为当事人客观上存在着批量的法律服务的需求，我们应当研究并有效提供批量的法律服务。

关于律师事务所和律师的专业化，朱律师给出了很多切实可行的意见和建议。执业律师要走专业化道路，那么如何提高执业律师的专业素质呢？朱律师认为，为了提高律师的专业素质，一般要注重三个具体方法：

第一个方法是加强律师实务研究。要研究律师意见被采纳，或者被否定的经验教训，写案例分析，并把经典案例在律师业务学习时交流，在同行中展示。律师的实务研究很大程度上，其实是案例研究，办案的成败得失的研究。他指出，很多律师往往案件办完，归档了事，缺少了事后的总结分析。然而，来自实际案例的分析研究是非常重要的，起到总结经验教训、举一反三的作用。朱树英律师一直都很鼓励律师外出上课、宣传法治，在讲课和宣传法治的时候，案件分析就是最好的教材，因为是自己办的案件，介绍起来得心应手。因此，他认为从事专业服务的律师，都要结合自己的实践，强化实务研究。

第二个方法是执业律师要多写专业论文。他提出专业化带动专业论文，论文带动专业化。论文内容可以是结合案例、理论分析、强化管理等，可以从各个角度阐述自己的观点。这种做法的好处是律师的专业化水平，也随着研究并撰写论文而提高了。论文可以作为专业化的标志和体现，让客户信任。反过来，为了写论文，律师要付出各种努力，律师业务能力和水平也必然会随之提高。他告诉广大执业律师，收集案例、积累总结、撰写出版专业实务书籍，也是一种提高专业水平很有效的方法。他一贯支持执业律师们要多研究，多写专业论文和案例，并著书立说。在这个方面，朱树英律师就是一个很好的模范和典型，他是一个著作等身的名副其实的专业律师。

第三个方法是到专业领域授课。授课的关键是让人觉得你讲得有道理，让别人信任你，从而达到比较好的效果。你对专业问题越有发言权，你的专业化程度就越高，这很明显。朱树英律师在讲课中经常举出他自己的例子，就是为了说明讲课是拓展律师业务最好的方法，他认为这是一个有针对性的最好广告。要针对特定的对象，如企业中法律部门的人、造价部门的人、企业老板，他们有不同的问题，律师可以通过不同的授课协助他们解决。到专业领域授课确实也是一个非常好的专业素质提升的过程，更是一个批量广告的过程。笔者对朱树英律师的这些观点非常认同。笔者本人是四川省律师协会房地产与建设工程法律专业委员会第七届、第八届委员，经常应邀到一些建筑领域、房地产开发领域的企业单位做专业的培训，在笔者给他们做培训的时候，其实也是在向他们推荐并展示自己，这确实是一个很好的宣传途径，更是一个快速实现专业化和快速提升专业化水平的途径。同时，在这样的场合演讲、案例分析，就是在做批量广告，等于在做渠道而不是零售，何乐而不为呢？

朱树英律师给出的提升执业律师专业素质的这三种方法，不仅可以给执业律师带来业务，而且还可以扩大执业律师的影响力和提升执业律师的知名度。毫无疑问，执业律师在专业化服务的过程中，这几种方法和途径是非常有效的。他认为，虽然律师工作很忙而且精力有限，但为了成为真正的专业化律师必须这样做。朱律师是行业公认的专业名家执业律师，他能在十几年前就敏锐地指出律师行业的专业化重要性，并给出如此专业、权威、具体的建议和意见，相信对律师们都会有所帮助。建纬律师事务所这些年的发展、扩张更是专业化的真实写照和典范，非常值得学习。笔者是朱树英律师的忠实粉丝，一直都很关注他的观点和作品，获益匪浅，在此将他之前的这些观点整理、分享给大家，希望同行们有所收获。

九、律师专业化是市场的需要

执业律师专业化是一个热门话题，也是一个颇有争议的话题，律师行业对执业律师的专业化也是认识不一，青年律师对专业化之路更是充满矛盾与困惑。一方面大部分的新晋律师需要案源多样化提升综合能力，甚至解决生存问题；另一方面随着业务推进，新晋律师迫切需要形成核心竞争力、突破执业发展瓶颈。胡先文律师就认为专业化对竞争优势的形成是一个可操作性非常强的选择，而选择就意味着放弃机会成本。从社会分工深入和产业价值链形成看，行业内部专业化是必经之路，法律服务市场也是如此。

执业律师为什么要专业化？马克思说："社会必须合乎目的地分配自己的时间，才能实现符合社会全部需要的生产。因此，时间的节约，以及劳动时间在不同的生产部门之间有计划的分配，在共同生产的基础上仍然是首要的经济规律。"律师提供的法律服务作为商品同样要遵循经济规律。从律师工作角度看，一方面法律以及社会关系的相对稳定性决定了律师工作的可重复性；另一方面大量处理同一领域的案件，律师可以对本专业法律及相关行业知识在运用时信手拈来。以上两个方面意味着律师可以集中精力于某个或者某几个领域，通过专业化、模式化（标准化）的方式优化时间分配，在同等时间下，律师可以有更多的产出，即效率提升，进而按照高于价值的价格让渡服务、获得超额利润，形成竞争优势。同时，专业化之后的合作会形成一个帕累托改善，对律师个人、团队来说直接意味着收入的增加，对社会来说帕累托改善意味着社会福利水平整体提升，以及群众可以获得更高水平的法律服务。

在笔者看来，执业律师走专业化道路，就是在执业律师传统业务和大众化、综合服务的基础上或者前提下进行提升而实现的。任何执业律师的专业化，对其他执业律师原来的执业现状，一般说是没有影响和伤害的，只是说专业化道路会使自己越来越专业，业务越来越容易提升，让自己更具有竞争优势，使执业律师处于最优的竞争势态，可以将自己的专业知识和才干更好地发挥。当然，既然执业律师专业化让自己处于优势地位，其业务的开拓自然也就更胜一筹，收入自然也会比其他执业律师可观。

社会关系的复杂性引发法律需求的多层次性，社会化分工日益细化，社会对法律服务的需求也就越来越精细化。法律是调整社会关系的一种手段，日益复杂多样的社会关系要求更加精细化的调整规则和服务，这是时代发展的需要，也是社会发展的需要，更是市场的需要。随着法律关系复杂化、多样化，法律服务市场迅速扩大，客户的需求也随之复杂化、多样化，法律服务市场也越来越走向成熟化。法律服务必须面向市场，市场需求的诉求必然推动供应端的专业化、精细化，要求执业律师具备更加专业、精细化的知识。笔者认为，执业律师的专业化需要以执业律师专业定位为基础，执业律师的专业化是精细化的前提和基础，没有执业律师的专业化，就很难实现执业律师的精细化服务。执业律师实现了专业化，就能使自己的服务和产品实现标准化、流程化，如此反复的实践、反复的研究论证，精细化服务也就指日可待。

执业律师在经过一段时间的积累和磨炼之后，已经基本上解决了温饱问题，这个时候就不能再将律师职业仅仅当成一份工作，因此应当调整对律师职业的认识，提升自己对律师职业和自己的定位，当成一份事业来看待，来发展。如果说，执业初期是靠等、要、机会来维持生计，那么渡过这个时期后就应当主动出击，主动开拓案源。案源从哪里来？案源来自于市场，市场需要什么样的法律服务，执业律师就应当提供什么样的法律服务，我们应当以市场为导向。但是，法律服务市场需求是一个庞大的体系，任何一位执业律师都是无法满足市场对法律服务的全面需求的。因此，我们就应当在庞大的市场需求中，找到属于自己擅长的感兴趣的点，从点、面上来进行突破，进行深入的研究，才能实现专业、精、细。

在执业初期，新晋律师在掌握的资源相对劣势的情况下，如果新晋律师能对某一领域极其专业，认真专研，这有利于给客户一个好的印象，更容易赢得客户的信任。因此，面对市场法律服务需求，新晋律师靠专业取胜是一个操作性比较强的选择。对于具有一定执业经验和执业经历的执业律师，如果不是仅仅为了养家糊口，不是把律师职业当成一份工作，那么也就有必要让自己朝着专业化的方向发展。不过值得注意的是，法律专业博大精深之处绝不亚于医学专业，客户的法律纠纷也不可能完全发生在律师所计划擅长的特定领域，律师的专业发展方向不仅仅是只需要考虑律师的个人喜好，个人喜好只是一个方面，最终还得看市场。所以，律师在选择专业化发展的时候一定不能脱离市场这个主体，要分析、研究市场需求。

对于法律市场，不同的场合有不同的理解和定位。有的人将法律服务市场定位为法律服务的提供主体，有的将市场定位为高端市场、中端市场、传统市场等。笔者这里所指的市场是法律服务需求者所组成的特定的庞大组织或者队伍，针对的是需求市场，是法律服务的需方市场。2018年法律出版社出版的《中国法律市场观察》，对中国法律市场的归纳、分析、总结非常全面，对律师了解中国法律市场一定会有所帮助。市场对于好律师的需求在增加，律师事务所对创收增长的欲望在加强，而培养一名好律师则需要较长的时间。从各大评级机构的标准来看，考量的是执业律师的创造力、处理复杂工作的能力、服务质量和在业界的声誉。这是市场赋予律师的价值，所以好律师当然更值钱。

毫无疑问的是，好律师一定是专业性极强的律师，高收入的律师事务所靠的就是这些专业律师的努力。律师是以专业获得市场认可的群体，如果执业律师缺乏专业化，没有专业化定位和规划，在市场竞争中就难以找到优势。以低价进行恶性竞争的方式不仅损害其自身利益，还损害了律师同行、合作伙伴以及客户的利益，更为重要的是，贬低了律师的价值，因此一直受到行业内的鄙视。在大数据、人工智能迅速兴起的时代，执业律师提供更具挑战性、创新性、专业性的法律服务产品，为客户解决的问题越复杂，节省的时间越多，价值就越大，收费自然也就越高。因此，对执业律师的专业化程度要求也就越来越高。如果我们以低价竞争取胜，就会被全行业所不耻。律师以专业化取胜，就会成为行业的精英和榜样，就会受到行业和市场的尊重和认可。因此，律师的专业化是市场发展需要决定的。

十、专业化与团队化

随着我国经济、科学、技术的全面发展，社会分工日益细化，对法律服务的专业化要求也在不断提升，执业律师日益面临执业的专业化与团队化问题。

在一次执业律师定位与专业化论坛上，笔者提出执业律师的专业化应当结合团队化发展，执业律师个体的专业化道路比起借助团队化的基础上的专业化更显优势。这就是个体的专业化与集体智慧的有机结合，共同发展、共同壮大、共生共赢。

律师执业的专业化，一般来说是指律师在社会分工要求的基础上，根据执业律师自身的兴趣爱好、专业优势、资源优势，就某一专业或某些行业提供专门法律服务的发展趋势。执业律师的专业化是提高执业律师核心竞争力、增强专业优势、增强职业抗风险能力的有力保障，其重要性、必要性、紧迫性前面笔者做了大量的讨论。通过反复的研究、讨论，我们基本上可以看到作为执业律师，只有打造自己的专业化法律服务特色，以此塑造执业律师的专业品牌，才能在日益激烈的市场竞争中取得优势地位，使自己立于不败之地。但是，需要注意的是，执业律师的专业化不是单一化，一定不要进入这个误区。

没有完美的个人，只有完美的团队。律师执业的团队化，是相对于律师个体来说的，是指不同的执业律师组成一个群体，提供多方面的法律服务的律师执业状态。团队是指为了实现某一目标而由相互协作的个体所组成的群体，是一个共同体，执业律师团队就是由不同的执业律师个体组成的律师执业共同体，它合理利用每一位成员的专业知识和执业技能协同工作，解决问题，达成共同的目标。根据不同的情况，执业律师的团队化有很多种不同的类型，有以某人为团队核心的执业律师团队，比如"张洪律师团队""李洪律师团队"，还有以专业发展方向组成的团队，比如"刑事辩护律师团队""劳动法律师团队""婚姻家事律师团队""房地产律师团队"等。这些律师团队有松散型的团队，也有公司化的团队，他们根据不同目的而设立，追求的是协作、互补、共赢共生和抱团发展。

当今的法律市场，客户对法律服务需求的多样化与单一需求的专业化，是引导律师职业发展的趋势，也是律师执业发展的必然方向。律师执业的专业化是律师职业发展的必然趋势和选择。综观社会经济生活，任何一个行业发展到一定阶段必然产生精细化分工，律师行业也不例外。律师行业的专业化已成为律师业发展的必然趋势，执业律师要将业务做精做细，做出水准和质量，专业化是必然选择。就执业律师个体专业化而言，是执业律师在职业发展过程中，通过摸索、实践、积累，逐步确立自己专业服务方向的一个过程。执业律师的专业服务方向可分为领域专业化和行业专业化两个方面，这个专业化的选择需要因人而异，各不相同。执业律师所选择的专业服务方向，所需要具备的特定知识与技能越高，则该服务方向专业化程度和难度也会越高。

如果执业律师执业初期，业务还没有饱和，温饱问题还没有解决，让执业律师走专业化发展之路，大家恐怕就会担心业务单一无法解决生存问题。但是，如果执业律师不走专业化道路，又担心自己成为万金油律师，什么都会，又什么都不会，样样都会，却样样都做不好。在这个矛盾出现的情况下，我们应当如何来解决这个现实的问题呢？我们不想成为万金油律师，希望走专业化道路，提升专业化水平，又不至于丢失客户资源，还能保障收入，不让自己挨冻受饿，这就不得不考虑团队化问题了。客户的法律服务需求是多元的，执业律师不想成为万金油律师，希望走专业化发展道路，基于业务规模和业务对象实现执业律师的团队化运作和发展则是急需思考的问题。如果实现了执业律师的团队化，任何专业律师遇到任何法律需求的客户都可以接待和受理，这个时候你已经不是一个孤立的个体，你身后有着一大批专业的执业律师，他们来自各个领域、各个专业，在团队里可以形成集体智慧，服务任何类型法律服务需求的客户，就能解决你的后顾之忧。当然，笔者这里说的是综合型的执业律师团队，而非专业型的律师团队。

律师的团队化，不论是综合型的还是专业型的，各团队执业律师基于业务类型与专业能力等，组合成一个执业团队，在团队内的个体之间，或者团队与团队之间形成一种伙伴关系，并通过这种关系，将各自的智力资源、优秀品质、优秀文化和优秀技能激发出来，通过解决矛盾、协调平衡利益关系，互相启发、互相帮助、互相促进，不断完善合作运行机制，就可能实现互相学习、共同进步的双赢目标，达到密切合作的团队化的发展。无论是综合型的律师团队，还是专业型的律师团队，律师的团队化都是执业律师执业发展中随着客户资源与需求扩张的一个趋势。

笔者经常听到有律师讲，他只做某一个类型的法律服务业务，确实实现了执业律师的专业化，但是他们却进入了专业化的另一个误区，搞成了执业的单一化，除了自己的专业领域，其他业务居然都不会做了。有一位执业律师担任某公司常年法律顾问，专做房地产业务，对婚姻家庭和其他领域都不涉及，而且自己又没有加入团队。由于该公司董事长婚姻出现了问题，需要对自己的家庭和财富及早地谋篇布局，做好规划，就邀请法律顾问前来研究讨论，谁知该执业律师因为没有做过这方面的业务，也没有团队帮助，他不得不如实告诉公司董事长自己不懂婚姻家事和财富规划，显然该律师失去了一个大好的业务机会。要是这个执业律师有自己的团队，那么他可以大胆地告诉公司董事长说我对这个专业不太熟悉，但是我们团队的某某律师是这方面的专家，我可以邀请他来一起为您提供专业的服务，确保你的合法权益和实现你的利益最大化。这样客户不会丢失，还相当于请了一位律师帮自己挣钱，这有何不可？

笔者的团队不是专业的律师团队，属于一种松散型的综合律师团队，每个律师都有自己的专业发展方向，都有一个或者两个专业领域，我们在展业的过程中就不存在前面那位执业律师的问题。我们团队的每一个律师都不是全才，但是我们每一个执业律师都可以接受全面的法律服务委托，我们会根据团队组织架构，有针对性地安排专业律师担任案件的主办律师。一方面我们避免了团队执业律师的客户丢失，收入损失，另一方面增加了团队其他执业律师的业务量，保障了业务收入。更重要的是，我们的运作模式可以让团队伙伴们放心大胆地走自己的专业化发展道路，让大家都成为专业化执业律师，都成为团队精英。当然，团队的建设不一定是局限在某一个律师事务所，这样的团队实际上是可以突破某一个律师事务所的，某一个律师为团队负责人，可以根据需要吸纳其他律师事务所的优秀、专业律师进入团队，这样就可以避免团队的局限性。

在律师职业专业化发展中，执业律师的团队化具有很多优势价值。第一，能够以团队的智慧和技能提供差异化、一体化服务。我们已经看到，随着社会经济的发展，法律服务领域的市场与需求日益多元化，执业律师个体的单一力量从事法律服务会面临知识、精力与能力、资源的欠缺，团队化管理与运作可以根据个案的需要优化律师资源配置，同时发挥集体的智慧和力量，更好地保障客户的权益。尤其在处理一些法律关系错综复杂、需要投入大量人员或工作时间的业务时，律师团队的优势更是显而易见。

第二，律师团队化，有利于形成团队统一的品牌，提供一站式解决方案。团队化管理和运作，团队伙伴在主观上会更加注重团队整体的品牌效应，使团队成员更注重维护团队的集体声誉。良好声誉能为社会广为知悉且更容易被客户信赖和依赖，不但会推动形成团队统一的品牌，更有利于提供一站式法律解决方案。

第三，执业律师实行团队化管理和运作，能够有效防范律师个体在执业过程中的不规范行为，使律师按照团队的规则处理各项业务，有利于提升律师团队和律师个人的管理意识和水平。团队化管理下的律师，不但要自觉接受律师执业纪律和职业道德的约束，同时也要接受团队纪律和规则的约束，使得团队律师能够更加自觉地恪守职业道德和执业纪律，更加注重素养的提升，勤勉地为客户提供专业、优质、高效的法律服务。

第四，律师团队化运作，可以根据律师的学习能力和专业技能优化人力资源配置，有助于提升执业律师专业化和执业水平的提高，有助于年轻律师选择自己的专业方向。实践证明，实行团队化管理和运作的律师，其专业化的程度普遍较高，律师专业水准也比较高。

第五，执业律师团队化，有助于执业律师的专业化。除了像笔者这样的松散型团队外，律师团队化还包括专业的团队化和团队化的专业，这对律师行业的发展有积极的提升和推动作用，有利于提升律师行业的整体素养和服务水平。律师服务专业化驱动的团队化，必然能够更加高效、优质地促进社会政治经济生活的法治化进程，促进社会的法治化治理与精神文明建设。执业律师的专业化建设与团队运作是相辅相成、互相促进的，如果能把握好两者的关系，在专业化建设中加强团队运作，在团队发展中突出专业化特色就能更好地体现出发展优势，就能让律师经得住市场的考验，经得起客户的考验。

如果执业律师没有团队运作，每个执业律师各自为政、各自发展，一个人很难成就专业化。同时，如果没有专业化建设的团队运作则会缺乏竞争优势，就会仅仅是律师人数的增加，则不利于团队优势的充分体现与行业发展。因此，我们说执业律师的专业化与执业律师的团队化运作具有非常密切的共生关系。科学有效的团队化发展可以促进专业化建设的实现，为专业化发展铺平道路。一个律师团队就是一个律师集体，律师团队树立自己的服务理念，服务品牌，专业形象，采用自己独特的营销方式，利用自身形成的专业特长发挥出团队优势，最终实现律师个人与团队的专业特色服务，成就律师的专业化。

律师团队的发展要以团队的客户开发与案源积累为基础，没有客户、没有案源，就没有工作条件和生活保障，难以实现团队运作的可持续性发展与最优化发展，而专业化建设恰恰解决了这一难题。市场是不断发展变化的，细分法律服务市场，打造执业律师专业化团队，形成法律服务的差异化、品牌化竞争，就会形成律师服务的比较优势，就会在法律服务市场更具有竞争力。专业化是团队化、品牌化的基础，团队化、品牌化才能更好地推动专业化的发展。有同行提出，方向定了不怕路远，世上没有比脚更远的路。每个律师都有自己不同的发展道路，应该根据自己的发展情况来选择，发挥自身优势，创造出自己独有的专业化建设、团队化运作发展模式，增强核心竞争力。

"专业化分工、团队化合作"的团队发展模式，目前看来可以很好地实现新晋律师的专业化发展，为年轻律师提供一个平台。但是"团队内部的分配机制"却是我们需要认真思考的关键问题，它关系到整个模式推行的成败。由于目前普遍实行案源、办案提成制度，有些新晋律师在承接业务和办理案件的过程中，根本没有考虑自己的专业发展方向，更不用说专业分工和业务的精细化了，这就对团队的发展造成了不利的影响。同时，在业务的开拓上，一些执业律师不知道如何去开拓业务，不想自己去开拓市场，这又容易养成懒惰的习惯和依靠的心理。

一些青年律师的业务技能欠缺，经验不足，团队负责人还得承担案件指导工作，身上的担子也不轻。在利益分配上，人都是趋利避害的，这样的团队还难以抛弃那种案源制、提成制的分配制度，难以施行人性化利益分配。目前，从法律方案准备时间、案件的难易度以及个人的基本情况综合考量进行利益分配也比较困难。虽然这样操作，可以增加年轻律师的信心，体现人性化的团队发展脉络，但是往往容易损害团队负责人的现实利益。因此，只有团队每位成员心系团队，才能保障团队的正常运转。希望广大执业律师在专业化与团队化方面找到切合点和平衡点，既能帮助自己走上专业化的发展道路,又能实现团队共赢,借助集体智慧实现自己的人生价值。

十一、执业律师如何实现专业化

实践证明,执业律师的专业化对律师开拓业务和做业务都非常有帮助。客户的专业服务需求,是社会分工细化的必然产物,专业意味着更优质的服务,可获得更大的竞争优势,专业可以使得目标客户明确,更容易营销,执业律师专注一个领域或行业,容易提高业务能力,提升工作效率,降低工作成本、让服务质量更有保障。执业律师的专业化符合律师职业内涵,更有利于塑造律师职业形象,提高执业律师的知名度。就执业律师的业务开拓而言,一旦成为专业律师、专家型律师,自然会有更多的业务找上门来。但是,执业律师应当如何实现专业化呢?

首先,在对律师行业没有一个广泛、深入了解的前提下,在业务还不够饱和时,最好不要过早的为自己设定专业领域,划定框框,束缚自己的发展,否则将有抓小放大,捡芝麻丢西瓜的风险。同时,也会出现专业定位不准确,专业定位不正确的风险。笔者一直建议执业律师应该早早地给自己一个定位,但是这个定位不一定就是专业定位,专业定位或者说专业化需要一定的基础和积累。

其次,专业方向的选择一定要慎重。曾经有律师提出在执业律师专业定位的时候,有没有什么专业是成熟的,容易上手的?对于这个问题,应当说执业律师的专业化是针对不同的个体而具有不同的差异。因此,执业律师的专业化不会有现成的固定的统一的路径和模式,这需要结合不同的执业律师的个体情况而定。成熟的业务领域专业化,在目前的律师界是否真的存在?这个问题早已经有人提出了质疑。笔者认为,执业律师的专业化一定是需要积累和兴趣、爱好的培养,一般情况下执业律师的专业化不会是随意的,更不是简单或者轻而易举的。

执业律师的专业化首先是一个自我定位,以从执业初期的"全科医生",将有限的时间、精力集中在一个或几个领域上深耕,形成自己的核心竞争优势。个人兴趣爱好不同、专业背景不同、积累的知识体系就会有差异。执业律师专业化发展,就需要自我定位时根据自身特点找出自己的比较优势、兴趣点、明确自己切入什么样的法律服务细分市场并持久发展。这个专业的选择一定要慎重,不可太随意。把定位想清楚,律师专业化发展才会更顺利。专业化发展是执业律师商业模式的一部分，在选择切入不同市场（专业领域）时，市场定位本身的不同，会对你构建自己商业模式的策略产生很大的影响。执业律师在考虑专业化发展之前，先想清楚自己的定位。几乎所有的行业，提升效率的基本路径都是一样的：分工＋专业化。分工是为了提高速度，专业化是为了提高质量。

执业律师专业化的实现，需要考虑很多的因素。而且，需要结合执业律师的业务经验的长期积累情况、执业律师掌握的专业法律知识基础、律师个人的兴趣爱好与志趣方向、既有的相关专业知识和实务经验、已有的社会关系领域及人脉资源、潜在的业务资源和业务开拓途径、所在律师事务所或者团队的专业定位与专业布局、律所及律师的品牌策略与案源来源情况、执业律师拟定执业专业方向的市场前景与发展空间、执业律师所在地的社会、经济发展情况及外部环境、执业律师个人对宏观经济及经济趋势的理解等。要树立专业化理念，注重律师专业化服务能力的提升，提高执业竞争力。要加强专业知识和专业技能投入，创造专业化发展的基础条件。

区域经济研究表明，律师执业必然要立足特定区域，选择专业化发展时，禀赋和区域发展是两个很重要的因素。禀赋更多的是指拥有比较优势的条件、资源状况，强调积累。在律师专业化问题上，知识体系、团队差异是重要的禀赋因素。因此，在考虑专业化时，寻求与自己优势知识对应的专业细分更容易形成核心竞争力。区域发展是影响专业化选择的大环境，反映了市场对法律服务的动态需求。律师执业所在地的区域发展决定着案件的主要类型，进而决定专业化的选择面、影响专业化的广度。专业化是社会分工的深入，从个人执业发展的角度看，专业化定位反映了执业律师融入时代发展、实现法律服务的社会效果和经济效果相统一的愿景。不论传统法律服务市场还是新兴法律服务市场，执业律师根据自身专业定位切合资源禀赋、合理预见区域发展脉络，通过厚积薄发，都能走出一条独特的专业化道路。

执业律师的专业化过程也是专业领域的市场需求培育过程。什么样的需求就会决定什么样的服务产品。是不是执业律师做到了专业的服务水平，潜在客户就能够注意或者意识到我们的专业优势，进而很容易与我们形成业务关系呢？是不是律师服务越扎实、越具备实力，经验越丰富，专业水平越高，潜在客户越认可律师，律师的客户就会越多，专业化道路就越成功呢？其实，现实并不是这么简单，这只是一个理想化的模式。要知道，执业律师的专业化发展不是一天两天的事情，这需要一个漫长的过程。

执业律师走专业化发展道路必须要掌握法律服务市场的现状，符合律师行业发展的趋势和规律。就目前我国法律服务市场的整体状况看，按照市场发展规律，尚处于原始积累向规范、有序竞争过渡的阶段，属于转型期。国家和司法行政主管部门、行业协会的宏观政策导向无疑是律师业务向专业化发展的推手。传媒和舆论也异口同声地宣传律师要走专业化道路，就是在鼓励、支持执业律师朝着专业化方向发展。但是，执业律师的专业化目前还不容乐观，客户的法律服务需求仍然很混乱。

有人提出，全面实现服务领域专业化最大的障碍，是缺少管理水平先进的紧密型律师事务所。专业化、专门化应该以机构为先导或依托。律师个人能量再大、能力再强也很难全方位驾驭和把握一个专业领域。这个观点笔者比较赞同。实事求是地说，执业律师的专业化虽然势在必行，是发展的必然趋势，但是这个发展还是有一定的风险。什么风险？短时间内业务丢失的风险，业务量减少，收入减少，挨冻受饿的风险等，这非常现实和残酷。虽然，已经有很多成功的专业化执业律师，但不是每个执业律师都有那么好的机会和资源，也不是每一个执业律师都有那么好的运气，更不是每个执业律师都不需要负担父母和妻儿老小。在执业律师的专业化发展道路上，负担和痛苦在所难免。

笔者认为执业律师如何实现专业化的问题，是一个非常复杂、非常重要的话题。执业律师实现专业化，需要明确自己的定位，方向选择一定要慎重，有很多需要考虑的因素，执业律师的专业化过程也是专业领域的市场需求培育的过程，不是一两天就可以完成专业化和实现专业化的，执业律师走专业化发展道路必须要掌握法律服务市场现状，符合律师行业发展趋势和规律，执业律师的专业化虽然是势在必行，是发展的必然趋势，但发展还是有一定的风险和挑战的，需要我们正确面对，勇敢坚持。

十二、关于律师专业化问题的若干思考

专业化问题确实是一个非常专业和复杂的话题，有太多的问题需要我们去思考、去面对，不是三言两语就可以说得清楚的。因此，笔者在此将前面没有谈到的一些问题再谈谈自己的想法，希望能引起大家的思考。

◇ 律师需要专业化，更需要一专多能

在律师行业中，的确有部分律师只做刑法中的某类罪名或者案件，并成为业界顶级专家的现象，进而有观点认为专业化意味着律师执业领域，须局限于某一种类型的案件。对于这样的观点，笔者认为值得思考。首先，执业律师的专业化是一个循序渐进的过程，不能仅仅从个别现象就轻易下结论，如果认为专业化就得局限于某一种案件或者只能做一个专业，这有点片面，这种认识抛开过程只看结果，需要我们思考。其次，新晋律师一般都面临生存与发展的矛盾，如果仅仅限于某个类型的案件，恐怕接触面太窄，不利于发展。再次，没有多种类型案件的积累，盲目单一化会限制专业化的深度和广度，更不适宜精细化发展，而且局限于某一类案件并不是专业化。律师走专业化之路，是必然之路，但需要理性定位，确定自己的专业方向，正确处理长远发展与眼前面临的生存问题之间的矛盾，应当注意发展一专多能。

◇ 专业化道路需要专业客户群体支持

执业律师走专业化道路，在选择专业方向的时候，自身的优势非常重要。这些优势有的来源于特定的知识背景、个人性格特点，有的来源于资源积累、人脉、经历以及前期的相关工作经验。律师需要结合自身的优势，找到某个专业领域实践的突破口，在长期反复的实践中确定适合自己的专业领域。因此，执业律师的专业化不是口头上的专业化，也不是纸上的专业化，执业律师的专业化道路的选择不是空想出来的，也不太可能仅凭个人兴趣爱好，依靠案头理论研究就能决定的，专业化需要我们结合自身的优势，通过大量的实践反复锤炼才能决定和实现。而且，走专业化道路需要一定的专业客户群体的支持，要有足够的业务机会做后盾，否则这个专业化是很难实现的。

以2019年全国试行的专业律师评审为例，四川省规定大学本科以上学历的律师要申请专业律师评定，需要在其申报的专业领域连续执业10年，法学硕士至少需要在其申报的专业领域连续执业7年，法学博士至少需要在其申报的专业领域连续执业5年，必须每年至少有一例相关专业案例申报，这才符合申报条件。符合申报条件后，还需要根据申报律师办案的具体情况进行评分，而且评分主要是根据最近三年办案实际情况，只有达到规定的分数,并经律所、市级、省级专业律师评审委员会最终评审审核通过后,经公示期满才会获得专业律师认定。换句话说,没有足够的案源,很多律师参评专业律师的资格都没有,就算每年有一个案子,最近三年的承办数量达不到,分数不够,也不合格。因此,笔者个人认为案源才是王道。

一些专业类客户,在某专业类业务中向律师提出了大量细致的问题,这些问题有些是与法律相关的,有些可能不与法律直接相关却有利于相关法律问题的分析与解决,而往往这些问题的提出执业律师还不一定想得到。这些问题中,相当一部分都是律师无法通过非实践性的研究能够接触到的,很多专业性的问题必须要真实地遇到了,经历了才能发现,才知道如何解决。笔者就发现有的客户针对自己的案件,整天研究他遇到的法律问题,反复阅读大量的案例、理论文章,再重复研究无数次法律法规条文,他们往往在很多专业性的细节性问题上看得比执业律师还准,理解得也比律师深,领悟得更透彻。只不过,他们毕竟不是从事这个工作的,在法律适用的技巧方面不如执业律师。因此,律师在选择专业化道路的时候,应当特别关注服务的专业客户群体,可将该领域的专业客户业务集中分析研究,归纳总结,争取发展成一个专业的法律服务领域。可能前期律师服务的这个专业领域的客户数量不一定多,但是只要坚持下去,在这一领域做专、做精、做细、做出好的口碑,相信就会很快在细分行业类有更多的业务机会,最终形成专业化的规模效应。要以专业化带动规模化,以规模化促进专业化。

◇从标准化实现专业化

一般来说,专业领域的法律工作主要类型是基本固定的,具有一定的模式或者模版。在律师专业化的道路上,可以考虑将同一个专业领域的主要法律文件标准化,制订普遍适用的文件模板,将工作流程标准化,设计合理的工作环节、流程和团队分工,将律师的工作方法标准化,就特定事项采取的工作方法制定统一标准和流程,并严格执行。通过工作流程的标准化和工作方法的标准化安排,就能提高律师的工作效率和团队合作效率,提升律师的工作质量,同时有效降低成本和控制执业风险。

因此,标准化的工作流程、标准化的工作方法、标准化的法律文书、标准化的职业装束等,都是律师需要思考的。有人认为目前的中国律师已经进入了第四代,就是智能化、云计算、大数据时代。而第三代律师则是精细化、业务流程化、流程可视化、服务产品化、工作标准化、管理集约化,拥有信息化、互联网的基因和属性。那么,试问我们是不是已经进入了第四代了?有没有达到第三代的标准呢?恐怕很多律师不要说第四代,第三代还算不上。所以,专业化的实现是否可以先从标准化做起,从标准化到专业化。但是,也需要明白标准化并不意味着一劳永逸、一成不变,标准化不是固定化,不是墨守成规,针对不同的个案,也需要进行个案调整,在发展中不断优化。

◇知识储备与知识管理是专业化的保障

律师行业是一个日益市场化的行业,为客户提供综合解决方案正在成为趋势。目前的法律服务市场,不仅仅是流行、需求"专业化的执业律师",而是急需精熟于行业的专业律师。执业律师已经不能仅做"法律风险的提出者",而更应该是"为客户提供解决方案的服务者"。"为客户提供解决方案",这不仅仅是专业就能够实现的,这需要大量的知识储备和进行必要的专业知识管理。据悉,在这方面做得比较好的汉坤律师事务所的合伙人律师,在2016年人均创收就已经突破了1000万元,这就是知识储备和知识管理在专业化发展方面的成绩。

具备深厚的专业功底是律师专业化的基础。律师是一个靠专业吃饭的行业,专业知识的积累决定了律师在这个行业能走多远。很多律师轻专业重市场,依靠精美的包装获得客户信任。但是,只有适度的包装才能让客户感觉到形式上的专业,而过度的包装只会让客户感觉不适,反而会觉得律师不专业。要知道,如果这一次客户基于精美包装把案件交给你,一旦他发现在服务过程中你的专业能力达不到他的要求,这个客户就不会再委托这个律师第二次。所以,与其过度包装让自己专业,不如通过知识储备真正的让自己专业。关于专业知识的储备,律师需要将专业知识体系化,有坚实的基础知识,同时又能够在此基础上建立专业法律领域的专门知识。要建立法律知识体系,需要常年不断地学习。除了基础知识和专门知识的储备,实践知识也需要储备。律师要为客户提供解决方案,这是实践性的问题,需要真才实学,这就需要注重对案例的学习。律师是从事实务工作的,要"能够解决问题",就应当通过实际案例的学习加深对法律条文的理解和运用。

在储备知识的同时，还需要学会知识管理，加强知识管理。需要储备和管理的知识，应当是有效的知识。可以保存与分享的知识才是有效的知识，有效的知识管理对于专业化建设至关重要。知识管理包括定期的相关法律法规收集与更新、专业问题的法律研究与案例分析、撰写与分享专业文章进行经验交流、知识总结、定期组织相关领域的业务培训、共享资料库的建立、及时更新等。进行知识管理，有利于保存以往的专业知识与经验，避免重复劳动或错误，既能提高工作效率，又有利于提升工作质量和水平。

◇朝着专业方向进行宣传推广

我们不得不承认，"酒香不怕巷子深"的时代已经一去不复返，面对日益竞争激烈的法律服务市场，律师光凭专业知识恐怕难以立足。因为优秀的律师会越来越多，客户如何知道律师的存在？如何知道你专业？这就需要律师的专业性的宣传推广。所以，律师专业化的重要一环是对专业方向的宣传推广，这种宣传推广应建立在实事求是的基础上，是一种专业性宣示性的推广，起到一个引领作用，不是胡乱吹捧和包装。说得简单明白点，至少律师的拿得出像样的专业案例，至少有几个专业方面的胜诉案件，不能说全凭一张嘴，客户是不可能相信的。

律师对自己执业领域的宣传推广，包括对自己亲手办理案件的宣传、对自己所获奖项的宣传、对自己所处专业团队的宣传等，这种宣传应借助宣传册、网站、微信、微博、朋友圈等手段和途径来完成，而且要及时更新。同时，进入一些行业、专业领域进行普法宣传和专业知识的培训、讲座，也是一个非常好的专业宣传途径。至于宣传推广的受众，则包括潜在客户和律师同行，因为很多专业律师的案件都是同行转介绍的，如果连律师同行都认可你，客户自然就更加会认可你。同行之间的，行业内的宣传也不可忽视，这是很多律师同行没有意识到的，这需要引起同行们的注意和重视。

发表专业文章的宣传方式是一个比较切实可行的宣传推广途径。在专业推广方面，经常在各种报纸、杂志、网站等发表专业文章，通过不同的渠道将专业文章、专业观点展现出来，让大家参考、讨论、学习、批评指正。而且，通过发表专业文章，其他媒体的转载等，还真的可以收获不少的案源。这不仅仅是一个宣传推广的途径，还是吸引客户的一个行之有效的好办法。

◇**适当承接一定数量的专业案件通过实践走向专业化**

一个自称专业的律师如果连自己所称专业的案件都没有承办过几件，就无人相信他是专业律师，更不相信他能实现专业化。专业化一定需要实践，只有通过实践的专业化律师才是经得起检验的专业化律师。比如说，有律师称自己是知识产权律师，但他没有办理过多少知识产权案件，就绝不会取得客户信任，客户又如何信任呢？再比如说，一个律师称自己是专业的刑事辩护律师，结果刑事案件都没有承办几起，就连到看守所会见都很少去，谁相信这名律师是刑事辩护律师呢？我们经常会遇到客户要求提供是否有过办理类似案件经历的证明材料，如果确实没有办理过，又如何提供得了呢？所以，这就需要执业律师注重专业案件的积累。

律师一旦选择好了自己的专业化道路，确定了专业发展方向，在专业化执业初期，可能遇到的专业案件并不多，这是一个普遍的现象。同时，在专业化初期，律师应主动承接一定数量的专业案件，只要是自己能做的，都可以争取过来。但是，笔者不提倡低价竞争。

CHAPTER 7 第七章
执业律师的营销技巧

【阅读提示】

执业律师几乎没有坐等案源的可能,要想在律师行业站稳脚跟,要想有业务,很多时候还得靠自己拓展案源,因此律师营销是必需的,也势在必行。执业律师为什么要营销,如何才能实现有尊严地营销,本章进行了详尽地介绍。律师营销的方法和技巧有很多种,但是真正切实可行的不多,本章重点介绍了写作营销、研讨会营销、授课式营销、网络、网站、社区营销这几个常用的务实营销技巧和途径。律师营销不能盲目,要找到营销的定位,不能不切合实际和好高骛远,但愿本章能帮助律师同行解决营销的困境,突破业务匮乏的瓶颈。

一、执业律师为什么要营销

2007年至2017年间,中国的经济体量急速扩容,消费能力不断提升,越来越多的法科生、法律从业者进入执业律师这个行业。不少的优秀律师、大律师、名律师产生,律师行业发生了巨大的变化。过去,我们认为中国律师稀缺,而且社会地位不高,对于律师的生存问题关注得似乎也不够。2009年陈有西律师在《中国律师业值得期待》中提出,中国13亿人口13万律师,律师正好为万分之一,律师在中国还是稀缺资源,律师业有很大的发展空间。十年过去了,中国律师在2019年召开世界律师大会时发布的数据显示,已经突破了46万,似乎律师不再是稀缺资源了。据悉,2022年中国的律师将达到62万名。据2020年3月成都市律师协会发布的最新数据,成都律师已经达15 500余名,对于这个1600万人口的城市,律师所占人口比例已经不低了。

现如今,我国律师人数成倍增长,浪潮迭起,人类社会巨变,商业逻辑重构,律师行业勃兴,智能化时代来临,智慧司法、智慧法院、智慧律所等已经让人眼花缭乱,应接不暇。依法治国的深入推进,社会法律服务市场的需求猛增,律师市场似乎已经成熟。遗憾的是不少执业律师却已经背道而驰,与律师职业渐行渐远,慢慢地将会脱离律师岗位,远离律师职业,不再属于律师行业。在笑声、哭声、骂声背后,一些执业律师含恨离场,而一些律界达人则已经闪亮登场,新贵崛起,群雄逐鹿之下,一些执业律师已经实现了弯道超车。这些律界新秀已经改变了市场格局,担当了引领潮流的新兴力量。个别律师在律师行业却实在混不下去,已经被潮流抛弃。2020年3月,四川省司法厅发出相关文件,将对律师执业状态进行专项清理工作,特别是对于那些已经在国家机关、人民团体、企事业单位工作的兼职律师等,实行严格清理。既然这部分人没有在律师行业里面了,另外找到了工作,就说明或许不适应律师这个工作了,行业主管机关进行清理也是很有必要的。这就是现实。

业界,一些部分自认为大咖的执业律师,业务量并不是我们想象的那么理想,他们自恃清高,不愿意推广,反感律师广告,光鲜的背后却是捉襟见肘的生活。而那些看似不起眼的律界小兵,他们是"小荷才露尖尖角,早有蜻蜓立上头",到处都是他们的身影,哪里都是他们的足迹。几年前还在请我推荐业务的一位实习女律师,转眼间就已经创办了律师事务所,在笔者的一次培训班上得知她带领着一帮新晋律师,一年的法律顾问单位已经有近百家。这等业绩是不是应该令我们刮目相看?笔者律所的几位律界德高望重的长者,他们不愿意参与律所活动,不愿意了解律师市场,似乎已经与世隔绝,业务量每况愈下,令人担忧。这些现象令人深思,值得我们反省。

市场瞬息万变,作为执业律师应当如何适应市场需求?如何迎接挑战?如何在激烈的市场竞争环境中立于不败之地?案源是关键。没有案源,就不会有收入,没有收入就得饿肚皮,空着肚子什么都空了。生存都解决不了,何谈人格尊严?更谈不上事业和理想,至少谈这些东西为时尚早或者不太现实。酒香不怕巷子深,已经成为历史!

华宇元典总经理周劼坤提出:"律师的能力分为市场的能力和专业的能力,但是当专业能力提升的时候,实际上提升的就是市场能力,而技术能够为法律服务市场提供进化的契机。"什么是律师的市场能力？律师的市场能力就是市场开拓的能力，就是案源开拓的能力，开拓案源就是市场营销。律师职业，说白了还是一个职业，无论是一份工作还是一个创业，其实都是要解决自己挣钱养家糊口的现实问题。当然，上了岸的优秀律师、名律师、大律师不在此列。既然是一份工作，一个创业，律师就不得不考虑自己的商业模式和提供的服务产品，商业模式如何实现？产品如何销售？这不靠市场靠什么？靠市场，不营销行么？其实，无论把律师这个职业，这个事业说得多么的高大上，这些基本问题都得面对，都得解决。毕竟国家是不给律师发工资的，除了税收就是给你政策，挣钱养活自己，养家糊口还得靠律师自己。

说到执业律师的营销，什么是律师营销？百度百科对律师营销的解读为：律师营销可以理解为让当事人更方便地找到合适的律师，让律师体面地获得更多的案源。进而在当事人的参与互动下，对案件质量或工作质量进行良性管控；在诉讼业务中以追求个案公正，实现社会的公平正义，在非诉业务中以最经济的投入获得客户最满意的效果，最终实现客户价值。这个解读很"高大上"，将律师营销的目的定位于"实现客户价值"。有人提出执业律师的首要任务是谈好案子，认为谈好案子是一个经验加技巧和胆识的问题，专业是为了做好案子，营销就是为了解决有案子可谈的问题。细细想来，这个说法不无道理。笔者认为，律师营销就是让社会、市场、广大人民群众、机关团体、企事业单位、亲戚朋友、同学、同乡等潜在的客户知道执业律师的存在，记住谁是执业律师，而且还是一位不错的有专业水准和执业技能的，具有一定执业素养的执业律师。因此，营销的重点在于"让当事人更方便地找到合适的律师，让律师体面地获得更多的案源"。如果要划重点，那就是"方便"客户找到律师，让客户觉得这个律师就是"合适"的，律师才能"体面"的展业，获得"更多"的案源。

关于中国律师营销的问题，早在十年前陈有西律师曾经指出，撇开所有的政治特征、法律特征不说，执业律师确实存在营销的问题。因为要养家糊口、赚钱养活自己，在中国的现阶段，光讲政治、讲法治、讲道义责任，而一年做不到十万的执业律师，不可能被人视为一个成功的律师。他说，我们一方面鄙视见钱眼开、唯利是图、不讲道德的律师，另一方面我们又在以金钱上的成败论英雄。对于许多执业律师，特别是刚刚踏进律师行业的新晋律师，不知道如何养成自己、宣传自己、推销自己，确实是一个大问题。尽管陈有西律师一直不太喜欢"律师营销"这个词，但是他对执业律师如何拓展自己的业务问题进行研究和辅导还是完全赞同的。笔者以前对律师营销这个说法也不太接受，觉得这个说法太市场化，太势利了，但是随着执业年限的增长，执业经历的积累和经验的积累，社会的经济发展和变迁，对这个称谓已经习惯了。

早在二十余年前，笔者有幸聆听了广东财经大学雷鸣教授的讲座，并获得其签名赠书《市场推销学》，对市场推销有了基础的认识和了解。后来，市场营销这门课程出现，笔者又进一步进行了学习。而且，哈佛商学院的市场营销课程可以说风靡全球，在这个课程中的营销一般都是指的营销"产品"。陈有西律师认为这个营销与律师营销不同，他们是营销"产品"，律师是营销"服务"。至于律师营销到底是营销"产品"还是"服务"，以前确实有激烈的争论，各家认识不一，现如今似乎已经不是那么重要了。无论是"产品"还是"服务"，也无论律师的"服务"是不是"产品"，至少执业律师需要进行营销的认识已经得到了统一。因此，陈有西律师也认为律师营销应该得到正名，并应该作为律师培训的一门必修课。

笔者从事法律服务行业近三十年，有幸与陈有西、段建国、胡清平、高云等名家面对面接触和交流，特别是段建国、胡清平、高云律师的律师营销之道对笔者本人影响都非常大。而且，他们推崇、推荐的律师营销手法、策略、途径、方法和技巧都让笔者获益匪浅。经过自己的实践和体会，笔者对律师为什么需要营销形成了自己的看法，简单点说就是前面笔者总结的律师营销就是为了实现让潜在客户"知道你，记住你，了解你，需要你，信任你，依赖你，宣传你"。

律师营销的第一步，就是要让人知道你，知道你是律师。如果潜在客户，社会公众等都不知道你是律师，就算他们对你再好，他们就算遇到了法律问题，也不会想到你，更不会委托你。律师营销，就是要让人知道你是专业律师，知道你是一个具有高水平具有良好执业道德素养和专业素养的律师，你就是"合适"的律师，你就是"适合"他的律师。律师营销不是吹嘘，不是纯粹的广告，律师营销是一门学问，有很多的技巧。笔者很反对一些人把自己说得什么都会，无所不能，这样的营销不是营销，这是广告，是吹嘘。律师营销的目的是要让客户知道你，了解你，信任你，并能委托你，形成案源，实现成单。那么，在营销的时候就不得不考虑律师的真才实学,要把你最优秀、最专业、最具实力的一面展示出来。

通过营销,可以发表观点,推广经验,传递知识,展示服务理念,发布成功案例,体现专业和素养,树立良好、专业的职业形象,获得潜在客户的认可和支持,最终实现客户委托,达到成单,拓展案源的目的。如果没有营销,律师无论有多么优秀或专业,取得了怎样的成功,得出了什么样的经验,获得了什么成果,解决方案多么优越,客户并不知道,他们也无从知道,就会出现执业律师与客户法律需求的信息不对称的情形。能提供优质、高效、专业服务的执业律师缺乏案源,需要提供优质、高效、专业服务的客户却又苦苦无法寻找到合适的律师,供求关系就会不和谐。一方面执业律师的才能无法施展,空有其才却囊中羞涩,另一方面客户的法律服务需求得不到满足,合法权益得不到有效保护。因此,执业律师的营销就应运而生,这就是律师营销的必要性,以及为什么执业律师需要营销。

二、执业律师如何有尊严地展业

执业律师要活得有尊严,首先就应当有尊严地拓展业务。郝惠珍律师曾经提出:"营销是一种经营,意图就是通过宣传法律服务与寻找律师案源。塑造形象品牌,营销无论对律师个人发展还是律师业整体而言,都有着积极的促进作用,或者说影响也是生产力。但是律所营销的内容,是建立在成熟的律师团队,有精英律师、丰富经历、成功经验的基础上,而不是扩大宣传、虚假宣传。律师可以营销,但一定是有尊严地营销。没有尊严、没有底线的追求可悲,没有底线的宣传可耻。因此要坚守自己的原则与底线。"

执业律师应当如何有尊严的拓展业务呢?在《生存与尊严:律师定位与案源拓展方法》一本书中马贺安律师介绍了很多有尊严的律师展业方法,对律师执业推广都非常不错,值得学习。马贺安律师提出,律师今天的展业困惑都是西方律师百余年前经历过的而且已经成功解决的问题,他们的经验教训表明:自毁形象的方法并不能带来客户,采用保持尊严的科学方法,才能最好地促进业务增长,并为此总结了丰富的经验。他这本书告诉我们应该是"推广你的知识,而不是推广你的业务,以及具体的方法和实施步骤""见人就发名片的做法是无效的""律师最重要的营销武器是可信度""适当的实行高价策略,来吸引优质客户"等。

在马律师的眼里，他将执业律师的推广方式分为"教导式方法"和"兜售式营销"。他认为，执业律师依靠道德信赖和专业能力取胜，只能选择"教导式方式"，这样执业律师就可以树立可信任的专家形象，来吸引新的客户，增加推荐人，增强客户的忠诚度。如果选择"兜售式营销"，执业律师就变成了一个推销员，客户会越来越疑心重，并排斥你的说服，选择这样的方法，对律师来说是一个昂贵的错误。美国法律市场专家泰德曾经指出："你不能用推销员的方式'欺骗'客户签约，即利用说服技巧，刻意避免说出客户可能陷入的危险，大肆渲染美好的前景，使客户一时失去判断力而与你签订了委托协议，客户很快就会清醒，一旦他明白你骗了他，他还会相信你吗？"

"教导式营销"是美国律师常用的展业方法，执业律师以一个智者的身份出现在客户面前，不向客户推销产品，而是提供对人们有用的信息，帮助人们解决问题，指明方向。他们在公众中建立了一个帮助者和专家的形象，使公众在遇到困难时，本能地向律师求助，执业律师的业务来源随之产生。这种展业方式，就是要让执业律师用推销你的知识来替代推销你的业务。这种展业方式也叫作"教导式营销"，在这种营销里面，潜在客户把执业律师看成顾问，吸引他们的是执业律师的学识、技艺、判断能力、专业能力、经验。这样的营销展业方式，是一个既能保持执业律师尊严，又能拓展业务的方法，同时这种营销方式既能留住客户，又能保持客户的忠诚。

在执业律师营销推广的方法中，的确是越有尊严的方法越有效。需要记住的是律师推销宣传的是法律知识，而不是律师自己。如果偏离了这个主题，就容易变成吹嘘。在这种营销方式中，律师要做最好的自己，做好自己的事情，用自己的能力去帮助别人，让别人在帮助中受益，感受到律师的专业、强大和超强的能力。"教导式营销"不是一天两天就可以获得回报的，这要持续的努力，不停地滚动播出律师的知识，帮助潜在客户解决问题。

马贺安律师提出，利用各种手段展示律师的才华，但前提是这个律师确实有才华。这个话说得非常精准。如果律师不具有真实的才华，没有真才实学，那么就容易变成浮夸、吹嘘，就会是只会吹牛，没有解决实际问题的能力，不能获得客户的信任。有尊严的拓展业务不是纸上谈兵，得有一定的步骤，不能光说不练。既然是有尊严地展业，有尊严地营销，显然这是在具有一定基础之上的追求。经济基础决定上层建筑，温饱问题都解决不了就很难顾及尊严，既然是在追求尊严，那么就不存在温饱的瓶颈了，这个时候你需要确定自己的业务专长。因此，有尊严地展业，有尊严地营销，第一步就是建立自己显著的业务专长。这就是专业化需要考虑的问题。你只需要明白，有尊严的第一步就是专业化，而且是你喜欢的专业化，并擅长的专业化。

第二步，那就是选择你的客户。作为执业律师，你需要了解你的目标客户，只有你足够了解你的目标客户，才能给你带来很多的利益。选择客户的方法和途径大致有三种，第一种途径是以律师的专业为依据选择客户，比如说你的专业是刑事辩护，那么你就将刑事案件的当事人作为目标客户；第二种是依据人口统计学来确定，比如你喜欢与什么职业、年龄、学历等人群打交道，你就可以选择他们作为目标客户；第三种是地理区域，比如你打算在什么地方执业，希望选择哪些区域的客户群体。选择客户对执业律师非常重要，笔者深有体会。当事人选择律师，律师也有权选择当事人，法律服务关系是平等的合同关系，是一个双向选择的事情，执业律师要勇于选择客户。

第三步，保证服务与众不同。服务方式的与众不同指的是服务方式的专业化或者服务质量的优质化，要确认自身的服务有别于其他律师同行，让客户获得不同的、更加优越的高质量的服务体验，这更能说明律师执业技能和经验更丰富，越能得到客户的信任，自然就越有资本收取更高的律师服务费，越有尊严。

第四步是有尊严的宣传自己。有尊严的宣传自己非常重要，有道是"面子是别人给的，脸皮是自己丢的"。有尊严的宣传自己就是要让自己走上讲堂，要让自己的思想、观点、论述公开发布，建立自己的专家形象，扩大自己的专业律师声誉。当然，如果能够通过著书立说的方式宣传当然更好，只有通过有尊严地宣传自己才能使自己有尊严地展业。

第五步是建立杠杆关系网。通过向目标客户大量的推广知识，建立自己的专家形象，这是对执业律师声誉的批发，是造势。一般来说，律师无论名声多么大，他的主要业务基本上都还是来源于熟人推介，名望不能让执业律师包揽所有客户，潜在客户在选择律师时，对熟人介绍非常依赖和倚重。杠杆关系网是有系统的网络战略，是有针对性的客户培养计划。这就是我们时常说的市场的培育，客户的养成。

第六步是以非推销的方式，与潜在的客户建立可信度和影响力。对于执业律师的兜售，客户其实是非常明白的，他们是来寻求帮助的，他们对律师的兜售实际上很反感。因此，执业律师不要以推销的方式，而要以教导的方式取得客户的信任。律师在面对客户的时候，需要关心他们遇到的困难和希望律师帮助解决什么问题，根据不同的客户由律师提供有效的解决方案，告诉客户律师的相关专业背景和以往的成功案例、执业经验，将如何帮助客户维护他的合法权利，维护他自身的利益，把选择权完全交给客户自己决定。

为了实现有尊严的展业，切记，律师不要随便的派发名片。很多律师经常是见人就发名片，以为名片发得多，获得的客户就会越多。然而，事实上却并非如此。笔者以前没有注意到这个问题，也习惯主动派发名片，可是转眼笔者就发现有人已经将刚刚发送给他的律师名片扔在地上了，还有些人在离开时直接将名片放在桌上。不要随便发放名片不是说就不能发名片，这要执业律师根据实际情况在客户主动索要名片的时候礼貌地递上自己的名片，或者在适当的时候征求客户是否需要保存一张名片……

还有，一些律师为了拓展业务，主动给潜在客户打电话推销自己，这个做法也是不可取的。正确的做法是向这些潜在客户传递知识，设法让他们主动打电话找执业律师。吕良彪律师曾经说过一句话，成功律师的成功在于他们都善于"勾引"别人来"勾引"他。这句话非常有道理。律师营销发出的是邀约邀请，要让客户向律师发出邀约。总之，有尊严的做法才能带来更成功的营销，这样才能增加客户对你的信任、尊重和信心，你就可以有尊严的吸引客户，实现真正的有尊严的拓展案源。

三、两则故事对律师营销的启发

据悉刘桂明先生的《中国律师》中记载着一个卖鱼缸的故事，笔者在其他地方也看到过这个故事，也听分享律师营销的前辈讲过。这个故事说的是一个商人到一个小城去推销鱼缸，但小城的人没有在自己家养观赏鱼的习惯，所以商人到小城里推销了很久，尽管他的鱼缸工艺精湛、造型精美，问津者依旧寥寥。

商人想了想，便到花鸟市场上找到一个卖金鱼的老头儿，以很低的价格买了五百条金鱼，之后商人把这五百条金鱼全部投放到一条穿城而过的水渠里。

刚过半天，消息立刻传遍了小城的大街小巷，穿城而过的那条水渠里，不可思议地出现了一条条漂亮、活泼的小金鱼。城中的居民争先恐后地拥到那条水渠边，许多人竟跳到渠里，小心翼翼地寻找和捕捉起小金鱼来。捕到了小金鱼的人，立刻兴高采烈地去街上买了鱼缸；那些还没有捕到金鱼的人，也纷纷拥上街头去抢购玻璃鱼缸。大家都兴奋地想：既然这条渠里有了金鱼，总有一天一定会捕到的，那么买个鱼缸早晚有机会用上。

卖鱼缸的商人虽然把售价抬了又抬，但他的几千个鱼缸很快被人们抢购一空。转眼之间，他就发了一笔财。欣喜若狂的商人想：如果不是自己灵机一动，在水渠里投放进那五百尾小金鱼，自己那几千个玻璃鱼缸不知要卖到何年何月呢？

另一则故事是雕塑艺术家摩尔卖铜板的故事，这个故事说的是美国有个雕刻艺术家，叫摩尔。由于其雕塑艺术品销路不畅，他决定出奇招。一天，摩尔在建材市场门口拿一块铜板，他拉了一条横幅，上面写着"低于50万美金不卖"。

他卖的只是一块普普通通的铜板，在建材市场只不过卖十七八美元。可想而知，摩尔的铜板自然不会顺利卖出，但是摩尔坚持打着横幅叫卖，天天如此。有些顾客甚至认为摩尔是个疯子，精神不正常。尽管如此，摩尔仍不放弃。

摩尔的举动引起了美国一家大电视台的注意。记者问他，一块铜板只不过能值十七八美元，您凭什么低于50万美金不卖？面对记者的采访，摩尔回答说，因为我是雕塑艺术家，谁想雕塑成什么模样，我都可以满足他的愿望。您说艺术品的价格如何不能定50万美金呢？

该节目播出以后，真的有一家公司老板因为崇拜拿破仑，让摩尔用铜板雕塑拿破仑。一星期以后，摩尔成功地将雕塑好的拿破仑交给了这个老板。由于摩尔的作品确实堪称一流，所以这个公司老板顺利地将50万美金支付给了摩尔。

据悉，没有多久，这块拿破仑雕塑又被另一个买家以100万美金出手购买。

这两个故事都是与营销有关的，他们的成功对执业律师的营销应当很有启发。段建国律师认为，营销是律师业务的难点，也是律师业务的热点，但是律师深得其道的不多。通过这些故事，就会发现执业律师在营销中也要学会创新，要具有逆向思维才行。律师已经被推向市场，律师如何适应市场？如何脱颖而出？这就是我们需要思考的问题。从卖鱼缸的故事，可以告诉我们律师要会逆向思维，要敢于见机行事，大胆创新。用段建国律师的话说，律师搞营销，做宣传，不能一条道走到黑，不撞南墙不回头。要学会变换思维方式，要学会使用谋略，不能一棵树上吊死人。律师选择谋略，就是选择新的思维模式。卖鱼缸者的营销故事告诉大家，生意成败的关键，看你是否敢于突破传统的思维方式，创新经营方法，用一种崭新的理念和方法去赢得市场。在通常情况下，卖鱼缸就是卖鱼缸，不会与买金鱼发生联系。

有的人甚至会认为卖鱼缸的去买金鱼，是犯傻，是脑子进水。但是，事实却是正因为卖鱼缸的去买了五百条金鱼并全部放生，这个卖鱼缸的才将积压在手中的几千个玻璃鱼缸卖出。其实我们回头想想，当地老百姓没有养鱼的习惯，也没有什么事件足以让人们对养鱼产生兴趣，也或许他们没有想过买金鱼回家饲养，他们又买鱼缸干啥呢？买了鱼缸没有鱼儿饲养，他们当然不会买鱼缸了。

但是，这个聪明的卖鱼缸者，他知道如何创新求变，他干脆自己掏钱购买金鱼放生，引起人们对金鱼的关注和兴趣，并争先恐后的去捞金鱼，可是捞到金鱼后又没地方饲养，这个时候鱼缸的需求就产生了，购买鱼缸的欲望自然就有了。这或许就是所谓的营销应当以客户的需求为导向吧，只要掌握了客户的需求，又能满足客户的需求，营销自然就成功了。当然，这个故事里面还有一点很重要。那就是这个卖鱼缸的商人，知道如何去发现客户的需求，如何去培养客户的需求。只要你发现了客户的需求，或者你能培养起客户的需求，你的营销也是很成功的。

我们分析了鱼缸成功销售的故事，再看看艺术家摩尔的成功。艺术无价，这是摩尔很成功的地方之一。谁能给艺术一个固定的定价呢？摩尔50万美金成功营销就是掌握了大众都知道艺术无价、艺术天价的这个道理。这既在意料之外，又在摩尔意料之中。摩尔天价叫卖铜板，其目的就是引起潜在客户的注意。当有媒体关注的时候，这相当于是在借助媒体造势，等于自己不花钱做广告。摩尔的聪颖可见一斑。

对于律师营销来说，不管采用什么技巧，只要是不违法，不违反律师行业管理规定和规范，能营销成功，执业律师能拿到签单，这才是最重要的。卖鱼缸的故事是鱼缸出售者，找到了如何刺激人们需求的方法，确实也通过购买金鱼而放生的方式,刺激了人们的需求,他又能满足人们的需求,他的成功当然就是必然的。对于艺术家摩尔来说,如果按照一般的思路,一块铜板卖到50万美金,只有傻子才会购买。但是雕塑艺术家摩尔,却将神话变为现实。摩尔的故事,确实值得律师深思。他在营销中,也在培养潜在客户的需求,在引导潜在客户购买他的艺术品。

在同样的案件中,同是律师,有的律师开价10万元,客户毫不犹豫情愿付款;而有的律师只要2万元,客户还抱着怀疑的眼光,不情愿支付。原因何在?这说明虽然你报价只有2万元,客户还是担心你值不值得到2万元。因此,在营销和推广中,还得注意律师自己的实力问题。执业律师在律师营销时,也可以像艺术家摩尔一样出奇招、怪招致胜。艺术家摩尔出奇招,打着横幅,高价50万美金叫卖铜板。因为新奇,被媒体嗅到,并做专题采访,他借助媒体的力量,成功实现了自己的营销计划。在这个故事中我们看到,雕塑艺术家摩尔不是深居在艺术殿堂,等待客户朝拜他的艺术,而是主动出击,寻找自己的潜在客户。摩尔之所以营销成功,不单单是因为摩尔高超的营销策略,更重要的是,摩尔确确实实是一个有料的雕塑艺术家。他之所以敢于公开高价营销,这完全取决于他的雕塑艺术已经炉火纯青,否则他不会承诺,客户有何需求,他都能够满足。

执业律师办案经验的积累,对法律的深层研究,是律师的内功。执业律师在做市场营销时,一定要强练内功。没有案件可做,确实很困惑。但是,如果律师缺乏执业经验与法律功底,就算受理了案件也无法胜任,这样的营销也是不成功的营销。只有磨好金刚钻,才可以胜任瓷器活。扎实的基本功,是律师赢得客户的前提。这两个故事告诉我们,在营销过程中律师不能死守,要敢于创新求变,敢于调查研究,找到新的营销策略,实施新的营销方案,不能墨守成规,思想固化,要为律师的产品赋能,要体现律师的产品的价值所在,要根据客户的需求心理做好营销策略的调整和实施。

同时,律师在找到合适的营销策略时,要实施营销计划,还要舍得投入,敢于付出,如果没有那五百条金鱼的投入和付出,就不能引起人们对金鱼的关注,就激发不起人们对金鱼的兴趣。往往有的时候客户的兴趣是需要激发的,客户的需求是需要刺激的,只要找到了客户的需求点,并满足他们的需求,营销成功就不在话下了。摩尔之所以敢夸下海口,这并不是虚假承诺,而是实力的体现,这又恰好满足了客户对拿破仑崇拜的心理，他的雕塑艺术50万美金自然物超所值。

有的律师事务所宣传只代理最高人民法院的案件，有的律师事务所宣传只办理高级人民法院以上的案件，有的律师宣传只受理代理费5万以上的案件，有的律师则宣称只办理5万元以上的案件等，这些其实都是一种执业的定位和一种营销策略。这个宣传传递出来的信息是比较复杂的，给人很多想象的空间。他们这种定位策略的发布可以帮助他们淘汰一部分客户，案件不在最高人民法院的、不在高级人民法院的，自然就不会去找他们，那些出不起2万元、5万元律师代理费的客户，对于这种定价服务的律师自然也不会问津，自然又淘汰掉了一些价值不大的小案子和舍不得出钱的客户。所以，不同的执业定位有不同的营销策略，就会有不同的收获。每个律师事务所，每一个律师都需要根据自己的实际情况为自己设计不同的营销策略。

四、执业律师的写作营销

执业律师的营销，同样不可忽视文字的力量，写作就是一个很有尊严的最为高雅的律师营销渠道。对律师营销深有研究的段建国律师在《中国式律师营销》一书中就提出：文章营销是律师最高雅的营销。他认为文章是一个人的学识名片，文章是一个人愚智的试金石，文章也是一个人人品良莠的金鉴。没错，好的文章可以彰显执业律师的良好文化底蕴和凸显执业律师精深的理论造诣，可以凸显出其人品和思想，特别是专业文章更能体现出其专业水准。因此，段建国老师将文章视为执业律师最文雅、最有穿透力的营销模式。

文章营销有很多成功的典范，文章靠的是写作，写作到了一定的时候可以出版，出书更是一个很好的营销途径。不可否认，执业律师出书是非常有品位的营销，通过出书可以将执业律师的突出特点与突出背景展示出来。每一个执业律师都有自己的故事，越是有故事的人，其人生才会更精彩。不同的执业律师会有不同人生经历和执业体验，会有不同的专业认知和人生感悟。一本好书，不仅可以推销作者的理论思想，还可以赢得读者的支持与认同。执业律师可以写作的方面很多，值得执业律师写作的地方也很多，无论是生活体验、法治感悟、法律人生、典型案例、成功案例、以案说法、法制故事等都是执业律师可以写作的范畴。通过执业律师的写作，可以让公众了解律师事业，认识律师的价值和作用，了解执业律师的生活、工作、专业水平，可以提升执业律师的知名度、影响力，会给执业律师带来案源。显然，写作也是一种非常有尊严的律师拓展案源之道。

朱树英律师曾经在大型建筑施工企业工作过 28 年，他在非诉讼法律服务领域首创的全过程和阶段过程服务模式，取得了非常显著的成效，为拓展中国律师在建筑房地产法律服务领域的服务广度和服务深度作出了显著的贡献。他的专著《房地产开发法律实务》《建设工程法律实务》《法院审理房地产案件观点集成》《法院审理建设工程案件观点集成》《苦寒磨砺朱方圆——律师写作技能提升之道》《苦寒磨砺筑方圆——律师演讲技能提升之道》《墨斗匠心定经纬——房地产开发疑难案件办案思路与执业技巧》《墨斗匠心定经纬——建筑工程疑难案件办案思路与执业技巧》等，深受法律职业共同体的喜爱。而且，他在课堂上鼓励执业律师要多专研、多写作，争取出书，出自己的专著。他也认为执业律师写书是非常好的营销策略，是律师的广告。

笔者多次亲临现场聆听朱树英律师的讲授，收获颇多，获益匪浅。他讲过有一次到某省高级法院办案的事情，他到那个法院代理案件，庭审结束后他们收拾好东西就往法院外面赶，突然他就听见法院的阶梯上有急促的脚步声，而且有人在呼唤他，请他等一等。于是，他们回头一看，居然是这个案件的审判长紧跟其后在追赶他们，朱树英律师便停下脚步等候这个审判长。原来这个审判长追下来就是为了跟朱树英律师法庭之外打个招呼，他告诉朱律师说他审理案件就是靠的朱律师的专著，他由衷的感谢朱律师。特别有意思的是，这个审判长说经常看他的书，听他的课，难得见到朱树英律师的真身，所以一定要下来专门跟他打个招呼，道个别。朱树英律师写作出书的营销是多么的成功，难道不值得我们借鉴学习？

执业律师写作营销的最好榜样我就说朱树英律师。除此之外，北京的王才亮律师、上海的贾明军律师等也是写作营销的榜样，都值得律师朋友们学习。说实话，笔者为什么一直很推崇写作营销？其实，这也与笔者自己喜欢写作有关，而且也因为写作起到了很好的营销作用，收获了不少的大业务。笔者青年时期酷爱写作，还专门报名参加了文学与新闻创作培训班，参加了新闻记者培训。1994 年获赠徐将林编著、接力出版社出版的《文学与新闻入门技巧谈》一书，对笔者的写作帮助非常大。笔者的诗歌、小小说、法制故事等经常见诸报纸杂志。可以说因为写作，使笔者在当地小有名气，具有一定的影响力，对我的业务开展很有帮助。

走向大律师——中国式执业律师进阶指南

执业律师写作，无论是理论研究文章还是案例分析，抑或是法律调研，对于执业律师的专业知识要求都比较高，要写作就必须得进行调查研究，查阅大量的文章和参考案例，熟读法律法规和司法解释，收集指导案例等。通过写作，可以提升自己的阅读能力，分析判断能力以及法律法规、案例的检索能力。写作是一个很好的学习方法，也是一个很好的锻炼自己、提升自己的有效途径，更是一个妙不可言的营销途径。律师同行们，律师朋友们，赶紧动起手来吧，用行动说话，用写作营销，这就是在推广律师的知识，推销律师的专业，建立律师的客户群体和案源网络。写作营销是一个很有尊严和实效的律师营销途径，律师的作品传播的速度越快，知名度就会越高，律师作品的流量越大，潜在客户就越多，离功成名就也就越近。

五、律师研讨会营销的技巧

研讨会是专门针对某一行业领域或某一具体主题在集中场地进行研究、讨论、交流的会议。它对于制定政策、发展战略、方法措施、律师业务拓展、律师及律师事务所的知名度的提升等都有巨大作用。研讨会具有以下特点：

◇规模可大可小

近年来，律师召开研讨会，已经成为非常时尚的营销活动。已经有很多律师事务所热衷于研讨会营销。这么多律师关注研讨会，无疑是律师行业的幸事。不管研讨会规模多大，规格多高，归根结底，律师研讨会的实质是律师营销。律师研讨会的目的是提高自己的知名度，增强律师的影响力，培育潜在客户，挖掘潜在客户。研讨会由于是针对行业领域或独特的主题，通常专业性较强，因此研讨会通常由行业或专业人士参加，参加会议人员由主办方根据自己的实际情况确定。一般情况下，行业技术性研讨会的规模通常在50人至200人，也有20人至50人的。对于参加人数较少的小规模研讨会，通常少于50人的研讨会一般采取圆桌式，便于公平交流。

举办研讨会无论规模大小，只要律师用心去组织，去参与，对律师都有宣传、提升价值。这种宣传，无论是行业内的还是针对专门行业的人群，都可以毫不犹豫的实现营销目的和达到预期效果。条件不成熟的时候，切记不要贪大求多，非要在规模上较劲，这不可取。要根据自己的实际情况来确定规模，要能把控得住，掌控得了，否则只会适得其反。研讨会的规模大小与所需要投入的人力、物力、财力都息息相关。当然，现在不少的研讨会时兴拉赞助，有经费支持，这个可能又不太一样。总之，不能贪大，不能心急。对于规模较小的研讨会，也不可忽略，规模较小的研讨会相对容易成功，效果或许更好，而且通过不断地积累会越办越好，为今后举办大型研讨会积累经验，创造条件。

◇时间分段，主持把关

我们举办研讨会，不是讲座，那么就应满足不同观点的参与者演讲发言。因此，我们举办研讨会在时间安排上，通常安排有多个参与者进行演讲发言。为保证交流效果，一般情况下，每场演讲发言的时间设定为30分钟至45分钟，时间长一点的可以控制在60分钟，当然也有较短时间发言交流的，5分钟、10分钟都行。但是，研讨会的主办方要事先确定好流程，要组建会务组保障后勤，要确定好主持人人选，并由主持人掌控每场演讲的时间。要确保研讨会的效果就不能不限定时间和演讲范围，不能任由演讲者漫无目的夸夸其谈和放任时间，该打断就得打断，该终止发言就要终止发言，就是要有规则意识和欲说不能的效果，为研讨会结束后的自由交流留下空间。

笔者发现一些律师事务所组织的研讨会，个别主任或者合伙人喜欢作"麦霸"，总是只顾自己一个人演讲，不顾及其他参与者，缺乏规则意识，很是自由散漫，这样的效果是非常不好的。有人认为反正是在自己的律师事务所无所谓，其实殊不知这样就会养成一种很不好的习惯。如果在自己内部的小范围研讨会上，自己都不遵守规则，就一个人把持全场，就会带坏其他人，而且久而久之就会发现"粉丝"会越来越少。因此，无论研讨会的规模多小，规则意识一定要有，主持人一定要有，研讨会的流程一定要有。只有这样才能做出效果，才能培养律师的专业，体现律师的专业，不但可以提升律师的知名度，还可以提升律师的美誉度。

有一些执业律师确实很会营销，总是喜欢出头，总是爱表现自己，这对知名度的提高确实是没有问题的，也是无可厚非的。但是，笔者认为这仅仅是知名度的提高，而不是知名度的提升。因为，很多时候有的人知名度是提高了，但是他们不一定认可律师，这不但没有增加律师的美誉度，反而降低了对律师的评价。所以，笔者认为这是知名度的提高，而不是提升。知名度的提升是应该伴随着美誉度提升的，而不仅仅是出名而已，仅仅出名不是提升。总之，律师研讨会的成功举办，确实意义非凡。

◇主讲嘉宾一定要有分量

开研讨会是针对某一行业、某一主题进行的研究、讨论，不是随便找几个人就可以了，那样搞就是沙龙，不是研讨会。举办一般的研讨会邀请的都是法院的主办法官、审判长、庭长、院长、律师界名家、行业精英、领袖人物、法学院教授、专家等。因为这些人才有吸引力，才会帮助律师召集参与者。而且，邀请的嘉宾应该既有实务界的，也应该有理论界的，既然是研讨就要理论联系实践。所以，邀请具有一定分量、一定影响力、话语权的人士参加并作为主讲嘉宾发言。至于具体邀请哪些专家、嘉宾，这个要根据主题，即准备举办什么样的研讨会，什么规模的研讨会和什么主题，以及其他参加的人群等因素确定。

一般来说，参加研讨会的其余人员多是冲着专家来的，邀请专家是来帮律师站台的。律师研讨会可以彰显自己的财力、物力、人力，提高律师事务所及律师的知名度。成功举办一届研讨会，绝非探囊取物，易如反掌。特别是举办规模较大的研讨会，研讨会的主题是什么，聘请哪些学术专家，邀请哪些政府官员，由谁主持，由谁发言，发言的先后顺序等，这些都是主办方要仔细考虑的，任何闪失与纰漏，都会影响研讨会的实际效果。当然，也可以在内部搞一些小型的学习型研讨会，先锻炼自己的演讲能力、组织能力等。或者通过内部的研讨会，对外进行发布，达到营销的目的。

◇场地、设备条件要有保障

律师研讨会不是仅仅要考虑邀请谁、不邀请谁的问题，在什么地方举办这个研讨会，希望把研讨会办成什么档次等因素，都是需要考虑的。而且，这些都是需要律师事务所或者律师货真价实的经济实力作支撑。如果计划举办一个规模较大的研讨会，财力不足，能力不够，就可能一切都是空谈。因此，举办研讨会的场地和设备都要有一定要求。无论是规模大小的研讨会，通常需要在正式的会议室举行，会场应提供投影仪、音响、话筒、白板等演讲所需的设备设施。如果是超过3个小时以上的研讨会，还需要安排中场休息,俗称"茶歇"或"茶点时间"。如果是整天的研讨会,还需要考虑午餐的问题和住宿的问题。无论是自费还是主办方承担或者赞助商赞助,这都需要提前安排部署。

◇举办研讨会营销并不适合每一个律师

律师研讨会营销不是适合每一位律师,也不是每一位律师都有研讨会营销的能力和机会,这需要一定的经济实力、专业实力、知名度、影响力等基础。而且,律师研讨会营销最好是团队化的运作或者以律师事务所为单位,个人搞研讨会营销会显得势单力薄,力不从心,还可能费力不讨好。当然,如果自己没有实力和机会搞研讨会这种模式的营销,但是可以积极争取尽量多参加一些专业的研讨会,参加研讨会也是一种营销,对执业律师的营销也很有帮助。

有时候,执业律师应邀参与论坛或者研讨会,同样可以将自己的专业才华展示给准客户。只有能够知道、联想到某个律师,客户才会赏识某个律师,只有自己有货真价实的专业技能,才会被大量的准客户记住。无论如何,成功的研讨会对执业律师和律师事务所都会产生积极的意义和影响,比如说有利于提高律师团队的知名度、品牌建设和美誉度、扩大影响力和市场占有率,可获得与研讨主题相关的案源机会。

◇研讨会的宣传包装一定要到位

律师研讨会营销,应当要明确目的和目标,不能随意地盲目搞什么研讨会。而且,研讨会不要局限于前来参加研讨会的人员或者说人群,要把这些信息通过各种途径发布出去,发布这些消息其实也是一种营销。无论是研讨会会前的消息,还是研讨会会中的消息,还是会后的消息,都需要及时、持续跟进报道。所以,研讨会的造势非常重要,造势离不开宣传,宣传就需要包装,所以研讨会的宣传包装一定要到位。

一方面,律师研讨会新闻报道可以帮助律师树立良好的专业形象,因为律师研讨会可以表现律师良好的专业素养,提高律师事务所及律师的知名度和美誉度。在研讨会上律师的专业素养,律所的专家型人才,是最值得律师炫耀的资本。如果律师是某个行业顶尖专家,或者律所是这个行业的佼佼者,通过参与研讨会、举办研讨会,或者发表主题演讲,通过宣传报道的渲染,就会增加律师的知名度、美誉度和专业形象。律所及律师的专业化、品牌化，不仅是发展的需要，也是营销的必要因素。如果律师没有自己的专业化、品牌化产品和业绩，就这样宣传出去，没有自己的突出事迹与业绩，那么最终可能只会拥有知名度，却没有美誉度。所以在对研讨会的宣传时需要包装，需要有拿得出手的事实和业绩、成果，否则效果也不会理想。

另一方面，当研讨会的新闻稿对外发布后，潜在客户在阅读时或者在有法律服务需求时，他们搜索相关的"关键词"就会看到相关新闻报道，当这些报道的内容打动客户后，客户就有产生委托的可能。至少，律师已经让更多的潜在客户知道自己了，就会不自觉地给他们留下良好的专业形象。比如，上海建纬律师事务所举办的"城市地下空间和轨道交通建设法律实务研讨会"，不仅极具专业特色，而且富有实务性。上海电视台、人民网、《劳动报》《建筑时报》等多家媒体都对此次会议作了报道，产生了很好的营销效应，大大地提高了建纬律师事务所的知名度和美誉度。

总之，律师研讨会可以提高自己的专业形象和核心竞争力，培育潜在客户、挖掘目标客户。段建国律师说："律师研讨会最现实的目的，是提高自己的核心竞争力，发现客户，赢得客户，最后促成签单。"他建议，律师的研讨会一定要邀请自己的准客户参加，邀请律所或者律所擅长专业的相关公司、企业参加。这些目标客户一旦发现该律所确实有实力，确实有能力，那么很有可能由准客户变成客户。当然，律所及律师绝不可以急功近利，绝不可以过于势利，否则会适得其反。

六、执业律师授课式营销

在研究讨论执业律师营销的时候，笔者发现很多人将授课营销、讲座营销、演讲营销这类营销方式分开在进行研究讨论。笔者认为，执业律师讲课营销、演讲营销（主题演讲）、法制讲座营销，这几种方式可以归纳为授课式营销。

段建国律师认为，韩愈在《师说》中说："师者，所以传道授业解惑也。"律师是"师"，是法律之师。既然是法律之师，那么传授法律知识，解答法律疑难，应当说是律师义不容辞的责任。从某种意义上讲，律师的讲课，就是律师在为法律布道。因此，他认为律师的讲课，付出不多，却能收获不少，是一种事半功倍的营销模式。美国律师就认为，讲话与发言是律师很好的营销模式，而且许多美国律师就是职业演讲师。在中国其实也是一样，律师的讲课和演讲，都是非常有益的营销模式。律师讲课，绝对不会只有付出没有回报。台上一分钟，台下十年功。大凡中国的老百姓都认为，只有成功者才会上台讲课。在尊师重教的国度，律师以老师的身份出现，律师的讲课自然而然会很受欢迎。朱树英律师通过讲课获得了巨大成功，他就是我们学习的典范，行业楷模。临渊羡鱼，不如退而结网。羡慕他人成功，不如自己努力。

律师的讲课根据授课对象不同，可以分为律师业内的授课与律师业外的授课。律师业内的授课，根据讲课内容不同，又可分为专业知识授课与执业技能授课、律师成功学的授课。律师业外授课，根据讲课内容，可以分为专业法律知识授课与法律风险防范方面的授课。从律师营销的角度讲，律师业内的授课与律师业外的授课都很重要，都是属于批量营销。只要自己在某方面有专长，只要自己在某方面有积累，只要自己愿意付出不计回报，将自己的法律知识推广出去，相信你就会大有市场。分享也是一种付出，有付出就会有回报。因为律师分享的是知识，能帮助别人解决问题，这是在帮助他人，别人就会很容易相信你，记住你，一旦哪一天遇到法律问题解决不了，就会第一个想起你。这也属于马贺安律师所提倡的"教导式营销"方法之一。当然，律师也要清楚，不可能通过讲一次课，就立马能接到许多大案要案，这也不现实。授课营销切莫过于急功近利，否则就会大失所望。执业律师授课，只要言之有物，持之以恒，只要能够给人以启迪，给人以智慧，那么这次讲课就会是成功的。

律师业内讲课，对象是律师同行。当然，随着这些年法律职业共同体的打造，现在法院、检察院、仲裁机构、行政机关等也开始邀请执业律师授课了。无论是律师同行，还是法院、检察院、仲裁机构、行政机关等听课人员，似乎不是律师营销的对象，但是仍然有许多大律师、知名律师、优秀律师非常重视与他们的交流。这是为什么呢？因为，执业律师的知名度需要同行公认，而且如果还能得到法院、检察院、仲裁机构、行政机关等认可，那就更好了。尽管律师同行、法院、检察院、仲裁机构、行政机关等人员，很少会直接有案件找这些讲课律师帮助，但是律师同行、法院、检察院、仲裁机构、行政机关等人员力所不能及的案件，或者不方便办理的案件，一般都会毫不犹豫介绍给他们认可的讲课律师。

律师给客户提供的是法律服务，法律服务又是技术性很强的工作，办案经验与技巧就显得非常重要。对新晋律师进行培训，关乎中国律师的未来,"一带一"的传帮带固然不错,但是远远不如讲课来得直接。而且,"一带一"的形式培养新晋律师具有很多的弊病,很多老律师都认为容易培养"仇人",过于严格会引起新晋律师反感,导致不少老律师不愿意带徒弟。但是,他们却愿意以讲课的方式培训年轻人。所以,已经有许多老律师,特别是成功的优秀律师纷纷加入对年轻律师的培训中来。笔者也专门开设了青年律师成长论坛,制定了青年律师成长计划,不定期地开展律师培训。

执业律师以讲课、演讲等方式进行营销,比起自己到处发资料,送名片强百倍。而且不会担心被拒绝,不会低声下气,更不会看人脸色。因为,此时的律师是被邀请来的,是他们请来的老师,他们会尊重律师,会给律师机会。所以,一旦有这样的机会,执业律师就应当牢牢地抓住,好好地准备,精心地准备,把知识分享给大家,把最好的自己展示给听众,用自己的实践经验,结合自己的理论水平,帮助大家学好法律,做好风险防范,留下深刻的良师益友好印象。一定要记住,律师的演讲就是在批量营销,就是在为自己批量成交奠定基础。

执业律师无论是应邀讲课还是讲座或者是演讲,在准备课件或者演讲稿时,一定要结合律师自己亲自承办的案件讲,而且要根据不同的受众,演讲不同的内容,要按照邀请的大纲,并投其所好。执业律师要通过授课营销,就一定要让受众听起来很入耳,记起来很容易,用起来很方便,这样他们就更容易记住并想起律师。如果只是纸上谈兵,没有真东西,听起来很虚无,他们也只会是左耳进右耳出,讲的内容他们都记不住,又如何记得住律师呢?

还有,律师的讲稿要根据实践经验和理论水平准备,不要照搬照抄,演讲时更不要照本宣科,否则效果也不会理想。总之,授课式营销是执业律师营销的一个高大上、很有尊严的拓展案源渠道,一旦有了机会就应该好好珍惜,不要放过这么好的机会,要通过培训、讲座、演讲等,展示自己,营销自己,树立自己的专业、专家形象。

七、执业律师的网络营销技巧

在法律服务市场竞争日益激烈的背景下,执业律师拓展业务的路径营销问题,越来越引起各方的重视,执业律师研究并采取切实可行的技巧拓展业务十分必要,且形势紧迫。执业律师的营销不能过于夸张,也不能言过其实，更不能太直白。执业律师的营销要符合市场规律和行业规范，而且要走对以市场为导向之路才能有出路。

有人将法律服务市场分为传统法律服务市场、中端法律服务市场、高端法律服务市场。传统法律服务市场有的人又将其称为低端法律服务市场，认为传统法律服务市场主要指的法律服务层次较低，绝对量较大，但是标的额不大，法律服务的技巧要求不高的法律服务业务，中端法律服务市场是指中小企业类的法律需求市场，高端法律服务市场是指的集团公司等规模较大的法律需求市场。而且认为律师写作营销、出书营销、研讨会营销、授课式营销针对的是中高端法律服务市场，那么传统法律服务市场又应该适用什么样的营销技巧呢？因此，不少人认为传统服务市场的营销方式以网络营销为宜。对于法律服务市场的分类，笔者不太赞同什么低端、中端、高端的说法，而且不同的人分类也不同，这些分类似乎缺乏科学性。但是，对于网络营销途径笔者还是看好的，网络营销的路径还是可行的。

律师行业有鲜明的特点和职业角色定位，注定了不能太商业化，所以确实不太适合过于直白的广告宣传。过于主动的广告宣传很多客户都不太愿意接受，反而有损执业律师的形象。但是，网络营销却不一样，可以排除很多业务开拓的阻力，能够很自然的宣传执业律师的形象和律师事务所的品牌，提升律师团队的综合实力。笔者所知的网络营销大概有网络博客、QQ空间、微博、论坛、微信朋友圈、微信公众号、抖音、网站等。互联网的价值不在于自己生产很多新东西，而是对已有的行业潜力再次挖掘，用互联网的思维去提升传统行业。互联网对法律服务市场最大的影响是打破了律师行业信息不对称的格局，将信息透明化了。

过去，绝大多数人选择律师找不到路子，律师提供服务的价值在于解决信息不对称和当事人的困惑。但是，未来互联网将打破，或者说现在已经打破了这种信息不对称的格局，赋予客户更多的选择机会，这时执业律师之间的竞争就会真正地靠实力。由于以前信息不对称，当事人主要通过熟人介绍找律师，当法律电商平台不断涌现和发展成熟，当事人就多了一个选择的途径，从而执业律师过去靠熟人推荐案源的传统案源获取方式自然就会受到冲击。

随着互联网的发达，我国的律师队伍也开始不同的涉身网络，未来律师网络上的竞争也将越来越残酷。按照优胜劣汰的自然法则，今后没有真才实学的执业律师在网络竞争中或许越来越艰难。按照如今的发展趋势,有人预测未来在网络上占主动优势的或许将是大律师、知名律师、优秀律师领衔的律师团队。目前,我国越来越多的知名律师、大律师、优秀律师开始关注网络营销和网络市场,已经开始重视网络的力量了,这就是大势所趋。执业律师的网络营销途径很多,但是每一个执业律师或者说律师团队的精力和财力都是有限的,不是每一个网络途径都要涉足,没有必要面面俱到,如果每个方面都参与,往往适得其反,说不定哪种方法都做不好,到头来效果就不好了。

执业律师博客营销,就是借助博客这个载体,将自己的文章发表,来推广自己的知识、思想、观点等的一种营销方式。与其他营销模式相比,博客营销是免费营销,具有娱乐性、互动性、公益性等特点。博主通过博客这一载体发表文章,完全出于自愿,让网民赏识,让读者认识作者,给自己带来潜在客户。只要执业律师会写、能写、敢写,就会获得很多的点击和关注,可以起到一定的传播效果。执业律师都是聪明人,对于不花钱就可以做的网络营销有什么理由拒绝呢?博客、QQ营销需要注意的是,要达到一定的营销效果,发表的文章应当围绕时事热点,多写法律评论。

律师写法律评论可以练笔,熟悉法律规定,获得读者、网民关注,可谓一举多得。而且法律评论不需要具有高深的理论功底,只要言之有理,持之以恒,就可以塑造出知名律师、专业律师的形象。执业律师运用博客营销还需要敢于仗义执言,树立正义的形象。仗义执言要求具有正义、公义,但是不能满口胡说,要言之有据,言之有理,有凭有据,不能误导读者,要掌握语言边界。博客是执业律师展示经典案例的好地方,好平台,很多执业律师运用博客展示成功案例、经典案例,突出执业律师的专业特点和特长。成功案例是执业律师的名片,是经验的结晶,是非常不错的营销手段。

还有微博营销、微信朋友圈营销、公众号、抖音等营销效果都是不错的,对提升执业律师的知名度很有帮助。但是,无论是微博还是微信朋友圈、微信公众号、抖音等营销都不要做赤裸裸的广告,要推广自己的知识,展示自己的业绩,表达自己的思想和观点。特别是微信公众号更有价值,可以发表的字数较多,可以是理论研究文章,可以是案例,可以是法律咨询解答,可以是法制热点评论,体裁不受限制,可以在法律法规和行业规范的范围进行适当的营销。因此,微信朋友圈、公众号、抖音营销也是一个不错的途径，而且成本低，微信公众号是执业律师的一个宣传阵地，是执业律师的宣传平台，是执业律师的自媒体，一旦运用好了，价值无可限量。

笔者前面介绍的几种网络营销方式，除了微信公众号的年审费外基本上都是没有费用成本的，没有经济上的负担和压力。但是，网站营销就不一样了，网站营销一般都是需要付出一定的成本的。网站营销，笔者将其分为自建网站营销和入驻网站营销两种。自建网站营销就是自己花钱注册网站，专门从事律师执业的营销。执业律师自建网站营销指的是执业律师自己建设营销型网站，以现代网络营销理念为核心，以搜索引擎的良好表现，用户的良好体验为标准，能够更好地将访客转化为客户的企业型网站。对执业律师而言，就是能为执业律师带来案源的网站。执业律师自建网站营销能汇聚团队高价值信息与最新动态，对外展示团队品牌形象，通过对营销网站的推广，获得案源。

入驻网站营销是指执业律师入驻已有的成功法律电商平台网站进行营销，这些网站是一些法律咨询公司、科技公司打造的，专门做律师推广的网站，有点类似律师集市，网站入驻有很多的全国各地执业律师，潜在客户通过该网站寻找自己觉得合适的律师进行咨询或者委托代理案件。执业律师入驻网站比较常见，已经有很多执业律师入驻了这样的法律电商平台网站。这些网站包括法律110、中顾法律网、华律网、法律快车、找法网、律伴等。入驻这些网站都需要支付一定的成本，只是这些成本相对比律师自建网站营销要低很多，而且入驻的这些网站不需要执业律师自己再推广网站，网站经营者自己会进行维护和推广。为了更好地介绍执业律师的网站营销，笔者将单独详细介绍执业律师的网站营销技巧和注意事项。

八、执业律师的网站营销技巧及注意事项

网站营销，分为自建网站营销和入驻网站营销两种。这两种网站营销的方式不一样，营销的技巧和注意事项也不同。

首先，我们谈谈入驻式的网站营销。入驻式网站属于法律电商平台，也可以称其为律师集市或者律师超市，客户可以根据自己的法律需求，选择不同类型的执业律师展位进行推广。据笔者了解，目前做得好的法律电商平台大概有华律网、法律110、中顾法律网、法律快车、找法网、法邦网、律伴等。执业律师可以根据自己的专业特长或者所在城市入驻这些网

站，借助这些网站平台进行营销，扩大自己的知名度和影响力。以华律网为例，在华律网首页，按照律师法律服务的领域将法律服务分为婚姻、交通、劳动、债权债务、刑事、合同、房产、医疗、公司、拆迁安置、知识产权等很多领域，在这些领域之下又进行细分。执业律师可以根据自己的专业特长，选择某一类的律师业务领域入驻。当客户需要找某一领域的执业律师时，他们就可以在这些相同执业领域的律师中选择他们认为合适的律师进行咨询，在必要的时候进行委托。

还是以华律网为例，如果律师入住了婚姻家庭这个板块，在这个版块就会有律师的介绍，该网站就会把律师展示在这个版块中。除了专业领域你还可以区域进行划分，比如你是成都的婚姻家庭专业类律师，当网友在这个网站查找时，他们就会优先查找成都的婚姻专业律师。当潜在客户通过该网站找到律师，认为律师就是他们心仪的律师，就会与律师联系进行咨询，再通过律师的专门网站页面对其进一步了解。一般情况这类电商法律平台都会给入驻的律师一个网页，里面有执业律师的信息、介绍、专业特长、专业文章、成功案例等。其中还有律师解答咨询的信息和用户对律师的评价。笔者调查发现，不少执业律师虽然花了钱入驻了这些网站，但是他们疏于打理，很少发表自己的专业文章，很少发布自己的成功案例，而且回答网友咨询很不认真，极不负责，更不要说专业了。那么，律师入驻这些网站到底有没有用呢？律师又该怎么做呢？

笔者认为，一旦入驻了这些电商平台，对于咨询者律师就要认真对待，对他们的咨询一是认真研究、及时解答；二是要争取与客户面谈，鼓励当面咨询，正确运用谈判技巧和专业知识、敬业精神，促成签单。律师对咨询者的态度可以帮助他们对律师的判断，如果律师对他们的咨询都爱理不理，回答的问题是答非所问，而且又不专业，不及时，估计律师就没有希望了。在处理这些咨询的时候，律师还应该做一个初步的判断，考虑他们咨询的问题是否有成案的可能，是不是有委托的价值等，并根据这些细节做下一步的跟进和沟通。

入驻这些电商平台是不是就一定会接到业务，可以拓展案源呢？笔者认为，这不是一个定数，没有人能保证，但这毕竟是一个发展趋势，在互联网+的时代，执业律师不触网肯定不行，一定会落后。虽然，这些营销渠道不能保证真的能获得多少案源，但是对于推广和提升执业律师的知名度，应该不存在问题。而且，就算执业律师入驻这些网站不一定能接到业务,至少其他途径可能委托你的潜在客户,他们需要对你有一个初步了解的时候,这些网站就是一个很好的平台和窗口,可以帮助这些客户对律师加强了解,可以增强客户的信任度和促成交易。对于这一点,笔者相信作为执业律师应该能够想到。

其次,执业律师自己组建网站进行营销。笔者个人觉得,不是每一个执业律师都适合自建网站进行营销,也不是每一个执业律师都有必要自建网站进行营销,还得根据执业律师的实际情况和团队发展的情况而定。执业律师个人自建网站营销主要是技术、资金、精力的压力。毕竟网站建成的后期维护需要一定的技术支持,建站本身也是需要资金投入的,加上网站的管理、维护都需要人力和精力,这就是执业律师个人自建网站营销的缺陷。如果执业律师已经具备成熟的律师团队,为了团队的业绩自建网站营销这是可以的,也是必要的,毕竟团队的人力、物力、财力相对来说都比执业律师个人占有优势。

一旦决定了自建网站进行营销,那么就得提前准备好宣传文案,不能让网站建成后里面空空如也,还是需要有一定价值的内容才能吸引网友。不但如此,网站建成后还是需要具有一位稍微懂技术的人员专门负责网站的维护,随时更新内容。建设营销型网站,在制作网站前需要将团队战略、团队定位、价值观、产品、客户群等考虑清楚,先进行反复讨论,并形成文档,一步步推进实施。自建网站营销需要注意的是要与竞争对手有所区分,树立或创立自己的特色,不能按照别人的网站照搬照抄。对于团队律师的宣传,一定要找专业的摄影师进行拍摄,将团队执业律师最好的职业照片展示在网站上。

执业律师自建网站营销,一定得有自己的宣传口号,要具有自己的服务理念和服务承诺,要有自己的成功案例,案例要争取图文并茂,具有可读性、趣味性、知识性、实用性等特点。网站上发布的文章不但数量要多,而且文章要具有深度,体现出执业律师的专业价值和执业素养。有条件的自建网站,可以根据宣传需要开辟相应的专栏,通过专栏吸引读者,培养潜在客户。执业律师自建网站要注意不能建设一个综合性的法律服务网站,毕竟这不是律师事务所的官网,也不是其他综合服务网站,一定要突出个性化和专业特色,这样才更有价值和生命力。

在网站上,一定要将团队的成绩和荣誉公示出来,最好的是图文并茂,做到有图有真相,增强网站的可信度。通过团队执业律师的成功案例展示、专业文章推广、团队执业律师的荣誉和成果展示，无疑可以起到很好的营销作用，增加网站的吸引力和可信度，可以吸引更多的潜在客户浏览。如果一个执业律师的营销网站具有可观的流量，再加上足够的专业性文章的转发、链接等，网站的知名度也就会有所提升，律师团队成员的知名度、美誉度等自然就会得到改善和提升。在网站上，我们需要注意的是我们需要向读者、网友、潜在客户推销的是我们的知识和办案经验、技巧，而不是某一个律师，不是某一个人，因为客户在乎的是律师的知识、经验、技巧，而不是律师这个人。

自建网站营销，一定要注意方便潜在客户能及时、方便、快捷的联系到专业律师，切忌设置一些不必要的障碍，否则就会引起潜在客户的反感，这样的宣传、营销就会适得其反。在网站上的咨询、聊天窗口设置要注意潜在客户的舒适体验感，不要不停地闪动和不停地跳出广告。所以，网站建设的广告效果适当即可，不可过于商业化的广告和包装。

九、执业律师社区营销

对于执业律师营销的问题，本书中已经做了大量的推介，其中包括有写作营销、研讨会营销、授课式营销、网络营销。如果说笔者前面介绍的营销方式，你都认为自己望尘莫及，那么下面这个营销方式应该没有问题——社区营销。多做公益，通过进入社区提供法律咨询和帮助，提供教导式的服务，通过做公益服务营销。

什么是社区营销？社区营销分为网络社区营销和线下社区营销。网络社区营销是针对网络上某一个共同兴趣、爱好，或者共同目标等若干因素组织在一起的网络群体、论坛等进行的营销行为。线下社区营销是指针对社区居民面对面的、实打实的当面宣传营销行为。就是通过为社区居民提供免费的法律咨询，提供公益法律服务的方式进行的律师营销。随着中国社会经济与房地产业的蓬勃发展，市民按照自身居住的业态形成了一种社区化的生活方式，而"社区营销"恰恰是在这样的大环境下诞生的事物。由于传统分销渠道竞争的日益加剧，进行渠道创新往往成为一些企业出奇制胜的法宝。比如我们经常看到的免费医疗进社区、保险服务进社区、电信服务进社区、瓜果蔬菜进社区等，这些都是在从事社区营销。在我国的普法、依法治国大背景下，其中"法律七进"就包括了法律服务进社区。

在中国的城市化进程中，全国各地星罗棋布的社区蕴藏着巨大的商机和潜力。因此,"在社区中营销"已经逐渐被一些企业视为一种全新的分销方式,并被越来越多的企业所关注。很多执业律师都没有想到执业律师的社区营销,就算有的律师想到了也会觉得社区哪里会有市场呢?社区哪里会有高端案源、高端客户呢?因此,就算他们想到了或者知道了社区营销,但是他们却根本不屑社区营销,看不起社区营销,就会丧失很多的机会,失去很多潜在的客户。

尽管我们通过社区营销可能涉及的婚姻家庭、继承案件、民间借贷案件较多,但是试想一下,现在谁离婚不是有一两套住房?房价飞涨的社会,哪个离婚不是有上百万的财产?再说,继承案件不也是这样吗?老人离世,随便留下一套房产,稍微不注意就是一两百万,这样的标的额,你真的看不起?我想也未必吧。所以,笔者认为不要小看社区营销,也不要小看社区居民,他们中间有的是隐形富豪。因此,执业律师如果没有更好的营销途径,社区营销这个途径就一定要重视。

执业律师进入社区营销具有以下特点,对执业律师展业很有帮助。第一,执业律师进入社区,是直接面对社区居住的人群,目标人群相对集中,执业律师在普法宣传中提供公益法律服务,这个宣传比较直接,可信度高,更有利于口碑宣传;第二,执业律师进入社区,投入少,见效快,利于挖掘潜在客户市场,而且一般情况是执业律师是不需要投入的,很多时候社区还要给执业律师一定的补贴;第三,执业律师进社区普法可以作为普遍宣传手段使用,也可以针对特定目标,组织特殊人群进行重点宣传,比如宣讲老年人权益保障法、老年婚姻法、敬老、养老等;第四,直接掌握社区居民所反馈的法律服务需求信息,针对社区居民的法律服务需求及时进行调查研究与调整,并争取转化成案源;第五,社区的老人一般都很热心,他们在得知执业律师进入小区免费提供法律咨询后,会不停的影响家人、子女,还会向家人、子女、亲朋好友等推荐社区律师。

律师进入社区营销,尽管社区居住人群大多是普通老百姓,社区案源可能以"低端法律业务"为主,但范围很广,包括民商、婚姻家庭、房产、劳动工伤、刑事、债权债务、交通事故、相邻权纠纷等,律师在进入社区营销时就可以重点针对这些方面的法律需求营销。至少,律师社区营销最大的好处是创造了一个律师团队与潜在客户面对面交流的机会,为律师团队获得案源提供了可能。当律师团队在社区举办各种免费法律咨询与专题讲座后,将会获得社区居民的信赖,当社区居民或他的亲戚朋友遇到法律问题时，会第一时间想到律师，可能会第一时间与律师联系。对于出道时间不长，执业经验不丰富，案源不能饱和的执业律师来讲，走社区营销之路，这何尝不是一个提升和锻炼的机会呢？

执业律师社区营销不宜采取单兵作战的方式，建议以专业团队的名义或者律师事务所、律师协会等名义切入。这样的好处一是体现出的专业度更强，团队力量大，在专业领域更能获得客户的肯定；二是可以节省时间，婉拒非专业领域的无价值咨询，淘汰一批非专业领域的潜在客户群体，这样就不会过多的浪费时间精力，对团队的品牌也不会造成影响，比如婚姻家事律师团队就针对这些类型的案件接受咨询，房产专业律师就专门针对房产专业领域提供服务等。三是进入社区，获得社区有关部门和领导支持就更容易了。进入社区营销，不一定要进入很多社区，关键是要会深度开发，最好是能选择一些高档社区进行深入营销。

为了做好社区营销，营销方法需要有所计划，要争取与社区居委会或管理服务机构建立长效的交流与合作关系，定期在社区内举办免费法律咨询或专题法律讲座。专题讲座要求简单、生动、实用，并配以生动的案例，避免太过学术化、理论化。每次讲座中都可以穿插与社区居民的互动，对积极参与者进行小礼品奖励，激励大家积极参与，给他们留下深刻的印象。讲座结束后，一定还得保留互动、咨询、交流的时间，在解答咨询和交流中进一步加深印象，强化结果。同时，一定要给社区居民留下联系方式，否则就是他们真的有法律服务需求时，也根本无法联系你，这样的社区营销是失败的营销。

律师在前往社区进行公益法律咨询或者讲座前，就要在小区门口或人流出入大的地方、广场等地方考虑投放户外广告，把律师将要开展的法律咨询和专题讲座活动的信息提前发布出去，并将团队专业律师的电话号码、微信公众号、微信、QQ等推送出去。同时，律师要在小区论坛网站发布活动信息和解答咨询的帖字、律师团队简介，并将现场免费法律咨询与专题讲座活动的效果及时在论坛上发布。做到事前、事中、事后全时段的宣传报道工作。活动结束后，要有专门人员负责建立社区维权、法律咨询解答QQ群、微信群等，由专人维护和管理，保持与社区居民的长期联系和必要的沟通，建立长期的互动关系。

笔者经常应邀到社区从事普法讲座，社区居民对生活中常见的法律问题和维权技巧都比较关心。因此，律师经常讲的内容包括彩礼的问题，再婚儿媳，再婚女婿对老人赡养和遗产继承的问题，老年人再婚的问题，父母为子女购买婚房的问题，房屋买卖、出租、二手房交易的法律问题，民间借贷的债务催收，讨债问题，子女劳动争议，交通事故处理，侵权损害等问题。这些问题社区的居民都非常关心和喜欢听。笔者在做这些专题讲座的时候，一般都是像讲故事一样，给他们分享真实的案例，并结合法律法规规定进行分享，告诉他们如何防范风险，如何维权，怎样委托律师等。

十、执业律师的营销定位

执业律师需要营销，营销有很多途径和方法，而且需要技巧。执业律师的营销有别于其他行业的营销，其他行业的营销完全可以采用兜售式的营销方式，但是执业律师的营销则非常忌讳兜售方式。可喜的是，至少律师行业还能接受并已经接受了营销这个概念，还有人在关心律师营销、研究律师营销。据悉，四川大学还开设了相关的专业课程，这都是非常好的一件事情。

有人说，中国的律师服务通常都是"卖人"的服务，用户买的是特定律师的时间。但是正因为这样，交易往往高度依赖用户对某个律师的认可。对于这个说法笔者非常赞同，这确实是一个现象，而且非常普遍。也正是这个原因，律师收费的差距自然就拉开了。举个例子，某律师是行业名家，全国各地找他代理的人不计其数，仅仅是他在某地讲学的课间休息十分钟就接待了三起咨询者，其中两起被他拒绝，另一起以500万元代理费被受理。实际上他们只谈了几分钟，他之所以报价500万，是因为他时间和精力有限，希望报这个数字让当事人放弃委托他，他可以按照非常低的价格给他另行安排律师办理。可是，这个当事人就是"只相信他这一包药"（意思是当事人只相信他），任何其他律师当事人都不相信，所以他也就没有理由再拒绝这个客户了。这就是现实，这就是身价，当然这也是名家以前营销的结果和实力的体现。

执业律师的差异化就是指的产品或者服务的差异化，只有产品或者服务存在差异化，营销时才能把这个差异化作为可以拿出来宣传的亮点。如果一个律师与其他执业律师一样，都是大众化的产品和服务，没有任何差异化，那么这名律师的营销效果可能就不好。我们说执业律师营销，就是为了让当事人方便地找到合适的律师，解决实际问题，让执业律师获得更多的案源，实现自身价值，在诉讼业务中追求个案公正，实现社会的公平正义，在非诉业务中用最少的投入达到客户最满意的效果。如果每一位律师都这么做，而且每一位律师都可以达到这个效果，就体现不出差异化，营销就不占优势了。假如，律师给自己定位为低成本、高效率、专业化，这样律师就可能占有优势，律师的差异化就会体现出来。营销的目的就是把"创新"后的产品再定义，从而改变用户的心智模式，律师的差异化就是一种创新。

营销是一个商业术语，源自于西方。律师这个行业是否需要营销的问题已经千锤百炼，答案都非常肯定，不但需要，而且必要，更是非常重要。但是，就如执业律师的专业定位一样，执业律师的营销也需要定位。笔者认为，执业律师的营销定位分为三个阶段，第一阶段是谋生阶段的营销；第二个阶段的营销是拓展阶段的营销；第三个阶段的营销是影响力的营销。执业律师的营销除了按照阶段定位外，还要根据自身进行定位，根据市场需求定位，根据渠道定位，是立体营销还是选择性营销，是个人营销还是团队营销。不同的定位有不同的要求，会有不同的效果。

第一个阶段是谋生阶段。谋生就是为了生存，要解决生存问题，温饱问题。这个阶段的营销目的就是为了获得案源，而且是没有选择权的案源，只要是案源，自己可以做，能锻炼自己，能积累经验，能挣钱吃饭穿衣，解决自己的温饱问题就行。在这个阶段的营销，目的一定要明确，就是要突破生存的压力，突破生存的瓶颈，不要好高骛远。

第二个阶段是拓展阶段，拓展阶段的营销是为了发展。在这个阶段，律师的生存问题解决了，没有了生存压力，在艰难痛苦的煎熬中挺过来了，律师不能没有追求，不能安于现状，否则就会温水煮青蛙，在舒服中慢慢死掉。在这个时期，律师就应该调整自己的营销策略，此时已经具有一定的执业经验，有了一定的经验积累，什么类型的案件基本上都可以做。因此，就得考虑价值、尊严、发展了。需要在制定营销策略时考虑发展方向和选择客户群体。低价位、简单、琐碎的案件，就得考虑是不是还需要继续受理，对于那些没有含金量的业务是不是可以放弃，否则律师就会被一堆的小案子、小业务缠着，分不开身，根本无法发展，无法前进，得不到提升。

第三个阶段的营销应该是优化阶段的影响力营销。有了前面两个阶段的基础，律师不但有了资本的原始积累，还有了经验的原始积累，律师的客户群体基本稳定，就应该有更高的追求。在这个阶段的营销，律师就该思考自己的业界占位问题，不仅仅是考虑自己肚皮填饱没有，自己有没有业务，得考虑和培养自己的影响力、话语权，此时要营销律师的商业思维和智慧。虽然不是商人，但是应当具有商人的特征和商人的思维、智慧。

不同的时期，不同的阶段，执业律师应当有不同的营销策略和技巧，要根据自己的实际情况进行调整，不是一成不变，这就是执业律师根据自身进行营销定位。在不同的时期，律师得考虑你的核心竞争力在哪里？战略发展方向在哪里？律师要明白自己的处境和优势，找到自己在行业中的差距和亮点，根据自己的特色制定营销方案并进一步去实施。比如说，律师的优势可能是更熟悉房地产行业，身边房地产企业家比较多，就可以在房地产业务方面下功夫研究和制定这方面的营销策划，重点营销房地产领域。

在考虑自身的条件和优势制定营销策略的同时，律师还需要考虑市场的需求，还得根据市场需求进行营销策略的调整。比如律师对二手房买卖这个市场非常熟悉，认识的房产中介人员和房地产中介企业比较多，是不是就可以思考在二手房交易这个方面进行营销呢？如果你在知识产权方面具有得天独厚的优势，之前又是这方面专业毕业，或者之前在专利事务所、商标事务所实习过等，是不是就可以考虑自己往这方面去做营销策划呢？还有很多的市场因素可以借鉴和参考，不同的律师具有不同的市场资源，就应该根据不同的市场资源制定不一样的营销策略和营销方案，实现个性化营销。目前，一些大型律师团队已经突破了律师事务所，他们可以是很多专业领域、不同律师事务所、不同地区的执业律师组成的执业律师圈子或者联盟，这也是一种营销定位。

在决策营销定位的时候，律师还需要考虑和选择立体性全方位营销，还是选择性的营销。立体营销就是全方位的多角度、多渠道的各种营销途径、平台、手段、方法全部用上。但是，如果采用这种方式营销，需要考虑律师是否能处理这么多的咨询电话，能否从海量的低质量用户中挑出有价值的案件？而且，营销成本是非常惊人的，笔者担心的不是律师付不起钱，而是律师根本承担不起时间成本和机会成本。律师行业今天的细分越来越细，不加选择的接纳各种案件，实际上不仅容易做差形象，无法树立品牌，而且还会因此使得力量分散，无法形成核心竞争力。因此，全方位的立体营销一定不适合执业律师个人，可以考虑用于律师事务所或者大型律师团队营销。同时，网络营销模式比较适合新晋律师行业的律师用来磨砺自己。

执业律师营销定位还有一个价格营销定位的因素。不知道大家有没有想过，为什么有的律师事务所和执业律师要故意公布咨询、代理收费的最低标准？他们为什么要公布这些服务的价格？其实答案是很简单的——他们就是为了降低交易成本。因为一些潜在客户看到这些律师事务所或者执业律师公布的收费价格，他们本能的就会望而却步，自然就不会去浪费执业律师的时间和精力。表面上看执业律师是精英群体，但是背后却是沉重的赋税和管理、办公等运营成本，遭遇的是激烈的市场竞争，还有来自客户委托时对案件服务质量或结果的挑剔。如果一名执业律师要想能在这个多重博弈的格局中，最终获利胜出取得成功，必须尽可能将自己置于最优的交易环境下。因此，提前公示收费价格将没有购买力的部分客户拒之门外，其实也是一种策略和一个好事。美国律师托马斯说："我永远只会把时间交给一个付我10 000美元的用户，而不是两个或三个付我5000美元的用户。"

近年以来，律师行业越来越平民化，但不变的是律师行业的门槛始终存在，而且越来越清晰。无论是进入执业律师的这个门槛，还是客户选择执业律师的门槛，始终都客观存在。存在即合理，所以我们也必须顺应潮流，勇往直前。在我们接受了执业律师营销这个理念和趋势的前提下，我们已经认识到执业律师营销的重要性，但是执业律师的营销不是千篇一律的，也不是一成不变的，我们应该根据各种情况，结合自身资源优势和所处的执业阶段，制定适合自己的最优的具有自身特色的营销方案，真正实现执业律师营销的价值。

CHAPTER 8 第八章
律师的职业礼仪

【阅读提示】

　　细节决定成败。律师工作对细节性要求比较严格，特别是律师礼仪更是如此。没有一个人喜欢与无礼之人交往。社会对职业礼仪越来越重视，要求也越来越高，律师工作也是一种职业，当然也不例外。一些律师由于缺乏基本的职业礼仪，吃了很多亏，自己还不知道是什么原因。俗话说，礼多人不怪。律师是高级知识分子人群，就应当更注意礼貌礼节和遵守相应的职业礼仪，提升自己的形象和气质。本章从律师如何尊重别人，如何使用谦辞敬语到建立和谐的人际关系、控制情绪、好习惯的养成，微笑、倾听、仪容仪表、服饰、行姿、走姿、坐姿、用餐、见面、拜访、交谈等各个细节展开介绍，全方位的分享了执业律师应当重视的职业礼仪。同时，还对如何与法律职业共同体成员和同行、客户相处的礼仪都进行了系统、详尽的介绍。本章自成体系，对提升律师形象和气质，一定功不可没。

一、律师礼仪，细节决定成败

　　清代颜元曾讲过："国尚礼则国昌，家尚礼则家大，身有礼则身修，心有礼则心泰。"中国历来就是礼仪之邦，主张明德尚美，求真扬善，注重礼仪，共创和谐。礼仪是文明社会的通行惯例。一个人只要置身于社会，无论做什么事情都离不开礼仪的约束与规范，执业律师也是一样，必须要注重职业礼仪。当你用礼貌得体的语言与人交谈时，当你用文明优雅的举止与人交往时，人们一定会感受到你的彬彬有礼和落落大方，从而对你产生几分好感、敬意与信任。这就是良好的第一印象和开端。

礼仪，是对礼节、仪式的统称，是指在人际交往中用一套约定俗成的程序、方式来表现律己、敬人的行为。因此，礼仪的重点要体现在律己、敬人这两个方面。它是为维系社会正常生活而要求人们共同遵守的最起码的道德标准，是人们在长期共同生活和相互交往中逐渐形成的，并以风俗、习惯和传统等方式固定下来的准则。律师的礼仪问题也是律师的行为规范，反映的是执业律师教养、素质、品位等。细节决定成败。这些礼仪看似与执业律师的专业无关紧要，但它对执业律师乃至整个律师行业其实都非常重要。

早在1992年笔者从全国律师协会编辑出版的《律师辩护与代理方略》一书中，就看到有关律师职业礼仪的要求。该书论述了我国关于律师的政治思想、法律文化、工作技能、职业道德、行为气质方面的规范和要求，展示了律师应当具备的政治思想素质、法律文化素质、业务技能素质、职业道德素质和行为气质素质。执业律师应当在行为气质上，做到仪表端庄、举止稳重，礼貌待人，语言准确有分寸，注意心理调适，当出现各种难以预料的情况时，能够临危不惧，临阵不慌，情绪稳定，保持平衡心理，无论是顺境逆境，都要能及时调适，保持愉悦的心情，正确处理人际关系，提高工作质量和工作效率，成为一个善于适应各种复杂环境的合格律师。

任何职业都应该具有该行业的职业礼仪，律师行业也不例外。中华民族自古就被称作"礼仪之邦"，早在原始社会时期，就出现了礼仪的萌芽。那时人类与变幻莫测的大自然相比显得十分稚弱，无法解释千变万化的自然现象和突如其来的自然灾害，于是认为鬼神、祖先是主宰这一切的力量。人们开始用一些当时最精致、最豪华的食具作为礼器进行祭祀，以示他们对神灵、祖先的敬畏，祈求神灵、祖先的保佑。这种祭祀活动便是礼仪的萌芽。因此，也就有了"礼立于敬而源于祭"的说法。

尧舜之时，五礼已备，对家庭成员之间的关系作出了明确的规定，即父义、母慈、兄友、弟恭、子孝。这时的礼仪把家庭成员间的言谈举止规范化。在狩猎、耕种和部落之间的争斗中，同一群体中的人要不断地用眼神、点头、拉手来示意互相之间如何配合。在日常生活中，人们用击掌、拥抱、拍手来表达欢快的感情，用手舞足蹈来表示狩猎获得食物的喜悦，人们之间这种相互的呼应、模仿，逐步形成了一种习俗，这便是最初待人接物的礼节。随着社会的发展，人们在生产和生活中的分工越来越细，产生了发号施令的领导者和听从指挥的被领导者,这样就出现了尊卑有序、男女有别的现象。每当大家聚会席地而坐时就逐渐有了一定的座次,首领坐在哪里,一般人坐在哪里;男人坐在哪里,女人坐在哪里等,这些都不断地为礼仪增添新的内容。执业律师在社交活动中,往往也涉及座次的安排问题,座次的讲究根源或许就在这里。既然古时候,人们聚会席地而坐都讲究座次,现代文明社会,大家更应该讲究座次。因此,律师在参加社交活动或者聚会时,就不能任性入座,还是得看看场合。

商朝的甲骨文中出现了"礼"字之后,礼仪典籍也随之出现。到春秋战国时期,以孔子、孟子、荀子为代表的儒家系统地阐述了礼仪的起源、本质和功能。儒家文化逐渐成为我国封建社会的主流和正统,影响我国达几千年之久。除儒家之外,还有其他一些流派主张,通过相互吸收和融合,到后来的汉唐宋三朝已逐步形成了我国封建社会一整套的等级秩序和礼仪规范。

清末,鸦片战争打开了中国长期封闭的大门。中国人开始了解西方的政治、经济、文化。大批的爱国人士在把西方的文化科技介绍给国人的同时,也把西方礼仪介绍进来。辛亥革命之后,封建王朝覆灭,中国人为摆脱封建礼教的束缚而不断地进行着变革。直到中华人民共和国成立以后,中国进入一个崭新的时期,封建礼教彻底被废除,逐步形成了现代礼仪。

从中华几千年文明史来看,人们对文雅的仪风和仪态一直孜孜以求。孔子曾经说过:"少成若天性,习惯成自然。"意思是说只有从小去培养一个人的文明礼仪,才能形成良好习惯。随着现代生活文明程度的提高,人们也更加重视礼仪。执业律师要成功,要走向大律师,必须掌握一定的基本的职业礼仪,而且也应该从入行初期就开始着手,并养成良好的职业习惯。

礼仪涵盖社会生活的各个方面。在人际交往过程中的行为规范称为礼节,礼仪在言语动作上的表现称为礼貌。加强道德实践应注意礼仪,使人们在"敬人、自律、适度、真诚"的原则上进行人际交往,告别不文明的言行。礼仪是一张个人素质的名片,要想提高这张名片的含金量,只有靠自己坚持不懈地学习和努力。在社会活动交往中,个人礼仪不仅是简单的个人行为表现,而且是个人的公共道德修养在社会群体里的体现,反映的是一个人内在的品格与文化修养,因此可以说个人的礼仪是以个人修养作为基础的。讲究个人礼仪必须奉行尊重他人的原则,要想赢得尊重,必须先去尊重别人。

律师的职业礼仪,其实也是律师的名片,无形中影响着当事人对律师的判断,也是执业律师职业素养和道德素质的体现,更是律师的修养。如果我们不从点滴学起,不从点滴做起,想一下子就达到很高的境界,马上就能成为一个崇尚职业礼仪的执业律师,这一定是不现实的。细节决定成败,我们千万不能忽视这些细节。

礼仪不仅仅是个人素质的表现形式,而且作为一种社会文化,事关组织、社会乃至国家和民族的整体形象。强调个人礼仪,是为了倡导现代文明,旨在提高个人素养,强化社会良好礼仪风范。良好的个人礼仪形象是我们自尊、尊人之本,更是我们的立足、立业之源。律师的礼仪不仅仅是律师个人的形象、素质问题,往往会影响社会公众对律师行业的认识和评价,至关重要。因此,律师应当真正地对礼仪规范做到心中有数,行为举止保有职业礼仪规范要求,自觉地提高礼仪方面的修养,才能拥有广泛的人脉,有"礼"走遍天下,广结客源。

律师的工作基本上都是在做沟通,有效的沟通离不开律师运用良好的职业礼仪,让沟通的各方均能保持轻松、愉快、舒适的状态,更有利于达到沟通的效果。社会对职业礼仪要求越来越高,也越来越重视行业的职业礼仪。特别是律师行业,市场竞争日益激烈,专业化细分越来越明显和迫切,中国也正在由熟人社会转向陌生人社会。据司法部统计,2019年已有执业律师46万名,在如此的职业压力下,注重职业礼仪,或许可以让你在律师行业中脱颖而出,帮助你很快获得客户认同和客户资源,帮助自己立于不败之地。

二、律师要学会先尊重别人

陈有西律师谈到,律师是一个非常有战斗性的职业。但是律师的战斗性,并不是对同行的攻击、贬损,对外来律师的侮辱或者讽刺。律师执业修养礼仪决定了你的成长、成熟、成败。律师就是法律之师,律师不是"狗头军师",更不是"讼棍",律师修养和礼仪是律师成功的基础。

律师在职场中,应当谨言慎行,学会观察、分析,注意自己的形象和言行,要注重事实与法律,发言前要有充分的准备,把参加人员的身份在心里摸个底。能够不先发言的,一定不要抢先发言,更不能不顾事实与法律夸夸其谈。

第八章 律师的职业礼仪

作为一名执业律师,不但应当具有扎实的法律基础功底,而且还要有非常高超的执业技能,高尚的道德情怀,待人接物的涵养,从细节做起,注重执业礼仪。作为一名执业律师,在生活中、工作中时时刻刻要保持谨慎,不要在公众场所大声说话,要学会尊重别人,更不要公开讨论案件,不要将客户的隐私、秘密在大庭广众之下讨论。

什么是律师职业礼仪呢?笔者的理解是律师行业的一种特有的礼仪,就是律师在执业过程中应当遵守的礼貌礼节行为规范。尊重为本是礼仪的核心原则,由此派生出来礼仪的其他原则。没有尊重,就谈不上礼仪。从某种意义上讲,讲礼仪就是讲尊重。在尊重原则中,首先强调的是自尊,会爱自己的人才会爱别人,不会尊重自己的人一般不会尊重别人。因为,一个人对自己怎样,别人就会怎样对待他。对于一个懂得自尊自爱的人,我们会对他的尊重之心油然而生。"爱人者,人恒爱之;敬人者,人恒敬之。"执业律师要学会换位思考,你喜欢被人怎样对你,你就要怎样去对待别人。

尊重别人需要发自内心,缺乏真诚,只注重形式不动真情的行为是不会打动人的,也不是律师职业礼仪。因此,执业律师要想别人尊重你,就必须先学会尊重别人。所谓投之以桃,报之以李,就是这个道理。

对成大事者而言,他们的习惯方式是:先尊重别人,换来别人的尊重!身上具备唯我独尊这种弱点的人,往往想当然地认为这种态度是那些伟大人物或领袖们所独有的,是充满自信的体现。但是,他们错了。那些伟大的人物或领袖们之所以能名扬海内外,得到众多人的尊敬和认可,并不是因为唯我独尊,而在于他们懂得尊重别人。正是这种肯和大多数平凡人打成一片,而不是在他们中间显得高高在上的品性,才使他们取得了真正的成功。作为执业律师应该知道:你所表达的意思或信仰、观点,毕竟只是你个人的意见和信仰、观点,而别人也还仍然持有他自己的意见和信仰、观点,并且拥有取舍的权利。任何人都无权绑架其他人的思想和信仰、观点。做到这一点,别人自然不会盯着你的错误不放,也不用为了自己的面子去坚持错误。这样一来,自然就避免陷入唯我独尊的处境了。

自尊心每个人都有,无论是一国领袖,还是沿街乞讨的流浪者。但是,在待人处世方面,我们总是注重自己的自尊心,而忽略别人的自尊心。许多人瞧着某事不顺眼就想去指责别人,别人一有失误就抓住"把柄"加以"发挥",似乎只有这样才能使自己心情舒畅。但是,谁又能去考虑那些自尊心被伤害了的人的感受呢？我们不能把自己的开心、快乐建立在他人的痛苦之上，更不能随意地贬损他人，特别是同行更应该如此，不能跟同行过不去。

试着体会别人的心情，使用和气开导的方式，会更容易让人接受。执业律师也是人，与普通人一样，要想处处受人欢迎，那就应该：真心诚意地关心别人，尊重每一个人。执业律师在生活中、工作中，不但要尊重同行，也要对法律职业共同体的人，对客户、当事人以及你的对方当事人都要保持最起码的尊重。

三、建立和谐人际关系的三个必备因素

律师要想获得成功，应当注意加强职业礼仪的培养，注重职业礼仪可以更好地帮助律师成长。其中，通过律师的职业礼仪，可以帮助律师与客户建立和谐的人际关系，在律师的成长道路上是非常必要的。而且，在律师职业生涯中，只要具备职业礼仪，尊重他人，找到正确的人际交往礼仪，并恰如其分的运用好这些礼仪，才可以获得事半功倍的效果。律师在执业中，离不开和谐的人际关系，和谐的人际关系离不开律师的职业礼仪。

在哈佛大学中，鲍勃是学生们最喜欢的教授之一。不管谁什么时候去办公室找他、为什么去找他，也不管进去的时候带着什么问题，出来的时候他们都会感觉自己找到了知音，烦躁的心情一扫而去。为什么会这样呢？因为鲍勃具有提升他人情绪的才能，他擅长传播沉稳的情绪。对此大家也不觉得意外，而且建立和谐人际关系的非语言因素正是他的研究课题。数年后，他将研究成果整理发表，揭示了建立和谐人际关系的良方。对于律师来说，这个良方也非常重要。如果我们的客户带着疑问、困难、无奈等痛苦、悲伤、失望的心情求助律师，律师在接待当事人后，可以让他们轻松愉快的离开，多半可以成交。这就是和谐人际关系的神奇之处。

和谐的人际关系存在于人们之间。处在和谐融洽的人际关系中，人们会更有创造性，做出的决策也更有创造性。如果执业律师能保持良好的职业礼仪，注重人际交往礼仪，与前来咨询的当事人和谐相处，就会增加他们对执业律师的好感和信任，就会有助于签单成交，建立委托关系也就很自然和顺利了。和谐的人际关系能使人感觉良好，可以增进双方的好感。它使人们感受到彼此的热情、理解和真诚，这些相互间友善的情感拉近了

彼此间的距离。正是这种好感，可以增进执业律师与同事、客户等的相处，如果客户感受到了执业律师的热情、理解和真诚，律师又很专业、认真、负责，当事人还有什么理由不选择律师呢？

罗森塔尔教授通过研究发现，只有同时具备以下三个条件才是和谐的人际关系：彼此的关注、共同的积极情绪和一致性。正是这三个因素同时具备才共同催生了和谐关系。研究发现，建立和谐人际关系的最基本的前提就是彼此的关注。当两个人的注意力都集中在对方的语言和行为上时，他们就产生了共同的兴趣，从而达到知觉一致。没有彼此的关注就谈不上和谐的人际关系。执业律师在与客户交流、沟通、谈判的时候，能够互相集中关注对方的语言和行为，认真倾听当事人陈述，这不但是对当事人的尊重，而且能够产生共同的兴趣或者达成共同的认识和意见，显然执业律师很快就能获得当事人的认可，成交的可能性自然更大。

一些执业律师比较自我，总是希望别人关注自己，而他们却不习惯关注对方，这样一来就难以达到彼此关注的效果，难以彼此关注，相互之间就存在一定的距离，这样不利于共同兴趣、爱好的培养。没有彼此的关注，互相或许都不放心，都不感兴趣，和谐的人际关系就根本无法建立。无法建立和谐的人际关系，就难以互相信任，成交也就相对较为困难。试想，执业律师自己都不关注你的客户，如何能获得客户信任？彼此关注，和谐人际关系的重要因素同理心就会产生，同理心意思就是对彼此能感同身受。

执业律师在与客户的交往中，如果律师对当事人的遭遇和痛苦、担心，漠不关心，没有用心的体会和感受，就无法产生同理心，就无法感同身受，当事人就会担心执业律师的心理状态或者认知，或许会觉得他们不讲信用、不遵纪守法，如果认为他们违法、犯罪了不应当获得同情和支持，当事人就会觉得这个律师态度冷漠，缺乏同情心，不好打交道，对律师就会敬而远之，想要委托律师估计也就很困难了。

彼此的关注只是产生共同情感的前提即有助于同理心的建立。营造和谐人际关系的第二个要素是共同的积极情绪，它主要是语调和面部表情引起的。对于营造积极情绪，非语言信息的传达意义大于语言本身。执业律师无论是与同事相处，还是与朋友相处，还是与当事人交往，就算律师对他们的某些想法、说法、做法、行为不认同或者反感，想指责他们、批评他们，律师在此时的语言和表情也要拿捏得当，要体现出热情，不给他们带来压力,要在积极情绪之下完成,不能让对方感受到律师的不悦、心中不快,更不能因此造成对他们的误解或者冷漠等。产生共同的积极情绪,当事人就不会担心律师不认真负责,不替他们认真辩护,才会将他们的人身自由或者身家性命托付给执业律师。

催生和谐人际关系的第三个要素是一致性。如果缺乏一致性,交往中的人常常会觉得尴尬,甚至可能会出现不合时宜的回答或者冷场。人们可能会频躁不安或者沉默冷淡,从而影响两人正常的人际交往。在这个方面,执业律师要运用职业礼仪,让的当事人、客户相信律师,理解律师,领会律师的用心良苦,促使律师和当事人能保持高度的一致性。特别是在法庭上,当事人与执业律师的相互配合的默契程度就是最好的证明。无论是民事案件、行政案件,还是刑事案件,如果执业律师与当事人能保持高度的一致性,能心灵相通,就能带来意想不到的效果。

彼此的关注、共同的积极情绪和一致性,这三个因素共同催生了和谐关系,有助于执业律师的工作和生活,更有利于执业律师展业,促成与当事人的交流与沟通,更好地为当事人提供服务。

四、谦辞敬语不可少

人与人之间的互相尊重,对人尊敬、礼貌,最直接的表现是在对人的称呼上。一些人对人说话很不礼貌,连基本的称呼都没有,或者直接是"喂",让人感觉很不舒服,就会给人留下一个不好的印象。笔者发现,一些执业律师在这方面也不太注意,他们总是大大咧咧的,对人很不尊敬,一副高高在上的样子,总让人觉得缺乏礼貌。对于律师这个职业来说,律师在对人的礼貌礼节上还是应当有所注意,对人的称呼方面应当重视,体现出对他人的尊敬。

在一些人的心目中,他们认为应酬、寒暄、客套这些都是虚假的表现,所以就大加排斥。殊不知,要想在当今社会有一定机会,建立良好的人脉关系网,不讲客套、寒暄行不通。但是,如果在与人交往中,确实处处都很虚情假意,让人一看上去、听上去都是虚假的,不是出自内心地对人尊敬,也不礼貌。所以,我们要从内心尊重别人,只有从内心尊重他人,才会言由心生,这样才会获得别人的尊重。

在与人的交往中,要显示对他人的尊重,在称呼上就得有所注意,要对人礼貌的称呼和尊称人家。总之,与人相处客套会使对方产生被敬重的满足感，交往起来就会变得比较顺利、愉快、融洽、和谐，办起事情来也就方便，容易得多。

1. 谦称自己

律师在职业领域，一般称"本律师""我等"，或者直接称"我""本人"等。比如，在法庭上发言时一般称"本律师接受××律师事务所指派，担任本案原告的代理人""本律师依法接受本案被告人的委托和律师事务所的指派担任被告的辩护人""本律师认为""本人认为"等。如果是书面表达时，特别是写文章等，一般称"笔者"。总的来说，在对自己称谓时需要体现出谦虚，不可妄自尊大。

2. 尊称对方

在执业律师的工作中，要经常与各行各业、各部门的人打交道，还要经常与自己的当事人、客户打交道，执业律师如何尊称对方显得非常重要。

律师在与职业共同体的人员打交道的时候，只要到了法院，如果不是法警，不是明知他们是院长、庭长，都可以尊称为"法官"或者"法官同志"，对于法官这自然没有问题，对于法官助理、书记员等，他们会感觉律师尊重他们，尽管他们不是法官。到了检察院，道理也是一样，不知道情况的一般都叫"检察官"，到了公安机关一般都"警官"，因为"法官""检察官""警官"都带有一个官字，这样称呼准没错。对于不是很熟悉的人，不要跑去动不动就叫"老大""哥""姐""美女""帅哥"，因为这毕竟是工作关系，这样不但显得不专业，而且给人的感觉是律师在求他、讨好他们。到行政机关等部门办事，一般称呼"同志"最适合，对年龄较大的可以叫"领导"，这样既不虚伪又能获得对方接受。总之，在称呼对方时既不能让他们感觉律师低人一等，他们高律师一截，又能让他们感受到律师是出自内心的尊重他们。

笔者在实践中发现，在不好称呼或者真不知道如何称呼对方的时候，可以称呼"老师""师傅"，但是"老师"常用于工作方面的称呼，"师傅"一般用于社会生活。对于企业方面的人，一般他们都习惯被人称"老总"，所以只要不是明知他是一般工人，你都可以称呼其为"×总"，生意人可以直接叫"老板"。对于知道职务或者职位的，一般称呼时直接称呼职位或者职务，这些职务或职位不称呼，别人不知道，律师这样称呼他不但是对他的尊重，还是在间接地介绍他，他们心里都会美美地。当然，特殊情况需要保密身份的时候除外。

还有一个称呼"老大",这个称呼流行了很多年,以前曾经限制过,或者被质疑过。笔者建议一般情况下称呼自己的领导还是不要叫"老大",该称呼什么职位就是什么职务,不要动不动就是"老大",虽然这个"老大"是一个隐含权威的词汇,但是总会给人"黑社会""江湖""拍马屁"等味道和嫌疑。至少,执业律师不要轻易有这样的称呼,特别是在一些比较官方或者正式的社交场合不适合叫"老大"。还有一个因素是,这个"老大"的称呼,只要想称呼谁都可以称呼"老大",比较随意。但是,如果这个人是一个"主任""局长"等,这可不是随便哪个都可以当"主任""局长"的。特别是有的律师事务所设置有合伙人大会或者管委会主席、董事局主席一职,你不去叫他"主席",偏偏叫他"老大",换了谁都不会喜欢。

3. 使用敬辞

除了时常使用的"请""谢谢"以外,在交谈中,还有很多的谦称、敬语可供选用。比如:求人说"请问",请人指导说"赐教",问人姓什么说"贵姓",问人年龄说"贵庚",求人办事说"拜托",对别人的观点、见解表示认可说"高见",欢迎别人做客说"恭候光临""恭候大驾",自己的举动牵涉到对方时就可说"奉陪""奉送""奉告""奉劝",请人给自己的作品提建议说"雅正""斧正"等。

执业律师也会经常运用到这些敬词,比如请人关照,就会说"请您多多关照",作品需要请人写序言或者题词等,我们会说"请您批评指正"等,需要向别人请教问题时会说"请您指教",在得到指点后会说"多谢您的指点""感谢您的高见""感谢您的宝贵意见"等。

4. 用客气话

客气话有很多,不胜枚举,平常用的除"对不起""请原谅""请多关照"以外,在感谢对方帮忙做事时要说:"麻烦了""难为您了""让您费心了""对不住,让您破费了",在请求别人原谅时说"包涵",在因故不能陪伴别人时说"失陪",在意识到自己的礼貌不周时说"失敬",离别时劝说主人不要再送行说"留步",表示对初会者敬仰已久说"久仰",与朋友长久不见说"久违"等。与人相处能正确地对待交际中的客套,适当地使用客套话,相信一定会使你收获颇丰。俗话说,礼多人不怪。我们只要多注重礼貌礼节,一般不会出现差错。当然,这是需要真心实意的礼貌礼节，而不是虚假的虚伪的，否则就会适得其反。

与人相处，不但要形成说客套话的好习惯，还要乐于听对方的弦外之音，领会它传达的言外之意，这是最奥妙的人际关系术语。善于世故之人大都擅长话里有话，一语双关，精明的人不必多言多语，就会让人心里明白，而很多人都习惯指桑骂槐。有的人很会说话，总是绵里藏针，给人感觉害怕，有的人话里有话，实则是在暗示什么。总之，说话的人是不是佯装暗藏玄机，听话者一定得搞明白他的真实目的，方能应对恰当。为了能赶上时代的脚步，必须弃旧立新，养成说客套话的好习惯。执业律师在这个方面更应注意，特别是在法庭上、谈判桌上，很多时候都是暗藏较量的。

寒暄、客套不是虚伪，这是每个人都应具备的礼貌，也是人人都应该养成的习惯。执业律师需要重视这些基本的职业礼仪，就算是对待客户，哪怕他确实是一个有罪之人，但他们有求于律师，在向律师寻求帮助，律师同样需要尊重他们。很多时候律师对当事人的尊重程度如何或者律师对当事人如何称呼，都会在他们心目中树立不一样的形象，或许还会涉及当事人是否委托律师办理他们的案子。他们尽管违法了，犯罪了，但是他们还是有尊严的，还是会判断执业律师的素质和素养，并作为是否委托签单的重要考量因素。

五、执业律师应当学会控制情绪

律师学会控制自己的情绪也是职业礼仪的需要。已经有执业律师因为没有控制好自己的情绪，给自己、给家人带来了麻烦，当然对当事人也非常不利。曾经阅读到一篇关于礼仪的文章说，高手善于控制情绪，高手在于能控制自己的情绪，控制情绪就能掌控局势。

很多人都说，有了好心情，好脾气，才会有好运气。已经发现有不少研究礼仪的人在关注情绪，把情绪作为礼仪在进行研究、学习、培养。笔者曾经办过一起交通事故案件，这个案件从事故发生后几乎该走的程序都是走完了的，其中包括对交警部门的责任认定不服，申请复核和提出行政诉讼一审、二审，民事赔偿部分的一审、二审、再审，对交警部门的扣车行为的违法行为的行政诉讼、车辆丢失后的行政赔偿诉讼等，整整经历了十年的诉讼。笔者与对方律师整整对手十年。

十年间，对方律师从笔者心目中的偶像，理智型律师，渐渐地在改变,最后发现他变得很暴躁。经常在法庭上听到他对笔者批评指责,对法官批评指责,有时候甚至是咆哮、怒吼。记得有一次在一审法院审理交警部门事故认定的行政案件,突然停电,大家都"哦"一声就算了,法官也赶紧去问到底是怎么回事儿。这个时候,对方律师突然大发脾气,在法庭里面暴跳起来,指桑骂槐的指责法院黑暗,电都没有等。由于大家都熟悉这个律师,也没有人跟他计较,任由他在那里发牢骚。最后,法庭只好宣布休庭,择日继续开庭审理。

愤怒情绪是人性的一大缺点,每个人都免不了动怒,这是一种心理因素,它比其他身体疾病更加厉害,能摧毁人的一生。很多人有动辄发怒的习惯,尽管他们知道这是一种不好的习惯,可是当碰到某些令人生气的事情时,依旧控制不了自己的心情,任由这种不良习惯兴风作浪。发泄过后,他们可能会说"是的,我也知道自己不该发怒,但就是控制不住自己"。这种说法只是在为自己找理由。但是,这种坏习惯是可以用好习惯取代的,那就是养成掌握情绪的好习惯,做情绪的主人。意志坚强者大都能做到这一点。

事实上,不是所有人都会不时地表现自己的愤怒情绪,因为愤怒这一习惯行为可能连自己也不喜欢,更不用说他人感觉怎样了。任何一个心情愉快、有所成就的人都不会让它跟随自己。愤怒既是你做出的一种选择,又是一种习惯,它是挫败过后的自然反应。实际上,愤怒是一种精神错乱,每当一个人不能控制自己的情绪时,便有些精神错乱。由此看来,当一个人气得丧失理智时便处于精神错乱状态。遇到不合心意的事情时,常常会告诉自己:"事情不应该这样或那样",于是灰心丧气感便油然而生。然后,便会做出愤怒的表情,因为他觉得这样会解决问题。在这种情形下,便会把愤怒看作一种本能习惯,觉得它是人的本性之一,是情理之中的。一旦这种念头产生了,发怒的坏习惯就不易纠正了,而且它将会阻挡你的成功。凡是有所作为的人是不会被愤怒情绪左右的,一旦情绪被愤恨控制,将会引发严重的后果。因此,在关键时刻是不能够让怒火控制情绪的。不然,很有可能为此付出沉重的代价。只要能改掉情绪的毛病,控制情绪的好习惯便会自然生成。

虽然世界绝不会像人们所期待的那样,你很可能会继续烦恼、生气或失望,但不管怎样,一定要消除那种不利于心理健康的有害情绪即愤怒。别人的行为不可能完全符合自己的要求,也不会事事按自己的意愿进行。

有句话说，一定不能用别人的错误折磨自己。因自己不喜欢的人或事动怒，其实是不敢面对现实的表现，是承受不住困难打击的表现。这种表现往往使自己陷入发怒的误区，为本不能够改变的事自寻烦恼。对于别人的言行，你可能不喜欢，但也不应该动怒。生气只会使别人看自己的笑话，甚至会引发生理上或心理上的疾病。当遇到令自己生气的事情时，你应想到两种选择——要么动怒，要么以新的态度对待此事，选择前者会成为坏习惯的牺牲品，而选择后者则是控制不良情绪的成功者，长此以往就能形成控制情结的好习惯，对情绪的控制也就可以做到收放自如。总而言之，只要自尊自重，拒绝受别人的左右，便不会因动怒而折磨自己。切记，使用和平的方式，表达你的愤怒，而不是闹情绪。

无论在什么时候都能够看到人们动怒的情形，无论在什么地方，都可以看到人们陷入不同程度的愤怒，从轻微的焦躁不安到严重的咆哮大怒，虽然愤怒是一种慢慢形成的习惯，但它也是一种腐蚀人际关系的病症。执业律师也是一样，如果动不动就产生不良情绪，自己又把控不住，就容易误事。

六、养成替客户着想的好习惯

俗话说："人之初，性本善。"它告诉人们，其实人生来是善良的。可是随着社会的进步，经济的发展，环境的影响，自私自利就无时无刻不在打击着人们善良的本性。这就要求人们必须克己自律，消除不良因素，养成先替别人着想的好习惯，这样才有助于取得成功。

执业律师要想获得成功，在职业生涯中也应当养成多替别人着想的好习惯。特别是在执业律师接待当事人的时候，如果执业律师能够多关心、体贴当事人，多替当事人想想，多考虑如何能最大化地维护和实现当事人的合法权益和利益，这样律师在咨询接待、谈案的时候就越容易获得当事人的感激和信任，成单的可能性就更大。执业律师为当事人提供法律服务，就是为了维护当事人的合法权益，最大化的实现他们的利益；只有执业律师能够站在当事人的角度，多替他们想想，才能更容易使执业律师的利益与当事人的利益保持高度一致，他们才放心将案件委托给你办理。

我们知道自私自利、损人不利己，不但不能取得好的人缘，就连办事也会慢他人半拍，甚至出现僵局。不管什么场合，都要时刻避免自私自利的念头，凡事多为别人着想，这才是取得成功的基本保障，也是中华民族的传统美德，更是每个人必须养成的好习惯之一。执业律师在接待当事人的时候，如果不是首先替当事人着想，不是先站在当事人的角度思考，而是只想到如何成单，如何签合同，自己如何才能把案件拿下来，往往适得其反。

有一次，有人问华人首富李嘉诚的儿子李泽楷："你父亲是否教了你很多赚钱的策略呢？"李泽楷说："父亲没有教我挣钱的方法，只告诉了我做人应当知道的处世之道。"据说李嘉诚这样跟李泽楷说："与别人合作时，不要只想自己的利益，而要依据先为别人着想的原则办事。"换句话说：要让别人有利可图。因此，每个人都明白，和李嘉诚合作不会吃亏而且有利可图，所以很多人都乐意与他合作。从表面上看，李嘉诚仿佛有些吃亏，可事实上他赚到的更多。不妨想想看，尽管他在一个合作者身上赚到的利益相对比较少，可是把10个、100个、1000个乃至上万个合作者身上得到的利益集中起来，那必将是一笔相当可观的财富。由此，我们可以看出，先为别人着想确实对经商有很大的帮助。当然，这并不是说为别人着想这一原则只能在商界有效，它在其他领域中也一样。

作为一名执业律师，虽然我们不是商人，但是应当具有商业头脑和商业思维才行，江平教授也认为律师应当具有商人的特点。律师在接待当事人的时候，如果在考虑这个案子是否有诉讼的价值和必要的时候，律师不是先考虑能够收多少钱，而是应当先考虑当事人的利益点在哪里，他们的追求和目的是什么？笔者经常对新晋律师讲，执业律师与当事人应当是利益共同体，律师首先需要考虑的是当事人的利益，当事人的利益得到了多大的保护，律师的价值就有多大，你获得的回报就有多少。律师不能只看到碗里，而不看到锅里，我们不要与当事人争利，而是要为当事人创造利益而获得律师应有的回报。

安东尼·罗宾本着李嘉诚替别人着想的办事原则，每当与人合作时，一定使用这种思维方式，长期以来就养成了先为他人着想的好习惯，所以，他的合作伙伴慢慢多了起来。罗宾觉得，天下没有卖不掉的产品，只有不会卖的人。如果今天所有的事情都只是利益的原因，或只要产品好就能卖出去的话，那天下就不再需要营销人员了。在任何产品的营销中，人是最关键的因素。律师执业的道理应该也是这样，不是律师无事可做，不是缺乏客户，而是你是否能替客户思考，是否愿意站在客户的立场考虑问题。

迈克是一家信封公司的老板。有一次,他去拜见一个顾客,那个采购经理一见他就说:"迈克先生,你不要来了。我知道你很有名气、很有成就,也很有钱,但我们公司绝对不会给你下信封订单的,因为我们老板和另一位信封老板有25年的交情,早在25年前,我们就和他开始合作。你也不用再来见我了,因为有43家信封公司的老板拜访我三年都没有达到目的。因此,迈克先生我建议你不要白费时间。"可迈克没有退却,他有的是办法,而最独特的方法就是一直先为别人的利益着想。

有一次,他看到这家公司采购经理的儿子很喜欢打冰上曲棍球,他又发现这个孩子最迷恋的偶像是洛杉矶一个退休的全世界最有名的球星。后来,他知道这个孩子因出车祸进了医院,这时,迈克认为机会来了。他买了一根曲棍球杆并请求那位球星签名后,十分高兴地来到了医院。当他到达医院后,孩子的父亲还没有到,那位采购经理的儿子问他是谁,他说:"我叫迈克,来给你送礼物来了。"孩子对他的礼物十分感兴趣,又问:"是什么样的礼物?"他说:"我知道你热爱曲棍球,这位是你的偶像,这是一根他亲自签名的曲棍球杆。"让他惊奇的是,小孩高兴得不顾脚疼,硬要下床。这时,迈克说他的工作完成了。最后,当孩子的父亲来到医院时看到儿子整个人都变了,原本低落的情绪现在荡然无存。他问儿子怎么回事,儿子将整个事情的全部过程说了一遍。结果可想而知,这个采购经理和迈克签下了400万美金的订单。

通过迈克的故事,我们可知人都是有感情的,每个人都理解"投桃报李"的道理。因此,在做人、做事的过程中,一定要掌握好自己,不要让自私自利的想法蒙住了双眼,而要把先为别人着想的想法摆在首要位置,做任何事都要以此为标准,并把它当作一种习惯,用来完善自己为人处世的方法。在生活中,笔者经常担心自己家里的响声、噪声影响到楼上楼下的邻居,只要一听到响声、噪声,笔者都会习惯的嘱咐家人小心点,不要影响到邻居。因此,每当笔者说这些话的时候,笔者小儿子都会跟我开玩笑说:"不用担心,楼下的老太婆这个时候肯定不在家里。"

笔者在接待当事人的时候,一旦当事人咨询笔者这个案子是否可以诉讼时,笔者第一时间就是分析这样做可能会给当事人创造的利益是多少,大概范围在什么幅度,从而让当事人判断是否有诉讼的必要和价值。其次,笔者会分析如果要诉讼,这个案子存在什么风险?哪些方面对当事人有利?如果诉讼对当事人不利,或者这个案子确实没有诉讼的价值,我会建议当事人采取其他维权途径或者运用非诉讼的方式处理。接着，笔者会告诉当事人如果你希望委托我们代理诉讼，我们按照规定应当收取多少律师代理费，这个成本是否合适？你是否接受？最后，我把是否委托的决定权交给当事人让他自己决定。

在笔者的律师生涯中，也经常遇到一些置气的当事人，其实他与对方没有多大的争议，而且根本就没有诉讼的必要，无论是他们作为原告方还是被告方，笔者都会认真倾听他们的陈述，并根据案件实际情况，对他作出实事求是的分析，建议他放弃诉讼，争取协商解决。毕竟冤家宜解不宜结，这样斗下去何苦呢？因此，不少的当事人在听了笔者的意见后都会与对方和解，妥善化解争议，不至于让双方关系更加僵持不下。因此，笔者获得了不少客户和对方当事人的认可和信任。

当然，有一些时候，如果仅仅从经济上看对当事人或许没有多大的价值，当事人确实也是置气而希望通过诉讼来解决问题，其目的不是为了胜诉的问题，而是其他目的。这个时候，笔者同样会站在当事人立场反复研究，给出实实在在的意见和建议，不会动辄就鼓励、支持当事人诉讼。只要律师是真心实意的替当事人考虑，一切都是为了当事人的利益着想，当事人心里也会明白。就算这次他放弃了诉讼，没有委托律师给他代理，但是今后他们有法律问题，需要咨询律师或者委托律师的时候，你一定会是他们的首选。

执业律师的神圣职责是维护当事人的合法权益，维护法律的正确实施，维护社会的公平正义。法律规定执业律师的第一要务就是维护当事人的合法权益，所以我们办理案件的首要任务就要维护当事人的合法权益这个目标，首先就要考虑当事人利益，先替当事人考虑，多替当事人着想，不要只想到自己成交，受理案件，收取律师代理费。笔者一贯反感挑词架讼，更不喜欢律师动不动就鼓励、激发当事人进行诉讼，以挑起事端，促成诉讼，实现自己的一己私利。在接受当事人委托的时候，不仅仅要考虑我们的收费利益，还应当思考执业道德和执业素养，不能为了一己私利损坏整个律师行业的形象。

七、执业律师微笑的价值

有一句话说："笑一笑，十年少。"微笑是一种乐观、稳定的心理素质表现。微笑可以给人信息和鼓励，可以化解危机，消除误会。微笑也是一种礼仪，而且微笑的价值非常大。执业律师如果运用好了微笑，可以帮助执业律师获得更多的客户和促成签单。一位诗人说："我最喜欢的一朵花，它是开在别人脸上的。"微笑是盛开在人们脸上的花朵，是在人们心中升起的太阳，是那些渴望爱的人们眼里最高贵的礼物。当你把这种礼物奉献给别人的时候，你不仅能赢得友谊，还能赢得财富，甚至能在生死关头挽救自己的性命。

据悉，西班牙内战时，一军官被俘。在即将被处死的前夜，他从口袋中掏出仅有的半截香烟，想吸上几口，来缓解一下临死前的恐惧，但是他却没有火。在他的再三请求下，看守员最后毫无表情地掏出火柴，给他点火。当两人四目相对时，军官感激地向士兵送上了一丝微笑。令人惊奇的是，那士兵愣了几秒钟后，嘴角也不由得向上翘了，最后竟也露出了微笑。后来两人开始交谈，谈到了各自的故乡，各自的妻子……最后，那士兵竟然动了感情，悄悄放了这位军官。这个故事不知是不是真的，也无从考证，笔者引用这个故事的目的只是希望说明微笑的价值非常大。

西方有一位心理学家做过一个微笑训练的实验，要求参加者每天坚持对人微笑。一个月后有人感激地说："我每天坚持这样做。刚开始时，大家感到惊讶，后来就习惯了。这个月我在家中得到的快乐，比过去一年中得到的还多。现在我已养成了微笑的习惯，而且我发现，在我微笑的同时，人人也对我微笑，并且以前对我冷若冰霜的人现在竟也对我热情起来了。"多么奇妙的微笑啊！它可以沟通心灵，融洽关系，驱走阴冷，让生活充满阳光。

现今社会，竞争愈来愈激烈，生活节奏越来越快。因此，人们大多只顾着忙乎自己的事，而很少关心别人的事。这种情况下，人们的内心深处其实更需要他人的理解和关怀。当我们的客户因为家人、亲人遇到法律问题，特别是身陷囹圄的时候，他们往往心急如焚，不知所措。此时，如果律师能给他们一个微笑、一声问候、一点关心，就能满足他们情感上的需求，那么，他们就会对律师产生信任和感激，就会用热情来回报你。如果稍微留意下，就会发现那些逢人就微笑着打招呼的人，他们的人缘也会越来越好。用一句时髦的话概括就是"人气飙升"，而这一切都归功于微笑。为什么小小的微笑在人际交往中会有如此大的威力？原因就在于这微笑背后传达的信息是："你很受欢迎，我喜欢你，你使我快乐，我很高兴见到你。"请问，有谁不喜欢这样的信息呢？

对于执业律师来说，当遇到客户上门咨询求助的时候，他们往往都是遇到法律问题了。这时候，他们都是心情不好或是愁眉苦脸的，如果执业律师依然一副严肃的样子，总是板着一副面孔，只会增加他们的压抑，不会减轻他们心理上的负担。如果此时，律师面带微笑，亲切而温馨的传达一丝关心之意，帮助他们放松心情，排除压抑，给他们信心和勇气，让他们正确面对这些事情，冷静、理智地去处理，就会拉近当事人与律师之间的距离。中国有句古话："人不会笑，莫开店！"其实是很有道理的。律师行业也是一样，不苟言笑，一本正经，有时候并不是好事。

对于微笑，外国人说得更直接："微笑亲近财富；没有微笑，财富将远离你。"纽约大百货公司的一位人事经理曾这样说过："我宁愿雇用一名有可爱笑容而没有念完中学的女孩，也不愿雇用一个摆着扑克面孔的哲学博士。"世界著名的希尔顿大酒店的创始人希尔顿先生，他的成功也得益于母亲的"微笑"。母亲曾对他说："孩子，你要想成功，必须找到一种方法，它要符合以下四个条件：第一，要简单；第二，要容易做；第三，要不花本钱；第四，可以长期运用。"这究竟是一种什么方法？母亲微笑着未答。希尔顿在反复观察思考后，终于找到了：是微笑，只有微笑才完全符合这四个条件。后来，他果然用微笑闯进了成功之门，将酒店开到了全世界的大城市。

难怪一位商人如此赞叹道："微笑不用花钱，却永远价值连城。"微笑在商场有着举足轻重的地位，所以，服务业、员工在岗前培训的首要内容一定是"微笑服务。"对我们每一个人来说，虽然微笑是一件轻而易举的事，但是它却能照亮所有看到它的人，像穿过乌云的太阳，带给人们温暖。律师行业也是服务行业，执业律师提供的也是一种服务。所以，让我们微笑吧！微笑着面对生活，微笑着面对客户和当事人，微笑着面对同事，微笑着面对周围的人。

微笑是一种礼仪，微笑不是假笑，不是苦笑，不是装笑，微笑要出自内心，要真诚。只有出自内心的微笑和真诚的微笑才能体现其价值。微笑是盛开在人们脸上的花朵，是在人们心中升起的太阳，是那些渴望爱的人们心里最高贵的礼物。当一个人把这份礼物奉献给别人的时候，不仅能赢得友谊，还能赢得财富和尊重。

八、执业律师应当培养仔细倾听的能力

倾听是最基本的礼仪之一。律师更是需要仔细倾听的工作，无论是接待咨询、解答咨询，还是谈判案件，参与商务谈判，法庭调解或者诉讼、辩论、辩护等，倾听都是必不可少的。仔细倾听既是一种礼仪，又是执业律师的一种执业技能。执业律师学会倾听非常重要，既是信息的获得渠道，又是展示执业礼仪的窗口，更是建立和谐人际关系的基本保障。

通过认真倾听，就能很快明白对方的思想和观点、主张，可以增强律师对他人情感适应的能力，从而建立和谐的人际关系。通过全身心地投入和专心地倾听，会使律师的神经系统彼此连接，形成回路，这非常有利于产生一致性和积极的情感。执业律师要想很快的听明白当事人的诉求和主张，仔细、认真倾听是必不可少的。

仔细倾听对方的陈述，是执业律师的职业礼仪，也是执业技巧，是对人的尊重，也是对自己负责，更是一种义务。仔细倾听并不是什么高难度动作，如果还没有养成这种习惯，那么就应当尽早地培养，促成自己养成仔细倾听的习惯和能力。

九、仪表是执业律师的门面

莎士比亚说："衣装是人的门面"，这一说法得到了全世界的认同。许多人经常因为他们不得体的穿着而备受指责。仅凭衣着去判断一个人似乎肤浅轻率了些，但经验证明：衣着的确是衡量穿衣人的品位和自尊感的一个标准。渴望成功的有志者应该像选择伴侣一样谨慎地选择衣装。古谚云："我根据你的伴侣就能判断你是什么样的人。"某个哲学家也说过一句精妙的话："让我看看一个妇女一生所穿的所有衣服，我就能写出一部关于她的传记。"这绝不是吹嘘，也绝不是毫无根据的。一个人穿着如何，基本上就能大概了解这个人的行为和心理，包括他的能力。当然，伪装除外。

我们都知道做生意要讲究一个门面，在生意开张之前一般都要把门面装饰装修一番，以崭新的面貌开门迎客。有人称律师其实是一个高级知识分子个体户，律师事务所其实就是一群高级个体户的组织。仔细想想，确实还有那层意思。律师要开张营业，也不得不考虑一个门面的问题。那么，什么是律师的门面呢？就是代表。

有人认为，一个忽视洗澡的人也会忽视他的心灵，他会很容易全面堕落；一个不注意仪表的年轻女人很快就无法取悦于人，她会一步步堕落成一个不思上进的邋遢女人。因此，《塔木德经》把清洁置于仅次于神性的位置上。所以，不少的人会把清洁的位置摆放得很高，看得很重要。因为他们相信绝对的清洁就是神性，灵与肉的清洁或纯洁能把人升华到最高境界，一个不洁净的人就好比是一头野兽。

要保持良好的仪表，最重要的一点就是要经常洗澡，这一定是一个非常基本的生活习惯，绝对不能容忍一位执业律师不爱洗澡，全身酸臭的到处乱跑。经常洗澡能保证皮肤的清洁与健康，否则身体不可能健康。执业律师对头发、手和牙齿的护理也相当重要，一定要细致周到，不能马虎草率。修剪指甲的用具很便宜，人人都买得到。护理牙齿是件简单的事，然而人们在牙齿卫生上犯的错误可能要比在其他方面犯的错误更多。现在的一些年轻人，他们衣着考究，对自己的仪表非常得意，但他们却忽视了自己的牙齿。他们没有意识到，人的仪表中没有比脏牙、蛀牙，或是缺了一两颗门牙更糟糕的缺陷了。呼吸当中的恶臭更令人无法忍受，许多应聘者就因为牙齿不好而被拒绝。记得以前看过周恩来总理的生活习惯，他是每天必须刮胡子，他要求的是每天面必净，就是每一天都要保持脸上干干净净的。

有一句话说："让你的衣着得体，但不需要昂贵。"衣着朴素具有最大的魅力，现在市面上有大量物美价廉的衣物可供选择，大部分人能买到好衣服穿。但是如果条件所限，不能买到更好的衣物，也不必为一套寒酸的衣服害羞。穿一件花钱买的旧外套比穿一件不花钱的新外套更能赢得别人的尊敬，不可避免的寒酸不会让人产生反感，但是邋遢却使人一见之下顿生厌恶。笔者发现我们的执业律师，个别人很不在乎自己的穿着打扮，很不讲究，完全看不出哪一点儿像一个律师。我们说执业律师的仪表就是门面，既然是门面就得拿出个门面的样子来才行。

作为一名执业律师，只要打扮自己，不管多穷都可以穿得很得体。只有得体的穿着才能体现出律师的气质。赫伯特·乌里兰是纽约市铁路局的董事，在一次关于如何获取成功的演说中，他说："衣服不能造就一个人，但好衣服能使人找到一份好工作。如果你有二十五美元，又需要一份工作的话，最好花十元买一套衣服，花四元买双鞋，剩下的钱买一个刮胡刀、一个发剪、一个干净的领圈，然后去找工作。千万不要带着钱，穿着一身破旧西装去应聘。"

芝加哥最大一家零售商店的招聘主管说:"招聘的原则必须严格遵守,对于一个应聘者来说,经受住考验的最重要条件就是他的仪表。"一个应聘者具备多少优点和能力没有关系,但他必须重视自己的仪表。璞玉浑金的价值不知要比抛光的玻璃高出多少倍,但是有时候就是明珠投暗。有些应聘者凭借良好的仪表获得了一份工作,虽然很多被拒之门外的人要比他们优秀得多。他们的能力可能还不及那些被拒之门外的人的一半,但是既然有了工作,他们就会设法保住这个饭碗。这条通行全美的招聘原则在英国同样适用。《伦敦布商》杂志这样说道:"越是注意个人清洁卫生和衣着整洁的人,就越能仔细地完成工作。个人生活邋遢的工人,工作也会马马虎虎,而关注仪表的人也同样地注意工作的效果。柜台后面是什么样,车间里很可能也就是什么样。时髦的女售货员一定很讲究穿着,她会厌恶肮脏的衣领、磨破的袖口和皱巴巴的领带,难道不是这样吗?"事实上,关注个人习惯和整体仪表,就会对邋遢散漫的习惯产生警觉。

笔者在律师这个行业混迹了几十年,各种各样的执业律师几乎都见过。可以准确或者肯定地说,注意仪表的执业律师尽管有时候不一定就比邋遢的律师专业,但是他们的业务量一定远远会超过邋遢的执业律师,他们的收入或者说个案的收费一般都会远远高于邋遢的律师。因此,邋遢的律师给人的第一印象就被减分了,除非是他有非常过人之处或者是当事人为了图便宜等,一般来说他们的业务都不会太好。

我们强调执业律师衣着的重要性,并不是要执业律师个个都要像英国花花公子博·布鲁梅尔那样,一年仅做衣服就花四千美元,扎一个领结也要花上几个小时。过分注重穿着甚至比完全忽视还要糟糕。那些像博·布鲁梅尔那样的人太讲究穿着了,他们一门心思地扑在对衣着的研究上,可能就容易忽略了内心修养和神圣的责任。执业律师穿衣应该量入为出,与身份相称,这既是一种责任,也是最实际的节俭,更是形象的需要。执业律师需要良好的装束和整洁、光鲜、得体,而不是炫富。许多年轻人误以为"穿着得体"就一定是要穿贵重的衣服,这种观点与完全忽视穿着同样是错误的。一些人把本该花在头脑和心灵修养上的时间用在了梳妆打扮上,老是在盘算该怎样用微薄的收入来买昂贵的西装、领带或是皮鞋。如果他们买不起渴望得到的东西,就会买便宜的赝品来代替,结果他们的穿着会显得很可笑。执业律师虽然应当注重穿着和仪表,但是不能为了穿衣而活着,否则就没有时间学习文化,没有时间努力工作,没有时间研究业务。

执业律师要想多获得案源和客户,那么就立即行动起来,从自己的仪表开始改变,在武装你的头脑的同时,把自己的门面装点起来吧!

十、女律师要懂得投资自己

执业律师中的女律师,是典型的职业女性,职业女性之美更容易获得他人的善待和美誉。而且,女人的容貌是人际交往中最引人注意的部位,一些女强人把自己所有的时间和精力都放在了学习、能力、职位、事业等方面了,往往忽视了自己的容貌,总感觉自己活得很累,很大程度上忽视了自己魅力容颜的辅助因素。不可否认,女性漂亮的容貌会给自己的学位、能力、职位、事业、业绩等带来意想不到的附加值,因此女律师不可忽视自己的容貌。

在现实社会中,职场女人的容貌对自己的发展占有很重要的决定权,相貌好的女人更容易得到大家的认可,拥有更大更多的竞争力和机会,能够更好地代表企业或者行业形象,从而让自己拥有一个很好的发展前景。以貌取人肯定是不对的,但是以貌取人的残酷现实又是不得不让人承认和接受,这永远是职场中的潜规则,律师行业也不例外。在同等条件下,漂亮的女律师一般都会比其他女律师的业务好一些,她们的收费一般都比较容易一些,无论是影视剧还是现实,这都是客观存在的现象。残酷的现实告诉我们,作为女律师,如果不想被淘汰或者被边缘化,不仅需要努力地学习和工作,刻苦钻研,还要懂得让自己精致起来,既要注重培养自己的学习能力,又要注重培养自己的工作能力,还必须要关注自己的美丽容颜,从而让自己在职场中站稳脚跟。

成功女律师的成熟修养,乐观的生活态度,丰富的人生阅历等一系列的因素,都会成为女性的容貌滋养品。为了永葆女律师的青春活力,就应当注重投资自己成为一名拥有高尚修养,乐观向上的性格,临危不惧,处变不惊的大智若愚生活、工作态度。始终让自己保持一颗健康的心,不断修养自己,让自己由内到外,由外到内地不断提升和修养,就会让自己生活得越来越有滋味,工作得越来越感兴趣。

笔者发现,一些女律师不太在乎自己的外表和容貌,一心只在事业上,在学习方面,忽略了对自己的收拾打扮,让人感觉不到她们是律师,就像一个个普通的女人,要是不熟悉的人说到她们是律师,人家还不太相信。笔者觉得女律师与男律师相比，本身就占据一定的性别优势，如果在稍微努力让自己的容貌改变一下，就会在职场中更具优势。影视剧中不少女律师的形象气质都非常棒，笔者认为女律师就应当参照影视剧中树立的女律师形象去追求自己的形象气质和容貌。因此，笔者建议女律师不要一心只在工作上，事业上，只在学习上，只在老公和孩子身上，也需要多为自己着想，也要舍得为自己花钱和投资。

女律师要舍得为自己花钱和投资，就像男律师一样，不是炫富或者摆阔，而是说女律师要学会如何恰当地注意自己的形象和容貌，注意自己的仪容仪表和外貌，要真正地懂得如何投资自己，不是仅仅要穿金戴银，一身珠光宝气。执业律师是不需要也不应该过于炫富的，不提倡过于炫耀自己有多少金银珠宝，更不能满身珠光宝气，否则没有客户敢请你，因为他们担心请不起你。女律师要懂得投资自己，说的是作为律师的职业女性，更应该懂得如何适宜地装扮自己，重在适度，过度注重装扮也会走入误区，不但达不到预期的效果，反而会适得其反。因此，女律师在日常生活、工作中，在投资自己的时候，有一些问题需要注意：

1. 切忌过分时髦

现代女性热爱流行时装是很正常的现象，即使不去刻意追求流行，流行浪潮也会如影随形。但有些女性追求时髦有点盲目与过度，对于律师这个职业来说，法律是庄严而神圣的，如果执业律师在工作中太过追赶时髦就会与工作，与身份不相匹配。

2. 女律师的穿着应平淡朴素，不要过于夸张和暴露

在服饰方面，职业女士应当在工作中尽量穿着职业服饰，尽量平淡朴素，切记过于夸张。在夏天的时候，许多女性不太注意自己的身份，经常穿一些比较暴露和性感的衣服，这样往往会使自己看起来有些轻浮。笔者曾经主办过一次研讨会，就有人提出在法庭上看到个别女律师衣着暴露，很性感迷人，弄得主审法官和公诉人都不好意思往她的辩护席位方向看。律师是提供法律服务的，法律服务是很严肃的工作，过于暴露和性感就会显得格格不入，容易让人产生误解，不利于执业律师的整体形象。

3. 女律师不要素面朝天

女律师不化妆就跟男律师不修边幅一样，这很不礼貌。女律师适当淡妆比较可取，表达了对别人的尊重，但千万不要浓妆艳抹，更不要做一个不讲卫生的懒女人。在注意个人卫生的同时，可以用适当的香水但不要过

浓。女律师还需要注意的是不能当众化妆，更不应以残妆见人。参加重要活动或者午饭之后，最好到洗手间整理妆容，保持整洁干净。笔者发现个别女律师常常在大庭广众之下补妆，或者整理衣服，这也是需要注意的细节。

4. 套裙的款式及特点

在正式场合穿着的套裙，面料应选择高档面料。上衣和裙子应采用同一质地、同一色彩的素色面料，上衣注重平整、贴身，最短可以齐腰。需要注意的一点是，袖长一定要盖住手腕。裙子要以窄裙为主，同时裙长不要过短，长到膝或者过膝，最长则不要超过小腿的中部。

5. 色彩搭配

女性职业装的色彩应当以冷色调为主，从而可表现出着装者的高贵典雅、端庄大方。为了与时代接轨，也应保持点"流行色"，体现出传统美与现代美的结合。

总之，女律师是律师行业的一道亮丽风景，是律师队伍的佼佼者和重要力量。爱美之心人皆有之，女律师也不例外。女律师属于职业女性，属于职场中的优秀女人，因此不能放纵自己忽视自己的美丽容颜，一定要懂得适时投资自己。

十一、女律师的服饰及搭配礼仪

律师这个职业，与其他职业一样，形象的价值非常大，有人说律师形象价值百万，一点也不为过。作为一名律师，不仅仅是具有良好的执业技能和职业素养就能获得社会好评，律师形象更是非常重要。我们说女律师要懂得投资自己，对女律师的容貌、容颜以及基本的穿着和服饰搭配进行了简单的介绍。为了帮助广大女律师掌握更多的服饰及搭配的礼仪，现在重点介绍一下女律师的着装、饰品等礼仪知识。

首先，需要明确女律师在职场中的美与生活中的美应当有所差别，这种职场中的"美"指的是端庄大方、自然得体，不是娇艳欲滴、冷艳魅惑或者性感迷人。

其次，律师职业对女律师的发型也有一定要求，虽然这不是什么规定、规范，但这是律师职业的礼仪要求。女律师的发型要求大方高雅，得体干练，前发不要遮住眼睛和脸，而且女律师不宜留过短的板寸发型，更不适合使用彩色发胶或者发膏，尽量使用朴实无华的发饰，不要佩戴炫彩或者卡通、花卉的发饰，也要切记不能使用发箍或头巾做装饰。因为，这些发型或者发饰与执业律师的形象不太符合，有损执业律师形象和影响女律师的气质和优雅。

女律师着装的"四不"是指：

（1）不允许衣扣不到位，露出不雅观之处，引人非议。

（2）不允许浅薄衣裙不穿内衬，露出内衣勒痕或颜色。

（3）不允许随意搭配，套装不能与牛仔服、裙裤等搭配。

（4）不允许乱配鞋袜，鞋袜样式、颜色要和谐，工作场合不穿露脚趾的凉鞋。

女律师着装"五忌"是指：

（1）忌露，着装不能露出双肩、乳沟、肚脐、内衣、内裤、腋毛等。

（2）忌透，透出内衣、内裤的颜色或勒痕等。

（3）忌紧，尺码过小导致衣服变形、缝线崩开、私密部位线条过于凸出等都是忌讳。

（4）忌异，颜色搭配、衣服款式、饰品等不能显得怪异。

（5）忌乱，忌讳卷袖子、敞扣子、衣服脏皱、不烫不熨等。

◇饰品搭配的礼仪

女士着装饰品搭配得好可以起到画龙点睛的作用，但是饰品的选择和搭配也有一定讲究。特别是执业律师更要注意，饰品佩戴也有一定原则，在数量上，全身上下的饰品数量原则上不能超过三件，也有人提出不能超过两件，否则会显得凌乱不堪。过于昂贵过于夸张的首饰不适合出现在职业场合，律师职场并不适宜炫富，执业律师更不能炫富和给人有炫富的嫌疑。习俗原则要求饰品的特点也要与民族信仰风俗习惯相协调，要懂得饰品的语言。

◇饰品使用的技巧

项链的佩戴要求，选择项链要注意与脸形相配。如果属于脸部清瘦且颈部细长型，建议佩戴短项链。而颈部比较短的女性，宜戴细长的项链。如果项链中间有一个显眼的大型吊坠，效果会更好。颈部漂亮的女性可以戴一条有吊坠的短项链，更加衬托出颈部的漂亮。身材矮小者适合戴细小项链，不适合佩戴过于粗壮或者长挂件的项链。执业律师，在工作场合一般可以不用佩戴耳环,如果需要佩戴时需要着重选择"点状型"的耳环。

戒指搭配需要注意,选择戒指应注意与指形相配。戒指一般戴在左手上,最好一枚就够了,最多不能超过两枚。戒指佩戴的寓意也要注意,戴在食指上表示无偶或者求婚;戴在中指上表示已有意中人,正在热恋中;戴在无名指表示已经订婚或者结婚;如果戴在小指上则表示是独身主义者。

女律师的胸针或者胸花,一般佩戴在左胸,胸花要高雅,位置在从上往下数,第一二颗纽扣之间为宜。如果律师需要佩戴律师标志或者律师事务所标志,则不要再佩戴胸针或者胸花,否则看上去就会显得杂乱无章。香水是女律师的必备之物,在工作场合适宜使用淡香型香水。香水可以喷洒,也可以点带面在身体不同部位涂抹。不宜直接抹于衣物或阳光直射的身体部位,宜涂抹于手腕、耳后、头发、腰部、衣领、袖口或裙摆处。身体有异味的女性更加要注意香水的使用,避免尴尬。帽子、手链、脚链一般不适合女律师在工作时间佩戴。

十二、男律师要培养自己的风度

形象气质价值百万,仪表是执业律师的门面。古话也说:"人靠衣裳马靠鞍,菩萨也要金镂装。"现在这个社会,不是说一个人有真本事就能迎接成功,有时候一个人的外在会对其产生致命的影响,一身不得体的衣着,一个不符合身份的办公环境等都有可能让你与成功失之交臂。就连厂家都明白销售商品时要好好包装,只要包装得好的商品就可以卖贵一点;如果包装差一点,同样的商品就卖不起价钱。尽管两者的成分相差无几,但价格却可以相差十万八千里。所以,在先敬罗衣后敬人的人际场,成功男人不得不重视自己形象气质和风度的培养。

衣服关乎一个人的形象气质,本身就是一个成功男人的外"包装",当然要在衣着上花费一些心思,以提高自己的价值和地位。特别是律师这个职业,律师的穿着打扮更是举足轻重。男律师在出门之前,应该问自己这样几个问题,鞋擦过了没有?衬衣的纽扣扣好了没有?胡须剃了没有?头发梳好没有?公文包拿了吗?手机、钥匙、门禁卡、律师证等都带齐了吗?稿纸、笔、印泥等都准备好没有?如果是出庭,还需要检查律师袍带了没有?

当然,对于成功男人来说最重要的在于衣着不能太随意、没情趣,更不能一点都不注意形象气质。男装最普遍的是西装，这是最常见的打扮了，西装也是男人最好的职业装。一般而言，垂感很好的面料让男人看起来潇洒、有风度，尤其是近年来风行的休闲西装很适于日常生活或假日时光，同时还打破了西装传统的单调和沉闷，具有柔和性是其最大的特点。西裤的搭配对于男人的整体穿着也很重要。目前的西裤在重视休闲的趋势下，比从前更为轻便清爽。穿西裤时别忘了再配一双透气、吸汗性能好的棉袜或丝袜和一双洁净合脚、式样明快的软皮鞋。

挑选西服颜色很重要，钻蓝、浅灰、米黄、铁锈、墨绿、淡紫都是很出效果的色彩，只要搭配得当，能给人充满朝气的感觉。成功男人在与别人进行交往时，如果不注意穿衣戴帽的技巧，就会有失身份。所以，我们强调男律师，一定要重视衣着。

男人要培养自己的风度，特别是男律师要培养风度，正装必不可少。而且男人着正装需要讲究，也就是说正装穿着要注意一些细节，正装衬衫的穿着也有一定的规律，需要引起高度重视。由于西装的视觉功能在于修饰人体的线条，所以，正装衬衫必须保持正常的人体线条，不可以穿着破坏体型的衬衫。在这种情况下，衬衫里面一般只能穿短内衣。随着科技的不断进步，我们现在还可以选择含有莱卡纤维的弹性薄内衣，虽然属于长内衣，但不影响衬衫的穿着效果。

那么，如何穿正装才能让自己看起来朝气蓬勃呢？

（1）三色原则：即身上的颜色不宜超过三种色彩。

（2）三一定律：即在休闲、睡觉、游玩时不着正装。比如，到市场买菜时不能穿正装，买菜穿西服的唯一的优点在于：菜价会因此而上涨百分之十。休闲时穿正装，你还怎么放得开呢？睡觉时穿正装这不是浪费吗？所以，在休闲、睡觉、游玩这三个时间一定不能着正装。

（3）三大禁忌：一忌穿正装时不将袖子上的商标拆下来，二忌穿白色袜子，三忌打材质差的领带。最好选择真丝的领带！执业律师还需要注意的是，成功男士，最忌讳的就是穿夹克打领带。虽然有一些男人习惯穿夹克打领带，这是人家的自由，但是作为律师，这是不能犯的低级错误，更不能在职场中出现这样的事情。

执业律师穿正装，除了以上三个原则之外，还有几个细微的地方也经常容易被忽视，这也必须引起注意：

（1）领带不要太花哨。

（2）袜子颜色不能太浅。

（3）口袋不能太鼓。

（4）执业律师最好不要穿水货。

律师要注意自己的形象和气质，男律师要培养自己的风度和魅力，但是绝对不能为了所谓的形象让自己虚伪，去购置一些"水货"，无论是西服还是饰品，在正式场合执业律师都是不能穿戴"水货"的，明眼人一看就知道是冒牌货，这对执业律师的形象影响非常大。

十三、执业律师的服饰礼仪

服饰是一种文化，它反映的是一个民族的文化素养、精神面貌和物质文明的发展程度，它也是一种无声的语言，在一定程度上反映出一个人的社会地位、兴趣、爱好、个性、行为气质、文化素养和审美品位，是一种特殊的"身份表达"。服饰协调是服饰礼仪的最基本的要求和内容，是展现美感和高雅所必须考虑的重要环节，要求能彰显个人气质，符合审美要求和职业特性。

协调的着装可以完美的体现仪表美。着装是每个事业成功者的基本素养，不仅体现着装人的仪表美，而且能够增加着装的交际魅力，给人留下良好的印象，使人愿意与其深入交往。着装整齐、整洁、合身完好，是体现仪表美的必然要求。服饰是一种文化，是一个人的素养与精神面貌以及审美品位的外在反映。人们的服饰一直被视作传递人的思想、情感等文化心理的"非语言信息"，服饰也就有了礼仪的性质和功能。因此，在服饰礼仪方面还要兼顾下列这些原则。

1. 文明大方原则

文明大方是指着装要符合本国的道德传统和常规做法。在正式场合，忌穿着过露、过透、过短和过紧的服装。穿着过分暴露的服装，不仅失敬于他人，更有失自己身份。

2. 搭配得体原则

搭配得体是指着装的各个部分相互映衬，自然协调，特别是要恪守服装本身以及与鞋帽之间的搭配，在整体上尽可能做到完美、和谐，展现着装的整体之美。

3. 个性特征原则

个性特征原则是指着装应适应自身形体、年龄、职业的特点，扬长避短，可以在不违反礼仪规范的前提下，在某些方面体现出与众不同的个性，从而创造出自己独有的风格，但切勿盲目追逐时髦。

4. 整体性原则和整洁原则

整体性原则是指正确的着装，应当起到修饰形体、容貌等作用，形成和谐的整体美。服饰的整体美构成，包括人的形体、内在气质、服饰款式、色彩、质地、工艺、着装环境等。服饰美和服饰礼仪就是在这些因素的和谐统一中体现出来的。

在西装的穿着礼仪方面，执业律师需要掌握以下的原则和内容，以便自己在选择西装和着装时不至于出现错误。

（1）在色彩方面，执业律师应当注意西装的具体色彩必须显得庄重、正统，而不能过于轻浮和随便，因为从事的法律服务工作是一份高尚的职业。执业律师的西装首推藏蓝色，而且这个色彩在世界各地都是成功男士的必备选择。黑色的西装也可以考虑，不过这个颜色一般更适合庄严肃穆的场合。除此之外，还可以选择灰色的或者棕色的西装。但是，执业律师需要记住，按照国际惯例，在正式场合不宜穿色彩过于鲜艳或者发光发亮的西装。

（2）执业律师在选择西装时，要注意力求追求成熟、稳重，一般不要选择有图案的西装，毕竟这身行头要展示执业律师的魅力和气质，还有专业的形象。一定要记住，执业律师不应当选择格子缝制的西装，这样的西装一般难登大雅之堂，不适合执业律师的身份，除非在非正式场合，商界的男士才可以穿这样的西装。

（3）在西装的款式方面，一般分单件西装和套装，套装又分为两件套和三件套。两件套分为上衣和西裤，三件套分上衣、西裤和背心。一般来说，三件套比两件套显得正规，成功男士参加高层、高端会议等，一般都是穿着三件套的西装。因此，执业律师在正式场合也应当穿三件套的西装为宜。

（4）西装的纽扣分单排和双排的，单排扣的又分一粒、两粒、三粒三种，相对来说两粒纽扣的单排西装显得更正统。如果穿的是三粒扣西装，可以只系第一颗纽扣，也可以系上面两颗纽扣，就是不能只系最下面一颗，而将上面两颗扣子敞开着。双排的西装分两粒、四粒、六粒等，两粒和六粒的属于流行风格，四粒的属于传统风格。穿双排扣西装所有的扣子一个也不能不扣，特别是领口的扣子。

（5）职业人士着装三点一线原则：一个衣冠楚楚的男人，他的衬衫领口、皮带和裤子前开口外侧应该在一条线上。如果穿西装系领带的话，领带尖不要触到皮带祥上或者遮挡住，要略微高一点点。

（6）除非是在解领带，否则无论何时何地松开领带结都很不礼貌。一身漂亮的西服和领带会使一个男人看上去非常时髦。如果穿西装，但不系领带，就可以穿那种便鞋，如果系了领带，就绝对不可以穿便鞋。

（7）新买的衬衫，如果你能在脖子和领子之间插进两个手指，就说明这件衬衫洗过之后仍然会很适合。透过男人的衬衫能隐隐约约看到穿在里面的T恤衫，就如女人穿着能透出里面内裤的裤子一样尴尬，这也是执业律师需要注意的问题。如果不是专业的干洗，一件1000多元的衬衫很快就会只值50元，因此还是不要节省那点洗衣的费用为宜。

十四、执业律师的站姿礼仪

举止是一种不说话的"语言"，能在很大程度上反映一个人的素质、受教育的程度及能够被信任的程度。在社会交往中，一个人的行为既能体现他的道德修养、文化水平，又能表现出他与别人交往是否有诚意，更关系到一个人形象的塑造，甚至会影响国家民族的形象。举止包括站立、行走、坐卧等，执业律师的举止礼仪中，站姿、坐姿、行姿相对来说对职业形象的影响更重要一些。

站姿礼仪：站姿是生活中以静为造型的动作。站立不仅要挺拔，还要优美典雅，站姿是优美举止的基础。律师工作是一个需要注意形象的职业，因此律师的站姿也是很重要的。

◇ **正确的站姿**

俗话说"站有站相，坐有坐相"，这是对人的姿态的最基本的要求。就实际而言，由于男女性别方面的差异，因而对其基本站姿又有一些不尽相同的要求。总体来说，在坐姿方面的礼仪要求是男子要稳健，女子要优美。

◇ **女性标准站姿**

女性站立时，双脚要成"V"字形，膝和脚后跟尽量靠拢；或一只脚略前，一只脚略后，前脚的脚后跟稍稍向后脚的脚背靠拢，后腿的膝盖向前腿靠拢。这样的站姿是符合规范的，但要避免僵直硬化，肌肉不要太紧张，可以适当地变换姿态，追求动感美。女性脚位应与服装相适应，穿紧身短裙时脚跟靠近，脚掌分开呈"V"状或"Y"状；穿礼服或旗袍时，可双脚微分，展示出秀雅大方、姿态优美的淑女形象。

在站立时，不要躬腰驼背或挺肚后仰，也不要东倒西歪地将身体倚在其他物体上，两手不要插在裤袋里或叉在腰间，也不要抱臂于胸前。

◇男性标准站姿

男士标准站姿的关键要看三个部位：一是髋部向上提，脚趾抓地；二是腹肌、臀肌收缩上提，前后形成夹力；三是头顶上有悬挂感，肩向下沉。这三个部位的肌肉力量相互制约，才能保持标准站姿。根据这个要求，男性站立时，身体要立直，挺胸抬头、下颌微收、双目平视、两膝并严，脚跟靠紧，脚掌分开呈"V"字形、挺髋立腰、吸腹收臀、双手置于身体两侧自然下垂；或者两腿分开。两脚平行，不能超过肩宽，双手在身后交叉，右手搭在左手上，贴在臀部。这种站姿又叫背手姿势，运用得相对广泛一些。

如果站立时间过久，可以将左脚或右脚交替后撤一步，其身体的重心分别落在另一只脚上，但是上身仍须挺直，伸出的脚不可伸得太远，双腿不可叉开过大。

◇不正确站姿

站姿是一切仪态之首，站姿不正确会严重影响到个人的形象。不正确的站姿有以下几种：

（1）弯腰驼背：这是一个人身躯歪斜的一种特殊表现。它显得一个人缺乏锻炼、无精打采，甚至健康不佳。很多人长时间坐在电脑前，就很容易出现这种情况，因此经常使用电脑的人尤其应当注意这个问题。

（2）手位不当：站立的时候，必须注意以正确的手位去配合站姿。在站立时如果手位不当，会破坏站姿的整体效果。站立时手位不当主要表现在：一是双手抱在脑后；二是用手托着下巴；三是双手抱在胸前；四是把肘部支在某处；五是双手叉腰；六是将手插在衣服或裤子口袋里。这些手位在休闲的时候或者拍艺术照的时候，可能会使用到，但是在职场中一般需要注意这些手位。

(3) 脚位不当：在正常情况下，"V"字步、"丁"字步或平行步均可采用，但要避免"人"字步和"蹬踩式"。"人"字步即俗称的"内八字"，"蹬踩式"指的是在一只脚站在地上的同时，把另一只脚踩在鞋帮上，或是踏在其他物体上。

(4) 半坐半立：在正式场合，必须注意坐立有别。在站立之际，绝不可以为了贪图舒服而擅自采用半坐半立之姿。当一个人半坐半立时，不但样子不好看，而且还会显得过分随便。

(5) 身体歪斜：古人曾对站姿提出过"站如松"的基本要求。所以，站立时不能歪歪斜斜。若身躯明显歪斜，如头偏、肩斜腿曲、身歪，或是膝部不直，不但直接破坏了人体的线条美，而且还会使自己显得颓废消沉、萎靡不振或自由散漫。

十五、执业律师的坐姿礼仪

正确规范的礼仪坐姿要求端庄而优美，给人以文雅、稳重、自然大方的美感。坐，作为一种举止，有着美与丑、优雅与粗俗之分。正确的礼仪坐姿要求"坐如钟"，指人的坐姿像座钟般端直，当然这里的端直指上体的端直。

◇ **正确的坐姿**

生活中，我们经常会见到一些不雅观的坐法，比如两腿叉开、腿抖个不停，还有的人习惯将腿跷得很高，这些坐姿在职业场合都是有违礼仪的。现将入座与离座的礼仪介绍如下：

(1) 入座的基本礼仪。在必要的场合中，入座时应注意以下几点：

①在别人之后入座。出于礼貌，和客人一起入座或同时入座时，要分清主次，先请对方入座，自己不要抢先入座。

②从座位左侧入座。如果条件允许，在就座时最好从座椅的左侧就座。这样做，显得很有礼貌。

③向周围的人致意。在就座时，如果附近坐着熟人，应该主动跟对方打招呼。即使不认识，也应该先点头致意。在公共场合，要想坐在别人身旁，还必须征得对方的允许。要放轻动作，不要使座椅乱响。

④以背部接近座椅。在别人面前就座，最好背对着自己的座椅，这样就不至于背对着对方。得体的做法是：先侧身走近座椅，背对着站立，右

腿后退一点，以小腿确认一下座椅的位置，然后随势坐下。必要时，可用一只手扶着座椅的把手。

(2) 离座的基本礼仪。在离座时，应注意如下几点：

①事先示意。离开座椅时，身边如果有人在座，应该用语言或动作向对方先示意，随后再站起身来。

②注意先后。和别人同时离座，要注意起身的先后次序。地位低于对方时，应该稍后离座。地位高于对方时，可以首先离座。双方身份相似时，可以同时起身离座。

③起身缓慢。起身离座时，最好动作轻缓，不要"拖泥带水"，弄响座椅，或将椅垫、椅罩碰掉在地上。

④从左离开。有可能的话，站起来后，要从左侧离座。和"左入"一样，"左出"也是一种礼节。

◇**女士坐姿**

女士就座时，双腿并拢，以斜放一侧为宜，双脚可稍有前后之差，即若两腿斜向左方，则右脚放在左脚之后。若两腿斜向右方，则左脚放置右脚之后。女士若穿裙装应有抚裙（捂裙）的动作，很多女士不太注意这个动作。执业律师不应该忽略这个小动作，因为穿裙装时，稍微不小心，就容易暴露隐私部位，如果入座时能注意抚裙（捂裙），一般来说，就不会出现尴尬的状态。一些穿着宽松裙装的女士，她们入座时习惯将裙子从后面往两边收一下，再用手捂住前面而坐，这样看上去很优雅、很矜持，落落大方。在正式社交场合，要求女性两腿并拢无空隙。两腿自然弯曲，两脚平落地面，不宜前伸。在日常交往场合，女性大腿并拢，小腿交叉，但不宜向前伸直。

女士怎样才能做到优雅的叠腿而坐呢？在基本坐姿的基础上，双腿可略向前伸直，脚踝相叠保持坐姿平稳，双腿同时轻轻离地向回收，相叠部位由脚踝过渡到膝盖。双腿向一侧倾斜，略微调整，在美观的基础上，以稳定、舒适为宜。

◇**男士坐姿**

男子就座时双脚可平踏于地，双膝亦可略微分开，双手可分置左右膝盖之上，男士穿西装时应解开上衣纽扣。在正式场合，要求男性两腿之间可有一拳的距离，不宜距离太远，不得超过肩宽。有的人一坐下，两腿叉得很开，还妨碍旁边就座的人，这样既不雅观，又很不礼貌，看上去没有修养。在日常交往场合，男士可以跷腿，但不可跷得过高，也不可抖动，抖动显得不成熟，不稳重，给人心虚的感觉。

◇ 常用坐姿

坐是一种静态造型，是非常重要的仪态。在日常工作和生活中，离不开这种举止。常见坐姿有下面几种：

（1）正襟危坐式。又称最基本的坐姿，适用于最正规的场合。要求上身与大腿，大腿与小腿，小腿与地面都呈直角。双膝双脚完全并拢。

（2）垂腿开膝式。多为男性所使用，也较为正规。要求上身与大腿，大腿与小腿，皆成直角，小腿垂直地面。双膝分开，但不得超过肩宽。

（3）双腿叠放式。它适合穿短裙子的女士采用（或处于身份地位高时场合），造型极为优雅，有一种大方高贵之感。要求将双腿完全地一上一下交叠在一起，交叠后的两腿之间没有任何缝隙，犹如一条直线，双腿斜放于左右一侧，斜放后的腿部与地面呈45度夹角，叠放在上方的脚尖垂向地面。

（4）双腿斜放式。适用于穿裙子的女性在较低处就座使用。要求双膝先并拢，然后双脚向左或向右斜放，要求使斜放后的腿部与地面呈45度角。

（5）双脚交叉式。它适用于各种场合，男女皆可选用。要求双膝先要并拢，双脚可以内收，也可以斜放，但不宜向前方远远直伸出去。

（6）大腿叠放式。多适用男性在非正式场合采用。要求两条腿在大腿部分叠放在一起，叠放之后位于下方的一条腿垂直于地面，脚掌着地，位于上方的另一条腿的小腿则向内收，同时脚尖向下。在职场中，笔者一般不推荐这种坐姿，这种坐姿适合在非正式场合，且面对的都是比较随便、熟悉的人时可以这样坐。但是无论在什么场合采取这样的坐姿，都需要注意的是不能让自己的鞋底对着他人。

十六、执业律师的行姿礼仪

对行姿的要求是"行如风"，即走起路来像风一样轻盈。当然，不同的情况，对行走的要求是不同的。这里所讲的走姿与体育运动中的齐步走、正步走、竞走等不同。我们讲的是一般生活中、工作中的走路姿势。

◇ **正确的行姿**

由于性别、性格的原因以及美学的要求,男女的步态也应该是有区别的。男性走路以步幅较大为佳,女性走路以步幅较小为美。男性走路的姿态应当是:昂首、闭口,两眼平视前方,挺胸、收腹、上身不动、两肩不摇,两臂在身体两侧自然摆动,两腿有节奏地交替向前迈进,步态稳健有力,显示出男性刚强、雄健、英武、豪迈的阳刚之美。

女性走路的姿势应当是:头部端正,不宜抬得过高,两眼直视前方,上身自然挺直收腹;两手前后摆动幅度要小,以含蓄为美,两腿并拢,小步前行,走成直线,步态要自如、匀称、轻盈,显示出女性庄重、文雅的阴柔之美。

◇ **基本规范**

无论男女,走路都应注视前方,不要左顾右盼,不要回头张望,走路时脚步要干净利索,有鲜明的节奏感。不可把手插在衣服口袋里,尤其不要插在裤袋里,也不要掐腰或倒背着手,这些姿势都很不美观。

几个人一起走路,应该使自己的步伐与他人的步伐协调一致,既不要走得过快,一个人遥遥领先,也不要走得过慢,孤单单地落在后面,显得与众人格格不入。与上司同行,原则上应该在上司的左边或后面走;男女同行,上下楼梯、开门或在黑暗处男士均应走在女士前面,以便给予照顾。脚步的强弱、轻重、快慢、幅度及姿势,必须同出入场合相适应。在室内走路要轻而稳;在花园里散步要轻而缓;在病房里或阅览室里走路要轻而柔……总之,步态要因地、因人、因事而异。

笔者发现一些实习律师或者律师助理在这方面很不注意,他们经常是直接往前冲,不懂得礼貌让行或者让长者、领导先行的礼仪,而且根本不管是左边还是右边,东窜一下西窜一下,很不礼貌。还有的走路蹦蹦跳跳,给人很不沉着、沉稳。

◇ **行姿要点**

我们在行走的过程中,要注意下面三个要点:
(1)步幅要比肩膀的宽度略微宽一点。开始行走之前,两脚之间要保持比肩膀略宽的距离站立。记住这段距离，这就是理想的步幅。要注意，膝盖向后拉伸是行走的关键。

（2）要脚跟先着地，由脚跟向脚尖方向抬脚。注意走直线，行走时要注意使腿部肌肉向内侧拉伸，背部拉长。迈出的脚要脚跟先着地，之后身体的重心再移至全脚，再由脚跟向脚尖方抬起。

（3）行走时视线不是落在脚上，而是以前方10米至20米的位置为宜。手要微微向前摆动，大幅度向后摆动，手的动作一定要有意识地训练。

◇ 四种不同着装的行姿

如果身穿西装却蹦蹦跳跳地走路，那绝对是很不雅观的举止，会影响个人的外在形象。身穿不同的服装就应该采用不同的行走姿势。

（1）男士穿西装的行姿。西装以直线为主，应当走出穿着者的挺拔、优雅的风度。穿西装时，后背保持平正，两腿立直，走路的步幅可略大些，手臂放松伸直摆动，行走时身体不要晃动。

（2）女士穿旗袍的行姿。行走时，女性身体挺拔，胸微含，下颌微收，不要塌腰撅臀。步幅不宜过大，两脚跟前后要走在一条线上，脚尖略微外开，两手臂在体侧自然摆动，幅度也不宜过大。

（3）女士穿裙装的行姿。长裙能显出女性身材的修长和飘逸美。行走时要平稳，步幅可稍大些。转动时，要注意头和身体相协调，调整头、胸、髋三轴的角度。短裙要表现轻盈、敏捷、活泼、洒脱的风度，步幅不宜过大，但脚步频率可以稍快些，保持轻快灵巧的风格。

（4）女士穿高跟鞋的行姿。女性在正式交际场合经常需要穿着高跟鞋，行走要保持身体的平衡。具体做法是：直膝立腰、收腹收臀、挺胸抬头。膝关节不要前曲，臀部不要向后撅。一定要把踝关节、膝关节、髋关节挺直，行走时步幅不宜过大。

十七、执业律师的见面礼仪

见面是人际交往的第一个环节，往往见面礼节可以决定社交成败。所以，在社交活动中遵循见面礼仪，是社交的良好开始。

◇问候礼仪

问候就是在与他人相见时,以专业的语言或者动作向他人询安问好、表示善意和关心的一种常规性的致意。见面问候时需要使用规范的问候内容,虽然问候的语言是丰富多彩的,但是往往因人、因时、因地、因事而有所区别。比如,您好、中午好、下午好、晚上好、生日快乐、新年好、欢迎光临等。这要根据不同的情况而发出问候。

社交活动中,一般说主人应当先向客人问候,职位低者先向职位高的问候,晚辈先向长辈问候,男士先问候女士等。在人多的时候,一般是由近及远的问候和先尊后卑的顺序。若在自己问候他人的时候,有人主动向你问好,你就需要先回应他人的问候。

问候的态度则要求热情、友好、真诚,做到"眼到""口到""意到"。问候时一定要注视对方的眼睛,来表示自己的全神贯注,声音要响亮,表现内心真诚,显示衷心欢迎和高兴等。执业律师对前来求助的客户的一声得当的问候可以为自己加分,传递给客户一个很好的信息,加深客户的印象。比如,客户来了后,可以先关心的问候一句:"累了吧?先坐下休息一下,喝点水"等。

◇致意礼仪

致意礼是用无声的动作语言相互表示友好的一种问候礼节,礼貌致意,会给人一种友好、友善的感觉,会让对方感到你很有修养、很有素质。女士一般不用主动向对方致意,除非是领导、上司或者一群朋友的时候。致意礼分举手致意、点头致意、微笑致意、欠身致意、脱帽致意等。

◇握手礼仪

握手是人际交往中的常见礼仪,它作为一种社交礼仪也是有一定的讲究,主要需要注意一下握手的时机、握手的次序、握手的力度和时间、握手的禁忌四个方面的问题。把握握手的时机:会面、道别皆握手,此时无声胜有声。但何时握手,却是一个微妙的问题,它涉及双方的关系、现场的气氛和交往的发展。所以,交往中应该适时把握时机,热情握手。

一般情况下,交往双方伸手握手的次序如下:

(1)宾主之间:主人应先伸手与客人相握,以示欢迎;而在客人告别

|走向大律师——中国式执业律师进阶指南

时,则应由客人先伸手与主人相握,表示谢意并示意主人送别就此留步。当然,执业律师作为客人拜访他人后,在离开时如果主动与对方握手,对方没有反应,或者视而不见,或者没有注意到,这是需要赶紧收回自己的手,避免尴尬。这种情况笔者已经遇到好几次了,所以应当引起注意。

(2)长幼之间:长辈应先伸手与晚辈相握,以示关怀。年幼者可用双手握住长者的手,以示尊敬。握手时年幼者若向长者微微鞠躬则更为礼貌。

(3)上下级之间:职务低者要等职务高者先伸手再相握,以示尊重。在这个方面是很容易忽视的,而且也容易忘记。笔者就发现有些人在与领导见面后离开时,主动伸手给领导握手,领导却没有这个意思或者没有注意到你伸出的手,这就显得有点尴尬。不仅笔者发现过好几次,而且笔者自己也遇到过几次,总是会忘记等领导先有握手的意思才伸手,真的好尴尬。

(4)男女之间:男士要先等女士伸手后,才能伸手迎握,而且往往只能握一下女士的手指部位。如果女士不伸手,无握手之意,男士只能点头致意。不过如今,一位女士如果拒绝向她伸出手的男士握手,也是失礼的。

(5)已婚未婚之间:已婚者应先向未婚者伸手相握。

(6)师生之间:老师应先伸手与学生握手。

(7)两对夫妇相见时:先是女士相互握手致意,然后是男士分别与对方的妻子握手致意,最后是男士互相握手致意。

(8)社交场合:先到者应先伸手与后到者握手,以示欢迎。

(9)一人与多人之间:当多人在职位、长幼、尊卑等方面没有较大差别时,可按其自然空间位置,按照"由近而远的次序进行握手;若职位、长幼、尊卑等情况存在较大差别,则应根据'自长而幼'的原则逐一进行握手"。

(10)多人之间:彼此应按尊者先伸手的次序进行,但忌同时交叉握手,也不要在别人正在握手时,又伸手相握。

行握手礼时,一般应与受礼者有一步之远,起身两脚立正,上身略微前倾,伸出右手,四指并拢,拇指张开,掌心向内,手的高度大致与对方腰部上方持平,注视对方,面带微笑,专心致志,深情一握,微微上下摆动几下,以示真诚和热情,同时讲问候语和敬意语。

握手时间和力度：握手力度要因人而异，把握分寸，既不能有气无力，也不可过分用力，以不轻不重、适度为好。通常，与亲朋好友握手时，力度可稍大些。与初识、异性握手时，力度要稍小些，也不能太紧。若握得太轻，会使对方感到你傲慢或缺乏诚意；若握得太紧，用力过大，会使对方觉得你粗鲁、轻佻、不庄重。

握手时间的长短应根据对方的身份和双方的关系来定。初次见面者，握手时间一般控制在5秒以内，尤其与异性握手时间不宜过长，否则是失礼的表现。我们在影视剧中就会经常见到男士在与女士握手时紧紧抓住女士的手不放的特写镜头，其想表达的不仅仅是说这个男士不礼貌，还想表达他有别的目的。因此，这方面一定要引起男士的重视。

握手禁忌：在社会交往中，握手礼有以下13条禁忌。

（1）不宜用左手与人握手。

（2）不宜交叉相握。

（3）不宜戴手套与别人握手。

（4）不宜用双手与异性相握。

（5）不宜戴着墨镜、太阳镜、帽子与别人握手。

（6）握手时不能把左手插在衣袋里，或拿着香烟等物。

（7）握手时不要面无表情，一言不发或夸夸其谈。

（8）与别人握手后不能立即用手帕等物擦拭自己的手。

（9）握手时不能目光游移，漫不经心。

（10）不能用力不当，敷衍、鲁莽。

（11）不能坐着与别人握手。

（12）无论在何种情况下，都不能拒绝与他人握手即使是女士，男士已伸出手来，也理应回应。女士若不愿握手，也应及时欠身鞠躬或点头微笑致敬，或用客气话来代替握手。

（13）不注意握手的先后顺序。

◇鞠躬礼仪

鞠躬的礼节源自中国，但现在作为日常见面礼节在中国已不多见，如今的鞠躬多出现在庄严肃穆、喜庆欢乐的仪式场合，或用在致谢、领奖、演讲结束、演员谢幕，以及婚礼、悼念等特殊场合。

行鞠躬礼时必须用右手握住帽前檐中央，将帽取下，双手垂放，双脚立正，双目视受礼者，然后上身弯腰前倾。男士在鞠躬时，双手应放在大腿两侧的裤线稍前的地方。女士则应将双手放在身前腹部处轻轻搭在一起，也可放在正前方。行鞠躬礼时，头和颈部要处于自然状态，以腰为轴上身前倾，视线随着鞠躬动作自然下移，行礼后起身迅速还原。

一般来说，行鞠躬礼时，下弯的幅度越大和次数越多，表示敬重的程度越大，但也要注意场合，根据具体情况而定。一般场合只需要行礼一次，唯在追悼会上才采用较大幅度的三鞠躬礼。不过，笔者发现现在的很多婚礼上，主持人让一对新人答谢前来参加婚礼的亲朋好友，往往也是用三鞠躬的礼仪，笔者总感觉似乎有些不妥。

当别人向你行鞠躬礼时，同辈之间无论男士、女士双方都应以鞠躬还礼，而长辈对晚辈，上级对下级，女士对男士，还礼可以不鞠躬，而用欠身、点头、微笑示意等以示还礼。

十八、执业律师的名片礼仪

名片作为一种社会交际工具，早在我国西汉时期就已经开始流行。当今，交换名片更是社交场合中一种重要的自我介绍方式。为了更好地发挥名片在社交中的作用，应该特别注意递送和接受名片的礼仪。

◇递送名片的礼仪

在社交场合，如果递送名片，必须在场的每一个人都要送到，不能只送这个而不送那个。所以，事先应做好准备，并把名片放在容易拿出的地方，切不可等需要时再找，给人缺乏条理的感觉。名片通常要放在名片夹里，或其他上衣口袋里。女士可将名片夹置于手提包内，不要放在裤子后侧和左右侧的口袋或钱包里。同时要注意将别人的名片和自己的名片分开放，以避免忙碌之中误将别人的名片当作自己的名片发出。

在社交活动中，遇到下列情况时，需要将自己的名片递给对方，或与对方交换名片，表示重视对方：被介绍给对方；对方提议交换名片；对方向自己索取名片；初次登门拜访对方；通知对方自己变更情况；打算获得对方的名片。

递送名片时，态度要谦恭、诚恳，举止要文明、礼貌。一般情况应起身站立，走向对方，用双手的大拇指和食指拿住名片上端的两个角，名片正面朝向对方，双手递上，眼睛注视对方，并真诚地说"请多指教""请多关照""请多联系"。递送名片,切不可用左手,也不能用手指夹着名片递给别人。还有一些人不注意细节,将名片的背面直接递给他人,或者不注意名片的上下朝向,这都是不符合名片礼仪的。

名片递送有着一定的顺序。当同时与多人交换名片时,要注意"先长后幼"和"由近而远"的顺序依次递送。切不可挑三拣四,采用"跳跃式"的方法。另外,特别忌讳向同一个人重复递送名片。

◇接受名片的礼仪

接受名片时态度要恭敬,举止要得体。当他人把名片递送过来时,要立即停止手中的工作,尽快挺身起立,微笑着注视着对方,并以双手或以右手捧接。接过名片后可以说"谢谢",随后有一个阅读名片的过程,阅读时可将对方的姓名、职务念出声来,并注视着对方,使其产生一种受重视的满足感。其后,回敬一张本人的名片,如身上未带名片,应向对方表示歉意。在对方离去之前,或话题尚未结束时,不必急于将对方的名片收藏起来,更不能将别人递送的名片随手搁置,任意乱放,这样显得很不礼貌,没有教养,不尊重对方。

十九、执业律师的交谈礼仪

人际交往,通常始于交谈。所谓交谈,一般是指两个或者两个以上的人所进行的对话。交谈是一门艺术,是社交活动必不可少的内容。它是人们彼此之间交流思想情感、传递信息、进行交流、开展工作、建立友谊、增进了解的最为重要的一种形式。没有交谈,人与人之间要进行沟通几乎是不可能的。总体上讲,交谈是人的知识、阅历、才智、教养和应变能力的综合体现。

在中国古代,人们讲究在人际交往中要对交往对象"听其言,观其行"。这是因为言为心声,只有通过交谈,交往对象之间才能够了解对方,并且为对方所了解。执业律师的交谈礼仪,对提升执业律师的形象和素质都是很重要的。

◇如何营造一个良好的交谈氛围

在交谈时,需要注意态度、措辞、环境、场合、谈话内容,为交谈创造一个良好的氛围。那么,我们要如何营造一个良好的交谈氛围呢?

1. 交谈开始时，可以把寒暄作为开场白

寒暄的主要作用是在人际交往中打破僵局，缩短人际距离，向交往对象表示敬意，或是借以向对方表示乐于与之结交之意。

2. 在与人交谈的过程中，态度决定结果

态度诚恳、真诚热情往往可以拉近彼此的距离，使人感到格外亲切自然，感情也会有所升华。此时，提出的意见或者建议也容易被对方接受。反之，如果虚情假意，盛气凌人地对待他人，就容易出现"话不投机半句多"的尴尬局面。

3. 说话时眼睛要注视对方

在社交场合，看着对方的眼睛说话是对人的尊重，任何人都不希望与自己说话的人东张西望，似听非听。执业律师由于工作的性质，不得不与形形色色的人打交道，这些人有不同的经历和不同的兴趣爱好，不同的案情，不同的工作岗位，不同的修养，往往能给人留下深刻印象的人都是说话时能直视对方眼睛的人。

因此，执业律师要尊重对方，要让对方记住，要表现自己，在说话时就应当养成注视对方眼睛的习惯。特别是律师在需要说服对方的时候，更要看着对方的眼睛说话。这样不但能为律师增添自信，还可以帮助律师观察对方的心理变化，为成功说服对方创造条件。

看着对方眼睛说话是自信的表现，是尊重他人的象征，是礼仪规范的一种，当你养成能注视对方眼睛交谈的习惯时，你会发现，自己最棒，离成功很接近了。

4. 虚心接受他人意见

在社交场合中，如果有人向你提出某些意见和建议，你要虚心接受，即使你对这个问题有了独到、精辟的见解，也不能以居高临下、毋庸置疑的口吻否定别人的看法，否则对方会认为律师太自高自大，太自以为是，就会破坏谈判的氛围。

5. 正确的选择交谈的内容

要使交谈收到良好的效果，还应当注意选择谈话的内容。第一，要选择自己擅长的内容；第二，要选择轻松的内容；第三，要选择高雅的内容；第四，谈话时要回避忌讳的内容，比如个人隐私、非议旁人等。

6. 注意谈话时的语言

交谈时，应该使用简洁明了的语言。不要说那些粗俗的话，也不要故作高深，满嘴之乎者也的，这是一种非常拙劣的卖弄，稍微有文化的人都会不屑。说话时要态度平和、自然，不要过于激动，尤其是在谈到一些你很憎恨的人或事的时候，要尽量克制自己的情绪。在语言方面，要求文明、礼貌、准确。语言是组织交谈的载体，交谈者对语言理当高度重视、精心斟酌。

7. 交谈时不能进行人身攻击

社交场合，往往容易出现双方意见不统一，各自都会为了自己的利益，展开针锋相对的交谈，如果出现了人身攻击或者伤及对方缺陷，这是十分不礼貌的。因此，在交谈中无论如何都不能打击他人，伤人自尊。

8. 对别人的谈话要及时反馈

当别人谈话时，我们应该有适当的反馈，要令对方觉得我们在很认真地听，即使实际上并不是如此，我们也要适当地运用身体语言或者表情，如微笑、点头、身体前倾等方式回应对方的谈话。同时，可以辅助一些语气词，比如："是吗？"等，让对方感觉到我们在听他说话，这样对方才会感觉受到尊重了，才会有回馈。

9. 及时道歉维持风度

在双方的交谈中，有时候谈话难免会伤及对方，这时应当及时向对方赔礼道歉，请对方予以谅解。一般情况下，只要不是存心伤害对方，对方是会原谅的。

交谈的氛围对交谈的结果至关重要，要营造一个良好的氛围，不但可以缩短彼此的距离，增进感情，还可以在轻松、愉快的环境中把事情办好。

◇ 交谈的方式需要注意

为了达到交谈成功的目的，除了良好的氛围外，交谈的方式也很重要。

1. 双向共感的交谈方式

交谈，究其实质乃是一种合作。因此，在交谈中，切不可一味渲染个人的情感，而不去观察交谈对象的反应。交际礼仪要求，在交谈中应遵循"双向共感"规则。这一规则重点是"双向"和"共感"。"双向"要求人们在交谈中，要注意双向交流，并且在可能的前提下，要尽量使交谈围绕交谈对象进行，无论如何都不要妄自尊大，忽略对方的存在。"共感"则要求在交谈中所谈的中心内容,应是参与交谈者共同感兴趣的话题,并能够愉快的接受和积极地参与,不能只顾自己,而不看对方反应。遵守这条规则,是交谈成功的关键,也是双方愉快交流的重要基础。

2. 神态专注的交谈方式

在交谈中,各方都希望自己的见解为别人所支持和接受,所以某种意义上讲,"说"的一方并不难,往往难在"听"的一方。古人曾就此有感而发:"愚者善说,智者善听。""听"的一方在交谈中若能够表现得神态专注,就是对"说"的一方的最大尊重。要做到这一点,具体要重视表情认真、动作配合、语言合作。

3. 措辞委婉的交谈方式

在交谈中,不应该直接陈述令对方不快、反感之事,更不能因此伤害其自尊。必要时,在具体说法上应当力求含蓄、婉转、动听,并留有余地,善解人意,这就是所谓的措辞委婉。例如,在用餐时我们需要去洗手间,不宜直接说"我去方便一下",而应说"我需要出去一下""出去有点事"或者"出去打个电话"。若来访者停留时间过长想请其离开,不宜直接说"你该走了",应该说"我不再占用你的宝贵时间了"等。

4. 礼让对方的交谈方式

在交谈中,务必要争取以对方为中心,处处礼让对方,尊重对方,尤其是要避免出现失礼于人的情形。比如,我们始终只顾自己说,就等于始终在独白,或者对方一直在那里说我们没有任何回应,导致冷场,或者我们忍不住随意插嘴,或者听到对方谈话不礼貌的抬杠,或者在交谈中直接否定他人的说法或者观点、意见等。这些交谈方式都是需要避免的。

5. 适可而止的交谈方式

与其他交际应酬一样,交谈也是有时间限制的。虽然说很多时候感觉是"相谈甚欢""酒逢知己千杯少",但是我们还是要学会见好就收,适可而止。这样不仅可以使下次还有话可说,而且还会使每次交流都令人回味无穷。普通场合的交流半小时足够,最长不要超过一个小时。

◇ 初次交谈的注意事项

初次交谈是指我们第一次与陌生人交谈,比如第一次客户来拜访时的交谈,我们第一次去会见等。要想第一次交谈就获得成功,需要注意以下几点。

1. 判断谈话点

当我们第一次见陌生人，或者第一次与客户谈话，我们需要思考如何与他开始交谈，如何选择话题？因此，我们需要判断我们谈判的点在什么地方？找准谈话的点，就能找到良好的谈话开端，有了好的开端，才能有好的结果。

2. 寻找共同点

人与人之间其实有很多的共同点，找到了共同点才容易消除陌生感、距离感，彼此才容易打开话匣子，轻松自如的交流。如何找到共同点呢？我们可以察言观色，侦查共同点，可以听人介绍，分析共同点，还可以揣摩谈话，猜度共同点，当然也可以试探性的发现共同点，也可以步步深入地探索和挖掘，只要找到了共同点，谈话就会很愉快和成功。

3. 发现相似点

比如地域相似、经历相似、职业相似、年龄相似等，都是交谈的契机。

4. 抓住兴奋点，找到其需求

比如，从对方感兴趣的地方谈起，从眼前的事物谈起，从案子谈起等，寻找其关注点、兴奋点，开始谈话，在此基础上寻求他的需求，围绕其需求展开谈话，这就很容易成功了。

◇交谈中打圆场的礼仪

打圆场，是指在交谈的双方因为某种原因产生误解、不快、尴尬或者即将引发不愉快、不必要的争端时，第三方及时地适宜地出面，把此事向好的、吉祥的、有利的、积极的、正面的、愉快的方向加以引导和解释，以促进人际关系的和谐，把双方的矛盾"扼杀"在"摇篮"中的一种方法。

交际中打圆场是一种技巧，也是一种能力，更是一种礼仪。一般打圆场的方法有制造幽默气氛、强调事件的合理性、肯定各方的价值、把事件加以善意的曲解等。

◇拒绝的礼仪

在社交活动中，常常会发生一些有求于人的事情，或者别人有求于我们，我们又确实不好办，办不到等，这时我们就需要礼貌地拒绝人家。但是，往往我们又不好或者说不能直接说："不行""我办不到"等，因此我们就需要学会礼貌地拒绝，学会礼貌拒绝、委婉拒绝的方法。

1. 说明原因，取得理解

这个方法最直接，因为往往拒绝人都是有原因的，直接说明原因，争取得到理解。

2. 答非所问，转移回避

在需要拒绝人家的时候，却又不好直接说明原因，这个时候可以采取答非所问的方式，将问题转移或者回避了，可以"顾左右而言他"。

3. 不说理由

有些时候，拒绝别人不需要说明理由，不说理由是为了避免节外生枝和增加麻烦。

4. 诱导对方自己放弃

有些时候，可以巧妙的诱导对方自己否定自己的观点，从而达到拒绝的目的。比如，美国前总统罗斯福的朋友问他一个关于潜艇基地的问题。他问他的朋友："你能保密吗？"朋友回答："我能保密。"罗斯福说："我也能保密"。显然，既然大家都能保密，罗斯福自然不能告诉他这个朋友潜艇基地的事情，他的朋友也不好再继续问了。

5. 使用敬语，拉大心理距离

大家都有一个体会，如果熟人、朋友在我们面前说话客客气气，彬彬有礼，张口就是敬语，闭口谦辞，我们就会觉得双方的心理距离一下子被拉大了，从而产生一种陌生感。如果真的想拒绝别人，就多使用谦辞敬语，这样既能表达对他人的格外尊重，又能在对方心理产生一种让人"敬而远之"的"距离"效应，使对方不好意思将要求和意愿继续提出来。这种方法对交往不太深的人比较适用。

二十、执业律师的办公室拜访礼仪

律师由于工作性质，免不了要经常进行拜访，办公室是工作的地方，在办公室谈工作更为合适。到办公室拜访，有很多讲究和礼仪需要注意。

◇拜访前的准备

（1）拜访前要预约。拜访要事先和对方约定一下，不可突然造访，搞得对方措手不及，要主动与对方进行联系。约定好时间后不能失约，要按时到达，不能过早或过晚，如果能提前5分钟到达对方的公司，是最为恰当的。确实因特殊原因不能准时前往时，要及时向对方说明。

如果是重要的拜访，就算是已经定好的约会，也应在前一天再次打电话或者其他方式加以确认。有时对方因工作太繁忙，或另外定了其他的约会，而忘了与你会面。因此在访问的前一天加以确认，就显得十分重要了。而且，对方还可能对律师的细心感到高兴。

很多人都不太欢迎不速之客，笔者也是一样。因为没有预约的造访，很容易给拜访对象添乱，扰乱拜访对象的工作计划等。因此，拜访前的预约真的很重要。

（2）拜访前要注意仪容仪表。到办公室拜访同样要注意仪容仪表，穿戴要整洁大方，最好穿西装打领带，这也是对对方的尊重，同时也表明自己对拜访的重视程度。执业律师出去拜访他人应当要特别注意自己的衣着和仪表仪容，不能有损执业律师的专业形象和气质。

（3）拜访前要提前准备拜访资料和提纲。律师去拜访对方，一般都有一定的目的。因此，律师在拜访前，应当对拜访的内容和提纲有所准备，相关资料也要提前准备好。在必要时，也可以事前先与拜访对象进行必要的沟通，以便对方提前做好相应的准备，避免临时的交流或者沟通受阻。

◇拜访中的礼节

（1）到达对方公司时，应先脱掉外套或取下围巾，再向前台或接待人员进行自我介绍，如："我是××律师事务所的律师，名叫××，请帮忙找一下××部的××先生"。同时，还要告诉对方是否是事先约好了的。

如果律师事务所的名称不易听清楚，或者律师名字较为少见，可向接待人员递上自己的名片。当接待人员不在或没有前台时，应向最早走出来的人报出律师所在律师事务所的名称及自己的姓名，请他跟对方取得联系。切忌，如果没有人接待，就不要大声地呼唤或者冒冒失失地撞入室内影响他人办公。

（2）与约好的拜访对象见面，如果双方是第一次见面，必须向对方问候，再次向对方作自我介绍，并递上名片。然后提及双方约会的事，让对方明白来意。

（3）谢座、寒暄。对方让座，来访者应谢座，然后大方、稳重地坐下。座位由主人安排，当主人请你坐上座，则要适当推辞，应坐下座。尽量不要坐在办公人员的办公座位上、以免影响正常办公。

（4）举止文雅，谈吐文明，不卑不亢，落落大方。到陌生人的办公室拜访，执业律师还需要注意的是千万不要什么都觉得好奇，东张西望，这样给人的感觉很不礼貌，而且会让对方觉得律师没有见识，没有见过世面。

（5）到办公室拜访，一般都是业务性拜访，由于办公室接待工作繁忙，因此双方见面后客套话尽量少说，尽早将话题转到正题上来，简要说明来意。拜访时间不宜过长，一般在15分钟至半个小时之间即可。而且说话要尽量放轻，待对方表示同意并达到了目的后，应及时告辞，以免影响对方的工作。

（6）执业律师去他人办公室拜访时，注意公事包放置也有讲究。当律师前往别人公司洽谈公事时，记得不要将公事包或皮包放在桌上。一般较大的皮包应放在自己脚边。在取出资料时，也应注意不要将皮包放在桌子上，而应放在自己膝盖上。此外，当所携带的物品较多时，应只将工作所需物品放在脚边，而将剩下的放在房间的角落等不显眼的地方。

笔者发现有的律师到办公室拜访时，习惯带着很多东西或者资料，一进对方办公室就自行落座，这样很不礼貌。不仅如此，有的律师在拜访前没有充分准备，坐下后赶紧掏出公文包里面的大堆资料，随手就放在对方办公桌或者沙发上，给人感觉一团乱糟糟的样子。这样，不仅不礼貌，而且会给人留下很不好的印象。

（7）当律师去拜访的工作场所正在开会或已有其他客人来访，应该主动退在门外等候，而不应该进去站在一旁或在门口走来走去，妨碍他人。这个小小的举动也是礼貌的表现，会无声地传递给律师要拜访的对象，他们会看在眼里，记在心里的。

（8）在拜访对方时，切忌不能在其办公室行贿，否则后患无穷。执业律师也千万不能行贿，更不要说到人家办公室去行贿。

◇告辞的礼节

律师拜访结束时，应礼貌地告辞，对拜访成功的结果表示满意，对对方的热情接待表示感谢，对进一步接触表示信任和诚意。如果主人在律师拜访时安排人或者主人亲自泡了茶水或者准备有茶水等，律师离开时需要将这些主动带走，自己放到垃圾桶里面去。而且，使用过的废纸等垃圾也需要清理，不要留在拜访对象的办公室。

起身告辞时，要向主人表示"打扰"之歉意。出门后，回身主动伸手与主人握别，说："请留步"。待主人留步后，走几步，再回首挥手致意："再见"。当然，如果去拜访的是陌生人或者是位高权重的人，笔者建议最好不要轻易主动伸手与其握手道别，因为这些人不一定愿意握手，特别是律师拜访的是律师有求于他的人。否则，对方不伸手会很尴尬。当然，这个是需要根据拜访的情况来分析判断的，不是那么绝对，要因人而异。

二十一、执业律师宾馆与居室拜访礼仪

拜访他人，有时候不一定是在办公室，有可能是在他下榻的宾馆或者在其居室里面，因此在宾馆和居室里的拜访也需要注意拜访的礼仪。

◇宾馆拜访礼仪

1. 时间的选择

到宾馆拜访他人时，为了不打扰他人的休息和活动安排，也为了让他人有所准备，拜访前应先同对方约定好时间，时间的确定多由对方定。同时，要问清楚对方下榻宾馆的位置、楼层、房间及联系电话等。

2. 仪容仪表

到宾馆这样的正式公共场所拜访，特别要注意自己的仪容整洁、穿着干净大方，尤其是鞋子与袜子，鞋上是否带泥，袜子是否有破洞或者有异味。若是穿着不得体，有可能被拒之门外，即使不被阻挡，也会招来冷峻的眼光。

3. 拜访中应注意的问题

（1）进入宾馆后，应向总台服务处说明来意，最好在宾馆的前厅总台往房间打个电话，在经许可后，方可到房间去。进出宾馆的大厅或上下电梯时，都有服务员提供服务。对服务员的服务要表示感谢，对服务员的问候要以礼相待，切不可无动于衷，不理不睬。在宾馆的前厅及走廊上不要急匆匆跑动，脚步要轻、要稳。与服务员讲话态度要和蔼，语气要平缓。

（2）进房间以前，要先核对房间号，证实无误后，可轻轻敲门或按门铃。他人开门后，进行自我介绍，双方身份得到证实待他人请进时才可入内。

（3）如果客房内带有会客厅，则不应进入卧房与主人交谈。到宾馆拜

访大都属于礼节性的拜访，作为东道主，对客人到来应表示热情地欢迎。同时应关心地询问客人生活、工作上有何不便，需要提供什么帮助。拜访时间不宜太长，以15分钟左右为宜。

（4）到宾馆拜访客人，应遵守宾馆的各项规定，既可展示道德水平、礼仪修养，又可给客人留下极好的印象。

◇居室拜访礼仪

笔者一直不太习惯到家中拜访，家是他人非常私密的场所，不是一般人可以随便进出的。因此，除非是关系非常好或者是不得已而为之，笔者一般不轻易到他人家中拜访。当然，确实需要家中拜访的则另当别论。前往他人家中拜访，更是需要注意礼仪。

1. 拜访时间的选择

当律师决定到某人家里拜访时，最好与主人事先约好时间，以便主人及其家人事先做好安排。事先不联系就直接上门拜访，是很失礼的，也会为对方带来麻烦。拜访的时间最好选择在主人方便的时候，一般在上午10时或下午4时左右。应尽量避开吃饭的时间、午休、晚睡时间和早晨忙乱的时间。

一般来说，做客时间大体上以20分钟至30分钟左右为宜，见到主人显出疲倦或是还有其他客人时，应适时告辞。不要因主人的客气挽留，就忘乎所以谈个不休。如果事先已与主人定了时间，就要信守，准时到达，以免主人久等。如因发生了特殊情况而不能前往，或者需要改变日期和时间，应提前通知对方，并表示歉意。对别人随便失约是很不礼貌的。

2. 礼品的选择

当初次到别人家拜访时，最好适当带些小礼品或鲜花。所送礼品最好用礼品纸包装起来，再用彩色带系成漂亮的梅花结、蝴蝶结或其他美丽的花结。熟客一般不必带礼物，但遇有重要节日或特殊约会，则不妨带些大家欢迎的礼品。但应注意，所携带的礼物如果在对方家附近买，会显得失礼。

（1）适宜的礼品。适合需要的礼品。送人的礼品要投其所好，要符合对方的某种实际需要，或是有助于对方的工作、学习或生活，或是可以满足对方的兴趣、爱好。比方说，宝刀理应赠予猛士，鲜花自当送给佳人。如主人家有老人或小孩，所带礼品应尽量适合他们的需要。

具有纪念意义的礼品。在商务活动中送与对方的礼品往往讲究"礼轻情义重"。在绝大多数情况下，尤其是在关系普通者之间，送人的礼品务必要着重突出其纪念意义，而无须过分强调其价值、价格。不提倡动辄以大额的现金、高档的商品、名贵的珠宝赠送于人，那样会使受赠者有受贿之嫌。

独具特色的礼品。商务活动中选择礼品时，应当精心构思，独具匠心，富有创意。赠送具有独具特色、与众不同的礼品，往往可以令其耳目一新，既兴奋又感动。

时尚新颖的礼品。送人的礼品还须注意符合时尚，不要过时或落伍。商务活动送礼品，因个人能力不一定前卫，但一定不要脱离时尚。否则的话，会有对受赠者轻视或应付之嫌。

鲜花作为礼品。到别人家时赠送鲜花，是人们最为欢迎的一种馈赠形式。送人以鲜花，既可以表达感情，歌颂友谊，也可以提升整个馈赠行为的品位和境界，使之高雅脱俗，温馨浪漫。因此，在家庭拜访时以花为赠，是最保险、最容易获取成功，且又皆大欢喜的一种馈赠选择。

（2）选择礼品时的禁忌。在选择、准备礼品时，还应当有意识地回避对方的禁忌，做到不送对方不欢迎的礼品。

忌选违规之物。赠送他人礼品时要注意遵守我国的法律法规，不要选择与我国现行法律相抵触的物品作为礼品送与他人。此外，还应注意尊重对方单位的有关规定，不送违反规定之物。例如，我国规定，国家公务员在执行公务时，不得以任何理由，因公收受礼品，或变相收受礼品。否则，即有受贿之嫌。

忌选犯忌之物。商务活动中，在赠予交往不深，特别是外地人士礼品时，还应当注意尊重对方所在地的风俗习惯或个人禁忌。在任何情况下，都要避免把对方认为犯忌的物品作为礼品相赠。这样做，是表示对对方的尊重。例如，在我国的大部分地区，老年人忌讳发音为"终"的钟，恋人们反感于发音为"散"的伞。在日常生活之中，由于种种原因人们往往会形成一些个人禁忌。例如，高血压患者不能吃含高脂肪、高胆固醇的食品等。将犯忌之物作为礼物送与他人，不仅有可能令对方心生不快，而且还会影响双方关系。

忌选有害健康之物。有一些东西，虽然不为法律、规章所禁止，但是对人们工作、学习、生活以及身体健康不但无益，而且有害。例如：香烟、烈酒、赌具以及庸俗低级的书刊、音像制品。将此类物品送人，有些时候或许恰能投其所好，但却对生活或身体健康毫无益处。

忌选过期或废旧之物。商务活动中赠送给他人的礼品，不必价格昂贵。但是，除古玩之外，在一般情况下，不宜把自家的过期旧物、废品、淘汰物品或使用不完的东西作为礼品送给他人。把过期、过时或无用之物送给别人，是对对方的轻视和不尊重。此外，他人所送之物，一般也不宜再转送于人。

忌选广告宣传之物。商务活动中，不要把带有广告标志或广告语的物品赠送给别人。用广告物品送人，不但不尊重他人，还会有利用对方为自己进行广告宣传之嫌。

3. 拜访中的礼节

（1）进门要按门铃或敲门，如门户是敞开的，也应在门口发出招呼声，"××在家吗？"不要贸然闯入。大门打开后，应与主人互作简短的问候，等对方说"请进"之后再进去。

见面之初的寒暄应尽量简短，报出自己的姓名就行了。正式的寒暄应在被请到会客室之后再开始。如果让大门一直开着，受访者也会感到困扰。再者，访问时你手上通常会拿着简单的礼物，在这种状态下长时间地交谈，自己也会觉得极不自然。

（2）进门后，如果主人在家穿着拖鞋，你也应该换鞋，除非主人制止。进门时如穿戴了帽子、大衣、手套、雨衣或雨伞要取下，放在主人指定的地方。千万不要乱扔，以免引起主人的反感。

（3）对主人家的其他成员，应按"长幼有序"的原则，亲切称呼问好。如果是带孩子或其他人来，要介绍给主人，并教孩子如何称呼。另外，如果携带礼物而来，要将礼物恭敬地交给主人。

（4）被主人请进客厅后，应先确定上座和下座。在主人未让座之前，不能自己随意坐下。如果拜访的主人是长辈，或者第一次来作客，更需要彬彬有礼，在主人请坐下之前，不能先落座。落座时要轻，坐姿要讲究，不要跷二郎腿。

（5）在与主人交谈时，应注意礼貌，语气要温和可亲，且注意倾听主人的谈论。如果遇有其他人在场，可在旁边静坐等待。如果律师在谈话，又有客人来访，律师应该尽快结束谈话，以免他人久等。

（6）在主人家不乱翻乱看，不乱扔果皮烟蒂，未经主人同意，不能拿走主人的任何东西。

（7）主人端上茶来，应从座位上欠身，双手捧接，并表示感谢。如果主人招待的是饮料，水果、点心，饮料可以全喝完，但水果、点心只能稍稍品尝。

（8）应主人之请在主人家吃便饭时，应首先表示请主人与长辈一同进餐，待主人也入座进餐后自己再吃。进餐时要注意文明，饭后应向主人恰当地表示谢意。

（9）和主人交谈时，应注意掌握时间。有要事必须要与主人商量或向对方请教时，应尽快表明来意，不要东拉西扯，浪费时间。第一次拜访不超过20分钟为宜，以免影响主任休息。俗话说"客走主安"，客人不及时告辞，主人是不得安宁的。

4. 拜访他人，千万不要轻易前往其卧室

家里本来就是非常私密的地方，一般不是特殊情况和关系非常好、非常近的人都不喜欢他人拜访的，何况是卧室。未经允许进入他人卧室是千万要不得的，不是万得已是不能轻易进入他人卧室的。

5. 告辞的礼节

告辞之前不可让主人看出急于想走的样子，也不要在主人刚说完一段话或一件事后，立即提出告辞，这样会使主人觉得你对他的谈话或说的事不满意或有看法，而感到尴尬。如果发现主人有急事要办，则应及时结束谈话并告辞。切忌到他人家中拜访耽误太多的时间，应掌握好时机告辞。告辞时，应恭敬地对主人说："时候不早了，我要告辞了。"

同时，注意向主人及其家庭主要成员招呼"再见"，并诚意约请他们到自己家里做客。如果主人出门相送，应请主人留步并道谢，热情说声"再见"。如果要拜访的主人不在家，则应该向其家里人或邻居留下自己的姓名、地址、电话，或者留张名片，以免要拜访的主人回来时，由于不知是谁来访而造成不便。

二十二、执业律师需注意的用餐礼仪

说到执业律师的礼仪，就不得不说用餐的礼仪。前面笔者在一些篇章里面有对用餐礼仪的介绍，但是那些内容只是用餐礼仪的一部分。下面，我用专门的篇幅详细介绍用餐礼仪，以帮助执业律师提高素质，尽量多的了解并掌握用餐的礼仪，在职场中尽量避免出现令人尴尬的情形，提升执业律师的形象。

◇ **餐前礼仪**

餐前礼仪是指的应邀参加宴会或者与他人一起用餐时，准备用餐、等候用餐时的所作所为。无疑，餐前礼仪是用餐表现的有机组成部分，餐前礼仪也应当符合规范。要使餐前礼仪符合规范，需要注意以下事项：

1. 适度修饰自己

外出赴宴或者聚餐时，应当适度地进行个人修饰。总的要求是整洁、优雅、个性化。一般而言，男士可穿套装，并剃须。女士则适合穿时装或者旗袍，并化淡妆。笔者发现个别律师在参加宴会或者赴宴时不太注意自己的着装，很不注意自己的形象，这是不行的。进行适度修饰，包装一下自己，这是对别人的尊重，也是对自己的尊重。

2. 准点到场

应邀赴宴，或参加聚餐时，一定要准点抵达现场。严格地讲，抵达过早或者抵达过晚，均为失礼。早到的话，往往主人还没有准备就绪，因而措手不及。晚到的话，则会令他人望眼欲穿，甚至打乱整个原定计划。因此，准点到是赴宴的一个很重要的礼节，切勿迟到。另外，若无特殊情况，一般切勿早退。

3. 各就各位

在正式一些的就餐活动中，一定要按照指定的桌次、位次就座用餐，倘若没有明确的排定，则应当听从主人的安排。切记，不能抢在他人之前入座。这个问题也是执业律师需要注意的问题，笔者就发现不少的执业律师很不注意这些细节，只要一到餐桌前就忍不住上座，这是非常不礼貌的。执业律师需要随时的展示自己的素质和素养，做到礼貌待人，尊重他人。

4. 认真交际

大凡宴请或者聚餐，其主要目的是在交际，而不仅仅是为了大快口福。所以在用餐前后，尤其是用餐前稍事等候时，不要忘记尽可能地进行适当的交际活动。要问候一下主人，联络一下老朋友，并争取认识几位新朋友。假若一言不发，则显得与其他人格格不入，则难免会给人以"专为吃而来"的印象。

执业律师在参加宴会或者聚餐前应该有所准备，为交际和结识新朋友有所准备,比如名片等。一些人应邀赴宴简直就是为了去吃一餐而已,实际上这是错误的。宴请和聚餐的主要目的其实不是为了大家聚在一起吃吃喝喝,而是为了以交际,联络感情为主的。

5. 倾听致辞

在正式宴会开始前,主人与主宾大都要先后进行专门的致辞。当宾主进行致辞时,务必要洗耳恭听,专心致志。此刻开吃、闭目养神、与人交谈,或是打打闹闹都是缺乏礼貌的。若此暂时离去,则更会令人生疑。

在这个方面存在的问题就更多了,我们经常发现在宴会开始前,主人还没有致辞的时候,有的人就已经动起了手,桌子上已经一片狼藉了。这也是非常不礼貌的,我们一定要避免。特别是执业律师,更是要注意这些问题。

◇ **餐时礼仪**

1. 要正襟危坐

我们赴宴用餐时入座时,应从左侧进入,并使身体与餐桌保持两拳左右的距离。在餐桌上保持良好的姿势,上身呈挺拔之态,绝不能像个布娃娃似的东倒西歪、弯腰驼背地瘫在座位上。双手不要支在桌上,也不要同时摆在腿上。双腿不要乱伸,因为有可能妨碍他人,另外,姿势也不雅观。

一些人在赴宴用餐时,一旦入座,他们就在位置上霸占很宽的面积,只顾自己方便夹菜,毫不顾忌旁边同桌客人,这样就会给人留下很不好的印象。还有的人习惯将自己的腿脚蹬在旁边客人的座椅上,这也是非常不礼貌的。

2. 要举止高雅

进食噪声:用餐之际,不论有意还是无意,不论吃东西还是喝饮料,都不要搞得进口有声、啧啧作响,否则就是不懂起码礼数的表现;再者,防止异响:除用餐外,体内的任何声音,不管是咳嗽、打喷嚏,还是腹中咕咕作响,都应离开餐桌,自觉控制,不要当众出丑。另外,在就座用餐时,不要随便挪动桌椅,也不要把餐具搞得铿锵作响。

3. 要慎用餐具

务必正确使用餐具,这一点在西餐中更为注重。如果不会使用,最巧妙的办法是模仿主人或者他人的做法。不宜主动拿餐具当教学仪器去主动教别人,这种指点是不必要的。

4. 要吃相干净

在用餐时既要维护环境卫生,又要注意个人卫生。不要吃得"四处开花",身上、脸上到处"留痕",也不要把餐具餐桌和地面搞得一塌糊涂。

5. 要礼待主人

宾客在宴请活动中,不要一入席就开始大吃大喝,即使饿了,也不要给人以馋相。礼貌的做法是要时时帮助主人,以礼还礼。

6. 要照顾宾客

客人之间也要相互照顾,不要互不搭理,致使场面尴尬、气氛沉寂。在就餐时,不论是否相识,男士都要扮演"护花使者"的角色,要处处积极、主动地对女士多加照顾。

7. 要尊重侍者

在一些宴会中,一般有正规的侍者,无论主人还是客人,都要对其发自内心的尊重,不但要口头上表示感谢,心里也要尊重人家。

8. 要积极交流

参加餐会,除了品尝美食,不要忘记进行适当的交际活动,有时候后者更为重要,实际上交际活动也正是多数宴会的主旨所在。即使菜肴再丰盛也要抵住诱惑,不要馋涎欲滴。另外,即使菜肴再怎么合自己口味,也不可如狼吞餐,不知饥饱,否则就会成为他人的笑柄。同时,要注意自己的实际酒量,不要充大头,若被灌醉,礼仪丧失,于己于人都极不方便。所以,适时加以自觉控制最好,给人留下进退有度的良好印象。

在用餐礼仪中,我们不但要注意怎么做,还要掌握不能怎样,比如不要有违食俗;不要坏吃相;不要乱挑菜;不要争抢菜;不要玩餐具;不要吸香烟;不要清嗓子;不要做修饰;不要乱走动;不要大声喧哗。

二十三、律师需要注意的酒水饮用礼仪

中国是一个传统文化的古老国家,酒文化很浓,很深厚,但是又存在很多的诟病。我们要注意饮酒的文化,又要抛弃那些陈规陋习,学会文明饮酒,礼貌饮酒。无论是在哪种场合饮酒,都要有自知之明,并要好自为之,努力保持风度,做到"饮酒不醉为君子"。

◇ 饮酒限量

很早的时候，听说一句话："饮酒不醉最为高，好色不乱乃英豪；不义之财君莫取，忍气饶人祸自消。"细细想来，很有道理。因此，律师在任何时候，都不要争强好胜，故作潇洒，饮酒非要"一醉方休"不可。饮酒过多，不仅易伤身体，而且容易出丑丢人，惹是生非，律师饮酒过多还很容易误事。我国的古语里，早就有"酒是伤人物""酒乃色媒人"之说，饮酒时勿忘以此自警。不仅高兴之时需要如此，心情不佳之时也需要如此，万万不可借酒消愁。至于存心酗酒，则是更不应该的自残行为。

◇ 依礼拒酒

劝酒之风一直盛行，让很多人不适应。假如因为生活习惯或健康等原因而不能饮酒，可以下列合乎礼仪的方法之一，拒绝他人的劝酒。不要在他人为自己斟酒时又躲又藏，乱推酒瓶，敲击杯口，或倒扣酒杯甚至把酒偷偷倒掉。另外，把自己的酒倒入别人杯中，尤其是把自己喝了一点的酒倒入别人杯中，更是失礼的表现。

◇ 抛弃陋习

在饮用酒水时，不要忘记律己敬人之规。特别是要抛弃下列既有害于人，又有损于己的陋习。

第一，不要酒疯。极个别的人，在饮酒时经常"酒不醉人人自醉"，借机生事，装疯卖傻，胡言乱语，有损形象。律师是千万不能这样，否则将会后悔很久，甚至终身后悔。

第二，不要酗酒。有的人嗜酒如命，饮酒成瘾。这不仅有碍身体健康，而且也有损个人形象。执业律师无论是为了自己的身体，还是工作的因素，都是不应该酗酒的。执业律师酗酒还很容易误事，也会影响自己的形象，遭他人议论。

第三，不要灌酒。祝酒干杯，需要两相情愿，千万不要强行劝酒，说什么"感情深，一口闷；感情浅，舔一舔"，非要灌倒他人，看对方笑话不可。近年来，很多地方都出现了灌酒灌出人命的事情了，本来是很好的朋友关系，结果喝酒却喝出了人命，最后不得不因为赔偿问题对簿公堂，这也是不可取的。

第四，不要划拳。有人饮酒时喜欢猜拳行令，大吵大闹，哗众取宠，其做法是非常失礼的。特别是在大庭广众之下，这样大吵大闹，非常不礼貌。

◇敬酒干杯

在较为正式的场合，饮用酒水颇为讲究具体的程式。在常见的饮酒程式之中，斟酒祝酒、干杯应用最多。

（1）斟酒。通常，酒水应当在饮用前斟入酒杯。需要注意的是，在侍者斟酒时，勿忘道谢，但不必拿起酒杯。可是在主人亲自来斟酒时，则必须端起致谢，必要时，还要起身站立，或欠身点头为礼。有时，亦可向其回敬以"叩指礼"。即以右手拇指、食指、中指捏在一起，指尖向下，轻叩几下桌面。这种方法适用于中餐宴会上，它表示的是向对方致敬。

斟酒需要适量。白酒与啤酒均可以斟满，而洋酒则无此讲究，要是斟得过满乱流，显然未必合适，而且也是浪费。一般情况是，红葡萄酒入杯均为1/3；白葡萄酒入杯为2/3；白兰地入杯为1/2；香槟斟入杯中时，应先斟到1/3，待酒中泡沫消退后，再往杯中续斟至七分满即可。斟酒又分桌斟和捧斟，两种方式。桌斟是指客人的酒杯放在餐桌上，侍者持酒瓶向杯中斟酒。捧斟适用于酒会，其方法是一手握瓶，一手将酒杯捧在手中，站在宾客的右侧，优雅、大方地向杯内斟酒。

斟酒时，还有一个细节。如果是侍者斟酒，或者主人斟酒，酒水的标识一般是向着客人的，意图是告诉客人，我们饮用的是什么酒水。有的客人不习惯某种酒，或者对某种酒不适应，这样他们才好及时拒绝斟酒或者提出。

（2）斟酒步骤。斟酒的方向应是逆时针方向（如果没有特别的尊者在场的话），即从自己右边的一位开始，自己的酒最后斟。在斟完最后一杯酒时，要将瓶口和瓶颈擦拭干净再放好酒瓶。不过，当客人掩杯或者用手遮挡住杯口时，说明客人已不想喝酒，此时，则不应该再斟酒。

在中国有句话叫"酒满敬人，水满得罪人"，所以这些也需要执业律师引起注意。除了白酒、啤酒可以斟满之外，其他酒最好不要斟得过多。而且，执业律师还需要注意，除主人与侍者外，其他宾客一般不宜自行为他人斟酒。笔者发现，在一些聚餐中，一些人很喜欢帮助他人斟酒，笔者一般不太喜欢替他人斟酒，除非是笔者敬酒后，为了避免"酒不空杯"这个说法，才会替人斟酒。据悉，在用餐中替他人斟酒，这并不是礼貌之举。对于为什么在聚会中替他人斟酒不是礼貌之举呢？这与我国的传统习俗恰恰是相反的。因为，饮酒是有损身体健康的，斟酒其实是在劝酒，劝酒在西方国家是不提倡的。

笔者曾经跟美国的朋友一起喝茶、聊天、聚餐，他们在抽烟的时候，都不会给在场的人派发香烟，有朋友很好奇，忍不住问这位美国朋友。这位美国朋友告诉我们说，因为吸烟有害健康，他们认为给别人派发香烟是在损害别人身体，这是很不礼貌的，所以他们认为自己抽烟，不能祸害别人，所以不给别人派发香烟。

（3）敬酒，亦称祝酒。在敬酒时，通常要讲一些祝愿、祝福之言。在正式的宴会上，主人与主宾还会郑重其事地发表一篇专门的祝酒词。因此，敬酒往往是酒宴上必不可少的一项程序。不管是致正式的祝酒词，还是在普通情况下祝酒，均应内容愈短愈好，千万不要连篇累牍、长篇大论，喋喋不休，让他人等候良久。祝酒词的目的是助兴，是祝愿，祝福，意思达到即可。如果长时间的像背书或者朗诵一般就很不逗人喜欢。

（4）干杯。指的通常是在饮酒时，特别是在祝酒、敬酒时，以某种方式，劝说他人饮酒，或是建议对方与自己同时饮酒。在干杯时，往往要喝干杯中之酒，故称干杯。有的时候，干杯者相互之间还要碰一下酒杯，所以它又被叫作碰杯。

干杯需要有人率先提议。提议干杯者，可以是致祝酒词的主人、主宾，也可以是其他任何在场饮酒之人。提议干杯时，应起身站立，右手端起酒杯，或者用右手拿起酒杯后，再以左手托扶其杯底，面含笑意，目视他人。

在中餐里，还有一个讲究。即主人亲自向自己敬酒干杯后，应当回敬主人，与他再干一杯。回敬时，应右手持杯，左手托底，与对方一同将酒饮下。有时，在干杯前，可象征性地与对方碰一下酒杯，碰杯时，不要用力过猛。出于敬重之意，可使自己的酒杯比对方为低。

二十四、执业律师与法官相处的礼仪

在我国法律职业体系中，律师和法官皆为法律工作者，属于法律职业的不同分工。律师除了专业技能、诉讼技巧、心理素质和铁齿铜牙外，还应学会如何同法官打交道。人要有一个正确、客观的思想，那就是无论一个人现在多么的优秀,也会慢慢地变老,会遇到困难和挫折,也可能有失败的一天,至少不会在某一个岗位上死守一生。

学会与法官打交道,是律师和法官交往的第一步,也是最基本的要求。正如很多律师指出的一样,如果律师不会和法官打交道,和法官保持"敌对"状态,甚至"仇视"状态,有百害而无一益。笔者曾经说如果律师与法官斗,最后吃亏的很可能是当事人,这就是常说的"巫师与鬼打架,病人遭殃"。

律师与法官相处,首要的一条是要尊重法官。并不是每一个法官都会看不起律师,都会为难律师。有人认为,案件一旦进入诉讼程序,律师就必须尊重法律,遵守法庭秩序,尊重法官的庭审工作。律师作为法律人,要学会尊重法官,客观面对判决。律师要感谢当事人对自己的信任,感谢法官的辛勤付出,在任何时候、任何地方,不得以任何理由、任何方式诋毁其他律师和承办法官。律师要养成尊重法官,尊重法律的习惯,就算不是诉讼律师,是非诉讼律师,同样要养成尊重法官的习惯。人与人之间的互相尊重,这是做人最起码的礼仪,世界太小了,山不转路转,河不转水相连。

不诋毁法官也不是说执业律师应当讨好法官,尊重和不诋毁与讨好有千差万别,不能混为一谈。我们要清楚明白,法官也是人不是神,同样也有七情六欲,也要食人间烟火。所以,律师要理解法官,在坚持原则的基础上,多替法官着想,尽量给法官留足面子。尊重法官,并不等于要我们放弃原则,一味地迁就法官。同为法律人,法律职业共同体的一员,律师应成为法庭查明事实真相、捍卫社会公平正义的助手。

作为诉讼律师,必须要熟悉审判流程,这是律师的基本功。执业律师应当对立案、送达、证据交换、诉讼时效、诉讼风险、庭审程序和举证质证等法律规定了如指掌,这样不仅节约自己和当事人的时间和精力,也会节约法官的时间和精力,才能更好地、高效地配合法官审理案件。律师要确保一切事实都要让证据说话。执业律师是法律之师,需要摆事实,讲道理,运用法律。摆事实用什么摆?如何摆事实?这就需要证据。以事实为根据,以法律为准绳。没有证据,事实如何认定?根据在哪?如果事实都查不清,法律如何适用?这些问题不仅仅是法官需要思考的问题,律师同样需要思考,如果在自己思考的同时,还能帮助法官思考,并友好、善意的给法官提出来,法官会感激律师。但是,友好、善意的提出不是让律师对法官指手画脚，律师面对别人的指手画脚都会反感，何况法官呢？

律师要学会欣赏法官，换位思考。有的律师虽然熟悉审判流程，也想影响法官，但是庭前准备不充分，事实不清楚，证据不确凿，在庭审中很难说服法官，使审判陷入僵局。法官作为国家审判人员，有独立的审判权和一定的自由裁量权，还有权根据自己的生活经验法则判断，但是这些前提是律师必须让证据说话，摆事实，讲道理，动之以情，晓之以理，配合法官的庭审工作，帮助他进行判断才行。

执业律师只有真诚地对待法官，法官才会真诚地对待律师。诉讼案件中，律师所有的工作几乎都会在法庭上体现，律师的诉讼目的就是通过讲事实、摆道理、拿证据来说服法官，争取法官的认同和支持。因此，律师应当注意诉讼和庭审中的细节，但是又不能过于拘泥于这些细节。执业律师应当用事实和法律说服法官，不能为难法官。执业律师应当站在法官的立场看问题，不能只凭自己一厢情愿。律师和法官的关系，不是对立的关系，也不是上下级关系，法官与执业律师之间不应当具有隔阂，是互相配合、互相理解、互相支持的关系。

律师要严格自律，与案件承办法官保持适度距离。律师除了不断完善自己的专业能力和知识结构、提高执业技能、执业素养外，还必须严格自律，恪守《律师职业道德和执业纪律规范》，在原则面前做到有理、有节、有度。法官与律师之间有一条红线，是不能逾越和践踏的。律师办案要通过在法庭活动中发表法律见解和意见、通过对证据、事实和法律观点的阐述来实现自己的主张，不得在法律设定的时间和空间之外进行具有涉及职务内容的交往，不能没有规矩的不正当交往，更不能低三下四地建立不正当不合法的利益输送关系，不能形成某种依附关系。

在同一个案件中，执业律师、承办法官审查案件所站在的角度不同，结论可能就不一致，但是两者追求的公平正义和法律正确实施的目标一致。如果执业律师能仔细把关，发现问题，并提供给法官，承办法官求之不得，他们也不想背上冤假错案的骂名。

执业律师一定要提高自己的专业水平和业务能力，只有水平高的律师才会获得法官的认同和尊重，如果你被法官鄙视、嫌弃，那你首先就得从自己身上找原因。切忌不要试图向法官普法，没有任何一个专业人士希望自己被别人看轻，法官自然不例外。庭上发言要言简意赅，点到为止。法官不喜欢执业律师过分夸夸其谈，因为这样会让他感觉律师有卖弄之嫌。

案件承办法官的办案习惯，说话风格，性格习惯，与法官有关的信息，执业律师都可以去了解，并根据所掌握的情况和信息，结合案件事实准备好你的代理意见及相关法律法规，帮助法官写好一份优秀的判决书。认真准备诉讼材料，永远不要轻视诉讼材料，你准备的越详细，你胜诉的可能越大，法官自然会对你印象上有加分。积极关注案件的进程，点到为止，切勿穷追猛打。

会见法官时要穿着正重，体现出你的专业和对法官的尊重。作为律师，尽量避免与法官私下交流，在办公场所的交流会让律师在无形中建立很多隐性的软实力，还可以打消法官的非分之想，有助于保持执业律师与法官的距离。多表示对法官工作的理解和支持，并不断表示调解的意愿，通过调解的事项沟通，律师可以知道很多本来没办法直接获得的案件信息，洞悉法官的案件思维。

执业律师需要注意，在庭上察言观色，并与书记员搞好关系，千万不可忽视书记员的作用和价值，他们随便少记一句话可能就会给律师带来意想不到的损失。在民事诉讼中，大部分的代理意见几乎没有任何作用，甚至有些法官已经下了判决才收到律师的代理意见。所以，集中所有精力去写好起诉状和答辩状，那才是全部被写入判决书的东西。而且，这个现实已经得到无数次的证实和最高人民法院法官的确认。尽量不要让法官替律师提炼观点。尽量通过窗口和当面递交法律文书，确保万无一失。避免与法官进行不必要的争论，但是可以在讨论中影响法官，并以请教的口吻与法官交流，让法官感受到律师对他的礼貌和尊重。

党的十八届四中全会提出了"法治工作队伍"的概念，法官和律师被共同纳入"法治工作队伍"当中，这为"法官和律师是法律职业共同体"提供了明确的政治基础和政策依据，也对在新形势下如何构建法官与律师的新型健康良性互动关系提出了全新要求。法官与律师作为法律职业共同体成员，是法治工作队伍中的两支重要力量，本应相互认同、彼此尊重，通过查明案件事实、正确适用法律，共同促进公平正义。要纠正法官与律师之间互相对立、互相贬损的非理性行为，建立法官与律师的新型健康良性互动关系，必须首先强化法官与律师之间的职业认同感，筑牢双方的法律职业共同体意识。

法官与律师作为法律职业共同体，同受法律教育，有着共同的法律语言，法律思维，同在法庭活动。法官是公平正义的化身，如果法官不被信任，必然带来社会对司法、对法律职业的整体不信任，法律人将首受其害。如果法官与律师不是良性互动而是一味"互掐"，势必会影响当事人权益和公平正义的实现，对法治权威和法治形象造成巨大伤害，最终损害的是法官与律师所共同依存的职业根基。法院地位提高了，司法的权威树立起来了，律师的作用和价值才能得到充分发挥和体现。在诉讼活动中，律师通过向法庭提供案件的证据、法律依据及法理分析，协助法官发现关键的事实和真相，帮助法官作出正确判断，有助于提高司法的精准性、公正性。

有人指出，律师在某种意义上是法官延伸的眼睛和手足。法官应当视律师为职业助手，充分认识到律师角色的重要性，按照"以庭审为中心"的要求，切实尊重和保障律师诉讼权利，充分倾听其陈述、辩论和意见，为其提供诉讼便利。对律师而言，尊重法官是一个律师应遵守的基本职业伦理。

二十五、执业律师与检察官相处的礼仪

当前，律师和检察官在法学院里所受到的法学教育是基本相同的，以前各学各的局面早已得到了改善。自2002年以来，凡新晋入行的律师和检察官都要通过以严苛著称的国家法律职业考试。相同的教育背景决定了律师和检察官这两个职业群体具有共同的法学知识体系，拥有共同的法律职业素养。

律师和检察官的关系在不同的诉讼中所处的地位是不一样的，并不是完全对立的地位。在刑事案件的审理程序中，执业律师如果担任的是辩护人，那么与检察官的关系法律上讲是对立的。如果是作为受害人一方的民事赔偿部分的代理律师，则其地位与检察官是基本一致的。当然，在民行检察监督中又会出现不同的情形，地位也有所差别。因此，执业律师和检察官有各自的具体工作职责。检察官与律师的职业特征都是作为代言人出现，不同的是，在刑事诉讼中，检察官作为国家公诉人，对犯罪嫌疑人、被告人持否定的态度，积极主动地追究犯罪嫌疑人、被告人的刑事责任。

根据我国《检察官法》的规定，检察官的职责除代表国家以公共利益的名义积极追诉犯罪，实现其控诉职能外，还要对司法活动予以有效的专业性监督，实现其监督职能，两种职责缺一不可。在追求惩治犯罪的过程中，检察官成为全体公民权利和自由的坚定捍卫者。刑事诉讼中，律师作

为犯罪嫌疑人、被告人的受托人，其职责是保障犯罪嫌疑人、被告人的合法权益，为其作无罪或罪轻的申辩。同样，律师作为拥有法律专业知识和法定辩护职权的专业人员，有权监督司法活动的正常进行，对司法机关、司法人员违反法律规定，侵犯其委托人合法权益的行为在上诉审和申诉审程序中予以揭露，或向有关监督部门举报、控诉。

律师通过忠实履行职责，成为公民私权利和个人自由的有力维护者。律师和检察官在刑事诉讼过程中，其立场看上去是对立的，追求的目标却是一致的。现代刑事诉讼制度设计的目的就是促使控辩双方对抗，由中立的第三方即裁判者（法官）发现案件的法律真实并据以适用法律，作出裁判。法律由专制到文明的标志之一就是控辩制度的诞生，正是在控辩对抗中，才能实现律师和检察官共同追求社会正义。执业律师与检察官是一种对立统一的辩证关系，而且这仅仅是一种工作上的关系，需要互相的支持与配合，需要互相的尊重和理解。

从律师这一方而言，应该守法、稳妥、不卑不亢地处理好与检察官之间的工作关系，检察官也应该恰当的理解、支持律师的工作。

执业律师与检察官在办理案中交往的时候，应当根据不同的具体情况掌握一定的基本礼仪，面对不礼貌的检察官没有必要跟他们一样，不能因为他们的不礼貌、没有素质，就跟着学不礼貌，跟着说没有素质的话，干没有素质的事情。执业律师在办理刑事案件时，在还没有阅卷之前，执业律师与检察官沟通案件发表意见时，就需要留有余地，保持平常心，要知道自己在没有看到案卷材料之前听当事人的陈述和自己发表的观点可能是片面的，也可能是错误的。因此，不要强求自己的意见一定要被检察官采纳，律师只需要将自己的意见恰当的客观实际地表达出来即可。

执业律师在办理案件时，内心深处要保持一种帮助者的心态，通过站在维护嫌疑人、被告合法权益的角度提出案件的可疑之处，这样事实上也是为检察官的工作提供了帮助，使他们能以逆向思维的方式审查案件，最终作出适当的决定。可以帮助他们发现问题，正视问题，避免出现冤假错案，避免今后被终身追究责任。

笔者承办的一起诈骗案件，在会见当事人后觉得可以为其申请取保候审，于是准备了取保候审申请书提交到检察院。相关检察官在审查时依法听取了案件承办人的意见，最后决定对笔者提交的取保候审申请不予支持。接下来，笔者继续联系检察官后得知，承办检察官认为笔者的当事人虽然有主动投案的行为，但是并没有如实供述，不能认定为自首，认为其虽然投案了，但态度不好，没有真正的认罪、悔罪，所以不同意办理取保候审。由于笔者提出取保候审的时候，案件还在侦查阶段，一直没有阅卷，所以也没有办法继续与检察官进行深入的沟通。当笔者阅卷后，发现检察官的认识存在一些问题，赶紧整理了书面的意见向检察官提交，并将自己的辩护思路和观点送交给了检察官，希望他对笔者的思路和观点有所了解。

这个案子检察院的量刑建议是 10 年至 11 年，但是笔者认为应当认定为自首，而且还有其他情节，因此建议量刑 3 年以下。在辩论阶段，笔者的辩护观点获得了检察官的认同，他们当庭认可了当事人自首成立的事实，并对其认罪、悔罪态度予以了明确的确认，在量刑方面请人民法院根据案件事实自由裁量。最后，笔者的辩护意见法院全部采纳，当事人获刑 2 年 6 个月。

这个案子的成功辩护，首先是笔者在没阅卷前没有过多的与检察官对抗辩论，其次是当笔者看到案卷全部证据材料后，主动与检察官沟通，交换辩护思路和观点，提前让检察官考虑笔者的主张合理性、合法性。这些行为和事实足以说明笔者对检察官的足够尊重和理解，所以我们在法庭交锋时都是非常客气、礼貌和互相尊重的。

一般来说，律师和检察官的对抗乃至冲突主要发生在刑事案件的审判过程中。此时，作为公诉人的检察官在经过较长时期的审查后会认为被告人犯罪事实清楚，证据确实充分应予以刑罚制裁；而辩护律师在认真分析案情后则会认为案件存在无罪或罪轻的情节，要求无罪释放或从轻处罚。双方都想争取胜诉，工作中的对抗是不可避免也无须回避的，为保障委托人的合法权益，有时甚至需要律师主动地发起争辩。这时，律师首先需要有信心，其次是对检察官工作的支持和理解，再次就是尊重客观事实和尊重检察官这个身份和人。

律师要以正派和自信的形象与检察官平等对抗，出庭支持公诉的检察官，由于他们职业和身份，往往把自己定位为惩治罪恶的正义化身，经常容易在道义上占有制高点。作为辩护人是在为被告人的权利辩护，而被告人的权利和所有公民的权利是同等的，内心有为权利奋斗，有职业荣誉感的律师，其外在形象同样是正派的正义天使。

辩护律师在庭审前一定要充分准备，出庭时，对自己的辩护观点、证明逻辑一定要充满自信。只有自信的人才会感染他人，才会让人觉得其观点值得采信。而且，正派和自信的律师，也更容易获得正直、精通业务的检察官的理解和尊重。所以，律师在法庭上，要理性平和参与法庭审理，与检察官的辩护对抗要有理有节有据有度。在法庭上的抗辩是绅士间的严肃讨论，应该是理性平和的，可以唇枪舌剑，但不能人身攻击。法庭对抗中，辩护律师应该不急不躁，不卑不亢，辩驳慷慨犀利，神态从容淡定，辩护律师应该在公正的法庭上追求理性的胜利。

在庭审抗辩中，执业律师和检察官都为追求胜诉而辩驳，检察官和律师在庭审中任何一个诉讼行为其目的都是要影响裁判者，期望裁判者作出对自己代表的一方有利的裁决。律师和检察官在庭审中，所说的话影响的对象是裁判者而不是对方，是让裁判者来判断哪一方的辩驳更有事实和法律依据，更应该采纳哪一方的观点和主张。

刑事案件的办理中，律师不要在辩护权之外行事。律师和检察官拥有共同的法律职业素养，其间所蕴含的共同的科学精神、伦理道德、专业素质和知识修养，使得律师和检察官之间有一个相互的职业尊重。律师行使辩护权，检察官代表国家行使检察权，就像律师不应分享法官的审判权一样，律师也不应期望分享检察官的检察权。律师和检察官个人之间可以是师友，但不要期望以这种关系或其他关系来影响检察官对嫌疑人和被告人取保候审、不起诉、择轻罪起诉，或者在诉讼中放其一马。因此，执业律师在案件的办理中，应当不影响、不干涉检察官对检察权的行使，只在自己的辩护职权内行事，这是对职业对手的尊重，是对自己人格的尊重，也是对法律的尊重和信仰。

律师与检察官，无论是基于什么原因和案件相处，律师都应当对检察官有最起码的尊重，要尊重检察官个人和检察官这个职业身份；在对于所承办的案件方面，执业律师要尊重事实，讲证据，客观的履行辩护职责；在案件的承办中，一定要严格依法办事，尊重法律，不能做出践踏法律红线的任何行为；对于个别检察官的不理智、不礼貌的言行，我们要敢于包容，不要过于计较，毕竟这是各自的工作，应当是工作的对手关系，不是仇人，没有恩怨。

二十六、执业律师与警察相处的礼仪

在笔者这几十年的法律职业生涯中，打交道最多的是法官，但是朋友

第八章 律师的职业礼仪

最多的应该是警察。只不过,笔者跟这些警察朋友的交往几乎是从未越雷池半步。律师工作少不了与警察打交道,特别是刑事辩护律师更是如此。那么,执业律师应当如何与警察相处呢?执业律师与警察相处需要注意哪些执业礼仪呢?笔者根据自己的执业经验,归纳总结了以下几点,供大家参考。

第一,律师与警察,都是法律职业共同体的一员,需要互相尊重。律师、法官、检察官、警察、仲裁员,都是法律职业共同体的一员,都是法律的信仰者,都曾经接受大致相同的法律职业教育,以维护法律的尊严为共同使命,因此大家应该相互尊重。然而,有不少律师看不起警察,贬损警察这个职业,认为警察从业资格要求不高。而一些警察也照样看不起执业律师,而且觉得律师总是跟自己对着干,警察专门抓坏人,律师却总是在捣乱,总是替坏人说话。

律师与警察在工作中的关系是相互支持与配合的关系,要相互支持与配合,首先就得互相尊重和信任。只有互相尊重,互相的支持与信任,才能建立起和谐警律关系,才有利于工作的推进和良好的职业关系的建立。不仅律师要尊重警察,警察也应该尊重律师。

第二,依法履行职责,切莫践踏法律红线。无论是执业律师还是警察,在案件承办中出于工作关系,在工作中的交往必须严格依法交往,严格依法办事,绝对不能搞歪门邪道和利益输送,更不能践踏法律,逾越法律红线。一些律师经常拉拢警察推荐案件,特别是刑事案件的办案警察和监所机构的警察,经常给关系好的律师介绍案件,介绍者也可以从中获得一些回扣。而且,这种现象还不在少数。但是,往往这些承办案件的警察与辩护律师的职责是对立的,这种利益输送也是违法违规违纪的,更是非常冒险的。

还有一些案件的承办律师对当事人谎称与警察关系好,习惯以"捞人"为名骗取当事人的信任和钱财,这些事情执业律师千万不能干。而一些警察也暗示律师,只要当事人肯花钱,他们就可以作出如何的宽大处理,到头来他们根本无法兑现承诺,当事人的钱白花了,最后不满意,律师与警察的风险和矛盾一下子就出来了。而且,这样的事情已经发生不少了,很多律师和警察都受到了处理,这是非常不值得的。

第三,执业律师需要理解警察这个职业,在工作中需要多交流、沟通,争取得到互相的支持与配合。

笔者的儿子大学毕业后第一份工作就是警察，我没有因为与警察之间有一些冲突和矛盾就反对他从事警察这个职业。就是律师队伍也是一样，同样有一些律师问题很多，欺骗甚至诈骗当事人，但是他们并不能代表整个律师队伍。因此，我们要正确看待警察这个职业，体谅他们的工作特性。在工作中，执业律师要主动地多与承办案件的警察交流、沟通，争取得到相互的支持与配合。

笔者曾经办理过一起盗窃案，某公司的一名女职工，在公司发放工资的当天，因为她看不惯宿舍里面的另一名工友在她面前炫耀自己的工资，就想去收拾一下这位工友。当天，她等工友们都出去了的时候，就把这个爱炫耀的工友刚发的工资6800元给偷了，并藏了起来。其他工友发放的工资还有远远比这个6800元多的，她也知道放在什么地方，她并没有去拿。案发后，警察第一个怀疑她，经询问她承认钱是她拿的，但是她说是为了出气，而且已经把钱撕毁从厕所的下水道冲走了。显然，她因此被刑事拘留了。

笔者接受委托担任她的辩护人，在会见她的时候，给她进行普法宣传，让她告诉笔者实际情况，笔者争取对她的宽宥。后来，她告诉笔者钱是她偷的，但是没有撕毁冲走，而是放在宿舍的某个地方，并希望笔者帮助她将这些钱找出来交还给那个工友，争取获得谅解。会见后，笔者找到承办警察，告诉了这个情况，与办案警察一起到那个宿舍在她说的那个地方，真的把6800元找了出来。在警察的帮助下，这笔钱物归原主，她也获得了工友的谅解。没多久，笔者就很顺利的帮助她申请了取保候审，最后她被判处了缓刑。

这个案子的顺利就是我能正确地对待警察这个职业，很理解他们的工作，知道当事人为什么对他们戒备，他们在当事人那里有时候不能获得案件真相，他们一时半会儿也不能发现真相。这种情况下，就需要执业律师与警察的理性配合，良性合作，争取早日让案件真相浮出水面，这样既有利于公安机关查清案件事实，又有利于我们帮助当事人获得宽大处理。因此，当笔者确信警察能与笔者坦诚相待，互相支持与配合的前提下，笔者才会将得知的案件真相如实地告诉警察，否则当事人不会如实告诉笔者藏钱的地方，笔者也不敢告诉警察，如果拿不出钱，她也不会获得工友的谅解，办理取保候审就不会那么容易，争取缓刑就会更难。

二十七、执业律师与同行相处的礼仪

律师行业有一句话说："堂上是对手，堂下是朋友"，这句话不仅仅可以用在律师与公诉人的关系上，而且还可以用在律师同行之间。

执业律师基本上都有相同或者相似的执业理想和信念、教育背景、工作压力、法律工作环境，共同拥有一个自己所属的行业协会，容易相互理解，产生共鸣。从追求行业共同利益的角度来看，律师与律师的关系可以形容为相互配合、相互帮助、共同促进的关系。谁都知道"覆巢之下无完卵"的道理，如果不能维护律师行业的整体利益，树立律师行业在社会中的整体形象，作为律师个人具体的利益也不能得到维护。律师行业的整体形象和声誉，需要全体律师共同维护才行，有了大家共同的利益才能保障执业律师的个人利益。

过去"同行是冤家"这句老话在律师界表现得尤为突出，因为当事人之间是存在严重利益冲突的，律师要尽可能满足立场对立的各方当事人利益最大化的要求，律师也就站在了对立的立场上，在对立的利益之争中表现他们的执业能力、执业水平和执业方式，他们之间的同业竞争更为激烈。这个现象确实是客观存在的现实。尽管在个案中执业律师为了维护自己所代表一方的利益是法定的职责，但是也不能真正地把对方律师当成冤家、仇人一样。这只是工作之中的对立，而不是人格上的对立。

从个人利益的满足而言，律师与对方律师之间的关系常常被形容为对手之间的关系，这个也是很正常的。下棋，也有"棋逢对手"之说，这并不奇怪。好的制度、公平的竞争就是要优胜劣汰。律师与对方律师的关系，实际上是在律师实际工作中律师个人利益的满足和律师行业整体利益的满足两者之间矛盾统一的关系，正确地处理与对方律师之间关系的原则，是个人利益的满足和律师行业整体利益的满足之间的对立统一，它要求每个律师通过正当合法的方式、诚实有效的劳动来实现自己的利益，并且不得损害律师行业的整体利益和声誉。

那么，执业律师应当如何与对方律师相处呢？笔者认为，执业律师与同行相处有以下几个方面的注意事项：

第一，执业律师必须相互尊重，不得贬低、诋毁、侮辱或攻击对方律师。《律师执业行为规范》规定律师与其他律师之间应当相互帮助、相互尊重，在庭审或者谈判过程中各方律师应当互相尊重，不得使用挖苦、讽刺或者侮辱性的语言，诋毁、诽谤其他律师或者律师事务所信誉、声誉的行为属于律师执业不正当竞争行为。执业律师之间的相互尊重是执业律师的行业规范要求，也是执业律师相处的礼仪要求。

在当事人或者其他行业人员的眼中，律师是同行，是属于同一类的人才。律师有相同的专业教育背景，对当事人起着相同的帮助作用，处于相同的社会角色，有着共同的行业利益。由于律师间的上述共性，律师贬低、诋毁对方律师的能力就是贬低自己。从律师实现个人价值的角度讲，律师应当在与对方律师接触过程中时时注意发现他们的专业智慧和聪明，并且把这些智慧和聪明适时地解释给当事人。如果当事人认为对方律师的专业智慧和聪明是他们没有认清或识破的，这个过程本身实际上就在体现律师的自身价值，是当事人认同律师的价值的过程。律师与对方律师的相处，有时像运动员之间的比赛，只有具备高水平的对手，才能够展现自己的高水平。

律师之间要相互展现自己的价值和水平，应当把比赛打得更精彩，精彩的比赛往往是"表演赛"。如果把对方律师的能力贬低得甚至不如当事人，律师自己也就没有了帮助当事人工作的必要。律师侮辱或攻击对方律师，不仅仅是没有修养、没有涵养、没有风度的表现，而且违背了职业道德和执业纪律，从本质上讲这是一种愚昧愚蠢的行为。律师在当事人面前应当以帮助者的姿态为当事人提供沟通的工作，起到桥梁的作用，在法庭上为本方当事人服务，帮助法庭查明案情、正确适用法律，尽量减少与对方当事人和对方律师的直接接触。以这样的姿态进行工作，就很容易保持自己受尊重的位置和控制自己的情绪。

第二，执业律师之间需要互相的理解和包容。在美国律师界有这样一个观念："无论在任何场合，律师只要失态、不能控制好自己的情绪，就是彻底的失败。"在律师与律师的接触过程中，相互较量的应当是各自对事实了解判断的能力、运用法律知识的能力和协调沟通的能力以及其他社会经验和心理素质。

律师对同行的评价往往注重两个方面的能力：一是业务能力，即深入了解事实，准确地解释法律，巧妙地利用法律维护本方当事人利益的能力。律师业务能力强，就会使其他律师敬佩；另一个是善于沟通、协调当事人之间和律师之间的关系的能力，这方面能力强，会使其他律师喜欢。律师如果愿意得到其他律师的认可，最成功的做法是令同行既敬佩又喜欢。如果能够做到让他人敬佩不喜欢或喜欢不敬佩也尚可，如果令同行既蔑视又讨厌，则是最大的失败。只要律师在同行面前不是刻意地以压低对方来显示自己，一般不会有太大的失败。在某些情况下，一些执业律师为了在当事人面前有所表现，总是把自己表现得很专业、很强势，自己比对方律师更专业，能力更强，反应更快等，只要不是故意的恶意的贬损对方律师，这都是可以理解的。毕竟，律师这个职业，在有些时候也是需要做给当事人看的，因此律师之间对这些行为还是容易理解、谅解和包容的。律师行业的特性，导致律师之间可能今天是同案对手，明天就可能是同事。这个职业中的从业者也是低头不见抬头见，确实需要互相的理解和谅解、包容。

第三，执业律师需要互相学习，互相帮助，取长补短。《律师执业行为规范》要求律师与其他律师之间应当相互帮助，这是执业律师与同行相处的规范要求，也是一种礼仪，执业律师应当互相学习，互相帮助，并取长补短。每一个执业律师都不可能是通才和全才，总有自己的短板，无论是专业方面还是营销方面，或者是资源方面等都各不相同，而且一个人的时间、精力、生命都是有限的。因此，执业律师在同行之间需要互相的学习，互相的帮助，取长补短。律师职业是一个实务性很强的职业，经验在执业律师的工作中显得非常重要。但是，经验的积累需要时间和过程，还必须要亲自去经历。而有的执业律师往往不一定会有某些经历，自然无法总结出相关的经验，那么这个时候就需要执业律师同行之间的交流、分享，无私的奉献。

对于执业时间长，经历丰富，经验丰富的律师，应当将自己的知识和经验无私的分享出来，将自己的经验成果进行必要的传承和奉献。律师与律师之间需要互相的交流，需要进行知识互换，以便互相学习和互相帮助，扬长避短，取长补短，提升自己，帮助他人，共同努力维护好律师职业的整体形象和声誉。律师同行的这种相处礼仪于公于私都是有益无害的，这是一种学习精神，也是一种奉献精神。

第四，执业律师之间不得互相串通损害当事人利益，有损律师行业形象。执业律师不得串通对方律师牺牲任何一方当事人的合法利益，执业律师串通对方律师牺牲任何一方当事人合法利益的行为，都是一种失信行为；是一种违反律师职业道德和执业纪律的行为；是一种违反法律的侵权行为；更是对当事人不忠的行为。执业律师间的相互串通、牺牲当事人合法利益的行为,不仅仅会失信于受损害的当事人,也同样会失信于受益方的当事人。尽管为了具体的利益,受益方的当事人也许会指使或默许律师从事上述行为,其实他们心里明白,从事上述行为的律师都是在接受了可以损害当事人利益的观念的情况下实施的相关行为,律师接受了可以背叛当事人的观念,今天可以背叛受害方当事人,明天也同样会背叛受益方当事人,这样的律师是最靠不住的。

执业律师与当事人的工作关系实际上是律师事务所与当事人之间的合同关系,律师间相互串通牺牲当事人的利益会影响到律师事务所和执业律师个人的利益和声誉。执业律师串通对方律师牺牲任何一方当事人合法利益的行为,都会违反《律师执业行为规范》的规定。故此,执业律师不能与对方律师串通,损害当事人的利益,任何律师在任何情况下都不能做出损害当事人利益、背叛当事人的行为。执业律师不互相串通也是一种交往的礼仪,是执业律师最起码的道德规范要求。

二十八、执业律师与客户相处的礼仪

执业律师如何与当事人相处?这个问题不同的人有不同的认识,不同的律师也有不同的体会。对于当事人,到底是称为"当事人"还是"客户",笔者也有点搞不明白。本来,笔者认为称为"当事人"比较合适,也习惯称为"当事人",但是经常看到律协的一些培训教材里面称"当事人"为"客户",起初很不习惯,只不过慢慢地也适应过来了。笔者认为这两个称谓还是存在区别的,"当事人"是一个法律上的称谓,更确切一些,而"客户"或许是一个商业称谓,显得更商业化、功利性。因此,本书中有时候有"当事人"的称谓,有时候又用了"客户"的说法,其实想表达的意思是一样的。总之,执业律师无论如何与当事人相处,至少不能有损执业律师的身份和形象,不能没有尊严。

那么,执业律师应当如何与当事人相处?如何与他们相处才能不失礼仪,又让当事人接受和认可,还不失执业律师的风度呢?笔者认为,有以下几点建议可供大家参考。

第一,执业律师首先要尊重当事人。我们说执业律师首先要尊重当事人,就是要律师不得随便议论和评价当事人。不评价和议论他人是尊重他人的表现,也是自己有修养的表现。律师在与当事人相处的过程中,当事人出于对律师的信任和处理委托事项的要求,也许会把他的一些情况、真

实的想法以及一些做法告诉律师，有些是私密的，有些可能是丑陋的，不符合律师的道德标准。

律师应当明白，这些信息是为了更好地帮助他们处理委托事项，律师应该想到的是如何利用这些信息，办好委托事项和处理好与当事人的关系。除此之外，没有研究和记忆的价值。执业律师没有必要对他的人品、道德水平作任何评价，更无须议论，否则不是辜负了当事人的信任就是节外生枝。律师必须清楚，当与朋友、同事或是其他当事人轻率地议论、评价某一当事人时，自己也会失去他们的信任。

执业律师提供的法律服务有专业性特点，有些情况下律师的一些想法、行为甚至高明之处可能不会立即被当事人理解和接受，但这并不妨碍当事人对律师进行评价的权利。因此，执业律师理解和接受当事人的评价也是对当事人的尊重。首先，律师提供的法律服务内容是帮助当事人了解法律问题，维护当事人的合法权益。如果当事人不懂或者不能接受律师对法律做出的解释，一般地说过错在律师。律师维护当事人的合法权益是帮助当事人处理他的事务。对于事情结果的好坏，当事人最有发言权，他将最后承担这个结果。无论律师为他争取到多么客观公正的结果，如果当事人认为对他不利，那就不一定是一个好结果。其次，律师提供法律服务的对象是当事人。当事人付出了相应的对价换取律师的服务，他有权考虑律师的服务值不值他的付出。最后，当事人也往往是最了解律师服务的人。律师的法律服务与当事人的利益息息相关，只有他最关心律师的一举一动，他最关心律师的每个行为产生的效果。所以，他对律师评价有可能是最准确的。强调当事人对律师的评价就是最终评价，实际上是强调律师在为当事人服务的过程中，必须把当事人的利益放在首位，以当事人为核心，以当事人最容易接受的方式提供法律服务。一般情况下当事人很少会当面直接用语言客观地评价律师的服务，假如偶然能够得到当事人对律师真实的评价，这是一件值得庆幸的事情值得律师珍惜和反思。

不过，当事人毕竟不是法律人，也不一定完全理解执业律师的工作和付出的努力，他们很多时候对执业律师的评价也不一定就是完全的客观公正，往往会站在自己的利益立场思考问题，埋怨执业律师。这个时候，执业律师需要耐心仔细的做好解释工作，维护好执业律师的形象，对当事人的误解和不明白的地方要给予理解，对他们多一些尊重，并不是坏事。

第二，执业律师对当事人有保密和忠诚的义务。根据《律师法》和

《律师执业行为规范》的相关规定，律师对当事人负有保密义务是没有任何前提条件和限制的，保密义务是不可变更、不可撤销、持久有效的法定义务。执业律师对当事人的保密义务是执业道德规范的要求，也是法定义务，更是执业律师与当事人交往、相处的基本礼仪。无论当事人是否与律师签署了服务协议，是否与当事人建立了客户关系，律师都负有保密义务。

保密资料指通常不被公众所知或第三方无法轻易得到的，以任何形式或方式表述的资料或信息。包括但不限于：客户的商业秘密、专有技术、业务流程、管理文件、业务情况、文书范本、客户的身份、联系方式、个人隐私等资料或信息。保密的要求：律师不得将客户的保密资料私下复制；不得把保密资料带出指定场所，保密资料要妥善保管不得遗失；保密资料不得扩散；保密资料不得以办理委托事项以外的目的使用；保密资料要及时归还。

在美国，律师经常处理的一项业务就是作为当事人的遗嘱执行人，按照当事人的遗嘱执行遗产的分配。当事人立遗嘱的时候，只有律师在场；知道遗嘱内容的人，也只有律师。当事人死后，律师严格遵照被继承人的愿望将遗产分配给被继承人的亲属。此时律师的被信任程度超过被继承人的亲属。为什么律师如此被当事人信任？最重要的原因就是律师的忠诚。

律师有时像保镖，一个是当事人生命健康的保护神，一个是当事人利益的守护者。当事人的生命健康受到威胁时，保镖就要挺身而出，不是他的生命比被保护者轻贱，而是他一旦选择了这个职业，他的生命意义就在于此。如果当事人的生命受到危害时他不能挺身而出，尽管可以苟全性命，但从职业的角度而言，他的生命已经没有任何价值了。律师也是如此，如果选择了律师这个行业，选择了以维护当事人利益为天职的行业，律师就必须不计一切代价去维护当事人的权利。

律师在工作过程中表现出的对当事人的忠诚，实际上是律师对法律的忠诚，也是对自己职业的忠诚。律师对当事人应当忠诚，但是在法律及相关规定中是没有明确地提出"忠诚"这个概念的。经验告诉我们，这是当事人非常注重的一项要求，也是律师必须遵守的原则，也是执业律师与当事人相处的礼仪之一。律师与当事人的关系不是纯粹的交易关系，如果律师为了物质利益或受其他因素影响，在当事人最需要律师帮助时，没有尽最大努力，没有达到勤勉的要求，甚至倒戈反击，以后谁还敢请律师，谁还要请律师呢？

第三，执业律师要帮助、理解当事人。执业律师是当事人的代理人，代表的是当事人的利益，无论是执业道德的规范要求，还是法律的规定，执业律师的法定责任之一就是维护当事人的合法权益。执业律师要维护当事人的合法权益，就要帮助当事人，为当事人提供法律帮助。执业律师给当事人解答法律咨询，提供代书法律服务，提供代理行为，帮助其收集证据，代为起诉、答辩、应诉、出庭参加调解等，既是履行执业律师的职业责任，又是在履行帮助当事人维护合法权益的义务。执业律师帮助当事人也是执业律师与当事人相处的礼仪，决不能允许事不关己高高挂起的事情发生，更不允许执业律师对当事人的合法权益漠不关心。执业律师接受当事人的委托后，就与当事人的利益捆绑在一起了。从某种角度上讲，大家已经形成了利益共同体的关系。执业律师对当事人的帮助，其实也是在履行职责。

第四，执业律师要与当事人保持一定的距离。著名体育记者和评论员徐济成先生在比较中国人和美国人的习惯时，曾表述过下述观点：中国人做事首先是讲感情，交成朋友后，再合作做事，在事情合作失败后才想到法律。美国人恰恰相反，他们首先想到的是法律，知道法律要求如何做后再合作做事，等合作的事情做好了，大家再谈感情处朋友。徐先生介绍的中国人的习惯，在很多情况下，对传统思维较深的中国人来说，确实如此。年轻律师要想发展自己的客户，巩固客户关系，不与客户交朋友好像真的不行。

一些比较成功的律师，大多都是善于交际、性情开朗的，这些律师与朋友的相处讲究的是趣味相投、情投意合、疏财仗义，讲究的是包容，讲究的是畅快，讲究的是为朋友两肋插刀。如果与朋友的相处中掺杂着利益，注重的是公平，坚持亲兄弟明算账，则很难算是朋友。但是执业律师与当事人的关系，就是掺杂着利益的，就是要注重公平的，而且非明算账不可。可见律师与客户交朋友是把相互对立的做客户、交朋友两件事统一为一体，是非常复杂、非常困难的。如果处理不好，不仅客户做不成，朋友也交不成。

其实交朋友、做客户两件事也有共同点，律师对待客户应当热情、坦诚、严守诚信……这也是交朋友所需要的。律师如果抓住这两件事情的共同点与当事人交往，也有可能使当事人既成为朋友又成为客户。律师在与当事人相处的过程中,应当注意到:律师与当事人形成的客户关系是工作关系,进一步讲是当事人与律师事务所之间的关系,律师与当事人形成的朋友关系是私人关系。这两种关系的性质是不同的。

一般地讲,工作关系对谁都是相当重要的,如果有人为了一个朋友的利益轻易地损害单位或合伙人的利益,那么他的朋友是明白人的话也未必愿意交这样的朋友。当今的中国处在一个历史骤变的时期,不仅社会环境在发生骤变,人的观念也在急剧地变化。我们在商品化社会中为了生存和发展,可以学学美国人的做法和习惯,事情做圆满了再谈交朋友。美国人的做法和习惯也是社会环境的产物。

在笔者与当事人还存在委托关系的时候,一般不会急着去建立朋友关系,也不适合谈过多的感情。在工作中如果夹杂太多的私人感情,这其实对执业律师来说并不是一件好事。因此,笔者建议执业律师还是要谨慎与当事人交朋友。当然,委托事务完成了,当事人也不叫当事人了,这个时候建立朋友感情则另当别论。不过,执业律师需要注意的是,在与异性当事人相处的时候特别要保持一定的距离。这个距离可以产生美,这个距离也是执业律师的保护。

第五,执业律师不要轻易就工作成果给客户承诺。"案子交给你,有几成把握胜诉?"在会见当事人,尤其是会见一些面临参加诉讼或解决纠纷的当事人时,律师常常要面对相同或类似的问题。当事人提出上述问题主要有两个原因:一是当事人在选择律师时,对需要委托的事项有很高心理期望值,他们选择律师的标准和目的是要取得设定的结果;二是他们对律师在委托事项的办理过程中的位置和作用并不是十分的了解,律师在会见当事人的过程中,在完成了叙谈和概括阶段后,当事人对律师有了基本的信任,律师了解基本案情后,律师应当从法律的角度,给当事人一个客观的分析。一方面要清楚地告诉当事人法律后果是什么,另一方面也要客观地告诉当事人律师工作的内容和所起的作用,如果当事人对上述两个方面都有足够的了解,他提出上述问题的可能性就比较小。

执业律师在代理诉讼或者处理纠纷时,其实并没有决定权。影响案件结果的因素有很多,有些因素是事先根本不可能预知的。律师唯一能做的就是在分析、解释法律的过程中,站在法律的角度,明确告诉当事人严格执法的后果及可能要承担的责任。即使律师真的被逼到一个死角非要回答这类问题不可,律师最多能告诉的就是原来办理相同或相似案件的结果。

律师职业规范要求律师不得就案件的结果给当事人做出任何承诺，这是很多律师事务所的一项纪律，也应当是所有律师执业的一项原则。一旦承诺的结果不能兑现，对律师事务所、对律师自身的形象都会带来严重的不良影响。即使暂时失去一些不明白的客户，也不要影响律师今后对长远客户的拓展。

第六，执业律师不要收取当事人的不当利益。执业律师在与当事人相处的过程中，还有一点儿需要特别注意的是不要轻易收取当事人的不当利益。笔者以前在家乡执业，经常有老乡给我送一些农村的土特产，我也经常邀请他们到家里吃饭、休息什么的，这些事情看起来不起眼，好像都不是一些事，但是实际上这也是违反执业纪律的。因此，执业律师一定要注意，不要轻易收取当事人的不当利益。

执业律师需要时刻记住，执业律师与当事人的关系是建立在律师事务所与当事人代理合同基础上的，合同的相对方是律师执业的律师机构和当事人，执业律师只是服务的提供者，或者说律师事务所的义务履行者，合同义务的执行者。根据规定，执业律师不得私自收费收案，一旦执业律师收取了当事人的不当利益，显然就已经违反了相关规定。要是执业律师与当事人关系闹僵了，当事人预期的目的没有达到，目标没有实现，他们就很容易责怪执业律师，弄不好就会引起投诉，给执业律师带来执业风险。而且，已经有执业律师在办案过程中使用当事人的车辆被追究刑事责任的先例，执业律师一定要记住这些前车之鉴，不要自毁前程。

CHAPTER 9 第九章
走向大律师

【阅读提示】

不想当将军的士兵不是好士兵。执业律师要想成为大律师,就得有大律师梦想。不忘初心,砥砺前行。因此,要想成为大律师首先要克服自卑,做一个受人尊重的律师,要敢于演讲、善于演讲,要打造自己的品牌,要知道自己的价值和作用,要注意风险代理和防范执业中的风险,多做公益事业,积极参与信访接待,化解矛盾纠纷,要在律师有官可当,能够当官的时代为了行业而努力,我们已经身处一个"法治就是最好的营商环境""依法治国"、重视律师、依靠律师的伟大时代,我们决不能辜负党和国家的重托,不能辜负人民群众的信任,朝着大律师的梦想一步一个脚印的前行。"律师兴,则法治兴"、"律师兴,则国家兴",法治和国家的兴旺发达要靠律师的努力奋斗,律师是法治的代表,是国家、民族兴旺的动力和希望,律师要有信心和勇气,敢于担当,勇于成为大律师。

一、克服自卑提升自信

执业律师要想成功,就应当提升自己的自信,克服自卑情绪。自卑,其实就是一种软弱的行为表现,在遇见自己认为条件优秀的人时,就会产生自我卑微的情结。一般情况下,自卑的人往往在乎的是自己的缺点和关注别人的优点,导致自己缺乏自信。有一句话说,上帝为你打开一扇门,也会为你关上另一扇窗。上帝是公平的,对每一个人其实都一样。

能够成为律师,其实已经很了不起,这已经足以自信了。取得执业律师的资格,其考试范围之广,难度之大,这是全天下人众所周知的,这就是资本。任何律师的成功和优秀，都不是先天的，都是经过自身的努力获得的。想要成功，成为优秀的律师，成为一名大律师，就需要发掘自身的优点，摆脱自卑，寻找自信的源泉。执业律师要对自己有信心，要敢于找到自身的优点，好好地去培育它，发展它，使自己拥有更多可以自傲的资本。要相信自己，我们一样有别人看不到，待发掘的闪光点。

在日常的生活与工作中，应当如何克服自卑，提升自信呢？笔者有以下的建议：

第一，要加强业务学习，首先提升自己的本事。执业律师要建立自信，不能只说不做，更不能停留在嘴巴上，一定要用实际行动。律师这个工作，理论与实践的距离是不言而喻的，而且很多书本上学习的理论知识在实践工作中运用起来也是比较困难的，还有不少的东西是为了考试而学习的，并不能在实践工作中运用。所以，不断地加强专业知识学习非常重要。而且，加强业务学习的重心一定要多放在律师实务方面，要学会如何发现问题、解决问题，不能再像为了考试那样的死记硬背。

从事律师职业，在专业知识方面，这是必须的和首先要解决的问题，否则你就很难找到真正的自信。如果一名执业律师没有真才实学，没有料，案子办不了，总是败诉、输官司，你说谁还敢相信你？谁还敢请你？你都不能获得当事人的信任，你还可能有自信心吗？所以，应当把加强业务学习作为克服自卑，提升自信的第一个方法和条件。

第二，要锻炼自己的胆识，增加人脉资源积累。律师是一个需要不断学习、终身学习的职业，学习的方法和途径很多，但是参加专业沙龙和论坛、研讨会则是至关重要的学习途径。参加这些社交活动，可以认识很多的新朋友、同行名家、专家、教授、学者、前辈等，可以获得很多前沿知识和信息，让自己先人一步了解自己的行业和职业。在参加这些活动时，我们一定要争取早到，在挑选座位时尽量挑前面位置坐（当然，如果前面预留的是嘉宾、领导的位置，则不能占用）。从心理学和社会实践经验看，一般来说坐在前面的人更容易建立自信心。为什么呢？敢于人先，敢于人前，有意识地让自己坐在前面，就会无形中增加自己的信心。

在参加活动的座次中，一般坐前排的都是领导、嘉宾、专家、学者等重量级人员。我们上学的时候就知道，在课堂上坐在前面的同学，时刻受到老师的关注。其实，这个现象在职场上亦是如此。当在开会或团队活动的时候，要克服自卑就要敢于往前面坐，坐在前面更容易引起关注，也容易被提问，有更多提问的机会，当我们的努力得到认可的时候，自信心自然就起来了。如果一直躲在后面，显然很难引起关注，也很难会被提问，也没有太多当场提问的机会，这样你只会变得更自卑。

在参加专业论坛或者培训活动中，大胆的提问也是一种很好的增强自信的方法和途径。因此，执业律师平时就要练习在大众面前发言，多在众人前参与讨论，通过这种在大众面前发言和参与讨论的方法，不仅可以锻炼自己的口才，更为重要的是可以建立自己的气场和自信，这也是简单易懂好操作的提升自信的方法。不管在什么时候，敢于在大众面前发言的人，都是值得敬佩的，他们也一定是非常自信的人。如果有这样的机会，不要错过，要随时准备好，勇于去挑战，我们的自卑将无处躲藏。

第三，多学习成功之道，多模仿他们的言谈举止。执业律师要取得成功，就应当多研究学习成功之道，多了解一下他们是如何发展的，他们的优秀成绩和成功是如何取得的？他们经历了什么？他们又是如何克服困难的？他们的成长历程对我们有什么启发？我们遇到同样或者相似的问题会不会这样处理？我们应当如何处理？对于成功人士的言谈举止，我们都要处处留心。处处留心皆学问！我们要思考，他们为什么要这样说？他们为什么要这样做？通过对榜样的学习，借助榜样的力量，提升我们自己的形象和气质，增强我们的自信。

律师队伍中有很多的优秀人才，市、省、全国优秀律师等，都是我们学习的榜样和楷模。模仿成功人士，也是一个不错的方法。我们要对他们进行学习，学习他们的先进经验和成功路径，学习他们的奋斗精神和专业能力。通过向他们的学习，找到自信。

第四，要有建立自信的日常行为和自我心理暗示。平时要准备好一个笔记本，随时携带在身边，将每天别人不曾想到的好想法记录下来，将每天学习到的新知识记录下来，将每天的工作失误记录下来，以便自己隔三岔五的回顾学习和总结反思。要记住，好记性不如烂笔头！要时刻对自己心理暗示，时刻提醒自己是最棒的。自卑的时候，反复告诉自己，别害怕，保持自信。就算自己心里没底也要装出来，装不出来也要装，要时刻提醒自己，自信心很重要。经常这样做，养成这样的习惯，一旦你遇到一个觉得迈不过去的坎儿时，你的内心就会告诉你，不用怕，实际上并没有那么困难，这时暗示就有可能起到作用。

放大自己的状态，注视自己认为是最好的律师职业形象照片。在情绪不佳或信心不足的时候，注视自己就会发现其实自己是非常不错的。通过这种积极的心理暗示，也可以达到消除负面影响的目的，建立信心，这种培养自信的方法叫激励法。执业律师应当时刻提醒自己是很优秀的，当我们养成这样认为的习惯的时候，就建立了自信的根本，一往无前地向前走。所以，养成这种习惯后，任何时候只要看着自己优秀的律师形象照片或打扮利落的自己时，就会自然而然的有一种莫名的自信。

除了养成记录的习惯，随时给予自己心理暗示外，练习正视他人双眼沟通，练习正视别人也是一种培养自信的好法子。很多人说话不敢看对方的眼睛，给人的感觉就是心虚，这就是一种自卑和缺乏信心的表现。为了培养自己的自信，在与人沟通的时候就要很大胆而且很自然地注视着对方的眼睛，这不仅是自信的表现，更是一个人魅力的展现。眼睛是心灵的窗户！通过眼光的接触和交流，更容易拉近人与人之间的距离，更容易取得交流、沟通的成功，对执业律师自信的培养也是百利而无一害。

在行为方面，执业律师要改变自己的走路姿态和速度，昂首挺胸，目视前方，加快自己走路的步伐，速度的加快可以表现出自己的信心。记住，一定要锻炼自己的走路姿态和速度，这样你也会受到关注，久而久之，你就会发现，其实自信很简单，通过走路的姿势和速度就可以改变。

养成每天照镜子的习惯，多观察自己的形象气质和变化，经常对镜整理着装，保持整洁。这样你就不必为仪表担心，而会一心一意的学习和工作。与自信的人多接触，"近朱者赤，近墨者黑"这一点对增强自信同样有效。多阅读名人传记，因为很多知名人士成名前的自身资质、外部环境并不好，如果多看一些这方面的材料有助于提升自信心。多做自己喜欢做的事，对自己喜欢做的事会比较投入，容易取得成功，继而容易产生成就感，这非常有利于自信心的提高。尽量依靠自己，有事尽量自己解决，能不断激发自身的潜力，并且通过一次次的成功，就能不断提升自信。

二、如何做一个受人尊重的律师

一名律师要想获得别人尊重，首先需要想想自己有什么获得他人尊重的资本？自己又是否尊重别人？假如任何人都可以无条件的获得他人的尊重，那么谁还愿意流血流汗努力拼搏上进呢？谁还需要追求出人头地呢？从这个角度讲，如果认为自己还没有得到他人的尊重，这说明还没有受到他人尊重的资格或者资本。只有明白了这个道理，才能平静心情，鼓起勇气奋斗。

任何优秀、成功的律师都是靠自己打拼获得的，每一位执业律师要想有所成就，学会付出是基础。只有付出自己的辛苦和汗水，才能取得成功。如果一个人不想付出，不想努力，就希望自己成功，就想索取，那么你得到的回报将会让自己失望。因此，获得他人尊重是需要条件的，执业律师要对自己的实力，对客观现实，有一个切合实际的估量，在现实社会中找准自己的位置，不要急于求成和急功近利。为什么说"人活一口气，佛争一炷香"？人活着就是为了争一口气，这个气是什么气？不是赌气的气，而是志气的气！只有活出了志气，有了志气，才能获得别人的尊重。

年轻律师要对自己有一个正确的评价，对自己有一个正确的认识。成为优秀律师除了专业上的功夫之外，获得人们的尊重，客户的尊重，同行的尊重，是非常重要的。优秀律师评价标准不仅仅是业务上的优秀，道德上的要求很多时候其实更高，只有在专业上、道德上都过硬，经得起检验的律师才是真正的优秀律师。因此，要想成为大律师，走向大律师，这就要求律师不仅要具备专业知识硬，形象气质佳，对工作兢兢业业，认认真真，勤勤恳恳，诚信敬业，而且还必须要具有高尚的执业品德，拥有渊博的知识。

有人提出，"如果你是一名执业律师，就意味着你要在漫长的法治征途中与天斗、与地斗、与人斗，与法斗、与名斗、与利斗"，好像把执业律师说得就像一个斗士一样，感觉有点夸张。不过，执业律师确实是一个"人前显贵人后受罪，律师生涯只是看上去很美"的职业。刘桂明老师曾经说："律师这个职业，其实是一个看起来很美、听起来很阔、说起来很烦、做起来很难的职业。"他的这个说法得到了广大执业律师的认同，都认为他的这个律师职业"诠释"非常形象、非常客观，说到了执业律师的心里。因此，这句话得到了广泛的传播和大量引用。尽管如此，既然选择了律师这个职业，我们就应当把这个职业干好，就应当让自己成为一名受人尊重的优秀律师。

马贺安律师对西方律师研究后得出结论，自毁形象的方法并不能带来客户，采用保持尊严的科学方法，才能最好的促进业务的增长。他力推"可信赖专家"和"教导式展业"等方法和理论，对执业律师获得尊重和走向成功指明了方向。他建议执业律师应当"推广你的知识，而不是你的业务"，介绍了"如何修炼个人魅力""树立自己可信赖的形象，从而赢得

客户"的具体方法。结合马律师的观点,对于如何做一个受人尊重的律师,笔者有如下的几个建议:

◇树立正确的律师价值观

有一位律师发表文章认为:"社会不是江湖,不能凭借暴力和个人道德实现正义。社会讲究秩序,而秩序靠法律来维护。律师不仅仅是一种职业,更是公平正义的维护者。律师应是一个侠客,忍得住寂寞,耐得住诱惑。法典便是律师的武功秘籍,对公平正义的信仰便是律师手中的剑。广博深厚的法律素养,坚定不移的公正信仰,才是不辱律师的使命。"按照全国律师协会的培训教材所讲,律师的工作作为一种有偿服务,在市场经济的环境中,一定程度上具有商品的特征,是具有价值的。从追求做成功律师的目的这个角度认识律师的价值,实际是讨论客户对律师工作的合理需求,以及律师应当具备满足客户需求合理的专业能力。如何树立正确的律师价值观呢?执业律师需要了解以下几个基本价值观:

1. 了解法律的价值

执业律师应当针对客户遇到的问题、提出问题,能够全面、详细地了解和准确地理解相关法律规定。在现行法律规定的水平上,给当事人一个准确的回答,是客户最为需要的结果,这就是执业律师的重要价值之一。执业律师在整个法律法规体系中,了解具体法律法规规定的效力以及相互之间的关系,了解立法的本意,从维护当事人的利益出发,甄别、确定对当事人有利或者不利的具体法律法规规定及其效力。面对不同的法律规定,执业律师要在了解的基础上,得出适用性结论,即分析出哪些具体规定是对客户有利的,哪些是不利的。了解相关法律规定在具体的执行过程中的实际情况,了解相关案例、判例,了解立法的趋势和未来的走向,预见在今后一定时期内对客户利益的影响,了解相关的法学理论、权威专家的观点和社会意见。

2. 运用法律的价值

执业律师可以利用法律知识对事实进行分析、判断和证明,这是执业律师非常有价值的工作;利用法律知识判断行为的法律后果的价值,帮助客户在法律程序中解决各种纠纷的价值;执业律师利用法律知识帮助客户建立、变更、终止具体的法律关系的价值;执业律师利用法律知识帮助客户办理各种手续的价值等。律师的职业是一个运用法律知识,解决客户需求，维护当事人合法权益，监督法律正确实施，维护社会公平正义的职业。执业律师运用法律的能力是律师的基本功之一，而且是必不可少的，非常重要的基本功。因此，执业律师的工作实际上就是在运用法律，这个运用法律的价值就是律师的价值所在。

3. 执业律师运用社会经验和人脉资源，为当事人进行判断和预见的价值

执业律师的法律知识不同于自然科学领域的原理或者定律，不能简单地利用科学实验来重复或者验证。执业律师应当具有较高的判断能力和预见能力，也就是执业律师对客户所遇到的事情过程和结果，根据当事人的条件和能力，以及他们之间的相互关系，结合其他人的因素，要有基本的准确判断和预见。比如，离婚案件中执业律师要运用自己的生活经验和法律知识对当事人的感情是否已经破裂进行准确的判断，并对其今后是否还有和好的可能进行准确的预见，这就是执业律师的价值所在。

律师还应当具有专业的沟通能力和专业说服能力，较强的组织能力、利用人脉资源、社会公共资源的能力，在自己擅长的专业领域具有相应的专业知识和广博的生活常识。律师通过专业的知识和丰富的生活知识、经验，为客户提供法律服务，维护当事人的合法权益，以实现维护法律正确实施，维护社会公平正义的终极目标，实现律师的职业价值。

律师制度是中国特色社会主义司法制度的重要组成部分，律师是中国特色社会主义法律服务工作者。律师是实施依法治国方略、建设社会主义法治国家的重要力量，这既是党和人民对律师队伍的基本要求，也是广大律师必须自觉坚持的共同价值取向。执业律师要忠于党、忠于国家、忠于人民、忠于法律，这是律师的政治本色；执业律师要始终把人民放在心中的最高位置，切实做到执业为民，服务为民，这是律师的执业宗旨；执业律师要刚正不阿，依法执业，维护司法公正，维护社会公平正义，这是律师的神圣职责；执业律师要清正廉明，勤勉尽责，无私奉献，这是律师的基本操守。

◇ 给自己准确定位

有了正确的价值观，接下来就是定位。定位是指执业律师为自己的定位，自己希望成为一名什么样的律师？定位出现错误，价值观随后有可能偏离，而展业就会出现方向性错误。要获得当事人的尊重，执业律师就必

须要在品质上让当事人信服，在专业知识上让其佩服，让当事人在心中能燃起希望。执业律师跟当事人谈话，要抑扬顿挫、铿锵有力，要坚持法言法语，时刻展示律师的专业、敬业精神。要想取得当事人的信任和尊重，就必须赢得当事人的好感和敬佩，得体的谈吐、缜密的思维是不可或缺的。所以一个成功律师的目标定位应当是法律专家，一名受人尊敬、精通法律、能维护当事人合法权益的法律专家。

在中国的现实语境中，执业律师是一个"没有背景，只有背影"的行业，比起体制内的法律人，无疑是属于弱势群体。说到社会关系，很多当事人比律师神通得多，律师的社会关系根本入不了他们的眼。关系社会、熟人社会已经渐行渐远，找熟人、托关系已经失去了生命力和市场。如果打官司真的就是打关系的话，当事人大可不必找律师，执业律师就会失业。所以，执业律师不能靠关系为当事人提供服务，真正能为执业律师所掌握的，只有专业的法律知识和丰富的执业经验、娴熟的执业技巧。因此，执业律师要想获得当事人的尊重，必须拥有过硬的专业知识和丰富的执业技能，真正的维护当事人的合法权益。也就是在当事人面前，执业律师必须树立一个专家形象。

同行之间，律师应当要有分享意识和分享精神，要善于分享和多与同行进行交流。律师要分享就必须具备渊博的知识，丰富的执业经验和人生阅历，律师的知识储备不应仅限于法学，律师的执业经验需要不断总结和完善，律师的人生也需要不断地升华。在知识经济高速发展、社会纠纷千变万化的今天，执业律师如果不经常学习、不善于总结就容易被淘汰。律师应多涉猎经济知识、科技知识、管理知识和社会知识、外语知识等，特别是心理学知识对律师来说也是非常有帮助的，这些知识的学习和积累，对执业律师的发展有很大的帮助。俗话说："知识不如能力，能力不如品质。"执业律师首先要解决生存问题，但是执业律师的职业道德、律师的良知和律师的爱心、公益心远比金钱、名利更为重要。因此，执业律师在同行中树立高尚的执业品德至关重要。

通过国家统一的法律职业考试，要做一名律师还是比较容易的，但是要做一名优秀的成功律师并不容易。律师要明辨是非、仗义执言，崇尚法治、捍卫正义，要时刻准备着为法治呐喊、为自由奔走，让证据说话、让正义永存。律师必须要具有坚定的执业信念，要有积极的心态，必须具备超强的抗打击能力、身心承受能力和过硬的心理素质，起到一个榜样的作用。律师要时刻把微笑刻在脸上，把自信装在胸中，无往而不胜，不要诋毁同行。有的律师为了表现自己、争揽案源，不惜诋毁同行，这是不可取的。贬低别人就是贬低自己，只有抬高别人才能抬高自己。律师的水平和声誉不是说出来的，而是做出来的。只有在这些方面引起注意并高度重视，保持积极的心态，坚定信念，与同行融洽、友好相处的律师才容易获得同行的尊重。

◇君子爱财取之有道

律师要获得他人尊重，除了树立正确的价值观，给自己一个准确的定位外，还要熬得住寂寞，顶得住压力，耐得住诱惑，守得住清贫，战得胜自己。"既然选择了就无怨无悔，要做就做最好。"相信自己的选择，亮出勇士的风采，不断锤炼自己，不断超越自己，坚持不懈，直到成功，既不要轻易放弃，又不能求财心切。律师一定要记住，君子爱财取之有道。对当事人的委托事项，一定要全力以赴，而不是尽力而为。一份付出换取一分收获，无论是成功还是喜悦，无论是名誉还是利益，都是如此。执业律师要用自己的劳动和付出，运用自己的知识和智慧换取报酬，不能收受不义之财和谋取不当利益，更不能坑蒙拐骗。

律师无论水平多高，品德如何，对于财富应当拥有独到的见解，不得损害当事人的利益，中饱私囊，更不得违规收受当事人的钱财，不该自己得的不能要，不能染指的非法利益不可贪图享受。钱财乃身外之物，不可为了钱财损毁自身形象和声誉，降低自己的社会评价。一个律师太喜欢钱财了不是好事，容易让自己迷失方向。因此，优秀的律师始终是非常注重自己的名节和名誉的，名利、名利，始终都是名在前，利在后。所以，只要足够的努力，利益是会不期而至的，千万不要被利益冲昏了头脑。

三、如何完成一场精彩的演讲

演讲又叫讲演或演说，是指在公众场合，以有声语言为主要手段，以体态语言为辅助手段，针对某个具体问题，鲜明、完整地发表自己的见解和主张，阐明事理或抒发情感，进行宣传鼓动的一种语言交际活动。执业律师的工作很大部分属于演讲的性质，比如法庭的辩论，刑事案件的辩护等。当然，还有专业知识的演讲，执业技能、执业技巧的分享。因此，执业律师在执业道路上经常会有演讲的需要和演讲的机会，学习演讲的基础知识和基本技巧就显得很有必要。只要掌握了演讲的基本知识、技巧和注意事项，用心准备和投入，就能够完成一场精彩的演讲。

◇演讲的形式

演讲的形式，大体有如下四种：照读式演讲、背诵式演讲、提纲式演讲，即兴式演讲。

1. 照读式演讲

亦称读稿式演讲。演讲者拿着事先写好的演讲稿，在讲台上逐字逐句地向听众宣读一遍。演讲稿的内容是经过慎重考虑，语言经过反复推敲，结构经过精心安排的。它比较适合于在重要而严肃的场合运用。在我国，一般场合采用这种演讲方式一般不会受听众欢迎。

执业律师在发表辩论意见或者辩护词的时候，很多人都是提前准备了书面的文稿，也经常出现照读式的演讲。需要注意的是，律师法庭的发言要根据法庭审理的情况对之前准备的文本内容进行适当的调整，不能照本宣科，完全照读，更不能一字不漏地像读书一样朗诵，一定要将书面语言变成自己的语言表达出来。

2. 背诵式演讲

亦称脱稿演讲。演讲者事先写好演讲稿，反复背熟后上讲台，脱稿向听众演讲。这种演讲方式比较适合于演讲比赛和初学演讲者，可在一定程度上检验和培养演讲者的演讲能力。其缺点是不便于演讲者临场发挥，使听众觉得矫揉造作，一旦忘词，就难以继续，往往要当场出丑。据说，英国首相丘吉尔曾有一次因背不出讲稿而栽倒在讲台上。所以，运用这种演讲方式，必须做好充分准备，语言尽量口语化，表达自然，切忌表演的痕迹。对于律师来说，这种演讲方式基本不会使用，也没有按照这种方式演讲的必要，更用不着这种方式。

3. 提纲式演讲

亦称提示性演讲。演讲者只把演讲的主要内容和层次结构，按照提纲形式写出来，借助它进行演讲，而不必一字一句写成演讲文稿。其特点是能避免照读式演讲和背诵式演讲与听众思想感情缺乏交流的不足，演讲者根据几条原则性的提纲进行演讲，比较灵活，便于临场发挥，真实感强，又具有照读式演讲和背诵式演讲的长处。事先对演讲的内容有充分准备，可以有一定的时间收集材料，考虑演讲要点和论证方法，但不要求写出全文，而是提纲挈领地把整个演讲的主要观点、论据、结构层次等用简练的句子排列出来，作为演讲时的提示，靠它开启思路。这也是初学演讲者进一步提高演讲水平，行之有效的一种演讲。

这种演讲方式执业律师应当是会经常使用，当一个案件开庭审理时，需要执业律师发表自己的辩论、辩护意见时，执业律师可以根据庭前准备的辩论、辩护要点、提纲，进行微调、完善，按照这些提纲的提示发表自己的意见。庭后再认真的整理出来，向法院提交完整的书面意见。这种演讲方式也适合执业律师参加各种会议的演讲，比较灵活、实用。

4. 即兴式演讲

演讲者预先没有充分准备而临场生情动意所发表的演讲，它是一种难度最大、要求最高、效果最佳的演讲方式。演讲者可以根据实际情况，针对听众的心理和需要，灵活机动，迅速调动语言的一切积极因素，以悬河之口生动的直观和形象的直接感染力去打动观众，这是其他各种演讲方式都无法比拟的。使用这种演讲方式需要演讲者具有德、才、学、识、胆诸方面很高的修养，具有很强的记忆力、丰富的想象力和联想力、敏捷的思维能力、大量的语言和材料储备……如果不具备这些条件，即使使用这种演讲方式，也不会取得理想的演讲效果。相反，往往还会出现信口开河、漫无边际、逻辑混乱、漏洞百出的现象。这样反倒影响了演讲的效果。

◇ 有效演讲的基本模式

我们演讲的目的是为了准确的表达自己。要通过演讲来实现表达自己的目的，就需要掌握有效演讲的模式。有效演讲是精彩演讲的前提，如果连有效演讲都不算，何谈成为精彩演讲？一般来说，一场有效的演讲主要包括开场白、主题、总结。

1. 演讲的开场白

演讲的开场白，需要解决三个问题。第一：主题是什么？第二：为什么要讲？第三：能给听众带来什么？比如说，律师发表辩护意见，前面部分实际上就是开场白。一般律师在发表辩护意见时前面部分基本上是这样说的："尊敬的审判长、审判员，某某律师事务所依法接受本案被告某某的委托，指派本律师担任本案被告某某的辩护人，开庭前本律师查阅了案卷材料，会见了当事人，今天出席法庭，本律师认为本案被告的行为不构成某某罪，不应当受到刑事处罚。其理由如下……"这个开场白，就告诉法官律师是某某的辩护人,所以律师要发表辩护意见,认为当事人无罪,希望当事人不受处罚。

演讲的开场白,一般有三个方法。一是拉近距离,二是建立信任,三是引起兴趣。当然具体的内容也会根据不同的情况来确定,在此不予过多的介绍。在演讲的时候,开场白还有一些技巧可以借鉴,比如夸奖听众"同学们都是大学生,是祖国的未来和希望,都是优秀人才,虽然不会犯罪,但是预防犯罪还是很有必要的……";比如巧用笑话或者小故事等,还有个人经历的简单介绍,以一个故事开场等,这些都是可以借鉴的。

在开场的方式方面,有故事开场、幽默开场、直奔主题的三种方式进行开场。以故事开场需要注意故事要口语化、简洁化、细节化、情感化。幽默的开场方式需要注意给人惊喜和避免过于的谦虚,语言要简洁有力,常用短句、口语、甚至是方言,只要便于理解即可,目的是逗乐大家,吸引听众。直奔主题的方式需要先设计好一个贯穿全文的中心句、关键句,并在演讲中不时地强调和重复,不知不觉在听众的脑海里加深印象。

2. 演讲的主题

大多数的情况下,演讲的主题结构可以分为几个层面,每一个层面都配合一个例子或者故事,再加上一些使演讲生动的比喻,最后再逐一进行总结。讲故事和案例,更容易吸引人。在开场白之后,用真实的案例和故事说明自己的观点,比理论上的长篇大论更能吸引听众,这样可以避免平白的说教让人烦不胜烦,使人反感。引用的案例或者故事要包含一定的情节变化,让听众一起进入案例或者故事的情景之中,这样也能让演讲者很从容的切入正题。在演讲主题时,要注意细节,案例中的细节可以起到见微知著的作用,很容易一开口就吸引听众注意,在不知不觉中被说服或打动。

在演讲主题时,需要注意层层递进,使演讲更加生动具体。演讲中,要运用好关联词进行过渡,比如"同时""但是""虽然如此""然而""正因为如此",等等。在演讲中,律师要适当地运用肢体语言,巧妙地运用问答。在运用肢体语言时,要注意动作与演讲者的身体协调,务必体面,手势的起落和话音的出没要同步,动作大小要与感情渲染成正比。而且,手势的多少要掌握适量,每一个动作都要严谨。切忌在演讲中出现拍桌子、拍胸脯、拍手掌、出拳或者用手指指向听众、两手插入口袋、背着双手、双手叉腰、挠痒痒、抠鼻子、揉眼睛、抓耳朵、玩弄头发等不雅动作。

在演讲中,对于感兴趣的人,演讲者在演讲中要不时地关注他们,用目光交流,这样他们的兴趣就可以得到更好的激发。对于不感兴趣的听众,演讲者要注意他们的表情变化,观察他们对哪些内容感兴趣,然后调整自己的内容和演讲策略,力争调动他们的积极性。

3. 总结

在演讲的总结时,也可以再加入一些哲理性的故事,引用一些铿锵有力的名人名言,以此加深或者重复演讲者的观点。总结要尽量幽默风趣,让听众在笑声中更乐于接受演讲者的观点。同时,要注意文采,让他们听起来文采飞扬。

总结一般包括演讲的要点回顾、感恩听众、呼吁行动等。一般有以下几种方式:

(1)总结式。演讲者在分析、论证、说明了之后,及时言简意赅的总结,或者以提问的方式总结论题,引出新问题,做进一步深化。

(2)表态式。这是演讲内容结束之后的升华,要将话题指向听众、演讲者自己以及某些事例。表态的内容要涉及演讲的内容和主题,比如对听众表态"同学们以后遇到什么法律问题,可以随时联系我!"比如"让我们行动起来,远离犯罪。"

(3)祈使式。比如向听众提出要求和希望、号召、祝愿等形式来总结演讲。

(4)赞颂式。对分享的故事中的主人公、听众表达赞美之意,推崇之情,这也是一种总结方式。

(5)动作式。有的人演讲说完就完,简单总结后直接一个动作就结束了演讲。

◇演讲前的准备

演讲前需要注意自己的着装,舒适和得体是关键。穿衣服不但要讲究舒适,还要得体,要与演讲的主题、对象、氛围相协调。男律师演讲适合深色的上衣搭配白色或者浅色的衬衫,以达到一个对比效果。女律师演讲着装不是讲究潮流,而是要舒适,不能保守,也不能太漏,可以穿亮色的服装,但不宜穿戴繁杂的外饰。演讲前多照照镜子,欣赏自己最自信的笑容。在镜子前练习最好的微笑,给自己暗示,增加信心,这很有必要。

任何精彩的演讲都离不开精心的准备和充分的演练。无论是开场白、演讲的主题、案例的选择、名人名言的引用、理论知识的抓取、台前台后、台上台下，都是必须认真准备的。正如前面笔者所讲，演讲其实也是一种营销，也是执业律师在做渠道，在做批发，演讲成功了，执业律师的营销也就成功了，其价值自然也就展现出来了。

四、如何打造自己的品牌

执业律师的成长是一个漫长的过程，不是通过几天或者十天半个月的培训就真的能成为一名合格的律师，更不可能经过短时间的培训就能成为一名优秀的律师，这还需要执业律师持之以恒的自我约束和勤勉尽责、用心专研、不断学习、不断地总结提高。执业律师出道后，经过一定的经历和磨炼，积累了一定的知识和经验后，基本生存问题解决了，会接待当事人，懂得如何巧妙的谈案，掌握了基本的营销策略，这个时候专业方向、定位等也有了一定的基础或者说初步确定，那么接下来就是需要考虑如何打造品牌了。

广义的"品牌"是具有经济价值的无形资产，用抽象化的、特有的、能识别的心智概念来表现其差异性，从而在人们的意识当中占据一定位置的综合反映。狭义的"品牌"是一种拥有对内对外两面性的"标准"或"规则"，是通过对理念、行为、视觉、听觉四方面进行标准化、规则化，使之具备特有性、价值性、长期性、认知性的一种识别系统总称。现代营销学之父科特勒给品牌的定义是销售者向购买者长期提供的一组特定的特点、利益和服务。品牌是给拥有者带来溢价、产生增值的一种无形的资产，它的载体是用于和其他竞争者的产品或劳务相区分的名称、术语、象征、记号或者设计及其组合，增值的源泉来自于消费者心智中形成的关于其载体的印象。品牌承载的更多是一部分人对其产品以及服务的认可，是一种品牌商与顾客购买行为间相互磨合衍生出的产物。品牌简单地讲是指消费者对产品及产品系列的认知程度，是一种信任。当品牌文化被市场认可并接受后，品牌才产生其市场价值。

律师行业中的品牌有很多，比如金杜、中伦、盈科、泰和泰等，这些都是律师行业的品牌。就律师个人品牌而言，或许个人的认识是不一样的，也许有人认为执业律师的品牌其实就是律师事务所的品牌。但是，笔者并不认同这个观点。笔者认为执业律师所在律师事务所的品牌是律师执业机构的品牌,而执业律师的品牌则是执业律师个人或者团队的品牌,这是有区别的。

随着中国加入世界贸易组织和世界经济一体化的发展,市场高度成熟并且越来越呈现出个性化和规模化的特点,这足以说明市场已经进入了一个品牌时代。如今,品牌已经成了一个很时尚的词汇,这是由对外开放、实行市场经济制度和市场竞争日趋激烈带来的结果。一个人、一个产品、一个企业,如果不能形成强势品牌,就很难在市场竞争中取得优势。这个市场不仅仅是商业市场、文化市场,同样包括法律服务市场。律师事务所的品牌效应、品牌价值和规模化优势日益凸显,品牌优势已经成为竞争优势,这毋庸置疑。律师行业与其他行业一样,谁拥有了品牌,谁就拥有市场,谁就能便利的拥有现在和未来,就可以获得最大的市场价值。这是不争的事实,也是现状,更是品牌时代的游戏规则。

法律服务早已市场化,法律服务市场同样需要品牌,而且不仅仅是法律服务机构的品牌,还需要执业律师个人的品牌。对律师事务所来讲,是否能树立和维护一个有价值的品牌就成为律师事务所立于不败之地并长远发展的关键所在。律师团队也是一样,执业律师个人其实也是如此。执业律师团队的品牌核心是团队领袖,团队的品牌塑造不是律师事务所的品牌塑造,也不同于律师事务所的品牌塑造。律师事务所的品牌是为律师团队品牌和执业律师个体品牌服务的,团队品牌和执业律师个体的品牌影响着执业律师机构的品牌,且有助于执业律师机构的品牌。

在执业律师品牌方面,品牌如人,必须是有其个性和特色,亦即差别化的,否则品牌就很难引起消费者(潜在客户)注意。知名度是品牌的基本条件,但光有知名度还远不足以建立起品牌的牢固市场地位。因此品牌的美誉度往往比知名度显得更重要。品牌是知名度和美誉度的高度融合,品牌的知名度很容易建立起来,臭名昭著也是一种知名度,但客户不会买账。美誉度才是品牌的灵魂,美誉度不是抽象的概念,而是实实在在的、具体的内涵。它包含产品质量、服务质量、品牌特色、社会形象、执业律师与客户的亲和力等诸多方面,而且还要保证这诸多方面比竞争对手要强。

执业律师仅仅依靠广告的狂轰滥炸确实也可以建立起一定的知名度,或许在短时间内也会拉动业务的增长。但如果不在建立品牌的美誉度上下足实实在在的工夫,那品牌的树立就不可能保持长久,而且还可能带来负面效应。品牌是动态的,也是阳光的、正面的,其形象和内涵必须与时俱进。生命之树常青!如果仅仅是一味地炒作,就算建立起了知名度和品牌,也将很快进入衰老期,缺乏生命力,走向死亡。

什么是执业律师的品牌?简单理解就是执业律师的知名度和美誉度。比如说,我们说律师行业的"京城四少",这就是一个品牌。律师行业刑辩界一直有"京城四少"一说,他们分别是十多年前为刘晓庆涉税案成功无罪辩护而闻名的许兰亭、钱列阳、李霄林和张青松四位律师。只要律师行业提到"京城四少"基本上大家都知道是这四位律师,而一旦提到这四位律师,大家自然也知道他们就是"京城四少"。

还有北京律师王才亮、上海律师贾明军、婚姻家事法律界的杨晓林、四川成都的公益律师邢连超等,这些律师都是具有品牌效应的执业律师。当我们还在说某某律师事务所的某某律师的时候,这个律师的知名度或者说品牌效应、品牌价值还远远低于其所在的律师事务所。而如果我们经常说某某律师团队的某某律师,或者房地产拆迁律师王才亮、公益律师邢连超、婚姻家事律师杨晓林、家族财富传承律师贾明军……这个时候他们在什么律师事务所执业似乎大家已经记不住了,也不太关心了。那么,这个时候他的个人品牌效应和价值往往就已经超越了其所在的律师事务所。至少,他们对律师事务所的品牌依附不是那么强烈和必要了。

那么,我们要如何做才能打造自己的品牌呢?笔者认为,有以下几个方法和途径可以参考。

第一,提升知名度。要打造律师的品牌,离不开律师知名度的提升。作为一名律师,要取得成功,必须先要社会、公众、客户知道你是律师,认识。没有一定的知名度,要想打造品牌还是比较困难,也是不太现实的。所以,打造律师品牌,提升知名度应该是一个前提条件和必要因素。

第二,打造美誉度。有了知名度,还必须建立美誉度。律师的知名度不仅仅是知名度,应该是良好的口碑,是好的知名度,应当具有相当的美誉度才行。律师知名后,还能获得客户和社会的一致好评和赞誉,这对于打造品牌是非常有帮助的,这个传播效果也是非常快速的。

第三,提升信誉度。有了知名度和美誉度,律师出名了,而且都是一片赞美,一片美誉,良好的形象就已经形成了。这个时候,执业律师运用自己的专业知识和诚信、敬业精神,与客户之间建立起良好的社会信誉,提升自己的信誉度,建立自己的诚信,赢得客户的信任,对律师的品牌打造同样非常重要，具有举足轻重的作用。

第四，塑造专业化形象。品牌建设一定是需要专业化的，无论是形象、气质和专业知识等，都离不开专业化。品牌不是杂牌，品牌一定要专业，品牌一定是精品。因此，执业律师的品牌打造一定要走专业化道路，一定要让自己先成为专业律师，成为行业专家。现今社会和当前的法律服务市场，万金油律师很难有大的作为和大的发展，专业化道路是律师成长、成功和发展的必由之路。否则，律师的品牌打造也是很困难的，难以获得客户的信任。

第五，服务团队化。在如此激烈的法律服务市场环境中，万金油律师的生存压力越来越大，随着专业化的发展，而律师的服务领域将逐步扩张，任何律师都不可能成为全才，任何律师都会存在短板，孤军奋战的日子将会越走越短，独木难以成林，一个律师很难适应市场的复杂需求。因此，建立团队化机制，打造律师团队化发展，开展团队化服务，律师抱团发展，取长补短，互相扶持，互相帮助，互相成就势在必行。

第六，服务标准化。在律师的执业生涯中，法律知识是很容易学习和复制的，但是法律服务的经验和技巧就不是那么容易学习和复制了。而且，很多法律法规知识，只要用心、留意，就可以通过互联网获得大概的答案。但是，执业经验则不一样。因此，有人提出法律知识其实并不值钱，真正值钱的是法律服务经验和法律服务技能、技巧。所以，律师要打造自己的品牌，就有必要将自己亲身经历的亲身承办的法律业务经验进行归纳、总结、提炼，形成一套独特的经验和方法，进行标准化的打造和包装，并按照标准化的流程进行推进实施，让自己和自己的团队提供的法律服务标准化。

第七，乐于奉献，多做公益。律师要打造自己的品牌，就要树立良好的专业、执业形象，留下良好的印象。因此，执业律师就很有必要多奉献，多做公益，乐于奉献自己的知识和智慧，为社会、为客户奉献自己，多付出，多参与公益活动，通过公益、奉献，多让社会、公众认识律师、了解律师，对律师产生信任、好感。奉献和公益对良好社会形象的建立很有帮助，更有利于提升执业律师的知名度、美誉度和让客户产生信任，有利于品牌的打造和品牌形象的树立。

第八，善于分享，勇于展示。分享是一种美德，是很好的宣传途径，也是建立人脉关系和扩大、提升知名度，树立美誉度的有效方式。要树立品牌意识，要有品牌思维和打造品牌的思路，无论是在同行之间的交流分享，还是行业外的交流分享，都是很有必要和很有价值的。通过行业内外的交流与分享，形成互相学习和交流的机制，取长补短，学以致用，实现知识和经验的交换，把自己最优秀的一面展示出来，让自己的形象、气质得到提升和认可，树立行业的典范，使自己成为行业的佼佼者。

在知名度、美誉度、信誉度建立起来后，可以迅速提升自己的专业化形象，通过标准化的服务和展示，让社会和公众对你刮目相看，并吸引和留住他们，让他们成为自己的铁杆粉丝。如此这般，还愁不能建立起自己的品牌？还愁不能打造出自己的品牌？所以，通过分享，借此展示自己，让更多的人为自己的品牌打造服务，帮助自己走向成功。

五、律师担任常年法律顾问的价值和作用

众所周知，市场经济就是法治经济，企业作为市场的主体离不开法律服务和法律保障，很多企业已经认识到聘请律师任法律顾问是一种需求了。而作为法律服务机构的律师业具有提供法律服务的职能，满足企业对法律服务的需要是律师职责所必需的一个重要部分。但是，现实中很多企业及其管理者对律师服务于企业还存在很多误区，他们认为律师就是一个打官司的，律师对企业来说是可有可无的。他们甚至会认为很多企业没有聘请律师担任常年法律顾问还不是照常在运转，律师对企业的发展和运营没有多大的价值。

不可否认，众多企业主和管理者认为"企业没有多少律师的事，所以没必要请律师"。其实，这是一个非常大的误区，也就是有的企业认为律师只是在出现纠纷时，请律师去打打官司，或者有合同时请律师审审，而企业目前又没有什么合同，更没有纠纷，所以不愿意请律师当法律顾问。事实上，这样的认识误区源于对律师职业的不了解。他们只知道律师是打官司的，但是不知道律师除了打官司外，还有很多的服务领域，还有很多非诉讼业务。这些企业及其管理者误认为出现了纠纷时才需要请律师，这时请律师才能发挥其价值和作用，通过律师的代理可以替企业挽回或者降低、减少经济损失。但是，他们并不知道赢了一场官司固然可以减少企业的损失，但是如果把引起纠纷的原因消灭在萌芽状态，则企业不仅挽回了法律纠纷上的损失，更重要的是为企业赢得了更多的机会和运行的顺畅，这对于企业的持续、健康发展无疑是很重要的。这涉及现阶段律师行业正

在广泛研究的企业风险防范问题，也就是说事前聘请律师担任企业法律顾问可以有效为企业建立一套风险防范体系，让企业的法律风险减少到最低限度，避免了大量的不必要的纠纷发生。这样不仅可以为企业降低大量的经营管理成本，还可以为企业节省大量的人力、物力、财力。可以让企业管理者安心经营，不必成天担心法律风险及其纠纷出现后长时间纠缠企业，影响企业的正常运行。

商场如战场，处处有风险。如何正确运用法律手段，化解经营风险、提高市场竞争力，依法建立和完善现代企业法律顾问制度，是当前企业家、领导层亟待解决的问题。绝对不能抱着常年法律顾问可有可无的思想，那样表面上看企业节省了一笔可观的律师费，实际上是得不偿失。在经济活动和社会生活中，经常需要用法律的眼光来审慎事物，用法律的知识来规范行为，用法律的技能来解决难题。这时，需要具有法学功底扎实的律师，需要具有法律技能娴熟的律师，更需要一位诚信务实、勤勉尽责的律师，让他们提前介入公司的管理，与其他管理者一道制定出一套适合本企业的法律风险防范制度。企业聘请律师担任法律顾问，让律师参与到企业的日常经营管理中去，让法律顾问凭借其企业法律知识与经验，为企业完善各项制度、防范各类风险具有非常重要的价值和意义。通过法律顾问的法律服务，使顾问单位在法律方面的经营风险降低到最低限度，最终走上规范化、法律化的运营轨道，这正是律师服务企业的价值所在。

因此，法律顾问的作用不能仅仅直接从赢了一场官司、制定或者审查、修改了一份合同来看。从长远地角度来看，企业聘请的常年法律顾问由他们提供专业支持，为企业制度的完善、经营的规范化而给企业化解了风险、优化了运营，从而为企业创造了更多无形的财富，这才是企业法律顾问的真正价值体现——为企业保驾护航。市场经济就是法治经济，在市场竞争与企业经营的过程中企业会不可避免地遇到很多法律问题，由于自身的处理不当，或效果不好，或做了错误的选择，以致产生了不可挽回的损失与潜在的问题。因此，法律顾问的作用是在问题还没产生之前就帮助企业给予预防，从源头上给予解决。对于中小企业来说，律师的作用并不仅仅是打官司，用好律师可以让您的企业少打官司甚至不打官司，事前的规范和防范之重要性不言而喻。

同时，日益激烈的竞争使企业之间的竞争环境大量存在各种不容易被发现的法律风险和陷阱、法律在调整公司企业的对外、对内的各种商业、经济、行政关系中起着越来越关键的作用、建立法律关系，规避和化解法律风险，解决法律纠纷问题始终是贯穿公司企业从设立、发展、辉煌的成功道路中的必不可少的重要任务和内容。商业对手往往有法律顾问在法律服务方面的大力支持，而且往往以副总经理或其他身份参与商业谈判，为交易把关。这时候，如果公司没有法律顾问的参与，势必会在交易过程中处于劣势，存在遭受对方在法律方面暗算的危险，埋下商业风险和隐患的种子……毕竟亡羊补牢显然是不明智的。法律顾问有利于商业交易的顺利完成、优秀的法律顾问能为公司企业的发展起着不可或缺的保驾护航的关键作用，排除后顾之忧。

　　另一方面，企业聘请律师担任法律顾问，是在企业和律师之间建立了一种长期、稳定、密切的服务关系。律师的专业性是任何其他法律从业者无可替代的。众所周知，面对诉讼中的法律问题，诉讼技巧会是在很大程度上决定着法律定位。这必然导致专业化的实践过程已经不是一个广泛的理论概念，而是一个很现实的功利选择，而律师恰恰是这个"功利"的牺牲品。这样一来，从某种角度来说，律师对正处于纠纷中的企业的作用就更显而易见了。特别是诉讼中，程序的把握、证据的收集、证据的补足和完善、证据的灵活运用更显律师服务企业的价值所在。一般来说，只有律师这样的专业人才，才有可能更好地运用好诉讼技巧，让企业的合法权益得到充分的保护。

　　律师兼任企业法律顾问地位优势主要表现在以下三个方面：第一，律师是独立于企业的法律意见或建议的提供者。对于企业的不法行为或不合理的要求，律师有提出法律建议甚至拒绝服务的权利。第二，律师是独立于企业的法律事务代言人。无论是诉讼业务还是非诉讼业务，在很多情况下需要律师代为参与，律师的身份就是企业委托的代理人。第三，律师是独立于企业的法人行为的指导者。企业的对内对外活动在具体运作方面，企业需要依赖律师的专业知识。第四，律师由于特定的身份，具有公司、企事业单位法务人员不具有的特定职权，在处理法律事务中具有不可替代的优势。因此，律师在面对企业的法律风险时就会及时、恰当、客观公正的予以评价，没有公司法务人员的顾虑思想。只有这样，才能最大限度地发挥律师服务企业的价值和作用；也只有这样律师服务企业的价值和作用才能更好地得到体现。

　　一些企业家、管理者担心聘请律师担任法律顾问，不是公司专职人员，能否专心为企业服务，他们是否能应付得过来？其实这也大可不必担心。因为，建立法律事务管理体系是法律顾问的首要职责。法律事务管理体系是企业管理体系的重要组成部分，是企业预防、规避法律风险的最主要的部分，一个企业的法律事务管理体系是否完善可以窥见其整体管理体系是否完善。当一个中小企业的法律事务运作体系完善以后，一个律师完全有时间和精力同时服务于多个企业。

六、律师风险代理需谨慎

风险代理，一般来说就是降低当事人的诉讼成本风险，而将这一风险转移给代理律师。说得确切一点，就是律师在代理当事人的案件时，不收费或者少收费，等达到预期目标后再收费的一种委托代理关系。这是笔者自己对风险代理的理解，与别人理解的恐非一致。最高人民法院的观点认为，风险代理不同于一般代理，主要表现在合同双方诉讼风险的承担和代理费的收取方式。

在实务中，风险代理又分为全风险代理和半（部分）风险代理两种。全风险代理就是委托人不支付律师服务费，等到案件了结后再根据约定和结果支付；半（部分）风险代理就是委托人向代理律师先支付一定标准的基本费用，其余的争议的标的额费用等到案件了结后予以结算。

一些地方的律所把律师代理费分为基本代理费和协议代理费（即标的额提取的费用）两部分，基本代理费在当事人委托律师后即予交纳，协议代理费则一般会约定一些条件，在条件达成的情况下按照约定的比例收取，这即半风险代理。也可以是全部协议收费，不收取基本代理费，这就是通常所说的全风险代理。各地方、律所、各个案件不一样，收费存在多样化，完全取决于双方协商。对于风险代理来说，笔者一直都不感兴趣。其原因有以下几个：

第一，以前曾经办过风险代理的案件，案件也十分顺利的胜诉了，但最后却遭遇到了执行难，我应得的代理费泡汤了，白忙活。

第二，有的当事人因为没有支付律师费，只是承担了很少的诉讼费，极不配合律师工作，甚至为了不支付约定的律师费或少支付约定的律师费，直接与对方和解，放弃部分权利，到头来律师成了竹篮打水一场空。

第三，一些当事人在律师完成任务后，他的合法权益得到了保护，反而认为不是律师的功劳，或认为律师的工作量值不到那么多钱，拒不按约定支付律师费。所以笔者基本上是不受理风险代理的案件,宁愿少收费。

风险代理,一般有这几种情况,那就是案源不多的律师或新出道的律师,反正他们业务量不多,闲着也是闲着,不如接受风险代理试手脚,锻炼一下自己。另一种则是有一定基础或把握,有本事,有关系吃得住委托人,并确保执行到位的,其余正常情况,风险代理很少。

受理风险代理案件,最需要担心的就是要谨防打完委托人的官司,又接着与委托人打官司。现实中,这样的例子已经不在少数,且律师及律师事务所的胜诉或执行到位的不多。

比如,2010年12月11日《法制文萃报》报道,一位马律师接受赵女士的委托,代理她的离婚案件,代理为部分风险代理。根据协议约定,除了缴纳基本律师代理费外,其余的费用采取先办案后收费,待案件判决或调解后按法院文书中确定的财产数额的3%支付代理费,如低于200万元则不收取代理费。此后,马律师出庭参加诉讼,经多次开庭和调解,该案最后调解结案。为此,马律师认为通过自己努力,赵女士获得了360万元的财产,一共应支付代理费108 000元。由于赵女士一直未支付这一笔代理费,马律师便以律师事务所的名义将赵女士告到了法院。

马律师起诉后,赵女士认为自己已经支付了2000元的基本律师费,律师的法律服务虽涉及财产,但这360万元财产不属于夫妻双方共同的财产,是前夫基于原夫妻感情和子女关系而提供的经济帮助,这笔钱是律师在庭审前估计不到的,所以不应支付律师3%的提成费用。同时,赵女士提出自己未曾与律师事务所签订风险代理协议,该协议是伪造的。庭审中,马律师出示的风险代理协议没有加盖律师事务所公章,其协议上的赵女士签名经某著名大学司法鉴定中心鉴定为不能确认是否出自于赵女士的书写习惯。最后法院判决驳回了马律师这一方的诉讼请求。

从这个案情来看,对于赵女士的签名,可能是他人签署,也可能是赵女士故意不按照书写习惯签署,这无法确定。但是,马律师出示的合同即委托协议又无律师事务所的公章,自己又没有予以说明,当然应自己承担不利后果了。

从前述案例,结合笔者的经验,认为律师受理风险代理案件需注意下列事项:

第一,必须与委托人签订详细、具体的委托协议,并必须加盖律师事务所的印章,不能用个人名义接受委托。而且,最好是不用律师事务所统

一、固定格式的委托协议，要根据与委托人协商的内容单独签订协议。

第二，委托人办理委托事项时必须提交由本人签名并按指纹的身份证复印件，在协议上一定要由委托人本人签名并按指纹。

第三，在接受委托之前，能够设想到的结果尽最大可能予以完善，要明确结案包括但不限于撤诉、调解、判决。

第四，最后委托人的所得，不论以何种名义、形式、途径取得，只要是通过该案，律师提供了服务，就应纳入计收律师服务费的范畴。

第五，接受委托时，先要对委托人的诚信及为人做适当的考察，并对对方的执行能力，胜诉把握做充分的分析、论证。

第六，有必要对因委托人的原因导致诉讼结果达不到预期目标的处理进行协商，并作出约定。比如无法提供或遗失主要关键证据等，这是委托人应该支付一定的律师服务费的。

第七，必须对委托人放弃、变更诉讼请求或撤诉等行为进行相关约定，并提出处理方案，防备委托人过河拆桥和损害代理律师的合理利益，使风险代理律师前功尽弃。但是，这里需要注意的是律师不得限制当事人的权利，只需要约定出现什么情况如何支付费用。

第八，为了确保风险代理律师的法律服务不打水漂，不要担心多此一举，最好让委托人在签订委托协议的同时再自己书写一份风险代理的申请或书面承诺，内容且需与风险代理协议相一致。

第九，除上述注意事项外，风险代理律师也需要与委托人就风险代理事项做一份谈话笔录，并将风险代理协议的相关内容在笔录上反映，由委托人签名并按指印。同时由律师亲眼看着委托人在代理合同与委托书上签字按指纹，对当事人签字使用的哪一只手都需要进行备注。

第十，风险代理案件一定要通过律师事务所依法接受委托，以防委托人失信发生争议时得到律师事务所的支持，借组织的力量维权。同时，避免私自受案、私自收费的风险。

最高人民法院案例关于律师"风险代理"无效的五种情形应当引起执业律师的高度重视，避免把自己的辛苦搭进去，不该风险代理的就不要做风险代理。

最高人民法院认为，在委托代理合同关系中，委托人自身的权利是代理人合法行使代理权的基础，代理人应当依照委托人授权的范围和权限，忠实、勤勉地为委托人服务。诉讼中是否和解、调解、撤诉是当事人的权利，代理合同中不得约定限制当事人行使这些权利。笔者认为，如果在确有必要进行风险代理时，一般约定无论是和解、调解、撤诉等方式委托人获得的财产性收益都属于律师的工作成果，委托人都应当按照服务标的进行结算，支付律师服务费。

律师事务所与委托人签订刑事案件风险代理条款内容损害社会公共利益，符合《合同法》第52条第（四）项关于合同无效法定情形的规定，该合同约定无效。最高人民法院认为，刑事案件代理不同于一般的民事案件代理，如果允许刑事诉讼中进行风险代理，律师在风险代理中有了足够的经济动机，因此可能会采取作伪证、帮助犯罪分子规避刑事制裁、开脱罪责等来谋取胜诉判决，还可能导致司法腐败、损害社会公共利益。

为此，国家发展和改革委员会、司法部制定的《律师服务收费管理办法》第12条明确规定："禁止刑事诉讼案件、行政诉讼案件、国家赔偿案件以及群体性诉讼案件实行风险代理收费。"《合同法》第7条规定："当事人订立、履行合同，应当遵守法律、行政法规，尊重社会公德，不得扰乱社会经济秩序，损害社会公共利益。"在此情形下，如果认定律师事务所与委托人所签订的刑事案件风险委托代理合同有效，将不利于规范律师事务所的业务行为，不利于规章制度的贯彻实施，可能引起部分律师事务所利用当事人急于求胜诉结果的心理而违规高收费，导致损害委托人利益的情形发生。

同时，需要注意的是，最高人民法院审理认为，将律师服务费与追回赃物的办案结果直接挂钩的收费方式，属于刑事风险代理。刑事风险代理以刑事司法活动结果作为收取代理报酬的条件，其性质和后果干扰了正常的司法秩序，损害了司法公正和社会公共利益。

除了上述案例，还有不少的风险代理案件，执业律师与当事人签订风险代理合同最后都没有得到法院支持。根据上述案例可知，最高人民法院对于律师事务所与当事人达成的《风险代理合同》并不完全认定为合法有效，纵观相关的法律、法规，下列案件并不适用风险代理，需要执业律师引起高度重视：

第一，根据《律师服务收费管理办法》第11条规定："办理涉及财产关系的民事案件时，委托人被告知政府指导价后仍要求实行风险代理的，律师事务所可以实行风险代理收费，但下列情形除外：（一）婚姻、继承案件；（二）请求给予社会保险待遇或者最低生活保障待遇的；（三）请求给付赡养费、抚养费、扶养费、抚恤金、救济金、工伤赔偿的；（四）请求支付劳动报酬的等。"

第二，根据《律师服务收费管理办法》第12条规定："禁止刑事诉讼案件、行政诉讼案件、国家赔偿案件以及群体性诉讼案件实行风险代理收费。"

第三，申诉的案件不适用风险代理。根据最高人民法院、最高人民检察院、司法部《关于逐步实行律师代理申诉制度的意见》第15条第1款规定："强化律师代理申诉执业管理。对律师在代理申诉过程中，违反《中华人民共和国律师法》《律师执业管理办法》等规定，具有煽动、教唆和组织申诉人以违法方式表达诉求；利用代理申诉案件过程中获得的案件信息进行歪曲、有误导性的宣传和评论，恶意炒作案件；与申诉人订立风险代理协议；在人民法院或者人民检察院驻点提供法律服务时接待其他当事人，或者通过虚假承诺、明示或暗示与司法机关的特殊关系等方式诱使其他当事人签订委托代理协议等行为的，司法行政部门或者律师协会应当相应给予行业处分和行政处罚。构成犯罪的，依法追究刑事责任。"

第四，实行风险代理收费不得超过一定的金额，即最高收费金额不得高于收费合同约定标的额的30%。《律师法》第40条规定，律师在执业活动中不得利用提供法律服务的便利牟取当事人争议的权益。风险代理费一般是按当事人最终通过代理人的代理活动实现的标的额收取的，该标的额来源于其他当事人。《律师服务收费管理办法》第13条第2款规定："实行风险代理收费，最高收费金额不得高于收费合同约定标的额的30%。"

第五，《风险代理合同》适用书面合同。《律师服务收费管理办法》第13条第1款规定："实行风险代理收费，律师事务所应当与委托人签订风险代理收费合同，约定双方应承担的风险责任、收费方式、收费数额或比例。"因此，在《风险代理合同》中，律师事务所作为专业的法律服务机构，在与委托人订立合同时，应当对双方应承担的内容及可能的计算方式向委托人作出必要的提示和告知。委托人与律师事务所对风险代理必须做出明确一致的表示，不适用默式推定合同成立的方式。

七、执业律师应当重视执业风险防范

律师执业风险一直都是一个非常严峻的问题，笔者通过百度以"执业律师风险防范"这个内容搜索了一下，瞬间得出的结果是相关信息或者文

章 4 240 000 条！这个简直是天文数字，可想而知，执业律师的风险有多大？执业律师风险防范的话题是多么的严峻？

我们说执业律师要想做大、做强，成为优秀律师，成为大律师，执业风险必须防范，一定要引起重视并加强，否则当事人不停地投诉，行业主管部门、行业协会不停地问询、调查，就算这些投诉最终都是无效的投诉，看上去对执业律师没有伤害或者影响，事实上却并非如此。当然，如果是有效投诉或者还引起了民事、经济的赔偿或者行政处罚、行业处罚，乃至刑事风险那就更不值得了。所以，律师的执业风险问题必须引起重视，这是执业律师成为优秀律师，走向大律师的征途中必须要正视和面对的问题。总之，执业律师必须拥有高度的风险防范意识，无论何时何地，每说一个字，每写一句话，每签一个名，每签署一份文件，都必定要谨慎小心，如履薄冰地对待，如此方可减少执业风险，走好职业之路。

执业律师的风险来自于方方面面，有来自自身的风险，也有来自当事人的风险，还有来自外界的风险，更有执法办案部门的风险等，很多风险是执业律师意想不到的，也是无法预防的。但是，执业律师的不少风险是可以预知的，也是可以提前进行防范的，对于这类风险，执业律师就必须要引起重视，防患于未然。正如有人提出的一样，当下中国法治环境尚未完善，律师地位不高，执业权利缺乏强有力保障，如果律师个人风险意识稍有淡薄，就容易遭遇灭顶之灾。因此，执业律师对于执业风险的提前预知和预判，并采取对应措施进行预防，方可让自己的成长、成功之路少遇挫折和坎坷。根据笔者多年的实践经验和查阅大量的执业风险案例，以下律师执业风险是必须要引起重视的。

（1）诉讼律师全凭经验办案，出庭不提前准备的风险。执业律师开庭，一定要做充分的准备。除非诉讼律师外，诉讼律师承办的诉讼案件，所有的工作最后都会在法庭中显现出来。"台上一分钟，台下十年功！"大凡勤勉、尽责的诉讼律师，从来不打无把握之仗，庭前的准备工作一定是要做到万无一失。执业律师不能仅凭经验办案，办案经验固然重要，但是经验有时候会害死人。诉讼日新月异，法律层出不穷，不同的地区，不同的法院，不同的法官，即使同一地区同一法院的不同法官，由于认识不一，观点差异，对法律、法规理解上的偏差，也可能导致其对同样的案件作出不同的认定和判决。就是同一个法官，此一时彼一时的认识也可能会不一样。

诉讼律师必须时刻保持清醒头脑和正确的认识，在对待执业经验方面要做到低姿态，相信经验但又不迷信经验，崇拜权威但又不依赖权威，承办任何案件都必须要严格要求自己进行充分的准备、论证，坚决不打无准备之仗，这样才能降低自己的执业风险，才会使自己有更大的作为。诉讼案子的开庭和打仗一样，没有定数，只有变数。"战略上要蔑视敌人，战术上要重视敌人"，才能有效维护当事人的最大权益。我们的胜诉是要建立在充分的准备基础之上，成竹在胸。无论是法律法规的准备、证据的准备、案例的准备，还是在必要时专家学者理论文章、观点的准备等都要充分。笔者所知个别律师在受理案件后，开庭前不习惯认真研究案件，习惯将案件交给实习律师或者律师助理准备，自己只是在开庭的当天出庭参与诉讼。殊不知，很多时候实习律师和助理整理的案件证据根本达不到证明目的，不能支持己方的证明主张，最后不得不承担败诉的后果。如果出现这样的情况，当事人一旦投诉，执业律师的执业风险就显而易见了。

（2）执业律师与当事人走得太近的风险。执业律师与当事人的关系是委托关系，也是合同关系，合同讲究相对性，从某种角度上讲权利义务是一致的，而从合同相对方来讲权利义务又是相对立的。既然是对立的，那么执业律师与当事人在案件承办过程中，就得保持一定的距离，不能走得太近。有执业律师提出："不要以为接触多，就是好朋友；不要以为感情深，就是兄弟。当事人永远是当事人，代理人永远是代理人。律师和当事人没有距离，也是律师最危险的时候。"笔者觉得这个认识非常正确。

执业律师永远要清廉自律、洁身自好，不要跟当事人走得太近，更不能因此获得当事人的非法利益。律师不要因为办了一件漂亮的案子，就沾沾自喜、盛气凌人，也不要接受当事人的吃请，更不要收受当事人的礼物。否则，"拿人家的手短，吃人家的嘴软"，一旦当事人不高兴，翻脸了，跟律师来个秋后算账，这就麻烦了。执业律师的声誉和案源靠的是自己的业务能力、办案品质和良好的口碑，这些才是律师的黄金招牌。

（3）执业律师太相信当事人和听信一面之词的风险。律师在执业生涯中经常遇到当事人在陈述案情的时候轻描淡写，总觉得自己的案子不是什么事儿，简单得很，只要律师随便应付一下就可以胜诉，往往还以此压低律师收费。如果执业律师没有经验，就很容易相信当事人说的，结果签订合同，办理委托收费后，在具体承办中才发现，其实事实根本不是当事人说的那样简单。因此，笔者建议执业律师在接受当事人的委托时，一定不要轻信当事人所言，更不能听信一面之词，否则后患无穷。特别是在刑事案件中，经常在会见当事人的时候，当事人说得斩钉截铁，信誓旦旦，嘴巴比钢口都硬。可是当律师阅卷后发现，当事人对律师说的全是假话，在公安机关的讯问笔录里面其实他什么都交代了，就是在律师面前死不承认。

　　律师办理案件，必须要牢牢记住"依事实为依据，以法律为准绳"，律师千万不要轻信当事人的一面之词，更不要感情用事。因为当事人往往只说对自己有利的，而且还会带有很强的主观色彩。律师作为代理人或者辩护人，应该保持清醒的头脑，理智的思考，以证据为根据，以现行有效的法律为准绳。虽然我们是接受当事人委托办案，但是不能受当事人思想的左右。笔者办理了一起侵犯公民个人信息罪案件，当事人被取保候审了，他告诉笔者从来没有购买过公民个人信息，也没有分发给公司业务人员使用，他只是签署了三张业务人员购买公民个人信息的报账单，而且一张单子没有买到信息，用于到小区摆摊花销去了，另一张单子因业务员离职了没有去买，只有一张单子可能去购买了公民个人信息，但是他不知道多少，也没有具体管理和分发这些公民信息。结果公诉人当庭出示的大量证据（视听资料）足以证明他确实购买了数百万条的公民个人信息，还不停地分发各部门使用。搞得我们在法庭上非常被动，当事人险些被当场采取强制措施。

　　（4）执业律师为当事人决策参考的风险。现在许多大企业在作出重大决策时，通常都要求律师出具相关的《法律意见书》，据此作为决策参考。一般情况下，执业律师在制作《法律意见书》时，都会同时进行免责声明，比如"本意见书不作任何决策依据""本意见书仅为贵公司作出决策提供参考，不作为贵公司的决策依据，本律师及律师事务所不就本律师意见承担任何法律责任"等。当然，这些表述可能会让客户感觉你的意见毫无价值。这个时候，执业律师就应该告诉客户，很多风险是无法预知的，律师给出的意见仅仅是在有限的信息和材料的基础上得出的，还可能会存在不少执业律师无法掌握和预料情形，执业律师必须要为自己规避风险。

　　（5）执业律师代表当事人签字的风险。执业律师在办理案件过程中，经常要以当事人的名义起草法律文书，最后还要当事人签名。比如起诉状、答辩状、上诉状等，特别是撤诉申请书、放弃或者变更诉讼请求的这些涉及权利行使的法律文书，一定要让当事人自己签字和按上指纹。在条件许可的情况下，执业律师还应当亲眼看到当事人签名捺印，避免风险。执业律师在写作起诉状时确定诉讼请求、确定诉讼方案或起诉金额时，必须征得当事人的同意，最好的方法是让当事人亲自签署相关文件。此举可以有效防止将来一旦出现问题，当事人将责任推卸到律师身上。

如果当事人委托执业律师代为签收法律文书，应该具有特别的书面约定，并约定执业律师在签收法律文书后，如何向当事人送达的问题。最好是在委托代理合同中，留下当事人的联系电话和地址、电子邮箱等，并约定执业律师收到法律文书一旦按照合同约定的地址寄出就视为已经送达等内容，防备在执业律师收到法律文书后无法送达给当事人。一方面，很多时候法院是直接将诉讼文书邮寄给律师。如果律师不签收，还可能给律师带来拒不签收法律文书的风险，现实环境中已经有执业律师拒不代理当事人签收法院的法律文书，结果被法院进行了司法处罚。很多法院在审理中会让当事人签署一份送达地址确认书，如果直接留当事人的地址，当事人比律师早知道裁判结果，当事人会认为律师不负责，他们一旦不满意就可能引发投诉等风险。

（6）执业律师特别代理的风险。执业律师代理案件，如果不是非常特殊的情况，一般情况下最好不要搞特别代理，让当事人自己参与诉讼，这样不但他可以知道或者看到律师到底干了些什么，而且还可以防范风险。在法庭的审理中，一切决定都直接由当事人自己来作出，一切签字都让当事人自己完成，避免执业律师的风险。

（7）执业律师人身伤害的风险。执业律师人身伤害的风险，主要是指在执业中的人身伤害，一是对方当事人实施的伤害行为，特别是像离婚案件、交通事故案件这样涉及情感因素较重和人身伤害、死亡的案件，对方的当事人往往会把自己的不满、愤怒归咎在律师的身上，从而可能对律师实施伤害行为；二是自己的当事人，由于对案件结果的不理解或由于律师的包揽包讼产生的争议而对律师实施伤害；三是律师的意外风险，例如律师在办理案件过程中出现的交通事故。

对于对方当事人的伤害风险，笔者认为这要求执业律师在办案过程中始终摆端正自己的代理人位置，自己只是代理人，不要过多的参与感情因素，特别是在对方属于受到伤害的一方，有必要在语言上进行安慰，不要刺激对方，也不要树敌。对于己方当事人则不能大包大揽，更不能作出虚假陈述和虚假承诺，对于诉讼的风险要及时、全面的向当事人进行必要的沟通和提示、告知，不要代替当事人作出决策。一些顾问单位在遇到突发事件的时候，老总一般都是有多远就躲多远，马上通知律师到场，殊不知律师到场什么也做不了主，搞不好还会被对方或者受害者一方围堵、限制人身自由或者攻击。因此，遇到这样的情况，执业律师要先冷静下来，搞清楚状况，不要自以为是的赶紧出现在现场，这个时候律师的身份应当是"军师"，军师是不宜到前线的，否则军师被围困，想办法、出主意的人都没有了。

（8）执业律师民事赔偿的风险。执业律师承担民事赔偿责任的主要法律依据是《律师法》第54条，该条规定："律师违法执业或者因过错给当事人造成损失的，由其所在的律师事务所承担赔偿责任。律师事务所赔偿后，可以向有故意或者重大过失行为的律师追偿。"根据这一条的规定，执业律师的民事赔偿是需要具备法定的前提条件，那就是"律师违法执业或者因过错给当事人造成损失"，如果执业律师严格规范执业，并尽职尽责，没有过错，就不会承担民事赔偿责任。然而执业律师因为过错给当事人造成损失的较为常见，主要表现在法律理解的错误或偏差、证据收集的失误或遗失证据、延误诉讼、程序适用的错误等。

律师在执业过程中，一定要严格按照规范执业，绝不能违法执业。2019年4月30日，新当选的成都市律师协会会长王宗旗在发表就职演说时强调"道路千万条，安全第一条，执业不规范，亲人两行泪"，这非常值得执业律师认真领会。至于执业过错方面，执业律师需要在办案过程中，认真履职，凡是与当事人的谈话，重要信息、事实、证据的讨论或者风险告知等，一定要形成文字，制作成书面的笔录，要求当事人签署。代理案件，一定要多阅读法条的立法解释、司法解释、学理解释，多查阅相同或者相似案例，做到正确理解法律，正确运用法律，在证据收集方面积极主动，而且力求全面、准确、真实、合法。在证据保管方面，一定不要替当事人保管原件，但是要提醒当事人必须自己保管好原件。

笔者受理了一个朋友的合同纠纷案件，由于案子不大，涉案金额只有几十万元，笔者就安排了一个助理律师去具体承办。当案件在法院立案后，证据原件全部由笔者的这个朋友自己保管，只是律师没有告诉当事人这个证据在法庭上还需要出示，供法庭当场核对和对方质证。遗憾的是当事人却认为这个证据原件可以不用了，居然当成废纸处理了。当然，在法庭上原告无法出示原件供法官核对证据的真实性，最后这个案子法官建议撤诉了。可想而知,当事人会怎么想,这几十万的损失怎么办?虽然当事人没有找我们的麻烦,或许也找不到我们的麻烦,但是这个事情难道我们真的就一点过错没有?所以,执业律师一定要非常小心谨慎,该提示当事人的一定要反复的提示,做到尽职尽责,最大可能的维护当事人的合法权益。

(9) 行政处罚与行业处罚的风险。行政处罚与行业处罚的风险,是律师管理部门和自律性协会因律师违反《律师法》或《律师执业行为规范》而给予的制裁。主要法律依据是《律师法》第47条至第53条以及《律师执业行为规范》。

根据《律师法》第47条至第53条的规定,律师不得违反规定会见法官、检察官、仲裁员以及其他有关工作人员,或者以其他不正当方式影响依法办理案件;不得行贿,介绍贿赂或者指使、诱导当事人行贿;不得向司法行政部门提供虚假材料或者有其他弄虚作假行为;不得故意提供虚假证据或者威胁、利诱他人提供虚假证据,妨碍对方当事人合法取得证据;不得接受对方当事人财物或者其他利益,与对方当事人或者第三人恶意串通,侵害委托人权益;不得扰乱法庭、仲裁庭秩序,干扰诉讼、仲裁活动的正常进行;不得煽动、教唆当事人采取扰乱公共秩序、危害公共安全等非法手段解决争议;不得发表危害国家安全、恶意诽谤他人、严重扰乱法庭秩序的言论;不得泄露国家秘密;不得同时在两个以上律师事务所执业;不得以不正当手段承揽业务;不得在同一案件中为双方当事人担任代理人,或者代理与本人及其近亲属有利益冲突的法律事务;不得拒绝履行法律援助义务;不得私自接受委托、收取费用,接受委托人财物或者其他利益;不得接受委托后,无正当理由,拒绝辩护或者代理,不按时出庭参加诉讼或者仲裁;不得利用提供法律服务的便利牟取当事人争议的权益;不得泄露商业秘密或者个人隐私。这些禁止或者限制是律师执业的"红线",必须给予高度的重视。

(10) 刑事责任的风险。律师在执业中的刑事责任风险主要的法律依据是《刑法》第306条之规定,在刑事诉讼中,辩护人、诉讼代理人毁灭、伪造证据,帮助当事人毁灭、伪造证据,威胁、引诱证人违背事实改变证言或者作伪证的,处3年以下有期徒刑或者拘役;情节严重的,处3年以上7年以下有期徒刑。该条一直是悬在中国律师头顶上的利剑,尽管希望废除这一条呼声非常大,但它目前一直悬在那里。

执业律师还必须注意不能有"威胁、引诱证人违背事实改变证言或者作伪证"的行为。据悉有一位执业律师办理第一件刑事案件，就被委托人给坑了，不但做不成律师了，还因此被判入狱。这位前律师受理委托人的委托后，得知当事人与受害人是恋爱关系，受害人愿意不再追究被告的刑事责任，还愿意写谅解书，在委托人的安排下，律师见了受害人。受害人告诉律师她与被告是恋爱关系，被告没有强奸她，她不想告被告了，愿意撤回对被告的控告，愿意谅解被告。律师一听，就告诉受害人那就写一份谅解被告的说明和不愿意继续控告被告的书面材料，赶紧交到法院。受害人说这些东西我写不来啊，不会写怎么办？要不然你帮我写吧，写好了我自己抄写。于是，执业律师就代劳为受害人起草谅解书和不再继续控告被告的书面声明，受害人按照律师写的内容抄写了一份。

律师将受害人写的这两份东西提交到了法院，法院开庭审理时，公诉人问受害人："这是你自己写的吗？"受害人说："这不是我写的，这是被告律师写好后让我抄写的。而且，我与被告不是恋爱关系，是被告的父亲找到我，给了我钱让我这么说的。"显然，此时的律师已经后悔死了，但是已经没办法了，律师因此获罪，被判刑入狱。因此，执业律师在办理刑事案件中，一定要处处小心，千万不要帮当事人或者证人、受害人书写什么证词、谅解书等，否则他们在法庭上一说是"律师写的我们抄的"，或者"律师叫我们这么说的，叫我们这么写的"，执业律师就会百口难辩，风险自然就来了。

此外，还有行贿罪、妨碍作证罪、偷税罪、泄露国家秘密罪等执业律师要时时留心、处处在意。执业律师在办理案件中，一定要遵纪守法，千万不能碰触法律红线。

八、律师执业风险防范技巧

律师这个职业是一个富有挑战性和成就感的职业，但也是一个风险高发的职业。笔者从1992年开始从事法律服务工作至今近30年，这些年的执业生涯中确实遇到过不少奇葩的当事人。纵观执业律师的执业风险，笔者认为在树立风险意识的基础上，加强防范是非常必要的。下面结合笔者的执业经历和有关执业律师的风险案例，总结出如下的风险防范技巧。

◇执业律师要学会拒绝受理案件

尽管我们知道执业律师是以案源为王的,没有案源执业律师只能喝西北风。但是,在这里笔者却希望执业律师从执业初期就要养成不要什么案子都接的习惯,更不能因为自己刚出道,没有案源,经济不济,生活困难就什么案子都接,有些案子接不得就千万不能接。执业律师首先要学会保护自己,要保护自己就要先从拒绝接受案件开始。哪些案件不能接呢?第一,当事人太自以为是的案子不能接;第二,当事人太计较的案子不能接;第三,只想索取,不愿意付出的当事人委托的案子不能接;第四,当事人有太高诉讼预期的案子不能接;第五,涉嫌虚假诉讼和有非法目的的案子不能接。

1. 当事人太自以为是的案子不能接

有的当事人,总是自以为是,习惯对谁都指手画脚,颐指气使,这样的当事人最好不要搭理。特别是刚出道执业的律师,根本没有办法和能力驾驭这样的当事人,如果接受他们的委托,他们就会对律师指手画脚,东指使一下,西指使一下,律师根本没有办法拒绝,也不知道是不是该听他的。如果律师不听他的,他们会认为他给了钱,律师没有按照他们的要求去办,如果律师听他的,事情办砸了,他们会责怪律师为什么要听他们的,他们是外行,不懂法,律师为什么不按照自己的方法办案。

2. 当事人太计较的案子不能接

有的当事人很计较,一点小问题,一个小细节,都会斤斤计较。这样的当事人或者委托人,执业律师也需要注意。斤斤计较的人很不好相处,他们常常拿放大镜看人看事,一不小心就会被他们揪住不放,为了几十块钱的也会不停地跟律师反复理论。这样的当事人在成案谈判时一定是非常痛苦的,他们会在支付律师费方面很不痛快,就算是案件承办过程中需要与对方协商处理时也是习惯斤斤计较,吃不得一点亏,不愿意退让一丁点,还会得理不饶人。所以,遇到这样的当事人最好远离,不要自己找麻烦。

3. 只想索取,不愿意付出的当事人委托的案子不能接

有的当事人只习惯索取,不愿意付出。他们总是希望律师给他打回多少钱,多为他争取利益,然而在支付律师费方面总是扭扭捏捏的,一点儿也不爽快,对律师费的多少总是含含糊糊的,这样的案子执业律师也要少

接或者不接。有的案子宁肯不做，也不能降低标准，包括收入标准、案件的准入标准等。有些案子看上去很简单，就是一个小案子，但是事实上往往这样的案子的工作量非常大。对于当事人不愿意付出，不愿意缴纳合适的律师费，律师不要降低收费标准，因为那不仅仅是钱的问题，而是律师的尊严问题。特别是遇到这样的当事人，千万不能签订风险代理合同，因为一旦钱进入了他们的腰包，他们会把钱看得比他们的命还重要，要让他再拿出来给律师，他们是一千个一万个不愿意。往往很多风险代理案件，最后律师状告委托人就是这样引起的。

4. 当事人有太高诉讼预期的案子不能接

有的当事人期望值非常高，在委托律师的时候根本不会听律师意见，律师如果不能将诉讼风险如实告诉当事人，最后结果不满意就会引起投诉。如果律师将风险如实告诉了当事人，当事人还是坚持自己的认识，还是认为这些风险都不存在，还是坚持很高的预期，对案件结果还是坚持自己的期望值。这个时候，执业律师就需要考虑自己有没有这个实力，有没有这个能力实现当事人的预期，如果执业律师没有把握实现当事人的预期，建议也要对这样的当事人予以拒绝。否则，一旦结果不满意，当事人就会找执业律师的麻烦。

5. 涉嫌虚假诉讼和有非法目的的案子不能接

有的当事人打官司不是真正的有纠纷而诉讼，他们为了虚假诉讼或者其他非法目的而诉讼或者委托律师，这两种情况执业律师都需要小心谨慎，一旦发现当事人有虚假诉讼的嫌疑或者有其他非法目的想利用律师的身份便利，就需要立即终止委托，不能继续接受委托。已经有执业律师因为当事人的虚假诉讼被拖下水了，也有律师因为当事人的非法目的被吊销执业证了，这些教训我们一定要吸取。

◇执业律师防范来自于委托人风险的技巧

执业律师代理案件，表面上律师和委托人之间是利益共同体，按常理讲双方之间不会发生矛盾，似乎也不应该有什么风险。实际上并非如此，事实上律师执业的风险主要来自于委托人。执业律师来自委托人的风险主要有以下几个方面：

1. 委托人的预期太高

委托人的预期太高，律师如果没有进行很好的告知和说明，案件虽然达到了法律规定的胜诉的结果，但没有达到委托人的预期，委托人就会认为律师没有尽职尽责，或者认为律师的水平不够，就会对律师不满，引发风险。这虽然和律师的水平无关，但会严重影响律师的形象。遇到这样的当事人，执业律师要对其讲明道理，对其预期值的风险作出正确的评估，当事人接受律师的意见则继续代理，当事人如不能接受律师的意见，则应当提前终止合同或者在委托之前就拒绝代理。

2. 律师作出了过高的或者虚假承诺

律师法和律师执业规范，都要求律师不能向委托人就案件的结果作出承诺。立法的目的是为了避免在委托人和执业律师之间产生矛盾，但在实践中，有些律师因为案件少，或者为了获得更高的委托费用，而作出了超越实际的承诺。他们不但对案件结果作出承诺，而且还会作出虚假承诺，一切大包大揽，最后目的不能实现引发风险。执业律师一定不要轻易承诺，律师应该把不承诺作为和委托人进行谈案的基本准则。执业律师对于法律问题，可以进行分析，进行解答，进行论证，但是不能对结果作出承诺。如果委托人强烈要求执业律师对案件结果作出某种承诺，代理律师可以在委托人提供证据的基础上，对于案件的结果进行预测，作出有理有据的分析论证，当事人接受律师的分析预测，就接受当事人的委托，当事人不接受就应当及时拒绝受理案件。

3. 委托人借律师之手进行灰色交易的风险

有些委托人为了获得案件的胜诉，会让律师介绍或者传递钱物给案件承办人员，进行灰色交易。有些不良律师也会主动的向委托人炫耀其和法院及法官之间的关系，主动为委托人进行利益输送，自己把自己往火坑里面推。委托人如果有输送非法利益的不当请求，要告诉他们这是非法的，不属于律师代理的业务范围，由他们自己去处理，律师不参与。现在的委托人在和执业律师交谈如何进行利益输送时，往往都会私下保留证据，防备律师把钱财私吞，中饱私囊等。一些委托人在和律师通话时，还会随手做个录音，一旦结果不如意，委托人会向执业律师索要支出的费用和损失，过分者还会敲诈律师。现代社会录音、录像技术发达，不只是律师会偷录，很多人都会干这种事情，而且，执业律师因为行贿而受到牵连或者获刑者已经不是个例，应当引起重视。

4. 委托人利用律师做非法的事情

在现实中，的确有些委托人聘请律师的目的和动机不是为了维护自己的合法权益，而是为了获取非法利益，他们认为律师什么事情都可以做，而且认为什么事律师都该做，不管合法不合法。比如有些委托人利用律师向有关政府职能部门施压，谋取不当利益。有的委托人利用律师非法讨债，造成恶劣的社会影响等。遇到这样的情形执业律师应当及时终止代理，如果是在谈案过程中就要拒绝接受委托，不能把自己卷进当事人的不法目的之中。在刑事案件中，执业律师不得替委托人传递钱物。对于有些执意要求律师传递钱物的委托人，要及时拒绝，甚至可以解除委托。对于非法的、不属于律师业务范围的事务，执业律师一定不要去招惹。

5. 律师个人素质原因

不可否认的是，有些律师的业务素质确实较差，本应该胜诉的案件也打输了。对于这类情况，确实是律师自身原因造成的，执业律师具有不可推卸的责任。因此，执业律师在接受当事人的委托后，一定要竭尽全力，尽职尽责，认真履行职责，维护当事人的合法权益。执业律师应当提高自己的业务素质和执业技能，"工欲善其事，必先利其器"。律师是靠业务素养和执业技能吃饭的职业，随着社会法治的健全，反腐败的不断深入，公民法律意识的不断提高，以前靠忽悠、靠关系代理案件的时代已经过去了。律师代理案件不再比谁的关系硬，而是比谁的业务能力强，谁的口碑好，谁的执业素质高。律师要靠口碑宣传自己，如果一个律师业务素质和技能太差，而又不注意学习进步，办理案件败诉的太多，就不会有良好的口碑。这样的律师，在日趋精细化的律师队伍中，迟早会被淘汰出局。

执业律师应该告诉当事人，既然是打官司，就有双方当事人，肯定会有一方要败诉，或者是部分败诉。有些案件的败诉是由案件的性质和双方的证据决定的，和律师的水平没有关系。律师在委托之前，就应该对案件的风险向委托人释明，明确告诉委托人可能会败诉，以及败诉的原因，让委托人在诉讼之前就做好败诉的思想准备。如果出现了败诉的结果，要及时向委托人说明情况，解释原因，尽量做好安抚和救济工作。作为执业律师，尽力把委托之事做到极致，真正做到"受人之托，忠人之事"，尽到一位执业律师的职责。对于一位尽职尽责的律师，即便有些不足之处，也会得到委托人的谅解，律师的职业风险也会降到最低。

◇执业律师一要养成制作与当事人谈话记录的习惯

执业律师与当事人的相处和交往，特别是在案件办理中当事人的承诺或者决定,一定要让当事人留下痕迹,而且在重要决定方面必须要当事人自己亲自表态,亲自决定,执业律师一定不要越俎代庖。笔者曾经参加了一个律师执业风险防范的培训,分享老师讲执业律师一定要注意,执业律师在为当事人提供服务的时候,就是一个画地图的人,你把线路画出来,哪条路远、哪条路近,这么走可能会是什么样的结果,那样走可能又是一个什么样的结果,律师永远只能做分析师,至于当事人自己选择走哪条路,走什么样的路,这个一定要当事人自己来决定。因此,在律师与当事人进行沟通时,一定要养成制作笔录并让当事人签字确认的习惯。

具体的操作方式是,执业律师与当事人谈话时,制作一份《谈话笔录》,将与案件有关的重要问题向当事人发问,当事人对律师的回答一一记录在案,谈话结束后让当事人核对并签字。这些笔录的制作时间、次数不受限制,根据案件类型及复杂程度判断。律师要养成这个习惯的必要性,在于实践中确实已经碰到不少当事人故意隐瞒重要情况,导致律师在办案过程中方向弄错,"案中案"常常被当事人隐瞒,最后当事人反而向律师追责。

特别授权的执业律师,更要养成记录当事人调解意见的习惯。一般情况下当事人特别授权给律师后,就不会到庭参加诉讼。如果在开庭前,就针对当事人的调解意见进行沟通,并记录在卷,让当事人签字确认更好。如果在法庭上的调解超出了当事人的预期或者调解结果与之前制作的笔录不一致,这个时候执业律师一定要得到当事人的书面(文字)确认,让当事人进行短消息文字回复确认。开庭调解中,律师通过电话与当事人沟通调解意见时,最好将当事人同意调解意见的通话进行录音,尤其是工伤、人身损害赔偿案件等。

这些谈话笔录包括咨询接待的谈话笔录、风险告知笔录、案件分析笔录、调解意向笔录等,可以不拘一格,能够形成文字记录并让当事人签字确认即可。

◇执业律师要养成保管好邮寄底单和查询邮件签收记录的习惯

执业律师在办案中少不了要通过快递的方式向有关职能部门或者法院、当事人等邮寄诉讼材料或者相关法律文书等。这个时候执业律师需要注意的是一定要选择邮政特快专递,并要让邮政快递人员加盖快递印章。在邮政快递的单子上面详细的注明所寄文书或者材料的内容,尽量明确、具体，避免风险。邮件发出后，执业律师还应该随时跟踪邮件的派送进展，并将最后签收的记录查询备案或者通过网上的查询系统截图进行打印保存，与邮寄的底单和查询记录一并附卷存档。

◇执业律师的刑事风险防范技巧

我们说执业律师的刑事风险防范，不是说执业律师对一切刑事责任的风险防范，而是指的执业律师在执业中的刑事责任风险防范问题。除了前面我们说的执业律师伪证罪的风险防范外，执业律师还应当注意防范妨害作证罪和泄露国家秘密罪等。

（1）我们在接受刑事案件委托时，对委托人的身份要进行审查，要查验委托人的身份证明和与当事人的关系，只有符合法律规定的人，才具有委托辩护律师的资格。根据我国《刑事诉讼法》的规定，除了当事人自己有权委托辩护人外，犯罪嫌疑人、被告人在押的，也可以由其监护人、近亲属代为委托辩护人，而我国《刑事诉讼法》规定的近亲属包括：夫、妻、父、母、子、女、同胞兄弟姐妹。因此，在审查委托人身份时执业律师需要认真仔细，并保存委托人的身份证明材料的复印件。

（2）解答刑事案件咨询以及沟通案情时需要确认来者的身份信息。执业律师接受委托后，在会见当事人或者查阅案卷材料后，根据办案的需要一般都会跟当事人或者委托人沟通案件进展。这个时候，执业律师一定要小心谨慎，不得在公开场所公开向委托人或者当事人透露案件情况，更不要向陌生人和与案件无关的人员透露案件情况，律师随时都要考虑说不定坐在面前的人就是同案犯，哪一天他要是落网了，告诉警察他的信息来源于律师，或者是律师在教他怎么做，这个时候律师就百口难辩，刑事风险非常大。

（3）不要将案卷材料提供给当事人或者委托人看，更不要给他们复制。我国《刑事诉讼法》第39条规定，自案件移送审查起诉之日起，可以向犯罪嫌疑人、被告人核实有关证据。这个地方的"核实"如何操作存在争议，到底是否可以给犯罪嫌疑人、被告人自己看，这些都没有明确的规定。因此，为了稳妥起见笔者建议辩护律师在核实证据的时候还是保守一点较好，毕竟已经有执业律师因为将这些证据复制给当事人或者给当事人看后给自己带来了刑事风险。

（4）办理刑事案件不要做风险代理，根据《律师服务收费管理办法》

第12条规定："禁止刑事诉讼案件、行政诉讼案件、国家赔偿案件以及群体性诉讼案件实行风险代理收费。"根据该条规定刑事案件是不能做风险代理的，执业律师一旦给当事人或者委托人签订风险代理合同，到时候当事人反悔不认账，这个风险代理合同就可能会被认定为无效合同，执业律师的付出就有可能白白浪费。而且，最高人民法院已经有案例不予支持刑事案件的风险代理了，这需要执业律师引起重视。

（5）执业律师在办理刑事案件时，一定不要教当事人说谎、翻供，也不能传递信息、财物等，一定要严格按照执业规范和法律规定提供刑事辩护服务。

九、执业律师的刑事风险

执业律师，必须防范风险，特别是刑事法律风险更是必须加强防范。任何优秀的律师，如果不懂得防范风险，就不能称为优秀律师，更无法实现自己的大律师梦想。不懂得防范法律风险的律师注定走不远，也注定是不能成为优秀，自然成不了大律师。

陈瑞华教授指出，辩护律师本应利用自己的专业知识和技能来维护当事人的合法权益；但是，明明是维护别人权利的这样一种职业，自身却要时刻面临受到追诉的风险，这样一种不正常的状态。至少可以反映出两个问题：第一，我国刑事司法环境确有一些值得改进的地方，律师稍有不慎，就很容易带来巨大的职业风险。第二，我国目前这种司法环境存在着大量模糊地带、边缘地带，对律师违规行为的处理又是选择性的执法，一些律师对这种风险估计不足，徒有一身与强权斗争的勇气，却没有自我保护的意识和智慧。所以，律师职业风险的发生既有司法环境和司法体制的原因，也有律师不谨慎的因素。

概括而言，律师被追诉的罪名大概有这么几个：首当其冲的当然是《刑法》第306条规定的"律师伪证罪"，该条规定的犯罪主体是"辩护人、诉讼代理人"。第二类常见的罪名就是泄露国家秘密罪。最典型的案件是河南省一位女律师，因为其助手把案卷材料交给被告人的近亲属，其近亲属把案件的材料复制后，私自引诱控方证人改变证言，最终被当地公诉机关以泄露国家秘密罪提起公诉，一审竟然判处其罪名成立。后经多方努力和解救，全国律协出面做了大量的工作，这个案件二审才宣告无罪。第三种罪名就是偷税罪。大连市某律师在辩护过程中和当地的公检机关发生了利益冲突，结果被以偷税罪提起指控，最终经过努力，法院宣告无罪。第四种罪名是包庇罪。吉林省李律师涉嫌包庇罪就是个典型例证。李律师因为给二审的死刑案件被告人传递立功信息，被以包庇罪追究刑事责任，最终也是作出了无罪宣告。

律师辩护过程中处处都可能存在风险，比如会见环节，究竟要不要把掌握的案卷材料给在押的嫌疑人、被告人阅览？要不要进行录音录像？要不要向他调查有关侦查人员刑讯逼供非法取证的情况？这是辩护风险最集中的一个领域。再如，在阅卷过程中，律师一旦把卷宗交给当事人或是其亲友，而被对方根据案卷按图索骥，运用各种手段说服和动员控方证人改变证言，这种职业风险就会随之而来。调查取证过程更是如此，律师对控方证人进行调查的时候，一旦证人改变证言，律师往往就会被直接追究妨碍作证罪的刑事责任。

陈瑞华教授对执业律师的"恐惧"状态分析得非常到位，确实不少刑辩律师时刻都是在"恐惧"中度过，因此很多律师不敢碰刑事案件，拒绝刑事辩护。笔者是一个刑事辩护律师，对刑事辩护有着浓厚的兴趣和爱好，常常以自己的辩护意见被人民法院采纳，当事人获得从轻处罚或者免予刑事责任而欢天喜地。但是，事实上笔者确实也经常处于"恐惧"之中，常常是"提心吊胆"，特别是听到当事人或者委托人说："张律师，我按照你教我说的……""我什么时候教你了？我怎么教你了？"经常听到这样的说法就会吓出一身冷汗。在一些刑事案件中，对于被告人或者嫌疑人不正确的认识或者观念，辩护律师需要跟他讲解法律规定，动员其主动认罪或者提供辩解帮助，这本来是辩护律师的正常工作，但是当事人却会认为是律师在教他这么说，一旦他们这个说法出了问题，辩护律师可能就惨了。所以，当笔者听到他们这么说的时候，马上就快速反应"我什么时候教你这么说的？你可千万别害我！"当事人懂的就会立马改口，不懂的还会跟你纠缠，"是啊，就是你跟我这样说的嘛？"或者"就是啊，你是这么教我的嘛？"那律师就倒霉了。

田文昌律师指出，实践中发生了多起以追究赃款的名义追缴律师费的情况，以律师费是非法所得为由，到律师事务所追缴，甚至直接扣缴律师费，简直不可思议。委托人与律师事务所签订了正式的合同，开具了正式的发票，这是一种合法、善意的取得。如果按照这种逻辑，那么所有经济犯罪案件的律师费都有可能是赃款，例如贪污、盗窃、受贿、抢劫、诈骗等，所有经济犯罪的犯罪嫌疑人、被告人交的律师费，都可能与犯罪所得有关，至少是分不清楚。岂不都可以说成是赃款吗？善意取得是不能视为赃款的，正当交易中是不能找商家去收缴赃款的，因为商家交付了商品，即是善意取得。律师收费的同时也提供了法律服务，是一种典型的善意取得，有什么理由说是赃款而要予以追缴呢？对于这个问题，笔者曾经听过一位资深刑辩律师的分享，他建议辩护律师在收取委托人律师费的时候，一是需要书面提示缴纳的律师费不能是非法所得的赃款，二是还需要询问一下这些款的来源，以证明其来源合法。他说，特别是在办理涉黑涉恶的案件中，更有必要，律师不知道司法机关什么时候就以律师收的代理费是赃款为由，给律师事务所账户查封了或者冻结了、划扣了。

对于执业律师职业风险防范的问题，田文昌律师认为，职业风险的防范并没有什么太高明的办法，危险是客观存在的，所以防范也只能是小心谨慎，尽力而为。一般来说，会见、调查的时候，要两个人一起，有时要录音录像，说话表达要很慎重；调查中最关键的问题是问话的方式，一定要避免诱导式发问，更不能向被调查人施加压力，要尽量正面提问。但是，实践中的情况是很复杂的：例如，有的证人文化水平低，或者表达能力差，回答问题不得要领，律师就需要在问话中将谈话引向主题，并且在其走题时随时拉回主题。有的证人话多但逻辑混乱，律师就不能边提问边记录，往往要先由他把问题说完之后再归纳对方的谈话内容，整理成笔录，再由证人来确认或者修改。这种方式会很累，有时甚至要反复修改多次。还有的证人顾虑较多，不做动员工作就不配合调查，也有的证人不懂法律而需要向他讲解相关的法律内容……当律师遇到这些情况时，调查取证的难度就会很大，风险也就随之而来了。因为律师在调整话题、归纳总结谈话内容，尤其是在说服对方配合调查和解释法律的时候，稍不慎重就会有诱导或暗示的嫌疑。所以，这时候的问话就要格外慎重，经验不足的律师最好要事前在缜密思考的基础上做好调查提纲，仔细斟酌每一句问话的内容和方式。

当然，必须强调的是，如果一味强调职业风险，是否意味着律师辩护都要瞻前顾后，都要考虑办案机关人员的脸色，不敢得罪人？那律师就会失去最基本的原则。所以律师还是要在艰险的环境下勇敢前行。向被害一方证人调查取证问题，又是一个重大难题，因为要求证人出庭和要求法院向证人调查往往是无法实现的。所以，为了对当事人负责，对案件负责，必要时还是得调查，这是一种两难选择。

对于是否调查取证的问题，笔者倾向于大多数执业律师的意见，能够不调查的尽量不调查取证，不是非得调查取证的坚决不调查取证。而且，实践中笔者在办理授权委托的时候一般都要非常明确地告诉委托人，刑事案件我是不得调查取证的，而且也不得将案卷材料提供其查阅、复制的，这是笔者的基本原则。虽然一些律师涉案后，经过律师行业组织的帮助最后被宣判无罪，但是笔者认为不是每一个执业律师都是那么幸运的，也不是每一个执业律师的遭遇都可以或者能够最终无罪的，还是不予调查取证最好。田文昌律师认为，执业律师防范执业风险无非是说话办事小心谨慎，多留点证据，这是一种防不胜防的风险。

律师的前途是光明的，执业的道路是坎坷不平的，执业律师要想成为优秀，想要成为大律师，需要经过刑事辩护的磨炼，有必要经历刑事辩护执业生涯，风雨之后或许就是彩虹，没有经历或许就会留下遗憾。无论是否喜欢，也无论是否已经经历或者遭遇，但是，执业律师的风险都是存在的，实实在在的存在于律师的成长道路上。经历风险、防范风险的过程也是一种成长的过程，历经风险的洗礼也是成功道路上的必然，我们要正视执业风险，敢于面对执业风险，并善于防范风险。

律师同仁们，坚强些，勇敢些，翻过高山，爬过草地，经历挫折，前面等着我们的就是胜利家园。相信自己，依靠自己，祝福自己，成就自己，你就是一名优秀的成功大律师。

十、律师参与化解信访案件应注意的问题

2015年11月9日，中央政法委公布了《关于建立律师参与化解和代理涉法涉诉信访案件制度的意见（试行）》（以下简称《意见》）。

该《意见》明确指出，律师是社会主义法律工作者，在全面推进依法治国中具有重要作用，律师参与化解和代理涉法涉诉信访案件，既是为信访群众提供法律服务，也是提高自身能力素质、彰显社会责任的实践和锻炼。《意见》的出台，是落实党的十八届四中全会要求广大律师积极参与城乡居民公共法律服务，提供及时有效的法律帮助；建立律师以案释法制度，加强普法宣传教育；实行律师代理司法申诉制度，保障当事人依法行使申诉权，加强律师队伍建设，推动律师业发展的要求，也是落实党的"十三五"规划的建议，运用法治思维和法治方式推动国民经济和社会发展的具体要求与实践。

笔者认为,律师在参与化解和代理涉法涉诉信访案件工作中,不能盲目、草率、机械地执行,更不能走过场走形式,要让这项制度真正落到实处、起到作用。因此,要做好这项工作需要注意"重在参与""彰显监督""突出帮助""共同提升"四个方面。

第一,重在参与,律师不应成为主导者。根据中央政法委的文件精神,律师参与化解和代理涉法涉诉信访案件是一项公益性法律服务工作。对不服政法机关法律处理意见,以信访形式表达诉求的,可由律师听取信访人诉求,评析信访事项,有针对性地做好释法析理、提出处理建议、引导申诉等工作,促进案件得到依法公正处理,实现息诉息访。也就是说,在涉法涉诉信访案件的接待处理中,律师处于一种参与的角色,而不是主角。真正的主角应当是产生涉法涉诉案件的机关或者当事人诉求的主要接待单位。

如果在处理涉法涉诉信访案件中律师成了主角,就容易让信访当事人误认为律师跟涉案办案机关或者办案人员是"一伙儿"的,信访者容易把律师当成这些机关或者办案人员的"说客"。不但不利于涉法涉诉信访案件的处理,反而会让信访当事人产生对抗、抵触情绪。

第二,彰显监督,让信访当事人更相信律师、依靠律师。众所周知,随着涉法涉诉信访改革的推进实施,依法处理涉法涉诉信访工作取得了积极效果,但涉法涉诉信访案件多发、重复访高发、久访不息的问题仍然突出,既加重了信访群众的诉累,又耗费了大量司法资源,影响了正常信访秩序。按照中央政法委的要求,律师参与其中就是为了化解矛盾纠纷、促进社会和谐稳定,真正解决涉法涉诉信访案件高发、多发、久访、缠访等现象,减轻群众诉累,节省司法资源。那么,律师参与其中一个重要的作用还应当是对有关政法机关和办案人员的监督,依法找出或者发现他们在执法、办案过程中可能出现的错误,协助纠正司法不公、执法不严等违法行为和现象,并向有关部门提出处理意见和建议。只有赋予参与的律师监督职责,才能让参与的律师真正起到作用,才能让参与的律师真正参与涉法涉诉信访案件的化解和代理,也只有这样才会让涉法涉诉信访当事人相信参与的律师、依靠参与的律师,真正实现化解矛盾纠纷、促进社会和谐稳定的最终目标。

第三,突出帮助,化解矛盾,解决问题。律师参与的目的是化解涉法涉诉信访案件和代理涉法涉诉信访当事人依法通过正当、合法途径表达诉求,维护自身合法权益。《意见》要求参与的律师对原案件处理正确的,帮助信访人准确理解政法机关依法作出的法律处理意见,劝导其服判息诉;对原案件处理可能存在错误或瑕疵的,向政法机关提出建议,促使问题进入法律程序解决;对信访人生活困难,符合相关救助规定的,协助申请人开展救助申请工作。

因此,笔者认为,律师参与化解和代理涉法涉诉信访案件,还应当重点突出"帮助"。这里的帮助涉及两个方面,对信访当事人的帮助,以及对有关政法机关的帮助。对信访当事人的帮助包括帮助他们依法信访,不缠访、不滥访、不重复上访,帮助或者代理他们依法通过正当、合法的司法途径申诉、维权,切实解决他们的涉法涉诉诉求,维护他们的合法权益。对相关政法单位的帮助,主要体现在发现办案过程中可能存在的违法现象和错误瑕疵,帮助他们找出问题所在,及时纠正,还信访当事人一个公道。

第四,共同提升,促进法律职业共同体与时俱进。提升政法队伍形象律师不能置身事外,应当同进退、共患难。作为法律职业共同体的一员,律师有责任有义务与其他政法机关及其他法律职业人一道,提升我国的司法公信力和维护社会的和谐稳定,与时俱进、共同提升。律师参与化解和代理涉法涉诉信访案件,除了积极参与和监督、帮助政法机关、信访当事人之外,还应该在参与中与各政法机关以及执法者、司法者共同进步和提高,以提升我国政法队伍的整体形象和素质,提升整体执法、司法、法律服务水平,提升执法、司法、法律服务队伍在群众中的整体形象。

十一、律师当"官"功在当代、利在千秋

为深化立法工作者、法官、检察官招录制度,推进法治专门队伍正规化、专业化、职业化建设,中共中央办公厅印发了《从律师和法学专家中公开选拔立法工作者、法官、检察官办法》(以下简称《办法》)的通知。

《办法》出台,引起了法律理论界、实务界,乃至全社会的广泛热议,很多人都认为中央的改革让律师也可以当"官"了。回顾过去,中央作出这样的决定,非常来之不易。

"今天的律师,明天的法官、检察官;今天的对手,明天的同事。"这曾是第十一届全国政协委员、第六、七届中华全国律师协会会长于宁的梦

想。2011年两会期间，于宁提交了《关于建立从律师中选拔法官、检察官制度的提案》，建议将有丰富执业经验的优秀律师作为法官、检察官的后备资源。

2013年3月，新疆律师协会时任副会长的潘晓燕律师担任十二届政协全国委员会委员，两会期间提交了《关于形成从资深优秀律师中遴选法官、检察官的长效机制，以保障法律职业群体良性循环的提案》。

2013年11月25日，孟建柱在《人民日报》上发表了《深化司法体制改革》一文，他提出要"建立选拔律师、法律学者等专业法律人才担任法官、检察官的制度机制"。

2014年，党的十八届四中全会提出全面推进依法治国，着力建设一支忠于党、忠于国家、忠于人民、忠于法律的社会主义法治工作队伍，建立从符合条件的律师、法学专家中招录立法工作者、法官、检察官制度。

2016年3月22日，中共中央总书记、国家主席、中央军委主席、中央全面深化改革领导小组组长习近平，主持召开中央全面深化改革领导小组第二十二次会议。会议审议通过了《关于从律师和法学专家中公开选拔立法工作者、法官、检察官的意见》。

《办法》规定，具有立法权的人大常委会的法制工作机构、政府法制部门、人民法院、人民检察院应当将从符合条件的律师、法学专家中公开选拔立法工作者、法官、检察官工作纳入队伍建设规划，并采取切实措施予以落实。人民法院、人民检察院应当把从律师、法学专家中选拔法官、检察官工作常态化、制度化。笔者认为这个《办法》的发布，是党中央为律师当"官"奠定的政策基础，是党中央深化司法体制改革的决心和意志的体现，更表达了党和国家对律师队伍的关心、重视和信任。

《办法》要求，参加公开选拔的律师应当具备《公务员法》《法官法》《检察官法》规定的任职基本条件外，还要拥护党的领导、忠于宪法法律、具有坚定的社会主义法治信仰、良好的职业操守、具有独立办案能力、执业经验丰富，或者通晓境外法律制度并具有成功处理国际法律事务的经验，或者精通某些特殊专业领域的法律实务、实际执业不少于五年且从业声誉良好。也就是说，不是任何一个律师都可以当"官"，律师当"官"必须符合一定的条件，必须要过政治关、能力关、素质关、道德关。

党中央让律师当"官"的英明决策，不但给优秀律师提供了更大更高更为理想的法律职业空间，更有利于提升整个律师行业的社会地位和律师在司法领域的职业地位，同时更加确保了司法者的中立地位，优化了法律职业人才的资源配置，为构建当代中国特色的法律职业共同体奠定了基础。

随着法官、检察官的大门向律师队伍敞开，有利于优秀律师被遴选为法官、检察官，让优秀律师到司法实务第一线，更能发挥他们的职业优势和专业特长，提升司法工作和法律职业共同体的整体水平，更有利于构建法律职业共同体，更有利于法律职业共同体的共同提高和互相交流、尊重和信任。

让律师当"官"制度的落实，并逐渐形成常态、制度化，才能真正实现法治专门队伍正规化、专业化、职业化，真正打造出政治坚定、专业能力强、品行操守、职业道德过硬的法律职业共同体。

党中央的这一英明之举，利在当代，功在千秋。

十二、身为律师不要辜负这个伟大时代

随着全面依法治国进程的不断深入推进，我国律师工作越来越受到党和国家的重视，律师行业面临着前所未有的发展机遇。

2016年1月7日，受中共中央政治局时任委员、中央政法委时任书记孟建柱同志邀请，12名律师代表第一次走进中央政法委机关大院，与孟书记共话政法工作和司法体制改革。

2016年1月22日，7名律师代表应邀参加中央政法工作会议，律师的身影首次出现在中央政法工作会议上。

2016年3月30日，第九次全国律师代表大会首次走进了人民大会堂。在嘹亮的国歌声中，大会拉开了帷幕。

本次律师代表大会，不但在人民大会堂召开，而且中央政法委全体委员，公、检、法、司等中央政法单位第一负责人全体参会。中央政治局时任委员、中央政法委时任书记孟建柱同志亲临律师大会现场，并发表开幕式讲话。

会上，孟建柱同志向全国律师提出了五点殷切希望：第一，要做当事人合法权益的维护者；第二，要做社会公平正义的保障者；第三，要做国家治理现代化的推动者；第四，要做经济社会发展的服务者；第五，要做全方位对外开放的促进者。

深刻领会孟建柱同志的讲话，我们不难发现在孟建柱同志对律师队伍

的这五点希望中,除了我国律师法已明确规定律师应当维护当事人合法权益、维护法律的正确实施,维护社会公平和正义外,他对律师事业的发展和今后律师工作的开展也指明了方向。

做国家治理现代化的推动者。推进国家治理现代化,是党的十八届三中全会提出的要求,也是2014年《政府工作报告》中的重要内容。李克强总理在2014年的《政府工作报告》中指出:"各级政府要忠实履行宪法和法律赋予的职责,按照推进国家治理体系和治理能力现代化的要求,加快建设法治政府、创新政府、廉洁政府,增强政府执行力和公信力,努力为人民提供优质高效服务。"由此可见,推进国家治理的现代化,是党的要求,是政府工作的重要内容。孟建柱同志要求律师做国家治理现代化的推动者,就是要求律师要有所作为,推动法治政府、创新政府、廉洁政府的建设。要求律师要推动政府践行法治,不断创新,反腐倡廉,依法行政。这就要求律师要高瞻远瞩,要着眼祖国的未来,为国家治理现代化出力出策。

做经济社会发展的服务者。自1979年我国律师制度恢复以来,全国律师在服务经济社会发展、维护社会稳定和谐、保障当事人合法权益中发挥了重要作用。"十三五"是我国经济社会发展的非常关键时期,特点是要适应经济新常态。市场经济就是法治经济,法治经济的重要因素包含了律师的法律服务。因此,律师服务与经济发展具有非常密切的关系。律师要做好经济社会发展的服务者,就是要求律师要通过智力劳动、经验的贡献,以及所掌握的法律知识,能更好地让企业、社会公民等社会经济主体依法从事生产经营活动,使这些经济主体的合法权益能够及时通过律师的服务得到保护、保障,代理和帮助社会经济主体依法经营,依法维权,为他们担任法律顾问和依法经营的参谋,通过为他们提供法律服务来为经济社会的发展作出应有的贡献,服务于社会经济发展。

做全方位对外开放的促进者。众所周知,我国的对外开放已形成全方位、多层次、宽领域的格局。有力地促进了中国经济的发展。建立社会主义市场经济,为律师工作开辟了广阔的天地。孟建柱同志要求律师做全方位对外开放的促进者,就是要求律师要在全方位、多层次、宽领域的对外开放中大显身手,提供优质高效的法律服务,促进我国的对外开放。同时,这也要求律师队伍在今后的工作中,要打破只能打官司的单一诉讼服务模式和改变观念,服务于中国企业走出去,把法律服务工作与经济发展、对外开放有机结合，使法律服务与经济发展，对外开放融为一体，促进对外开放，当好参谋，把好法律关。

正如孟建柱同志所言，这是一个法治昌明的时代，律师大有作为的时代。他对律师的几点希望已经为今后一个时期律师的工作指明了方向，也为律师工作提出了新的要求和希望。在这个美好的法治时代，律师应当勇往直前，奋发有为，用自己的聪明才智和辛勤的汗水，努力服务人民、报效祖国，不辜负这个伟大的时代。

CHAPTER 10 第十章
中国律师的前世今生

【阅读提示】

要在律师事业上有所成就和建树，很有必要对律师的前世今生有一定的了解。比如，律师行业有没有祖师爷？祖师爷是谁？为什么是他？谁是中国的第一位律师？中国第一位律师都干了些啥？这都值得了解一下。或许，大家只知道柳传志，但是不知道柳传志的父亲是谁？更不知道柳传志的父亲居然也是律师，而且还是新中国的002号律师。还有，很多人都不知道伍廷芳、沈钧儒二人曾经都是律师。1986年7月5日至7日，第一次全国律师大会在北京举行，通过《中华全国律师协会章程》并正式成立中华全国律师协会。中共第十二届中央政治局时任委员、书记处书记习仲勋同志，出席了中华全国律师协会成立大会。这是不是习总书记为什么如此重视律师工作的一个重要原因呢？

一、中国律师的"祖师爷"

笔者认为要想在律师行业有所建树，干出一番天地，除了技能技巧的学习掌握之外，还是应当对律师行业的历史形成等有基本的了解。笔者将中国律师的前世今生放在本书的最后，就是为了帮助读者对我国的律师起源、律师行业先贤有所掌握。要对中国律师前世今生了解，笔者认为首先得从律师的祖师爷开始。

各行各业都有祖师爷，就是我们通常说的鼻祖，比如众所周知的教育业的鼻祖，春秋鲁国人，大成至圣先师孔子；竹木泥瓦匠、石匠、绳匠、棚匠、攒筲匠、张罗匠、雕刻匠、制伞业、风筝业的鼻祖，春秋鲁国人，创造过云梯、石磨、木作工具及木制飞鸟等的鲁班大师；就连强盗业也有鼻祖，宋朝梁山英雄好汉宋江；还有中医业的鼻祖，战国名医，秦越人，创立"四诊"医术的扁鹊……冶铸业、铁匠、煤窑匠、补锅匠、碗筷匠、磨刀匠、蹄铁匠、金银匠等——铸造八卦炉（老君炉）炼制丹药以求长生的鼻祖太上老君（老子）；农业祖师炎帝神农氏，鞋匠祖师孙膑，佛教祖师释迦牟尼等等，那么律师行业的鼻祖又是谁呢？

据笔者查阅的大量资料显示，我国古代不仅有律师这个职业，或许还是世界最早的。据各种研究表明，通说认为我国最早的律师是一个叫邓析的人，他被公认为中国律师的祖师爷。

邓析是春秋时郑国人，生于公元前545年，死于公元前501年，河南新郑人，郑国大夫，春秋末期一个著名的思想家、大法学家，中国民权法律的启蒙者、"名辩之学"倡始人。邓析所处的时代，是"礼不下庶人，刑不上大夫"的时代。当时的社会根据两条原则办事：一条是"礼"，一条是"刑"。礼是不成文法典，以褒贬来控制贵族的行为；刑则不然，它只适用于庶人也即平民。礼最早是一种祭祀祖先和天地的仪式，后来这种祭祀仪式引申为一切行为之规范。

《吕氏春秋》上有这么一句话，说邓析"与民之有讼者约，大狱一衣，小狱襦裤。民之献衣而学讼者不可胜数"。这说的是邓析打官司是收律师费的，大案成衣一套，小案只收上衣或者裤子一件。那时，他就已经认为帮人家打官司是一种职业了，可以用来养家糊口，而且收费合理、正当。在法庭上，邓析利用其法律知识与辩论才能，经常能够"以非为是，以是为非"，"所欲胜因胜，所欲罪因罪"，凡是邓析代理的官司每场必胜，一时声名鹊起。当时，拿着外衣、短裤前来找邓析代理打官司的人络绎不绝。而且，找他学习打官司的人也是不可胜数。

邓析乐于为民讲理，他常常以自己的博学和雄辩，帮人书写诉状，帮助老百姓打官司，当然少不了收些礼物作为酬金。据说当时邓析家里生意兴隆，客户蜂拥而至，他太太还开了一间店铺，有人认为这就是最早的律师事务所。

那个时候，很多人发现邓析干这项工作收益不错，就跟着他学习，就是"学讼"。于是邓析聚众讲学，向人们传授法律知识和诉讼方法，他的理论是"操两可之说，设无穷之辞"，就是你的委托人无论有理没理，只要你能找出理由，就能帮助你的委托人打赢官司。

529

在邓析看来,辩论必须根据实际情况,不能任意胡说,否则就会带来祸患,特别是辩论必须要遵循一定的标准,所以"两可"虽然不失为一种辩说方法,但不可滥用。有人认为这就是说诉讼程序要有规则,相当于最早的民事诉讼法。邓析的这个"两可说"重要思想,其实就是同时肯定事物正反两方面的性质,并且都言之有据,令人信服。这个故事也告诉我们,要看到事情的正反两面,站在不同的立场和角度就会得出不同的结论。

为了阐释自己的法律思想,邓析还起草了一部法律草案,并把这些法律草案刻在竹简上,广为散发,史称"竹刑",相当于今天我们说的法律草案专家建议稿,这应该是我国第一部法律草案专家建议稿。

从邓析以帮人打官司和教人学讼为业看来,他无愧为一位辩术相当高明的刑名大师。时至今日,邓析仍然受到后人的崇拜,据悉中南财经政法大学法学院的学术报告厅,就特意被命名为"邓析堂"。邓析堂大门口立有一块碑,碑文对邓析作了高度概括性的介绍:"邓析:春秋末郑国法学家。他反对'礼治',主张'事断于法',并'私造刑法',书之于竹简,是为《竹刑》,被国家采用……他是我国第一个私家法典草案的起草人,第一位'律师',第一位私人法律教育家,也是第一个因讲求法律逻辑而牺牲的人。"邓析,他无疑是中国法制史上的一座永恒的丰碑。据此,中国律师业的开山鼻祖即祖师爷,笔者认为应当是邓析。

二、中国律师第一人

中国古代的讼师和现代的律师差不多,都是吃法律饭的,但二者不能等同。讼师尽管也是靠帮人打官司为生,但在中国传统社会的道德评价中,多是负面的。讼师几乎等于"讼棍",被称为"珥笔之民",被形容为:教唆兴讼、包揽词讼、操弄刀笔、串通衙门、诈骗钱财。因此,讼师这个职业几乎带有原罪,哪怕某个讼师真的是替弱者伸张正义,也要被官府打压。

律师则不同,至少从社会地位来看,律师作为一种职业,凭智力吃饭不但获得社会认可,还被多数人羡慕。西方一些国家一直将律师视为贵族,认为律师具有贵族的血统。据有关资料记载,我国律师第一人也不是泛泛之辈,而是大名鼎鼎,饱受争议的民国外交部部长曹汝霖。曹汝霖可谓是名满天下,饱受争议,因五四运动"火烧赵家楼"事件,成为近现代史上人尽皆知的人物。

曹汝霖字润田，根据其回忆录记载："生于清光绪二年（丙子）十二月初十日，生时难产，历三昼夜，始产生，母氏劬劳，慈恩罔极。生后六个月，又出天花，脆弱小体，遍身都是，连眼耳鼻嘴里，满是天花，时逢炎暑，势极危险。我母昼夜看护，继祖母及外祖母，亦勤劳护持，一条小命得以保全，至今思之，铭感不已。先祖父以我八字五行缺水，故命名汝霖字润田……"由此可知，他应该出生于1876年，因五行缺水，才得名汝霖字润田。

曹汝霖的祖辈、父辈两代均在洋务企业江南制造局任职。他虽出生在一个并不富裕的家庭里，却是一个书香家庭。曹汝霖很早便踏入了学堂，在18岁时以第五名的成绩考中秀才，后入汉阳铁路学堂就读。1900年，曹汝霖赴日本留学，在东京学习法律以及铁道方面的知识。先后就读于早稻田专门学校、东京法学院（日本中央大学前身）。

1902年清政府派载振出使日本，曹汝霖以留学生代表身份与之结识。1904年曹汝霖学成毕业后，先和范源廉在东京开设"法政速成班"。不久后应载振之邀，回国后供职于载振担任尚书的商部，并兼任商律馆编纂。1905年清廷考试留学归来学生，曹汝霖考试合格并被授予进士，成为当时有名的洋翰林。民国时期，曹汝霖先后供事袁世凯与段祺瑞麾下，担任过外交部次长、1913年第一届参议院议员、交通总长，后兼署外交总长、财政总长，是新交通系的首要人物。

根据《曹汝霖一生之回忆》记载，民国年间他领取到民国时期的"律师第一号证书"，其回忆录记载："其时司法部成立，新订律师条例，法庭诉讼可延律师，余即请领律师证书，尚是第一号，事务所即设在家中。"由此可见，经历了数千年之后，1912年民国颁布《律师暂行章程》，明确了律师资格的获取途径。因此，曹汝霖也自然成为我国历史上真正算得上律师的第一人。不可否认，若以"登记为准"，曹汝霖是民国第一个拥有正式律师资格证书的律师。

他的晚年回忆录中，对自己的律师职业生涯，记载详尽，也可以让我们看到民国初年的法律景象。其中有使得他的律师生涯由此渐入佳境的一案："后有一案，一审判死刑，二审维持原判，上告到大理院。该案论事实应判死刑，唯因律无明文，情形特殊，第一审根据事实判处死刑，第二审仍维持原判，被告不服告到大理院，请我辩护。余即根据律无明文不能判罪为理由,大理院本是书面审理,遂将辩护状送进。结果原判撤销,改判无罪,于是被告全家老小,到我事务处叩头致谢,感激涕零,谓因家贫,只送些土特产表示谢意。余亦不收酬费,连公费也免了。从此大家知道诉讼不能不请律师,且知道我以侍郎做律师,区区之名,不胫而走,从此门庭若市。余亦不管案件大小,来者不拒,每月收入,绰有余裕。后来,法政学生挂牌业律师者渐多。"

从曹汝霖的回忆中,我们可以看到他是"侍郎做律师",类似于公办律师,也就是说在清朝他就是律师了,且清朝当时就推行的"律无明文不能判罪"的判案精神和辩护理由。从这个无罪辩护中,律师的作用为世人所看重,从此大家知道"诉讼不能不请律师",可见当时"万象更始"的气象。当然,执业环境和社会生态并非一个小小的"无罪辩护"就能改变,但不可否认的是第一代律师"信受奉行"的法律原则确实对中国旧的社会生态有所冲击。

曹汝霖先生在回忆录里面还记载了他在保定的一个案子,有一次他到保定出庭,旁听席上坐满了人,增加了不少的板凳,还是有很多人站着听审,这些前来听审的大多是保定法政学堂的学生,出于对曹汝霖的名望而去参加旁听。保定的旅馆到处都张灯结彩,张贴着欢迎曹大律师的标语。而且,还有20余名乡民向其跪求申冤……据悉,仅仅是在1912年9月至12月之间的4个月时间里,其代理的案件就多达28件。

关于律师与讼师的区别问题,曹汝霖认为律师与讼师不同,律师根据法律,保障人权,讼师则歪曲事实,于中取利。对于曹汝霖先生的这番见解笔者深感认同,虽然只有几句话,但是却能把讼师与律师的本质区别诠释得十分精妙、准确。我们作为现代执业律师,所作所为不正是在"根据法律,保障人权"吗?

对于做人做事,曹汝霖先生在回忆录里说:人做事,总要诚实,这是最要紧的。又说做人要忠恕,所以曾夫子说夫子之道,忠恕而已矣!可见圣人对于忠恕二字,看得如何重要。忠字,是指做事能尽其职即是忠,即俗语所谓赤心忠良。恕是对人说的,人总是有长处短处,要取人的长处,不要尽挑人的短处,人家如对你不好,你先要自己想一想,我对他人有不好之处吗?切不可自己不认错,专说人家的错。自己不愿做的事,不要勉强人做,论语所谓己所不欲,勿施于人,即是这个意思。

对于曹汝霖先生,历史的归历史,我不是学历史的,也不是研究历史的，所以对他的是非功过无权评说。但是，从自己所从事的事业，从事的律师职业上来说，曹汝霖先生是我们律师行业的前辈，是我们的行业先贤。应该说，他是我国有史以来有据可查的第一位真正获得政府、国家承认的执业律师。无论他做人做事的精神和从事律师职业的敬业精神都是值得我们后辈学习的。据查，由"中国优秀律师"、国务院特殊津贴专家孙渝主编、法律出版社出版的《舶来律师》一书中，也将曹汝霖先生称为中国律师第一人，笔者以为这也算是有据可查了。

三、中国律师制度及历史沿革

律师制度经过百年洗礼，已经成为具有中国特色的律师制度。作为执业律师，应当对中国律师制度的起源有基本的认识和了解，如果一个执业律师对自己所从事的律师职业，具有什么样的发展历史都不够了解，那就很难掌握这个制度的内涵。

中国律师制度是清末变法改制效仿西方法律制度的产物，当时统治者推行法律改良的直接动因是为了消除列强在中国的治外法权以重整治权。从大量的资料显示，清末我国律师业得到了较大的发展，律师制度的建立也正式列入立法议程。民国时期是中国律师制度建立、发展的重要时期。以孙中山为代表的资产阶级革命派在废除封建专制制度、打碎旧的国家机器的基础上，建立了民主共和政体性质的国家政治制度，确定了全面建立新型法律制度的蓝图。其中包括改革司法审判体制，建立律师辩护制度。

在清朝时期，外国律师的进入拉开了中国引入现代律师制度的序幕。这一过程最初是从租界开始的。1843年上海开埠，标志着中国近代租界史的开端。1845年，英国首任驻沪领事巴尔福依据《中英南京条约》，胁迫上海道台宫慕久签订了《上海土地章程》，在华设立了第一个租界。随后英、美等国殖民主义者在租界内逐步建立几乎具有国家机器全部职能的统治机构，甚至还设有监狱、法院。法院建立后采用租界国的审判方式审理案件，这为外国律师进入租界创造了条件，外国律师也因此进入了中国。

外国律师通过租界进入所在城市其他地区，其影响的扩大则是借助"会审公廨"。会审公廨形式上是租界内由中外双方共同管理的领事法庭（实际完全由租界国管理），其前身是1864年设立的"洋泾浜北首理事衙门"。起初它只审理发生在租界内的本国侨民的民刑事案件，后来发展为对发生在租界内的他国侨民和中国公民的案件也享有管辖权，也就是先是属人管辖,后来发展为属地管辖。据悉 1866 年已经就有了外国律师在"洋泾浜北首理事衙门"出庭的记载,1869 年 4 月生效的《洋泾浜设官会审章程》规定对于会审案件的审理,更是明确规定要逐渐引进律师辩护制度。这就是律师辩护制度在我国的开始。

据统计,1915 年仅上海这个地方的外国律师就有 37 人,涉及 10 个国家和地区,到 1923 年时已近 70 人,其中以英美两国居多,基本左右了租界内的讼案。在这样的历史背景下,在一个传统的封建帝国里出现了一种专门为他人提供法律服务、维护个人权益的行业,这或多或少动摇或者打破了专制制度下独裁审判所固有的"平衡",也为经历了几千年封建制度的中国,提供了一种有律师参与的全新审判方式,加速了司法制度除旧布新的步伐。外国律师的进入,使中国人从形式和实质两个方面加深了对律师这一职业的认识,由此开始了中国现代律师制度和律师业确立和发展的曲折历程。

甲午战争后,台湾沦为日本殖民地,为了强化殖民统治,占领者在岛内大肆进行"制度"输出。1900 年,由日本人担任的"台湾总督"以法律形式颁行了"辩护士规则",直接将其本国的律师制度移植到台湾。这是现代律师业在中国得以正式确立的最早例证,它开启了中国律师制度立法的先河,并直接影响到大陆地区清王朝的政治统治。

律师业在租界内外的兴起,社会各界对改革封建纠问式审判的强烈呼声,很大程度上源于治外法权,消除治外法权是晚清变法、引进律师制度的直接动因之一。律师参与诉讼,打破了传统纠问式审判固有的平衡,动摇了专制统治的神圣基础。从外部因素看,统治者要巩固自己的统治,就必须消除治外法权,要消除治外法权,就务必要变法制以适应"西方文明"。1902 年清政府与英国续订的《通商航海条约》,是为废除治外法权首次宣布准备建立新的法律制度。于是,清政府开始派人出国考察,开办法律学堂,积极为变法做准备工作。自 1905 年开始,清政府也多次派人出访欧洲,考察政治法律制度。

根据资料记载,在民国律师制度的建立及宣传方面,著名法学家伍廷芳起到了重要作用。伍廷芳为清末著名法律改革家,留学欧洲,熟悉西方各国近代政治制度与法律制度。1874 年至 1876 年在英国伦敦林肯律师学院学习,是第一个取得英国律师资格的中国人。1902 年,伍廷芳被清政府任命为修订法律大臣,与沈家本一道,主持晚清修律活动。在修律过程中,他竭力主张全面引进西方各国的法律制度。与此同时,南京临时政府各部门也纷纷行动,从管制、立法、舆论等方面为律师制度的正式确立创造条件。

早期的律师之中还有一个重要人物就是沈钧儒,他在民国时期,也曾经做过律师。1905年秋,沈钧儒得以新科进士被清政府派赴日本,入东京私立法政大学法政速成科政治部学习,后继入补修科,于1908年4月毕业回国。中华人民共和国成立后,历任中华人民共和国中央人民政府委员、最高人民法院院长、全国人民代表大会常务委员会副委员长、政协全国委员会副主席、中国民主同盟中央主席。

1906年清末修律大臣沈家本、伍廷芳主持拟定了《刑事民事诉讼法》,其中第四章"刑事民事通用规则"中专列"律师"一节,规定了律师资格、注册、登记、违纪处分、外国律师在通商口岸的公堂办案等内容。

1909年、1910年,清政府颁布《各级审判厅试办章程》和《法院编制法》,首次从法律上确认了律师活动的合法性,给律师以"存在"的权利,使律师的法庭活动有了法律保证。曹汝霖就是在清末时期就开始了律师这个职业,并且担任了"侍郎律师",而且还是我国第一位正式取得律师资格证的人。

1911年,修订法律馆重新编纂了《刑事诉讼律草案》和《民事诉讼律草案》,有关律师的规定仍是主要内容之一。这些法规中关于律师制度的设想,以及在此期间租界地城市中已出现的一定数量的中外律师,为民国时期律师制度的正式确立,创造了良好的社会氛围。

1912年元月,上海率先出现了我国历史上第一个由律师自发组成的自治性社会团体——上海律师公会,该会秉承的宗旨是"调和学说,保障人权,以宣扬法律精神,巩固民国之精神,巩固民国之始基(法治)"。

1912年3月22日,孙中山提出:"律师制度与司法制度相辅为用,夙为文明各国所通行。"他主张尽快审议《律师法》,以建立中华民国律师制度。时任司法总长的伍廷芳,一方面主张效仿西方,全面建立新的法律体系,包括建立律师制度,另一方面还利用司法总长的身份,在有关律师立法尚未出台、律师制度尚未正式建立的情况下,在具体审判活动中率先推行律师辩护制度。

1927年以后,经过民众推举具有租界国留学背景的中国律师也可以代理租界工部局、巡捕房的诉讼。也就是说如果你是租界国留学回来的,如果从事律师执业,就可在这个国的租界代理诉讼案件,帮人打官司。这一阶段有关律师制度的立法和认识实践为此后律师制度的正式确立和发展奠定了基础。

辛亥革命推翻清王朝、开创了民主共和的历史,从1912年到1949年,中华民国先后经历了南京临时政府、北洋政府和南京国民政府三个时期。后两个时期,中国社会在制度层面也开始了较大的转变,在原有基础上,正式颁布施行的有关律师制度的法律趋于完备,律师业也初具规模。

1912年9月16日,北洋政府在中国历史上颁布实施了第一个关于律师制度和律师业的单行法规——《律师暂行章程》,它延续了清末关于律师制度构建的基本思路,标志着中国律师制度的正式建立。在1912年我国已经正式开始许可外国人在中国担任律师了,而且是担任中国律师。从那个时期开始,在我国从事律师这个职业都是需要考试的,而且律师行业组织"律师公会"也开始同时存在。

辛亥革命前后,中国境内虽有律师存在,却不是自己授予的,因此不能说中国有了自己的律师业。1912年的《律师暂行章程》确立了律师资格授予制度,奠定了近代中国律师业发展的基础,使中国从此有了自己本土的律师。根据《律师暂行章程》规定,律师资格可以通过考试和考核两种方式授予,《律师暂行章程》第3条还明确律师资格考试应具有法政学教育背景的条件。

1912年底第一次全国考试举行,经考试合格由司法部颁发律师证书者共有297人,1913年则猛增到2716人。实行资格考试,提高律师素质是律师业发展的基本条件。在借鉴外来经验的基础上,采取通过考试授予资格的办法,不仅使中国律师业的确立有了良好的开端,而且还使其发展进入了良性循环的轨道,开启了律师资格考试之先河。

行业自治是律师作为自由职业者的必然要求。《律师暂行章程》规定在地方审判厅所在地设立律师公会,律师只有加入公会组织才能执行职务。我国最早的律师公会是1912年成立的上海律师公会。1921年,各地律师公会已经成立了不少,为便于同各国律师组织建立联系,组织成立了全国性律师组织"中华民国律师协会"。

中国律师业兴起之初,由于缺少法律专门教育,使律师质量无法保证,曾一度造成人员失控,影响了律师业的发展。据统计,在1930年至1934年五年间,上海律师数量仅增加500多人。

从沈家本关于建立中国律师制度和律师业的思想形成开始,到《律师暂行章程》颁布,对律师是"自由职业者"的看法为律师制度和律师业的发展奠定了良好的基础。1941年,在立法院审议《律师法》时,有人曾主张废除律师的"自由职业制度",实行"国家制度",变律师为国家公职人员。经过多次审议辩论,这种主张最终还是因遭到大多数人的反对而未能获得通过。虽然《律师法》中没有明文规定律师的身份,但对律师是提供法律服务的自由职业者的看法,此后则基本没有疑义。

中国律师业虽然自始就较好地解决了律师业的性质问题,给律师以比较准确的定位,却没能给律师业以应有的自治权,极大地阻碍了中国律师业的健康发展。这对现代中国律师制度的发展应该说也是具有影响的,因此我国律师的自由职业性质和律师行业的自治权还有待进一步的深入推进。当然,自由也是有条件和组织纪律的自由,是在宪法和法律规定的范围内的自由。

四、中华人民共和国的律师制度及其发展

中华人民共和国成立后,在逐步废除旧的司法制度基础上开始建立社会主义司法制度和律师制度。1950年7月政务院颁发的《人民法庭组织通则》规定:"县(市)人民法庭及其分庭审理时,应保障被告有辩护及请人辩护的权利。"

1950年,中央人民政府司法部草拟了《京、津、沪三市辩护人制度试行办法(草案)》,并发出《关于取缔黑律师及讼棍事件的通报》,由此开始了律师制度的除旧立新。

1952年,中国开展司法改革运动,进一步取缔遗留在社会上的挑词架讼、敲诈勒索的"黑律师"。

1953年,上海市人民法院设立"公设辩护人室",帮助刑事被告辩护;次年又改为"公设律师室,"职能扩大到为离婚妇女提供法律帮助。

1954年《宪法》确立"被告人有权获得辩护"制度。

1954年7月,司法部发出《关于试验法院组织制度几个问题的通知》,指定北京、上海、天津、重庆、武汉、沈阳等大城市试办法律顾问处,开展律师工作。这或许就是我国法律顾问处的诞生渊源,为设立法律顾问处提供了政策依据,执业律师需要在法律顾问处从事律师执业活动。

同年9月我国颁布的第一部《宪法》规定:"被告人有权获得辩护。"

《人民法院组织法》也规定了被告人的辩护权和律师辩护制度，使新的律师制度开始在中国各大中城市及部分县、市推行。

1955年北京、上海等26个城市开始试行律师制度，当时的律师主要业务是为刑事被告人辩护，律师被叫作"公诉辩护人"。

1956年1月司法部向国务院提出了《关于建立律师工作的请示报告》，该报告对我国律师的性质、任务、组织等各方面做了明确阐述，国务院很快批准在全国开始推行律师工作，这是中华人民共和国建立律师制度的初次尝试。

1956年3月，司法部召开第一次全国律师工作座谈会，讨论了《律师章程》和《律师收费暂行办法》两个草案；同年7月，国务院批转司法部《关于建立律师工作的请示报告》（该报告规定了律师的性质、组织、任务等），并颁布了《律师收费暂行办法》。

1957年6月，全国已有19个省、自治区、直辖市建立了律师协会（或筹备会），建立法律顾问处800多个，有专职律师2500多人，兼职律师300多人；律师业务包括刑事辩护和民事代理、担任法律顾问、代写法律文书、解答法律询问等。充分反映这一成果的是《律师暂行条例（草案）》的制定，对律师的任务、律师协会、法律顾问处组织原则等问题做了规定。

新的律师制度主要特点就是把律师纳入国家公职范围，律师统一在法律顾问处任职，而非私人或合伙开业。但即使如此，它还是遭到众多的非难指责，如认为律师制度是资本主义所专有，律师的刑事辩护是丧失阶级立场、替坏人说话等。

遗憾的是，1957年反右派斗争中，许多律师成了右派，有的还被判刑，律师制度因此而夭折。

1957年下半年，由于反右派斗争扩大化，律师和律师制度被称为资产阶级的东西被彻底否定，导致《律师暂行条例（草案）》未能通过和实施。1958年各地的法律顾问处基本被撤销，1959年司法部也被撤销，随之全国的律师工作机构全部被撤销。从此，一直到1980年漫长的21年中律师制度基本处于停滞和被弃状态。

幸好，这个局面在1978年得到扭转。1978年五届全国人大通过了新的《宪法》，司法制度和律师制度得以开始恢复，新中国迎来改革开放的新时期。

1979年4月，中国人大常委会法制委员会成立负责起草《律师条例》的专门小组；7月，中国《刑事诉讼法》颁布，该法专列辩护一章，标志着律师制度在立法上的重新确立。

1979年9月，司法部重建，具体承担了律师条例的起草工作，并开始在各地（通过组织、人事部门的调配）组建律师人员和机构以展开工作，法律顾问处又开始恢复。

同年12月9日司法部发出了关于恢复律师制度的通知。当年司法部所颁发的编号为001号律师证书的持有人，是时任中国国际贸易促进委员会法律部处长的任建新，编号为002号的律师证持有人则是时任中国贸易促进委员会法律事务部副部长柳谷书。说起任建新大家都应该熟悉，或许说起柳谷书大家就不太熟悉了，他曾任中华全国专利代理人协会第一、二届会长、名誉会长，还担任中华全国律师协会理事，亚洲太平洋律师协会理事，亚太咨询（北京）有限公司名誉董事长等职务，他就是联想集团柳传志的父亲。当时全国只有212名律师，律师业务仅限于刑事辩护、民事代理、代写法律文书、法律咨询等简单传统项目。

1980年8月26日，五届人大常委会第十五次会议通过了《律师暂行条例》，该条例是当代中国第一部有关律师制度的"基本法"，它规定了律师的性质、任务、职责和权利、资格条件及工作机构，于1982年1月1日起施行。这部《律师暂行条例》在23年后终于面世，其艰难程度可见一斑。

1980年新一届政府对"四人帮"进行了公审，张思之、马克昌等担任了"四人帮"的辩护律师，为他们进行辩护。此次审判给"四人帮"提供律师辩护的权利，体现了对宪法和法律的尊重，更是对人权的尊重。

1983年我国第一家律师事务所——深圳市蛇口律师事务所成立，开启了我国律师事务所的新纪元时代。

1986年新中国律师资格考试开始实施，原来通过司法行政部门考核或推举才能成为律师的时代结束，用更合理更能提高律师素质的全国统一律师资格考试的方式选拔律师的时代到来。不断活跃的律师职业越来越为百姓所熟悉和尊崇，律师队伍也由此迅速发展壮大起来。

1986年7月5日至7日，第一次全国律师大会在北京举行，通过《中华全国律师协会章程》并正式成立中华全国律师协会。中共第十二届中央政治局时任委员、书记处书记，负责中央书记处的日常工作的习仲勋同志，出席了中华全国律师协会成立大会。

1988年，律师制度在组织机构方面着手进行改革，司法部开始实行合作式的试点，将律师组织机构由国办所改革为合作所。1990年10月1日开始施行《行政诉讼法》，是中华人民共和国第一部规范行政诉讼的专门法律，该法实施打破了长久以来律师只能代理刑事和民事案件的局面，"民告官"成为可能。随着中国经济走向世界，中国律师也开始走出国门发挥其才能，为全球经济的发展和稳定做出更多贡献。这一年中国律师人数已经超过5万人。

1991年9月，延边大学出版社、警官教育出版社联合出版了第一版《律师辩护与代理方略》，该书由中华全国律师协会时任会长任继圣担任编委会主任，全国人大法律委员会时任顾问张友渔作序。张老在《序言》中说："此书……全面、系统地阐述了人民律师进行刑事辩护、刑事诉讼代理、民事、经济、行政等方面的诉讼代理与非诉讼代理，以及涉外、涉港澳台的各种法律事务代理工作的指导思想、法律政策观点、工作原则、程序制度、工作方法、策略和技巧问题，具有广泛的适用性和指导性"，他同时指出："人民律师，不仅应当依法为委托人服务，维护委托人的合法权益，而在维护委托人合法权益的同时，更要注意维护国家、人民的整体利益，把维护法律的正确实施放在第一位。"

我们根据张老所作之序，就可以看出当时的律师地位是"人民律师"，而不仅仅是"律师"。笔者认为，"人民律师"这是与当时的人民警察、人民法官、人民检察官、人民教师等相匹配和对应的，具有一定的政治属性。因此，现在一些律师认为律师不应当与政治有关，应当远离政治的观点是值得商榷的，这是对我国律师制度及其历史沿革不了解导致的。而且，我们也可从中看到，那个时候我国律师的执业范围已经很宽泛了，囊括了"刑事辩护、刑事诉讼代理、民事、经济、行政等方面的诉讼代理与非诉讼代理，以及涉外、涉港澳台的各种法律事务"，律师不但要维护委托人的合法权益，还要维护国家、人民的整体利益，最为重要的是要把维护法律的正确实施放在首要位置。

当年的律师事务所还有不少都不叫律师事务所，而是叫法律顾问处。这个法律顾问处一般都是根据行政地域设置为某某县法律顾问处、某某地区法律顾问处等。大概是1988年开始，法律顾问处逐渐改称律师事务所。法律顾问处的律师一些是通过律师资格考试执业的，还有一些是通过授予资格从事律师工作的,其中不少律师是其他单位抽调过来的,他们的身份是国家干部,拿着国家的工资。与此同时,当时的基层法律服务也与法律顾问处并行,与基层司法所合署办公,两块牌子一套人马。

1993年6月,国务院批准了司法部《关于进一步深化律师工作改革的方案》,对律师体制又进行了一次重大改革,律师不再是国家行政干部,成为社会提供法律服务的执业人员;律师事务所不再是国家行政机关,成为社会主义市场经济条件下的法律服务机构,形成了国资所、合作所、合伙所多种形式并存的格局;初步形成了司法行政机关行政管理和律师协会行业管理相结合的管理体制。但是,那时一些地方的律师身份还是很特殊,律师也穿制式服装,还有的地方给律师也配备了警戒警具等设备设施,还包括警用车辆。

1996年,第八届人大常委会第十九次会议通过了新中国第一部律师法典《中华人民共和国律师法》,自1997年1月1日起施行。据有关部门统计,截至1998年底,全国共有律师101 220人,其中专职律师60 000多人,律师事务所已达8978家。到2000年所有的国办所脱钩改制为自收自支的律师事务所,律师也从此由国家法律工作者转变为社会法律工作者。

从《律师法》颁布实施20年,截至2017年底,全国共有执业律师36.5万多人,全国共有律师事务所2.8万多家,本科以上学历的律师33.7万多人,占92%;在境外接受过教育并获得学位的律师5100多人。截至2018年底,全国共有律师事务所30 647家,比2017年底增长了8%。2019年12月9日,在广州召开的世界律师大会公开发布的数据显示全国有3万多家律师事务所,约46万名律师。

2018年3月8日,北京市金杜律师事务所在重庆市第一中级人民法院担任破产管理人,收取现金5000万元,3680万元的股票,律师破产管理人日均报酬68.88万元,创中国律师个案收入和日均收入新高。

习近平总书记一直关心、重视我国律师制度建设和律师事业的发展,关心和支持律师工作,并做出了大量的工作指示。律师兴则法治兴。律师制度是一个国家法律制度的重要组成部分,是一个国家法治文明、进步的重要标志。我们党高度重视律师工作,支持律师队伍在社会主义民主法治建设中发挥积极作用。

党的十八大以来,党中央进一步明确了律师队伍的地位和作用,习近平总书记指出,律师队伍是依法治国的一支重要力量,要求切实加强律师工作和律师队伍建设。近几年来,我国律师事业取得长足发展,队伍不断壮大、作用有效发挥、制度日趋完善。在此过程中涌现出的一大批优秀律师和优秀律师事务所,通过服务人民群众和经济发展,有力促进了全民法治观念的提升、推动着我国法治社会的建设。

后 记

完成一本书，就像抚养一个孩子。这是我的真实想法。百度了一下，很多写书的人跟我有一样的想法。或许，有着这样想法的作者写出来的书更值得阅读，毕竟自己的孩子才是最好的。

花了三年时间，耽误了很多事，推却了不少案件，拒绝了很多应酬，书稿终于成了。其实，写书似乎不是那么难，难的是修改，特别是把字数改得越来越少，书越改越薄，那就更难了。

疫情期间，不少人都在烦躁、无聊、恐慌、抱怨的时候，我和儿子张诗浪在家闭关三个月专做改稿一事，有时一坐就是十几个小时甚至通宵。

3月10日，签下了出版合同。6月，书稿通过三审三校，终于成了！感谢出版社编辑老师的厚爱和辛勤付出，感谢出版策划连赛男老师的全力以赴，你们辛苦了。没有你们的帮助，这本书就不能成为书，最多只能叫"书稿"。

可喜的是，该书的出版引起了社会各界的高度关注，律师行业内外都给予了较高的评价，我也因此收获了不少粉丝，结交了诸多良师益友。

著名国画艺术家胡真来先生为本书题写了书名，四川省高级人民法院原副院长、四川省法学会副会长、四川省法治与社会治理研究会会长邬红旗老先生和中国人民武装警察部队原水电指挥部政治部副主任、四川省法治与社会治理研究会仲裁研究中心荣誉主任李永胜将军为本书作序联袂推荐，让我受宠若惊，不甚感激。特别是，在《四川律师》杂志原执行主编杨大志老师的帮助下，本书的出版能够得到第十三届全国人大代表、第九届全国律师协会副会长刘守民同志的关注和支持，这是我意料之外的收获。守民会长一直都很重视和关心青年律师的培养和成长，他在诸多公开发言中都一直强调"一名好律师的标准不能拿钱来衡量"，执业律师必须要有

走向大律师——中国式执业律师进阶指南

对法治的信念与信仰，还应当具有一定的公益心和奉献精神。这是每一位执业律师都应当引起重视和遵照执行的。希望律师读者们能不负厚望，在维护法治、践行法治、传播法治中发挥重要作用。

《香港文联杂志社》社长助理、香港文学艺术界联合会法务部主任、香港文联四川文化艺术交流中心主任王建捷先生是我的同乡好友，做为本书的联合出品人，对本书出版给予了大力支持。

鼎颂商事争议解决支持平台尹总尹冠军、中国政法大学仲裁研究院研究员、四川省优秀律师张东、四川新念律师事务所主任、党支部书记王新年、成都律协婚姻家事法律专业委员会主任唐应欣、西南石油大学兼职教授、四川文典律师事务所主任宋杨东、陕西钢厂子弟中学法制副校长、陕西哲勤律师事务所主任、创始合伙人闫红安、中国民主建国会成都市委财会支部副主任尹朝阳、法之行律师团队核心成员四川高扬（郫都）律师事务所副主任吴国强、张诗浪、四川高扬律师事务所合伙人金琴律师做为本书的联合出品人，也对本书的出版给予了大力支持和帮助，提出了很多宝贵的意见和建议。

还有很多的律师同行和领导一直关心、关注、期待着本书的正式出版面市，对我本人和这本书都寄予了厚望，在此表示衷心的感谢。

本书以我的经验之谈为主，借鉴了不少同行、大咖的观点和思想，恐有冒犯。笔者无意侵犯，重在分享与交流，若有不当之处敬请海涵。既是经验之谈，恐是一己之见，鉴于本人才疏学浅，难免挂一漏万，若有疏漏、错误、失当之处，敬请读者批评指正。

诚挚感谢您对本书的支持与厚爱，但愿本书能对您的学习、成长有所助益。

张　洪

2020 年 8 月 25 日

于成都中铁塔米亚

联合出品人

鼎颂商事争议解决支持平台·重庆

  鼎颂商事争议解决支持平台，是由深圳前海鼎颂投资有限公司打造的商事争议一站式法律服务资源平台。平台通过资本整合案源、法律服务、专家智慧等资源，实现资本与法律服务的跨界创新，聚焦法律服务领域的风险投资，业务涵盖诉讼投资、破产重整或清算、不良资产及债权处置、精品律师事务所资助计划、全生态法律服务社区之鼎岸律联空间、法财税咨询服务等。鼎颂总部位于深圳，并在重庆、北京、上海、长沙设立子公司，使鼎颂专业、优质的服务辐射全国。

总部：深圳前海鼎颂投资有限公司
地址：深圳市福田区福中三路 1006 号诺德金融中心 38B
电话：0755-83026397
邮箱：dslc@dslegalcapital.com

西南区域：重庆鼎颂法律咨询有限公司
地址：重庆市江北区庆云路 10 号国金中心 T3-1413 室
电话：023-67667275

华中区域：长沙鼎颂法律咨询有限公司
地址：长沙市岳麓区滨江路楷林国际 A 座 907 室
电话：0731-88683666

华东区域：上海鼎岸颂公法律咨询有限公司
地址：上海市长宁区平武路 29 号 102 室
电话：021-50819091

华北区域：北京鼎颂咨询有限公司
地址：北京市朝阳区东三环中路 9 号富尔大厦 2610 室
电话：010-51235098

联合出品人

张东
中共党员,党支部书记
中国政法大学仲裁研究院研究员
四川省优秀律师,成都市优秀律师
硕士导师,兼职教授,特聘创业导师
中国海商法学会会员,中国教育学会会员
中国法学会会员,中国仲裁法学研究会会员
中国应急管理学会会员,中国心理卫生协会会员
四川省法治与社会治理研究会仲裁研究中心研究员
成都市"合适成年人""强制亲职教育律师""社会调查员"
成都、眉山、雅安、钦州、沈阳、海南、淄博、长春、西宁、百色仲裁委仲裁员
第七届全球(俄罗斯站)经济发展论坛(一带一路分论坛)特邀主持人
呼和浩特、鄂尔多斯、绵阳、遂宁、随州、临汾、武汉、梧州、桂林仲裁委仲裁员
国家一级信用风险管理师,国家二级心理咨询师,司法部行政学院高级律师

张东律师,具有较多的社会职务,是一位非常优秀的社会活动家、优秀律师、仲裁员。先后担任成都市"青少年科技发明奖"(法律类)评审专家、第五届中国森林康养(七里坪)论坛特邀发言嘉宾、第三届中国研学旅行(武汉)论坛特邀发言嘉宾、美国佩珀代因大学法学院中国仲调专家访问学者、意大利第二大学法学院中国仲调专家访问学者、日本早稻田大学法学院中国仲

调专家访问学者、中国国际贸易促进委员会商事调解员、中国一带一路涉外调解咨询专家、成都市律师协会面试官和惩戒官、成都市中级人民法院特邀调解员、成都市普法宣讲师团专家组成员、中国国际商会商事中心调解员、全球经济发展论坛总法律顾问、中尼文化交流中心总法律顾问、喜马拉雅文化中心总法律顾问、四川康养旅居分会总法律顾问、四川省文旅厅（法律类）专家、成都市经信局（法律类）专家。

主要著述：

2011年《试论校园意外伤害中学校的责任》已在司法部行政学院2011年《律师公证法律实务论丛（三）全国高级律师高级公证员论文集》发表；

2015年《浅析赋予强制执行效力债权文书的若干法律问题》已在2016年《四川司法》发表；

2016年《涉罪未成年人社会调查制度的规范建议》已在2016年《四川司法》和2016年《成都律师》发表，入选2018年第十届中国律师论坛《精选论文集》目录；

2015年《关于民事法律援助案件评价体系存在问题的思考》获得2015年第七届西部律师论坛论文一等奖，并已在2015年《第七届西部律师发展论坛获奖论文集》和2016年《四川司法》和2016年《四川律师》发表；

2018年《平行进口汽车法律服务的实践和思考》已在2019年《四川律师》发表。

手机号/微信号/钉钉号 13308201799

抖音号 13308201799

邮箱号 13308201799@qq.com

联合出品人

王建捷

《香港文联杂志社》社长助理

香港文学艺术界联合会法务部主任

香港文联四川文化艺术交流中心主任

四川省传统文化促进会法务部主任

四川省律师协会民族法律事务工作委员会委员

四川蜀西律师事务所高级合伙人,副主任

王建捷,四川蜀西律师事务所高级合伙人、副主任,专职律师。1995年7月毕业于西南政法大学经济法专业,1995年10月从事律师工作至今,多次评为县(区)、市级优秀律师。先后在四川银桥律师事务所、四川蜀西律师事务所从事律师工作,从业25年来承办过逾百件大案、要案,理论知识过硬,实践经验丰富。现担任《香港文联杂志社》社长助理、香港文学艺术界联合会法务部主任,香港文联四川文化艺术交流中心主任、四川省传统文化促进会法务部主任等社会职务,为促进香港与内地,特别是四川的对外文化交流起到了很好的桥梁和纽带作用,做出了突出的贡献。在律师实务方面,王建捷律师擅长经济合同、房地产、建设施工、公司法类案件代理及刑事辩护。

联合出品人

闫红安

陕西哲勤律师事务所主任、创始合伙人

陕西省律师协会刑事专业委员会委员

西安市律师协会公司法专业委员会委员

西安市律师协会实习律师管理委员会委员

陕西钢厂子弟中学法制副校长
北大法商滴慧商学院西安五分院院长

闫红安，毕业于西北政法大学，专职律师，现任陕西省律师协会刑事专业委员会委员，西安市律师协会公司法专业委员会委员，西安市律师协会实习律师管理委员会委员，陕西省政协常委法律顾问，西安市高新技术产业开发区社区法律顾问。

2019年荣获"西安市优秀村（居）法律顾问"荣誉称号。

业务领域：刑事、合同、金融、建筑、投资、房地产、建设工程、经济纠纷、知识产权、公司股权、不良资产、法律顾问及商务谈判等法律事务。

联合出品人

宋杨东

西南石油大学兼职教授、钦州仲裁委员会仲裁员、遂宁仲裁委员会仲裁员、四川文典律师事务所主任

四川省名人俱乐部法律专业委员会会长

四川省众扶慈善基金会公益法律服务中心主任

四川省法治与社会治理研究会仲裁研究中心副主任

宋杨东,中国致公党党员,中国政法大学研究生,律师、教授、仲裁员。

现为四川文典律师事务所首席合伙人,四川省众扶慈善基金会理事,中华全国律师协会会员,中国仲裁法学研究会会员,四川省法治与社会治理研究会仲裁研究中心公司企业纠纷仲裁 研究专业委员会主任,成都市中级人民法院特邀调解员,成都市人民检察院涉诉信访接访律师,四川省第九次律师代表大会代表,四川省律师协会绩效考核委员会委员,成都市律师协会刑事 法律专业委员会委员,成都市公益普法讲师团讲师,成都市金牛律师学院导师,成都市金牛区新的社会阶层人士联谊会律师行业分会理事会常务理事,四川大学商学院校友理事会创业创新促进会副会长。

曾任成都市律师协会金牛分会副会长,成都市律师协会公益法律事务委员会委员,成都律师公益法律服务志愿队第八分队副队长,四川省律师协会公益法律服务工作委员委员,四川省律师协会残疾人法律事务委员会委员,四川省维护企业和企业家合法权益维权律师团成员,四川省市场经济法律运用协会法

律专家委员会专家，四川省律师协会公司业务专业委员会副秘书长。

曾荣获"2017年度优秀志愿者""2019年度金牛区优秀公益律师"等荣誉称号。

业务领域：刑事、合同、金融、建筑、投资、并购、重组、房地产、建设工程、婚姻家庭、经济纠纷、知识产权、物业管理、公司股权、不良资产、法律顾问及商务谈判等法律事务。

联合出品人

唐应欣
四川大学法律硕士
四川省婚姻家庭专业律师
成都市中级人民法院特邀调解员
民盟四川省委和成都市委社法委委员
北京德恒（成都）律师事务所合伙人
成都律协婚姻家事法律专业委员会主任
成都市婚姻家庭纠纷人民调解委员会委员
四川省律师协会妇女与未成年人保护专委会副主任

唐应欣，民盟盟员，二级律师、成都市优秀律师，兼任自贡仲裁委员会仲裁员等社会职务。擅长婚姻家事、企业管理、财富传承法律服务，致力于妇女、老人与未成年人保护。代表作《私人财富管理法律服务初探》《创业者的夫妻连带之债》《建议加大对婚姻无过错方的司法保护》《房产继承纠纷高增长——老人权益保护新路径》《论老龄化背景下家事调解制度的建立与完善——以成都为例》《关注老年人财产权益保护提升老年群众安全感幸福感》《刑事未成年被害人法律帮助研究——以成都市未成年人保护模式为例》《加强儿童游乐设施安全监管 提高监护人安全意识与技能》《建议将侵害未成年人受教育权的行为列入监护侵害行为》《健全撤销监护人资格诉讼——保护未成年人合法权益》《修改贩卖大麻叶以次数量刑的建议》等。

联合出品人

王新年

四川新念律师事务所主任、党支部书记，眉山市律师行业党委委员

眉山市党政法律顾问团法律顾问、眉山市中级人民法院特约调解员眉山仲裁委员会仲裁员

四川省政务公开社会监督评议员、四川省律师行业优秀党员

正胜中国律师联盟发起人

工业和信息化部中小企业发展促进中心信息化公共服务平台法律咨询与服务平台法律服务专家

王新年，男，汉族，中共党员，四川眉山人，法学硕士，目前拥有历史、国际贸易、法律三个专业背景，曾在国有企业工作十余年，2000年开始从事法律服务工作。执业二十年来，先后承办刑事、民事、经济、行政、仲裁及非诉讼等各类案件上千宗，其中备受关注的有香港凤凰卫视前副总裁"周一男灭门惨案""中国媒体劝首第一案"（辜海军故意伤害致人死亡案，经中央人民广播电台"中国之声"节目主持人向菲规劝到北京投案自首），四川某药业股份有限公司与四川大学技术合同纠纷案、眉山某中等职业技术学校与眉山某教育局千万行政赔偿案等，积累了丰富的法律实务经验。执业期间CCTV、凤凰卫视、四川卫视、香港商报、华西都市报等多家新闻媒体和网络对其所办案件进行关注报道。四川电视台科教频道《律师王新年》对其进行专题报道。结合"周一男灭门惨案"刑事附带民事被害人未实际获得赔偿的情形，曾就刑事被害人国家补偿问题上书全国人大，对最高司法机关后来出台刑事被害人司法救助规定起了点滴作用。王新年律师现致力于个人、法人和非法人组织的法律风险识别、防控，因诉讼犹如救火，即使扑灭损失照样发生，倡导法律风险管控的重点在预防；致力于终生从事法律搬运工，助力新晋律师执业素养提升，助力人民群众对美好生活的向往。

联合出品人

尹朝阳
中国法学会会员
中国民主建国会会员
中国民建成都财会支部副主任
四川高扬（郫都）律师事务所主任
四川省律师协会民族法律事务工作委员会委员
成都市律师协会房地产与建设法律专业委员会委员
成都市知识产权纠纷人民调解委员会特邀人民调解员
中国民建第十四届成都市委员会参政议政工作委员会委员

尹朝阳，男，汉族，西南财经大学硕士研究生学历，自1999年大学本科毕业二十年来，先后入职多家知名企业担任高级管理人员，具有丰富的企业管理及风险防范的实践经验，先后担任公司筹建组负责人、甲方现场代表、生产经理、销售经理、总经理、五粮液集团二级企业副董事长等职务。自执业以来，专注于建设工程、股权纠纷、股东出资纠纷、损害公司利益责任纠纷、民间借贷纠纷、公司治理、公司强制解散、清算、并购重组等与公司有关的纠纷、重大经济类刑事犯罪辩护等案件多起。2018年受到中国司法部副部长赵大程同志、四川省司法厅副厅长王彬同志慰问接见并作亲切交流。积极参政议政，反映社情民议，被民建四川省委评为"反映社情民意先进个人"，2018年，调研文章"在未出资本息范围内承担补充责任的股东应当包括认缴出资期限未届至的股东"入选四川省政协提案；2019年，调研文章《关于对民营企业境外投资公司实缴注册资本的建议》被全国政协采用。

联合出品人

吴国强
中国共产党党员
四川高扬（郫都）律师事务所副主任
成都市郫都区知识产权纠纷人民调解专家
中共成都市郫都区律师行业联合支部副书记
成都市郫都区 2019 年度"律师参与公益法律服务"先进个人

吴国强，四川高扬（郫都）律师事务所副主任、成都市郫都区知识产权纠纷人民调解专家、中共成都市郫都区律师行业联合支部副书记、成都市郫都区 2019 年度"律师参与公益法律服务"先进个人。曾任职于某国有大型运营商网络建设部，主要在刑事辩护、建设工程施工合同、不动产合同领域拥有较强的专业背景和优势，在庭审技巧、应变能力方面具有丰富的经验，逻辑思维强、条理清晰。

执业特点：（1）不畏权贵、不畏强权，具有维护公平正义的胆识和勇气，永远把当事人的合法利益放在第一位；（2）在办案过程中，不论标的的大小、审级高低，都始终秉承以当事人合法利益为核心的宗旨，兢兢业业，尽最大可能维护当事人合法利益；（3）工作勤勉尽责，以当事人利益最大化为办案原则，为当事人提供优质便捷的法律服务。

联合出品人

金琴
钦州仲裁委员会仲裁讲师
四川仲裁研究中心研究员
四川高扬律师事务所合伙人
四川省律协女律师联谊会副秘书长
商事调解与仲裁研究专业委员会副主任
成都市律协婚姻家庭法律专业委员会副秘书长

金琴，女，汉族，四川大学法学（本科）学历。金琴律师有着十余年的高中政治教师职业经历，具有良好的沟通能力、管理能力和亲和力；作为执业律师，与律师、法官以及当事人保持了良性互动，善于协调各方主体、通过多种合法途径、高效彻底解决纠纷，最大限度维护客户的合法权益。曾任成都市律协女律师工作委员会委员、北大滴慧商学成都分院执行院长；兼任成都市郫都区"三所一庭"联动调解人民调解委员会特邀人民调解员等社会职务。主要代理婚姻家事、民间借贷、买卖合同、执行异议之诉以及强制执行等业务，积累了丰富的诉讼、仲裁以及执行代理经验；为多家企业、政府部门提供法律顾问及非诉专项服务。作为钦州仲裁委员会仲裁讲师，金琴律师协助为钦州仲裁委员会、西安仲裁委员会等仲裁机构仲裁员及准仲裁员提供仲裁培训。

金琴律师热心公益、积极参与法律援助，积极参与"三所一庭"联动调解人民调解委员会调解工作，获得了派出所、司法所以及咨询群众的高度评价，被评为"2019年度金牛区优秀公益律师"，运用专业知识帮助弱势群体、维护公平正义，彰显律师社会价值。

联合出品人

张诗浪
专职律师
特邀人民调解员
四川高扬（郫都）律师事务所副主任

张诗浪律师出生于律师世家，四川大学法学本科毕业，师从本书作者张洪律师，先后在成都市公安局锦江分局、四川省图书馆、四川高扬律师事务所工作。现任四川高扬（郫都）律师事务所副主任、北大滴慧商学成都分院执行院长、成都市郫都区三所一庭联动调解人民调解委员会特邀人民调解员、成都市法律援助中心法律援助公益律师、成都市郫都区法律援助中心公益律师，兼任仲裁秘书。擅长于刑事辩护、合同纠纷、房地产案件，承办的大量刑事案件当事人均获得取保候审，并被宣告缓刑。

在本书出版前夕，书稿校对、章节调整等方面均做出了突出贡献，为本书正式出版发行贡献了自己的力量。